DEUTSCHLAND

Eine Zeitschrift

Herausgegeben von

Johann Friedrich Reichardt

Auswahl

1989

Verlag Philipp Reclam jun. Leipzig

Herausgegeben und mit einer Studie „Die Zeitschrift ‚Deutschland' im Kontext von Reichardts Publizistik" von Gerda Heinrich

ISBN 3-379-00435-9

© Verlag Philipp Reclam jun. Leipzig 1989

Reclams Universalbibliothek Band 1293
1. Auflage
Umschlaggestaltung: Friederike Pondelik
unter Verwendung eines Titelblattes
Lizenz Nr. 363. 340/16/89 · LSV 0706 · Vbg. 28,5
Printed in the German Democratic Republic
Grafischer Großbetrieb Völkerfreundschaft Dresden
Gesetzt aus Garamond-Antiqua
Bestellnummer: 661 452 6
00350

Dir, Wahrheit und Gerechtigkeit,
Dir schwör' ich Treu auf immer!
Vergebens lockt die Welt, und dräut,
Mit ihrem Trug und Schimmer!
Sei noch so schlimm Gefahr und Not,
Verachtung selbst, und schnöder Tod:
Unredlich sein ist schlimmer.

Voß

Vorrede

[Erster Band. Erstes Stück, S. 1–6]

Deutschland hat viele Zeitschriften, vielleicht mehr als für
den guten Geschmack an echt belehrender Lektüre zu wünschen sein möchte; aber es hat keine, die sich so recht eigentlich mit Deutschland beschäftigten und auf wahren Gemeinsinn, der uns guten Deutschen mehr als alles andere
fehlt, abzweckten.
Hierzu soll diese neue Zeitschrift ganz bestimmt sein.
Deutsche Länder und Städte, Deutsche Menschen aller Art,
Deutsche Verfassung und Regierungen, Deutsche Kultur
und Sitten, Deutsche Literatur und Künste –: dies sind die
Gegenstände, mit welchen diese Zeitschrift sich ganz ausschließlich beschäftigen wird.
Frei und wahr, aber stets anständig, und wo es nicht Bosheit, nur Schwäche und Irrtum, gilt, auch männlich schonend, soll der Ton dieser Schrift sein.
Bei politischen Gegenständen und bürgerlichen Verhältnissen erfordert oft auch dasjenige, was durchaus nicht da sein
sollte, und was jeder gute Bürger nach seinem besten Vermögen wegzuschaffen bemüht sein muß, dennoch, solange
es da ist, vorsichtige Behandlung. Nur offenbare Ungerechtigkeit und Unterdrückung muß ohne Schonung behandelt
und durch Publizität, wenn nicht abgetrieben, doch zur
Warnung und Lehre gebrandmarkt werden.
Für Werke der Literatur und Kunst darf durchaus keine
Schonung gelten. Da wäre sie Verrat, doppelter Verrat am
Schriftsteller und Künstler, wie am Leser und Kunstfreunde. Was nicht wahr, nicht gut ist, muß mit männlicher

Entschlossenheit und Kraft zurückgedrängt und an seiner weitern Verbreitung nach Möglichkeit behindert werden. Was schön und angenehm sein soll und nicht einen gewissen Grad von Vollendung hat, muß nicht Aufmunterung und Belohnung finden, darf gar nicht aufkommen. Der Skribler und der Pfuscher in der Kunst muß das Heiligtum Apollos nicht betreten; er finde angemeßnere Beschäftigung für seine schwere, unfeine Hand in Feldern und Wäldern und Werkstätten rundumher; die können durch ihn vielleicht noch veredelt werden – und wie sehr bedarf Deutschland gerade dieses! – Jenes Heiligtum würde nur durch ihn zu seinem eignen Verderb verunehrt. Auch muß in Literatur und Kunst durchaus kein Ansehen der Person gelten. Je holder der Gott der Musen seinen Liebling anlächelte, je höher ist dessen Verpflichtung, je strafbarer sein Mutwille, wenn er den Lichtstrahl, mit dem er erleuchten und erwärmen sollte, zu irreleitendem Blendwerke oder zu kindischen Spielereien mißbraucht.

Ohne mit berühmten Namen gedungener Mitarbeiter zu prahlen – denn der verständige Leser weiß doch wohl, daß, wie ihn der Herausgeber meistens damit nur lockt, diesem selbst die Mitarbeiter mit ihrem Namen oft alles zu liefern glauben und meistens nur solche Beiträge geben, die denselben gewiß nicht berühmt gemacht hätten – ohne solche Namen also aufs Schild zu setzen, wollen wir nur die Hauptrubriken anführen, von welchen ein Stück bald mehr, bald weniger enthalten wird.

I.   *Vermischte Aufsätze.* Meist moralisch-politischen Inhalts, mit Rücksicht auf Deutsche Bedürfnisse und Sitten.

II. *Politischer Zustand von Deutschland.* In einer kurzen Übersicht.

III. *Chronik großer Städte.* Die wichtigsten Ereignisse in *Wien, Berlin, Dresden, Hamburg, Frankfurt am Main, Augsburg, Regensburg* und andern großen Städten.

IV. *Kleine Reisen* durch Deutsche Länder.

V.   Das *Deutsche Theater.* In *Wien, München, Dresden, Leipzig, Berlin, Hamburg, Hannover, Frankfurt am Main* usw.

VI. *Deutsche Literatur.* Die wichtigsten und neuesten Werke, zum Teil selbst vor ihrer öffentlichen Erscheinung angezeigt, mit kurzen Auszügen.

VII. *Deutsche Kunst.* Poesie, Musik, Malerei und Kupferstecherkunst, Bildhauerei und Baukunst, Gärtnerei usw. Auch die mechanischen Künste und nützlichen Gewerbe sollen nicht aus der Acht gelassen werden.

VIII. *Notiz von Deutschen Journalen.* Der monatliche Inhalt der wichtigsten Journale kurz angezeigt und gewürdigt.

IX. *Offener Briefwechsel.* Publizitätliebender und -bedürftiger Männer. Mit und ohne Namen, wie es jeder bei der Einsendung an die Verlagshandlung verlangt. Daß darin der Ton beobachtet werde, welchen wir uns selbst als Gesetz vorgeschrieben haben, ist die einzige Bedingung, die wir den Einsendern machen wollen.

X. *Fliegende Blätter.* Auszüge von kleinen Druckschriften, besonders solchen, die zur Verfolgungsgeschichte verdienter Männer gehören. Sind sie sehr wichtig und gut geschrieben, auch nicht durch den Buchhandel allgemein bekannt geworden; so sollen sie ganz geliefert werden.

XI. *Gedichte und prosaische Aufsätze,* zur angenehmen Lektüre. Immer mit Rücksicht auf Deutsche Sitten.

XII. *Lieder mit Musik* und *Bildnisse* solcher merkwürdigen Deutschen Männer, von denen man noch kein gutes Bild hat. Abwechselnd.

Die Herausgeber

Von diesem Journal wird künftig, in der Mitte jedes Monats, ein Stück von 7 bis 8 Bogen erscheinen; der Jahrgang kostet *fünf Taler* Preuß. Courant. Das hiesige königliche Hofpostamt hat die Hauptversendung übernommen, daß folglich ein jeder, der an Orten wohnt, wo keine Buchhandlung ist, sich an das nächstgelegene Postamt deshalb wenden kann und dies Journal regelmäßig erhalten wird.

Die Interessenten dieser Monatschrift machen sich *auf ein ganzes Jahr* verbindlich und zahlen *zwei und einen halben Taler* beim Empfang des ersten Stücks und die andere Hälfte bei der Erscheinung des siebenten Heftes. Einzelne Stücke werden nicht verkauft; nur können die Interessenten des Journals, wenn ihnen Hefte sollten verlorengegangen sein, das Stück zu 12 gr. erhalten.

Der Verleger

Zum neuen Jahr

[Erster Band. Erstes Stück, Nr. I, S. 7–20]

Freiheit für alle! Für alle – welche in vollem Ernste wahre Freiheit wollen. Mit drei wohlverstandnen, ehrlich beherzigten Worten sollt ihrs haben.

Ihr nicht, die ihr euch noch beschränkt glaubt, wenn ein weises Gesetz neben euch besteht, das euch und andere gegen leichtsinnigen oder boshaften Mißbrauch der Gewalt sichern soll; die ihr an dem weisegefundenen, auf ewigem Rechte begründeten Gesetze so lange meistert, bis ihr aus dem Kodex der allgemeinen Sicherheit ein System der Despotie erzwungen habt; ihr seid geborne Sklaven, zur Blindheit und Verstocktheit verdammt. Ihr begreift nicht, daß dies feste und weise Gesetz nicht euch allein, sondern auch die tausend Hände beschränkt, in welche ihr die Ausübung jener Gewalt geben müsset. Ihr begreift nicht, daß auf jenem Gesetz ebensosehr eure eigne Sicherheit beruht als die Sicherheit aller übrigen; mehr noch! –

Auch ihr nicht, die ihr alle Gewalt gerne vernichtetet, nicht um das Gesetz an dessen Stelle zu erheben, sondern um nur ungehindert euren zügellosen, zerstörenden Leidenschaften freien Spielraum zu verschaffen, unbekümmert, ob rechts oder links alles zugrunde gehe und ihr selbst am Ende taumelnd in den Abgrund stürztet; auch ihr seid blinde Sklaven – Und ob der Maulwurf auf dem sonnigen Gipfel oder am sumpfigen Fuße des Berges hervorgräbt, er bleibt derselbe beschränkte Maulwurf. –

Doch wär' es möglich, die Menschheit ermannte sich noch in euch, ihr hörtet nach Freundesrat, der nah genug eurem Ohr' erschölle, sich eurer Sinne bis zur Beherzigung des guten Worts bemächtigte! – O daß ihr hörtet! Denn ihr steht mehr dem Guten im Wege als jene dort oben. Wer mag den einsturzdrohenden Turm wegräumen, wenn er weiß, es bewohnen ihn Tausende giftigen Ungeziefers, die sich in die umliegenden Wohnungen verbreiten würden? wer mag das tun, eh' er nicht die Brut vertilgt oder doch sichre Mittel zu ihrer Bezähmung in Händen hat? Lieber besteh' ich doch noch die mögliche, zu berechnende Gefahr, von dem Knopfe des fallenden Turmes – der sich auch wohl noch mit Klugheit abtragen ließe – mein Dach zerschlagen, als mein ganzes Haus von jenem giftigen Geschmeiß umringt, angefüllt und vergiftet zu sehen. –

Aber ihr guten Menschen alle, ihr, die ihr wahre Freiheit ernstlich wollet, höret meine drei Worte, faßt sie wohl, beherzigt sie ganz! Hier sind sie:

Geht recht ehrlich mit eurem Verstande und Herzen von vorn an zu Rate!

Lernet eure Irrtümer und Vorurteile ganz kennen und verachten!

Legt eure übeln und eiteln Gewohnheiten ab!

Das wär' alles? Ja wohl alles! Übt ihr dieses ganz und treu aus, so habt ihr alles getan, was der Mensch vermag; und alles, was dem Menschen frommen und ihn wahrhaft beglükken kann, wird und muß euch zuteil werden. Die ganze Natur steht euch dann offen und ihr der ganzen Natur. Es horcht die Welt alsdann auf euer Geheiß, was sie euch sein soll, und ihr gebt ihr ungehindert die Gestalt, die eure wahre Glückseligkeit sichert. Ihr fühlt dann in euch die Würdigkeit, frei und glücklich zu sein, und seid es schon in diesem Gefühl; könnt es dann auch äußerlich auf jede euch beliebige Art werden, wollt es dann nur auf die Weise sein, die mit der Sicherheit aller bestehen kann; und so nur könnt ihr wahrhaft frei sein und bleiben.

Aber versteht mich recht! Es liegt gar viel in dem Worte: geht ehrlich mit eurem Verstande und eurem Herzen von vorn an zu Rate.

Nur in Stunden ruhiger Eingezogenheit, wenn das Gemüt, weggewandt von allem eitlen Weltgeräusch, in sich kehrt und in voller Sinnenruhe mit festem heiterm Blick über sich selbst schwebet, so jede Bewegung treu beachtet, ihr sorgfältig nachspürt, woher und wohin, und jeden Anklang vergangener Zeiten auffaßt und erwäget – nur in solchen seligen Stunden vermag der gute, sich selbst getreue Mensch mit sich ehrlich zu Rate zu gehen. Wie weniger Menschen Leben gedeiht aber zu solcher Ruhe! Millionen vergeuden ihr ganzes Leben, ohne nur je zu dem Gedanken daran zu kommen! Wie wenige unter den Tausenden, denen sich der Gedanke wohl einmal aufdringt, haben den reinen guten Willen, recht ehrlich dabei zu Werke zu gehen! Und die, welchen auch dieser Wille nicht fehlt, von wieviel eitlen kleinen Dingen sind sie soeben umringt! – „Das ist ein schlimmer Umstand", antwortete der naive, ehrliche Moritz, als einst bei einer Unterredung über diesen wichtigen Punkt in frühern Jahren seines ungestümen Treibens ein treuer Freund ihm sagte: „Du möchtest wohl, du schiebst es aber stets auf übermorgen, weil du morgen erst noch eine Torheit auszuführen hast." – „Das ist ein schlimmer Umstand", erwiderte treuherzig der ehrliche Mann. Wie wenige gelangen nur bis zu *dieser* Ehrlichkeit!

Ist es dem guten Menschen aber einmal gelungen, dies eitle Hin- und Herschwanken zu enden, die tausendfach kreiselnden Wellen auf der Oberfläche festzuhalten und blickt er nun mit ruhigem, sichern Blick in die Tiefe seines Herzens, durchdrungen von dem süßen Ahnungschauer einer neuen, bessern Existenz, dann ruft er gewiß: *ich will*! Und mit jedem Rückblick in die Tiefe, mit jedem Überblick über die verworrene Lebensfläche wird sein Wille sicherer und fester. Gelangt er aber erst zu diesem reinen guten Willen, dann geht er mutig mit sich zu Werke und kämpft willig gegen alle die tausend Hindernisse, die jedes Lebensverhältnis, fast jeder Moment, den er mit andern verlebt, seinem edlen Geschäft' in den Weg stellt. Erschreckt ihn anfangs auch das unabsehlich verworrene Gewebe von Neigungen und Lüsten, er kehrt doch wieder in sich zurück und wird bald gewahr, daß jene Neigungen alle auf Liebe und Anhänglichkeit an geliebte Wesen hintreiben, und daß, wenn er nur erst die eines liebenden Gemüts würdigen Gegenstände deutlich erkannt hat, sein Herz sich gerne nur an sie hängen wird.

Aber wie nun mit dem Verstande zu einer von Grunde aus treuen Untersuchung und Erforschung des wahren Wertes der Dinge um mich her und des innern Zustandes meines Gemüts gelangen? daß keine Jugendeindrücke, keine Lehren, die dem blinden Glauben aufgebürdet wurden, keine Autoritäten, keine unordentliche Neigungen mein Urteil irreführen?

O es ist ein großes Wort: von vorn mit sich selbst zu Rate zu gehen! Und doch kann selbst der fähigste gutmütigste Mensch nur auf diesem Wege wirklich aufs reine kommen, wirklich sicher werden, daß er nicht bald unter dieser, bald unter jener Gestalt ein Sklave der Meinung anderer und ein

Spiel der boshaften Klugheit herrschsüchtiger Geister werde.

Jeder Begriff, der mir wurde, komm' er aus dem Munde meiner Amme oder meiner Lehrer, meiner Gespielen oder meiner Beherrscher, jedes Wort, womit ich diesen Begriff bis jetzt bezeichnete, muß vor dem innern Richter erscheinen; ich muß gewiß werden, was ich davon weiß und wissen kann, was für einen Einfluß es auf mein Leben hat und auf meine Vervollkommnung haben kann.

Jeder Neigung, die mich bisher trieb, muß ich auf den Grund kommen. Was setzte sie in Bewegung? Was trieb mich, sie zu nähren? sie zu verfolgen? Kann sie mit ihren guten Geschwistern und mit den rechtmäßigen Anforderungen meiner gleichbegabten Brüder bestehen?

Jeder Gegenstand, auf den meine Neigungen fielen, muß treu untersucht und gewürdigt werden. Und bald wird sichs ergeben, daß ich von Kindesbeinen an ein Sklave unzähliger Neigungen war, die blinde Nachahmungssucht in mir erzeugten und die zur Bequemlichkeit und Sicherheit meiner trägen und herrschsüchtigen Erzieher und Führer in mir genährt wurden; bald wird sichs zeigen, daß die meisten Gegenstände, nach denen ich mit erhitzter, durch Ansteckung erzeugter Begierde jagte, der Mühe gar nicht lohnten, mir selbst äußerst wenig Genuß gewährten; es wird sich zeigen, daß selbst der Genuß, den das Gefühl meiner wirkenden Kräfte mir gewähren könnte, meistenteils verlorenging, weil meine Neigungen auf Gegenstände fielen, die entweder nicht zu erreichen waren und so nur ein Gefühl der Ohnmacht, des drückenden Widerstandes mir ließen, oder deren Besitz und Genuß meine Kräfte selbst untergruben. Bald wird sichs zeigen, daß die meisten meiner Neigungen aus verwerflicher Quelle flossen, daß das regellose Spiel der Neigungen anderer um mich her sie in Bewegung setzte und daß sie am Ende auf allgemeine Zerstörung hinauslaufen. Ja es wird sich bald zeigen, daß ich leichter zu erlangende Genüsse, die mich wirklich hätten beglücken können, die auch unschuldigerer und mitteilenderer Natur waren, vernachlässigte, und daß ich mich immer weiter von ihnen entferne, je eifriger ich in dem allgemeinen Wettlaufe dem Ziele zutreibe, das Torheit oder Eigennutz den verblendeten Wettrennern auf der verkehrten Seite der Bahn gesteckt hat.

11

Wollt ihr aber die zahllosen Irrtümer und Vorurteile, die regellosen Neigungen, die ihr bei solcher ehrlichen Nachforschung in eurem Innern festgenistet und häuslich eingewohnt finden werdet, ganz erkennen und von ganzen Herzen verachten lernen, so müßt ihr jeder heuchlerischen Entschuldigung, jeder gleisnerischen Beschönigung rein entsagen.

Wehe dem, der in der Scheinheiligkeit einen Deckmantel für seine innre Häßlichkeit, in dem Glauben an die allgemeine Schlechtheit und Verkehrtheit der menschlichen Natur seine Rechtfertigung zu finden glaubt! Besser wär' es ihm, er wäre den gemeinen Weg des Fleisches fortgegangen.

Was half es dem armen Genfer, daß er die unedelsten Erze aus seinem Innern zutage förderte, um seine Polierkunst daran zu üben? hat er sie zu edlen Metallen umgewandelt? Welchen unbefangenen Mann, den die mutwilligen Leiden des Unglücklichen nicht mehr täuschen, bei dem nicht eigne Schwachheit oder Schlechtheit wohnt, die gern eine geheiligte Freistätte im Schutze des eitlen Heiligen fände, können seine Scheingründe, seine Redekünste noch einen Augenblick bestechen? Und was half dem Verblendeten die Herabwürdigung des ganzen Menschengeschlechts? Welcher Mensch, der sich nur des reinen guten Willens bewußt ist, blickt nicht unwillig von dem Schänder der menschlichen Natur hinweg, wenn er ihm aus seiner Versunkenheit zuruft: wer ist besser als ich? An die Nachwelt tat der Verblendete die Frage, und mit gleicher Verblendung übte sie im Finstern tappend Gerechtigkeit und stellte ihn neben *Marat* ins Heiligtum der Menschheit.

So bleibt ihr im Grunde, was der Anschein auch verheißen mag, Sklaven eurer Irrtümer und Vorurteile, wenn ihr nicht zugleich nach der reinsten Entäußerung euer selbst strebet und von Grund aus ehrlich über euer bisheriges Sein und Denken zu Rate gehet.

> Nicht von außen, in Dir fange die Besserung an
>   Deines Staates; in Dich hinein
> Wirf den Donner des Rechts und der Beredsamkeit.
>   Rom laß Rom, und die Welt laß Welt
> Bleiben; schaue Du nur grad' in den Spiegel. Da
>   Steht der Gegner des Kapitols.

Ihm entgegen tritt auf, der den Antonius
    Tief im innersten Busen hegt,
Ihm entgegen tritt auf, halte Philippische
    Reden, Vater des Vaterlands! –
Wenn der Tag Dir entschlüpft, wenn Dir das stille Herz
    Schnöde Greuel und Schulden zeigt,
Dann erhebe das Wort, frage: „Warum Du Dich,
    Du ein Edler, den Niedrigen
Zugeselltest? Warum Du den Unschuldigen
    Würgtest? Keusche beleidigtest?
Zogst die Wollust dem Zeus, Frevel der Tugend vor,
    Gabst dem Pöbel, der Buhlerin,
Preis dich – Liktor, herbei! Denn der Beklagte will
    Nicht gestehen; die Faszen her!" –
Also rede für Rom, und Du wirst Vaterlands,
    Wirst ein Vater dir selbst erst sein.*

Des sichern Gewinns erfreut sich der Ehrliche am Ende gewiß, daß er bei ehrlichem Streben alles das ist und wird, was
er seiner eignen Natur nach werden kann. Und welcher vernünftige Mensch, dem echter Lebensgenuß wert ist, möchte
mehr sein wollen! welcher gute Mensch, der wirklich das
Wohl seiner Brüder wünscht und fördern helfen will,
möchte mehr sein wollen! Und hat dich dieser Gedanke
noch nie in dich zurückgeschreckt, so blicke nun um dich.
Keine Zeit der Welt gab größere Beispiele von den schrecklichen Folgen eitlen, überkräftigen Treibens, des unglückseligen, *ich will und kann nicht,* als die jetzige Zeit.
Blick' auf den armen *Ludwig*! Unfähig, gegen die Torheit
und Bosheit seiner nächsten Umgebung sich selbst und die
Männer zu schützen, die ihm das gute Geschick zuwies und
denen es vielleicht gelungen wäre, durch bessern Unterricht
und eine bessere Justizpflege Sitten und Ordnung in dem
unglücklichen zerrütteten Lande herzustellen und die Nation so auf dem Wege der Vernunft und der Sittlichkeit der
wahren Freiheit allmählich entgegenzuführen, dieser arme
Ludwig will sein Volk selbst beglücken, will es vom Drucke
alter Tyrannei befreien und greift so nach den heterogene-
sten Mitteln und Gehülfen um sich her, daß er bald alles in
Verwirrung und Gärung bringt. Er selbst bleibt bis an sein
Ende so ganz ein Spiel in den Händen der überklugen, un-

* *Terpsichore* von *J. G. Herder.* Zweiter Teil S. 298.

geschickten Bosheit, daß er mit all seinem kraftlosen guten Willen am Ende in Verdacht kommt, er habe auch nicht gewollt, und so bestraft die aufgeregte entzündete Leidenschaft wilder Gemüter an ihm den Mangel des Vermögens wie den allerbösesten Willen: mit dem Blutgerüste.

Sein Ratgeber *Necker,* ein geschickter Rechnungsführer, will auch Staatsmann sein, und seine kurzsichtige Eitelkeit schafft da Verwirrung und Anarchie, wo er Ordnung und Freiheit zu schaffen wähnte. Verachtung und Verbannung war sein Los.

Dumouriez, ein tapfrer Krieger und kluger Feldherr, will auch Staatsmann sein, – verwickelt sich und alle Parteien in ein Labyrinth von Intrigen und bringt in demselben Maße Verderben und Unglück über sein Vaterland, in welchem er kühn und glücklich seine Heldenlaufbahn begonnen hätte. Haß und Verbannung ist sein Los.

Die ganze *Girondepartie* – Männer voll des besten Willens, reich an Einsicht und Kenntnissen, – noch reicher an Beredsamkeit, Männer, die vielleicht alle zur Verwaltung eines schon eingerichteten republikanischen Staats vollkommen fähig gewesen wären, wollen einem Volke ohne Sitten, ohne Begriff und Achtung für Gesetz eine republikanische Verfassung geben, ohne in sich die durchgreifende Tätigkeit, den ausdauernden Mut, die Fähigkeit, böse sein zu können, wie Machiavell sagt, zu haben, welche ein bei einem solchen Volke unausbleiblicher Widerstand und egoistisch leidenschaftliches Mit- und Gegenwirken erheischt; – und mit all ihrem Streben, all ihrer hinreißenden Beredsamkeit bereiten sie nur einigen ungeheuren Menschen, die jene Kraft und Fähigkeit besitzen, die Einführung einer neuen blutigeren Tyrannei und stürzen so selbst unterliegend ihr Vaterland in einen Abgrund, aus welchem nur die höchsten Anstrengungen und Aufopferungen der zum Erstaunen tapfern Nation einen Teil der gegenwärtigen Generation wieder herausziehen können.

Und all dies Unheil entsprang aus dem Mangel der Selbstkenntnis und Selbstgewalt der wirkenden Männer! –

Seid ihr nur einmal zur deutlichen Erkenntnis der Irrtümer, die euren Geist bisher umnebelten, und zu herzlicher Verachtung der niedrigen Vorurteile gelangt und fangt an, den Wert eurer innern Freiheit zu fühlen, so kann es euch nicht

14

schwer werden, auf die zahllosen Geburten jener einge-
wohnten Irrtümer und Vorurteile, auf eure äußern üblen
Gewohnheiten einen unbefangenen, ernsten Blick zu werfen, und mit Händen werdet ihrs greifen, daß *sie* die Fäden
und Bänder sind, mit denen ihr auf so mancherlei Weise gebunden und nach dem Willen anderer gegängelt werdet.
Denkt euch recht lebhaft einen Mann, der die einzig wahre
wohltätige Gottheit, wenn er sie gleich mit seiner Vernunft
nicht begreifen kann, mit reiner Liebe als die höchste
Summe alles Guten in seinem Herzen trägt, den kein Geschrei der Priester und Afterweisen irren kann, der dem
Moralgesetz, das in ihm lebt, nie mehr untreu wird, der
seine Pflicht als Mensch kennt und freiwillig übt, der jeden
sinnlichen Genuß nur so weit schätzt, als er selbst dabei
Meister seiner Sinnlichkeit bleibt, den keine eitle Ehre
blendet, den keine falsche Scham seitwärts ablenkt, denkt
euch einen solchen in sich freien Mann – welche Macht der
Welt will den zum Sklaven machen? Mehr als Eine Anwendung seiner Kräfte sichert ihm die Befriedigung seiner wei-
sebeschränkten Bedürfnisse; die Mäßigkeit in den Genüssen sichert ihm wieder seine Gesundheit und den freien
Gebrauch seiner Kräfte. So, in sich und durch sich selbst ge-
festet und gesichert, lacht er der ohnmächtigen Mittel, die
jede Tyrannei anwenden möchte, ihn zum Sklaven zu machen, ihn vom Guten abzuhalten oder zu irgendeiner welt-
verderblichen Gewalthandlung zu zwingen. Will ein Ty-
rann ihn in seinem stillen edlen Laufe hemmen, wie er es
auch anfange, er fördert ihn, statt ihn zu hindern. In ihm
selbst vermehrt der Druck die Elastizität: denn der innre
Mensch zeigt ebensowenig als ein elastischer Körper seine
volle Kraft ohne Druck von außen her. Um ihn herum vermehrt er nur die Aufmerksamkeit der stumpfen trägen
Menge, die geweckt sein will und die der in sich versenkte
edle Treiber oft nicht wecken mag. Selbst der gewaltsame
Untergang jenes Gerechten erhöht das Licht der Wahrheit,
die er lehrte und übte.

(Die Fortsetzung künftig.)

Freiheit für alle

(Fortsetzung)

[Erster Band. Drittes Stück. Nr. I, S. 281–297]

Wer gedenkt nicht bei diesem Gemälde von einem in sich gefesteten, wahrhaft freien Manne unsers großen Weltweisen, dessen eignes Bild jedem, der ihn kennt, vor die Seele treten muß, sooft er in seinen edlen Schriften von dem allein hochschätzungswerten Charakter spricht, den Achtung fürs Moralgesetz und heiliger Eifer für *Pflicht* allein belebt und überall antreibt; den in allen seinen großen unsterblichen Werken nur allein das hohe Gefühl für *Pflicht* zur lebhaften Deklamation hinreißt;* der mitten im rundum wütenden Kampfe der Tyrannei mit der Frechheit, des Egoism mit der Humanität, umgeben von Lug und Trug, von Raubsystemen aller Art, die ewigen Gesetze des Rechts, der Freiheit und des Friedens laut verkündet,** weil er es für seine Pflicht hält, seine hohe ehrfurchtgebietende Lehrerstimme da zu erheben, wo alle Parteien, ihrer Rechte und Pflichten uneingedenk, zu ihrem eignen Verderben, jene ewigen Gesetze mit Füßen treten. –

* S. *Kants Kritik* der praktischen Vernunft S. 154.
** S. *Kant zum ewigen Frieden.* Die am Ende des verflossenen Jahres verbreitete Nachricht, daß diese vortreffliche Schrift in einigen deutschen Ländern, deren Regierungen sich bisher noch eben nicht durch Bedrückung der Preßfreiheit verhaßt, wenigstens nicht durch Unterdrückung echt belehrender Werke herabgewürdigt und lächerlich gemacht haben, verboten sein sollte; bewog die Herausgeber dieser Zeitschrift, von jener ewigmerkwürdigen Schrift einen sehr vollständigen, den ganzen wesentlichen Inhalt derselben in sich fassenden Auszug zu veranstalten und ihn schon für das erste Stück von *Deutschland* in die Druckerei zu geben. Während dem Abdrucke desselben erfuhren sie aber mit wahrem Vergnügen, daß jene Nachricht ungegründet gewesen und hielten es nun um so weniger schicklich und notwendig, einen so ausführlichen Auszug von einer nur wenig Bogen starken Schrift zu liefern, in welcher eigentlich jede Zeile merkwürdig ist, da auch andre aus- und inländische Zeitschriften sich rühmlich beeiferten, Auszüge aus derselben zu geben, unter welchen sich der Auszug im Moniteur vom 6ten Januar vorzüglich auszeichnet. Eine gedrängte Zusammenstellung und Übersicht der Haupt-Momente derselben wird der Leser indessen im zweiten Stücke unserer Zeitschrift gefunden haben.

„Wer vermag aber wie *Kant* die Begriffe von Grund aus zu untersuchen? Wer wie *Garve* seinen eignen Neigungen mit scharfem Blicke nachzuspüren und sie mit echter Unparteilichkeit zu würdigen?"*

Es würde traurig mit der moralischen Welt und mit der ganzen Menschheit beschaffen sein, wenn jeder Mensch zu seinem eignen Frommen die Grundbegriffe von Wahrheit und Freiheit, selbst das hocheinfache Moralgesetz erst auf dem mühsamen Wege suchen oder auch nur wieder untersuchen müßte, auf welchem jener große einzige Mann den sichern Weg zur Unsterblichkeit wandelt. Es ist die höchste Höhe seines Ruhmes, seines wahren Verdienstes, daß er das oberste Prinzip der Pflicht in eine Formel aufgestellt hat, die dem gemeinsten Menschenverstande, ja jedem der Aufmerksamkeit fähigen Kinde ebenso einleuchtend sein und deren Anwendung auch auf die allerverwickeltsten Kollisionsfälle ihm so leicht werden muß als dem größten Philosophen. – *Handle stets so, daß Du auch wollen könnest, Deine Maxime solle ein allgemeines Gesetz werden.* – Ja, daß er selbst den Erziehern und Lehrern die sicherste Methode auf die faßlichste Weise vorgezeichnet hat, in ihren Zöglingen echte Moralität der Gesinnungen zu bewirken und durch Beschäftigung der Urteilskraft und Darstellung der moralischen Gesinnungen an Beispielen die innere Freiheit aufzudecken und sie auf das Bewußtsein derselben aufmerksam zu erhalten und so dem Gesetze der Pflicht, durch den bestimmten Wert, den die Befolgung desselben empfinden läßt, leichteren Eingang zu verschaffen und dem Menschen in der *Achtung für sich selbst*, im Bewußtsein seiner Freiheit, den besten und einzigen sichern Wächter gegen das Eindringen unedler und verderbender Antriebe im Gemüte zuzusichern.

Wenn nur erst die Lehrer des Volks sich mit treuem Fleiß' und reinem Eifer der gefundenen und strengbewiesenen Wahrheit so weit bemächtigten, daß sie fähig würden und es für heilige Pflicht erkennten, die deutlich erkannten und nach ihrer ganzen Wichtigkeit beherzigten Resultate in echtpopulärer Sprache vorzutragen; aber ja nicht in emp-

* S. die Vorrede zu *Garves Versuchen über verschiedne Gegenstände der Moral und Literatur.* 1r. B.

findsam übertünchender oder gar kindisch faselnder Sprache! Wenn sich nur erst viele Lehrer die einzig wahre Art zu philosophieren so zu eigen machten, daß in der Aufstellung und Verknüpfung jener Resultate der einzig wahren Philosophie und der aus ihr entspringenden reinen Moral jeder, der nach Erkenntnis der Wahrheit und nach innerer Freiheit strebt, das wahre Ziel und zugleich den besten Weg zum Ziele deutlich erkennte! –

Wenn nur erst jeder fähige Leser mit Unbefangenheit und reiner Lehrbegier die Hülfsmittel treu und weise benutzte, die ihm ja schon mehrere treffliche Männer, welche jene Philosophie mit Eifer ergriffen und zu weiterer Verbreitung bearbeiteten, dargeboten haben! Wer gedenkt hiebei nicht mit Achtung und Dankbarkeit der Namen *Beck, Fichte, Fülleborn, Heidenreich, Jakob, Kiesewetter, Reinhold, Snell, Schmidt, Schulz* u. a.

Ja wenn sich nur erst jeder des bessern Unterrichts fähige Mensch von der obersten Pflicht, sich selbst über seine moralischen Pflichten aufzuklären, überzeugen wollte! Dann würde ihm auch bald die Pflicht, die ihm als Hausvater, Lehrer, Vorsteher und Regent obliegt, für die Aufklärung und Veredlung der ihm Anvertrauten und Untergeordneten zu sorgen, heilig werden; und er würde durch treue Benutzung der Hülfsmittel, die der in den letzten zwanzig Jahren verbesserte Schulunterricht doch schon einigermaßen hervorgebracht hat, den schwächeren und ungebildeten Teil der Menschen nach und nach zu besserer Einsicht zu erheben und der wahren Tugend und Freiheit fähig zu machen suchen. Die meisten neuern Erziehungsschriften wären freilich dabei nur kritisch zu benutzen; aber das würde auch für den Lehrer und Schüler von gleichem Nutzen sein. –

In der Unterweisung des Schwächern selbst würde der redliche Unterweiser oft am besten und sichersten entdecken, was ihm selbst noch zu wahrer Aufklärung und gegründeter Besserung fehlt, wie unzählig viele Irrtümer, vorgefaßte Meinungen und nie vor den Richterstuhl der Vernunft gezogne Glaubensartikel ihm selbst noch ankleben; und er würde zu seinem eigenen Gewinn an sich die oft gemachte Erfahrung bewahrheitet finden, daß man im treuen sorgfältigen Lehren am sichersten und eindringlichsten lernet und im gemeinschaftlichen Forschen nach Wahrheit, wenn auch nicht immer die Wahrheit selbst leichter findet, doch im Forschen selbst gewandter und vielseitiger, ja weit öfterer, als bei dem einsamen Forschen gemeiniglich geschieht, auf sich selbst zurückgeführt wird.

Wie es so leicht keinen Hausvater gibt, – er sei auch noch so aufmerksam, noch so eifrig für Ordnung in seinem Hause und für rechtliches Betragen seiner Hausgenossen besorgt, er sei auch noch so glücklich in Erreichung seines Zwecks, – in dessen Hause dennoch nicht manche Unordnung vorfiele, manche unmoralische Handlung begangen würde, von der er nichts ahndet und auch wohl eine Zeitlang hinterdrein nichts erfährt; so ist auch vielleicht nichts seltner auf Erden als der Mensch, in dessen innerer Seelenökonomie nicht manche unordentliche Neigung unbemerkt wirksam würde, manche vorgefaßte Meinung auf die Denk- und Handlungsweise ihren gewohnten geheimen Einfluß behielte oder doch eine Zeitlang ungestört behauptete.

In gemeinsamen freundlichen Streben nach Wahrheit und Tugend entfaltet sich aber so manches Verborgene, das in der gewohnten Beschauungsweise verborgen bleibt; da ist der Blick, der mit Ungeduld vorwärtsdringen möchte, oft gezwungen, zurück und rechts und links zu schauen. Ein naives Wort des Mitforschenden, der vielleicht bei dieser oder jener ins allgemeine gehenden Untersuchung weniger Interesse oder gar weniger Absicht hat, sich selbst in dem Augenblick aus dem Spiele zu lassen, führt den andern, der sich vielleicht in reiner, uneigennütziger Untersuchung begriffen glaubte, in sich zurück und läßt ihn gewahr werden, wie in ihm selbstische Neigungen ingeheim Anteil an seinen gesuchten oder gefundenen Urteilen hatten, oder doch eine heimliche Ahndung, hie und da auf eigne empfindliche Blößen und Schwächen zu stoßen, den Blick rechts und links scheu machte. Von der näheren Beleuchtung der geheimen Schlupfwinkel wird sich aber der redliche Forscher ebensowenig vorsätzlich wegwenden, wenn die treue Stimme der Liebe und Unschuld oder auch die ernste der Rüge einmal drauf gedeutet hat, als der redliche und wahrhaft besorgte Hausvater sich selbst über die oft unvermeidlichen augenblicklichen Unordnungen in seinem Hause vorsätzlich verblenden wird; sollte er auch gewahr werden, daß der zärtlichste Anteil an seinem persönlichen Wohl, die liebevollste Schonung dieser oder jener Schwäche, die unangenehme Wahrheit vor seinen Augen zu verbergen gesucht hätte. Er wird vielmehr daraus lernen, daß es mit dem schärfsten Umsichschauen und der strengste innre Disziplin für sich selbst auch für die äußere Umgebung, die auch mehr um sich als in sich schaut, von der größten Wichtigkeit ist, daß nur da wahre Ordnung und Übereinstimmung und mit ihnen wahre Freiheit herrschen kann, wo die Bessern ebensowenig Schwächen, auch der sogenannten liebenswürdigen Schwächen, zu schonen als die Schlechten Fehler und Laster zu benutzen haben. Und so kann gemeinsames Streben, bei ernstem Willen, sein Inneres zu ergründen, den Mangel an Kraft und Dauer zu strenger Insichgekehrtheit bei den meisten Menschen einigermaßen ersetzen. Aber auch der starke gegen sich selbst strenge Mensch wird wenigstens in seinem naheliegenden Kreise nicht versäumen, echte Untersuchung über moralische Gegenstände zu fördern und es wird ihm allemal wohltun, eine der reellesten geselligen Pflichten darin zu üben. *Kant* bemerkt sehr richtig, daß, wenn man auf den Gang der Gespräche selbst in gemischten Gesellschaften, die nicht bloß aus Gelehrten und Vernünftlern, sondern auch aus Geschäftsleuten und Frauenzimmern bestehen, achthat, man finden wird, daß außer dem Erzählen und Scherzen auch das Räsonieren darin Platz findet, und daß dieses nie leichter den Beitritt der Personen, die sonst bei allem Vernünftlen bald Langeweile haben, erhält und nie mehr Lebhaftigkeit in die Gesellschaft bringt, als wenn es den sittlichen Wert dieser oder jener Handlung betrifft und dadurch der Charakter irgendeiner Person ausgemacht werden soll. – Wie glücklich und mannigfaltig kann dieses nicht für alle Anteilnehmende benutzt werden! Und wieviel lieber noch wird nicht der Mensch, der seine Pflicht kennt und gerne übt, mit seiner eignen Vervollkommnung zugleich die echte, moralische Bildung seiner nächsten Umgebung, seines geliebten Weibes, seiner lieben Kinder zu bewirken suchen. Über keinen Gegenstand kann man so früh mit Kindern zweckmäßig räsonieren, ohne sie zu ermüden, als über das rein moralisch Gute; sie haben einen eignen Hang dazu. Mit Recht wundert sich daher unser großer Weltweise, daß die Erzieher der Jugend von diesem Hange der Vernunft, in aufgeworfnen Fragen selbst die subtilste Prüfung mit Vergnügen einzuschlagen, nicht schon längst Gebrauch gemacht haben, und nachdem sie einen bloß moralischen Katechism zum Grunde legten, sie nicht die Biographien alter und neuer Zeiten in der Absicht durchsuchten, um Belege zu den vorgelegten Pflichten bei der Hand zu haben, an denen sie durch die Vergleichung ähnlicher Handlungen unter verschiedenen Umständen die Beurteilung ihrer Zöglinge in Tätigkeit setzten usw. Außer dem mit Vergnügen gefühlten Fortschritte ihrer Urteilskraft würde die öftere Übung, das Wohlverhalten in seiner ganzen Reinigkeit zu kennen und ihm Beifall zu geben, dagegen selbst die kleinste Abweichung mit Bedauern oder Verachtung zu bemerken, einen dauerhaften Eindruck der Hochschätzung und des Abscheues zurücklassen, welcher zur Rechtschaffenheit im künftigen Lebenswandel eine gute Grundlage ausmachen würde. –

Wie wichtig es aber sei, daß der Lehrer der Jugend und der Mitmenschen erst für sich selbst über die *reine* Sittlichkeit aufgeklärt und selbst geübt und gewohnt sei, das Gute um des moralischen Gesetzes wegen zu tun; und auch leider, wie schlecht es noch fast überall in diesem Punkte mit den Lehrern bestellt sei, lehren uns die meisten unsrer bisherigen Erziehungsschriften; ja die meisten öffentlichen Lehrer. Man gehe die gepriesensten Erziehungsschriften von seiten der Moralität durch, selbst die meisten unter den neuesten und besten – überall wird man, wo nicht ein verworrenes Gemengsel von Klugheitsvorschriften und Religiosität, doch immer weit mehr die gemeinsten Klugheitslehren als echte Moral vorgetragen finden. Auf allen Seiten heißt es da: dies wird dich bei den Menschen beliebt machen, das wird dir Gesundheit, Wohlstand, Ansehen und Einfluß erwerben – jenes macht dich den Menschen verhaßt, schadet deiner Gesundheit, deinem guten Rufe, läßt dich auf keinen grünen Zweig kommen. –

Gern werden sich diese Männer auf Kants eigne Bemerkung berufen, daß es, um ein ungebildetes oder verwildertes Gemüt zuerst ins Geleis des moralischen Guten zu bringen, einiger vorbereitenden Anleitungen bedürfe, es durch seinen eignen Vorteil zu locken oder durch den Schaden zu schrecken; wenn man gleich auch hierauf einwenden könnte, daß ein Kind, an welchem Eltern und Lehrer von

Anfang an ihre Pflicht getan hätten und welches stets das moralisch gute Beispiel der Eltern und Erzieher vor Augen hätte, von der moralischen Seite auch in den ersten Jahren seines Lebens kein ganz ungebildetes und nie ein verwildertes Gemüt sein kann, jene gröbere Anleitung also nur für solche Zöglinge notwendig sei, die das Unglück gehabt hatten, in ihrer frühen Jugend ungebildet zu bleiben oder gar moralisch zu verwildern.

Aber sehr weise setzt der große Lehrer hinzu: allein sobald dieses Maschinenwerk, dieses Gängelband nur einige Wirkung getan hat, so muß durchaus der reine moralische Bewegungsgrund an die Seele gebracht werden, der nicht allein dadurch, daß er der einzige ist, welcher einen *Charakter* gründet, sondern auch darum, weil er den Menschen seine eigne Würde fühlen lehrt, dem Gemüte eine ihm selbst unerwartete Kraft gibt, sich von aller sinnlichen Anhänglichkeit, sofern sie herrschend werden will, loszureißen und in der Unabhängigkeit seiner intelligibeln Natur und der Seelengröße, dazu er sich bestimmt sieht, für die Opfer, die er darbringt, reichliche Entschädigung zu finden.

Weiterhin zeigt der große Lehrer für jeden einleuchtend und anwendbar die Methode, nach welcher echt moralischer Unterricht am besten gegeben wird. Wie wenig haben unsre Lehrer der Jugend bis jetzt noch in diesen weisen Lehren für sich und ihre Schüler gevorteilt! Ja wie weit sind nicht noch von solchem echt moralischen Unterrichte die meisten der berühmtesten Lehrer auf deutschen Universitäten, die berühmtesten philosophisch moralischen Schriftsteller entfernt? Hört man nicht auch noch von den Lehrstühlen der gepriesensten und besuchtesten sogenannten Weltweisen jenes verworrene Gemengsel von Klugheitsvorschriften und Religiosität für philosophische Moral vortragen? ja wohl selbst die niedrigsten Vorurteile als hohe Weisheit verkünden?

Ein Mann, der sich weiser dünkt als die Weisesten, der selbst auf die großen Entdeckungen und herkulischen Werke unsers großen Reformators in der Philosophie mit vornehmlächelndem Beifall herabsieht und durch hämische armselige Spötteleien die Achtung für ihn bei seinen Zuhörern untergräbt, dieser Mann mißbraucht seine schätzbare Gabe zu lebhaftem eindringenden Vortrage, um seinem

Auditorium von *höherer* und *niederer* Tugend vorzureden; teilt die ganze Menschheit in Zwei Klassen. – Vielleicht in *Gebildete* und *Ungebildete*? – Ja, wenns so wäre! Nein, in solche Menschen, denen es Pflicht ist, selbst zu denken und nach deutlich erkannten Grundsätzen zu handeln, weil sie zum Regieren und Unterrichten der übrigen bestimmt sind, und nach der höhern Tugend zu streben, die in Mäßigkeit in allen Neigungen und Handlungen und im philosophischen Enthusiasm für allgemeines Wohl bestünde; – und dann in solche Menschen, die – sollte mans glauben! – an dem gewöhnlichen Religionsunterrichte, der durch Hoffnung und Furcht antreibt und abschreckt, genug haben, um zu der niedren Tugend, deren sie nur fähig sind, zu gelangen. – Vielleicht weil er in dem Wahne steht, die Natur habe den größern Teil der Menschen zum Dienen bestimmt und ihn absichtlich mit geringeren Fähigkeiten ausgerüstet? Die Menschheit bestehe also aus Schwachköpfen und Starkgeistern? – Nein! weil – bei Gott! ich schreibe seine eignen oft wiederholten Worte nach! – weil der Handwerker und Bauer des bessern Unterrichts zu seinem Gewerbe und zu dem Grade der Glückseligkeit, deren er fähig sei, nicht bedürfe und durch Selbstdenken und Räsonieren nur unzufrieden und unruhig werden würde. Und das soll philosophische Moral sein! – da lob' ich mir doch noch die alte ehrliche Gellertsche Moral, die geradezu von der *allen* Menschen unbedingt zustehenden Pflicht, sich rein zu waschen und gehörig zu kämmen, spricht! –

Und wenn jener überweise Mann nun selbst seiner ebenso unmoralischen als unphilosophischen Klugheitslehre nicht einmal gemäß handelt! Wenn er bei Abhandlung der höheren Tugend seine Lehre von der Mäßigkeit ausdrücklich nicht nur von Essen und Trinken, sondern auch von Eitelkeit, Hochmut, Ehrgeiz, Herrschsucht, Habsucht und wie das Gezüchte alles heißt, verstanden haben will und nun seine jungen Zuhörer mit pikanten und überladnen Gemälden von der Dummheit, der Ungebildheit, der Trägheit, dem Hochmute, der Eitelkeit der Großen, Mächtigen und Reichen aller Art, vom Fürsten bis zum reichen Krämer, gar weidlich belustigt, sie rund um sich schauen heißt, ob sie in dem Lande, in der Stadt, in der sie leben, unter den höheren Ständen, die doch zur höheren Tugend bestimmt seien, wohl etwas anders erblickten als dieselbe Beschränktheit der Begriffe, dieselbe gemeine Furcht vor Strafe und niedrige Hoffnung auf Gewinn und Belohnung, die doch nur den niedern, höchstens mit niedrer Tugend begabten, Ständen zustehe, dieselbe Trägheit zur Ausbildung des Geistes, wenn sie – die denn doch hie und da hören, daß es so etwas wie *Denken* gäbe und daß Geistesbeschäftigung wohl Ehre brächte – wenn sie auch wohl zuweilen die Miene annähmen, als schätzten sie diejenigen, die sich mit den höheren Wissenschaften beschäftigten, als läge ihnen selbst etwas daran; und dann zu all den Untugenden der niedern Tugend noch der Hochmut, die Eitelkeit! – Und wenn denn dieselben jungen Leute von ihrem strengrichtenden Lehrer im gemeinen Leben täglich sehen, wie er sich jenen verächtlichen Großen und Reichen überall andrängt, nur ihnen öffentlich die Hochachtung bezeigt, die er allein dem Manne bezeigen sollte, welcher, während *er* unter tausendfachen eitlen Lebenszerstreuungen auch mit dem besten Kopfe ein langes Leben hindurch in dem verworrenen grenz- und bodenlosen Felde der Philosophie mühsam herumirrte, ohne Grund und Ziel zu finden; sein ganzes Leben auf stille ununterbrochne Erforschung der Wahrheit anwandte und mit ewig bewunderungswürdiger Kraft und Ausdauer das Ziel erforschte und den Weg dahin für alle Ewigkeit bestimmte und sicherte. Aber ihm wohnt nicht einmal die Kraft, der Mut, ja nicht der reine gute Wille bei, die genaue vollständige Karte, welche der große Umschiffer der intellektuellen Welt ihm mit dem sichern unfehlbaren Kompaß darbietet, männlich zu benutzen. Er fühlt sich wohl und vollendet in dem gewähnten Besitze seiner *höheren Tugend* und kümmert sich in seiner unphilosophischen Ruhe und Sicherheit ebensowenig um die beßre Ergründung der Wahrheit und die Feststellung des allgemeingültigen obersten Moralprinzips, als jener alte fromme, in seiner niedrigen Tugend ruhige Herzog sich um jede ihm vorgeschlagne Schul- und Landesverbesserung kümmerte: „Was können wir mehr denn selig werden?" sagte der fromme Herzog zu seinem vorschlagenden Rate, „das kann uns aber nicht fehlen, denn wir haben das Verdienst Christi ergriffen. Wozu denn nun noch all das unsichre Placken und Plagen mit Neuerungen!" –

Und so kann denn auch der eingebildete und verstockte Weisheits- und Seligkeits-Monopolist ebensowenig zur wahren Freiheit gelangen, als der despotische Gesetzverdreher und niedrige selbstsüchtige Gesetzverachter.

Ihr aber, ihr guten Menschen alle, die ihr wahre Freiheit ernstlich wollet, strebet nach der gegründeten Achtung eurer selbst, tragt euer eigen Licht in die künstlich um euch gewebte Finsternis und zerreißt die eiteln Fäden, mit denen ihr auf so mancherlei Weise und nach dem Willen anderer gegängelt werdet – und ihr werdet frei, die Welt wird euer sein!

J. F. R.

Berlin
Briefe eines Reisenden an seinen Freund in M**
[Auszug]

Zweiter Brief
[Erster Band. Erstes Stück, Nr. II, S. 26–36]

den 3ten 1785

Nicolais Beschreibung von Berlin ist doch wirklich ein treffliches Buch in seiner Art. Wär' er nur nicht so parteiisch und prahlerisch in seinen Beschreibungen! So aber muß man sich erst seinen Maßstab für Größe und Schönheit merken, um nicht überall häßlich getäuscht zu werden; um nicht statt eines hochangekündigten Palastes ein ziemlich gewöhnliches Wohnhaus, statt einer versprochenen herrlichen Allee einen halböden Gang mit absterbenden Bäumen zu finden. Dies abgerechnet, ist seine Genauigkeit und Ausführlichkeit sehr unterrichtend und angenehm für einen Fremden. Und selbst von den Einwohnern Berlins muß man erwarten, daß sie sich durch Benutzung dieses Buches, das für sie auch von seiten der vaterländischen Geschichte interessant sein muß, künftig von den Einwohnern andrer großen Städte unterscheiden und ihre Wohn- und Vaterstadt auch kennenlernen werden.

Wir haben gestern und heute den ganzen Tag damit zugebracht, von der Stadt und ihrer Bauart einen bestimmten
Begriff zu bekommen. Den besten Teil der Stadt lernet man
leicht kennen; sehr lange und breite Straßen durchschnei-
den sich regelmäßig und laufen auf schöne Hauptplätze zusammen oder auf unabsehliche Hauptstraßen zu. Dies gilt
besonders von der Neustadt und Friedrichsstadt. Die Fried-
richsstraße ist die längste, sie läuft wohl über eine Viertel-
meile schnurgerade fort und wird an beiden Seiten von Toren beschlossen.
Das ist aber nicht die schönste Straße. Die mit ihr parallel-
laufende Wilhelmstraße wird durch viele edle, meist noch
unter der vorigen Regierung aufgebaute Gebäude zur an-
sehnlichsten Straße. Nur ist sie in ihrem Hauptteile, außer
den Stunden, da die große Welt, die sie fast ganz bewohnt,
sich in ihren Equipagen herumzutummeln pflegt, tot und
einsam.
Am liebsten und längsten weilten wir schon einige Male auf
einem für den ersten Anblick sehr schönen imponierenden
Platze, zwischen dem alten Schlosse und den Linden. Da
hat man die schönsten Gebäude Berlins vor und rund um
sich.
Das Opernhaus, das in den ersten Jahren der Regierung
dieses Königs von einem Herrn von *Knobelsdorff* gebauet
wurde, ist bei weitem das schönste. Es ist von ganz reiner
Architektur im edelsten Stile. Wenn sein Innres dem Äußern entspricht, so muß es eines der schönsten Theater in
der Welt sein. Die Kolonnade beim Haupteingange ist in
dem Sinne jener von dem Pantheon in Rom gedacht; aber
nur, wie der alte König in seiner Lobrede auf den Baumeister sehr richtig und fein bemerkt, nur nach ihr gedacht und
entworfen, nicht kopiert.
Unwillig sieht man in der Nähe dieses schönen edlen Gebäudes die höchst geschmacklose neue Bibliothek. Ihre Fassade gleicht einer der geschmacklosesten Kirchen in Rom,
die sich auch in der Nähe des herrlichen Pantheons befindet. Ich besinne mich in diesem Augenblick ihres namenlosen Namens nicht, es ist aber die einzige Kirche mit einer
solchen eingedrückten Fassade, die ich in Rom glaube gesehen zu haben. Und abscheulich wär' es, wenn jene schimpf-
liche Nachbarschaft, – vielleicht vermittelst eines römi-

schen Bilderbuchs, – auch diese unnatürliche Zusammen-
paarung hervorgebracht hätte! Daß die Fassade der
Bibliothek einer altfränkischen geschweiften Kommode
ähnlich sieht, muß jedem gleich einfallen. Ein Franzose,
der sie sich von allen Seiten besah und von ihrer unförmlichen Hinterseite doppelt beleidigt wurde, sagte witzig genug: c'est par devant une commode, et par derrière une
commodité!

Ein Judenjunge, der nie weiter als bis Frankfurt an der
Oder gekommen war, sagte, als er die Bibliothek zum ersten Male sahe, mit einer echt jüdischen Wendung: „hab'
ich doch all mein Lebtag, so weit ich auch in der Welt gewest bin – wo kon ich gewest sein? In Frankfurt! – solch
ein Gebäud nicht gesehen!"

Die unglückliche Überschrift: *nutrimentum Spiritus*, die niemand dem alten unlateinischen Könige verdächtig zu machen oder zu bessern wagte, gibt um so leichter und häufiger Veranlassung zu Spott und Hohn, da der untre Stock
des Gebäudes zu einer Tabaksniederlage bestimmt sein
soll.

Zwischen diesen beiden hetrogenen Gebäuden steht im
Hintergrunde die katholische Kirche, die beim ersten Anblick angenehm genug wirkt; aber durchaus keine nähere
Untersuchung leidet. Das Verhältnis der Kuppel zu dem
untern Gebäude ist gänzlich verfehlt: und die eingemauer-
ten Säulen am Eingange erinnern nur wieder an die rotunda
zu Rom, um von dieser Kirche schnell wegzusehen.

Das Prinzheinrichsche Palais ist eben kein schlechtes Gebäude, befriedigt aber durchaus nicht. Es ist nicht ohne
Charakter, die Dürftigkeit und Kleinlichkeit desselben erregt aber ein innres Mißfallen. Es soll inwendig sehenswer-
ter sein. Wir werden ja sehen!

Näher dem Schlosse zu sieht man das prächtige Zeughaus
im reichsten Geschmacke gebaut. Vielleicht ist es überladen
mit Verzierungen, aber diese sind wieder bis ins kleinste
Detail von so echtem Kunstwerte und so ganz im Kostüm,
daß der Bauverständige überall zu studieren findet. Der
brave treffliche Schlüter hat nicht bloß Entwürfe und Zeich-
nungen dazu geliefert, er hat selbst Hand an der Ausführung gelegt. Eine große Mannigfaltigkeit in den Zeichnun-
gen und eine hohe Eleganz in der Ausführung der Helme,

die sich als erhabne Arbeit über allen Fenstern befinden, hat mich höchst begierig nach den Köpfen verwundeter und sterbender Krieger gemacht, die als Verzierung im innern Hofe über jedem Fenster angebracht und ganz von Schlüters eigner Hand ausgeführt sein sollen. Es gehört eine besondere Anmeldung und Erlaubnis dazu, um ins Zeughaus eingelassen zu werden, und diese war heute sogleich auf der Stelle nicht zu erhalten.

Mich interessiert in den Werken der schönen Künste nichts mehr als bestimmte Charaktere und reingehaltne Gattungen. Und so machte mir heute das höchst einfache, von allen Verzierungen entblößte Gießhaus, das nur massiv sein soll, hinter dem reichen prächtigen Zeughause viel Vergnügen. Ich weiß nicht, ich fühlte mich in meinem Innern dadurch so angenehm nach Paris versetzt, wo das Echtcharakteristische der vornehmsten Gebäude mir auch stets so wohltat.

Gegenüber vom Zeughause hatten wir das Kronprinzliche Palais und diesem zur Seite das Palais des Markgrafen von Schwedt. Beides brave Gebäude, aber doch weiter durch nichts besonders ausgezeichnet. In Paris z. B. gibt es deren einige hundert von der Art, die kein Mensch sich einfallen läßt, Palais zu nennen oder als etwas Merkwürdiges zu bezeichnen. Ein Privatgebäude, zurückstehend vom Zeughause, in welchem itzt die Regie hausen soll, verdient eher Aufmerksamkeit.

Das alte Schloß, das wir im Vordergrunde hatten, hat wahrlich einen großen imposanten Charakter. Aber zergliedert will es nicht sein, es ist aus so heterogenen Teilen zusammengesetzt, so nach verschiedenen Ideen, zu verschiedenen Zeiten ausgebaut und doch auch als ein solches zusammengesticktes Ganze unvollendet geblieben. – Doch hat es schöne einzelne Partieen, um die wir uns gewiß näher bekümmern werden.

Was nun den ganzen Eindruck von diesem schönen Platze betrifft, so fühlten wir bald, daß die nähere Betrachtung und freie Zergliederung der einzelnen Gebäude dem Eindruck des Ganzen sehr unvorteilhaft war. Die Seele konnte hier nicht mit Vergnügen alle die einzelnen Teile, zu einem Ganzen vereinigt, um so kräftiger genießen; die Bibliothek und die sogenannten Paläste kamen gar zu sehr in die

Quere. Auch bilden alle diese Gebäude nicht eigentlich einen Platz, der einen angenehmen ganzen Überblick gestattete, sondern begrenzen mehr eine unregelmäßig erweiterte Straße. Mehrere alte verunstaltende Gebäude stehen jenen auch hinderlich zur Seite. Wir kehrten also dem allen, jedesmal halb unbefriedigt, den Rücken und wanderten die angenehmen Linden lang. Ein schöner Blick, diese Straße hinab! Fünf Lindenalleen füllen ihre Mitte. Die mittelste von doppelter Breite, zur Fußpromenade bestimmt, und zwei Alleen auf jeder Seite zum Fahren, deren jede so breit ist, daß sich die Wagen darin bequem ausweichen können. Neben den Häusern noch ein breiter Weg für Fußgänger und zum Vorfahren vor den Häusern. Die Häuser selbst meist alle neu und sehr in die Augen fallend.

Mit der Bauart aber ist es unter diesem Könige überhaupt schlecht bestellt. Die meisten Häuser haben weder wahre äußere Schönheit noch innere Bequemlichkeit. Man kann sich nichts Lächerlicheres denken als die Verzierungen an dem größten Teil derselben. So sind z. B. an sehr vielen Häusern Kasken und Helme und verzweifelnde Kriegerköpfe über Tür und Fenstern angebracht, weil Schlüter das Zeughaus so charakteristisch damit verziert hat. Auch die ganze Gestalt der Häuser ist meistens sehr schlecht. Du siehst da eine Menge Häuser vier Stock hoch und auch nur vier Fenster breit: andere mit hohen, oben gewölbten Kirchenfenstern und kleinen schmalen Sakristeitüren; andre mit zwei drei verschiedenen Fensterformen in den verschiedenen Stöcken, selten Türen und Fenster von schönen oder auch nur angenehmen Verhältnissen. Die meisten Eingänge bestehen aus gemeinen Flügeltüren, wo zur Einfahrt in der Mitte eine kleine gangbare Türe eingeflickt ist. Mit der innern Bequemlichkeit soll es oft noch schlechter aussehen. –

Die ganze Art zu bauen ist überhaupt so widersinnig als despotisch. Deshalb ermangelt indes so leicht kein Berliner, dem Fremden mit hoher Nase zu verkünden, der König baue den Bürgern die Häuser umsonst. Man hat mir schon vieles über die Verfahrungsart des Königs hiebei erzählt – doch davon lieber künftig, wenn ich erst verständige Männer des Geschäfts darüber gesprochen haben werde.

Dadurch, daß die Häuser der schönen Straße, unter den

Linden, zu gleicher Zeit und hintereinander fort neu gebaut worden sind, haben die Linden – die so schön gewesen sein sollen! – gewaltig gelitten. Man hat für die Bäume durchaus keine Vorsicht angewandt. Die Baumaterialien sind – wie ich es heute noch bei einem neuen Baue fand – dicht um die Bäume herum aufgepflanzt worden und haben einen ganzen Sommer hindurch, auch wohl länger, den Wurzeln allen Zugang von Luft, Tau und Regen genommen. Dazu die Staub- und Kalkwolken, die sich jahrelang auf die Blätter niedergelassen und daran festgesetzt und so auch diese in ihrem Ausdünstungs- und Einsaugungsgeschäft gestört haben. Sehr wenig gesunde unverstümmelte Bäume sieht man in allen sechs langen unabsehlichen Reihen. Man pflanzt junge Bäume nach, das läßt itzt den Verfall der alten aber nur desto mehr bemerken. Und auch dabei geht man wieder so nachlässig zu Werke, daß man nicht einmal lauter Linden, die es nun doch einmal sein sollen, zum Nachpflanzen nimmt, und von den Linden wieder nicht so hoch- und starkstämmige, als sich gar wohl verpflanzen lassen.

Ja man scheint die Ursachen, die die Bäume während dem Baue der Häuser so verwüsteten, so wenig beachtet zu haben, daß man den mittlern breiten Fußweg einige Fuß hoch mit zerstoßnen irdenen Kapseln aus der Porzellanfabrik erhöht und diese Erhöhung bis dicht an die Bäume fortgeführt hat, so daß nun die Wurzeln auf immer mit dieser für Luft, Tau und Regen undurchdringlichen Lage beschwert worden sind und den neugepflanzten Bäumen vor ihrer Einpflanzung schon ihr Grab bereitet ist.

Am Ende dieser Lindenpromenade kommt man auf einen schönen regelmäßigen Platz, der zum Tore führt. Diese freien Plätze, deren es innerhalb mehrerer Tore hier gibt, gefallen mir sehr. Es ist mir nichts widriger, als wenn ich beim Eintritt' in ein Stadttor gleich in eine schmale, oder auch wohl breite, Straße mich eingeschlossen sehe. So aber kömmt man hier bei den Haupttoren erst auf einen großen runden oder vieleckigen gutbebauten Platz, atmet noch in den Mauern einige Minuten frei und fühlt so den Kerker weniger.

Daß nun dieses sogenannte Brandénburger Tor unmittelbar in den Tiergarten führt, macht diese Promenade in ihrer Art einzig schön. Mit dem Tiergarten sind wir noch wenig bekannt, obgleich wir heute einige Stunden darin herumgeritten sind. Wir mußten denn doch meistens in den Hauptalleen bleiben. Auch so hat er uns indes schon viel Freude gemacht: ich verspreche mir aber ganz andere Dinge davon, wenn wir ihn im schönen Frühlinge einsam zu Fuße durchspähen werden. Ach, daß es doch an Deiner Hand geschehen könnte!

N. S. Ich schicke Dir heute die neue Ausgabe von *Nicolais* Beschreibung von Berlin, damit ich Dir künftig nicht alles, was ich nenne, beschreiben darf.

———————

Berlin
Vor und nach dem Tode Friedrich II.
Briefe eines Reisenden an seinen Freund in M**

[Erster Band. Zweites Stück, Nr. I, S. 153–171]

Dritter Brief

den 9ten Oktober 1785

Wir haben einige der hiesigen berühmten Männer kennengelernt und ich eile, Dir den ersten Eindruck, den sie auf mich gemacht haben, mitzuteilen. Wie sehr sich auch das Urteil über solche Männer bei näherer Bekanntschaft modifizieren mag und berichtigen muß, ich halte gewaltig viel auf den ersten Eindruck und nie hat er mich ganz betrogen. Ich bemühe mich aber auch, ihn so rein als möglich zu haben und so aufmerksam, als ichs vermag, zu beobachten. Einen Mann, dessen Bekanntschaft mir wichtig genug ist, daß ich mich darum bemühe, werd' ich gewiß nicht nach einer langen Mahlzeit oder heftigen Bewegung, die mich erhitzt und ermüdet hat, besuchen. Darauf halt' ich viel, daß ich ihn das erstemal in seinem Hause, in seiner täglichen Lebensweise sehe; nehme mich auch wohl in acht, ihn auf meinen Besuch vorbereiten zu lassen, wie unzeitige Dienstfreunde so gern veranstalten mögen; hüte mich auch wohl, mit Geräusch vorzufahren und im Wagen sitzend mich melden zu lassen. Selbst der Lohnbediente dient mir nur, mich nach dem Hause des Mannes zu führen und ich mache meine Anmeldung gern selbst, so einfach als möglich. Kann ichs ohne Affektation vermeiden, meinen Stand und Titel zu nennen, und läßt sichs der Bediente oder die Magd gefallen, uns bloß als ein paar junge Reisende zu melden, die ihren Herrn gern kennenlernen möchten, ist mirs so am liebsten. So kann ich auch am sichersten aus den ersten Äußerungen die Humanität des Mannes kennenlernen. Empfängt er mich, so angemeldet, mit Freundlichkeit und ohne Zwang und ängstliche Unruhe, so bin ich – wenn die äußern Manieren nicht hervorstechend den gewandten Weltmann verraten – sicher, daß ich es mit einem freundlichen gefälligen Mann zu tun habe. Auch sichert mich jene einfache Anmeldung, daß mich der Mann nicht annimmt, wenn er eben in einem wichtigen Geschäft' oder in einem angenehmen einsamen Genuß begriffen ist; ich ihn also nicht leicht verstimmt zu sehen bekomme.

Werd' ich nun bei einer so einfachen Anmeldung leicht angenommen, ohne lange im Vorhause oder Vorzimmer warten zu müssen und finde den Mann auf der Stelle, wo ihn meine Anmeldung traf, im négligé unter seinen Büchern, oder mitten in seiner Familie, so bin ich sicher, daß ich mit meinem ersten Eindrucke einen sichern Punkt für mein Urteil gewonnen habe. Auch bin ich sicher, einem solchen Manne nicht – wenigstens nicht lange lästig zu sein. Ist er in einer literarischen Arbeit begriffen, so wird er sich durch bescheidne Fragen leicht bewegen lassen, mit mir über diese Arbeit zu sprechen, und ich werde den Gewinn haben, ihn gleich von einer Sache reden zu hören, die ihm am Herzen liegt und die ihm eben mehr als jede andre gegenwärtig ist. Da ich auch so leicht keinen Gelehrten oder Künstler besuchen werde, in dessen Fache ich ein Fremdling bin; so werden wir über den Gegenstand bald in eine Unterredung kommen, die für mich nicht anders als unterrichtend und für den Mann selbst angenehm sein muß. Denn nichts pflegt einem Schriftsteller oder Künstler angenehmer zu sein, als wenn er für sein neuestes Werk teilnehmende Freunde findet. Und so vergehn gewiß nicht fünf Minuten und es wird uns beiden wohl, und beide bleiben frei von dem unangenehmen Gefühl, welches so oft bei solchen Besuchen den ungeschickten Neugierigen, der nun dem gesuchten, in seiner Arbeit gestörten Manne gegenübersitzt und nicht weiß, was er ihm sagen soll, ergreift, und welches nicht weniger drückend für den gespannten Mann ist, der sich nach seinem Schreibtische zurücksehnt. In dieser peinlichen Lage wird der Mann, um der dummen Stille ein Ende zu machen, nach diesem und jenem fragen und der einsilbige Fremde wird vielleicht durch ein unbedachtes Wort harte Urteile über diesen und jenen Ort oder Menschen veranlassen, an welchen er oft unwillkürlich die Galle auslassen wird, die er eigentlich seinem Gegenübersitzenden verdankt und am liebsten an ihm ausließe.*

Finde ich den besuchten Mann gar mitten in seiner Familie und er nimmt mich da ohne Umstände an, dann bin ich ge-

* In einer solchen gespannten Lage sind die Urteile lebhafter Menschen gewiß immer weit schärfer und schneidender, als man sie von denselben Männern im frohen geselligen Kreise zu hören pflegt. Und da junge Reisende berühmte Männer meistens nur in solchen gespannten Augenblicken sehen und sich ihnen und ihren Freunden meistens auch nur durch Mitteilung solcher aufgeschnappten Urteile, die sie wohl noch mit eignen Zusätzen würzen, angenehm zu machen wissen, so entstehen dadurch oft die bittersten Feindschaften unter Gelehrten. Diese müssen in Deutschland schon darum besonders häufig sein, da bei keinem Volke die Sucht, berühmte Männer von Angesicht zu Angesicht sehen zu wollen, so albern getrieben wird als bei den Deutschen, die Gelehrten und Künstler keines Landes sich auch der Beschämung so preisgeben. Einen Gelehrten als solchen geradezu zu besuchen, ist in Italien, Frankreich und England fast gar nicht Sitte und die Künstler erlauben wohl, daß man ihre Arbeiten, die sie in ihrer Wohnung aufgestellt haben, betrachte, sie selbst bekömmt man aber selten dabei zu sehen. Ein Bedienter führt den Fremden für ein Trinkgeld in den Zimmern herum. Doch leider erinnert diese Anordnung besonders in den Häusern englischer Künstler – die sich im Grunde mit unsern bessern Künstlern gar nicht einmal messen dürfen – an den dürftigen Zustand der meisten unter den letztern. Und wenn sich dem deutschen Gelehrten mehrere angenehme Versammlungshäuser darböten, deren Sonne er wäre, um die sich alles drehte, Wärme und Licht von ihr zu empfangen, so wär es mit dem deutschen Gelehrten auch in manchen Dingen, und selbst, was Licht und Wärme betrifft, wohl anders bestellt. Auch Lob und Tadel würd' er dann besser ertragen und verteilen lernen. Wie lange wird das aber noch währen, eh unsre Gelehrte ih-

wiß, daß wir in den ersten Minuten gute freundliche Gesellen werden. Dieses Glück, muß ich aber gestehen, ist mir bis jetzt auf Reisen viel seltner bei Gelehrten als bei Künstlern und andern Männern bürgerlichen Gewerbes geworden.*

Doch ich vergesse ganz, daß ich Dir von einigen berlinschen Bekanntschaften schreiben wollte. Man reicht seinen Geliebten gerne gleich die besten Früchte des Korbes, und so sprech’ ich Dir auch am liebsten zuerst von *Spalding* und *Teller*. Bei diesen beiden braven Männern ward mirs so gut, ohne viele Umstände empfangen zu werden; beide fand ich in ihrem Schlafrocke unter ihren Büchern am Schreibtische, und mit beiden hab’ ich in wahrhaft angenehmer und lehrreicher Unterhaltung einige Stunden zugebracht.

Spalding ist ein großer ansehnlicher Mann, der sich auch noch trotz der siebzig Jahre, die er verlebt hat, sehr gerade und frei trägt. In seinem ganzen Wesen ist eine schöne Übereinstimmung und sein Äußers der reinste Abdruck seiner Seele. Sein Blick, seine Manier, sein Gang, die Bewegung seiner Hände und seines Kopfs, alles hat den edlen und zugleich milden und gefälligen Charakter, der seine Beredsamkeit bezeichnet. Der Ton seiner Stimme ist äußerst angenehm und sanfteindringend; sein Ausdruck ist natürlich, rein und edel. Seine schwedisch-pommersche Mundart, nach welcher er das s vor einem Konsonanten nicht

ren wahren Wert erkennen und fühlen lernen; und unsre sogenannten bessern Stände das Bedürfnis der Nähe und des Umgangs solcher echtaufgeklärten und gebildeten Gelehrten fühlen werden! Und es muß um so länger dauern, da eins auf dem andern beruht und beides gleichmäßig ineinandergreifen muß.

A. d. H.

* Das ist sehr begreiflich. Nicht zu gedenken, daß unter den Gelehrten eine weit größere Anzahl unverheiratet zu bleiben pflegt – woran auch Männer, die sich absichtlich der Ergründung und Förderung einer Wissenschaft mit Eifer widmen, gar nicht übel tun mögen, zumal da es ihnen leichter wird als dem, der Phantasie und Sinnlichkeit reizende Geschäfte treibt und überall mehr mit und in der Welt lebt – gewährte auch die Lage der meisten Gelehrten als Schul- und Kirchenlehrer ihnen selten die Vorteile, die zu einem behaglichen und fröhlichen häuslichen Leben in Städten erfordert werden.

A. d. H.

gleich den Obersachsen und den Einwohnern der meisten südlichen Provinzen Deutschlands wie sch, sondern wie die Niedersachsen ausspricht, und sein ü und ö hat für mich auch etwas sehr Liebliches und war mir doppelt wohlgefällig in seinem Munde, eh' ich erfuhr, daß es seine vaterländische Mundart sei. Ich glaubte, er habe sie aus freier Wahl angenommen, um deutsch so rein zu sprechen, wie mans schreibt. Du weißt, daß ich dieses besonders von Gelehrten zu hören wünschte, und daß ich es jederzeit für Leute, die viel in den verschiedenen südlichen und nördlichen Ländern Deutschlands reisen oder gar abwechselnd darin leben, für das einzige sichere Mittel hielt zu vermeiden, daß sie nicht am Ende einen ungeheuern Mischmasch von Provinzialdialekten annähmen.

Spalding übt in seinen Unterredungen zwei Künste, die beide den meisten Menschen und fast noch mehr den meisten Gelehrten zu fehlen scheinen. Er versteht zu fragen und versteht anzuhören. Ich habe fast nie einen Mann gesehen, der selbst so angenehm spricht und so ausgebreitete mannigfache Kenntnisse hat und dennoch mit der Ruhe und Aufmerksamkeit den andern ganz aushört. Nichts bezeichnet aber so sicher den gesetzten Mann und ernstlichen Wahrheitsforscher als diese Fähigkeit, die kleinen und großen Einwürfe, die jedem denkenden Menschen und vernünftigen Zweifler fast bei jeder Rede des andern aufsteigen, an sich halten zu können, bis der andre sich ganz erklärt hat und seine Meinung ganz gefaßt worden ist; und nichts bezeichnet sicherer den Mann von Charakter und echter Bescheidenheit als die Ruhe, welche den andern alles das willig vorbringen läßt, was seine Rede andeutet und verheißt, ohne mit Gier nach der eitlen Ehre des Erratens, wo der andre eigentlich hinaus will, zu jagen oder ihm gar das Resultat, als wäre es eine uns längst bekannte Sache, als wäre es unsre eigne alte Meinung gewesen, vorwegzunehmen. Dieses ruhige Anhören ist überdies notwendig, um die Meinung des andern wirklich zu erfahren. Die Kunst zu fragen hat ebenfalls ihre besondern Vorschriften. Außer den Vorsichtsregeln, welche die Billigkeit und Menschlichkeit jedem guten Menschen beim Fragen fühlbar machen, will die Klugheit, daß ich die Frage nicht also stelle, daß meine eigne Meinung schon daraus erhellt. Wenige Menschen haben den Mut, ihrem Gegner, besonders wenn dieser ein angesehener und achtungswerter Mann ist, ins Gesicht zu widersprechen und fallen, oft bloß aus Mißtrauen zu ihrem Sprachtalent, wenn auch nicht ganz, doch einigermaßen der Meinung des andern anscheinend bei. Den meisten Gelehrten ist aber auch nur darum zu tun, immer mehr Stimmen für ihre Meinung zu sammeln, oft begnügen sie sich gern mit der offenbar bloß anscheinenden Beistimmung und schmeicheln sich in süßem Selbstbetrug.

Von dieser Schwachheit scheint mir Spalding – (und so auch Teller) – ganz frei zu sein und ich bin nie auf den ersten Anblick von einem Menschen inniger überzeugt gewesen, daß es ihm um Ergründung der Wahrheit ernstlich zu tun sei.

Unsre Unterredung ward von neuem auf eine angenehme Weise belebt durch die Hinzukunft seines jüngern Sohnes, der mich gleich beim Eintritt ins Zimmer durch seine große physiognomische Ähnlichkeit mit dem Vater für sich einnahm. Es ist ein süßes Gefühl, das Wesen eines ehrwürdigen Greises in seinen Kindern verjüngt und vervielfältigt zu sehen: nie genoß ich es angenehmer als in diesem Augenblick; nie hab' ich in meinem Herzen einen braven Vater glücklicher gepriesen, als da ich Spaldings Haus verließ. Als Philolog und Dichter war mir der junge Mann schon aus einigen Dissertationen, Aufsätzen und Gedichten in der Berlinischen Monatsschrift bekannt, und so sucht' ich unser Gespräch – welches bis dahin über einigen Materien weilte, die Spalding in seinen vortrefflichen *Vertrauten Briefen* kürzlich so fein behandelt hat, und uns eben auf den unglücklichen *Doktor Barth*, den ich kürzlich in Halle gesehen, geführt hatte – ich suchte es nun auf Barths Verdienste als Philolog zu lenken. Und bald ward es eines der lebhaftesten und reichhaltigsten, die ich je geführt habe. Der junge Mann war noch ganz voll einer angenehmen Reise, auf welcher er mit den edlen Brüdern *Stolberg* und mit *Ebert* und andern würdigen Männern sehr frohe Tage gelebt hatte. In seinen Schilderungen, Bemerkungen und Anspielungen, die zum Teil eine eigne witzige Anwendung hatten, zeigte er eine Unbefangenheit und Reinheit des Charakters, die mich ganz für ihn einnahm. Seine Offenheit und Freimütigkeit, die er im Angesichte seines ehrwürdigen Vaters so ganz frei und auf seine eigne jugendliche Weise äußerte, wurde von dem edlen Vater so natürlich und rein aufgenommen und erwidert, wie nur immer zwei junge Herzensfreunde Meinungen und Urteile wechseln und teilen mögen; und so vollendeten beide den wohltätigen Eindruck, den sie auf mich gemacht, auf die erfreulichste Weise. Ich wußte oft nicht, ob ich mehr die gründliche Einsicht des Sohnes oder die unglaublich ausgebreitete Belesenheit des Vaters in allen Fächern, in neuen wie in alten Sprachen, bewundern sollte. Doch in diesem Augenblick, da ich mir so ganz das schöne Bild der reinen Menschheit dieses liebenswürdigen Paares vergegenwärtige, ist mir jener Umstand, gegen den moralischen Eindruck, den sie mir gelassen, kaum des Erwähnens wert, denn was ist alles Wissen und Verstehen gegen echte moralische Güte! Ja wenn diese nicht durch jenes bewirkt wird, macht sie den Gelehrten nur um so verächtlicher, je größer das Maß seiner Kenntnisse ist.

Ich freue mich, wie es mir selten wird, auf die nähere Bekanntschaft dieser beiden Menschen; sie haben mir auch durch das Anerbieten, uns in eine wöchentliche Gesellschaft einzuführen, in welcher wir die trefflichen Männer *Dietrich, Teller, Sack, Zöllner* u. a. m. finden sollen, dazu eine Aussicht mehr eröffnet.

So hat uns auch Teller durch das ähnliche Anerbieten für einen gelehrten Klub, in welchem sich wieder andere berlinischen Gelehrte und Künstler versammeln, die angenehmste Art von Hospitalität erwiesen.

Ich wünschte imstande zu sein, Dir diesen in seiner Art ebenso vortrefflichen Mann getreu darstellen zu können, und Du würdest zwei gleich achtungswerte Charaktere von großer physiognomischer Verschiedenheit vor Dir haben. Teller ist ein kleiner, etwas starker Mann. Sein ganzes Wesen ist Leben und Geradheit. So auch alle seine mündlichen Äußerungen. Dabei ist er gewandt und witzig in seinen Wendungen. Er spricht gern und angenehm, bis auf den obersächsischen Dialekt, an den ich mich nie gewöhnen werde. Er hat eine feine satirische Ader, die aber durch seine unverkennbare Gutmütigkeit so gemildert wird, daß sie nie beleidigt, nur seine Unterhaltung angenehmer und lebhafter macht. Er versteht sich auch aufs Fragen, fast möcht' ich sagen, er versteht sich aufs Ausfragen; er weiß

seinen Fragen eine Stellung zu geben, die den Antwortenden auch zu Hervorbringung solcher Dinge, die man sonst
wohl bei den ersten Unterredungen zurückzuhalten pflegt,
sicher macht. Welches auch wohl eine natürliche Folge von
der freimütigen und dabei freundlichen Art ist, mit der er
selbst entgegenkommt. Ihn selbst belebt heißer Eifer für
Verbreitung der Wahrheit, für Tilgung der Irrtümer aller
Art und männlicher Abscheu gegen Lug und Trug. Immer
kamen wir wieder auf Unterdrückungen und Verfolgungen
in den Ländern, die wir bereits durchzogen haben, und wir
hatten in Deutschland fast keinen unterdrückten und verfolgten Mann kennengelernt, nach dessen Schicksal sich der
frei- und menschlichgesinnte Teller nicht erkundigte. Wie
ihn das mir lieb und wert macht. –
Teller hat keine Kinder, soll aber ein gastfreies angenehmes
Haus machen. Er hat eine große Vorliebe für sein schönes
Vaterland, und seine gelehrten Landsleute in Leipzig besuchen ihn öfter und beleben sein Haus. So entschieden auch
der erste Eindruck bei mir für diesen trefflichen Mann ist,
so fühl' ich doch, daß ich es heute nicht vermag, Dir ein
treues Bild von seinem Wesen und Charakter zu entwerfen.
Bei Menschen von vielen geselligen Tugenden – die man
an ihm leicht erkennt – bedarf man der Beihülfe solcher
Veranlassungen, die man in mannigfaltigen Gesellschaften
findet, um sie zu einer treffenden Schilderung hinlänglich
beobachten zu können. Wir suchen seine Gesellschaft gewiß nach Möglichkeit und ich komme oft auf ihn zurück.
Wenn man nur bedenkt, was allein diese beiden Männer
seit zwanzig, dreißig Jahren zur Verbreitung echter Kenntnisse, zu Förderung wahrer Aufklärung gewirkt haben, so
muß man mit Verehrung für sie durchdrungen werden.
Und von solchen gelehrten, arbeitsamen und wirksamen
Männern zugleich durch die allgemeine Stimme zu vernehmen, daß ihr ganzes Leben das schönste Beispiel eines echt
moralischen, nachahmungswürdigen und glücklichen genußvollen Lebenswandels darbietet, das hebt meinen Geist
und mein Herz auf eine Höhe, von der ich mit Bedauern
und Wehmut in jene unglückliche deutschen Länder zurückblicke, wo Aberglauben und Unsittlichkeit sich noch
um die Herrschaft der Gemüter streiten. – Lebe wohl und
gedenke stets unsers herzlichen Bündnisses.

den 15. Okt.

Es ist Dir ein sehr gastfreies zuvorkommendes Volk hier. Außer unserm Gesandten und den Leuten, die des Onkels Sache betreiben sollen, haben wir fast noch niemand besucht, und doch haben wir schon soviel Führer und Ratgeber zur Hand und selbst schon Einladungen erhalten, daß, wenn es so fortgeht, wir nur immer unsre zahllosen Adressen in der Brieftasche behalten können. Indes raunte mir gestern mein Nebenmann bei Tische ins Ohr: „Das wird sich bald legen! die Leute sind hier verzweifelt neugierig und lieben die Veränderung wie die Kinder. Dann sind sie aber zu arm, um sich für viele Fremde zugleich interessieren zu können; der schon eine Weile hier ist, muß immer dem Ankommenden Platz machen." Wir werden doch sehen! Der Mann war ein auswärtiger Professor, mich dünkt aus Braunschweig, hatte nun wohl eben seine Adressen alle abgeschmaust und fing an, öfterer zu Hause zu essen – Doch wer weiß!

Eine auffallende Eigenheit ist hier auch das Durcheinanderlaufen aller Stände. Außer Paris fand ich das nirgend wie hier, und ich möchte fast sagen, es scheint hier noch allgemeiner zu sein. Leute von den allerverschiedensten Ständen, Ämtern und Gewerben findest Du hier in Gesellschaften beisammen und es hält oft schwer, sie voneinander zu unterscheiden. Im Anfange gewährt das einen angenehmen Anblick. Man freut sich, durch die feine Kunst des geselligen Lebens die Gleichheit für einige Stunden hergestellt zu sehen, die durch die grobe Kunst des Despotismus und des Egoismus so schrecklich im bürgerlichen Leben gestört worden ist. Im Grunde mißfällts mir aber doch. Man hört die Leute alle von allem sprechen; aber selten recht gescheut; von seinem Gewerbe oder Amte hab' ich wirklich noch keinen gründlich, bald möcht' ich sagen, keinen sprechen gehört. Der, dem schwächern Menschen so wohltätige, antreibende, festende esprit de corps muß dabei ganz verlorengehen. –

Die Journal- und gelehrte Zeitungslektüre ist hier aber auch eine wahre epidemische Krankheit. Kaum waren wir abgestiegen, so wurde uns schon angetragen, eine Lesegesellschaft mitzuhalten, die alle deutschen gelehrten Zeitungen hält. Ein Träger bringt sie den Leuten der Reihe nach, wie sie unterzeichnet haben, und empfängt dafür monatlich einen Taler. Weil wir uns vorgenommen haben, im Anfange nichts der Art abzuweisen, so waren wir sehr bereit dazu und pränumerierten unsern Taler als Fremde freiwillig. Kaum war der Kerl fort, so zeigte sich ein andrer mit einem Plane, der auch die größeren Lesejournale in sich schloß: Allgemeine deutsche Bibliothek, Berlinische Monatsschrift, Merkur, Museum u. a. m. Auch dazu standen wir an. Nun muß das unter den armen hungrigen Zeitungskupplern herumgekommen sein: denn den fünften Tag hatten wir eine dritte Ladung mit ausländischen Zeitungen und Journalen auf dem Halse. Da schleppen Dir nun die Kerle einen Wust zusammen, daß wir manchen Tag kaum Zeit genug behalten, um nur die Namen der Interessenten auf den Umschlägen der gehefteten Zeitungen und Journale herauszulesen, die bis jetzt für uns das Wichtigste bei der Sache waren. Jedes Mithalters Name steht in der Ordnung, in dem ihm das Zeug gebracht wird, auf dem Umschlage des Buchs. Da stehen Dir nun Minister und Kaufleute, Generale und Prediger, Räte und Schreiber, Künstler und Handwerker durcheinander, wie in den Schuldbüchern der Kaufleute. Mir kommen sie auch wahrlich oft vor wie insolvente Schuldner an Buchhändler und Autoren: denn man sieht fast kein anderes Buch bei den Leuten, und die Buchhändler sollen hier in der Stadt selbst fast nur an solche Lesegesellschaften verkaufen, deren es auch wieder für allerlei Lesebücher gibt, doch nur aus der leichteren und lüftigern Klasse gibt. Dennoch aber sprechen Dir die meisten Leute von den größten Werken, von denen sie vielleicht auch nicht einmal die Rezension ganz gelesen haben mögen, als von ganz bekannten, ihnen geläufigen Sachen. Eine Lust ist es aber, wenn man so in einem angesehenen Journal eine Rezension von einem neuen Buche gelesen hat, wie man da hernach überall dasselbe Urteil so echomäßig widerhallen hört. Oft nicht besser begriffen und angebracht, als jener lüftige französische Marquis im Pariser Concert spirituel das Urteil des Mercure de France über den Gesang der Mara anbrachte. Nach ihrem ersten Debüt, in welchem sie ihre unbegreifliche grenzenlose Fertigkeit gezeigt hatte, sagte der Beurteiler im Mercure: elle m'étonne, mais elle ne me touche pas. (Sie setzt mich in Erstaunen, aber sie rührt mich nicht.) Kaum hörte der hirnlose Nachbeter im zweiten Konzert der Mara die ersten Takte des unbedeutenden Rezitativs, das vor einer Arie herging, und schnell wandte er sich bedeutend zu seinem Nachbaren und rief mit weisem Nasenrümpfen: elle m'étonne, mais elle ne me touche pas.

Eine sonderbare Mischung von Unglauben und Aberglauben ist hier unter den Leuten – doch das ist alles noch zu früh. Auch ist es gar nicht mein Vorsatz, Dir so zu schreiben. Meine Sehnsucht nach Dir und die fatale Öde bei all dem Geräusch um mich herum, die treiben mich immer an den Schreibtisch. Da sitz' ich dann und käue und stampfe die Feder, hauche all das O und Ach, das nach ihr sich hindrängt, schwer in die Luft, bis dann ein Buch auf dem Tische, ein Schrei auf der Straße, ein Türklopfer all die helldunkeln Bilder, die bittersüßen Träume verscheucht und mich so ganz was anders Dir schreiben läßt, als ich erst wollte. Lieber, wärst Du doch mit uns! – Doch ich mag das nicht weiter nähren, es macht mich zum unnützen Menschen. Lebe wohl und schreibe bald und oft.

Brave Tirolermenschen
Ein Familiengemälde
[Auszug]

[Erster Band. Erstes Stück, Nr. III, S. 42–53 (Auszug)]
[Erster Band. Zweites Stück, Nr. II, S. 171–184]

[...]
Ich erzähl' euch jetzt von dem Leben und wandelnden Schicksale der braven Leute, soviel ich von Freunden und Nachbarn dort herum erfuhr und wie ich es in Briefschaften finde, die mir meine warme Teilnahme an dem Schicksale der guten Menschen verschaffte.

Franz Baumbach sollte eben sein väterliches Erbe übernehmen, das seit undenklichen Zeiten in sichtlichem Anwachs von Vater auf Sohn erbte. Obgleich der alte Peter Baumbach noch ein Starker unter den Greisen war, so wünschte er doch die letzten Jahre seines mühevollen Lebens in Ruhe zuzubringen und es noch mit eignen Augen anzusehen, ob sein lieber Franz das stattliche Hauswesen wohl so gut verwalten würde, daß auch er die liebe Stätte mit der Hoffnung zu frischem Anwachs des Wohlstandes verlassen könnte.

Höre Franz, sprach er zu dem braven Burschen, da er ihn eines Abends in der wohlgeordneten Baumschule fand, die Franz vor sechs Jahren angelegt hatte, höre Franz, du bist nun 25 Jahr alt und bist ein braver verständiger Bursche. Den Garten hältst du trefflich in Ordnung; die Baumschule gedeiht ja zusehends. Keine zehn Jahre gehen hin, so hast du das halbe Tal mit schönen Obstbäumen bepflanzt. Die Äcker sind in den letzten Jahren nicht schlechter geworden; du hast gut achtgegeben und gewiß brav mit Hand angelegt. Vetter *Anich* lobt dich auch und sagt, du hättest nicht umsonst beiher so über den Büchern gesessen; du wüßtest von Himmel und Erde mehr als mancher Schulmeister und könntest, wenn du sonst Lust hättest, deinen Haushalt regelmäßiger führen, als mancher Beamte tut. Wenn das aus den Büchern herauskommen kann, dann laß ichs mir gefallen, sonst weißt du wohl, halt' ich eben nicht viel auf den gelehrten Schnickschnack. Nun hör an, lieber Franz, nun such' dir ein Mädel aus; ein hübsches und tüchtiges Mädel, hör'! Und ist das Mädel so eine brave Hauswirtin, wie unsers guten Nachbars *Pepi**, dann tret ich dir die ganze Wirtschaft ab, zieh da in das kleine Häusel und seh dir mit Freuden zu wirtschaften.

Vater, erwiderte der brave Bursche, Ihr seid gut und wollt gewiß mein Bestes, das weiß ich. Ihr seht auch gerne, daß ich Euch alles freiheraus sage; das will ich tun. Wenn Ihr so abends beim hellen Feuer von Euren frühen Feldzügen unter dem großen *Eugen* erzählet und dabei wieder neu auflebtet und dies und jenes um vieles nicht versäumt haben mochtet, und wie Ihr in einem Lande dies gesehen und gehöret, in einem andern jenes, und wie so manches Euch bei Eurer Feld- und Gartenarbeit wohl zustatten gekommen ist, und wie Euch alles nur gering schien, was uns erschreckte, Ihr an nichts verzweifeltet, was uns andern schon verloren

* *Pepi*, eine dort gewöhnliche Abkürzung des Namens Josephine.

schien: da dacht ich oft bei mir selbst: der Vater wäre doch gewiß kein so braver und wohlhabender Mann geworden, wenn er nicht in der Welt viel versucht und viel erfahren hätte! Auch in Büchern fand ichs immer, daß nur solche Leute ihre Sache recht mutig und klug angriffen und mit Dauer erhielten, die sich in der Welt was rechts herumgetummelt und umgeschaut hatten. Der Krieg wollte mir zwar nie recht zu Sinne; es ist ein gar zu abscheuliges Ding, daß Menschen um nichts und wieder nichts so erbittert gegeneinander angehen und sich plündern und morden. Die gestrige Zeitung aber, Vater, die hat mir das Herz ganz umgewandt. Der gewaltige König von Preußen treibts immer ärger gegen unsern braven Kaiser. Böhmen und Mähren ist ja so gut als in seiner Gewalt, wie lang wirds dauern, so geht er nach Wien und Gott weiß, was dann aus den kaiserlichen Erblanden wird. In der Zeitung steht wieder ein Aufruf an die braven Tiroler, sich fleißig zu stellen, und es ist mir, als wenn ich nun hinaus müßte, um unsern armen Kaiser und unsrer mutigen Kaiserin, soviel ich vermag, zu helfen. Ihr seid ja auch noch stark und frisch, Ihr steht immer noch ein paar Jahre der Wirtschaft ohne viel Mühe vor. Lange kann ja der Krieg eben nicht mehr währen und wird es Euch zu sauer, kann ich ja immer wieder abgehn. Gefreit habt Ihr ja auch erst spät und habt doch gesunde Kinder groß werden sehen, und von Euren ältsten Töchtern auch schon Enkel die Menge. Vielleicht bleibt die *Pepi* noch einige Jahre bei ihrem Vater, und find ich sie hernach noch frei, so werb ich um sie.

Der alte Vater fiel dem Sohne mit Tränen um den Hals und rief: geh in Gottes Namen, du braver Junge!

Die Tränen der Mutter und der Geschwister hielten ihn nicht. Er rüstete sich nach Art der Tiroler Jäger mit gezogener Büchse und krummen Säbel aus, stellte sich freiwillig bei einem Jägerkorps und zeichnete sich gleich in den ersten Gefechten durch echte ruhige Bravour vor vielen andern aus. Seine sehr ordentliche Lebensart und seine Geschicklichkeit im Schreiben und Rechnen ließen ihn im folgenden Feldzuge zum Unteroffizier und Versorger der Kompanie avancieren. Von dem Augenblick an ward es ihm erst wohl bei der Armee. Der häufige Müßiggang und die beständige Nähe seiner rohen Kameraden war ihm oft sehr lästig geworden. Nun führte er die Angelegenheiten der Kompanie mit der Ordnung und Tätigkeit, mit der sein braver Vater seinen großen Haushalt führte. Vom Inhaber der Kompanie bis zum letzten Gemeinen sah ihn jeder für seinen Freund und treuen Versorger an.

Zu Hause ging es auch gut in der Wirtschaft und der Vater fühlte oft, daß er doch wohl zu früh den Gedanken an Ruhe gehabt habe. Nichts zwang ihn, den braven Franz vor Beendigung des Krieges zurückzurufen, so herzlich gerne er ihn übrigens auch wieder um sich gehabt hätte. Alle fühlten jetzt erst recht, wieviel der gute Franz in seiner stillen Tätigkeit für alle gewirkt hatte. Überall fehlte seine hülfreiche Hand.

Im letzten Feldzuge hatte Franz das Glück, seinen General aus einer augenscheinlichen Lebensgefahr zu retten. Er schonte dabei sein Leben nicht und erhielt einige Hiebe in den Kopf und in die Schulter. Der General glaubte, eine so tapfre edle Handlung nicht geringer belohnen zu können, als daß er ihn zum Offiziere vorschlug. Das Patent kam an; unser Franz war aber durch nichts zur Annahme desselben zu bewegen. Er gestand frei, nur der Eifer für seinen Kaiser habe ihn bewogen, sein väterliches Erbe während des Krieges zu verlassen, nichts würde ihn nach dem Frieden länger beim Militär halten können, und da sein einziger Wunsch und Plan sei und bleibe, sobald es Friede würde, in seine Heimat wieder zurückzukehren und sein väterliches Erbe mit eignen Händen anzubauen, könnte ihm der Herr Lieutenant nur im Wege stehen, im geringsten nicht fördern. In seinem stillen Herzen achtete er sich und seine wohlverdiente Unteroffizierstelle, die ihm Gelegenheit gab, so vielen nützlich zu werden, auch zu hoch, um sie leichtsinnig zu vertauschen. Ein Brief an seinen Vater, der letzte, den er aus dem Felde schrieb, sagt dieses und manches andere zu naiv, als daß ich ihn nicht gerne hier abdrucken ließe. Wer teil an Menschen nimmt, die an der Hand der Natur auf eignen Beinen wandeln, wird auch das Umständliche darin nicht unbedeutend finden.

„Ich konnt' Euch in der letzten Zeit nicht schreiben, weil ich zwei Monat im Lazarette lag. Auf einer schlimmen Retirade, bei der unser braver General fast der letzte Mann war, hatte ich das Glück, ihn vom Feinde zu befreien. Sein Pferd stürzte dicht neben mir, er kam ganz drunter zu liegen. Ich sprang zu, wollt' ihm hervorhelfen, als eben drei preußische Husaren, die ihn verfolgten, auf ihn einhieben. Es glückte mir, sie so lange abzuhalten, bis mehrere von unsern Leuten umwandten, einen Husaren vom Pferde schossen und die andern in die Flucht trieben. Es waren fast die letzten, die uns verfolgten. Meine Kameraden hatten mich betäubt weggetragen. Nach einigen Stunden erwacht' ich in einer Dorfschenke und fand meinen Kopf und die Schulter in feste Bandagen gewickelt, das war das erste Mal in meinem Leben, daß ich am Leibe nicht frei war. Der General saß neben mir und freute sich sehr, als ich wieder erwachte. Er fragte mich oft, ob die Wunden im Kopfe auch nicht sehr schmerzten? und nannte mich seinen Erretter. Er wollte mir auch seine Uhr und Börse, die ihm die Feinde bald abgenommen hätten, zum Geschenke machen; ich antwortete ihm aber wie Ihr einst einem Prinzen, dem Ihr einen ähnlichen Dienst tatet: es sollte mir leid tun, den Dank eines so braven Offiziers für Geld und Gold zu verkaufen. Er drückte mir drauf die Hand und sagte: ich sehe wohl, Ihr seid eines bessern Lohns würdig. Und so mag der brave General wohl geglaubt haben, mir einen rechten Gefallen zu tun, da er für mich das Offizierspatent auswirkte. Aber auch darin folgt' ich lieber Eurem Beispiel als dem Zureden mancher Kameraden. In all dem wars freilich leichter, einem solchen Beispiel zu folgen, Vater, als bei der Verteidigung des braven Generals. Hätt' ich da mit Büchse und Säbel so gut schwadroniert, wie Ihr damals, wär' ich auch wohl ohne Wunden davongekommen und hätte die Feinde selbst abtreiben können. Ich habe wohl an Euch gedacht, wie ich zusprang.

Der General hält mich nun für eigensinnig, weil er unsern Hausstand, unser Leben nicht kennt und begreift. Das tut aber weiter nichts. Sobald es Friede ist, geh' ich ja ab, und beim lustigen Einfahren mit unsern braven Braunen und Rappen und beim Baumfällen und Pflanzen hätt' der Offizierrock doch nicht gepaßt. Nein, guter Vater, ich weiß zu gut, was das wert ist, so wie Ihr als glücklicher Landmann zu leben, unter seinesgleichen der Beste und Klügste zu sein, ohne sich durch eitles Prahlen den Haß und Neid seines Nachbarn zuzuziehen. Und vieles von dem begreif' ich itzt viel besser als sonst und das ist mit ein paar Narben gar nicht zu teuer bezahlt. Die Wunden haben gut geheilt und ich bring nun doch ein Andenken vom Kriege mit. Die Schmarre über der Stirn wird Pepi doch wohl leiden mögen? Es sieht fast aus, als wenn ich so noch die letzte Gelegenheit hätte benutzen sollen: denn alles spricht itzt vom Frieden. Nun, mir soll es herzlich lieb sein. Mich verlangt gar sehr nach Hause und das Elend rund um mich her kann ich kaum länger ansehen.

Ich werde Euch manches von den Preußen zu erzählen haben, was Euch auch in Eurer guten Meinung von den Protestanten bestärken wird, manches, was nicht viel anders klingt, als wenn Ihr von Euren Feldzügen am Rhein erzähltet. Manches und vieles auch, was eben nicht zum Besten für unsre Truppen klingt. Viele Regimenter, und besonders die Offiziere, haben es oft in ihrem eignen Lande so arg gemacht, daß man in Böhmen am Ende lieber die Preußen als uns aufnahm. Ich glaube fast, die einfältigen Leute sehen die Böhmen auch für ihre Feinde an, weil sie eine andre Sprache sprechen.

Und von dem braven *Fritz* sprechen wir fast ebensoviel und ebenso gerne als seine eigne braven Soldaten. Das ist noch ein König! Vater, nur so einer sollte König sein! Wunderdinge erzähl ich Euch von ihm. Und wie er von seinen Leuten geliebt ist! Wie die Gefangenen, die wir machen, von ihm sprechen! Einen Gefangenen hab' ich mir gemacht, Vater, den brächt' ich Euch gerne als Beute mit nach Hause. Es ist ein preußischer Feldwebel von der Infantrie. So was kennt man gar nicht bei unsern Truppen. Der Mann hat euch studiert, versteht den Dienst und spricht davon, daß wir uns nicht satt hören konnten. Und was er alles für seine Kompanie zu besorgen hat, und wie ordentlich er die ganze Kompanie führt und jedes einzelnen Soldaten Sache! Er sieht die Soldaten seiner Kompanie wie seine Kinder und Zöglinge an. Nur darüber hat er bei uns gejammert, daß seine Kompanie nun in Unordnung kommen wird.

Denkt Euch meine Freude, Vater: wie er sieht, daß es mir Ernst ist, ihm seine Sachen zu lassen, er aber durchaus darauf besteht, ich müßte mir irgendwas aus seinen vollgepackten Tornister aussuchen, seh ich, daß dieser halb voll Bücher ist. Potz Element! schrie ich, davon sollt Ihr mir kein einziges behalten, die könnt' Ihr in Eurem glücklichen Lande leicht wiederfinden, ich dort für alles Geld nicht. Der Mann hatte solche herzliche Freude an meiner Begierde nach seinen Büchern, daß er mich dann auch beim Wort hielt, und ich bring Euch nun gar schöne Bücher von einem gewissen *Gellert* und *Rabner* mit, auch eine Erdbeschreibung von einem *Büsching*, wo auch unser Dorf drinnesteht, und ein Buch von *Spalding* – Vater, das klingt ganz anders, als was sie uns dort in Inspruk verkaufen. Wie wird Euch das Buch freuen! Man meint im Anfang, das wäre zu vornehm für unsereinen, und doch versteht sichs leichter als manches schlechte Buch; und wo ichs nicht ganz verstand, half mir mein braver Feldwebel.

Vater, von dem Mann hab' ich mehr gelernt, als von allen andern Menschen, wenn ich Euch ausnehme. Und indem ich eben anfing, das alles zum Besten meiner Kompanie soviel als möglich anzuwenden, hätt' ich sollen ein müßiger Unterlieutenant werden? Und das, um als Herr Lieutenant, der in nichts mehr paßt, nach Hause zu kommen? Ja, auch wenn ich hätte Soldat bleiben müssen, ich hätte mich doch wohl bedenken sollen! So aus meinem guten Stand heraus unter die Menge junger windiger Stadtleute, die ihre Stellen kaufen und sie wieder verkaufen, und zu ihren Obern auch meist solche Leute haben, die es für Geld und gute Worte geworden sind! Wenn ich so ein tüchtiger Unteroffizier für meine Kompanie werden könnte, wie mein Freund *Werner* für seine brave Preußen ist, den sie nicht leicht so haben können, wenn sie auch noch Geld und gute Worte dazugeben wollten, so wär ich und die Kompanie doch wohl so besser dran!

Eben da ich mich hinsetze, diesen langen Brief zu schließen, gehts durchs ganze Lager: *Friede,* Friede! Nun, dann bin ich ja selbst bald wieder bei Euch und es lohnt des Schreibens nicht weiter. Die Tränen stehn mir vor Freuden in den Augen; Vater! Lebt wohl! Gott erhalt euch alle gesund bis zum Wiedersehn. Ich bin gewiß der Erste zu Hause."

Franz

Der lang ersehnte Brief war erst wenige Tage in den Händen des glücklichen Vaters, als der brave Franz auf einem erbeuteten Polacken in den Hof gesprengt kam. Er fand seine Lieben alle rund um den Tisch beim Abendbrode; sein Brief lag zwischen dem alten Vater und der schönen Pepi auf dem Tische. Sie und ihr Vater waren herumgekommen, ihn noch einmal zu lesen. Pepi hatte ihn laut vorlesen müssen und glühte noch eben vor Freuden, als unser braver Franz in die Stube trat und sich dem alten Vater in die Arme stürzte. Dann umarmten ihn alle die Reihe herum recht herzlich, auch Pepi, die erst hinterdrein jungfräuliche Scham befiel.

Noch am selben Abend ward das schöne Bündnis geschlossen und die Liebenden glaubten so fest an die stets wiederkehrende Blüten- und sichere Fruchtzeit, daß sie den Wunsch vieler eitlen Verliebten, die erste schöne Blütenzeit möglichst zu verlängern, nicht hatten.

Sobald der neue Hausstand, zu dem schon manches in der Stille vorbereitet worden war, in Ordnung kommen konnte, war auch die Hochzeit, die sie wie all ihre schönen Familienfeste im trauten Kreise der Hausgenossen und der treuesten Nachbarn ohne Geräusch feierten und so ganz genossen. Den Tag nach der Hochzeit ward allen Bekannten aus dem Dorfe Zirl ein ländlicher Schmaus und lustiger Tanz auf dem großen Lindenplatze vor dem Hause gegeben und es ward des lieblichsten roten Tirolers dabei nicht geschont. Der alte Peter Baumbach und seine gute Lise beschlossen selbst den Ball, unter allgemeinem Jubel, mit dem lustigen Großvatertanz.

Kein Jahr war vergangen, so gebar die brave Pepi einen Sohn, der, wie fast alle erstgebornen Söhne pflegen, der Mutter an Schönheit glich; dem Vater glich er an Stärke und Munterkeit. Nie hatte man ein schöneres lustigeres Kind gesehn. Kaum ein halbes Jahr alt, fing er an, auf der wollenen Decke in des Großvaters Kammer herumzukriechen; kaum ein Jahr und er watschelte schon den jungen Enten auf dem grünen Hofe nach. Zähne bekam er so leicht und so früh, daß die zärtliche Mutter, die ihn gerne länger gestillt hätte, ihn vor dem neunten Monat schon entwöhnen mußte. Alle liebten ihn, alle beschäftigten sich gerne mit ihm und so lernte er auch bald sprechen. Folgsam war er, wie alle starke gesunde Kinder es sind, die unter dem treuen liebenden Auge vernünftiger Eltern bleiben und nicht durch ungeschickten Widerstand gereizt werden. Eine gute einverstandne Schwester stand der besorgten Mutter treulich bei und so erreichte er fast sein drittes Jahr – da die Mutter ein schönes Mädchen gebar – ohne daß ihn eine fremde Hand berührt, irgendeine ungeschickte Behandlung geirrt hatte.

Am liebsten war er immer mit dem Vater, ohnerachtet dieser auf unbedingtem Gehorsam hielt nach dem festgefaßten Grundsatze: – Einer, und zwar der festeste Charakter im Hause, müsse volle Autorität über die Kinder haben. Aber wie wenig er diese auch mißbrauchte! oder nur anwandte! Nur da, wo des Kindes Sicherheit und Zufriedenheit daran hing, wurde unbedingt geheißen. Dann fand aber auch kein Widerspruch, kein Säumen, kein Räsonieren statt. Bei dem völlig konsequenten Benehmen des Vaters und der treuen Zustimmung der Mutter, die ihn nicht aus den Augen ließen, mußte sichs bald finden, ohne daß je eine körperliche Züchtigung notwendig gewesen wäre, die der brave Vater durchaus als sklavisch verabscheute.

Nun kam er dem Vater kaum mehr von der Seite. Bei der Gartenarbeit auf den Wiesen und Feldern, die rund um den schönen Hof herum lagen, im nahen Holze, überall war er um den Vater. Bald wurde er an Stärke und Geschick ein Wunderkind, wie er es bis dahin an Schönheit gewesen: denn seit die Sonne und Luft ihn bräunten, sprachen die Weiber und Mädchen weniger von seiner Schönheit.

Seine Aufmerksamkeit und Wißbegierde wuchs täglich, um so mehr, je weniger ihm geheißen wurde, sieh dahin, sieh dorthin, behalt mir dies, behalt mir das! Er war kaum sechs Jahr alt, als er alle Gräser, Pflanzen und Bäume der ganzen Gegend kannte und bei Namen zu nennen wußte. Von allem, was seinen Fähigkeiten angemessen war, bekam er richtige Begriffe, und keine Art von Lug und Trug umnebelte seinen guten Kopf. Was über seine Fähigkeiten war, wurde stets mit den Worten, das kannst du noch nicht begreifen, abgewiesen.

Im Laufen, Springen und Klettern war er bald der Meister und Anführer andrer Knaben seines Alters. Der Vater förderte dergleichen Knabenspiele mit Nachbars Kindern; sooft er nur irgend konnte mit seiner Beschäftigung in der Nähe bleiben, dann war sein Auge immer dabei, wenngleich die Knaben es nicht bemerkten. Auch nahm er wohl bisweilen selbst Anteil an ihren Spielen. Der Knabe badete auch an heißen Tagen mit dem Vater im Flusse und lernte leicht schwimmen.

Im Garten hatte der liebe Junge sein eignes Feld, das er mit kleinen, seinen Kräften angemessenen Gartenwerkzeugen bearbeitete. Anfänglich wurde es mit allerlei Feld-, Gartenblumen und allen Pflanzen, die er nur habhaft werden konnte, durcheinander und dicht besteckt. Auch wurden von Gartenkresse die Namen des Vaters, der Mutter und der Muhme unzählige Mal gesäet und mit grünen Kränzen eingefaßt; ebensooft aber auch wieder, der besseren Ordnung im ganzen wegen, umgehackt und umgegraben. Doch bald zeigte sich bei dieser seiner Lieblingsarbeit ein entschiedner Hang zur Ordnung. Er war noch nicht acht Jahre alt, als sein Gartenfeld vollkommen nach der Schnur abgeteilt und mit allem guten Gesäme und allen guten Pflanzen, die er erhalten konnte, auf das beste bepflanzt war. Und mit welcher Lust und Liebe pflegte er jede Blume, jede angenehme Frucht! Trug dann alles mit lautem Jubel der Mutter, der Großmutter und der lieben Schwester Sophie hin! Doch wählte er sorgfältig immer das Schönste und Beste für die Mutter aus, die er immer mehr und über alles liebte.

Lesen lernte er nicht eher, als bis ihm von selbst die Lust dazu kam. Da lehrte es ihn die liebende Mutter aber auch so leicht, daß sie selbst darüber erstaunte. Und zwar nach der ganz gewöhnlichen Buchstabiermethode; Rechnen lehrte ihn der Vater ebenso leicht.

Dem braven vernünftigen Vater ward bange, als der kleine Mensch im neunten Jahre lesen konnte und nach Büchern zu verlangen anfing. Er kannte kein einziges Buch, was er dem unverdorbnen Knaben hätte in die Hände geben mögen. Die fromme Großmutter meinte zwar, das Gebetbüchlein und die Heiligenlegende wären ja doch recht hübsch groß gedruckt, die könnten seinen zarten Augen wohl eben nicht schaden. Der brave Großvater schüttelte den Kopf dazu, die Mutter sah verlegen den Vater an und dieser schwieg mit ihnen: denn der Knabe war gegenwärtig. Auch schonten sie die fromme Großmutter gerne: wenngleich sie selbst anders gesinnt waren.

Der Vater sann nun ernstlicher auf eine anhaltende Beschäftigung für den Knaben, die doch auch sichern Einfluß auf sein künftiges Leben als Landwirt hatte. Erst meinte er ihm Anleitung zu geben, eine Samenschule anzulegen und ihm dann die Besorgung ganz zu überlassen. Er erinnerte sich aber bald der Mühe und Sorgfalt, die ihm dieses Geschäft im achtzehnten Jahre gekostet und sah wohl ein, daß es für einen zehnjährigen Knaben zu einförmig wäre, auch zuviel Geschick, Aufmerksamkeit und dauernde Vorsorge erfordere, um den guten Erfolg mit Sicherheit zu erwarten; und dieser mußte nicht leicht fehlen können, wenn mit dem wachsenden Geschick des Knaben auch Lust und Liebe zum Dinge wachsen sollte; woran dem Vater alles lag. Auch sind die Erfolge bei einer neuangelegten Baumschule zu klein und zu langsam, um das rege Verlangen eines Kindes zu befriedigen. Und was am meisten dagegen war, sie beschäftigte den Knaben nicht im Winter. Dies war aber eben das nächste Bedürfnis.

Bald kam der gute Vater auf einen Gedanken, der alles zu erfüllen schien. Er hatte den Sommer über größere Ställe für sein Vieh, das sich alljährlich vermehrte, neu gebaut, und zwar nach Art der Gebirgsländer ganz von Holz. Dabei war der kleine Mensch gar lustig geschäftig gewesen und ein alter tüchtiger Zimmermann hatte sich gerne mit ihm abgegeben. Der Kleine lag den Vater oft damit an: „Vater, bau mir auch ein klein Haus!" Dies kam dem guten Vater lebhaft zu Sinnen, als er eines Morgens das überbliebne Bauholz musterte und beiseite schaffte. Er ließ den braven Zimmermeister Lorenz in der Feierstunde rufen und überlegte mit ihm, ob aus dem kleinen Holzvorrat wohl ein Wesen so und so aufzurichten wäre. Meister Lorenz stimmte zu und versprach eine kleine Zeichnung. Sie wurden eins, daß den Winter über, wenn die Witterung seine größere Arbeit störte, und in den Feierstunden, auch wohl manchmal an Feiertagen, in dem großen Holzschuppen das gute Kinderwerk bearbeitet werden sollte. Wilhelm sollte ihm immer zur Hand sein und nach Möglichkeit dran arbeiten, um eine geschickte Hand und dabei, soviel es sich tun ließe, Begriff von der Zimmerei zu erhalten. Was das Gebäude

aber eigentlich werden solle, müsse Wilhelm nicht eher erfahren, als bis es aufgerichtet dastände.

Den nächsten Sonntag kam Meister Lorenz zum Abend-
brot, brachte die mit roter und schwarzer Dinte zierlich aus-
geführte Zeichnung mit und gab sie Wilhelm. „Wie gefällt
dir das Häuschen?" sagte er. „Wenn du mir das Ding gut
nachzeichnest, so lehr' ichs dich auch bauen; Vater gibt uns
dann Holz dazu und wir bauen es zusammen."

Wilhelm wußte nicht, was er sagen sollte, sah bald die
Zeichnung, bald den Vater, bald den Meister an. Endlich
sagte er:

Vater, ist das wohl wahr? –

Ja, ich hab nichts dagegen. –

Willst du mirs wohl zeigen, Vater, wie ich das nachzeich-
nen muß? –

Recht gerne! –

Meister Lorenz, hältst du denn auch Wort, wenn ichs recht
mache? –

Jawohl! ein braver Kerl hält immer Wort.

Eh sie sichs versahen, war Wilhelm vom Tische verschwunden. Er spitzte schon den doppelten Bleistift mit Rotstein
auf einer Seite, den ihm der Vater wohl ehe geschenkt
hatte, um ihm Lust zum Zeichnen zu machen. Das hatte
aber, wie jede sitzende Beschäftigung, noch nicht recht gehen wollen, sooft er es auch mit dem besten Willen anfing.

Der Monat war noch nicht vergangen und unser kleiner
Mann hatte eine Zeichnung zustande gebracht, in welcher
eben kein Verhältnis merklich verfehlt war. Die Linien fielen ganz rein und gerade aus. Damit lief er zum Meister Lorenz, forderte ihn auf, sein Versprechen zu halten, und der
schlug ein.

Das Holz zu dem geheimnisvollen Gebäude ward den Winter über bearbeitet und Wilhelm wurde ein kleiner geschickter Zimmermann bei der Arbeit. Seine Kraft und
Dauer setzten den alten braven Meister Lorenz ebensooft
in Erstaunen, als seine Aufmerksamkeit und Anstellig-
keit.

In den ersten schönen Frühlingstagen ward eine freie Ecke
auf dem großen Hofplatze, an welche Wilhelms Gartenplatz
stieß, völlig geräumt und dann auch bald das ganze Wesen

aufgestellt. Nur den kleinen Taubenschlag in der Mitte des Gebäudes und den Hühnerstall an der einen Seite mit seiner kleinen Stiege vor der Klapptüre erkannte Wilhelm für das, was es sein sollte.

Wie erstaunte er aber, als er am Morgen seines zehnten Geburtstages, der zur Besitznehmung bestimmt war, eine ganze kleine ländliche Ökonomie drinnen erblickte. Gleich nach dem Frühstücke, zu welchem die Mutter köstliche Kuchen gebacken und die Morgenmilch mit Eier und Zucker aufgekocht hatte, führte der Vater den kleinen Wilhelm unter Geleitung des Meister Lorenz hin; alle andern folgten und drängten sich möglichst vor, um die Freude des lieben Jungen ganz zu genießen. Kaum beim neuen Gebäude angelangt, zog der Vater an einer Schnur, die doppelte Klappe des Taubenschlags fiel und kecke Feldtauben, auch schöne bunte Haustauben umflogen sie rundum und immer näher, daß ihre Flügel die Haare der fröhlichen Menge berührten. Sie waren seit einigen Wochen daran gewöhnt, ihr Futter, wenn Wilhelm mit dem Vater über Feld war, so zu erhalten.

Der Vater eröffnete dann eine Seitentüre und zeigte dem kleinen frohen Besitznehmer eine Kammer mit allerlei Vorräte von Gerste, Wicken und Erbsen in zierlichen Kasten nebeneinander. Mit beiden Händen streute der Glückliche aus allen Kasten der frohen Menge, die ihn umwimmelte, und als er ihr mit vollen Händen übermäßig vorwarf, öffnete der Vater eine kleine Türe unter dem Taubenschlage. Da sprangen und flatterten mit frohem Ungestüm junge schöne Hühner von allen Farben hinaus, mit ihnen ein großer buntgefiederter Hahn und mischten sich unter die lustig pickenden, gurrenden Tauben. Auch junge Truthühner traten aus einer neugeöffneten Türe zierlich trippelnd hervor.

Streu nur immer mehr, mein lieber Junge, rief der innigerfreute Vater; bis du selbst junge Tauben und Eier wieder zu Futter machen kannst, solls wohl hinreichen. Hol' ihnen auch Näpfe voll Wasser. Da über den Futterkasten hängen sie. Die Tauben fliegen schon nach dem Brunnenkasten.

Nie gab es einen glücklicher Beschäftigten. Als er vor Freude und Eile ganz außer Atem war, sagte der Vater zu ihm: traust du's dir wohl zu, lieber Junge, die ganze liebe

Zucht alle Morgen und Abend gut zu versorgen? daß sie nicht Hunger und Durst leiden? daß ihre Ställe immer rein sind?

O ja, ja, und weit mehr noch.

Mehr noch? sagte der Vater und öffnete die größere Türe zur Seite. Wie versteinert stand unser kleine Mann da, als er die schöngefleckte glatte Kuh mit ihrem netten muntern Kalbe sah. Auch die übernimmst du noch?

Er stand einen Augenblick stumm da; sah den Vater forschend an und sagte dann mit halber Stimme: Vater, kann ichs? –

Ja, wer weiß, sagte der Vater, den die Freude über die bescheidene Frage des kecken Jungen fast übernahm: Wenn du nur recht ordentlich dafür sorgen willst, daß du immer zu rechter Zeit allen Abfall aus dem Krautgarten herschaffst; Rüben und Kohl fleißig abblätterst, und wenn das nicht hinreicht zu dem Klee, den du mit mir gesäet hast, auch mit dieser neuen Handsichel das Gras aus den Seitengängen und Abhängen im Baumgarten für sie schneidest und das alles mit dieser neuen Gartenkarre herbeischaffst, auch immer zu rechter Zeit in ihren Eimer Wasser trägst, im Winter rote und gelbe Rüben immer zu rechter Zeit kleinmachst. –

Reinhalten kann ihm ja wohl der Michel die Kuh und den Stall, sagte der Großvater.

Und ich übernehme das Melken, sagte die Muhme, wenn das Kalb nicht mehr säugt; und dann lehr' ich dich und Sophie Buttern und Käse machen, auf allerlei Weise, nach Schweizerart, auch auf mancherlei Art die Milch zum Essen bereiten, wie mirs der alte Schweizer gelehrt hat, der hier immer nach Salz kommt.

Damit können wir dann sonntags kochen und traktieren, sagte Sophie, und dann kommt Mutter und Großmutter auch wohl mit bei uns zu Gaste.

Jawohl, riefen beide, denen es wohltat, sich mit einigen Worten Luft zu machen: denn bisher hatten alle, mit nassen Augen in der Freude des kleinen glücklichen Menschen versunken, dagestanden.

Der kleine Glückliche begriff's noch kaum, als der Vater die letzte Türe öffnete, die einen kleinen völlig eingerichteten Pferdestall sehen ließ. Hier kommt übers Jahr dein kleines

Pferd zu stehen, wenn du bis dahin alles, was du heute er-
hältst, gut versorgst und benutzest; gehts dann noch nicht,
so bleibt der Stall noch ein Jahr leer.

O, es soll schon gehen, Vater! hab' ich doch schon vorigen
Sommer Klee und Gras geschnitten; und hab' ich nicht den
Winter über fleißig Kleinholz vorgekarrt und auf deine
Stube getragen, Mutter? Ja, es soll schon gehen, Vater, lieber Vater! Und nun drückte er sich mit innigster Zärtlich-
keit an das Knie des Vaters und verbarg so eine Weile sein
liebes glühendes Gesicht. Mit Mühe hob ihn der Vater in
die Höhe und der liebe Junge, dem solche Liebkosungen
eben nicht zur Gewohnheit geworden waren, konnte den
Vater nicht sattküssen.

Dann gings mit der neuen Gartenkarre, die größer als seine
bisherige war, und mit der neuen blanken Sichel in den
Garten übers Gras und Klee her.

Notiz von deutschen Journalen

[Auszug]

[Erster Band. Erstes Stück, Nr. IV, S. 54–88]

Um diesen Artikel fürs verfloßne Jahr nicht ganz unbearbei-
tet zu lassen, wollen wir von den Zeitschriften, die mit
demselben angefangen haben, wenigstens diesmal eine von
ihrer Entstehung her etwas ausführlich anzeigen. Wir wählen dazu die *Horen* als diejenige, welche das größte Aufsehen erregt hat und unstreitig die meisten merkwürdigen
Aufsätze enthält.

Darum verkennen wir gewiß nicht den großen Wert von
Posselts europäischen Annalen, welche dem Geschichtforscher
ein unentbehrliches Handbuch sein und bleiben werden,
und denen nur eine weniger gesuchte und geschrobene
Sprache zu wünschen wäre; auch nicht den edlen ernsten
Ton und achtungswerten Inhalt der *neuen deutschen Monatschrift*; ebensowenig die zweckmäßige Einrichtung und Behandlung des Journals *Frankreich im Jahr 1795* und den interessanten, wiewohl etwas zu einseitigen und zu ungleich

bearbeiteten Inhalt der *Beiträge zur französischen Revolution* und den angenehmen unterhaltenden Charakter des *Berlinischen Archivs*; welche alle in dem verfloßnen Jahre ihren Anfang genommen haben.

Von diesen allen und von dem *Deutschen Merkur*, der *Berlinischen Monatschrift*, dem *Genius der Zeit*, dem *deutschen Magazin*, der *deutschen Monatschrift*, der *Minerva*, den *Friedenspräliminarien*, der *Klio* und vielleicht noch einigen andern Zeitschriften zeigen wir künftig jeden Monat das eben erschienene Monatstück an.

Es bedarf wohl kaum der Erinnerung, daß dieser wichtige Artikel, der von den rezensierenden Zeitschriften wo nicht fast aus der Acht gelassen, doch immer sehr spät und in keinem Verhältnis mit dem großen Einflusse, den diese Modelektüre auf den Geschmack und den Charakter der Nation haben muß, behandelt wird, hier in dieser Schrift nicht von einem unsrer Mitarbeiter allein behandelt werden, sondern das Werk mehrerer in verschiedenen Fächern erfahrner Männer sein wird.

Die Horen

Eine Monatschrift herausgegeben von *Schiller*

Inhalt der Ankündigung. Über das Lieblingsthema des Tages (Krieg, politische Meinungen, Staatskritik) legen sich die Verfasser der Horen ein *strenges Stillschweigen* auf und verbieten sich ausdrücklich *alle Beziehungen auf den jetzigen Weltlauf* und auf die *nächsten Erwartungen der Menschheit*. Durch ein *allgemeines höheres Interesse* an dem, was *rein menschlich* ist, wollen sie die durch das *beschränkte Interesse der Gegenwart in Spannung gesetzten, eingeengten und unterjochten Gemüter wieder in Freiheit setzen und die politisch geteilte Welt unter der Fahne der Wahrheit und Schönheit wieder vereinigen, heitere, leidenschaftfreie Unterhaltung*, gesammelte Züge zu dem *Ideale veredelter Menschheit*, stiller Anbau *besserer Begriffe, reinerer Grundsätze* und *edlerer Sitten*, alles zur *Beförderung wahrer Humanität* usw., soll der Inhalt und Zweck der Horen, *Wohlanständigkeit* und *Ordnung, Gerechtigkeit* und *Friede* soll der Geist und die Regel dieser Zeitschrift sein.

Folgende genannte Schriftsteller nehmen an dieser Monatschrift Anteil: *Archenholz, Dalberg* (der sich im fünften Stück wieder davon losgesagt hat), *Engel, Fichte, Funk* (in Dresden), *Garve, Gentz, Gleim, Goethe, Gros, Herder, Hirt, Hufeland,* beide Brüder *Humboldt, Jacobi* (aus Düsseldorf), *Matthisson, Meyer* (in Weimar), *Pfeffel, Schiller, Schlegel* (in Amsterdam), *Schütz, Schulz, Woltmann.* Die Namen der Verfasser der einzelnen Aufsätze werden erst am Ende des Jahrganges angezeigt. Jedem deutschen Schriftsteller, der sich den notwendig gefundenen Bedingungen des Instituts (die aber nicht näher angezeigt werden) zu unterwerfen geneigt ist, steht die Teilnahme daran offen.

Jeden Monat erscheint ein Stück von 7 Bogen in gr. 8. auf Schreibpapier. Der Jahrgang kostet ein Carolin oder 6 Tl. 8 gr. sächs. Das einzelne Stück 16 gr. Die Mitarbeiter wenden sich an den Herausgeber, die Subskribenten an die Buchhandlungen und Postämter. Die Namen der Subskribenten werden am Ende des Jahres abgedruckt.

Inhalt des ersten Stücks. I. Epistel. II. Briefe über die ästhetische Erziehung des Menschen. III. Unterhaltungen deutscher Ausgewanderten. IV. Über Belebung und Erhöhung des reinen Interesse für Wahrheit.

Wer erkennt nicht den Meister in folgenden Versen der Epistel:

– – – Es liest nur ein jeder
Aus dem Buch sich heraus, und ist er gewaltig, so liest er
In das Buch sich hinein, amalgamiert sich das Fremde.
Ganz vergebens strebst Du daher durch Schriften des Menschen
Schon entschiedenen Hang und seine Neigung zu wenden.
Aber bestärken kannst Du ihn wohl in seiner Gesinnung,
Oder wär' er noch neu, in dieses ihn tauchen und jenes.

Ob es der Absicht des Dichters wohl entgegen sein mag, daß diese Epistel, so verschieden sie auch gedeutet wird, für jeden Beziehung auf *das Lieblingsthema des Tages* zu haben scheint? Daß der Demokrat in dem *Hans ohne Sorge* den privilegierten nutz- und geschäftlosen Aristokraten, auch wohl den aus seiner Heimat vertriebenen, in manchem deutschen Ländchen in anständiger Faulheit gefütterten Emigranten siehet;* sein Gegner aber sich freuet, wie der

* Bekanntlich sind in mehreren deutschen Ländern aus Frankreich emigrierte tüchtige Fabrikanten und Handwerker, wenn sie gleich zu solchen Gewerben gehörten, bei denen es in Deutschland an

neuausgedachte Demokratenstaat darin so weidlich lächerlich gemacht wird? Daß sich die Verfasser über diese Gegenstände das strengste Stillschweigen auferlegt haben, geht den launigen Dichter freilich nichts an, kann aber auch diejenigen, die des Dichters uneingeschränktes Privilegium nicht kennen oder nicht anerkennen wollen, von jenen Deutungen um so weniger abhalten, da der *dritte* Aufsatz nicht nur Szenen des gegenwärtigen Krieges und ihre Folgen zum Gegenstande hat und der Autor und die darin vorkommenden Personen sich nicht begnügen, über das Lieblingsthema des Tages zu urteilen und zu streiten, sondern auch die ganze Verteilung der Charaktere und Maximen ein bestimmtes verdammendes Urteil über ein Lieblingsthema des Tages fällt. Der Autor spricht für den Adel und Adelstolz, er und seine eingeführten Personen beurteilen die französische Nation, den jetzigen Krieg und seine schlimmen Folgen, die politischen Klubs, die verbreiteten Gesinnungen und Meinungen, die Verfassung, welche die Franzosen einzuführen streben, ja sogar die künftige *wahrscheinlich schlechte Behandlung* ihrer eroberten deutschen Provinzen. Unter den handelnden Personen sind alle, die in ganzen Kutschen und Halbchaisen, begleitet von schwerbeladenen Brankards, fahren, und alle, die bald hernach auf dem Gute der Baronessin anständige Besuche abstatten, vortreffliche Leute und wie sichs versteht, mit dem Onkel *Geheimerrat* dem alten System zugetan. Nur ein junger *Vetter Carl, der sich von der blendenden Schönheit hatte verführen lassen, die unter dem Namen Freiheit sich erst heimlich, dann öffentlich so viele Anbeter zu verschaffen wußte, der von seiner Leidenschaft ver-*

brauchbaren Arbeitern sehr fehlt, wenn sie gleich ihre vorzügliche Geschicklichkeit für jeden Preis antrugen, wenn sie auch gleich aus Unzufriedenheit mit den neuen Einrichtungen ausgewandert waren, dennoch als moralisch verpestete Bürger zurückgewiesen worden; dahingegen hochbetitelte unwissende Müßiggänger, deren Mutwille und egoistische Anmaßungen jene neue Ordnung der Dinge zunächst veranlaßt hatten, nicht nur aufgenommen, sondern auch mit Kapitalien zur Einrichtung und mit ansehnlichen Pensionen unterstützt worden sind. Daß ihnen übrigens das niederträchtige Arbeiten, wie dem so glücklich abgeprügelten *Hans ohne Sorge* in der Epistel, wirklich bei ähnlicher Strafe untersagt worden sei, hat eben nicht verlauten wollen.

blendet war, gleich Liebenden, denen Stand, Glücksgüter, alle Verhältnisse nichts sind, denen Eltern, Verwandte, Freunde fremd werden, nur der ist für die neue Sache und für die Franzosen und muß es denn natürlicher Weise auch ganz uneingeschränkt sein, muß *alles, was bei den Neufranken Gutes oder Böses geschah, unmäßig loben,* muß angesichts aller Verwandten und Freunde, die entgegengesetzter Meinung und Opfer des Krieges sind, *sein lautes Vergnügen über die Fortschritte der Franzosen auf deutschem Boden auslassen,* muß Leuten, die eben erst dadurch, daß das Glück sich wieder zu den deutschen Waffen gesellt hatte, zu einem Teil ihres Eigentums gelangt waren und eben auf einem Gute von der schönsten Lage ihren ererbten Wohlstand genossen, ihnen ins Gesicht muß er *den Waffen der Franzosen alles fernere Glück wünschen,* muß dem alten Geheimenrat, *der das Zutrauen seines Fürsten verdiente und besaß,* ins Angesicht *jeden Deutschen auffordern, der alten Sklaverei ein Ende zu machen,* und muß den „edlen" Deutschen verheißen, daß die Franzosen diejenigen, die sich für sie erklärt, mit Ehren, Gütern und Zutrauen überhäufen würden;* muß dem alten Onkel *starke Vorwürfe machen, die ihn persönlich treffen und in jedem Sinne beleidigend sind* und laut ausrufend, muß er endlich hoffen, *daß die Guillotine auch in Deutschland eine gesegnete Ernte finden und kein schuldiges Haupt verfehlen werde.* So muß der junge unbesonnene, mutwillige Mensch das Glück und den frohen Genuß des ganzen Familienkreises stören und zerrütten. Nur der Hofmeister, vermutlich als Repräsentant jener *Kleinen und Schwachen, die in der Dunkelheit des Wahns, in der Unkenntnis ihrer selbst, ihrer Kräfte und Verhältnisse sich dem Mächtigen und Großen, dem nichts Lächerlicheres erscheinen kann, gleichzustellen dünkt,* nur der Hofmeister gibt ihm im *stillen* recht, und die Kammermädchen, *denen die Gestalt des demokratischen Vetter Carls reizend und seine Freigebigkeit respektabel war,* hörten ihn gerne reden, weil sie sich durch seine *Gesinnungen berechtigt glaubten, ihre zärtlichen Augen, die sie bisher vor ihm bescheiden niedergeschlagen hatten, nunmehr in Ehren nach ihm aufzuheben.*

Ist das ehrlich? heißt das *strenges Stillschweigen über das Lieblingsthema des Tages, über Krieg, politische Meinungen* und *Staatskritik strenges Stillschweigen beobachten?* Alle Beziehungen auf den *jetzigen Weltlauf, auf die nächsten Erwartungen der Menschheit vermeiden?* Heißt das nicht vielmehr, die wichtigen Gegenstände mit diktatorischem Übermute aburteilen und das einseitige Urteil mit hämischer Kunst dem Schwachen und Kurzsichtigen annehmlich, durch imponierende Namen ehrwürdig machen wollen? So unschuldig der achtungswerte Herausgeber auch immer an dem Inhalte dieses Aufsatzes sein mag, so unverzeihlich bleibt es doch, so etwas ganz dem angekündigten Plan' Entgegenlaufendes von irgendeinem Mitarbeiter aufzunehmen.

Um uns bei diesen *Unterhaltungen*, die einen großen Teil der Horen einnehmen, künftig nicht weiter aufzuhalten, wollen wir nur noch mit Einem Worte bemerken, daß es beim Autor derselben eine sehr geringe Meinung von der deutschen Lesewelt voraussetzt, wenn er weiterhin glaubt, sie durch leere Gespenstergeschichten von dem zwar nicht *reinen*, aber wahren großen Interesse der Menschheit abziehen zu können, durch plumpe italienische Keuschheitsmethoden, die *durch das beschränkte Interesse der Gegenwart in Spannung gesetzten deutschen Gemüter zur Ruhe zu bringen* und durch die humoristische Stellung eines wunderwürkenden Gebets, zu dem sich in einem drauffolgenden Gedicht der *Heiland* geflissentlich gesellt, *die unterjochten Gemüter in Freiheit zu setzen.*

Über den zweiten Artikel, dessen würdiger Verfasser ebenso leicht, als der vorige schwer zu erkennen ist, schweigen wir, bis wir die Briefe ganz vor uns haben, und fassen diese dann zuletzt mit einigen andern dahin einschlagenden Aufsätzen des Journals zusammen.

Die unbedingt notwendige Frage für jeden, der die Würde der Vernunft in sich behaupten will: *was habe ich zu tun, um reines Interesse für Wahrheit in mir zu wecken, oder wenigstens dasselbe zu erhalten, zu erhöhen und zu heben*, beantwortet der vierte Aufsatz auf eine höchstbefriedigende Weise. Einen solchen Aufsatz, der für die höchste Sache der Menschheit echtphilosophische Gründe in einer so lebendigen, kräftigen Sprache vorträgt, sollte man billig ohne Bedenken auf alle mögliche Weise zu vervielfältigen suchen, und wieder und immer weiter abdrucken lassen, bis er in aller Leser Hände wäre. – Wir haben uns für unsern Raum schon leider viel zu lange bei dem vorigen Artikel aufgehalten, der uns indes für den Charakter der ganzen Monatschrift von zu hoher Bedeutung zu sein schien, als daß wir ihn hätten kürzer abfertigen können. Hier also nur die Hauptgedanken des vor uns liegenden wichtigen Aufsatzes.

Wie jedes Interesse überhaupt, so gründet sich auch das Interesse für Wahrheit auf einen ursprünglich in uns liegenden Trieb.

Unter unsern reinen Trieben ist auch ein Trieb nach Wahrheit.

Jede entdeckte Wahrheit, jeder erkannte Irrtum erzeugt ein Gefühl des Beifalls oder der Abneigung, beides völlig unabhängig von dem Inhalt und den Folgen.

Aus wiederholten Gefühlen der gleichen Art entsteht ein Interesse für Wahrheit überhaupt.

Ein solches Interesse läßt sich nicht *hervorbringen*, aber wohl *erhöhen*.

Dies geschieht durch Freiheit wie jede sittliche Handlung.

Jedes praktische Interesse im Menschen erhält und belebt sich selbst.

Jede Befriedigung verstärkt es, erneuert es, hebt es mehr hervor im Bewußtsein.

Die Hauptvorschrift zu Erhöhung jedes Interesse im Menschen heißt demnach: *befriedige deinen Trieb.*

Daraus fließen für den gegenwärtigen Fall zwei Regeln: entferne jedes Interesse, das dem reinen Interesse für Wahrheit entgegen ist, und suche jeden Genuß, der dieses Interesse befördert.

Vom Genuß, der sich bloß auf Befriedigung der animalischen Sinnlichkeit gründet und der sich in sich selbst verzehrt und vernichtet, ist hier nicht die Rede. Geistiger Genuß wie der ästhetische erhöht sich durch sich selbst.

Ob irgendein geistiger Genuß ganz unbedingt zu empfehlen sei? hängt ab von der Beantwortung einer höhern Frage: ob der Trieb, auf den jener Genuß sich bezieht, ins Unbedingte zu erhöhen? und diese von der noch höhern: ob dieser Trieb irgendeinem andern unterzuordnen sei?

Unser Interesse für Wahrheit soll *rein* sein; die Wahrheit, bloß weil sie Wahrheit ist, soll der letzte Endzweck alles unsers Lernens, Denkens und Forschens sein.

Die Wahrheit an sich ist bloß formal. Übereinstimmung und Zusammenhang in allem, was wir annehmen, ist Wahrheit. –

Alles im Menschen, mithin auch seine Wahrheit, steht unter diesem höchsten Gesetze: sei stets einig mit Dir selbst!

Dem Interesse für Wahrheit um ihrer bloßen Form willen ist gerade entgegengesetzt alles Interesse für den bestimmten Inhalt der Sätze.

Verteidigen wir uns gegen eine auf uns eindringende Überzeugung, die unsern ältern, ehmals für wahr gehaltenen Behauptungen widerspricht, unsre egoistische Anmaßungen bedroht, so ist es uns nicht mehr um die Form zu tun, sondern um die Materie des Satzes, nicht um Wahrheit, sondern um eitlen Ruhm und Gewinn.

Die Trägheit des Geistes ist ein zweites Hindernis des reinen Interesse für Wahrheit. Man läßt durch Schriftsteller oder Redner sich bearbeiten und sieht in behaglicher Ruhe zu, wie eine Vorstellung in uns mit der andern abwechselt.

Diesem blinden Hange tätig widerstreben kostet Anstrengung und Verleugnung.

Käme man auf jenem Wege wirklich zu Vorstellungen, die an sich wahr wären, so wären sie es doch nicht *für uns*, denn wir hätten von der Wahrheit derselben uns nicht durch eignes Nachdenken überzeugt.

Beide Unarten vereinigen sich in denjenigen, welche alle Untersuchung fliehen aus Furcht, dadurch in ihrer Ruhe und in ihrem Glauben gestört zu werden.

All jenes Interesse ist unecht; in Ausrottung desselben besteht der erste Schritt zu Erhöhung des reinen Interesse für Wahrheit. Dann überlasse man sich jedem Genusse, den das reine Interesse für Wahrheit gewährt.

Die Wahrheit an sich selbst gewährt einen reinen edlen, hohen Genuß.

Der Mensch *soll* einig mit sich selbst sein, er soll ein eignes für sich bestehendes Ganzes bilden.

Im reinen Bestreben wird man des erhabnen Gefühls teilhaftig: ich bin, was ich bin, weil ich es habe sein wollen; – ich werde immer sein, was ich jetzt bin, weil ich es immer wollen werde. –

Mit kalter Ruhe und fester Entschlossenheit blickt der selbständige Mensch hinein in das Gewühl der menschlichen Meinungen und seiner eignen Einfälle und Zweifel. Es wirbelt und stürmt *um ihn herum*, aber nicht *in ihm*. –

Fänd' er auch als letztes Resultat seines Strebens nach Wahrheit, daß es überhaupt gar keine Wahrheit und keine Gewißheit gebe; er würde auch diesem Schicksale sich unterwerfen: denn er wäre zwar unglücklich, aber schuldlos.

Ebenso ruhig bleibt der entschiedne Freund der Wahrheit darüber, was *andre* zunächst zu seinen Überzeugungen sagen werden.

Das Gefühl der für formale Wahrheit angewendeten *Kraft* gewährt einen reinen edlen, dauernden Genuß.

Meine Kraft ist *mein*, lediglich inwiefern ich sie durch Freiheit hervorgebracht habe; ich kann aber nichts in ihr hervorbringen als ihre Richtung, und in dieser besteht auch die wahre Geisteskraft.

Blinde Kraft ist keine Kraft, vielmehr Ohnmacht.

Diese Geisteskraft wird durch den Gebrauch verstärkt und erhöht; und diese Erhöhung gibt Genuß, denn sie ist Verdienst.

Durch diese Geisteskraft wird zugleich das moralische Vermögen gestärkt und sie ist selbst moralisch.

Wahrheitsliebe bereitet vor zur moralischen Güte und ist selbst schon an sich eine Art derselben.

Herrschende Sinnlichkeit schwächt in gleichem Grade das Interesse für Wahrheit wie für Sittlichkeit.

Freiheit des Geistes in Einer Rücksicht entfesselt in allen übrigen.

Entschlossenheit im Denken führt notwendig zur moralischen Güte und zur moralischen Stärke.

Inhalt des zweiten Stücks. I. Unterhaltungen deutscher Ausgewanderten. Fortsetzung. II. Ideen zu einer künftigen Geschichte der Kunst. III. Briefe über die ästhetische Erziehung des Menschen. Fortsetzung. IV. Epistel. V. Über den Geschlechtsunterschied und dessen Einfluß auf die organische Natur.

Der zweite Aufsatz ist meisterhaft; so kann nur ein Mann schreiben, der selbst wahrer Künstler, Kunstliterator und Denker ist. Überblick, echte Sonderung, Kunstgefühl und Geschmack, Sprache – alles ist groß daran.

Ob die deutschen Mädchen damit zufrieden sein werden, daß der unverkennbare Dichter der Epistel sie nur zu Keller-, Küchen-, Küchengarten- und Waschhaus-Hüterinnen und Pflegerinnen bestimmt und ihnen kein Buch vom Bücherverleiher über die Schwelle kommen lassen will? – Vor zwanzig

Jahren, werden sie sagen, tat er das nicht; und damals wär' es ihm weniger übelgenommen worden. Ungern sieht man diese leicht erzählte Epistel unvollendet bleiben.

Der fünfte Aufsatz verrät einen feinen Beobachter der Natur und ruhigen Selbstdenker, der die Sprache in seiner Gewalt hat. Von ebendiesem scheint auch der gleich schätzbare Aufsatz über die männliche und weibliche Form in den folgenden Stücken herzurühren.

Inhalt des dritten Stücks. I. Das eigne Schicksal. II. Dantes Hölle. III. Entzückung des Las Casas oder Quelle der Seelenruhe. IV. Über die männliche und weibliche Form.

In dem ersten Aufsatze werden folgende vier Sätze mit angenehm andringender Beredsamkeit vorgetragen und wenn der Verf. die Materie gleich nicht erschöpft, so führt er doch seine Leser auf den rechten Weg zu weiterem eigenem Nachdenken darüber.

1) Jeder Mensch hat sein eignes Schicksal, weil jeder Mensch seine Art zu sein und zu handeln hat.

2) Das Schicksal scheint inkonsequent mit uns zu handeln, weil wir selbst inkonsequent sind. Es ist mächtig groß, weil wir selbst sehr klein sind.

3) Vermeide jeder, soviel er kann, der Sklave einer fremden Bestimmung zu werden, und baue sein eigenes Schicksal.

4) Das Leben des Menschen ist auf Lebenszeiten berechnet, so auch sein Schicksal. Eine Begebenheit ist auf Momente berechnet, so auch ihr Schicksal.

Sehr treffend und wahr schließt der Aufsatz mit folgenden Worten: Sei, wer Du sein sollst, und tue das Deine; so wird Dich das Glück, Dein gutes Schicksal ungesucht finden; die schärfste Waage Deines, keines fremden Schicksals ist in Dir.

Ob der Auszug aus dem Dante, oder wie der Vf. ihn nennt, die Darstellung des *Dante*, in Prosa, mit untergemischten in Versen übersetzten Stellen aus Dantes unsterblichem Gedicht, wie Bürgers Akademie der schönen Redekünste bereits den Anfang lieferte, die Lektüre sein mag, welche die meisten Leser von den Horen erwarten, bezweifeln wir fast; ohne indes den echten Wert der sehr glücklich übergetragenen Verse und der überaus feinen kritischen Behandlung des genialischen Dichters zu verkennen.

Der dritte Aufsatz scheint uns eine erzwungene falsche Salbung zu haben; wie schön auch die Worte lauten, sie gehn nicht zu Herzen.

Inhalt des vierten Stücks. I. Dantes Hölle. Fortsetzung. *II. Über die männliche und weibliche Form.* Fortsetzung. *III. Unterhaltungen deutscher Ausgewanderten. IV. Merkwürdige Belagerung der Stadt Antwerpen in den Jahren 1584 und 1585.*

Wie in aller Welt kommen die Horen zu dem Anteil an der Belagerung von Antwerpen? *Die Schmückerinnen der neugebornen Venus, die weltumkreisenden Tänzerinnen, die Anmutigen, die Wohlanständigen?* Wie können sie sich mit solchen Greueln menschlicher Tugend und Verruchtheit befassen? – Der Horen uneingedenk wissen wir indes dem Herausgeber sehr vielen Dank für diesen meisterhaften Aufsatz und erklären uns die kleine Unschicklichkeit gern, wie wir sollen.

Inhalt des fünften Stücks. I. Merkwürdige Belagerung von Antwerpen. Beschluß. *II. Beitrag zu einer Geschichte des französischen Nationalcharakters. III. Literarischer Sansculottismus. IV. Das Spiel in strengster Bedeutung. V. Die Lebenskraft oder der Rhodische Genius.* Eine Erzählung. *VI. Über Charakterdarstellung in der Musik. VII. Kunstschulen. VIII. Weihe der Schönheit. IX. Sängerlohn.*

Dieses Stück ist wohl das reichhaltigste und interessanteste von allen.

Der zweite Aufsatz enthält viele wichtige Bemerkungen und Zusammenstellungen zur Beleuchtung des französischen Nationalcharakters; und wenn der Verfasser gleich hie und da als der *kalte* Deutsche erscheint, *der auf die französische Nation wie auf ein törichtes Volk* herabsieht; so zeigt doch die Behandlung des ganzen Gegenstandes und die Äußerung über manche Hauptmomente, daß er nicht zu den *kalten Deutschen* gehört – die hier wohl uneigentlich mit dem wahrhaft kalten egoistischen Engländer in Eine Klasse gestellt werden, *welcher die französische Nation entweder tödlich haßt oder sich an ihr, wie an einem Gaukler, ergötzt.* Auch wär' es wohl nicht so leicht zu bestimmen, in welchem *deutschen* Lande dieses eigentlich das herrschende oder gar allgemeine *deutsche* Urteil über die französische Nation und ihre Revolution sei. Denn *Wien* und *Berlin, Dresden* und *München* sind doch wohl eben nicht *Deutschland?* Und seit den letzten Friedensschlüssen, seitdem der umgestimmte Zeitungston auch die gefesselten Zungen der ehrlichen gegen sich selbst unbescheidnen deutschen Bürger löste, seitdem dürfte man vielleicht nur fragen: *Wien* und *Jena* sind doch wohl nicht *Deutschland*? – Doch das würde zu weit führen. Ohnehin ist dieser Aufsatz, der in so mancher Rücksicht *das Lieblingsthema des Tages* und *die nächsten Erwartungen der Menschheit* betrifft, die – wir gestehen es ehrlich – uns als redlichen deutschen Bürgern auch zunächst am Herzen liegen, von mehr als Einer Seite zu wichtig, um nicht vorzugsweise bei ihm zu verweilen. Auch enthält er so manches die deutsche Nation Betreffendes, das wir sehr gerne zu neuer und wiederholter Erwägung unsern nachdenkenden Lesern vorlegen.

Die Hauptepochen, welche der Verfasser durchgeht und die sich daher ergebenden Hauptäußerungen sind folgende:

Der Charakter unsrer neuen Nationen erhielt erst da seine bestimmte Form, als der dritte Stand emporkam.

Zur Entstehung des französischen Charakters trugen folgende beiden Umstände entscheidend bei: die Nationalkultur ging von der Phantasie aus; und dies zu einer Zeit, wo durch den Despotismus der Könige die verschiednen Provinzen Frankreichs mehr, als der Geist der Feudalaristokratie es in andern Ländern erlaubte, zu einem großen Staate vereinigt waren.

Schon war die Macht der Feudalaristokratie durch die Könige geschwächt und der Geist derselben durch den Anfang der Kreuzzüge und durch eine gewisse Sehnsucht nach Abenteuern *humanisiert* worden; schon war das Ritterwesen eine Bildungsschule des Adels, – schon hatte Ludwig der Siebente den fleißigen Bürgersinn in den städtischen Gemeinheiten mit der *Hoffnung beschenkt, Menschenrechte von dem Throne zu erhalten*, als die liebliche Dichtkunst der Troubadours in dem südlichen Frankreich begann.

Die Troubadours unterhielten ihre Zuhörer gewöhnlich von Abenteuern aus Palästina und würzten ihre Erzählung mit Spott über die Ungläubigen, in welchem der erste Keim der französischen Satire lag; oder sie untersuchten die Geheimnisse der Liebe.

Bei den Volksfesten wie bei den Feierlichkeiten der Großen fehlte selten ihr Lied.

Der *Herzog* dichtete bald wie der niedrigste Bürger.

Gerichtshöfe der Liebe wurden errichtet. Diese Tribunäle, durch welche der phantastische Geist der Nation neues

Feuer erhalten mußte, wurden allgemein. Königinnen hatten bisweilen dabei den Vorsitz. Ordensbänder wurden dabei in Cytherens Namen ausgeteilt und mit Begier gesucht.

Von der Poesie und einem dichterischen Leben ging ihre Bildung aus und Kultur der Phantasie ward die Grundlage ihres Charakters.

Der Verfasser wünscht der französischen Nation zu einem solchen Anfange Glück. Was er darauf über die Gefahren und Vorteile einer solchen Kultur sagt und wie er sich dabei über deutsche Kultur äußert, ist zu wichtig, als daß wir nicht gerne die Stelle zu weiterer ernstlichen Erwägung ganz hersetzen sollten. Sie gibt mehr als Ein großes Thema zu solchen Untersuchungen, die den eigentlichen Zweck unsers *Deutschlands* betreffen: ja wir setzen die ganze Stelle in der Hoffnung her, daß sie manchen unsrer verständigen und denkenden Leser wohl zu öffentlicher Erörterung des Inhalts bewegen könne. In den Horen haben gewiß viele Leser, durch die ersten Seiten zurückgeschreckt, diesen ganzen Aufsatz, in welchem der beßre innre Mensch mit dem eingeengten Bürger oft in sonderbare Kollision kommt, wo nicht gar überschlagen doch weniger als manchen andern beachtet. Hier ist die wichtige Stelle.

„Zwar ist es unvermeidlich, daß ein Volk, welches die Phantasie vor allen andern Seelenkräften ausbildet, leichter in unsittliche Ausschweifungen gerät, als eine Nation, welche sich mit kaltem Urteile zu einer höhern Stufe der Kultur allmählich fortarbeitet, denn jenes hat sich einem weit unsicherern Führer anvertraut, als diese; seine Begierden werden lebhafter, die Gegenstände, welche dieselben reizen, zahlreicher und anziehender, und das Laster verliert vor ihm seine natürliche Häßlichkeit, weil die Phantasie es mit ihren Blumen bedeckt; zwar ist gleichwohl sittliche Kultur das höchste Ziel, zu welchem jeder Staat hinstreben muß; allein es ist zugleich unbezweifelt, daß man nie zur Humanität gelangen wird, als durch Kultur der Einbildungskraft, als durch das Gebiet einer anfänglich lasterhaften, doch allmählich mit Anmut geschmückten Sinnlichkeit. Wenn auch ein Volk schon zu einem hohen Grade der Sittlichkeit durch die Herrschaft der Vernunft gekommen ist, darf es sich doch nicht schmeicheln, daß es auf derselben ganz sicher stehe, denn die Sinnlichkeit gibt ihre Rechte nicht auf, und kein Mensch vermag sie derselben durch seine Vernunft zu berauben, weil er es nicht darf. Die Sinnlichkeit soll nämlich durch Kultur der Phantasie eine solche Anmut erhalten, daß sie, unabhängig von der Vernunft, gleichwohl nichts begehrt und unternimmt, welches der Würde derselben Abbruch täte. Nur aus dem völlig gleichen Bunde zwischen Sinnlichkeit und Vernunft, nicht aus der Herrschaft der einen oder der andern kann echte Humanität hervorgehen, und nur wenn er geschlossen ist, kann zwanglose Bildung einer Nation eintreten. Die Griechen näherten sich diesem sittlichen Zustande mehr als alle andere Nationen, wiewohl man unter ihnen vielleicht mehr Laster als bei vielen andern auffinden könnte: die Franzosen kamen ihnen in dieser Rücksicht vielleicht mehr nahe als sonst irgendein neueres Volk, wenngleich die französische Nationalbildung durch Phantasie nicht den edlen Geist der griechischen erhielt. Die glückliche Leichtigkeit beider Nationen entsprang freilich aus mancherlei Ursachen, aber die vorzüglichste derselben liegt in dem Charakter, der ihnen frühe durch die Einbildungskraft aufgedrückt ward. Wem kein ähnliches glückliches Los gefallen ist, der bleibt selbst bei einer hohen Aufklärung seines Verstandes in einem pedantischen zwangvollen Zustande. *Wollen die Deutschen zur Humanität gelangen, so ist es notwendig, daß sie in der Aufklärung einige Schritte zurück tun, um der Phantasie eine größere Herrschaft über ihre Geister zu verschaffen!!!"*

Wir fahren fort, unsern möglichst kurzen Auszug zu liefern:

„Alle Züge in dem Charakter des französischen Volks lassen sich auf diese erste Bildung zurückbringen: sie sind entweder gute oder schlimme Folgen der Erziehung der Nation durch die Einbildungskraft.

Gleich im Anfange schöpfte dort die Phantasie aus einer unreinen Quelle; alle damaligen Verhältnisse erlaubten ihr kein ruhiges Fortbilden zu Idealen, hauchten ihr das Feuer der Leidenschaft ein; es fehlte an glücklichen Veranlassungen, welche die Phantasie zur Schönheit hätten führen können. „Sie verbreitete daher ihre üppigen Ranken im Gebiete menschlicher Leidenschaft an einem schmutzigen Boden; die griechische Einbildungskraft suchte mit ihren Sprößlingen den reinen Äther der Kunst."

Die christliche Religion führte die junge Phantasie des französischen Volks fern von der Gegend der Schönheit auf die Abwege eines abenteuerlichen Geschmacks.

Von den Volksfesten in Frankreich und den letzten Jahrhunderten des Mittelalters. – Eine religiöse Farce in Paris. – Die Eselsfeste. –

Der liebliche Gesang der Troubadours ward von einer Poesie verdrängt, welche das Gepräge religiöser Unart an sich trug. – Singende und tragierende Pilgrime, die aus Palästina zurückkamen. – Die *Passionsbrüderschaft*, aus Pariser Bürgern bestehend. – *Die Sorglosen Brüder;* junge Leute, welche die lächerlichen, besonders verliebten Abenteuer der Hauptstadt dramatisch darstellen. Beide Gesellschaften vereinigen ihren religiösen und profanen Geist und spielen auf Einem Theater. –

Die politischen Verhältnisse der Nation gaben ihrer rege wordnen Einbildungskraft auch keine Zeit, sich in sorgloser Muße zu einer schönen idealischen Welt zu erheben. – Kriege mit England. – Jeanne d'Arc. Diese Schwärmerei rührte eine doppelte Seite der französischen Phantasie; wie sie durch das Ritterwesen und durch die Religion gestimmt war, als ein heroisches Mädchen und ein religiöses Wunder. – Die Gemahlin Karls des Siebenten und seine Geliebte Agnes Sorel – die italienischen Kriege. – Ihre Phantasie ergriff vor allem das Sittenverderbnis der Italiener. Anstatt einer Stimmung der Einbildungskraft für die Schönheiten der Kunst gab ihnen das Schicksal aus Italien das neapolitanische Übel mit. – Hofaktionen, die zu Nationalparteien wurden; bürgerliche Kriege. – Der Despotism siegt endlich ganz – man erwartet ein neues Zeitalter Augusts – aber die Kraft des Staats war in Eroberungskriegen vergeudet. – Der französische Charakter ward itzt bloß durch Leidenschaft bestimmt. – Jeder Krieg Ludwigs des Vierzehnten bewirkt eine große Veränderung in dem Geschmack an den Künsten und Wissenschaften. Nur in der Schauspielkunst taten sich die Franzosen besonders hervor.

Der schwärmerische Geist der Franzosen zur Zeit der Reformation. – Ihr Enthusiasm in Freundschaft und Liebe. – Sterndeuter und Wahrsager. Zaubertränke. Ein wilder Geist in der Liebe. Schrecklich wütende Eifersucht. Villequier, der seine mit Zwillingen schwangere Frau ungestraft im

Louvre mit einem Dolche ermordet. – Der im französischen Dienste stehende Korse San Piedro, der sein edles Weib, vor ihr ehrfurchtsvoll niederknieend, aus Rachsucht ungestraft erdrosselt. – Energie galt für alles und ist auch noch die Einzige Tugend der Franzosen. – Die Bluthochzeit; fürchterlich ausgemalt. Karl, seine Mutter Katharine; ihr Lieblingssohn Herzog von Angou. –

Auch in den neuesten Zeiten blieb am Charakter der Franzosen das Gepräge, welches ihm Phantasie aufdrückte, immer sichtbar. Ein Geist der Chevalerie belebte stets den *edlern* Teil der Nation. (Soll doch wohl nicht bloß *den Adel* heißen? –) Gesänge der Liebe und galante Erzählungen blieben immer der vorzügliche Teil der Poesie der Franzosen. Das französische Trauerspiel hängt sehr genau mit jenem allgemeinen Geiste zusammen; „es wirkt unter andern Nationen vorzüglich nur auf solche Menschen, die ihre Individualität in einer allgemeinen Form des Gefühls, welche dem Stande, zu welchem sie gehören, eigentümlich geworden ist, verlorengehen lassen."

Die beiden Hauptmodifikationen im französischen Nationalcharakter waren: hohe romantische Stimmung und Beweglichkeit der Seele. Frivolität ward bei beiden bald bemerkbar. – Ein charakteristischer Kampf zwischen allen Fähigkeiten der Menschheit, der nicht eher endigen wird, als bis der Geist der Kunst über dem Chaos schwebt und die Schönheit ihren Ätherschleier über dasselbe ausbreitet.

Voltaire und Rousseau. Echte Nationalschriftsteller, welche der jetzigen Revolution am meisten vorgearbeitet haben. – Unterdes Voltaire über den gegenwärtigen politischen Zustand spotten lehrte, zeigte Rousseau in der Ferne das einfachste System des Staatsrechts. – Die frivole Leichtigkeit und der Enthusiasm der Franzosen ergriffen und bewirkten leicht die Revolution. – Äußerst glücklich und notwendig war daher die schreckliche Idee, dem Augenblicke der Revolution gleichsam Fortdauer zu geben. – Die republikanische Verfassung in Frankreich kann nur unter der Bedingung bestehen und für die Nation und die Menschheit wohltätig werden, daß die Phantasie des Volks von Leidenschaft allmählich zum Kunstsinne geführt werde.

Von der Franzosen geselligen Nationaleitelkeit und ihrer ehmaligen Liebe für ihre Könige. Aus jener entstand ihre grobe Unwissenheit in allem, was nicht ihre Heimat anging. Mangel an Gemeinsinn machte die Deutschen geneigt, den Anmaßungen ihrer Nachbarn zu frönen. Schwer ruhte auf diesen dagegen die Hand des Despotism, dessen Politik es aber erforderte, der Nation statt Glückseligkeit blendenden Glanz zu verleihen; neue Quellen der Nationaleitelkeit. – Aus Eitelkeit liebten sie ihre Könige. – Die Könige hatten indes auch (wenngleich nur als Schutzwehr für sich selbst) dem dritten Stande, der unter dem Druck der Feudalaristokratie fast erlag, emporgeholfen. – Der phantastische Geist der Franzosen fand seinen glanzvollsten Sitz am Hofe, dessen Mittelpunkt der König war. – Kein Thron irgendeines Volks hat so viele Männer von erhabenem Charakter (!!!) oder wenigstens schimmernden Vorzügen (eigentlicher wohl glänzenden Lastern und Torheiten) aufzuweisen als der französische. – Heinrich von Navarra ein Ideal der Liebenswürdigkeit. – (Auch als König? Weiter wird denn auch keiner genannt.)

„Auffallend ist es freilich, daß jenes ursprüngliche Elend, welches die Könige und ihr verpesteter Hof über Frankreich brachten, nicht die persönliche Achtung der ersten schwächte." – Sehr oft waren ihre Gemahlinnen die Urheber ihres Elends. –

Es kommen bestimmte Nationalmaximen für das Schickliche in Sitten und Meinungen auf. – Nur dadurch ist ein solches komisches Schauspiel möglich, als die Franzosen haben. – Keine Nation wird darin der französischen so wenig gleichkommen, als die deutsche, welcher ja Nationalcharakter selbst in den gröberen Verhältnissen fehlt.

Diesen gedrängten und doch wohl schon zu weitläuftigen Auszug fühlen wir uns in mehr als Einer Rücksicht gedrungen, mit Hersetzung des ganzen Schlusses jenes Aufsatzes zu beschließen. Daß er doch manches für Deutschland Heilsame zur Sprache brächte! –

„Also auch hierin sind die Franzosen und Deutschen einander entgegengesetzt, so wie fast alle Züge in dem Charakter beider Nationen sich einander widersprechen. Um so mehr aber wird die Wißbegierde gereizt zu wissen, welchen weltbürgerlichen Wert beide Nationalcharaktere haben, welche Rolle sie spielen in Hinsicht auf den Plan, den die Natur für die Menschheit entwarf. Durch gesellschaftliches Leben, durch Staaten, welche teils in ihrer innern Verfassung, teils in ihrem Verhältnisse gegeneinander sich immer vollkommner ausbilden, können wir einzig zur Entwicklung unsrer Anlagen, zur Humanität gelangen. Bei allen Völkern des Altertums war es der Natur nicht gelungen, einen Staatenverein zu bewirken, welcher den Schein der Legalität hatte; der erste große Versuch, der in dieser Rücksicht gemacht ward, verunglückte so, daß ein einziges Volk, das römische, alle übrigen verschlang. Sobald aber dieses den Untergang, welchen es verdiente, durch den Sturm der Völkerwanderung gefunden hatte und nun germanische Horden über die schönsten Provinzen des gefallnen Reichs ausgeströmt wurden, war schon durch die ähnliche Verfassung in den verschiedenen Staaten ein festeres Band zwischen ihnen geknüpft. Bis dahin hatten Frankreichs und Deutschlands Bewohner gleiches Verdienst in weltbürgerlicher Rücksicht. Allein es schien, als liebte die Natur den Kontrast in der verschiedenen Entwicklung der germanischen Stämme, die nun anfing. In Gallien bildeten sie ihren Charakter mit der größten Individualität aus, unterdessen die in der alten Heimat zurückgebliebenen in solche Verhältnisse kamen, daß sie kaum Eine Nation wurden, wenigstens keinen bestimmten und allgemeinen Nationalcharakter gewannen. Dennoch bleibt es unverkennbar, daß selbst ihr so formloser Charakter vielleicht einen größern weltbürgerlichen Wert hat, als der starkgezeichnete französische. Das deutsche Volk steht in der Mitte Europens, zu wenig eigentümlich ausgebildet, als daß es nicht jede Entdeckung in den Wissenschaften und Künsten, welches Nationalgepräge sie auch tragen mag, sich zueignen und, indem es ihr die Nationalindividualität nimmt, mit einem weltbürgerlichen Stempel für die Menschheit bezeichnen könnte. Deutschland ist gleichsam das Magazin des erhabnen Genius, welcher die Menschengeschichte leitet, in das er die aus allen Gegenden zusammengeholten Schätze niederlegt. Wie wir durch den Mangel an Individualität weltbürgerlichen Wert besitzen, so die Franzosen durch ihren stark ausgearbeiteten Charakter. Durch ihn erhielten sie das Übergewicht über andre Völker und brachten einen häufigern Verkehr zwischen denselben hervor; durch ihn wurden sie über die Grenzen ihres Reichs getrieben, um Flammen des Enthusiasm andern Nationen mitzuteilen; durch ihn gaben sie der Wahrheit ein Feuer, das durch alle Nebel der Vorurteile drang, bewaffneten sie die Leidenschaft für die Vernunft, welche ohne die Hülfe derselben die menschliche Trägheit nimmermehr überwinden wird. Die Deutschen werden erst in der Zukunft, wenn alle Nationen sich mehr wie Weltbürger als wie Individuen betrachten, den verdienten Ruhm davontragen. Alsdann wird man ihre Verfassung, welche jetzt so oft das Ziel des Spottes und der Verwünschung ist, gern segnen, weil vorzüglich durch sie wir geschickt wurden, so früh Weltbürger zu werden; dann wird man einsehen, daß wir als Nation aufgeopfert wurden, um einer höhern Pflicht desto leichter nachkommen zu können. Die Franzosen empfangen zugleich mit dem Verdienst, das sie sich um die Menschheit erwerben, den Lohn dafür; je mehr sie ihren Nationalruhm ausbreiten, desto höher steigern sie auch jenes Verdienst; es ist Ein Opfer, welches sie ihrer Eitelkeit und ihrer kosmopolitischen Pflicht darbringen. Mit je größerer Selbstverleugnung wir hingegen Nationaleitelkeit von uns entfernen, desto pflichtmäßiger handeln wir als Weltbürger. Wunderbar muß für den erhabenen Plan der Natur in Hinsicht auf unser Geschlecht der Versuch wirken, welchen die Neufranken machen, um Ideen, von welchen manche offenbar ein kosmopolitisches Gepräge tragen, für ihre Individualität in Ausübung zu bringen; wohltätiger aber für die Menschheit werden dieselben gewiß durch die Verarbeitung sein, welche die Deutschen ohne Zweifel mit ihnen vornehmen. Sollte eine Morgenröte der Kunst in Frankreich anbrechen, wenn die Nacht der Anarchie verschwindet, dann Heil dem Verhältnisse, in welchem es bisher zu Deutschland stand! ein Schimmer derselben wird sich bald über unsern Horizont verbreiten; und dann dreimal Heil jenem hehren Zeitpunkte, wenn nun die Schönheit, wie einen feurigen Nordschein, ihr Licht über den Himmel von Gallien und Germanien ausstreuet. Immerhin möchte alsdann eine neue fränkische Universalmonarchie aus beiden Staaten errichtet werden!"

[...]

Claudius und Voß
Wider und für die Preßfreiheit

Mit einer kleinen Vorrede

[Erster Band. Erstes Stück, Nr. V, S. 91–99]

Vor etwa zwanzig Jahren ließ sich Herr Claudius in Aufsätzen, die ihm die Liebe der besseren Menschen und seinen literarischen Namen erwarben, über Fürsten, Adel, Freiheit, Gleichheit, Philosophie, Toleranz, Zensoramt und menschliche Kurzsichtigkeit unter andern auf folgende Weise heraus: „Warum wären denn nicht alle Fürsten gut und edel und immer alle so gewesen? – Weil sie's nicht wissen, weil sie's nicht können." (Die von Gott Erwählten, von Gott Eingesetzten? wie Herr Claudius neuerlich meint.)
„Es hält bei jedem ehrlichen Mann schwer, *klug* zu werden, da unsereiner doch täglich und auf mancherlei Weise seine Sterblichkeit erinnert und so oft mit der Nase drauf gestoßen wird, – und nun dies und das und nun die Kratzfüßer und Schmeichler. O! die haben schon manchen guten Fürsten auf ihrer Seele. – Laß dich die Schmeichler nicht verführen, lieber Kaiser, und glaube ihnen nicht. Sie sagen dir nicht, was Recht ist, sondern was du gerne hörst, und es wäre doch schade um deine schöne Krone, wenn du sie je durch Unrecht entehren solltest. Sieh um dich, und wenn du einen Mann in deinem Reiche findest, der dir immer die Wahrheit sagt, auch wenn du sie nicht gerne hörst; der ist der rechte Mann, den wähle du dir zu deinem Freund und ehr' ihn hoch, denn er ist wert und achtet und liebt dich mehr weder sie alle." (Bis Sprachröhre erfunden werden, vermittelst welcher man über die Menge der den Fürsten umgebenden Schmeichler weg, allenfalls wenn diese schlafen oder seitwärts ab schwelgen, aus fernen Orten und Landen her zum Kammerfenster des Fürsten hineinsprechen und ihm die Wahrheit fürs erste ans Ohr bringen kann, ist Preßfreiheit doch wohl das einzige Mittel, wie der wahre Freund des Fürsten die Wahrheit zu ihm gelangen lassen kann?)
„Alexander soll ganz Griechenland und halb Asien erobert haben und wird *der Große* genannt. Er mag auch wohl groß

gewesen sein, das will ich nicht streiten, doch kann ich's eben nicht groß finden, wenn einer alles vor der Faust wegnimmt, und in meinen Augen ist ein Fürst, der das Land, was er hat, *gut* regiert, viel größer."

„Es ist besser, daß ein Narr beherrscht werde, denn daß er herrsche."

> „Der König sei der beßre Mann,
> Sonst sei der Beßre König!"

„Der Adel besteht in Stärke des Leibes bei Pferden, bei Menschen in guter Denkart." (Die bekanntlich nicht vor der Geburt hergeht.)

„Alle Menschen sind Brüder. Gott hat sie alle gemacht, einen wie den andern, und gab ihnen diese Welt ein, daß sie sich darin bis weiter wie Brüder miteinander freuen und liebhaben und glücklich sein sollten." (Wessen Schuld ists, wenn es nicht geschieht? – Aller! und darum müssen alle sich untereinander ungehindert über ihre Rechte und Pflichten verständigen.)

„Es ist ein gut Ding um die Philosophie! Sie klärt ein Land auf und ist vortrefflich gegen Alfanz und Aberglauben." (Nach andern Äußerungen des Herrn Claudius sollte man fast glauben, er habe diese sehr wahren Worte spottweise Sr. Kaiserl. Majestät in den Mund gelegt.)

„Es würde ungeraten sein, dem Sokrates, der sich unter andern dadurch bei seinen Landsleuten verhaßt gemacht, weil sie wie alle andere Landsleute in ihrer Knechtschaft nicht an die Freiheit erinnert, noch durch das bittre Salz der Wahrheit gereizt sein wollten, den Kranz, den er via legitima verdient hatte, abzureißen." (War es aber wohl geraten, einem Nebenmanne den rechten Weg verrennen zu wollen, auf welchem er nach jenem Kranze strebt, wie Herr Claudius ohnlängst mit Hennings zu tun vermeinte?*)

„Man kann in einem jeden Buch Ketzereien finden, wenn man sie darin suchen wollte." (Was will der Zensor? was sucht der Zensor so oft?)

„Einige Gelehrte (Zensoren wohl nicht?) haben die Ge-

---

* Man sehe Hennings Ankündigung des *Genius der Zeit*, Hrn. Claudius' Gegenankündigung in den Hamburger Zeitungen und ein *Schreiben des Vetters Andrees*, das dadurch veranlaßt wurde.

wohnheit an sich, daß sie ihre eigene Einsichten und Gaben zur Elle machen und ebendaher ereignet sich das Milchgesichtlein, das verschiedentlich oben auf ihrem Urteile sitzt und selbst klug umherlächelt." (Siehe Nicolais, Hegewisch und vieler anderer Männer Beschwerden über Zensoren.)

„*Der* Klock heißt's, Bärenhäuter." (Der echtorthodoxe Zensor, wie er leibt und lebt!)

„Mir fällt immer ein, daß wir Menschen doch eigentlich nicht viel können, daß wir nicht stolz und störrisch, sondern lieber hübsch bescheiden und demütig sein sollten. Sieht auch besser aus, und man kommt weiter damit." (Ist auch noch wahr!)

„Des Menschen Herz ist eitel und töricht von Mutterleibe an. Wir wissen nicht, was uns gut ist, und unser liebster Wunsch hat uns oft betrogen! Und also muß man nicht auf sein Stück stehen, sondern blöde und diskret sein und dem lieber alles mit anheimstellen, der's besser weiß als wir."

Weil nun aber diejenigen, die das Schwert und die Rute in beiden Händen führen, weder blöde noch diskret waren und es immer weniger geraten fanden, alles dem anheimzustellen, der es besser weiß als sie; so wurden in neueren Zeiten immer mehr denkende Männer mit der mächtigen Feder und dem Gesetzbuche in beiden Händen für Menschenwohl tätig, um das Schwert in die Scheide und die Rute hinters Gesetzbuch zu bringen. Darob ward dem Herrn Claudius und seinesgleichen schon bange, und die Neigung, die er schon in frühern Jahren leider fürs Alte Testament hatte merken lassen, schien sich mit den Jahren bei ihm zu mehren. Da es nun gar zur Abwägung gegenseitiger Rechte kam und einige von der unterdrückten Partei gar so ungestüm und plump waren, daß sie *sich selbst* mit beiden Händen an die hoch in den Lüften schwebende Waagschale hingen und wohl gar mit beiden Füßen hineinsprangen – da ward dem Herrn Claudius ob dem ungewohnten Überschwanken an der rechten Seite gar überaus bange und es erfreute ihn gar höchlich, daß einige der Gewaltigen um ihn herum das dumme reißende Tier gegen die Ungestümen losließen. In großer Bangigkeit und übermäßiger Freude pflegt der Mensch eben nicht weit zu sehen und nicht gut zu überlegen, und so gedachte denn auch Herr Claudius nicht weiter an die übeln Folgen von der Loslassung des dummen wilden Tieres, sondern feierte sie laut und öffentlich in bald nachfolgender Fabel.

Aber da saß ihm zunächst ein alter treuer Freund, der weder Bangigkeit noch übermäßige Freude kennt, dem von jeher Wahrheit, Freiheit und Veredlung der Menschheit über alles galt, und noch gilt, und immer über alles gelten wird, und der auch, übereinstimmend mit dem Schreiber dieses, nicht der Meinung ist, daß der alte Freund über die noch viel ältere Wahrheit gehe und eigne und Freundes Behaglichkeit über Wohl der Menschheit – der erinnerte ihn, wie das zweite Gedicht – *Keine Fabel* – zeigt, mit kräftigem Schulterschlage daran, daß er nicht wohltue, sich also in der Bangigkeit zu freuen und daß der Mächtige wohl etwas Besseres tun könne, wenn Schmeichler und arglistige Kauze, „die ihm nicht sagen, was Recht ist, sondern was er gerne hört" und in ihren eignen Kram paßt, ihn gegen Männer anzuhetzen suchen, die auch ihn „in seiner Knechtschaft an die *Freiheit* erinnern und durch das bittere Salz der Wahrheit reizen wollen", daß er lieber selbst die in dumme Knechtschaft versunkenen Landsleute an ihre Freiheit erinnere. Denn so wird er auf dem besten Wege verhindern, daß die aus schweren Träumen aufgeschreckte Menge nicht immer ungestümer und plumper in die mächtig hin- und herschwankenden Waagschalen springe und zuletzt Waagbalken und Zunge unter die Füße bekomme. Auch dieser treue Freund der Menschheit hat *öffentlich* der Wahrheit die Ehre gegeben, und daran hat er brav getan und verdient dafür freundlichen Handschlag aller Guten und Edlen.*

* Die nun folgenden beiden Gedichte standen zuerst in der neuen Hamburger Zeitung. (Im Oktober 1795.)

77

1) Eine Fabel
von
Matthias Claudius

Vor etwa achtzig neunzig Jahren
  Vielleicht sinds hundert oder mehr,
  Als alle Tiere hin und her
Noch hochgelahrt und aufgekläret waren,
  Wie jetzt die Menschen ohngefähr.
– Sie schrieben und lektürten sehr,
Die Widder waren die *Skribenten*,
Die andern: *Leser* und *Studenten*
  Und *Zensor* war: der Brummel-Bär –;
  Da kam man supplicando ein:
  „Es sei unschicklich und sei klein,
  Um seine Worte und Gedanken
  Erst mit dem Brummel-Bär zu zanken,
  Gedanken müßten zollfrei sein!"
  Der Löwe sperrt den Bären ein,
Und tat den Spruch: „Die edle Schreiberei
  Sei künftig völlig frank und frei!"
Der schöne Spruch war kaum gesprochen
So war auch Deich und Damm gebrochen,
Die klügern Widder schwiegen still,
Laut aber wurden Frosch und Krokodil,
Seekälber, Skorpionen, Füchse,
Kreuzspinnen, Paviane, Lüchse,
Kauz, Natter, Fledermaus und Star,
Und Esel mit dem langen Ohr etc. etc.
Die schrieben alle nun und lieferten Traktate:
Vom Zipperlein und von dem Staate,
Vom Luftballon und vom Altar
Und wußtens alles auf ein Haar,
Bewiesens alles sonnenklar,
Und rührten durcheinander gar,
Daß es ein Brei und Greuel war.
  Der Löwe ging mit sich zu Rate
  Und schüttelte den Kopf und sprach:
  Die besseren Gedanken kommen nach;
  Ich rechnete, aus angestammtem Triebe,
  Auf Edelsinn und Wahrheit-Liebe –
  Sie waren es nicht wert, die Sudler, klein und groß;
Macht doch den Bären wieder los!

———————

2) Der Kauz und der Adler

(Keine Fabel)

von J. H. Voß

Ein *Kauz,* in düstern Synagogen
Des *Ober-Uhus* auferzogen,
Kam früh in grauer Dämmerung
Zum König Adler hergeflogen.
„Treu", krächzt' er, „treu der Huldigung,
Rüg ich den gellenden Trompeter
Der unglücksschwangeren Aufklärung,
Den *Hahn,* Dir König, als Verräter.
Wann sanft Dein wohlbeherrschter Staat
Noch schläft und träumet und verdauet
Und unser Lied, was wacht, erbauet;
Schnell kräht uns der *Illuminat*
Die Sonn' empor, um aufzuklären,
Und Ruh und Andacht uns zu stören.
Fink, Lerche, Schwalb' und Mäus' empören
Gefild und Wald in freien Chören;
Man kann sein eigen Wort nicht hören.
Die tolle Rotte singt gar Hohn
Der *mystischen* Religion,
Die wir in *heilgem Dunkel* lehren;
Und, König, strafst Du nicht, so drohn
Aufruhr und Hochverrat dem Thron!
Herr König, laß Dir doch gefallen
(Wir *Kauz* und *Eulen* flehn gesamt),
Dem Hahn und seinen Schreiern allen
Zum Bändiger, im Zensoramt
Den frommen Uhu zu bestallen!"
Der Adler tat, als hört' er nicht,
Und *sah ins junge Morgenlicht.*

Über Schlözers Staatsgelahrheit
nach ihren Hauptteilen
im Auszug und Zusammenhang
Erster Teil

Einleitung, Enzyklopädie, Metapolitik, Staatsrecht und von
Regierungsformen*

[Erster Band. Erstes Stück, Nr. VI, S. 108–125]
[Erster Band. Zweites Stück, Nr. III, S. 185–203]

Erstes Gespräch

A. Nicht wahr, die schwerste Arbeit ist nicht immer die
wichtigste?

B. Allerdings nicht, es kann mühsam sein, Hirsenkörner
durch ein Nadelöhr zu werfen, aber wichtig ist diese Beschäftigung deswegen nicht.

A. Dagegen kann eine Arbeit, welche viel Kopf und Kenntnisse erfordert für den, der beides hat, leicht und doch
wichtig sein. Friedrich der Große vollendete in wenigen
Stunden sein königliches Tagewerk.

B. Jawohl, Tagewerk; aber die täglich wiederkommenden
Geschäfte waren nicht eben das, worin er sein Herrschertal-
lent am meisten zeigte; wenigstens ist soviel gewiß, daß er
in den stillen Stunden des Nachdenkens die Grundsätze
sammelte, nach welchem dieses Tagewerk abgemacht
wurde.

A. Aber so angelegen er sich auch sein königliches Amt sein
ließ, so hat er doch gewiß nicht die Hälfte von dem studiert,
was Schlözer zu seiner Staatsgelahrheit rechnet.

B. Dem Namen nach vielleicht nicht; aber die Materialien,
aus welchen Schlözer seine Staatsgelahrheit zusammen-
setzt, konnten ihm nicht fremd sein.

A. Doch zweifle ich, daß er in das Einzelne der Geschäfte
genau hineingegangen sei.

* *Allgemeines Staatsrecht und Staatsverfassungslehre.* Voran Einleitung in
alle Staatswissenschaften. Enzyklopädie derselben. *Metapolitik.* Anhang: Prüfung der von Moserschen Grundsätzen des allgemeinen
Staatsrechts, von *August Ludwig Schlözer.* D. Hofrat und Professor
der Staatsgelehrsamkeit in Göttingen. *Göttingen* in Vandenhöck-
und Ruprechtschem Verlag 1793.

B. Gewiß nicht tiefer, als es zur Übersicht des Ganzen nötig war. Verwechseln Sie aber nicht das Detail der Tatsache oder des besondern eben vorkommenden Falles mit der genauen Kenntnis der Regeln, nach welchen dabei verfahren werden muß.

A. Ein Genie, wie Friedrich, hätte sogar mit einer geringen Masse von Kenntnissen viel ausrichten können, und ich weiß nicht, ob nicht der, welcher das Ganze besorgen soll, sich sehr oft mit undeutlichen Vorstellungen und zuweilen sogar mit dunkeln Gefühlen begnügen müsse. Aber besser ist besser! Ich will zugeben, daß der Regent die Regierungskunst in ihrem ganzen Umfange kennen müsse: aber spezielle Sachkenntnisse, welche zum Entschluß, wenn auch schon bei einer ganzen Gattung von Fällen, erforderlich sind, kann er doch durch Berichtserforderungen oder durch das Gutachten der Sachverständigen sich erteilen lassen. Wer wird z. B. einem Fürsten zumuten, daß er ein großer Chemiker sein soll, obgleich bei vielen Regierungsgeschäften chemische Kenntnisse erforderlich sind?

B. Wer entscheiden soll, muß doch soviel wissen, als nötig ist, um das Gutachten der Sachverständigen, nach welchem die Entscheidung erfolgen soll, zu verstehen, und ich sehe nicht ein, warum ein junger Prinz nicht ebensogut die Chemie als die Heraldik studieren sollte? Aber wenn Sie ihn nun schlechterdings von der Erlernung der Chemie dispensieren wollen, so kann ich schon auch hierin nachgeben, ohne daß ich darum zugeben darf, daß der Prinz eine von den Wissenschaften entbehren könne, welche Schlözer zur Staatsgelehrsamkeit rechnet, weil ihm sonst die Übersicht des Ganzen, woraus die Regierungskunst besteht, mangeln würde.

A. Ich stimme darin mit Ihnen überein, daß Schlözer sich dadurch sehr verdient gemacht habe, daß er uns den ganzen Umfang der zur Staatsgelahrheit erforderlichen Kenntnisse vorgezeichnet hat. Ich gebe zu, daß es dienlich sei, alle diese Kenntnisse einmal in ihrem ganzen Zusammenhange zu studieren: aber ich glaube auch, daß besonders das Staatsrecht auch einmal im Zusammenhange mit den allgemeinen Grundsätzen des Rechts und also zusammen mit dem Naturrechte studiert werden müsse. Dies ist um so notwendiger, da Schlözer uns keinen bestimmten Begriff von dem Worte Recht gibt. Denn so sagt er z. B. in der Metapolitik § 6. „Unwiderstehlicher Trieb ist hohes Recht etc. Sein Trieb zu leben, ohne Schmerz und behaglich zu leben, bestimmt seine beiden Urrechte." An ebendieser Stelle behauptet er, daß ursprünglich eine positive Gemeinschaft der Güter vorhanden gewesen sei und daß die Dinge in der Welt ursprünglich nicht Sachen wären, die niemanden, sondern die allen gehören. Alles dies weiset' auf keinen bestimmten Begriff vom Rechte hin und steht auch, wie Sie sehen, in einem zu genauen Zusammenhange mit dem Naturrechte, als daß es ganz von demselben abgerissen werden könnte.

B. Der Zusammenhang, in welchem das Staatsrecht mit dem Naturrechte vorgetragen wird, ist jenem mehr nachteilig als zuträglich. Wenn die Staatsrechte ihren Anfang nehmen, haben die Menschenrechte schon aufgehört. Man trenne also auch in der Form, was in der Sache selbst getrennt ist. Es ist freilich nichts bequemer, als mit einem paar Ideen, die man aus sich selbst herausgesponnen hat, überall auszulangen. Eben weil man bestimmen will, wie die Welt sein sollte, gibt man sich nicht die Mühe, sich darum zu bekümmern, wie sie wirklich ist. Dies wollte nun Schlözer verhindern; er wollte nicht, daß man, sobald man den Hammer aus der Hand legt, glauben sollte, auch imstande zu sein, das Staatsruder zu führen, weil doch dazu nur eine leere Hand erforderlich wäre; er wollte verhindern, daß nicht der Advokat glauben sollte, er sei ein Staatsgelehrter, weil er eine auf wenig Sätze eingeschränkte Metaphysik des Rechtes studiert und große Übung im Schwatzen erlangt habe.

A. Schlözers gute Absicht verkenne ich nicht; aber, wie es mir scheint, hat er das, was recht, und das, was zuträglich ist, nicht hinlänglich unterschieden. Was mit Recht geschehn könne, kann man sehr wohl wissen, ohne darum auch die Geschicklichkeit zu haben, das, was recht ist, auf eine nützliche Weise zu tun. Wenn nun der Rechtsgelehrte deswegen, weil er weiß, was recht ist, sich auch die Geschicklichkeit zutraut, den Staat regieren zu können, so handelt er ebenso widersinnig, als wenn er deswegen, weil er weiß, *wie weit* er sein Grundstück bebauen darf, auch zu wissen glaubte, *wie* er es bebauen müsse, damit es einträglich werde. Es würde aber auch der Ökonom nicht weniger widersinnig handeln, wenn er daraus, weil es ihm nachteilig sei, fremdes Vieh auf seiner Wiese weiden zu lassen, schließen wollte, daß er dem Nachbar die Weidegerechtigkeit nicht verstatten dürfe.

B. Sollten Sie nicht Schlözern eine falsche Meinung unterlegen? Eine solche Verwechslung des Rechtlichen und Nützlichen finde ich bei Schlözern nicht, obgleich, wenn vom gemeinen Besten die Rede ist, das Rechtliche und Nützliche einerlei sein dürfte. Aber wenn Ihnen Staatsphilosophie nicht ein bloßes Luftmeteor werden soll, so werden Sie den Menschen in seinen verschiedenen Lagen kennen müssen, und Geschichte und Anthropologie werden die Grundsteine zu Ihrem Gebäude liefern.

A. Ob ich gleich daran zweifle, daß die Geschichte, welche mich nur über das, was da *ist,* nicht aber über das, was da *sein sollte,* belehrt, Grundsteine zu einem Gebäude des Staatsrechts liefern könne, so gebe ich doch zu, daß sie mir den Grund und Boden anweist, auf welchem das Gebäude stehn oder nicht stehn kann. Aber was hindert mich, die von der Geschichte und Anthropologie gelieferten Sätze in der Metapolitik zu nutzen? – Deswegen glaube ich, daß es schädlich sein würde, wenn das Schlözersche System die Folge haben sollte, daß das Staatsrecht gar nicht mehr im Zusammenhange mit dem Naturrechte vorgetragen würde: ich glaube aber auch, daß es dienlich wäre, das Staatsrecht noch einmal im Zusammenhange mit den übrigen zur Staatsgelahrtheit gehörigen Wissenschaften zu studieren.

B. Sie glauben also, daß das Studium der Staatsgelahrtheit überhaupt und des Staatsrechts insbesondere von großer Wichtigkeit sei, und daß es besonders auf Universitäten getrieben werden müsse?

A. Davon bin ich so sehr überzeugt, daß ich keinen zu einem Staatsamte lassen würde, welcher nicht auch in dieser Wissenschaft wäre geprüft worden.

B. Hierin kann ich doch mit Ihnen nicht ganz übereinstimmen. Man würde dadurch lauter Räsoneurs bilden, die, anstatt zu tun, was ihres Amtes ist, die Regierung überall meistern wollten. Ich würde dieses Studium nur von denen fordern, welche künftig, in wichtigen Ämtern dem Staate zu dienen, bestimmt wären.

A. Damit die andern desto schlechter räsonierten? Ich

würde doch, wenn einmal räsoniert wird, das bessere Räsonnement dem schlechtern vorziehn; denn das Räsonieren bleibt doch in keinem Falle aus. Können Sie wohl vorher wissen, was aus dem Menschen, der jetzt mit dem Posten eines Unterrichters zufrieden sein würde, mit der Zeit werden kann.

B. Wenn er sich durch seinen Kopf und durch seine Geschicklichkeit in Geschäften emporgehoben hat', so kann er das Versäumte in der Folge nachholen.

A. Dazu würde ich nicht raten. Wer sich durch seinen Kopf in die Höhe gebracht hat, glaubt auch an diesem genug zu haben. Deswegen ist es gut, daß ein jeder wenigstens das Staatsrecht studiert; allein ich gehe jetzt weiter. Sehn Sie nur, welchen treuen Schüler Sie an mir gezogen haben. Ebendeswegen, weil, wie Sie selbst behaupten, die Philosophie allein nicht hinreicht, will ich auch, daß der wichtige Mann mit allen den Kenntnissen ausgerüstet sei, welche Schlözer zum Staatsmanne erfordert. Diese Wissenschaften müssen aber nicht das Monopolium des Adels oder derer sein, welche sich besonders den Staatsgeschäften widmen.

B. Sollten Sie nicht von dem bloßen Universitätsgelehrten zuviel fordern?

A. In Deutschland muß man von den Universitäten alles fordern. Das, was Deutschland besonders eigen ist, besteht eben in dem großen Einflusse der Universitäten auf die Regierung. Vielleicht liegt der Grund, weswegen die Deutschen zwar langsam, aber sicher im Guten fortschreiten, eben in der wissenschaftlichen Behandlung der Regierungsgeschäfte. Deswegen lassen wir uns nicht so leicht durch unbestimmte Begriffe irreleiten, und man dürfte vielleicht nur die Geschichte unsrer Universitäten, z. B. von Leipzig, Halle, Jena und Göttingen studieren, um daraus die Veränderungen, welche in den verschiedenen deutschen Staaten vorgefallen sind, zu erklären. *Thomasius* dürfte in der brandenburgischen Geschichte eine größere Rolle spielen, als mancher berühmte Feldherr, und *Pütter* ist vielleicht in dem deutschen Reiche eine wichtigere Person, als mancher Reichsgeneralfeldmarschall.

B. Der Einfluß der Gelehrten ist wohl nirgends zu leugnen. Aber darin steckt eben der Unterschied zwischen Deutschland und andern Staaten, daß nicht jeder Schriftsteller, und wenn er auch der Liebling der Nation wäre, in Deutschland so schnelle Wirkungen hervorbringen kann als anderwärts, wenn er nicht durch das Mittel der Universitäten wirkt. Ehehin war freilich dieses noch sichtbarer; denn da wurde nichts von Wichtigkeit unternommen, ohne vorher der theologischen und der juristischen Fakultät der Landesakademie ein Gutachten abgefordert zu haben. Dieser Wirkungskreis der Universitäten ist jetzt vermindert, weil man voraussetzt, daß der bloße Theoretiker von Staatsangelegenheiten nicht urteilen könne. Auch haben in einigen deutschen Landen die Juristenfakultäten nicht mehr das Ansehn des obersten Gerichtshofes, doch ist im ganzen der Einfluß der Universitäten noch immer wichtig genug, und es ist zweifelhaft, ob man nicht die alte Mode, die Universitäten über wichtige Angelegenheiten zu befragen, wieder einführen, die Universitäten selbst aber mit geübten Praktikern besetzen sollte.

A. Wenn man freilich die große Menge der deutschen Staaten erwägt, so kann man wohl voraussetzen, daß man eher vorzügliche Männer auf den Universitäten als in den Geheimenratskollegien finden könnte, und man sollte daher auch bei der Besetzung der Professuren auf diesen Umstand mehr Rücksicht nehmen.

B. Freilich muß das Ansehen der Universitäten verlorengehn, wenn man einem Menschen, dem man gern helfen wollte, eine Professur gibt, weil man ihn anderwärts nicht zu brauchen weiß. Schlözer, welcher so viel auf Deutschland gewirkt hat, ist Professor, und unsre Hauptuniversitäten können, wenn sie bei der Lehr- und Schreibefreiheit geschätzt werden, zum Besten Deutschlands mehr wirken, als die Landesstände, deren Interesse nur gar zu oft von dem Interesse derer, welche sie vertreten sollen, verschieden ist.

Zweites Gespräch

A. Also glauben Sie nicht, daß ursprünglich alle Menschen auf alle Sachen gleiche Rechte haben? –

B. Gleiche Rechte haben sie, aber gleich wenige.

A. Gleich wenige und gleich viele. Gleich wenige; denn keiner hat ein ausschließendes Recht: – gleich viele; denn alle haben das Recht, die gemeinschaftliche Sache zu gebrauchen und zu benutzen. *Die Erde ist des Herrn, und alles, was auf und in ihr ist, ist,* wie Schlözer* behauptet, *eine Sache, die allen gehört, wiewohl nur zum augenblicklichen Bedürfnis. Das Recht des ersten Finders ist kein erweisliches Natur-, sondern ein künftiges notwendiges Positiv-Recht. Der, so mühsam eine Reihe von Bäumen pflanzte, sie künstlich ineinanderflocht und sich eine lustige Hütte daraus bildete, – der, so ein Grundstück durch Umwühlen tragbar machte etc., klebte zwar seine Arbeit und seine Kunst, unstreitig einen Teil seines Eigentums, an die Bäume und an das Grundstück: aber durfte er das, ehe andere, deren gemeinschaftliches Eigentum vorher die Bäume und das Grundstück waren, sich ihres Mit-Rechts darauf verziehen hatten?*

B. Das, liebster Freund, ist eine harte Rede, wer kann sie hören! So werde ich also auch wohl den Apfel, den ich auf einer Insel finde, wo noch kein Staat und keine positiven Gesetze existieren, nicht eher essen dürfen, als bis ich die Einwilligung des ganzen menschlichen Geschlechts zu Verbrauchung dieser gemeinschaftlichen Sache erhalten habe?

A. Das gehört mit zu der augenblicklichen Benutzung der Insel, daß Sie sich die Früchte, die darauf wachsen, zueignen.

B. Dahin würde es also auch wohl gehören, wenn ich Äste von den Bäumen hiebe, um mir eine Sommerlaube davon zu bauen?

A. Das sollt' ich auch meinen.

B. Muß die Sommerlaube in der Luft schweben oder darf ich sie auf ein Stück der gemeinschaftlichen Insel setzen, und darf ich mir wohl gar ein Haus auf diese Stelle bauen, ohne die übrigen Menschen darum zu fragen?

A. Ja, wenn sie Ihnen den ausschließlichen Gebrauch nicht verwilligt haben, so kann ein jeder die Laube und das Haus so gut nützen wie Sie.

B. Also wenn ich mir ein Behältnis gemacht habe, worin ich meine Sachen gegen die wilden Tiere oder auch wohl die gefangnen Tauben gegen die Katzen verwahre, so darf ein jeder dies Behältnis öffnen, um seine Sachen auch hinein-

* In seiner Metapolitik § II.

86

zulegen? Denn, wenn ich ein Vorlegeschloß daranlegte, so würde ich mir das Behältnis auf lange Zeit zueignen, und es wäre also nicht ein *augenblicklicher* Besitz, welchen ich dadurch schützte. Ich darf also das Gemach nicht verschließen. Nun kommt ein anderer, um seinen Käse darin zu verwahren, aber unglücklicherweise läßt er mir die Katze hinein, und meine Tauben sind gefressen! Oder, was meinen Sie, muß die Katze auch erst die Erlaubnis des ganzen menschlichen Geschlechts haben, ehe sie die Tauben fressen darf? Hat der liebe Gott die Erde mit allem, was darauf und darin ist, allein den Menschen oder auch den Tieren zum Geschenk gemacht? –

A. Auch die Tiere gehören den Menschen.

B. Gut, aber wo ist die Schenkungsurkunde, wie lautet sie?

A. Mit ihren geistigen und physischen Kräften und mit ihren Bedürfnissen erhielten sie zugleich die Befugnis, ihre Bedürfnisse durch die dazu dienliche auf der Erde befindliche Mittel zu befriedigen.

B. Haben Sie keine andre Schenkungsurkunde aufzuweisen?

A. Nun, ist diese nicht hinlänglich?

B. O ja, und sie beweist noch mehr, als Sie eigentlich dadurch beweisen wollten. Hat nicht der Mensch ein Vorhersehungsvermögen?

A. Wer wollte das leugnen?

B. Hat er nicht auch das Bedürfnis, für die Zukunft zu sorgen?

A. Auch das gestehe ich ein.

B. Nun so haben Sie mir das Patent ausgefertigt, zufolge dessen ich berechtigt bin, mir ein Haus für den künftigen Winter zu bauen und es so lange zu gebrauchen, als ich dessen bedarf. Wenn ich aber dieses Recht habe, so werde ich ebensowenig die Erlaubnis meiner Nebenmenschen nötig haben, um mir eine Sache für die Zukunft zuzueignen, als ich deren bedurfte, um sie für den jetzigen Augenblick zu nutzen. Ich finde auch in der Schenkungsurkunde selbst nichts von einem Unterschiede zwischen beweglichen und unbeweglichen Sachen.

A. Aber nehmen Sie denn an, daß, wenn Sie auf eine wüste Insel kämen, Sie das Recht haben würden, sie ausschlie-

ßungsweise in Besitz zu nehmen und den Späterkommen-
den ins Meer zu werfen, obgleich die Insel noch für Tausende, wie Sie sind, Platz und Nahrung hätte?
B. Das nehm' ich nicht an. Ich glaube vielmehr, daß der
Späterkommende berechtigt sein würde, einen von mir
noch nicht bebauten Platz für sich, meiner Protestation ungeachtet, einzuzäunen. Ich räume ferner ein, daß ohne positive Gesetze, welche meistenteils schon verteilte Grund-
stücke voraussetzen, das Recht der Besitzergreifung,
besonders in Ansehung der unbeweglichen Sachen, zuweilen nicht mit voller Wirkung wird ausgeübt werden können
und daß es daher noch besonderer Bestimmungen durch
positive Gesetze bedurfte. Allein ein Recht ist darum nicht
minder vorhanden, weil dessen Existenz nicht allen in die
Augen fällt.* Das Recht selbst und dessen Ausnahmen können durch gemeingültige Grundsätze bestimmt sein, wenn
auch die Anwendung derselben auf den vorkommenden
Fall wegen der dabei in Betrachtung kommenden Tatsachen
zweifelhaft ist. Es wird also wohl am besten sein, wir lassen
unsre Ansprüche auf eine positive Gemeinschaft der Güter
fahren und begnügen uns an dem Rechte, Sachen, die noch
niemanden gehören, in Besitz zu nehmen.
A. Aber schließt nicht dieses angebliche Recht schon einen
Widerspruch in sich? denn erst räumen Sie mir ein Recht
ein, alle Dinge in Besitz zu nehmen, und doch soll ich auch
das Recht haben, andre, wenn es mir beliebt, von dem
Rechte der Besitzergreifung auszuschließen.
B. Wenn es mir beliebt?
A. Ja, ganz recht, wenn es Ihnen beliebt; denn Sie dürfen
sich nur einfallen lassen, die Sache früher als ich in Besitz
zu nehmen, so haben Sie ebendadurch das mir zustehende
gleiche Recht vereitelt.
B. Nehme ich denn eine positive Gemeinschaft der Güter
an? gestehe ich Ihnen denn ein Recht zu, mich von der Besitznehmung des Erdreichs, worauf ich meine Hütte gebauet habe, auszuschließen? Gebe ich Ihnen nicht bloß ein
Recht, Sachen, die noch niemanden gehören, in Besitz zu
nehmen? Was heißt, durch Besitzergreifung erwerben, anders, als Sachen zu meinem ausschließlichen Gebrauch aus-

* Non deficit Jus; sed deficit probatio.

sondern? Setze ich nicht dabei ein Recht, Eigentum durch Besitzergreifung zu erlangen, voraus? muß ich also nicht das Eigentum beachten, ohne welches mein Recht kein Recht sein würde? Muß ich also nicht von der Besitzergreifung solcher Sachen abstehn, welche sich schon im Eigentum eines andern befinden?

A. Am Ende ist doch das alles ein Streit, von welchem, wenigstens in Deutschland, wenig abhängt.

B. In Deutschland, sagen Sie? das ist eben die glückliche Lage, in welcher sich die deutschen Philosophen befunden haben, daß sie weniger als die Gelehrten anderer Länder durch das Interesse des Augenblicks verleitet wurden, für oder wider einen Satz Interesse zu nehmen. Sie verhalten sich als ruhige Zuschauer dessen, was in der übrigen Welt vorgeht, und können daher ihre Theorien sicherer und fester gründen als die Engländer und Franzosen, deren Gedanken sie in ruhiger Stille benutzen, weil ihr Nationalstolz sie nicht hindert, von den Schriften andrer Völker Gebrauch zu machen. Soweit bin ich also einig mit Ihnen; aber glauben Sie denn, daß die eben unter uns abgehandelte Frage in Deutschland keine praktische Folgen habe?

A. Jetzt wenigstens hat es noch nicht das Ansehn, als ob die Deutschen sich sobald damit abgeben würden, Ländereien in Ost- und Westindien in Besitz zu nehmen oder wüste Inseln zu erobern.

B. Es sei. – Aber wichtig ist es auch für Deutschland zu wissen, wie weit die Rechte dessen gingen, der zuerst ein Stück Landes in Besitz nahm; ob er dazu die Einwilligung der übrigen Menschen bedurfte, und ob er, wenn diese nicht nötig war, das Recht hatte, mehr, als er bedurfte, in Besitz zu nehmen, damit er andre nötigen konnte, zu verhungern oder seine Sklaven zu werden.

Drittes Gespräch

A. Ihnen will also der Schlözersche Unterschied zwischen bürgerlicher Gesellschaft und Staat nicht recht einleuchten? Ist denn nicht ein wesentlicher Unterschied zwischen einer bürgerlichen Gesellschaft, in welcher eine Herrschaft (imperium) vorhanden ist, und zwischen einer solchen, wo es daran mangelt.

B. Nehmen Sie einen Unterschied zwischen Bürgern und Bundesgenossen an?

A. Wer sollte das nicht? Die Bundesgenossen sind als solche nur gegen äußere, die Mitbürger aber auch gegen innere Feinde vereinigt.

B. Der Unterschied zwischen einem bloßen Bündnis und einer bürgerlichen Gesellschaft besteht also in dem Zwangsrechte, welches die bürgerliche Gesellschaft gegen ihre eigenen Mitglieder ausübt. Jede bürgerliche Gesellschaft setzt daher eine Oberherrschaft voraus; denn, wie Schlözer selbst* anführt, *sind Krone, Szepter und Thron essentialiter in Schafhausen wie in Stambul.* Die Oberherrschaft ist da, wenn sich auch das ganze Volk den Gebrauch der obersten Gewalt vorbehalten hat. Wo also nun bürgerliche Gesellschaft ist, da ist ein Staat; aber ein bloßes Bündnis ist da, wo es an einem Zwangsrechte der ganzen Gesellschaft gegen die einzelnen Mitglieder mangelt.

A. Zwangsrecht; merken Sie sich dies Wort. Ein Recht kann man, wie Sie gestern selbst behauptet, haben, ohne daß man eben imstande ist, es auszuüben. Was hilft der bürgerlichen Gesellschaft das Zwangsrecht, wenn zu Ausübung desselben die Einwilligung aller, und also auch dessen, welcher gezwungen werden soll, erforderlich ist? Erst alsdann, wenn eine Stimmenmehrheit eingeführt und also eine Oberherrschaft vorhanden ist, läßt sich die Ausübung des Zwangsrechts der Gesellschaft gegen die einzelnen denken. Solange nun diese Stimmenmehrheit noch nicht eingeführt und noch kein anderer Herrscher bestellt ist, läßt sich zwar eine bürgerliche Gesellschaft, aber kein Staat denken.

B. Wenn ich wollte, könnte ich Ihnen den Sieg doch noch ein wenig erschweren. Ich könnte einwenden, daß die Unterwerfung unter den Willen der Gesellschaft, der Gesellschaft doch wenigstens soviel Recht mitteilen würde, daß sie, wenn alle übrigen Mitglieder der Gesellschaft einig wären, das Recht hätte, gegen die einzelnen Widerspenstigen Zwang zu brauchen. Ich könnte gegen Schlözern** bemerken, daß auch Rousseau den gemeinen Willen der Gesellschaft (volonté générale) von dem Willen aller (volonté de

* Staatsrecht § 2.
** In der Metapolitik § 22.

tous) unterscheidet.* Aber ich gestehe willig ein, daß, ohne Bestimmung einer gewissen Stimmenmehrheit, es sehr oft zweifelhaft bleiben würde, ob die mehrere, welche zusammenhalten, als Mitverbrecher, welche von der übrigen Gesellschaft gerichtet werden können, oder als eine besondre Partei unter den Mitbürgern betrachtet werden müßten. Ich glaube daher auch, daß der von Schlözern gemachte Unterschied zwischen bürgerlicher Gesellschaft und Staat alle Aufmerksamkeit verdiene. Man muß aber wohl bedenken, daß er willkürlich bestimmt worden, und daß man daher der bürgerlichen Gesellschaft im Schlözerschen Sinne die Rechte nicht absprechen könne, welche man dem Staat überhaupt, ohne Rücksicht auf diesen willkürlich gemachten Unterschied einzuräumen pflegt. Ich kann daher auch nicht glauben, daß im Völkerrechte zwischen Staaten und bloßen bürgerlichen Gesellschaften ein Unterschied zu machen sei.

A. Das dächt' ich doch; denn in einer bürgerlichen Gesellschaft im engern Sinne fehlt es an Ordnung und Nachdruck, und die Nachbarn können sich dabei unmöglich wohlbefinden.

B. Sie nehmen also an, einer bürgerlichen Gesellschaft ohne Herrscher werde es an Energie fehlen. Desto besser; es ist also ein schwacher Nachbar, und wer will nicht lieber einen schwachen als einen starken Nachbar haben? Die Staatsklugheit wird freilich auf diesen Unterschied Rücksicht nehmen müssen: allein ein Vertrag, wenn er einmal mit einer solchen Gesellschaft geschlossen ist, wird nicht weniger heilig sein, als die Verträge der Staaten miteinander.

A. Die Meinung des Volks ist veränderlich.

B. Die Meinung der Minister nicht minder, und ist etwa das Ministerium unveränderlich? Sind alle Staatsverfassungen gut? Wird man berechtiget sein, darum sein Wort zu brechen, weil der Staat, mit welchem man zu tun, eine schlechte Verfassung hat?

A. Ich bin schon zufrieden, wenn Sie mir nur zugeben, daß es der Staatsklugheit nicht gemäß sei, sich mit einer anarchischen bürgerlichen Gesellschaft einzulassen. Aber Sie schienen mir sonst noch etwas gegen die Schlözersche Ein-

* Rousseau du Contract social. Ch. 3.

teilung zwischen bürgerlicher Gesellschaft und Staat auf dem Herzen zu haben.

B. Ich glaube überhaupt, daß es andre Einteilungen der Gesellschaften gibt, welche mehr ausgehoben zu werden verdienten, als die eben gedachte Schlözersche. Ich unterscheide nämlich Gesellschaft überhaupt, Bündnis mehrerer zu gemeinschaftlicher Verteidigung, bürgerliche Gesellschaft, als unter welcher ich auch den Staat im Schlözerschen Sinne begreife, und vormundschaftliche Regierung. Unter der letztern verstehe ich einen solchen Staat, welcher nicht bloß die gemeinschaftliche Sicherheit, sondern auch den Wohlstand der einzelnen zum Gegenstande hat. Denn, wie Schlözer an mehreren Orten bemerkt, kann in der Regel ein jeder für sein eigenes Wohl am besten sorgen, und man tut unrecht, wenn man ihm ein Gut aufdringt, welches er nicht haben will. Aber es gibt unter den Bürgern so viele, welche des starken Bartes ungeachtet, noch unmündig sind. Ja, oft sind ganze Völker noch unmündig und bedürfen also eines Vormundes. Bei solchen Völkern übernimmt der Herrscher zugleich die Pflichten eines Vormundes und daraus lassen sich diejenigen Rechte der Herrscher erklären, welche aus der Natur des Staats allein nicht gefolgert werden können.

A. Was Sie zum Merkmale der vormundschaftlichen Regierung machen, hat Schlözer zum Kennzeichen des Staats im Gegensatz der bürgerlichen Gesellschaft angenommen.

B. Darin ist es eben, worin ich mit ihm nicht ganz übereinstimme. Vortrefflich sagt er zwar*: *Gemeines Wohl* (salus publica) *heißt nicht der Vorteil der mehrern, sondern ist das Aggregat der Vorteile aller und jeder Individuen. Jeder agiert entweder mit andern, um selbst dabei sogleich zu profitieren, oder er tut etwas für den andern, aber nur vorschußweise und in Erwartung ähnlicher Gegendienste.* Aber ich halte es nicht nur für gefährlich, wenn man dem Herrscher die Macht läßt, mich zu nötigen, daß ich mir ein Gut verschaffe, welches ich nicht genießen will, oder daß ich andern einen Vorschuß leiste, an dessen Erstattung die andern nicht denken werden, sondern es ist auch äußerst gewagt, wenn man besser als der andere wissen will, was ihm zuträglich sei. Überhaupt lassen sich hier-

* Metapolitik § 18.

bei folgende zwei Fälle unterscheiden: entweder das Volk ist aufgeklärt oder nicht. Im erstern Falle bedarf es der Leitung nicht, im zweiten wüßte ich nicht, wo die Herrscher selbst die zur Leitung anderer erforderliche Aufklärung sollten hergenommen haben, denn, wohl zu bemerken, mit der Aufklärung einiger wenigen ist es nicht getan, weil der Herrscher zu vieler Mittelspersonen bedarf, die er nur aus dem Volke selbst nehmen kann.

A. Es gibt ein Drittes, lieber Freund, und dieses Dritte finden Sie überall. Nur der besser erzogene Teil der Nation ist aufgeklärt; dieser muß die übrigen leiten.

B. Aber womit? Mit der Hand oder mit dem Stricke?

A. Was wollen Sie damit sagen?

B. Ich meine es so. Das Licht der Weisheit und der Aufklärung drängt sich nicht wie angezündetes Schießpulver durch Explosionen auf. Es schlägt uns nicht die Türen und Fenster ein, um Wirkung bei uns zu tun. Es ist genug, daß es uns eine wohltätige Wirkung empfinden läßt, um ihm alle Eingänge zu öffnen; auch bedarf es nur eines Ritzes, um in die verschlossensten Gemächer ohne Gewalt einzuschleichen. Aber wenn sie den Knaben durch Schläge nötigen wollen, nach dem Lichte zu sehn, so verschließt er die Augen nur um so hartnäckiger. Ist nur der zehnte Teil der Nation aufgeklärt, so werden die übrigen neun Zehnteile ohne Zwang dem Lichte folgen, welches ihm seine Führer vortragen.

A. Ja, wenn das Volk nicht Irrwische für Fackeln und Meteore für Sterne hielte, und wenn nicht gar zu oft die heilsame Wirkung des Lichts durch die zerstörende Gewalt des Feuers der Leidenschaften vernichtet würde! Wollen Sie den Kaufmann, der sich auf Unkosten des ganzen Staats bereichern will, durch bloße Ermahnungen abhalten, eine dem Staate nachteilige Spekulation zu verfolgen?

B. Wo die Pflicht der Selbsterhaltung gebeut, bedarf der Zwang keiner weitern Rechtfertigung. Aber wenn der Staat, um seine Bürger reicher zu machen, gewisse Unternehmungen befiehlt und andre verbietet, wenn er gewisse Meinungen mit Gewalt ausbreiten oder unterdrücken will, so weiß ich dies aus der bloßen Natur der Staatsgewalt nicht zu rechtfertigen. Wenigstens ist soviel gewiß, daß sich ein sehr aufgeklärtes Volk denken lasse, welches seinen Herrschern dergleichen Schritte nicht erlaubt. Daher kann ich nicht mit Schlözern annehmen, daß die positive Beförderung des gemeinen Wohls ein Merkmal sei, wodurch sich der Staat von der bloßen bürgerlichen Gesellschaft unterscheidet. Verfassungsmäßiger Zwang kann auch allein zur allgemeinen Sicherheit angewendet werden, und die Wiege der meisten Staaten war die Eigenmacht des Herrn oder Hausvaters, welche sich erst in der Folge in einen ordentlichen Staat entwickelte. Da nun der Herrscher gewohnt war, das Wohl der Diener nur, insofern es zu dem seinigen führte, zu beachten und auch wohl die erwachsenen Kinder noch als unmündig zu behandeln, so läßt sich der Zwang leicht erklären, welcher angeblich zur Beförderung des positiven Wohls der einzelnen angewendet wurde. Was meinen Sie wohl, wird nicht die Nation, je mehr sie mündig wird, auch um so mehr darauf Bedacht nehmen, daß ihr Herrscher ihre Freiheit nicht ohne Not oder wohl gar aus vermeinter guter Absicht zu ihrem Nachteil einschränke.

A. Ich sehe wohl, wo Sie hinauswollen. Sie wollen nämlich zu verstehn geben, daß der Staat bei seiner ersten Entstehung dem Regenten ebendeswegen eine uneingeschränkte Gewalt einräumen werde, weil das Volk die damit verbundenen Mißbräuche noch nicht kennt. Ich gebe auch gerne zu, daß dieses gedrungen durch die übeln Folgen der Anarchie seinem Herrscher gleich anfangs ohne alles Bedenken alle die Macht einräumen werde, welche erforderlich ist, wenn das, was nur gesellschaftliche Kräfte zu leisten vermögen, bewirkt werden soll. Je unmündiger das Volk selbst ist, desto weniger wird es imstande sein, den Unterschied zwischen einem Regenten und einem Vormunde zu empfinden, ja, es wird sogar gerne sehn, daß der Herrscher sich als einen Vormund des Volks betrachte, weil er ebendadurch die Verbindlichkeit anerkennt, nicht zu seinem eigenen, sondern zu des Volkes Besten zu wirken. Aber eine Höflichkeit erfordert die andre. Ich hoffe, Sie werden nun auch ebenso bereitwillig eingestehn, daß eine, auf eine rechtliche Weise durch die Einwilligung aller entstandene bürgerliche Gesellschaft, überhaupt sich nur ungern einer Herrschaft unterwerfen und also auch sehr abgeneigt sein werde, dem Herrscher ein größres Recht einzuräumen, als zu ihrer gemeinschaftlichen Sicherheit erforderlich ist. Von Zwang zu

Beförderung des positiven Wohls wird also anfänglich nicht die Rede sein: aber glauben Sie wohl, daß die äußere und innere Sicherheit des Staats ohne Macht, Macht ohne Reichtum, Reichtum ohne kluge Leitung der Staatskräfte bestehn könne? Wird also nicht das Volk oder die Regierung, oder der Herrscher, welcher an des Volkes Statt handelt, am Ende gewahr werden, daß die Regierung auch zur Beförderung des positiven Wohls der Mitglieder wirksam sein müsse? Hat also Schlözer nicht recht, wenn er die Beförderung des positiven gemeinen Wohls als die späte Frucht des Nachdenkens über die Natur der bürgerlichen Gesellschaft betrachtet?

B. Ich halte es für sehr unhöflich nachzugeben, ehe man überzeugt ist; denn es setzt Schwäche bei dem andern und schonende Nachsicht auf seiten des Nachgebenden voraus. Also nicht aus Höflichkeit, sondern weil Ihre Gründe es erfordern, räume ich ein, daß der bloße Zweck der Sicherheit bei der jetzigen Lage unserer europäischen Staaten auch die Beförderung des positiven Wohls und also das Streben nach Reichtum notwendig mache. Aber auf diese Art kämen wir ja zu widersprechenden Resultaten. Sehn Sie nun, was wir beide für wunderliche Leute sind! Wir räumen einander wechselseitig das ein, was unsre eigne Behauptung, welche doch der andre für recht erkennt, völlig aufzuheben scheint.

A. Wir wollen sehn, ob wir diesen Widerspruch nicht heben können. Wir können nämlich den rechtlichen und den historischen Gang, welchen die Sache nehmen muß, unterscheiden. Sehn wir auf das, was zu geschehn pflegt, so wird die Sache meistenteils so zugehn, wie Schlözer es voraussetzt. Ist nämlich eine wahre bürgerliche Gesellschaft vorhanden, so wird diese, ungeduldig jedes Zwangs, ihrem Herrscher nur soviel Gewalt einräumen, als zur Erhaltung ihrer äußerlichen und innerlichen Sicherheit schlechterdings notwendig ist. Erst in der Folge, wenn sie des Zwanges mehr gewohnt ist und wann sie Staaten neben sich sieht, deren Übermacht durch Reichtum und deren Reichtum durch Zwang befördert worden, wird sie anfangen, ihre Nachbarn auch in solchen Anstalten nachzuahmen, gesetzt auch, daß sie die Sicherheit allein als den letzten Zweck aller dieser Anstalten betrachtete: Es ist nicht gar lange her, daß man in manchen Ländern Polizei und Finanzerei als Übel betrachtete, denen sie mit Gottes Hülfe bisher noch entgangen wären. Um nicht zu weit hinter seinen Nachbar zurückzubleiben, mußte man sie auch in solchen Zwangsanstalten nachahmen.

B. Nennen Sie dies den historischen oder den rechtlichen Gang der Sache?

A. Ich nenne ihn den historischen Gang der Sache, nicht, weil ich ihn eben als widerrechtlich betrachtete, sondern weil er sich allein aus zufälligen Umständen erklären läßt. Der rechtliche Gang, welcher sich aus der Natur der Sache ergibt, ist, meines Erachtens, folgender: Dem Herrscher wird die Ausübung der ganzen gesellschaftlichen Gewalt übertragen. Einschränkungen, welche nicht gemacht worden, können nicht vermutet werden. Dem rechtlichen Gang der Sache ist es also gemäß, daß der Herrscher anfangs eine uneingeschränkte Gewalt ausübt, welche erst in der Folge, wegen der erfahrnen Mißbräuche, eingeschränkt wird.

B. Die dem Herrscher übertragene Gewalt kann wohl nur insofern auf die Vergrößerung des Wohlstandes und der Macht angewendet werden, insofern dieser Wohlstand zur äußerlichen und innerlichen Sicherheit notwendig ist. Wenn freilich dieser Schritt einmal getan ist, so wird es schwer sein, zu unterscheiden, ob der Wohlstand um seiner selbst willen oder nur als Mittel zur Sicherheit beabsichtiget werde. In der Folge wird also nur der Mißbrauch des Rechts, für den positiven Wohlstand der Bürger zu sorgen, auf Einschränkungen führen; denn die Erfahrung wird zeigen, der einzelne finde, einige wenige Fälle abgerechnet, leichter, wodurch er sich bereichern könne, als der Staat, welcher für ihn sorgen will, und ich hoffe, man wird endlich überall dahin kommen, daß man den Zwang nur zu Beschützung der allgemeinen Freiheit anwenden, den Wohlstand aber durch Anstalten, woran ein jeder nach Belieben Anteil nehmen kann, und durch Ermunterung dazu, befördern wird.

A. In Deutschland dürfte wenigstens dieser fromme Wunsch nicht sobald realisiert werden; denn es ist aus zu vielen kleinen Staaten zusammengesetzt. Schränkt der Nachbar die Aus- und Einfuhr ein, so wird man wider Willen zu gleichen Einschränkungen genötigt.

B. Eben aus diesem Umstande möchte ich beinahe das Gegenteil folgern. Die großen deutschen Staaten, besonders die abgerundeten, wie Östreich, haben nicht nötig, sich um die Maßregeln ihrer Nachbaren zu bekümmern, und die kleinern, welche meistenteils die Hülfe ihrer Nachbarn brauchen, haben ein entgegengesetztes Interesse, nämlich das, daß ihnen das Nötige von allen Seiten frei könne zugeführt werden. Man sollte daher die deutsche Verfassung zu einem Reichsgesetze benutzen, wodurch alles Verbot der Aus- und Einfuhre zwischen den deutschen Staaten aufgehoben und eine wahre Reichsbürgerschaft festgesetzt würde.

A. Ein frommer Wunsch, welcher ewig ein solcher bleiben wird, weil sich unsre deutschen Reichsstände schwerlich zu einer Einschränkung ihrer freien Gesetzgebung verstehen möchten!

B. Sie glauben also, daß unsre deutsche Reichsverbindung zu weiter nichts helfe, als damit die stiftsbürtigen Herrn noch ferner in dem Rechte geschützt werden, die besten in- und ausländischen Weine auf das Wohl des deutschen Vaterlandes auszutrinken?

Viertes Gespräch

A. Nichts hat mir in der ganzen Schlözerschen Staatsverfassungslehre mehr gefallen, als das, was er über die Erb-, Wahl- und freiwilligen Stände sagt. Es ist ein vortrefflicher Gedanke, diejenigen, welche sich zu Gegenvorstellungen gegen die Regierung vereinigen und die Schriftsteller, welche über Regierungsangelegenheiten schreiben, als freiwillige Stände zu betrachten.

B. Ei, ei, so hoch sind unsre Schriftstellerchen seit langer Zeit nicht geehrt worden! Statt des Beiworts *freiwillig* würde ich lieber *unberufen* setzen.

A. Wo es auf das gemeine Wohl ankommt, hat jeder einen Beruf mitzusprechen.

B. Ja, vermöge eines Patents, welches der Hunger ausgefertiget und die Naseweisheit besiegelt hat!

A. Versündigen Sie sich nicht an den Lehrern der Nation, die, wie Moser und Schlözer –

B. miteinander handgemein werden.

A. Es ist doch in der Tat unbegreiflich, wie ein Moser, den ich sonst innig hochgeschätzt habe, sich so weit habe vergessen können, daß er seinen Gefährten auf dem Wege der Publizität als einen Unruhstifter in übeln Ruf zu bringen sucht, und das bloß deswegen, weil er die Rechte und Pflichten der Untertanen auf den bürgerlichen Vertrag gründet und das längst vermoderte göttliche Patent, wodurch Nero und Philipp von Spanien das Recht erhielten, zu fordern, daß man ihrem Schwerte geduldig den Hals darreichen sollte, nicht weiter will gelten lassen.

B. Religio, quantum potuit suadere malorum. Lassen Sie dem übrigens verehrungswürdigen Manne diese Schwachheit.

A. Das ist es eben, was ich von Ihnen fordre. Sie sollen nämlich deswegen, weil einige Schriftsteller keinen rechtmäßigen Beruf aufzuweisen und andere neben ihren großen Eigenschaften auch Schwachheiten haben, die Schriftsteller überhaupt nicht verächtlich behandeln.

B. Aber glauben Sie denn im Ernst, daß die Schriftsteller die Regierung von schlechten Maßregeln abhalten können?

A. Und warum zweifeln Sie daran?

B. Weil das müßige Volk der Schriftsteller nicht eben sehr geschickt ist, nützlichen Rat zu erteilen; denn sie kennen weder den Gang der Geschäfte noch das Bedürfnis des Staats.

A. Wird wohl eine Kenntnis des styli Curiae erfordert, um allgemein Betrachtungen über den Zweck und das Wesen des Staats anzustellen?

B. Meinetwegen mögen sie über den Staat im allgemeinen philosophieren, soviel sie wollen: aber werden sie dadurch auch geschickt, diese allgemeine Regeln auf besondre Fälle anzuwenden, um die von der Regierung ergriffenen Maßregeln zu beurteilen?

A. Nicht immer. Aber sollte nicht zuweilen die Regierung gegen jene Grundsätze so offenbar verstoßen haben, daß man nur die Augen auftun darf, um die Abweichung von der Regel wahrzunehmen?

B. Für eine so blinde Regierung kann kein Schriftsteller Brillen schleifen.

A. Sagen Sie das nicht. Wie viele gibt es nicht, welche das Staatsruder ergreifen, ohne jemals über jene allgemeine Grundsätze nachgedacht zu haben. Aber, unter uns gesagt, meine Hoffnung, daß der, welcher den Fehler gemacht hat, ihn von selbst wiedergutmachen werde, ist äußerst geringe. Mehr rechne ich auf die Kollegen, Feinde, Neider dessen, der den Fehler gemacht hat, und vorzüglich auf die, welche gerne seine Stelle haben möchten. Überdies läßt sich auch selten der Meinung des Publici lange widerstehn. Man muß also den Fehler verbessern oder denen, die es besser verstehen, weichen.

B. Wie, wenn aber nicht gegen die Grundsätze, sondern nur gegen deren Anwendung verstoßen worden ist, wird alsdann wohl der Schriftsteller eingreifende Bemerkungen machen können?

A. Nehmen Sie denn an, daß alle Schriftsteller Leute ohne Erfahrung sind? Gibt es nicht Geschäftsleute, die ihre Nebenstunden der Belehrung des Publici widmen?

B. Nun, wenn ich Ihnen auch diese Art freiwilliger Stände hingehn lasse, so wünschte ich doch nicht, daß es dem deutschen Volke einfiele, sich in Art des englischen zu versammeln, um der Regierung Vorstellungen zu übergeben. Sie haben ja wohl in Zeitungen gelesen, daß man auch dort diesen Unfug nicht länger dulden will.

A. Wo gewisse Sachen noch nicht eingeführt sind, kann der erste Versuch leicht Unordnungen veranlassen. Ich würde daher in Deutschland eben nicht zu Volksversammlungen nach Art der englischen raten. Wer einer gewissen Freiheit noch nicht gewohnt ist, ist nur gar zu geneigt, sie zu mißbrauchen. Es fehlt uns aber auch in Deutschland nicht an ordentlich eingerichteten Zusammenkünften der Staatsbürger in Kollegien und Zünften und ich sehe nicht ein, was diese hindern könnte, durch ihre Vorsteher und Repräsentanten Gegenvorstellungen zu übergeben. Dieses Recht zu bitten, ist im Preußischen Gesetzbuche ausdrücklich geheiliget worden.*

---

* Preuß. Gesetzbuch T. 2. Titel 20. §. 156.: Dagegen steht einem jeden frei, seine Zweifel, Einwendungen und Bedenklichkeiten gegen Gesetze und Anordnungen im Staate sowie überhaupt seine Bemerkungen und Vorschläge über Mängel und Verbesserungen sowohl dem Oberhaupte des Staats, als den Vorgesetzten des Departements, anzuzeigen; und letztere sind dergleichen Anzeigen mit erforderlicher Aufmerksamkeit zu prüfen verpflichtet.

Neue deutsche Werke

[Auszug]

[Erster Band. Erstes Stück, Nr. VII, S. 126–147]

Wir gedenken unsre Leser mit den vorzüglichsten Werken deutscher Gelehrsamkeit und Literatur bekannt zu machen, so daß jeder Deutsche, der sich nicht um die ganze Menge, auch nicht um den größten Teil der neuen Produkte, die unsre Druckerpressen so zahlreich liefern, bekümmern kann und mag, oder auch jeder Ausländer, der sich für unsere Literatur interessiert und nur eben von den wichtigsten Werken und ihrem Inhalte belehrt sein will, in diesem Artikel unsrer Monatschrift seine Befriedigung finde. Ohnerachtet sich dieses auf Werke aus allen Fächern, welche Epoche machen oder doch bleibenden klassischen Wert haben, erstrecken wird; so wollen wir doch ganz vorzüglich auf solche Schriften Rücksicht nehmen, die nähere Beziehung auf die Charakterbildung deutscher Nation, auf echten Gemeingeist haben und die den Deutschen mit seinem Vaterlande, mit seinen Reichs- und Landsgenossen, mit seinen Rechten und Pflichten – mit sich selbst bekannt machen.

Mit herzlicher Liebe werden wir solche Werke beachten, die den noch schlummernden Sinn für das wahre Schöne und Angenehme wecken, beleben und bilden und so, recht benutzt, den guten Geschmack befördern können. Da in unsrer Literatur und Kunst aber leider diesem guten Geschmacke nur zu häufig mutwillig entgegengearbeitet wird, Erzeugnisse des falschen Geschmacks, durch gleißenden Firnis oder durch auffallende Formen, Überladung und schimmernden Witz oft stärker in die Sinne fallen und schneller reizen und wirken als die Werke echter Schönheit und Grazie; wahre Liebe fürs Schöne und Edle auch ohne Haß und Abscheu fürs Schiefe und Unedle nicht wohl besteht, so werden wir, ohne Ansehen der Person, allem, was uns für den Charakter und den Geschmack deutscher Nation gefährlich zu sein bedünken wird, nach bestem Vermögen mit männlicher Entschlossenheit entgegenstreben. Ob auch mit männlicher Kraft und glücklichem Erfolg, das müssen wir von dem Urteil der Verständigen und Redlichen, dem wir mit gefaßter Aufmerksamkeit aufhorchen werden, und von der Zeit erwarten.

1) *Hildegard von Hohenthal.* Erster Teil. Berlin in der Vossischen Buchhandlung 1795. 341 S.

Nichts sichert den Menschen so unfehlbar gegen jedes unwürdige Gelüst, nichts fördert in ihm so sicher echte moralische Güte und edlen dauernden Lebensgenuß, als der gute Geschmack in Künsten. Wessen Gefühl für zweckmäßige Ordnung und Zusammenstimmung, für Grazie und Schönheit gebildet worden ist, den wird das tausendfache Gezüchte grober Sinnlichkeit und roher Leidenschaft gewiß nicht mit überwiegender Gewalt reizen und irreleiten. Dem wird es in der Einsamkeit und im geselligen Leben, im Glück und Unglück gewiß nie an echtbeglückenden Genüssen fehlen. Lessings *Nathan*, Goethes *Iphigenia* und *Tasso* werden ihm gleich den schönsten edelsten Antiken und den Meisterwerken Raffaels, Händels und Leos nicht nur die reinsten Freuden gewähren, sie werden ihn auch vor jeder wilden Abschweifung seiner Phantasie und vor dem niedrigen Despotism einer übermächtigen Sinnlichkeit mehr sichern, als alle Systeme der Moral. Solche Kunstwerke können daher zum Glück der Menschheit nicht genug vervielfältigt, der Geschmack an ihnen nicht genug gefördert werden.
Von der andern Seite reizt und erhitzt nichts mehr die ohnehin stets rege Sinnlichkeit und immer lüsterne Phantasie als lebhafte glühende Darstellungen, die ohne Rücksicht und Achtung für den innern Menschen jene gierige Tyrannen durch schmeichelnde Farben und lockende Töne in Bewegung und Aufruhr bringen. Leichtsinnige Äußerungen über Moralität und Anstand, über Pflicht des Menschen, des Bürgers und Weltbürgers in der Stimmung, die jene Darstellungen erzeugten, ans Herz gelegt, untergraben gewiß bei jedem Menschen, der nicht schon echte Selbständigkeit und überwiegende Denkkraft besitzt, alles wahre sittliche Gefühl. Und darum ists die Pflicht jedes redlichen Mannes, dem die Menschheit und ihr höchstes Interesse am Herzen liegt, solchen Kunstwerken möglichst entgegenzuarbeiten und Abscheu und Verachtung gegen sie einzuflößen.
Beglückenden und dauernden Genuß fürs Leben kann man auch nur dann von den schönen Künsten erwarten, wenn man sie von ihrer edlen Seite beachten und anwenden lernt, wenn man ihre Verbindung mit der wahren Freiheit des Gemüts, mit der wahren Würde des Menschen erkennt und so nicht bloß mit den Augen und Ohren, sondern auch mit dem Geiste genießt. Jede Verrükkung jenes hohen Standpunktes, jede Verbreitung einseitiger Meinungen und beengender Vorurteile über das Wesen und die rechte

Anwendung der Kunst schmälert den reellen Gewinn und stört den bleibenden Genuß, den man im echten Studium derselben ohnfehlbar findet.

Seit der Erscheinung des *Ardingello* ist dem Rezensenten kein Buch vorgekommen, welches diesem wahren Studium der Kunst, welches dem guten Geschmack nachteiliger werden könnte als der vor uns liegende Roman, der es so mit der Musik treibt, wie jener es mit den bildenden Künsten trieb. Da es in der Tonkunst noch weniger sicher leitende Führer gibt als in irgendeiner andern Kunst, es auch vorauszusehen ist, daß dieser Afterroman für die meisten kritischen Zeitschriften von Leuten beurteilt werden wird, die von der Kunst, welche das Buch eigentlich betrifft, zu wenig verstehen, um nur einigermaßen einzusehen, wie gar wenig der V., bei aller anscheinenden Kenntnis, richtige Begriffe von derselben und von den zergliederten Kunstwerken hat; so hält es der Rez., dem diese edle Kunst am Herzen liegt, um so mehr für seine Pflicht, seine ganze Meinung darüber mit aller Freimütigkeit herauszusagen und soviel es irgend der ihm vergönnte Raum erlauben wird, solche mit Beispielen zu belegen und mit Gründen zu rechtfertigen.

Als Kunstwerk, als Roman betrachtet, ist dieses Produkt fast zu abgeschmackt, als daß man nötig hätte, ein solches Interesse dafür zu besorgen, das auf den Geschmack des Lesers einen nachteiligen Einfluß haben könnte, und so möchte diese Seite allenfalls ganz unberührt bleiben, wenn nicht einzelne lebhafte Naturschilderungen und hohe glühende Farben dem Dinge etwas Anziehendes und in den Augen des Ungebildeten wohl gar poetischen Wert gäben. Was in aller Welt kann wohl abgeschmackter sein als der Gang einer Leidenschaft, die eigentlich keine Leidenschaft, sondern lauter eitles Getreibe ist? Und welcher Geschichtsfaden! welche Charakterschilderung! welch eine Sprache! –

Ein junger Kapellmeister *Lockmann*, der vor wenig Wochen von Neapel zurückgekommen und eben mit seinem Fürsten aufs Land gezogen ist, „erhebt sich von seinem Lager und springt aus dem Bette"; sein Wesen war noch Widerhall der Musik zur Oper Achill in Myros, von welcher er die Nacht den Plan geträumt und wachend gegen Morgen ausempfunden hatte. „Die jungen Strahlen der Sonne blitzen ihn von seinem Fortepiano weg," er geht ans Fenster, nimmt ein Fernrohr in die Hand und trifft damit auf einen fünf- bis sechshundert Schritt entfernten Garten, „wo ein Frauenzimmer eben sein Morgengewand ablegte, nackend, göttlich schön wie eine Venus dastand, die Arme frei und mutig in die Luft ausschlug und mit dem Kopf voran in fliegenden Haaren sich in eine große Wasservertiefung stürzte, herumgaukelte, den Oberleib weit emporhielt, auf dem Rücken schwamm, sich auf die Seite legte und so weiter eine Viertelstunde lang trotz dem geschicktesten *Halloren* alle Schwimmerkünste übte.

Der Held ist entzückt, phantasiert auf dem Fortepiano, frühstückt, kleidet sich an, geht aus, forscht nach der Wohnung der Schönen und erfährt, daß das Haus von der Familie des verstorbnen Herrn von Hohenthal bewohnt wird.

Diese Nachricht fällt ihm gewaltig aufs Herz; er geht hastig zurück, schlägt sich die Schwimmerszene aus dem Kopfe, hält Probe von *Allegris* berühmtem *Miserere**, welches mit einigen andern Musikstükken in der Kirche aufgeführt werden sollte: „denn es war Gebrauch, daß der Fürst und die Fürstin, sooft sie im Frühling aufs Land zogen (es mochte früher oder später geschehen), und die von den Hofleuten, welche das Bedürfnis fühlten, gleich anfangs beichteten, sich der Sünden der Hauptstadt entledigten, das Abendmahl empfingen und dem Volke so ein gutes Beispiel gaben". Nach der Probe geht er in den Schloßgarten, unterhält sich da mit einem alten Baumeister vier Seiten lang über die Vortrefflichkeit der Kastraten, die durch keine weiblichen Stimmen der Welt zu ersetzen sein sollen und deren Lob mit dem schändlichen Worte der Italiener endigt: Benedetto il coltello etc. (gesegnet sei das Messer etc.).

Unerwartet tritt *Hildegard von Hohenthal* am Arme des Fürsten aus dem Park: der Fürst präsentiert ihr seinen Kapellmeister mit einem ganz unfürstlich geschrobenen Kompliment für diesen, und dieser, dem über die Erscheinung der Schönen, die er für die gefährliche Schwimmerin erkennt, „das Blut ins Gesicht schoß und dessen Herz wallte", wie sie den Blick ihrer schönen blauen Augen auf ihn lenkte, antwortet im pedantischen Schulmeisterton, nennt den Fürsten *„Ulysses, neben welchem Pallas steht"*. Sie gehen weiter. „Hildegard und er weideten ihre Blicke aneinander in den hellen Augen, an den reinen Stirnen, dem edlen geraden Zug der Nasen, dem lieblichen Suadamund, blühenden Oval der Wangen und hohem üppigen Wuchse etc." (Das heiß ich Kunst! mit einem Pinselwurf zwei Gesichter gemalt, ein Männlein und ein Fräulein!)

Der Fürst muntert die beiden Künstler auf, ihr unterbrochnes Gespräch fortzusetzen; der alte Baumeister hat kaum vorgebracht, daß von der Menschenstimme die Rede war und Hildegard ergreift das Wort und spricht drittehalb Seiten lang in Einem Atem fort von dem vorzüglichen Wert der Musik, von der Nachlässigkeit der Fürsten in Beförderung ihrer wahren Anwendung, von der Seltenheit schöner Menschenstimmen in allen nordischen Ländern, von den Gegenden, wo man die mehrsten schönen Stimmen findet, wo ge-

* Von den widersinnigen Zurüstungen hiebei und von allem, was die Musik betrifft, nachher besonders.

wöhnlich gar keine? *wo Kröpfe einheimisch sind*; was ein Fürst dabei zu tun hätte usw. Dann gibt sie „mit Hand und Blick ein Zeichen an Lockmann fortzufahren". Dieser, erstaunt, entzückt, sie so reden zu hören, hebt seine Gegenrede mit folgenden Worten an: *„da wir keine Kastraten machen, so sind alle unsre Sopranstimmen weiblich"*, und hält in diesem Tone eine vierzehn Seiten lange Rede über die Natur der menschlichen Stimme; über die Sprach- und Stimmenwerkzeuge, den Ton- oder Brustkasten, die Lungen, die Luftröhre, den Kehlkopf, die Stimmritze, die Zunge, den Gaumen, die Nasenhöhlen, die Zähne, den Mund und die Lippen; alle werden namentlich hergezählt und man muß es dem V. für wahre Delikatesse anrechnen, daß er nicht auch des zur Anfeuchtung aller dieser Werkzeuge so notwendigen Speichels, angesichts der Schönen, umständlich erwähnt. Von der Natur der Stimmen, wobei auch der Fistel nicht vergessen wird, von ihrer Wirkung, von ihrer Ausbildung handelt er so ausführlich, daß man des Meister *Tosis* Anweisung zur Singekunst zu lesen glaubt. Zuletzt spricht er von den Singeanstalten in Neapel und Venedig, als wenn sie noch das wären, was sie vor funfzig Jahren waren; und schließt dann seine Chrie mit: *„doch, vergeben Ew. Durchlaucht und Sie, reizende junge Dame"*. Diese junge Dame, die so voll Lust zugehört hatte, daß sie frischen Atem schöpfte – wie sies sonst macht, steht nicht dabei – scheint aber auch so ganz eben die *reizende* Dame sein zu wollen, denn „sie kann sich nicht enthalten, vor dem Scheiden dem jungen pedantischen Schwätzer flüchtig die Hand zu berühren," welches denn natürlich „wie ein elektrischer Schlag ihm durch sein Wesen drang". –
Drauf geht die Gesellschaft in den Speisesaal und unser Held eben nicht zufrieden in sein Zimmer. Nachdem er ein wenig gegessen, aber destomehr getrunken hat, legt' er sich mit folgendem Stoßseufzer zu Bette: „soll unsre hochgepriesene Vernunft die Staatsverfassungen nie dahin bringen, daß zwischen Menschen, die füreinander geboren und erzogen sind, keine so ungeheure Kluft mehr sein muß!" Man sieht, er hätte das Mädel gerne gleich ohne Umstände mit ins Bette genommen. Die völlige Gleichheit der Augen, der Stirnen, der Nasen, der Munde, der Wangen und des Wuchses war aber auch ein mutwilliges Naturspiel an diesen kluftgetrennten Gleichgebornen. Und daß auch noch gleiche eitle Geschwätzigkeit so den Augenblick die *Gleicherzogenen* verraten mußte! Auch gleich der erste Tag die seltesten Gelegenheiten zu Wasser und zu Lande darbieten mußte, die Schöne so ganz von außen und von innen kennenzulernen! Wie wenige können sich dessen am Ende eines langdurchseufzten, wohl gar durchgenossenen Lebens rühmen! Wär' es ein Wunder, wenn unser so schnell getroffne, überwältigte Held von Sinnen käme und über die verhaßte Kluft spränge? Doch nein, er ist glücklicher organisiert, als wir

glauben, er erwacht den folgenden Morgen von lieblichen Träumen und springt wieder wohl und munter aus dem Bette, sieht in die Sonne, greift auch wieder nach dem Fernrohr, ist aber diesmal so gescheut, es bald beiseite zu legen.

Das heiß ich den Leser mit dem Helden und mit seinen geheimsten Angelegenheiten vertraut werden lassen! In den ersten vierundzwanzig Stunden sieht er ihn zweimal aus dem Bette springen, zweimal nach der Sonne sehn, zweimal seinen Leib pflegen, zweimal spazierengehn – das nenn' ich den Homer mit Gewinn studiert haben! – doch weiter:

Er hält den Vormittag wieder Probe und zwar von Händels Messias. Unverhofft findet er die eitle Hildegard; „ganz zur Andacht weißgekleidet, nur eine kaum aufgeblühte Rose in den schönen blonden Locken", unter den Sängerinnen: in einem affektiert demütigen Komplimente wünscht sie von dem vortrefflichen Meister sich einweihen zu lassen; und er antwortet wieder in seinem echten Schulmeisterton: „gehorsamst bitten wir vielmehr um ihren guten Unterricht, gnädiges Fräulein etc.", wogegen beim Schluß der Rede die *Jubelorkane, Donnerwetter, Niagarakatarakte* in Westmünster gar possierlich abstechen. Sie erwidert dieses Tiefhoch mit *Instrumentensturm* und *in griechisches Gewand gehüllte Melodieen* und *Religionsgefühle.* „Beider Blicke glänzten ineinander bei diesen Reden, wie von einem gemeinschaftlichen Geistesquell." Aus der gewaltigen Kehle und von den holdseligen Lippen der Hildegard strömen niegehörte Töne hervor, „wie der Cäcilia selbst aus dem Himmel auf Erden" in Bescheidenheit und Unschuld, ohne die *allergeringste Künstelei,* nur mit den Akzenten hoher Grazie und den *netten Läufen* rascher Jugend und Fertigkeit da und dort *verziert* und *geschmückt".* Das hieß in gemeinen Ausdrücken ohngefähr soviel als: stehend, aber doch laufend; glatt ausgekämmt, aber doch toppiert.

Er singt ebenso unerwartet vollkommen ein Duett mit ihr. „Nach ihren ersten Arien sprang er vom Flügel, fiel vor ihr nieder voll Glut des Enthusiasmus, faßte ihre zarten Hände, küßte sie inbrünstig und stammelte: ‚Wunderwesen, ich bete Sie um Ihre Kunst an. O, die Italiener haben recht, daß sie einer Gabrieli, einem Pachiarotti, Marchesi (liebe Kastraten!) fünf- und zehnmal mehr dafür geben, in einer Oper zu singen, als einem Sarti, Paisiello die ganze Musik dafür zu setzen'" usw. Kann man sich einen plumpern Entzückten denken? – Und so geht das fort: sie nennt sich *Anfängerin,* er sie *Mutwillige* und der ganze „Vorfall kam allen so natürlich vor, daß er fast nicht bemerkt wurde". Von so hoher Natur hätte man sich die ehrlichen Rheinbewohner und am wenigsten die deutschen Geiger und Pfeifer kaum denken sollen! Ob man sich wohl ein solches höchstnatürliches Orchester zu dirigieren wünschen sollte! Nachmittag hält unser Held noch eine Probe und geht wieder spa-

zieren voll Unruh im Herzen. Es bekömmt ihm aber so wohl, daß
er den folgenden Morgen recht lange schläft, bis ihn das starke
Licht der Sonne weckt. Er springt wieder auf, aufs Fernrohr zu und
kuckt wieder nach dem Wasser im Garten gegenüber. Hildegard ist
aber so klug, ihre Künste nicht wieder am hellen lichten Morgen zu
treiben.

Es erscheint ein Bedienter und ladet den jungen Herrn Kapellmeister „im Namen der Mutter, des Sohns und der Tochter von Hohenthal (klingt fast wie die Taufformel) zum Mittagsessen ein". „Er
wollte um drei Uhr die bestimmte Zeit gehorsamst aufwarten."
Welch ein Ton! welch abgeschmacktes Detail!

Wir erfahren bei dieser Gelegenheit, daß Hildegard zu Hause und
über die Mutter herrscht, und nun höre man folgende moralische
Schilderung der Heldin und der Mutter. „Diese folgte der Tochter
in allem; sie war aus einer Menge Proben überzeugt von der klugen
Aufführung, Einsicht und Menschenkenntnis ihrer Tochter. Hildegard hatte schon manchem jungen Herrn in London und zu Spaa
den Kopf verrückt, sich selbst aber nie betören lassen; und war jederzeit den gefährlichen Gelegenheiten schlau und fein ausgewi-
chen. Sie trieb ihr obgleich *mutwilliges* doch *unschuldiges* Spiel immer
nur bis auf einen gewissen Punkt, über dessen Grenze sie bisher
nichts verleiten konnte." – Muß einem beim Gedanken an eine solche Mutter, die ein solch schändlich un*schuldiges Spiel* der Tochter –
das in echt-moralischer Rücksicht gewiß schändlicher ist als die äu-
ßerste Ausschweifung aus unglücklicher, überwältigender Leidenschaft – die solch Spiel mit Ruhe ansehen kann, nicht einfallen,
daß in gewissen Häusern eine gewisse Person auch *Mutter* genannt
zu werden pflegt?

Der Verf. scheint aber so wenig Arges daraus zu haben, daß er seiner *Unschuldigen* bald darauf ausdrücklich sogar einen *edlen Charakter*
beilegt, dem bei den Wettrennen und großen Spielen in England
„nur ein schlimmer Zug gleichsam angeflogen war": sie liebte die
Hazardspiele. Indes war ihre Hauptleidenschaft Gesang „Musik
und lyrische und dramatische Poesie *dafür*" (welche Schreibart!).

Beim Eintritt in das Haus der Frau von Hohenthal, in der ersten
traulichen Anrede spricht Hildegard ihrem Verzückten vom späten
Mittagessen und „von den klassischen Nationen, die noch später
aßen als die Engländer" und so entsteht eine ganze Unterredung
der Art, bei welcher fast alle europäische Nationen mit Namen ge-
nennt werden. Bei Tische ißt unser Held wieder wenig, trinkt aber
desto mehr (das heiß ich einen Musikanten nach dem Leben schildern!). Über Tisch wird viel von Musik und Italien gesprochen, davon nachher. Hier nur noch die moralische Bemerkung, mit welcher unser Held die Unterredung beschließt: „Übrigens kenn' ich
kein glückseligeres Leben, als mit so erstaunlichen Vorzügen, wie

die Gabrieli, auf den ersten Theatern von Europa die Herzen, Ohren und Augen zu entzücken, zu glänzen und auch nur die kurze
Spanne ihrer Jugend so bewundert zu werden." – „Das Herz
hüpfte Hildegarden im Leibe bei diesen Worten; die jungen Sphä-
ren hoben mächtiger das Gewand auf und nieder, und ihre schönen
großen Augen strahlten ein hellbrennendes süßes Licht." Sie lohnt
ihm die edle Rede, die so in ihren Kram zu passen scheint, und
gießt ihm feurigen lieblichen Syrakuser ein und trinkt ihm zu:
„Neapel und die Musen! mir bald dahin eine glückliche Reise!" Es
wird in den Garten gegangen und die gefährliche Wasservertiefung
– deren Nähe unsern erhitzten Helden – sollte man glauben! – bis
zum Hineinspringen in Entzücken setzen müßte, wird mit all den
andern Gartenschönheiten in Einer Periode unter den von Lockmann bewunderten Sachen hergezählt. An Worten fehlts ihm sonst
doch eben nicht! Bei einer Unterredung über die Gartenkunst hält
sich Hildegard künstlicher Weise ruhig, „um ihr Geheimnis nicht
zu verraten, nämlich alle Kunst und Feinheit soviel wie möglich zu
verbergen". „Sie sonderte sich unvermerkt mit dem jungen Meister
von der Gesellschaft ab, wandelte mit ihm durch die schattigen
Gänge und ließ sich in ein trauliches Gespräch ein, worin sie ihm
die übrige Gesellschaft schilderte. Eine junge schöne klugausse-
hende Frau von Kupfer, die auch die Musik enthusiastisch liebt
und das Klavier mit seltner Fertigkeit spielt, ein gelehrter guter
Hofmeister Feierabend und ein lebhafter kunstsinniger Sohn des
Hauses machten die Gesellschaft aus.
Dann richtet sie mit schüchternem freundlichem Blick eine schmei-
chelhafte Bitte um Unterricht an ihm, und er erwidert in seiner bereits bekannten Sprache: „Nicht, um Ihnen Unterricht zu geben,
sondern an Ihren Vollkommenheiten zu lernen und zu studieren."
Und nun gehts in Gesellschaft aller nach dem Musiksaal. Was be-
geschieht da, sobald Lockmann sich an ein Fortepiano gesetzt? Sie
handeln – 43 Seiten lang mit X und = und L – die gleichschwebende und gemischte Temperatur, Tonarten der Alten u. dgl. ab,
und während man Ausbrüche der Phantasie und des Gefühls, die
durch so mannigfaltigen Natur- und Kunstgenuß geweckt und erhitzt sein mußte, von dem jungen Künstler erwartete, sitzt er mit
dem Stimmhammer in der Hand und übt seine Theorie, die er vorträgt, gleich an dem Fortepiano aus. Diese echte Spießbürgerszene
wird durch die Albernheit des Vortrages zehnfach abgeschmackt.
Hier nur ein paar Pröbchen: „die Tonleiter C-Dur bleibt uns gleichsam Stand der Natur; jungfräuliche Keuschheit und Reinheit,
holde Unschuld des Jünglings, patriarchalisches Leben, goldnes
Zeitalter" – „F-Dur ist das höchste, wohin die schöne Natur steigt.
Im H-Dur verschwindet schon der Stand der Natur einigermaßen
und noch mehr in *Fis*-Dur, das völlig gekünstelt ist" – „F-Dur ist

schon um einen Grad besonnener, als das junge frohe Leben im C-Dur, B-Dur hat gleichsam die Würde von Magistratspersonen; und Es-Dur geht in das Feierliche der Priesterschaft. As-Dur ist Majestät von König und Königin. Des-Dur geht in den Schauder über vor verborgnen persischen Sultanen oder Dämonen" usw. Und was das Ärgste ist, diese auch als Spiel des Witzes betrachtet ganz verkehrte Charakterisierungen bringt ein Mensch hervor, der auf die *gleichschwebende Temperatur* besteht, so daß man durch bloßes Höher- und Tieferstimmen desselben Instruments aus der Unschuld eine Magistratsperson und aus der schönsten Natur die Priesterschaft herausdrehen kann. – Doch das gehört noch nicht hieher.

Nach allseitigem Produzieren im Singen und Spielen geht die Gesellschaft auseinander und unser Held ruft entzückt, welch eine Familie! was für ein Mädchen!

Den folgenden Tag ist Generalprobe, Sonnabend Vesper, Sonntag Messe und die Musikaufführungen fallen zur höchsten Erbauung des Fürsten und aller Anwesenden aus. Doch das lernt man nur aus des V. Munde recht kennen. „Im Messias von Händel trat Hildegard mit allem Zauber jugendlicher Schönheit in himmlischer Stimme, Gestalt und Kleidung auf, eine wunderbare entzückende Erscheinung. Alle *Gefühle der Religion* wallten nach und nach mit hohem Leben in die Herzen der Zuhörer; die bittern Dolchstiche des Leidens verstärkten die Süßigkeit der Erlösung und den Vorgeschmack ewiger Wonne."

Den folgenden Tag geht Lockmann mit *Leos Miserere* zu seiner Schönen. Von diesem und andern Werken desselben Meisters, von Jomellis *Miserere* und Sartis *Miserere* u. a. wird am Instrument gesungen und bogenlang dabei geschwatzt. Dann wird in den Garten gegangen und wieder weitläufig über die Natur der Kirchenmusik gesprochen, wobei die Heldin sich immer nicht genug für erhaltnen Unterricht bedanken kann. Beim Abschiede „faßt er ihr geschwind wie der Blitz die zarte Rechte und drückt die Hand feurig an seine Lippen". Der glutvolle Schneemann!

Zuhause findet der junge Herr Kapellmeister einen fürstlichen Boten, „der schon einmal dagewesen war" (welch reiches Detail!). Er eilt hin und der Fürst redet ihn mit den Worten an: „Ihr Ruhm verbreitet sich schon im Lande" und erteilt ihm den Auftrag für eine „Äbtissin im Gebürge, zur großen Wallfahrt" zu einem alten wundertätigen Marienbild die Musik zu besorgen. Den folgenden Morgen bestellt er um zehn Uhr eine Probe, geht aber vorher bei guter Zeit zu Hildegarden. (Wie vertraulich schon den dritten, vierten Tag!) Er beredet sie zu jener Wallfahrt und sie die Mutter; und dann gehts nach dem Musiksaal, wo wieder eine solche Liste: Salve Reginas von *Pergolesi, Bach, Majo* abgesungen und mit falscher Salbung lobgepriesen wird. „Hildegard sang mit der Begeisterung einer jungen schwärmerischen Priesterin zum Entzücken. Lockmann strengte mit Gewalt allen seinen Verstand an, um nicht vor ihr auf die Knie zu fallen." (Im kleinen Hauskreise und traulichem Zimmer paßt das auch weniger als in einer zahlreichen öffentlichen Probe!) „Die Feuchtigkeit der Wonne quoll tropfenweise in seine Augen." Wie herzerweichend! – „Die Probe war ein allgemeiner Jubel." (Von solchen *Weinproben* am Rhein hat man sich wohl bisher eine Vorstellung machen können: aber *Musikproben*! wer hätte das gedacht!) Bei der Ankunft im Kloster am folgenden Tage sieht man „*Lockmanns Leute*" mit einem guten Frühstück bewirten, auch für den Herrn Lockmann selbst ein besonderes Frühstück herbeibringen." (Die fürstliche Kapelle ist also auch noch sogar bescheiden! das Wunder wird immer größer!) Herr Lockmann ißt wieder nur wenig – und trinkt desto mehr? Nein! diesmal „trinkt er auch nur ein paar Gläser Xeresersekt, den er noch nie getrunken hatte". Wieder ein feiner Zug zur geheimen Geschichte des Helden; woraus man auch noch den wichtigen Schluß machen kann; wie muß *der* zechen, wenn er sich Zeit läßt; so ein paar Gläser Xeresersekt, morgens beim Frühstück hält der V., der ihn so oft trinken sieht, für nichts! Eine junge blühende Elsasserin, „die das Werk für das Kloster dirigierte", begleitete ihn gleich zur Orgel. Natürlicherweise entzückt er sie und das ganze Kloster, das sich durch alle Seitentüren zu ihm drängt, mit seinem Orgelspiel: der warme Meister weiß es aber auch drauf anzulegen: „Er phantasierte ihnen zu Gefallen die rührendst-verflochtenen Gänge mit kurzen zärtlichen Melodieen und Imitationen ausgeschmückt, die man für warme Andacht nehmen konnte." Ob dies nun dem Andachtsthermometer des Klosters oder jenes heiligen Landes, in welchem sich unser warme Kastratenfreund und Kirchenkomponist so echt christkatholisch bildete, zu verstehen sei, wird nicht bemerkt. Beim Ausgange aus der Kirche ermangelt er nicht, unser wohlerfahrne Held, dem es doch sehr lieb zu sein scheint, daß er nicht die Erfahrung vom gesegneten Messer gemacht hat, der blühenden Elsasserin mit einem Händedruck seine Verwunderung zu bezeigen, ein so liebliches Kind wie sie von der Welt geschieden zu sehen. Als wenn ein Kloster, so nahe bei einem Hofe gelegen, und wo ein Pater Kapuziner den Gottesdienst anordnet, wohin auch große Wallfahrten zu einem Wunderbilde gehalten werden, keine berührige Welt wäre! Das Mädel erwidert es auch, wie sich's für eine Nonne gebührt, „mit einem schmachtenden Blick gen Himmel". – Die Messe geht an. Nach der Messe wird das Marienbild herbeigetragen, das uns der V. sehr genau beschreibt und dann hinzufügt: „man war wirklich im Himmel, nicht mehr auf Erden", als nun Hildegard sang usw. „Bei dem letzten Salva! wollten diejenigen, die ihre Augen wieder von der Musik zurück auf das Bild hatten wenden können, einen leichten Glanz um die Köpfe strahlen und die Mutter Gottes sich wirklich bewegen und nicken gesehen haben." Das ist eben kein großes Wunder! Hat die gute Frau doch einmal in einem schlesischen Kloster einem armen preußischen Soldaten gewinkt und ihm selbst die Anleitung gegeben, ihre goldne Glorie, die ihrer bürgerlichen Demut von Haus' aus überall zur Last sein mag, ihr vom Haupte zu nehmen und sich gütlich dafür zu tun. Der Abt selbst erwiderte damals auf die Frage des alten ungläubigen Königs: ob solch ein Wunder wohl möglich sei? ganz ausdrücklich, daß es gar wohl möglich, wiewohl in diesem Falle, der *ihre* Mutter Gottes um die goldne Glorie brachte, eben nicht wahrscheinlich sei. Der alte weise König, der seine braven Soldaten auch selbst durch die Mutter Gottes nicht gerne verführen lassen wollte, hielt sich an die bestätigte Möglichkeit und verhieß dem hochbeglückten Soldaten: daß, wenn er sich noch einmal von der Mutter Gottes würde winken lassen, er ihm den Kitzel mit zwanzigmal Gassenlaufen austreiben lassen würde.

Hier muß das Wackelhaupt der berührsamen Mutter Gottes etwas Altes gewesen sein, es machte weiter keine Sensation, vielmehr „hörten alle immer noch still zu, als ob die Musik noch fortwährte; besonders sahen sie gleichsam in den Lüften die göttliche Menschenstimme" usw. Dieses feinbeobachtete *Sehen* der Menschenstimme in den Lüften erinnert gar angenehm an des berühmten Münchhausens überschwenglichen Enthusiasm für einen Triller, den er einst in einer Oper zu Neapel von der auch hier so oft gepriesenen Gabrieli hörte: er eilte nach der Oper aufs Theater, warf sich ihr zu Füßen, bot ihr tausend Dukaten für die Überlassung eines einzigen solchen Trillers: erhielt ihn, tat ihn in Spiritus und hob ihn sein Lebelang auf.

Die Prozession wird gar feierlich dargestellt und der V. beschließt die üppige Beschreibung mit den empörenden Worten: „Unter der feierlichen Musik der Klarinetten und Hörner, Trompeten und Pauken und dem Donnerschall des Gewehrs murmelte, wie das Brausen der Meeresflut zwischen Felsen, immer: ‚Gegrüßet seist du, Maria! und heilige Mutter Gottes, bitte für uns!' mit inbrünstigen Schlägen an die Brust, von allem Volke. Der Himmel schien sich aufzutun und ein seltener Glanz von ihm herab zu leuchten. Hehr und heilig und friedlich stand die Gegend, als sie zum Tempel hineinzogen." In der Kirche muß eine Symphonie unsers braven Haydn den Götzendienst noch beleben helfen.

Alle wurden dann im Kloster köstlich bewirtet. Selbst die Familie Hohenthal, die es doch durch Hrn. Lockmann ausdrücklich hatte bestellen lassen, daß sie noch vor Tische wieder zurückkehren wollte, mußte dableiben. Lockmann kam mit Hildegard und der

schönen Elsasserin an die Haupttafel zu sitzen und erlebt da die
Freude, in einem Gespräche mit dem alten Kapuziner zu erfahren,
daß Hildegard ganz vortrefflich italienisch spricht.

„Wie sich die Weiber selten einander etwas der Art gönnen und
auch die besten und wirklich Keuschen eifersüchtig sind", so hatte
Hildegard auch schon die schöne Elsasserin ins Auge gefaßt, die indes für unsern wohlausgelernten Kapellmeister nur „ein bloßes
neues Augen-, höchstens leichtes Sinnenspiel der warmen Jahreszeit" war. Bei Tische geht es dann wieder sehr ausführlich über Italien und Kirchenfeste und auch über einzelne Werke der bildenden Künste her. Der Kapuziner übt seine Beredsamkeit auch an
den reichen Klöstern in Italien und an dem hohen Wohlleben in
denselben. Bei Tische angelt auch die Äbtissin nach unserm Helden und beschenkt ihn am Ende. Bei einem Spaziergange nach Tische gibt Hildegard ihrem Verzückten den Arm, unten an der
Treppe merkt er, daß er sein Rohr vergessen hat, eilt zurück nach
dem Saal, findet die schöne Elsasserin allein, „küßt ihre süßen zarten Lippen: o es war erquickendes Labsal für den Brand, den Hildegard in ihm erregte! und noch ein Kuß, wo er ihre schmachtende
Unterlippe an seine feuchte Zunge schlürfte: Zähren glänzten über
das Wonnelicht ihrer Augen, und die jungen Brüste wallten hoch
in sein Wesen. Der zweite Kuß hielt an; er mußte fort. Den dritten
gab das reizende Mädchen, als Nonne, die nicht lange spröde tun
und sich verbergen darf, ihm selbst, glühte über und über und
sagte dann, ach, ich Unglückliche."

Meine ehrbaren Leser mögen mir verzeihen, daß ich ihnen dies
saubre Bild, so ganz wie es da steht, vor Augen stellte: es charakterisiert zu sehr den Geist und den Geschmack des Verfassers, als
daß ichs übergehen konnte, wenn ich meinen Zweck erreichen
wollte, das gemeine Kunstwerk in das ihm zukommende verächtliche Licht zu stellen. Die lockere Philosophie des V. vollendet die
Sudelei ganz würdig: Lockmann, der die Treppe hinunterstolpert,
unten seine Schöne für alle Jahrzeiten findet, fängt wieder an zu
denken: „Du hast mit einem seligen Augenblick die Langeweile ihres Zustandes beseelt, was ist es weiter!" der Held selbst ward „wie
erfrischt und gestärkt, lebendiger, fröhlicher und heitrer". In der
Heldin zeigt sich auch bei dieser Gelegenheit wieder die Gleichge-
borne, Gleicherzogne; sie bemerkt wohl an seinem verwirrten Blick
und an den rötern Lippen, was vorgegangen sei, ist dadurch aber so
wenig beleidigt, daß sie drauf besteht, daß unser Held selbstfünfter
mit in ihren Wagen einsitzen muß. Die Äbtissin empfahl beim Ab-
schiednehmen „noch einmal sich und ihre Kirche dem schönen
jungen wohlgebauten Lockmann". Auf dem Wege führt unser edles
Paar gegen Bruder und Hofmeister die Verteidigung der wundertätigen Bilder. Das Männlein behauptet schlüßlich: „selbst die größ-

ten Philosophen sehen alles in der Natur als notwendige Erscheinungen an und die Toren verzweifeln endlich an ihrem eignen freien Willen"; und das Fräulein: „da so viele Mädchen an keinen Mann kommen können; warum wollte man zwanzig oder dreißig alten Jungfern ein wenig Freiheit übelnehmen, die sie sich erlauben, eine bequeme Pflegestätte zu haben?" Selbst die Gegner werden darüber einig, daß man „als gemeinschaftliche Hülfsquellen", und nicht zu zahlreich besetzt, immer ein paar Klöster auf einige Meilen in der Runde dulden könnte". Ein glücklicher Stoß des Wagens warf die milde Schöne, die eben behauptet hatte, „daß man überall nie zu streng sein dürfe", fast in Lockmanns Arme; ihre Knie berührten die seinigen und ihre rechte Hand kam gerade flach mit dem zartesten Sinn des Gefühls auf seine gewölbte breite warme Brust" usw.

Bei der Heimkunft rekapituliert der gierige Held noch das Glück des Tages, wobei „die drei Küsse, recht schmackhaft, frisch und voll" nicht vergessen werden, „er fühlt sich noch mit der blühenden Weiblichkeit verschlungen und verdoppelt" usw.

Den folgenden Tag ist man mit dem Helden wieder im Schloßgarten in derselben Gesellschaft, in der wir ihn zum ersten Mal dort erblickten, und da gehts wieder ebenso über Konzerte und Konzertmusik her, wie ehmals über Menschenstimmen und Singekunst. Hildegard, „die immer mehr des Fürsten Gunst gewann". sprach diesmal klugerweise weniger mit Lockmann als das erste Mal. Statt ihrer aber gesellte sich besonders die Frau von Kupfer zu ihm, welche ihn mit ihrem Gemahl, dem Oberjägermeister, bekannt machte. Diesem mußte er Duetten für Waldhörner versprechen; wofür er freie Jagd und ein vortreffliches Gewehr dazu bekommen sollte. Vermutlich eine feine Anspielung auf das, was da kommen soll: denn nach der Anlage der Charaktere müßt es schlecht ausfallen, wenn unser Held, der sich so gut „auf Husarenraub, geschwind erhaschen, genießen und vergessen" versteht, sich nicht überall durchschwadronieren sollte.

Den folgenden Tag gleich nach dem Frühstück war Lockmann wieder bei Hildegarden und nun kommt die Oper dran, mit allem was dazugehört. Davon jetzt nichts. Nach einer dreißig Seiten langen Vorlesung hebt Sang und Klang an. *Jomellis Armida*, die schon vorher ganz widersinnig beschwatzt wurde, wird durchgesungen. So hatte unser Held seine Schöne noch gar nicht gehört. „Sie konnte die Szene auswendig und spielte sie, als ob sie auf dem Theater wäre, mit einer Leichtigkeit, Feinheit, mit solcher Leidenschaft, so starkem Ausdruck, ganz die wollüstige verführerische junge reizende Zauberin in ihrem nachlässigen Morgenanzuge" usw., daß er gar nicht mehr wußte, wo er war, ob in Neapel bei der Gabrieli oder in einem Zauberrevier bei der Todi usw. Das Mädchen wird ganz „ausgelassen, während der Aktion öffnete sich bei der heftigen Bewegung das Gewand: und beide Brüste blickten hervor in herber jungfräulicher Ründlichkeit, zart und schwanenweiß". – Da es zu Tische geht, faßte sie ihn heiter und huldreich am Arm; und er sagt, „mit kühnem Blick in ihre Seele: als Armida wird Ihnen keine Sängerin auf der Erde den Rang streitig machen; als solche können Sie auftreten, wo Sie wollen". Kann man sich für den Augenblick wohl wieder etwas Plumperes denken?

Nach Tische geht es wieder an eine Liste von *Armiden*. Von Gluck, von Sacchini, Traetta, Salieri, Haydn, davon künftig.

Beim Weggehn schleicht er sich abends in den Garten; sie kommt bald, sich zu baden; „schon im Vorbeirauschen streifte sie sich das leichte Gewand ab; der Oberteil des Leibes war entblößt, sie wollte fliehen, aber verwegne Leidenschaft ergriff sie und hielt sie fest; sie trieb ihn mit beiden verschränkten Armen auf seine Brust mit aller Gewalt von sich: *Lockmann, Lockmann, Würdiger, Vortrefflicher! nichts Laffenmäßiges!"* – Das heiß ich Sprache der Scham, des Schreckens oder auch nur des Zorns: denn „Ihre Augen blitzten Gewitterzorn und der Donner des furchtbarsten Einschlagens rollte vor seinen Ohren". Er mußte sie loslassen; doch hatt' er ihr einige Küsse auf Mund und Wangen gedrückt." Kaum war das Gewand „noch immer offen nur wieder über die Schultern gezogen: so faßte sie seine Rechte mit ihrer Rechten, hielt sie warm und herzlich und sprach: ,Freundschaft, wahre echte Freundschaft bei dem Wechsel des Glücks, diese sollen Sie von mir haben; und *Traulichkeit*, wenn Sie sich ihrer wert machen, wie ich hoffe und wünsche; aber nichts weiter. Befürchten Sie jedoch nicht, daß ich einem andern so bald zuteil werde. Die hundische Liebe, wenn ich das edle Wort mißbrauchen darf, hat wie eine Pest die ganze neuere Welt angesteckt, hemmt die schönsten Taten und erdrückt den Adlerflug himmlischer Geister. Wohl mir, wenn ich den deinigen, *wahrhaft schöner junger Mann*, davon retten kann! Zage nicht; der Lohn für diese Anstrengung wird allen, bald schalen, wie selbst die Ninons und die neuern Gedichte und Romane zeigen, welche ich kenne, *gewöhnlichen Genuß* übertreffen. Eine immer *reine edle* Jungfrau als Freundin *am Herzen*, kannst du noch einen schönen Strich durch das Leben machen und mit erhabnen Melodien und Harmonien die Sterblichen bezaubern. Und damit du überzeugt seist, daß meine Worte der Wahrheit der innern Empfindung selbst sind: so empfange von mir diesen *keuschen* Kuß zum Siegel.'"

„So schloß sie ihn an sich, und ihre Seele hing an seinen Lippen und ihr schöner jugendlicher Körper an dem seinigen wie zu lauter verklärtem Geist geworden."

Doch genug und schon zuviel, um unsre Leser zu überzeugen, daß Geschichtsfaden, Gang der Leidenschaft, Charakterschilderung und Sprache gleich abgeschmackt an diesem verächtlichen Buche sind. Hätte der V. die Absicht gehabt, das eitle törichte Leben und Weben der meisten jungen Künstler und die Unsittlichkeit der jungen Damen in gewissen christkatholischen Landen samt der besondern Liebhaberei, die sie zu jungen wüsten Künstlern zu haben pflegen, zu ihrer wohlverdienten Brandmarkung zu schildern, so hätte er sich ohngefähr so nehmen müssen, wie er sich jetzt nimmt, um uns schöne Kunst und ihren Gewinn für wahre Kunstfreunde reizend darzustellen. Denn unverkennbar ist der eigentliche Zweck dieses Afterromans – das Wesen der Tonkunst und die Meisterwerke der größten Tonkünstler kritisch zu beleuchten, wie *Goethe* es in seinem *Meister** mit der dramatischen Kunst zur Absicht hat. Wie wenig der V. aber der Mann ist, dem

Der Dichtung Schleier aus der Hand der Wahrheit

zuteil wurde, sollen unsre Leser in der ernstlichen Zergliederung des musikalischen Teils dieses seichten Werks bald noch deutlicher finden, als es ihnen hier beim eigentlich poetischen Teil schon eingeleuchtet haben muß.

Vaterlandsliebe
[Erster Band. Erstes Stück, Nr. IX, S. 150–151]

Ein edler Geist klebt nicht am Staube;
Er raget über Zeit und Stand:
Ihn engt nicht Volksgebrauch noch Glaube,
Ihn nicht Geschlecht noch Vaterland.
Die Sonne steig' und tauche nieder;
Sie sah und sieht ringsum nur Brüder:
Der Kelt und Griech' und Hottentott
Verehren kindlich Einen Gott.

Doch ob der Geist den Blick erhebet
Bis zu der Sterne Brüderschar;
Ihn säumt der träge Leib und klebet
Am Erdenkloß, der ihn gebar.
Umsonst von seines Staubes Hügel
Blickt auf der Geist und wägt die Flügel;
Des Fluges Sehnsucht wird ihm Stand
Sein All ein süßes Vaterland.

* Über dieses Meisterwerk halten wir unser Urteil absichtlich bis zu seiner Vollendung zurück.

A. d. H.

Er liebt die traute Vaterhütte
Den Ahorntisch, des Hofes Baum,
Die Nachbarn und des Völkleins Sitte,
Des heimischen Gefildes Raum;
Er liebt die treuen Schulgenossen,
Der Jugendspiel' harmlose Possen,
Das angestaunte Bilderbuch,
Der Mutter Lied und Sittenspruch.

Goslar

[Erster Band. Zweites Stück, Nr. IV, S. 204–222]

Goslar, eine kaiserlich freie Reichsstadt auf dem Unterharze am Rammelsberge, ward von Heinrich dem Finkler im Anfange des zehnten Jahrhunderts erbaut. – Kaiser Konrad II. versah die Stadt gegen die vielen Raubschlösser, mit welchen der Harz angebauet war, mit einer Mauer, welcher Heinrich IV. 128 Türme zufügte und wovon mehrere noch unversehrt vorhanden sind. Dies war um so nötiger, da das Gebirg von Straßenräubern wimmelte. Dieses Handwerks besonders berühmt waren die Grafen von Wernigerode, Stolberg, Mansfeld, Blankenburg etc. etc. etc. Einem der letzteren, namens Siegfried von Blankenburg, bekam es indessen sehr übel. Die Goslarer erwischten den Herrn Grafen im Jahr 1280, als er das Jahr vorher den Bürgern ihre Schweine und Kühe von den Weiden getrieben und eben im Begriff war, Nachlese zu halten. Sie legten ihm zur Buße auf, für seine Kosten einen Turm – vermutlich den, in welchen sie ihn eingesperrt hatten – neuzuerbauen. Dies soll der noch jetzt vorhandene Weberturm sein, an dem die Inschrift zu lesen:

> „Hättest Du nicht genommen Kühe und Schweine,
> So wärst Du nicht kommen hereine."

Als der Graf von Blankenburg bei halbvollendetem Bau die Stadt über die Vollendung desselben schikanieren wollte, ließen sich die Bürger dadurch nicht irren; er mußte sich vielmehr bequemen, noch einen Turm zu erbauen, und dies ist der sogenannte Teufelsturm. So verdankt Goslar zwei seiner Türme der Raublust seines adelichen Nachbarn, dessen Vorfahren ihre Väter so oft mit ihrem Gut und Habe sättigen mußten. (S. 26–29)*

Der V. tut nun einen Sprung in das Gebiet der historischen Moral, um die denkenden Leser auf den Grund der Ursachen zu führen, warum die vortreffliche deutsche Nation, immerfort auf einem unbehaglichen Mittelplatze zwischen Freiheit und Knechtschaft herumhumpelnd, ihre schönen Anlagen in jenen grauen Tagen der Nachwelt nicht hat entwickeln können und ihre Nationalgeschichte ein wahres Unding geblieben ist. Die Spuren hievon finden sich in der sonderbaren alten Verfassung, wo es, zwischen den kleinen und großen Staaten Deutschlands, die von kleinen und großen monarchischen Herrschern regiert wurden, abgesonderte Städte gab, die durch sich und mitwirkende günstige Mittel frei geworden waren und sich durch ihre Industrie höher aufzubringen wußten, als die sie umgrenzenden Fürsten und Fürstlinge. Hätte dieser Keim weitergewurzelt, hätte der träge Raubsinn gepanzerter Tagelöhner nicht jene Mittel verachtet, sein Brot im Schweiße des Angesichts zu essen: so würde sicher das seit uralten Zeiten für frei ausgeschriene, noch immer in Sklaverei größtenteils schmachtende Deutschland zuerst frei geworden sein und andern Ländern das Muster einer Regierungsform gegeben haben, die ihre Bürger nicht mit eisernem Szepter drückt, indem sie sie an Sitten und Gesetze bindet.

„Man irrt wohl nicht, wenn man annimmt, sämtliche Reichsstädte verdanken den Genuß der Freiheit ihrem Fleiße, ihrer Arbeitsamkeit und der hieraus entspringenden Wohlhabenheit. Aber ebendiese Wohlhabenheit ward für sie eine reichhaltige Quelle mancher harten Drangsale und der Grund der Verarmung so vieler unter ihnen; sie lockte die Habsucht der Fürsten, die es bequemer fanden, da zu ernten, wo sie nicht gesäet, und sich von dem zu mästen, was eine fremde Hand gezogen hatte. Ließ sich ein Fürstlein mit einem Herrchen seines Gelichters in Fehde ein, und diese lief übel für ihn ab, so mußte die nächste Reichsstadt seine davongetragene Schlappe wieder ausgleichen,

* Man sehe die weitere Ausführung des Angeführten in den *Durchflügen* des Hrn. v. Heß. Band I.

116

kam er als Überwinder zurück, so drang er sich gegen Wunsch und Willen zu ihrem Schutzherrn auf. Nicht der Beschützung, sondern des Schutzgeldes wegen, versteht sich. Oft vereinigte zwei hadernde oder zum Kampf geharnischte Helden der fromme Entschluß, vor die nächste Reichsstadt zu ziehen und sie zu brandschatzen; welcher löbliche Vorsatz denn gewöhnlich bis zur Plünderung ausgeführt ward. War der Fürst, Graf oder Edle, den die Raubgierde anwandelte, zur Ausführung seines Vorsatzes zu ohnmächtig, so brachte er es durch allerlei Vorspiegelungen bei Kaiser und Reich dahin, daß die Stadt, durch welche er sich erholen wollte, in die Acht erklärt wurde. Wollte eine so geächtete Stadt nicht verhungern (denn während der Bannzeit durfte niemand ihr etwas zum Verkauf bringen, ohne sich der Acht teilhaftig zu machen), so mußte sie sich an den gnädigen Herrn wenden, der die Acht für sie besorgt hatte, und soviel von seiner Gnade erhandeln, daß er für sie bei Kaiser und Reich die Aufhebung der Acht erbat. Glückte dies nicht, so ward der gnädige Herr der Soldling eines mächtigern und glücklichern Räubers, und dann wehe der armen, vergeblich geächteten Stadt! Selten aber verfehlten die Fürsten durch jenes Mittel ihren Zweck, ja sie erreichten ihn doppelt. Denn ungerechnet, daß diese Art Brandschatzung keine Kosten erheischte, erhandelten die Fürsten während der Zeit, daß eine Stadt in der Acht war, ihre Bedürfnisse für Spottgeld, da der Landmann gewohnt, seine Erzeugnisse dem Städter zuzuführen, sie jetzt, da die Wege zur Stadt verflucht waren, in des gnädigen Herrn Hoflager bringen mußte, der dafür gewöhnlich nichts gab, ja oft noch Weggeld dazu forderte."

„Auch diese Art Ungemach ist über Goslar ergangen. 1541 am heiligen Dreikönigstage ward in der Stadt über die Stadt selbst die Acht verlesen. Dies geschah auf Anklage des Herzogs von Braunschweig, der sich darüber beschwerte, daß sich die Stadt unterfangen habe, den Görge- und Rammelsberg zu benutzen, die doch beide nicht zu ihrem Gebiete gehörten, indem sie über zwei Meilen von der Stadt entlegen wären, da, wie weltbekannt, das Stadtgebiet doch nicht über eine Meile von ihren Mauern reichte. – Ohnerachtet der kaiserliche Herold sich an Stell und Ort davon überzeugte, daß man vom Rammelsberge, an den der Görgeberg grenzt, die Stadttürme abreichen könnte, so ward dennoch das bereits über die Stadt ergangene harte Urteil, 40 000 Goldgülden Buße und zwölf Stück schweres Geschütz zu geben, solches auch auf Kosten der Stadt nach Brüssel zu liefern, dahin gemildert, daß die 40 000 Goldgülden zwar bezahlt, die 12 Stücke schweren Geschützes zwar geliefert, aber auf Kosten der Stadt nur bis Zelle gefahren werden sollten." – (S. 30–33)

Wenn man einst Germaniens alte biedere Sitte vergeblich aus dem Schutte des zerstiebenden falschen Pomps wird hervorsuchen wollen: so werden ihre unverkennbare Spuren nur allein in den Reichsstädten unverloschen zu finden sein. Arbeitsamkeit, Genügsamkeit, Freiheitsliebe, Geradheit, Mildtätigkeit, Gastfreundschaft hausen beim Reichsstädter, sind aus Deutschlands weiten Gegenden in die stillen, friedlichen Mauern der *anspruchlosen* freien Städte geflüchtet – (S. 34)

„Als die Städte durch Industrie Wohlhabenheit, durch Wohlhabenheit Freiheit errangen, der eiserne Fleiß schon begann, sich den Weg zum Überfluß und Wohlleben zu bahnen, wachten die Fürsten unermüdet dafür, daß diese nicht wurzeln konnten." (S. 35)

„Die Untertanen der Fürsten, welche ihre Herren nicht auf ihren arabischen Streifzügen begleiteten, flohen zum Städter, dem sie um wohlfeilern Lohn arbeiteten, da sie ihre vergangene Lebenszeit unter Peitschenhieben ungelohnt hatten verfrönen müssen." So bevölkerte die Raubgierde der Fürsten die Städte, indem sie ihre Gauen und Dörfer verödete. So mehrte sich die Genügsamkeit, der Fleiß und die Industrie des Reichsstädters." – (S. 36)

„Die Welt verdankt einen großen Teil notwendiger und nützlicher Künste dem erfindsamen deutschen Reichsstädter. Papier, Brillen, Uhren, Gewehrschlösser, Windbüchsen, Perücken ersann der Reichsstädter. Die Buchdruckerkunst ward zu Mainz erfunden. Die ersten deutschen Holzschnitte kamen zu Nürnberg, die ersten Spielkarten in Ulm zum Vorschein. Noch heut, selbst in den kleinsten Reichsstädtchen, steht irgendein Gewerbe in Blüte, und die Fürstler gewinnen ihnen den Rang nicht ab. So brennt Nordhausen Branntwein für achtzig Meilen im Umkreise; die flanellenen Röcke aller obersächsischen Bäuerinnen werden zu Mühlhausen gefärbt und gedruckt; Nördlingen webt Leinewand für einen großen Teil von Oberdeutschland; ganz Dünkelsbühl strickt Strümpfe. Das kleine Gnipen bleicht schöner und weißer als Hollands berühmteste Leinenbleichen; seine 466 Bürger sind die Bleicher der Franken und Schwaben. Wem sind Nürnbergs vielartige Fabrikate, Augsburgs feine Zitze unbekannt? Wo werden so lose, schmelzende, vergeistigte Hostien, so bunte Tarockkarten gemacht als in Ulm?" etc.

„Wein-, Garten- und Feldbau stehen bei den Reichsstädtern auf der höchsten Staffel der Kultur. Schweinfurth, Windsheim, das anspruchlose Bopfingen, wo trotz dem Spotte der Romanenschreiber, nach Verhältnis nicht so viele Jochen als zu Wien und Berlin geboren werden, sind oft nach entstandnem Mißwachs die Speisekammer ihrer ausgehungerten Nachbarn geworden. Der größern Handelsstädte zu geschweigen, wo der Spekulationsgeist sich mit Fleiß und Industrie paaren und so die Welt mit sich in Konkurrenz bringen konnte. Diese zeugen zugleich, daß es dem Reichsstädter nicht an Fähigkeiten zu großen Dingen gebricht, die nur durch den Zusammenfluß von Widrigkeiten, worunter die Mißgunst ihrer Nachbarn keine unbedeutende Rolle spielt, so sparlich aufkeimen und so selten zur Tätigkeit gedeihen." – (S. 38)

„Die Chroniken, die Traditionen, die Volkssagen und Wiegenlieder der Reichsstädter sind die Belege und Register der ungeheuren Sühnopfer, welche ihre Vorfahren auf dem Altar der nimmersatten Habsucht darbringen mußten, um das kostbarste Gut, Freiheit, auf ihre Enkel zu vererben. – Daher der hohe Freiheitssinn der Reichsstädter, daher die oft ins kleinliche fallende Eifersüchtelei; die seltsame Schutzgebung, die hartnäckige Beibehaltung vieler uns lächerlich scheinenden Gebräuche und Gewohnheiten, deren Entstehung überhaupt sich in die erste Vorsorge zur Gründung und Bewahrung der Freiheit verliert und keine andere Zwecke kannte, als dem Verlust eines Guts auszubeugen, dessen Besitz durch die Entsagung so mancher Bequemlichkeit erkauft werden muß und dessen Mangel dem, der es besessen hat, durch keine Darbietungen ersetzt werden kann."

„Alle gesellige Tugenden sind verschwisterte Glieder einer

Familie, die Kinder einer gemeinschaftlichen Mutter. Industrie und Freiheitsliebe, die ihre Wohnsitze in den Reichsstädten aufgeschlagen, zogen Wohltätigkeit, Gastfreundschaft, Geradheit, Offenheit und Redlichkeit, diese Hauptzüge des deutschen Charakters, in ihr Gefolg. Die winzigste freie Reichsstadt tat es an milden Stiftungen der Residenz des ersten deutschen Fürsten zuvor. Ihre zahlreichen Armenhäuser, Gotteswohnungen, Pesthöfe und Gasthäuser waren die Obdächer für die an den Bettelstab gebrachten Landeskinder der Fürsten, die Zufluchtsörter des geplünderten, die sicheren Ruheplätze des ermüdeten Wanderers, der hier Erquickung, Hülfe und Beistand fand. Sitten und Politur des Auslandes, die, mit dem Rauhen, zugleich das Biedre und Gerade im Charakter der Deutschen abgefeinert, verfeilt hatten, glätteten nur an der Oberfläche des Reichsstädters. Überfluß und Luxus nahmen höchstens einige Umwandelungen mit den Rockschößen, Hüten, Perücken und Schnallen der Männer, einige Abänderungen mit den Miedern, Kotzen, Säcken, Kontuschen und Hauben der Weiber vor. Religion und Moralität, Gesetze und Handlungen wurden nicht zu Wetterfahnen, mit denen jedes Modelüftchen spielte. Der Reichsstädter beharrte um so fester in seiner angestammten Rechtlichkeit, da er unter dem Drucke derjenigen seufzte, denen Redlichkeit fremd geworden war. Er liebte die Tugend ihrer selbst willen, und weil sie seinen Feinden mangelte. Er hielt um so treuer, um so inniger an seinen angeerbten deutschen Sitten, je mehr er solche von seinen Bedrückern verachtet, seine Geißler davon entblößt sah. Wenn der Reichsstädter, dem die studierte Feinheit fehlt, in des Fremden Augen, in dessen Sprache Gradheit Steifigkeit, Falschheit Geschmeidigkeit bedeutet, als grob erscheint, so besitzt er auch dafür noch seine ganze unverdorbne Kraft, welche ein Volk bedarf, um zu einer edleren Verfeinerung, zu einem allgemeineren Seelenadel zu gelangen. Der Reichsstädter, gewohnt, seinen graden Weg zu wandeln, kennt die Übergänge der verfeinerten Welt nicht. Er sagt das, was er denkt, nicht, was er sagen muß, weil er nicht denkt. Er handelt nicht zum Schein, sondern mit rührendem Ernst, wenns ihm Ernst zum Handeln wird. In seinem *Gott grüß Euch* liegt seine herzliche Meinung und hinge es von ihm ab, Gott müßte sich unbedingt der Obhut desjenigen annehmen, dem er sein *Gott behüt Euch* zuruft. Sein bloßer Handschlag ist ihm heiliger, als die mit Unterschrift und Wappensiegel versehene Urkunde ihrem Aussteller. Sein Wort bricht er nie, traut aber niemand auf dessen Ehrenwort. Er hegt eine unwiderstehliche Geringschätzung gegen Titel und Würden, fürchtet nichts so sehr, als Vermischung mit dem Ausländischen, ist mißtrauisch gegen alles, was fremd ist. Er flieht jeden Eintausch und vermeidet dadurch die Ablegung von dem, was ihm eigen ist. So sich gleichbleibend, hört er nicht auf, das zu sein, was er ist, und strebt nicht darnach, das zu werden, was andere sind." (41)

„Goslar genießt außer der reichsstädtischen Freiheit noch die sehr teuer erkaufte Ehre, den Herzog von Braunschweig zu ihrem Schutzherrn zu haben. – (S. 42–45)

Goslar, das einst blühende, von Kaisern und Fürsten geehrte Goslar, von wo aus Otto I. Deutschland regierte, wo Heinrich IV. seine Weihnacht durch weinreiche Bankette und Turniere hochkaiserlich feierte; wo in den Jahren 1114 und 1154 die in jenen Zeiten noch viel unruhigern und freiern Reichstage Deutschlands gehalten wurden, ist öde, arm und menschenleer, von allem entblößt, woraus seine einstmalige Wohlhabenheit entstand, seiner Bergwerke, Wälder und Fluren beraubt; und der guten Stadt bleibt kein andrer Weg zum Gewinn, als aus der durchfließenden Gose ein Bier zu brauen, das die Bergleute bei ihrer Zyklopenarbeit labt. Diese wegen ihrer Süßigkeit, Weichheit und auflösenden Eigenschaft in ganz Mittelsachsen berühmte und an so vielen Stellen nachgebraute Gose, und die Mutterpfennige, welche Göttingens Musensöhne, die den Harz in den Schulferien durchwandern, hier zurücklassen, sind die einzigen Reichtumsquellen der Stadt. Aber auch jener Biererwerb hört auf, ergiebig zu sein. Denn seit 1763 sind in Klaustal Bierbrauereien angelegt und die Gose ist mit einer starken Abgabe beschwert worden. – Vor 1763 braute die Stadt wöchentlich viermal, zur Zeit $3^1/_2$ Winspel Weizen, jetzt wöchentlich einmal und nur 2 Winspel." – (S. 47)

„Auf ihrem alten meilenweiten Territorium darf die Stadt zwar säen, ernten und ihr Vieh weiden, doch nur da und so lange, als der Herzog von Braunschweig, der jetzige Grundherr, den Boden nicht benutzen will. Beim geringsten Wink des Herzogs müssen die Bürger sich wiederum den Nichtgebrauch gefallen lassen. Ein Druck, den diese gute Stadt mit mehrern ihresgleichen gemein hat, weil die Reichsstädte, seitdem sie keine Lanzknechte mehr besolden und Fehde mit Fehde vergelten können, den Genuß fast aller ihrer streitigen Gerechtsamen mit Achselzucken den Fürsten überlassen müssen. Denn die Prozesse zu Wetzlar kosten Geld, ziehen sich von einer Generation in die andere, und das Finale der Entscheidung ist gemeiniglich: das Reich hoffe, Se. Durchlaucht werden nicht unbillig gegen die gute Kaiserstadt handeln u. dgl. m."

„Die Stadt zählt 1200 Wohnhäuser und nicht viel über 5000 Einwohner, so daß auf ein Haus nicht drei Menschen fallen. Ein großer Brand, durch welchen 1780 237 Hauptgebäude und 4–500 Nebenhäuser abbrannten und wovon etwa 100 mögen wieder erbaut sein, hat den Preis der Häuser nicht gesteigert, der hier niedriger als im kleinsten niedersächsischen Dorfe ist. Ein großes Wohnhaus, mit der Braugerechtsame, wird für 400 Tl., ohne Braugerechtsame für 150 Tlr. verkauft. Ein Haus mit 6–8 Zimmern gibt 20 Tlr. jährlich Miete. Ein Gebäude aber, das in den Wohlstandszeiten der Stadt zu 4000 Tlr. taxiert ward und jetzt 400 Tlr. gilt, muß der damaligen Taxation, nicht seinem gegenwärtigen Wert gemäß, Schoß zahlen."

Es könnte wohl kein sicherers Mittel erfunden werden, die allmählich immer mehr aussterbende Stadt dergestalt zu entvölkern, bis niemand mehr übrigbleibt, der Schoß auszahlen oder einnehmen kann. Es scheint zum wenigsten schon jetzt, daß für die Anzahl der Schafe der Scherer zuviel sind. Denn das Stadtregiment führen zwei Korpora, der *allgemeine* und der *enge* Rat. Jener besteht aus zwei Bürgermeistern, einem Syndikus, einem allgemeinen Worthalter und 24 Ratsherrn. Im engen Rat sitzen die beiden Bürgermeister, der Syndikus, der Worthalter und die Hälfte der Sechsmänner als Assessoren. – S. 49. Das Niedergericht besteht aus dem Stadtvogt und dem Stadtschreiber, der zugleich Polizeimeister ist. – Noch vor 20 Jahren torquierte man fleißig, seit der Zeit mangelt die Gelegenheit; abgeschafft ist die Tortur nicht. – S. 50, 51.

Vor einigen Jahren war der Zwist zwischen dem Rat und den Gilden dahin gediehen, daß letztere eine Deputation mit ihren Beschwerden nach Wien sandten: sie mußte sich aber unverrichtetersache wieder fortmachen; denn der Kaiser drohte ihnen mit dem Zuchthause. – Der einzige Trost, der den Bürgern seit jener Abschreckung bleibt, in welchem sie ihre Zeit hinhoffen, ist, daß der allgemeine Worthalter *Siemers* Syndikus wird, wenn der jetzige Syndikus abgeht. In dieses Worthalters Lob stimmt die ganze Stadt; die Bürger lieben und schätzen ihn um seiner Tätigkeit und um seines Patriotismus willen. – Der jetzige Syndikus, dem man Selbstsucht und Eigennutz schuldgibt, regiert jetzt die Stadt, da er der einzige Universitäts-Gelehrte im ganzen Senate ist. Sein Dienst ist der ergiebigste, er hat 600 Tlr. Gehalt, kann es aber wohl bis auf 2000 jährlich bringen. – S. 52, 53.

Alle Ratsstellen werden in gewisser Rücksicht verkauft. Bei einer Vakanz laufen die Kandidaten bei den Wählenden umher und überbieten sich einander. Eine Ratsherrnwürde, auf diese Weise erhandelt, kommt auf circa 200 Tlr. zu stehen, sie bringt jährlich 80, ein Bürgermeistertum 300 Tlr. ein. Alle übrigen Bedienungen werden dem öffentlichen Fond zum Besten verkauft. Der jetzige Ziegenhirt hat für sein Amt 43 Tlr. gegeben. Die Stadtkammer ist so arm, daß der Magistrat selbst in einer Lottonachricht vom 11ten April 1789 erklärt: „er sehe sich genötigt, die Lotterie zu errichten, weil die Stadt außerstande wäre, ihre Prediger und Schulbediente zu besolden". S. 54.

Von allen Bergen des Harzes soll der bei Goslar befindliche Rammelsberg zuerst bearbeitet worden sein. Die Stadt hat noch einigen Anteil an diesem Rammelsberge, in welchem ihr vier Gruben und ein Kupferrauchloch gehören. Man meint, der Berg könne noch 4–500 Jahre gebaut werden. So lange hat noch kein Bergwerk vorgehalten, denn jetzt sollen es schon mehr als 800 Jahre sein, daß dieses angebaut wird.

Am Rammelsberge hat Herr *Lentin**, ein junger Mann, der sich einige Jahre in England, in den Bergwerken von Anglesey, aufgehalten, einen Röstofen angebracht, worin die Erze des Harzes geröstet werden. – S. 64, 65.

* Ein braver Sohn des vortrefflichen Arztes und Biedermannes in Lüneburg.

A. d. H.

Die Bergleute am Unterharze erwerben wöchentlich 25–30 Mariengroschen (18–20 gute Groschen) und können Holz hauen, soviel sie brauchen. Sie sind keinesweges ungesund, es gibt ihrer Achtzigjährige, die noch in den Schacht fahren. Ganze Familien wohnen in Höhlen, welche die Natur gleichsam zu Menschenwohnungen in den Felsen ausgehauen hat. – S. 66.

Die Luft in der Gegend von Goslar ist wegen des steten Zuges, den die Berge gewähren, rein und gesund. Die Nebel sammlen sich am Brocken, hängen sich an den Schopf des nahen Gebürgs und decken den heitern Horizont der Stadt nie. Die Kälte ist nicht so scharf und fortdauernd, als auf dem Harze, wo das Kaminfeuer in keiner Jahreszeit erlöschen darf. Um so drückender ist die Sonnenhitze, wenn die Sonnenstrahlen sich an dem schroffen Felsen brechen, von dessen schlichten Wänden in doppelter Kraft zurückprallen und die ganze, aus leicht entzündbarer Materie bestehende, Masse des weiten Gebürgs in Gärung bringen. – S. 68.

Das Wasser, welches die Unterharzer trinken, ist hell und klar, wie es vom Felsen rinnt, für einen Fremden aber hart und nach Tannen schmeckend. –

Die Einwohner von Goslar bringen bei ziemlich dauerhafter Gesundheit ihr Leben gewöhnlich hoch. Die Stadtärzte haben das ausschließende Monopol zu praktisieren. – Vor einigen Jahren schlich sich ein fremder Quacksalber ein, der in der Stadt viel Unfug trieb. Die Ärzte begannen einen förmlichen Prozeß gegen ihren Nebenbuhler, der sich nach mehrjähriger Dauer ihnen zugunsten endigte. Der Mann mußte die Stadt und ihr Gebiet räumen. Seit dieser Zeit ist das Torexamen schärfer geworden und wer sich als Arzt angibt, oder dieser kontrebanden Kunst verdächtig macht, muß sein Wort geben, nicht in der Stadt zu praktisieren oder sie in acht Tagen verlassen.

Die Menschengattung dieser Gegend ist ein Mittelschlag von Tal- und Bergbewohnern; nicht so stark nervicht, als diese, noch so fleischig wie jene; von mittlerer Größe, doch eher gut- als schlechtgebaut. – S. 70.

Die Goslarer sind ein sanfter, gutmütiger, redlicher Menschenschlag. Aufrichtig und frei, sobald sie ihren Mann kennen, zurückhaltend, geheimnisvoll und kleinlich höflich gegen Unbekannte und Fremde. Ihr gesellschaftlicher Umgang strotzt von Ziererereien, zeremoniöser Steifheit und lächerlicher Titlerei. „Herr Gevatter Senator Sexair", „Frau Bas Senatorin Achtmännin" sind alltägliche Benennungen unter Menschen, die von der Schule her zusammen vertraut waren. Die Ehrerbietung, welche diese Magistratsmänner von dem Bürger fordern, und die dieser aus Nachgiebigkeit oder Kriecherei ihnen wirklich erweist, ist so unanständig als herabwürdigend für den freien Bürger. Ehrbarkeit, Schamhaftigkeit, Züchtigkeit und andere Tugenden dieser Klasse, die sich bei den Griechen einst sogar mit den Grazien einmütig vertrugen, im nördlichen Deutschland aber, das sich überall durch mehr Steifheit von seinen Nachbaren auszeichnet, dem Äußern für nicht dazu gewöhnte Augen ein etwas gewundenes Ansehen geben, stehen hier noch öffentlich im guten Werte. – S. 72.

Modesucht und Nachäffung treiben ihren Unfug in Goslar, wie in jedem Winkel des deutschen Reichs. Dürftigkeit, die hier überall durchblickt, bringt, mit der Modernisierung gepaart, einen jämmerlichen Kontrast hervor. S. 73.

In Goslar ist die Religion den Bewohnern noch so heilig, als sie einem jeden trostbedürfenden Volke notwendig sein muß. Der Gottesdienst und die Religionsgebräuche stehen hier noch in ebender Achtung, und geben hier ebendie Maßstäbe für den sittlichen Charakter der Bürger und Bürgerinnen, wie fast allenthalben in kleinen Städten, wo das Kirchengehen ein Mittel gegen die Langeweile und eine ergiebige Quelle für Klätschereien, Neugierde und Eitelkeit ist. – S. 74.

Ein Gespräch aus Schlossers Gastmahl

[Erster Band. Drittes Stück, Nr. IV, S. 305–314]

(Die Redenden sind *Eugenius*, ein ehrwürdiger Greis, ehmaliger Königl. Rat, der itzt ganz sich und den Seinen lebt. *Theone*, seine verheiratete Tochter, *Meletes*, sein Sohn, ein edler Maler. *Cheron*, ein pensionierter Obrister, *Philotas*, ein lutherischer Pfarrer, *Theodor*, ein Ex-Augustinermönch. *Iphitus*, ein alter Gärtner, *Pitho*, sein Sohn, ehmaliger Justizbedienter, itzt auch Gärtner und ein Arzt. Ein Hofmann hat sich eben entfernt.)

Theone. – Mir war der Hofpapagei nur lächerlich. Anfangs sagte er mir die Alltagssüßigkeiten vor, die diese Herren wie in Bonbonieren immer bei sich tragen. – Ich hätte wohl vielen Spaß mit ihm gehabt, wenn ich aus Respekt vor meinen Eltern und so vielen ehrwürdigen Männern es hätte wagen dürfen. Denn in der Tat, wenn die Herren von zierlichen Sitten unter uns, die wir uns zu einfachen Sitten gewöhnt haben, sich blicken lassen, so spielen sie eine noch viel lächerlichere Rolle als wir unter ihnen.

Pitho. Auch ich hätte ihn nicht einmal so leicht, als wir taten, davonkommen lassen, wenn mir der Vater nicht immer gewinkt hätte. Brüsten sich doch die erbärmlichen Jungen mit ihrer adlichen Geburt, als wenn das ihr eignes Verdienst wäre; so etwas konnte selbst Epiktet kaum an einem Pferde ertragen.

Iphitus. Das ist noch ein Sauerteig, lieber Sohn, der Dir von Deinem Hofstadtleben anhängt und den Du mit Deinem abgeschnittenen Haar nicht von Dir gelegt hast. Ich halte auf den Menschen allerdings nichts, vielmehr halte ich ihn für einen schlechten Menschen, der, wenn er es einmal unternimmt, für den Staat, oder sei es auch sonst, in was es will, mit dem Adel zugleich zu arbeiten, diesen Leuten nur einen Fingersbreit da weicht und sich durch ihre eingebildten Geburtsvorzüge auch nur im kleinsten blenden oder von seinem festen Vorsatze abbringen läßt. Aber wenn unsereiner in seinen Privatstand zurückgetreten ist und nun nur für sich und für seine Familie und seine eignen Geschäfte zu sorgen hat und er sich dann noch über die Anmaßung solcher Menschen ärgert, so kommt es mir ebenso vor, als wenn unsere stille, frischrinnende Quelle in unserm Garten sich über das Springwerk im Hofgarten ärgern und nicht fühlen wollte, daß ihr Wasser rein, hell und frei dahinläuft und Leben und Gesundheit verbreitet, wohin es fließt; wohingegen jenes durch eine Menge Röhren und Pumpen gezwungen wird, sich gegen seine Natur hinaufzuwerfen und dann mit allem dem Lärm und Geräusche, wenn es einige Minuten in der Sonne Farben gespiegelt hat, doch nur in ein unnützes Bassin herabfällt, das, mit Moder und Seemoos bedeckt, faul und stinkend werden würde, wenn nicht täglich fremde Kunst und fremder Fleiß ihm zu Hülfe käme.

Eugenius. Iphitus hat recht; vor und nach dem Juvenal, vor und nach dem Boileau ist so viel schon über die Adlichen, die ihre Ehre in keinem eignen Wert, sondern in ihrer Geburt suchen, gesagt worden. Was hat aber das alles genützt und was wird es nützen? Es ist allerdings keine kleine Arbeit für den Menschen, sich eignen Wert zu erwerben; und obgleich der wahre Zweck des Menschen, sein wahres Glück, nicht anders erreicht noch gewonnen werden kann als durch diesen eignen Wert, so hat doch die bürgerliche Gesellschaft und das Vorurteil auch so manchen bloß zufälligen Eigenschaften, beinahe überall, soviel scheinbares Gute zugeeignet, daß es nicht sehr zu verwundern ist, wenn so viele Menschen, die diese privilegierten Eigenschaften haben, sich mit dem, was sie ihnen ohne Mühe geben, begnügen und darüber ihr wahres Glück, ihre eigne Bestimmung vergessen.

Pitho. Es mag sein; aber unter allen diesen ist doch keiner so beschwerlich, so anmaßend, so verachtend als der Adliche.

Eugenius. Das glaube nicht, mein Lieber! Jeder Stand im Staat, der sich über die andern erhebt, ist gleich beschwerlich, anmaßend, verachtend. So ist es *der Reiche, der Geistliche, der Soldat,* nicht minder als *der Adliche.*

Cheron. Du hast recht. Das ist mir neulich aufgefallen, als ich in dem Buche von der römischen Geschichte, das Du mir liehest, bemerkte, wie furchtbar die Prätorianen und überhaupt *die Herrn* zugleich dem Staat und ihren Regenten wurden.

Eugenius. Und ebenso furchtbar, ebenso drückend waren unter den schlechten Kaisern die *reichen Freigelassenen* und *Verschnittenen,* die sie regierten. So entstand in Florenz, nachdem dieser Staat seine Adlichen vertrieben hatte, eine weit unerträglichere Geldaristokratie, die sich endlich in einen wahren Despotismus unter den Mediceern endigte. Der Adel muß denn doch noch fühlen, daß seine Vorzüge nur auf Vorurteilen beruhen, und so eifersüchtig ihn das macht, daß nichts zu nahe an seinen Zirkel komme, so vorsichtig macht es ihn auch, es nicht ganz mit dem andern Stande, den er immer braucht, zu verderben. Der Reiche aber weiß, daß sein Ansehen auf festeren Gründen ruht, und daß auf dem Markte, für den er geschaffen ist, ihm alles zu Gebot steht. Wo aber endlich *die Geistlichkeit* die Obermacht bekommt, da ist der Mensch mit Leib, Vermögen, Ehre und selbst mit seiner Seele ihr Sklave. Denn selbst Theodor wird nicht leugnen, daß beinahe ganz Europa zu der Zeit, als die römische Hierarchie auf ihren Gipfel stand, in dem Falle gewesen sei.

Theodor. Das beurteile ich nicht. Doch scheint mir soviel auch nicht zu leugnen, daß eben damals die Hierarchie, von welcher Ihr denken möcht, was Ihr wollt, den Adeldespotismus allein noch im Zaume hielt. Sicher und unleugbar scheint es mir aber, daß zu der Zeit, da die *reichen Verschnittenen* an den Höfen alles galten, kein Mann von Religion und Gewissen mehr in der Welt bleiben konnte. Und deswegen, meine ich, braucht man den Pachomen, den Antoniussen und den heiligen Männern, welche sich damals in die Einöden verkrochen, nicht gerade ein verbranntes Gehirn und melancholische Säfte anzudichten, weil sie die so ekelhafte menschliche Gesellschaft, unter welcher sie sich befanden, nicht mehr ertragen konnten.

Iphitus. Wahrlich, wenn sie auf keine andere Art dem unerträglichen Drucke der Reichen entgehen konnten, so taten sie sehr recht; denn unsereiner fühlt ihn oft genug. Aber wenn ich mich denn doch so erinnere was ich zumal während der Regierung des jetzigen Königs seit dem letzten Kriege und nach der Unterdrückung der Landtäge manchmal von den Leuten reden höre, so kommt mir doch alles noch erträglicher vor, als wenn das gemeine Volk die Oberhand erhält. Gott bewahre, daß das glimmende Feuer, das man, wie ich aus des Hofmanns Reden abnehmen konnte, bei Hofe gar nicht ahndet und nicht achtet, Gott bewahre, daß dieses nicht einmal unversehens ausbreche! denn alle andern Stände haben doch etwas zu verlieren; wenn aber der losbricht, so ist nichts, das ihn zurückhalten könnte.

Eugenius. Das siehst Du gerade an, wie es angesehen werden muß; und deswegen ist es eine ebenso schändliche als gefährliche Maxime einiger Regierungen, welche die geringe Klasse der Untertanen dadurch am besten im Zaume zu halten hoffen, wenn sie alles so anlegen, daß die Leute nichts mehr, weder an Ehre noch an Vermögen, zu verlieren haben.

Der Arzt. Es ist aber doch wunderbar, daß in der Natur von

128

den großen Himmelskörpern an bis zu den kleinsten organisierten Tierchen, bis zur geringsten Pflanze, immer so viele Kräfte, die sich oft geradezu einander widerstehen, alle doch so friedlich zusammenarbeiten und alles in so schöner Übereinstimmung erhalten; und daß hingegen in den Menschenwerken immer alles so miteinander kämpft und streitet.

Philotas. Mich dünkt, das kommt daher, weil die Werke der Natur immer durch die Sache, die da wirkt; die Werke der Menschen aber immer nur durch die Meinung, die man von den würkenden Menschen hat, zustande gebracht werden.

Pitho. Sehr wahr; und anders kann es auch wohl nicht sein, weil der Mensch meistens nur durch Menschen wirkt; jeder aber nur durch seine Meinung regiert wird. Und darauf zielte auch der Hofmann, als er sagte: daß man sich nach der menschlichen Gesellschaft richten müsse, wenn man auf sie wirken wolle. Und das mag er auch, wenn es nicht mehr kostet als nach ihrer Art zu essen, zu trinken, sich zu kleiden oder eine Reverenz zu machen. Wer aber glaubt, daß er selbst den Schlechten machen müsse, um auf den Schlechten zu wirken, damit dieser besser werde, der wird wahrlich bald sich und die andern nur noch mehr verderben. Auch ist das Bessermachen die geringste Sorge dieser Leute. Sie wollen nur einwirken, um von der Torheit und dem Laster und dem Leichtsinn der andern ihren Vorteil zu ziehen. Deswegen stellen sie sich den Königen und denen, die Gewalt haben, oder denen, die sie brauchen können, in allen ihren Schwächen gleich und suchen sie immer noch schwächer, noch sinnlicher, noch leichtsinniger zu machen; verblenden sie mit dem Glanz der Pracht und der Prahlerei des Nachruhms oder lähmen ihr Ohr durch die glatte Hofsprache und ihre ganze Seele durch Verspottung aller Religion, aller Sittlichkeit, aller Formen, und versenken sie dadurch so tief in ihre Wollust und Weichlichkeit, daß sie weder ihre Untertanen, noch Gerechtigkeit, noch Gott, noch Menschen mehr sehen können; nicht einmal mehr sehen, daß sie betrogen werden, oder sehen sie es, keine Kraft mehr übrigbehalten, sich aus dem Netze des Betrügers zu winden. Mich dünkt, wenn die Menschen böse sind, weil ihre Meinung von den Dingen unrichtig ist – und das sind die meisten; – so ist nur Ein Mittel, sie besser zu machen: nämlich, ihre Meinungen zu berichtigen. Da nun dies das eigentliche Werk der Gelehrten im Volke wäre, so ist es desto trauriger, daß auch diese ganz ihre Liberalität verloren und die Wissenschaften zu einem Gewerbe gemacht haben, das sich, wie die übrigen Gewerbe, auch nicht nach dem Zwecke des Gebrauchs, sondern nach der Gabe der Käufer richtet. Das haben aber nicht nur die Geschäftsgelehrten, denen man ihre Illiberalität, wie sie es wohl verdienen, überall vorwirft, sondern auch die übrigen, selbst Dichter und Künstler getan. Einige um eines niedrigen Geldgewinnes willen, andere, um eine Wasserblase von Ehre zu haschen; die fahren dann, wie Luzian in seinem Traum, hoch auf den Wolken und streuen Bücher an Bücher, und Meinungen an Meinungen, und Grillen an Grillen herab, nur selig im Angaffen der Menge und unbekümmert um das Feld, in das sie säen, und um die Früchte ihrer Saat. Viele verleugnen freiwillig ihren bessern Genius, um sich bei den großen und vornehmen Toren beliebt zu machen, und ich weiß nicht welchen Ton der sogenannten großen Welt nachzuäffen; oder nur, um dem Spotte des gestrigen Pagen auszuweichen, dem seine schale Flachheit irgendwo am Teetisch eines titrierten Weibes das Recht zum großen Wort gegeben hat; noch mehrere wissen, was sie wissen, nur durch den Kopf und haben es nie so weit bringen können, der unförmlichen Masse nur eine Ahndung von Seele einzuhauchen. –

Meletes. Nun wahrlich, wenn dem so ist, so ist wenig Hoffnung zum Bessern; und wenn ich mich nicht vor meiner Schwester scheute, so würde ich dann raten, wir machten es alle wie Pachomius und Antonius und suchten uns auch irgendwo eine Zelle oder eine Einsiedelei, sollten wir auch da nichts mehr zu tun finden, als lauter memento mori zu malen.

Theone. Das fürchte ich nicht von dem, dem selbst der grobe Körper den Geist so wenig verhüllen kann, daß er jenen bloß deswegen nicht malen will, weil er diesen nicht auch auf die Leinewand zu heften vermag. Ein Auge wie Deins, Bruder, wird immer noch viel Schönes in der Welt finden, daß es da Dich halten wird. Und gewiß, solange ich auf dieser Welt noch eine Mutter ihrem Kinde die Brust reichen und einen Freund seinem Freunde die Hand drücken sehe, solang verzweifle ich nicht an dem Menschengeschlecht!

Eugenius. Du hast recht. In dem, was Pitho sagte, ist viel Wahres, und auf den öffentlichen Bühnen ist nicht mehr gut zu stehen; aber der bessere Geist der Menschheit webt noch immer in dem unbemerkten Kreis des stillen Privatlebens. Und wer will die Hoffnung sinken lassen, daß nicht eine Zeit komme, in welcher die Menschen überhaupt endlich selbst ihrer Laster und ihrer Nichtswürdigkeit überdrüssig werden und in dem Gefühl ihrer Leerheit nach dem Bessern greifen, das die ganze Seele füllt.

Nach welchen Grundsätzen soll man politische Meinungen und Handlungen der Privatpersonen beurteilen?

[Zweiter Band. Viertes Stück, Nr. I, S. 1–40]

Alle menschliche Meinungen und Handlungen lassen sich von einer dreifachen Seite betrachten und beurteilen. I. Von seiten der Klugheit, II. von seiten des Rechts und III. von seiten der Moral.

I. Die Klugheit offenbaret sich am sichersten in *Handlungen*. Der weiseste Schwätzer erscheint oft als ein Tor, wenn er seine Weisheit in der Anwendung zeigen soll. Die Regel, welche allen Urteilen über die Klugheit des Betragens einer Person zum Grunde liegt, ist überhaupt die Zweckmäßigkeit und heißt:

Wer sichere und wirksame Mittel zu seinen Zwecken gebraucht, ist klug.

Ob Zwecke und Mittel auch gerecht und gut sind, kömmt, wenn man bloß die Klugheit beurteilen will, nicht in Anschlag. Die königliche Familie in Frankreich aus der Welt zu schaffen, war sehr klug, wenn es den Franzosen um Begründung einer Demokratie zu tun war; denn daß diese ein starkes Hindernis gegen Einrichtung der letztern Regierungsform sein würde, war leicht abzusehen. Ob eine Demokratie in Frankreich zu errichten auch klug sei, darüber sind bekanntlich die Meinungen geteilt, wenn man nämlich den glücklichen Zustand des Landes sich als den Zweck vorstellt, der dadurch erreicht werden soll. Daß aber in Einrichtung dieser Verfassung viele für sich, d. i. zum Behuf ihrer eignen Zwecke klug handeln, wird niemand bezweifeln. Wenn eine politische Macht den Zweck hat, die Demokratie zu stürzen oder gar ganz Frankreich zu ruinieren; so kann man den Unternehmungen, wodurch es alle innere und äußere gerechte oder ungerechte Mittel gegen dieselben aufbietet, das Lob der Klugheit nicht versagen. Wer seine Ruhe liebt, handelt klug, wenn er zur Zeit einer Revolution seine politischen Urteile zurückhält, sich um keine öffentliche Angelegenheit bekümmert und jedes öffentliche Geschäft, unter Vorwänden, womit man zufrieden ist, abwendet.

Die Klugheit kann neben der höchsten Ungerechtigkeit und moralischen Abscheulichkeit bestehen; und die letzteren mögen in eine Handlung erkannt werden oder nicht, so läßt sie sich doch immer von seiten ihrer Klugheit beurteilen.

Bei sehr vielen Handlungen bleibt uns ihre moralische Seite verborgen; selbst das Recht ist oft zweifelhaft: dann bleibt uns aber doch noch übrig, die Klugheit in ihnen zu erwägen. Die mehresten öffentlichen Handlungen ganzer Staaten und Völker sind in Ansehung ihres moralischen und rechtlichen Werts, besonders aber in Ansehung des ersteren, sehr zweifelhaft. Daher entgegengesetzte Parteien für ihre widersprechende Urteile leicht Gründe finden. Aber die Klugheit an ihnen zu beurteilen, scheint desto leichter, denn diese läßt sich wenigstens nach vollbrachter Handlung entdecken, weil sie sich entweder in ihren Wirkungen zeiget; oder wenn auch die Handlungen ihren Zweck verfehlt haben sollten, so läßt sich doch die Zweckmäßigkeit ihrer Anlage erkennen, welches vollkommen genug ist, um die Klugheit ihrer Urheber zu retten. Über die Klugheit öffentlicher Unternehmungen wird man daher bald einig, sobald man sie nur ganz vor sich hat.

Große Klugheit reizt sehr zur Bewunderung und erhält im gemeinen Urteile der Menschen häufig den Vorzug vor einer gerechten und guten Denk- und Handlungsweise, wenn letztere mit weniger Klugheit verbunden ist. Man lacht über eine ehrliche Haut, wenn man siehet, daß sie ein Spiel listiger und schlauer Menschen ist. Eigentlich lacht man aber doch nicht über die Ehrlichkeit, sondern über die Dummheit des Ehrlichen, der seine Klugheit, die er nicht hat, mit der weit größeren Klugheit eines andern messen will. Denn wir verlangen von jedem guten Menschen soviel Klugheit als Pflicht, daß er sich auf nichts einlasse, was er nicht vollkommen versteht; und argwöhnen, daß, wo ein Einfältiger sich in Geschäfte mischt, denen er nicht gewachsen ist, ihn nicht sowohl der Mangel des Verstandes, als vielmehr die Eitelkeit seines Herzens antrieb, sie zu übernehmen. Nirgends aber kömmt der Ehrliche, Einfältige oder Schwache schlimmer im Urteile weg, als wenn er als eine öffentliche politische Person erscheint und seinen öffentlichen Zweck, es sei durch Nachlässigkeit oder unzweckmäßige Maßregeln, vernichtet. Der Grund scheint darin zu liegen, daß wir durch die Länge der Zeit gewöhnt sind, bei öffentlichen politischen Personen, bei Staaten, deren Repräsentanten und Unterhändlern, überhaupt wenig oder keine Achtung gegen Recht und Pflicht vorauszusetzen, wenn wir sie im Verhältnisse zueinander denken. Wir haben daher auch ein Mißtrauen gegen die angebliche Rechtschaffenheit des Einfältigen, der als öffentliche politische Person auftritt und von Schlaueren angeführt wird. Denn wir denken: wenn er wirklich so gut und gerecht wäre, als er vorgibt oder zu sein scheint; so würde er sich [nicht] mit einem Geschäfte abgeben, das er nicht versteht und wovon er wissen muß, daß es ohne große Klugheit nicht pflichtmäßig verwaltet werden kann. Wir sind daher immer geneigt, bloß die Klugheit und Geschicklichkeit derer zu messen, die auf dem politischen Theater erscheinen, und von ihrer Tugend und Gerechtigkeit ganz abzugehen. – Wenn man sich aber dieser Beurteilung der Klugheit allein überläßt und Billigung und Mißbilligung stets an sie hängt; so wird sehr leicht das Prinzip der Klugheit auch gebraucht, um Gerechtigkeit und Tugend darnach zu messen, woraus eine sehr verkehrte und höchst schädliche Denkart entspringt, welche Gerechtigkeit und Tugend, ihren einfachen populären Begriffen nach, oft als an sich unzweckmäßig und als *notwendig* einfältig vorstellt und in dem Begriffe der Klugheit einen besseren und richtigeren Begriff der Gerechtigkeit und Tugend gefunden zu haben vermeint. Diese Denkart wird insbesondre dadurch unterstützt, daß man das *Nützliche*, wornach die Klugheit immer strebt, mit dem *Guten* verwechselt und aus dem ersten Begriffe den wahren Begriff der Pflicht ausfindig machen will. Ein Ländereroberer oder ein Landräuber wird sich, diesen erkünstelten Rechts- und Pflicht-Begriffen gemäß, leicht damit trösten, daß sein Raub das zweckmäßigste Mittel sei, das Volk in einen bessern und glücklicheren Zustand zu versetzen, ihm eine bessere Verfassung zu geben und es seiner Bestimmung näherzubringen. Und so wird er sich am Ende leicht vordemonstrieren, daß seine Räuberei Pflicht war, und daß er selbst niederträchtig gewesen sein würde, wenn er sich nicht zum Raube entschlossen hätte.

II. Die Gerechtigkeit der menschlichen Handlungen zu beurteilen, ist selbst für den gemeinsten Verstand eine leichte Sache, sobald nur die Tatsachen klar sind. Es liegt dieser Beurteilung die einfache Regel zum Grunde:

Wer niemandes gesetzmäßige Freiheit verletzt, ist gerecht.

Die Freiheit ist nämlich dann gesetzmäßig, wenn sie in einem Systeme freier Wesen durch ein allgemeines Gesetz als möglich gedacht werden und also neben der Freiheit aller übrigen bestehen kann. Sie ist zugleich die wahre Sacherklärung des Begriffes *eines Rechts*. Der gemeine Verstand denkt sie sich ganz richtig durch den Grundsatz, von dem ein jeder in Beurteilung seiner eignen Freiheit ausgeht: *Ich brauche für niemanden von rechtswegen etwas zu tun, als wozu ich mich selbst (vermittelst eines Vertrags) verstanden habe.* Daß der Mensch unsittlich und schlecht handeln könne, ohne dadurch anderer Freiheit zu verletzen, d. i. ungerecht zu sein, ist für sich klar.

Die Beurteilungen des Rechts werden durch zweierlei Umstände erschwert und verfälscht, nämlich erstlich durch Erdichtung falscher Tatsachen und dann durch Unterlegung falscher Rechtsprinzipien, welche man, wenn sie deutlich und nackt (in abstracto) hingestellt werden, schwerlich billiget, aber doch in der Anwendung steten Gebrauch von ihnen macht.

Die Tatsachen, welche zur Beurteilung des Rechts gehören, gehörig ausfindig zu machen, steht oft gar nicht in der Gewalt derer, welche sich ein Urteil über das Recht anmaßen.

Und da der Mensch überhaupt einen sehr großen Hang hat, über Recht und Unrecht abzusprechen: so erdichtet er sich die Akten da, wo sie fehlen, gern nach seinen eignen Neigungen, damit er die verdammen kann, denen er nicht gewogen ist. In der Tat liegt der Grund, weswegen die Rechtsurteile verschiedener Menschen oft so verschieden ausfallen, noch mehr in ihren verschiedenen Vorstellungen von den Tatsachen, als in ihren verschiedenen Rechtsgrundsätzen. Denn der wahre Begriff von Recht liegt in dem Herzen eines jeden verborgen, und wen Systemsucht nicht verwirrt und hartnäckig gemacht hat, wird sehr bald die Gründe des gemeinen moralischen Urteils, das oft richtiger ausfällt als das gelehrte, finden.

Wir wissen alle, wie geneigt wir sind, über Privatprozesse zu entscheiden und die bürgerlichen Richter zu meistern, ohne daß uns je die Akten zu Gesicht gekommen sind, da die letzteren doch zur Formierung eines richtigen Urteils unentbehrlich gehören. Indessen trifft man doch in Urteilen dieser Art noch mehr Bescheidenheit an, als in solchen, welche über öffentliche politische Angelegenheiten, über Krieg und Frieden und über Personen, welche eine öffentliche Rolle spielen, gefällt werden. Da es bei Rechtsurteilen nur auf *Handlungen*, nicht auf Gesinnungen ankömmt; so müßte man freilich über öffentliche Handlungen eher urteilen können als über Privathandlungen, wenn nur auch dort nicht so viele verdeckte Rollen gespielt würden. Dieses geheime Spiel, welches fast hinter allen öffentlichen Verhandlungen betrieben wird und oft mit größeren Kräften wirkt, als was öffentlich preisgegeben wird, macht die Urteile über das Recht und Unrecht öffentlicher politischer Tatsachen ungemein unsicher, besonders zu der Zeit, wo sie vorgehen. Gemeiniglich sind die Akten erst nach vielen Jahren vollständig zusammenzubringen. Und wie schwer ist es dann nicht, ihre Wahrheit und Echtheit zu prüfen? Ein Umstand, welcher auch diejenigen Großen, die eben nicht gleichgültig gegen ihren Nachruhm waren, verleitet hat, die ungerechtesten Dinge mit Dreustigkeit zu unternehmen, in der Hoffnung, daß ihre Ungerechtigkeiten auf immer ungewiß bleiben und nicht ohne Schein der Gerechtigkeit sein würden.

Der Einfluß falscher Rechtsgrundsätze ist nie wirksamer als

da, wo Leidenschaften antreiben, das Recht zu finden, was ihnen gemäß ist. Es gibt insonderheit zwei dergleichen Prinzipien, welche das Urteil über Recht und Unrecht verkehren und den Leidenschaften der Richter mit dem Schein des Rechts ungemein schmeicheln. In dem einen erhebt man das *Nützliche* zum Kennzeichen des Rechts; es heißt: *Was nützlich ist, ist recht;* oder: *Ich habe ein Recht, das Nützliche, besonders das Gemeinnützliche zu tun.* In dem andern wird das Gute oder Pflichtmäßige überhaupt als der allgemeine Gegenstand des Rechts eines Menschen vorgestellt. Man müßte es ausdrükken: *Ich habe auf die pflichtmäßigen Handlungen der andern ein Recht.* Wer also seine Pflicht nicht tut, verletzt mein Recht oder beleidigt mich, und ich kann ihn zwingen.

Beide Sätze verraten schon dadurch ihre Falschheit, daß man sie nur für sich und seine Partei, niemals aber für seine Gegner in der Praxis gelten lassen will. Denn jeder würde über Verletzung seiner Freiheit und über Ungerechtigkeit schreien, wenn man ihn zwingen wollte, die Landstraßen auf seine Kosten zu bauen und den zwanzigsten Teil seines Vermögens den Armen zu geben, wo ihn kein Vertrag zu beiden verbindet, so gemeinnützig auch das erste, und so pflichtmäßig auch das zweite sein möchte. Ihr Einfluß auf die Bestimmung der Rechtsurteile ist indessen außerordentlich groß und verdient hier genaue Aufmerksamkeit, da es insbesondere in unsern Tagen bei den mancherlei geschehenen oder noch zu befürchtenden Staatserschütterungen üblich geworden ist, über politische Gesinnungen und Handlungen nach denselben zu urteilen. Ich will daher den weiteren Einfluß dieser Prinzipien jetzt nicht erwähnen, sondern mich hier bloß auf die Berichtigung derjenigen Urteile einschränken, welche die Gerechtigkeit der politischen Gesinnungen und Handlungen der Bürger und die Grundsätze des Staats betreffen, nach welchen dieser jene behandelt.

Ich setze hier als allgemein zugestanden voraus, daß den Staat nur die *Verletzung des Rechts* zum Zwange gegen seine Bürger und gegen Fremde berechtigen könne, daß er kein Recht habe, das unkluge oder auch unsittliche Betragen anderer Menschen zu bestrafen, wenn dadurch keines seiner Rechte, oder der Rechte derer, die er schützen soll, verletzt wird. Diesem gemäß behaupte ich nun:

1) Der Staat hat, nach wahren Rechtsgrundsätzen, nie ein Recht, einen andern wegen seiner bloßen politischen spekulativen Meinungen und deren Äußerungen zu bestrafen, oder auf irgendeine Art Gewalt gegen ihn zu brauchen. Denn es kann durch eine bloße spekulative Meinung, welche jederzeit auf Behauptung eines allgemeinen Satzes, und nicht auf dessen Ausführung gerichtet ist, nie das Recht eines andern verletzt werden. Die gesetzmäßige Freiheit anderer im Meinen und Handeln wird dadurch nicht im mindesten angetastet. Ich kann in einer Monarchie der Meinung sein, daß die Demokratie eine bessere Regierungsform sei, und umgekehrt; ich kann meine Meinung mit ihren Gründen mitteilen; ich kann behaupten, daß alle Regierungsverfassungen in Europa nach zwei Jahren oder nach hundert Jahren monarchisch oder aristokratisch oder demokratisch sein werden. Wessen Recht verletze ich dadurch? Wer das Prinzip des Nützlichen zum Rechtsprinzip erhebt, wird schon Bedenken finden müssen, den Satz in seiner Allgemeinheit zuzugeben. Denn, wird er sagen, könnte nicht die Ausbreitung von dergleichen Meinungen dem Staate schädlich werden? Ist nicht zu fürchten, daß die Spekulation dereinst in Handlung übergehen werde? Ist dieses nicht besonders da zu fürchten, wo jedermann schon unruhig ist und im Begriffe steht, in Handlung auszubrechen? So ist der Willkür freie Bahn gemacht. Denn wenn das Recht ist, was dieses Prinzip so heißt; so verpflichte ich mich, für jede Meinung oder Handlung, selbst für die beste, einen Rechtsgrund zur Bestrafung derselben zu finden. Denn von welcher Meinung oder Handlung läßt sich wohl die Möglichkeit nicht denken, daß sie dereinst eine mir nachteilige Wirkung veranlassen werde? Und ist's nicht so der Willkür vollkommen freigestellt, welche Meinung sie bestrafen will? Auch kann es wohl in gewissen Fällen der Pflicht der Behutsamkeit eines guten Bürgers widersprechen, seine politische Meinungen unter Menschen zu äußern, von welchen er vermuten kann, sie möchten einen verkehrten, pflichtwidrigen oder gar ungerechten Gebrauch davon machen. Aber der Staat kann nimmermehr ein Recht haben, ihn wegen dieser Unbehutsamkeit zu bestrafen. Denn wegen ungerechter Handlungen ist nur der dem Staate verantwortlich, der Urheber davon ist, nicht der, welcher sie unschuldigerweise, d. i. ohne selbst ein Recht zu verletzen oder eine Beleidigung zu begehen, veranlaßt. Politische Meinungen müssen also in einem jeden Staate der Freiheit eines jeden überlassen bleiben, und es würde schon höchst ungerecht sein, Meinungen, wodurch keines Recht verletzt wird, zu verbieten. Ein Gesetz, durch welches verboten würde, eine Monarchie für eine bessere Regierungsform zu halten als eine Demokratie, oder umgekehrt, würde mit allem Rechte streiten. Aber gar Aufpasser auszuschicken, welche die Meinungen der Untertanen aushorchen, und den Untertanen ihre dem Regierungssysteme entgegengesetzten Meinungen entgelten zu lassen, ohne daß ein positives Gesetz darüber vorhanden ist, ist die höchste Tyrannei.

2) Politische Gesinnungen, welche der Denkungsart des Staats zwar widersprechen, aber doch keinen moralischen Grund rechtswidriger Handlungen in sich enthalten, können den Staat nie zur Gewalt gegen sie berechtigen. Eine Gesinnung ist eine Meinung, inwiefern sie auf den Willen Einfluß hat und sich durch Wunsch, Begierde oder Handlung offenbaret; und man kann die Gesinnungen teils durch diese ihre Wirkungen, teils durch Worte erklären. Daß nur *erklärte* Gesinnungen ein Gegenstand der Gesetzgebung sein können, wird wohl niemand leugnen. Aber wenn auch einer oder mehrere Bürger ihre eifrigsten Wünsche für die Abänderung der gegenwärtigen Verfassung, für Endigung eines ihrer Meinung nach unnützen Krieges laut erklärten; wenn die Untertanen eines Monarchen eifrig eine Demokratie, und die Untertanen einer Demokratie eine Monarchie sich wünschen; wenn sie die Vorzüge der Verfassung, welche der ihrigen entgegenstehet, erheben und die Mängel der ihrigen an den Tag bringen; wenn sie lau gegen ihr Vaterland sind und nichts tun, als was die Strenge des Gesetzes von ihnen verlangt: so verletzen sie doch durch alles dieses gar nicht die Rechte ihres Staats, denn eine solche Denkart kann neben der vollkommensten Achtung der Gerechtigkeit bestehen. Ich kann eine Gesellschaft sehr unvollkommen eingerichtet finden und doch gar keine Neigung haben, ihre Rechte, welche sie gegen mich hat, zu verletzen.

Die positiven Forderungen, welche der Staat an mich zu tun hat, sind durch dessen positive Gesetze bestimmt. Was also diesen nicht widerspricht, bleibt meiner Freiheit überlassen; sei es auch, daß ich mich als einen unpatriotischen Bürger dabei zeige, der eine gegen das Vaterland schlechte, aber doch nicht ungerechte Denkart verrät. Denn Handlungen der Güte oder Liebespflichten darf auch der Staat nicht von mir erzwingen.

Nach dem Rechtsgrundsatze des Nützlichen oder auch des Guten wird man freilich hierüber anders entscheiden müssen. Denn da es offenbar für den Staat nützlicher ist, wenn alle Bürger mit ihm eine gleiche Gesinnung hegen und eine entgegengesetzte Gesinnung demselben sehr schädlich sein kann; da es ferner freilich besser ist, wenn jeder Bürger auch alle Liebespflichten erfüllt: so wird hiedurch jede willkürliche Maßregel des Staats gerechtfertigt werden können. Denn daß der, welchen er zwingt, nicht mit ihm einerlei Gesinnung haben werde, ist wohl allemal gewiß.

3) Eine Gesinnung, welche ein offenbarer hinreichender Grund ist, seine vollkommnen Verbindlichkeiten gegen den Staat zu übertreten, oder die Rechte des Staats zu verletzen, berechtiget zur Gewalt. Der Staat steht mit seinen Bürgern in dem Verhältnisse eines Vertrages. Er muß sich also darin auf sie verlassen können, daß sie das, was sie im Vertrage ihm versprochen haben, halten wollen, oder daß sie sich wenigstens dazu für verbunden erachten. Hätte daher jemand die Gesinnung, überall keine Verbindlichkeit gegen den Staat anzuerkennen; so würde er sich dem Staate als einen offenbaren Betrüger ankündigen, wenn er dieselbe laut werden ließe. Denn wer glaubt, daß ein Vertrag nicht bindet, wer sich selbst dadurch nicht für verpflichtet hält und doch andere dadurch zu Diensten gegen sich verpflichtet, betrügt den andern um seine Dienste oder hat wenigstens den Willen, ihn zu betrügen, sobald er nur kann. Wer also eine solche Gesinnung ankündiget, mit dem kann der Staat sich unmöglich auf die Bedingung eines Vertrags einlassen, und er hat ein offenbares Recht, ihn auszustoßen. Weiter aber kann sich sein Recht zur Gewalt doch nicht erstrecken, wenn er sich nämlich bisher doch vertragsmäßig betragen und die positiven Gesetze befolgt hat, gesetzt, er hätte dieses auch nur aus Furcht oder Eigennutz getan. Wer also erklärt oder andere belehrt, daß man gegen den Staat keine Pflichten habe, daß man nicht verbunden sei, seinen positiven Gesetzen Gehorsam zu leisten, die gesetzlich vorgeschriebenen Abgaben zu entrichten, daß man den Regenten ermorden, den Staat betrügen dürfe etc., verrät eine Gesinnung, welche ihn zu einem Staatsbürger ganz untauglich macht, und wenn er doch den Staatsvertrag bei dieser Gesinnung eingeht; so will er offenbar bloß die Vorteile des Staats benutzen, ohne die Gegenpflichten zu erfüllen, und ist ein wirklicher Betrüger, mit dem der Staat nichts zu schaffen haben muß. Deshalb, daß er andere von seiner Meinung, daß es nämlich keine Pflichten gegen den Staat gebe, überreden will, darf ihn der Staat doch nicht strafen, er müßte denn dabei zugleich die Absicht gehabt haben, sich Gehülfen zu illegalen Handlungen zu schaffen, wo denn doch bloß der Anfang einer rechtswidrigen Unternehmung, aber nicht die Mitteilung seiner Meinung bestraft würde. Daß eine sträfliche Gesinnung da sei, kann aus nichts als aus sträflichen angefangenen oder ausgeführten *Handlungen* geschlossen werden. Eine bloße spekulative *Meinung* kann hingegen gar nicht als ein Beweis der Gesinnung angesehen werden. Wenn daher gleich jemand alle Verbindlichkeit der Verträge, folglich auch des Staatsvertrages, in der Spekulation leugnete; so folgte doch nicht, daß er überall keine Verbindlichkeit gegen den Staat erkennete; denn wenn er auch einen falschen Grund der Verbindlichkeit angäbe, so kann daraus niemals auf eine schlechte Gesinnung geschlossen werden. Und spekulative Meinungen, sollten sie auch den Grund aller Moralität selbst angreifen und umzuwerfen drohen, gehören daher nie vor das Forum des äußeren Gerichts. Es kömmt dabei bloß auf Gründe an, wogegen sich nicht Zwang, sondern nur allein Vernunft gebrauchen läßt. Eine Meinung ist nie eher eine *Gesinnung*, als bis ihr Einfluß auf den Willen gewiß ist, und eine Gesinnung verletzt nie das Recht des Staats, als wenn sie ein hinreichender Grund ist, die vollkommnen Verbindlichkeiten zu vernichten, welche man ihm schuldig ist; und nur in diesem einzigen Falle kann die Gesinnung einen Staat zur Gewalt berechtigen. – Daß der Staat übrigens bei Besetzung seiner Ämter auf die ihm günstigen Meinungen und Gesinnungen derer, die er wählt, Rücksicht nehmen könne, leidet keinen Zweifel. Aber ebenso klar ist es, daß eine entdeckte Gesinnung in einem Beamten, die der Gesinnung des Staats entgegen ist, kein Rechtsgrund sein kann, ihn seines Amtes zu entset-

zen, wenn dieselbe ihn nicht zur Erfüllung seiner allgemeinen und besonderen vollkommnen Pflichten gegen den
Staat unfähig macht.

*4) Der Bürger behält vollkommne Freiheit in Ansehung aller Hand-
lungen, welche nicht durch die positiven Gesetze des Staats verboten
sind.* Vermöge der natürlichen Gesetze ist keine Handlung
verboten als diejenige, welche das Recht des andern, also
auch des Staats wirklich verletzt. Handlungen aber, aus welchen möglicher- oder wahrscheinlicherweise eine Verletzung des Rechts entspringen könnte, die aber doch nicht
selbst zureichende Gründe wirklicher Beleidigungen sind,
sondern es nur durch andere Ursachen, d. i. zufälligerweise
werden können, sind durch die bloßen natürlichen Gesetze
nicht verboten; und wenn daher eine positive Strafe auf die
Übertretung des natürlichen Gesetzes bestimmt ist; so kann
diese auf solche Handlungen, die nicht wirkliche Übertre-
tungen, sondern nur zufällige Gründe möglicher Übertre-
tungen sind, nicht bezogen werden. Große Volksversammlungen, geheime Gesellschaften, öffentlicher, auch bitterer
Tadel der Gesetze und politischen Verfassung, der öffentlichen Unternehmungen des Staats, sind den natürlichen Gesetzen zufolge noch keine rechtlichen Beleidigungen des
Staats, gesetzt, alles dieses zielte auch darauf ab, die Staatsverfassung zu verändern. Denn dieser Zweck ist nicht an
sich unrecht; nur die rechtswidrigen Mittel zu demselben
sind es. Obige Handlungen können aber neben dem größten Gehorsam gegen die Gesetze bestehen und sind also
nicht unrecht. Es könnte aber doch wohl sein, daß große
und geheime Versammlungen für die Rechte des Staats als
gefährlich und öffentlicher Tadel der Gesetze als ein Reiz
zu illegalen Handlungen, beides also schon als ein Anfang
der Beleidigung erkannt würden. In diesem Falle würde allerdings ein positives Gesetz entspringen können, welches
jene Handlungen untersagt und die sonstige natürliche
Freiheit bis auf einen gewissen Punkt einschränkt.

Indessen sind dergleichen Verordnungen des Staats, wodurch er sich schon von weitem her sichern und den Angriff nicht abwarten will, doch sehr zweideutig und können
von seiten des Rechts schwerlich gerechtfertiget werden,
wenn diese Gesetze zugleich eine Menge von Handlungen
untersagen, in welchen an sich betrachtet nichts ist, was

den Staat beleidiget, sondern die nur in der Ferne zufällige Veranlassungen werden können, ihn zu beleidigen. Wenn die Polizei in einer Stadt jedem Bürger das Ausgehen des Abends verbieten wollte, weil oft Menschen angefallen sind; so wäre dieses freilich ein sicheres Mittel, allen ferneren Unfug dieser Art zu verhüten, aber offenbar ein tyrannisches Mittel. Denn zur Sicherheit der Bürger soll die Polizei nicht die unschuldige Freiheit derselben einschränken, sondern mit ihrer eignen positiven Kraft (hier durch Bewachung der Straßen und Entdeckung der Täter) Sicherheit schaffen. Und ebenso muß jeder wohleingerichtete Staat klug und stark genug sein, Beleidigungen, die ihm widerfahren, zu entdecken und zu bestrafen, ohne daß er die Einschränkung der unschuldigen Freiheit anderer als Mittel gebrauchen darf, sich zu sichern. Er strafe die Gesellschaften, welche sich gesetzwidrige Handlungen gegen ihn erlauben, sowie diejenigen, welche sich, durch politische Vernünftler (Räsoneurs) verführt, gegen ihn wirklich vergehen. Und ist Gefahr da; so hat er ja tausend Augen, welche sie entdecken können. Warum will er weiter in die Freiheit seiner Bürger eingreifen, als es nötig ist? Solche Schritte werden seine Gerechtigkeit allemal in ein zweideutiges Licht stellen und ihn dem Verdachte der Tyrannei aussetzen. Denn dieser entspringt unvermeidlich, sobald er an sich unschuldige Handlungen unter dem Vorwande verbietet, daß sie doch dem Staate gefährlich werden *könnten*. Solche Maßregeln lassen sich daher auch nur unter falschen Rechtsgrundsätzen verstecken. Denn was darf der Staat nicht tun, wenn er zu allem Recht hat, was ihm nützlich sein und die pflichtmäßigen Handlungen seiner Bürger erpressen kann? Nach wahren Rechtsprinzipien kann der Staat keine Gesellschaft aufheben oder verbieten, als von welcher *erwiesen* (nicht durch Konsequenzmacherei gefolgert) ist, daß sie den Willen habe, seine oder anderer Rechte zu verletzen; keine Reden und Schriften untersagen und bestrafen, als aus welchen eine beleidigende Gesinnung, ein Unternehmen, die Rechte anderer anzugreifen, offenbar hervorgehet. Wer zum Aufruhr ermuntert, ist strafbar: wer aber unzufrieden mit der Staatsverfassung ist, wer auch andere durch seine Reden oder Schriften unzufrieden mit der Verfassung und den Gesetzen macht, aber doch weder selbst seine

Zwangspflichten gegen den Staat verletzt noch andere dazu beredet, ist vor dem Rechtsgesetz nicht schuldig. Denn man kann sehr unzufrieden mit einem Vertrage sein, den man geschlossen hat, muß aber doch die Verpflichtung anerkennen, ihn pünktlich zu erfüllen. Der Staat wird aber allezeit wohltun, nur solche Gesetze zu geben, wozu sein Recht nicht bestritten werden kann und woraus der Wille hervorleuchtet, die unschuldige Freiheit seiner Bürger nie zu verletzen.

Aus dem bisherigen werden sich auch die Grundsätze ergeben, nach welchen der Staat das Betragen seiner Bürger während eines Angriffes auf seine Rechte rechtlicherseits zu beurteilen hat. Es gibt insonderheit zwei Fälle dieser Art, wo falsche Rechtsgrundsätze den Staat leicht zu ungerechten Maßregeln verleiten können. Der erste tritt im Zustande einer Staatsrevolution, der andere im Kriege ein. Im ersteren werden die Rechte des Staats innerlich, im letzteren äußerlich angegriffen.

In einer Revolution streiten zwei oder mehr Parteien um die Oberherrschaft. Der rechtmäßige Besitzer derselben muß allerdings jeden Angriff auf ihn, jedes Unternehmen, ihm die Oberherrschaft zu entreißen, für eine grobe Beleidigung ansehen; und wer sich mit dem ungerechten Angreifer, ihn zu beleidigen, vereiniget, ist offenbar schuldig. Der rechtmäßige Oberherr kann daher mit Recht verlangen, a) daß sich niemand seiner Untertanen als Organ gebrauchen lasse, seine Rechte zu verletzen; b) daß alle, welche die besondere Verpflichtung haben, sein Ansehen gegen widerrechtliche Angriffe zu schützen, ihre übernommene Pflicht erfüllen. Die erste Forderung geht alle Untertanen an, die letztere aber nicht. Denn es ist keine allgemeine Zwangspflicht der Untertanen, die Rechte ihres Oberherrn auch durch Taten (positive Handlungen) mit ihren persönlichen Kräften zu schützen. Er muß zu diesem Zwecke besondere Anstalten treffen und kann das ihm übergebene Vermögen benutzen, um eine Macht zu organisieren, wodurch er sich in seinen Rechten gegen gewaltsame Angriffe verteidigen mag. Sich zu dergleichen Organen brauchen zu lassen, darf er die Untertanen im allgemeinen nicht zwingen, sondern muß eine Anzahl derselben durch besondere Verträge zu diesem Zwecke verpflichten. Aus dem allgemeinen Staatsvertrage kann also die Verpflichtung, durch persönliche Kräfte für die Rechte des Oberherrn zu streiten, nicht erwiesen werden; und wer daher in diesen Kampf sich nicht einlassen will und sich bei einer Revolution ganz ruhig verhält, dem können seine Unterlassungshandlungen nicht als Beleidigungen des Oberherrn zugerechnet werden, wenn ihn nicht etwa ein besonderer Vertrag mit dem Oberherrn zum tätigen Schutze seiner Rechte verpflichtete.

Überhaupt hat der Untertan in Ansehung des Rechts, mit welchem der Oberherr regiert, keine rechtskräftige Stimme. Seine Maxime hierüber muß folgende sein: „Wenn der Oberherr mir nur solche Gesetze gibt, mir nur solche Handlungen gebietet, die mir ein rechtmäßiger Oberherr gebieten *darf*, so will ich ihm gehorchen; mit welchem Rechte er aber selbst Oberherr sei, darüber will ich mir nicht anmaßen zu entscheiden." Der Grund, weshalb diese Maxime zum Prinzip der Untertanen gemacht werden muß, ist, weil sonst jeder Oberherr rechtmäßigerweise angegriffen werden könnte. Denn in dem angenommenen Falle müßte doch das Urteil des Untertanen, das ihn zum Beistande des einen oder zum Widerstande des andern bestimmte, ein für sich rechtskräftiges Urteil sein. Der Untertan versetzt sich nämlich durch ein solches Urteil in einen außerbürgerlichen Zustand, wo er sich nach seinen eignen Einsichten erst einen Oberherrn wählt; und ihn kann daher nur *sein* Urteil leiten, weil er noch keinen Richter anerkennt als den, welchen er sich in seinem Oberherrn selbst wählt. Hätte nun ein jeder Untertan das Recht, über das Recht des Oberherrn *rechtskräftig*, d. h. so zu urteilen, daß er sein Urteil über ihn in Ausübung bringen darf: so würde der Oberherr mit jedem seiner Untertanen in einem immerwährenden Zustande des Krieges leben. Denn setzet, ein Untertan halte dafür, sein bisheriger Oberherr regiere mit Unrecht; so ist sein Urteil nach der Voraussetzung rechtskräftig (weil nur der Oberherr Richter über ihn ist, den er aber eben nicht anerkennt); folglich würde er, so wie jeder andere Untertan, den Oberherrn nach Belieben angreifen dürfen, und dieser dürfte diese Angriffe, da er sich mit seinen Untertanen hier im Naturstande befände, er also nicht Richter über sie in diesem Falle sein könnte, und diese nach ihren Rechtseinsichten handelten, zwar zurücktreiben, aber nicht bestrafen. Dadurch würde nun offenbar der Staat rechtlicherseits selbst unmöglich gemacht; ich schließe also, daß obige Maxime als Prinzip für jeden Untertan gelten müsse.

Hieraus folgt aber auch, daß der Untertan keine Befugnis habe, das Recht dessen rechtskräftig zu beurteilen, der seinem Oberherrn das Recht zu seiner Oberherrschaft streitig macht und mit ihm einen Kampf um die Oberherrschaft wagt. Er wird es lediglich und allein den streitenden Parteien überlassen müssen, ihre Sache miteinander auszumachen, weil er sich keinen gültigen Richterspruch, weder über den einen noch den andern, anmaßen kann. Der Grundsatz, welcher bei allen Kollisionen dieser Art befolgt werden soll, ist in dem alten Spruche enthalten: „Jedermann sei untertan der Obrigkeit, die *Gewalt* über ihn hat"; oder: „Jeder Untertan gehorche dem, der ein Recht auf die Oberherrschaft prätendiert, in allen Stücken, die auch ein rechtmäßiger Oberherr von ihm fodern könnte, wenn und solange der Prätendent zugleich die Macht in Händen hat, ohne sich darum zu bekümmern, ob er ein Recht dazu habe oder nicht."

Inwiefern die Untertanen ein organisches Ganzes des Staats ausmachen und als solche selbst an der Souveränität teilnehmen, sind sie nicht als Untertanen, sondern als Staatsbürger zu betrachten, denen allerdings *in Gemeinschaft* (in corpore) eine rechtskräftige Stimme in Ansehung ihres eignen Rechts zusteht, die folglich auch ihr Recht gegen einen andern Teil der Verwalter der souveränen Gewalt, welcher sich etwa die Verwaltung der Souveränität allein anmaßen wollte, mit Gewalt gegen ihn durchtreiben können. Denn da, wenn die Gewalten in der Regierungsform unter mehrere künstliche Personen verteilt sind, nur dann der eine Staatskörper einen Willen für souverän halten kann, wenn er selbst gesetzlich mit eingestimmt hat, da er in diesem Falle selbst mit den souveränen Willen muß bestimmen helfen; so hat er in dieser Hinsicht so wenig einen Richter über sich im Staate als der andere Teil, mit welchem er den Souverän zusammengenommen ausmacht; und wenn sie daher uneinig untereinander werden und alle Mittel der Vereinigung, welche in der Verfassung liegen, nicht helfen können; so zernichten sie die Souveränität, welche sie zusammengenommen ausmachen; und da keiner dem andern über sich eine Richtergewalt zugesteht, so befinden sich beide gegeneinander im außerbürgerlichen Zustande, und jeder wehrt und verteidigt sich hier so gut, als er kann. In England wird ein Gesetz erst dadurch zum souveränen Willen erhoben, daß die Parlamenter zu dem Willen des Königes ihre Zustimmung geben, oder umgekehrt. Man setze, ein König daselbst wollte sich anmaßen, seinen Willen als Gesetz, ohne oder gar gegen die Einstimmung der Parlamenter, ausgehen zu lassen; so wird jeder einräumen, daß die Parlamenter ein vollkommnes Recht haben, diesen Eingriff in ihr Recht zu rügen und auch, wenn es nicht anders sein kann, mit Gewalt ihn zu verhindern. Aber setzet, eine Privatperson oder mehrere zusammen wollten sich anmaßen, einen so gefährlichen Streit kurz abzutun, einen so tyrannischen König aus dem Wege zu räumen; so werden diese als Verbrecher mit allem Rechte bestraft werden. Denn 1) griff der König nicht ihr Recht, inwiefern sie Privatpersonen sind, an, sondern das Recht eines politischen Körpers, der sich auch in dieser Form allein verteidigen muß; sie haben sich also 2) in eine Sache gemischt, die sie nichts angeht und wo sie schlechterdings keine gültigen Richter sein können. Ihr patriotischer Eifer kann sie also auch selbst vor demjenigen Körper nicht entschuldigen, dessen Rechte sie zu verteidigen gedächten, und selbst dieser muß den, der sich als eine Privatperson gegen den Tyrannen eine Gewalt erlaubt, wozu er durch das öffentliche Gesetz nicht autorisiert war, nach den gemeinen Gesetzen des Landes verdammen. Denn in einem Staate steht jeder unter dem Schutze der Gesetze gegen willkürliche Gewalttätigkeiten der Untertanen, selbst der, welcher den Staat angreift.

Durch diesen Grundsatz verlieren freilich viele politische Heiligen die Glorie, womit sie der Enthusiasmus der Menschen geschmückt hat, und die Brutus, und Skävolas, die Ankerströme und Cordays fallen in die Klasse der Klemens und Ravaillaks herab. Denn, so verschieden auch ihre besonderen Absichten bei ihren Handlungen sein mochten; so war doch das Prinzip, welches ihren Handlungen zum Grunde lag, nämlich, des Reichs Wohlfahrt durch eine Mordtat zu befördern, eins. Der Grundsatz, das Gemeinnützige zum obersten Zeichen des Rechts zu machen, wornach sie sich berechtiget oder gar für verpflichtet hielten, das zu tun, was in seinen Folgen gut sein könnte, führte sie alle irre, und die mit ihnen gleiche Wünsche hatten, wurden ihre Bewunderer. Aber die verbesserte Einsicht in die Natur des Rechts und der Pflicht belehrt uns, daß wir hier zwar die Kraft einer Idee *bewundern* können, aber daß kein moralischer Geist, keine rechtliche Wirkung dabei ist, die auf unsre *Achtung* Anspruch machen könnte.

In innern politischen Streitigkeiten der Großen also, oder der Parteien, die sich um die Souveränität streiten, hat der Untertan ein Recht und selbst eine Pflicht, sich leidend zu verhalten und sich in diese Streitigkeiten tätig nicht zu mischen. Inwiefern er bloß Privatmann ist, befolgt er die Gesetze der Gewalthabenden, die ihn angehen, soweit sie von einer rechtmäßigen Obergewalt herrühren können. Inwiefern er Organ des Staats ist, d. i. ein öffentliches Amt bekleidet oder sich zu Ausführung eines Staatszwecks verpflichtet hat, befolgt er die Vorschriften dessen, gegen welchen er sich unmittelbar verpflichtet hat, wenn sie nur so beschaffen sind, daß sie von einer rechtmäßigen Regierung gegeben werden können; und wenn die künstliche Person, der er bisher verpflichtet war, vernichtet ist, so gehorcht er der, welche an deren Stelle im Besitze der höchsten Gewalt ist. Denn jeder Staatsbeamte wird dem *Souverän*, der nie stirbt, nicht einem bestimmten Menschen, der durch Zufälle und Unglück seine Stelle verlieren kann, verpflichtet. Die Verpflichtung gegen den Souverän hört also bei allem Wechsel der Personen, die ihn vorstellen, nie auf. Hieraus folgt:

1) Daß keine Person, welche durch einen Mächtigern aus dem Besitze der Souveränität geworfen ist, das Recht habe, von den Untertanen zu fordern, daß sie ihm mit Gewalt wieder zu seinem Rechte verhelfen.

2) Daß, im Fall es dem verjagten Regenten gelingt, sich wieder in Besitz der Souveränität zu setzen, dieser kein Recht habe, die Untertanen deshalb zu bestrafen, daß sie den Prätendenten, der bis dahin im Besitze gewesen ist, gehorsam gewesen sind. Denn sie hatten gar keine Befugnis, das Recht der Streitenden zu beurteilen. Und darum, daß sie Gesetze befolgt haben, die jeder rechtmäßige Regent auch

hätte geben können, haben sie sich vollkommen pflichtmäßig aufgeführt, folglich nichts Strafwürdiges begangen.

3) Was das Verhältnis der Prätendenten selbst betrifft, die miteinander um die Souveränität streiten; so ist es das Verhältnis des *Krieges* gegeneinander, eines Zustandes, in welchem keine Partei über die andere eine Oberherrschaft hat, folglich auch keiner den andern dafür bestrafen kann, daß er sein vermeintes Recht nach Kriegsgesetzen mit Gewalt ausführen will, wenn er ihn gleich besiegt und zum Nachgeben gezwungen hat. Wenn man aber auch in gewissen Fällen, nämlich da, wo der Untertan gegen seine Verpflichtung sich dem Souverän widersetzt oder Ansprüche auf Souveränität macht, oder wo die eine Partei auch nicht einmal einen Rechts*vorwand* haben kann, ein Recht zur Bestrafung derselben anerkennen wollte; so könnte dieses Recht sich doch niemals auf diejenigen erstrecken, die in dem Verhältnisse der Untertanen zu diesem Rebellen gestanden und ihm in solchen Stücken gehorcht haben, die auch ein rechtmäßiger Souverän ihnen hätte gebieten können. Die Erfahrung lehrt, daß die Not die streitenden Parteien endlich, nachdem sie alle Grausamkeiten gegeneinander verübt haben, dahin bringt, sich nach Kriegsgebrauch zu behandeln. Wenn die französischen Emigranten nur stärker und unabhängiger wären, die Franzosen würden bald ihre grausame Maxime, wornach sie ihnen als Kriegsgefangenen den Pardon schlechterdings verweigerten, haben aufgeben müssen. In der Vendée scheint man das Kriegsrecht schon mehr anzuerkennen; ein Zeichen, daß dort die Feinde furchtbarer sind. Die alliierten Mächte hätten anfänglich gern alle französischen Republikaner als Rebellen behandelt. Aber die vielen hunderttausend Ärme, welche das jus talionis ausüben möchten, bewirkten doch, daß sie, wenigstens mit ihren Soldaten, nach Kriegsgebrauch verfuhren. Und was konnte das Gefangenhalten einiger Konventsdeputierten anders bewirken, als daß der Konvent wieder Personen, die mit dem Feinde verbunden waren, ins Gefängnis warf? Und an dergleichen Gelegenheiten, das Wiedervergeltungsrecht oft auf eine grausame Art auszuüben, kann es einem großen Volke nie fehlen. Was kann es also helfen, da die Rolle des Oberherrn spielen zu wollen, wo man weder zugestandenes Recht noch hinlängliche Macht hat?

4) Wenn eine Person, es sei eine natürliche oder künstliche, im Besitz der Souveränität ist, und ein Untertan übt entweder als Organ auf ihren Befehl, oder als bloßer Untertan aus der allgemeinen Pflicht eines Untertanen, Gewalt gegen einen andern aus, gesetzt, es sei dieses auch die Person des unterdrückten Souveräns selbst; so kann der letztere, im Fall er wieder in seine Würde eingesetzt wird, oder andere, die sein Recht verteidigen, den, der in einem solchen Verhältnisse solche Gewalt gegen ihn gebrauchte, wozu ihn sein Souverän berechtigte oder verpflichtete, nicht strafbar finden. Denn er gehorcht dem Regenten, der im Besitze ist; mit welchem Rechte, darum hat er sich als Untertan nicht zu bekümmern. Tut jener Unrecht, so hat *er* es zu verantworten, nicht der Untertan, der einem Gebote, das jeder rechtmäßige Regent ebenfalls geben könnte, gehorcht. Setzet, der französische Nationalkonvent, der damals im Besitz der souveränen Gewalt war, fand es für nötig, Ludwig den 16ten gefangenzuhalten; so hat dieser allein seine Handlung zu verantworten und keiner derer, die als Organ von ihm zu dieser Gefangenhaltung gebraucht worden. Die Wachen, die ihn entschlüpfen lassen, werden mit Recht bestraft, und niemand, auch Ludwig selbst nicht, wenn er wieder König von Frankreich geworden wäre, würde berechtigt gewesen sein, sie für ihre Treue gegen ihren damaligen Souverän zu bestrafen. Setzet nun, Ludwig entwische seinem Gefängnisse; der Nationalkonvent gibt in allen Städten Befehl, alle verdächtige Personen anzuhalten und den entflohenen König auszuspüren; so wird jede Munizipalität verpflichtet sein, ebenso genau nachzuforschen, als ob ein Steckbrief sie aufforderte; und setzet, es fange den Flüchtling ein Untertan auf, der nicht ausdrücklich dazu aufgefordert ist, bloß um der allgemeinen Pflicht willen, die ihm obliegt, die Zwecke seines Souveräns auf alle rechtliche Art zu befördern; so ist sowohl die Obrigkeit, welche genau nach dem Flüchtigen forscht, als auch der Mann, der aus Patriotismus den Entflohenen in die Hände des Souveräns zurückliefert, nicht nur völlig schuldlos; sondern beide handeln auch ihrer Pflicht gemäß, und das Unrecht, welches dem unglücklichen König der Souverän zufügt, kann diesen Werkzeugen seiner Macht schlechterdings nicht zugerechnet werden, und sie können deshalb auf keine Weise straf-

bar sein, sondern müssen vielmehr wegen ihrer Treue auch von dem, der darunter leidet, gelobt werden. Wenn *Drouet* Postmeister in Athen gewesen wäre, und Sokrates, von dem er wußte, daß er in Athen von den Archonten gefangengehalten werden sollte, wäre entflohen und hätte von ihm verlangt, daß er ihn forthelfen sollte; so hätte er die Verbindlichkeit gehabt, dem Staate den Sokrates wieder in die Hände zu liefern, gesetzt, er hätte auch gewußt, daß er diesen tugendhaften Mann unschuldig hinrichten würde. Denn daß der Souverän seine Pflicht verletzt, das hat der Untertan nicht zu verantworten; und wenn er auch gleich durch die Beobachtung seiner Pflicht dazu beiträgt, daß jener sein Unrecht desto eher tun kann; so hört doch seine Handlung um dieser übeln Folge willen, die er jedoch gar nicht will, darum nicht auf, Pflicht zu sein. Die Pflicht des Untertanen ist aber, dem Souverän in allen Stücken, die ein Souverän nur immer von ihm verlangen kann, zu gehorchen und sich übrigens um das, wozu der Souverän das, was er ihm leistet, gebrauchen mag, nicht zu bekümmern, weil er es nicht zu verantworten hat.

In diesem letzteren Punkte sind die gemeinen Urteile über Recht und Unrecht außerordentlich unrichtig, welches wieder daher kömmt, daß man das eigentliche Kennzeichen der Pflicht, nämlich die Allgemeinheit der Maxime, vergißt und die Folgen der Handlungen, das Nützliche oder Schädliche, dazu erhebt, wo denn natürlich, der Unsicherheit dieses Kriteriums nicht zu gedenken, der eine das seinen Absichten sehr zuwider, d. h. sehr schädlich findet, was der andere den seinigen sehr gemäß, d. i. für sehr nützlich hält; und somit wird denn hier das bis in den Abgrund der Hölle verflucht, was dort bis im Himmel erhoben wird. *André* wird in Amerika als ein Verbrecher hingerichtet, während daß man ihm in England Ehrensäulen errichtet. *Drouet* wird in Österreich um derjenigen Handlung willen schimpflich behandelt, weshalb man ihn in Frankreich als einen Patrioten preiset. Prüft man das Verfahren beider Männer nicht nach den Folgen, sondern nach den Maximen, die ihnen zum Grunde lagen, so wird man bald das Wahre in der Sache finden und richtig beurteilen können, ob sie recht oder unrecht handelten. Wenn z. B. jeder Untertan nach der Maxime verführe: dem machthabenden Souverän in allen

Stücken Folge zu leisten, die ein rechtmäßiger Souverän von ihm nur fordern kann, und alle seine Zwecke, die als Recht gedacht werden, zu befördern, ohne darüber zu räsonieren, ob der Souverän auch selbst recht daran tue; so würde es offenbar ganz wohl um den Staat stehen, und alle Souveräne können nicht minder als alle Untertanen mit einstimmen. Wenn man also Drouets famöse Anhaltung des flüchtigen Königes, welche doch aus dieser Maxime floß, für unrecht hält; so geschieht dieses nur deshalb, weil sie einer Neigung widerspricht, der zugunsten man sich gern eine Ausnahme vom Rechte erlauben möchte. Ebenso erhellet das Unrechtmäßige der Andréischen Verräterei augenblicklich, sobald man nur die Maxime, nach der er handelte, darstellt, welche keine andere sein konnte als: „Ich will meinem Vaterlande einen Dienst, mit Verletzung der allgemeinen Pflicht der Ehrlichkeit gegen andere, erweisen"; oder: „Ich will unter dem Schein eines Untertanen des Feindes die Feinde betrügen, um dadurch meinem Vaterlande Vorteil zu schaffen." Die erste Maxime ist offenbar unmoralisch, und die letztere verrät ihre Ungerechtigkeit und zugleich das Befugnis des Feindes, ihn als Verbrecher zu strafen. Denn wer die Maske eines Untertanen annimmt, unterwirft sich ebendadurch auch den Staatsgesetzen, und wenn er daher unter dieser Maske Verräterei treibt; so wird die Strafe, welche das Landesgesetz bestimmt, mit Recht an ihm vollzogen.

Im Kriege verteidigen Staaten gegeneinander ihr Recht mit Gewalt. Keiner der kriegenden Parteien hat ein zu Recht beständiges Urteil über den andern. Jeder hat ein Recht, sein eigner Richter zu sein, und nur der *Vergleich* oder die völlige *Vernichtung* des einen durch den andern kann den Streit beenden. Im Kriege hat daher auch kein Untertan eine rechtskräftige Stimme und kann sich also kein *praktisches** Urteil über die Parteien, d. h. ein solches, das er in

* Spekulative Urteile mögen die Untertanen fällen. Diese Freiheit darf ihnen nie genommen werden. Denn so abweichend diese auch von der Meinung ihres eignen Staats sein mögen; so sagen sie sich doch dadurch nicht von ihren Verbindlichkeiten gegen denselben los. Wenn ein französischer oder englischer Untertan den Krieg, den sein Staat führt, für unnütz oder ungerecht hält; so behält er doch die Verbindlichkeit, die Ausschreibungen seines Souveräns

Ausführung bringen dürfte, anmaßen; hieraus folgen folgende Grundsätze in Beziehung auf das Betragen der Untertanen, die ich hier nur noch ganz kurz anzeige:

1) Da im Kriege nur Staat gegen Staat ficht; so darf kein Untertan, als solcher, sich in den Streit mengen. Armeen sind die Arme des Staats. Diese mögen also ihr Heil gegeneinander versuchen. Aber wenn ein Soldat Bürger, Weiber und Kinder plündert; so verdient er so gut Bestrafung, selbst von seinem Anführer, als wenn Bürger und Bauern auf ein feindliches Regiment aus den Häusern schießen oder sich sonst für ihren Kopf, ohne dazu vom Staate organisiert zu sein, Gewalttätigkeiten gegen die Feinde erlauben.

2) Wenn Magisträte, als Organe des Staats, der Gewalt nachgeben und den Willen des Feindes, soweit und überhaupt als eine Staatsverordnung gedacht werden kann, gesetzmäßig ausführen; so handeln sie nicht gegen ihre Pflicht. Denn ihr eigner Souverän muß in die Maxime einstimmen: „das, was der Feind durch unordentliche Gewalt erzwingen könnte und würde, lieber nach Prinzipien der Gleichheit und Proportion durch seine eignen Organe zusammenbringen zu lassen".

3) Sich aus Zwang zu unterwerfen, oder dem Feinde den Huldigungseid zu leisten, wo der Staat nicht stark genug ist, dem Feinde diese Bedrückung zu verwehren, ist keine Beleidigung des alten Souveräns; und die Verbindlichkeit, die man dadurch gegen den Feind aus Zwang übernimmt, geht nie weiter, als solange er seine Obergewalt durch seine Macht behaupten kann.

4) Untertanen, die sich mit dem Feinde freiwillig gegen ih-

zu Kontributionen, ja sogar zu Werbungen, insoweit sie ihn angehen, zu befolgen. Denn er hat weder das Unschickliche noch das Ungerechte in den Handlungen seines Staats zu verantworten; hat aber die bleibende Pflicht, alles, was ihm der Staat gebietet, zu tun, wenn das, was er ihm befiehlt, nur für sich selbst betrachtet, d. i. der Maxime nach, die er dabei befolgt, nicht ungerecht ist. Einen Spion abzugeben, ist an sich unrecht. Diese Rolle zu spielen kann also kein Staat seinen Untertanen befehlen. Aber gegen den Feind als Soldat zu fechten, ist nicht an sich, folglich auch nicht in der Handlung des Soldaten unrecht, obgleich der Staat das Fechten mit Unrecht anfangen kann, welches aber der Soldat nicht zu verantworten hat.

ren Souverän verbinden und mit ihm die Güter und Verfassung des Staats zerstören und also Feinde ihres eignen Staats werden, sind Verbrecher, und die Absicht, ihrem Staate eine bessere Verfassung zu verschaffen, kann ihre Verräterei nicht entschuldigen; da andern mit Übertretung der Pflichten der Gerechtigkeit, Wohltaten zu erweisen, nur die Wiederholung der bekannten Geschichte jenes Schuhmachers ist, welcher das Leder stahl, um Schuhe an Arme umsonst verteilen zu können.

Über die Prinzipien der Beurteilung der Moralität politischer Handlungen will ich mich, weil der Aufsatz schon zu lang ist, ein anderes Mal erklären. Nur die einzige Bemerkung will ich am Schlusse noch hinzufügen, die zwar sehr gemein ist, aber gegen die in der Ausübung doch fast täglich verstoßen wird, daß nämlich ein Untertan gegen seinen Souverän sehr viele unmoralische Handlungen begehen kann, ohne daß dieser dadurch berechtigt wird, ihn deshalb zur rechtlichen Verantwortung zu ziehen.

Auf Georg Forsters Kenotaph

[Zweiter Band. Viertes Stück, Nr. VI, S. 120]

Fandest du, Weltumsegler, in trennenden Meeren das Land, wo
   Unschuld zum ewigen Bund bietet dem Glücke die Hand?
Oder sahst du auch dort die Kinder der Erde noch alle,
   Ähnlich in Schwächen und Not, langsame Schüler der Zeit?
Ach, von Gefühlen gedrängt: – wie längst auf der nährenden Feste,
   Wie auf dem Rücken des Meeres, wo er die Inselwelt trägt,
Wie in jeglicher Sprache, in Höhlen und Hütten und Horden
   Menschheit ihr Bild dir gezeigt – standest am Rheine *du* still;
Und mit dürstendem Geist umfaßtest du, was *dir* als Freiheit,
   Lang ersehnt, was als Trost menschlicher Brüder erschien.
Auch den Nebel voll flüchtiger Farben ersahst du, in welchen
   Sie man hüllte. Doch zeigt Nebel den Schiffenden Land!
Redliche streben, sie zu enthüllen. Verlarvte Gestalten
   Täuschen viele. Du sankst, eh' ihr der Schleier entfiel.

P.

Neue Werke
[Auszug]

[Zweiter Band. Viertes Stück, Nr. VII, S. 151–155]

4) Rückblicke auf den, wenn Gott will, für Deutschland nun bald geendigten Krieg. Nebst einigen Erläuterungen, die Propaganda, Jakobiner und Illuminaten betreffend. Kopenhagen 1795

Der freimütige und denkende Verf. trägt zuerst in gedrungener Kürze die Gründe der kurzsichtigen Partei vor, die bisher zum Kriege gegen Frankreich geraten und noch „mit mehr Bitterkeit und Heftigkeit, als bloß strenge Wahrheitsliebe sich zu erlauben pflegt", in leidenschaftlichen Ratschlägen zur Fortsetzung des Krieges gegen Frankreich und zu Anwendung gewaltsamer Mittel gegen die vermeintliche weitere Verbreitung des neuen französischen Übels laut wird.

Mit vieler Ruhe beantwortet er dann jene im 14. §. vorgetragenen Gründe und Ratschläge gründlich und für jeden, der aufrichtig des Bessern überzeugt sein will, gewiß überzeugend und beruhigend. Am liebsten legten wir unsern Lesern die sehr ausführliche, lehrreiche und überaus befriedigende Beantwortung des 13. §. vor, worinnen von dem ebenso unklugen als ungegründeten Geschrei von Aufruhrpredigern, heimlichen Jakobinern und versteckten Illuminaten in Deutschland die Rede ist. Sie nimmt aber den Raum von S. 93 bis 113 ein: und so begnügen wir uns hier, den letzten §. mit seiner Beantwortung herzusetzen. Unsre Leser werden daraus den Geist des Verf. hinlänglich kennenlernen.

§. 14. „Hier helfen aber keine gelinden Mittel. Ihr müßt das Übel mit der Wurzel ausrotten. Vor allen Dingen hebet die Preßfreiheit auf; verbietet alle geheime Bündnisse; lasset über die Gespräche wachen, die geführt werden, sorget für eine strenge Bücher-Zensur und hindert die Verbreitung gefährlicher Schriften!"

Antwort zum 14. §. „Nichts ist elender als der Rat, durch heftige Maßregeln, durch Zensuren und Verbote dem vermeintlichen Übel zu steuern, wovon ihr träumt. Durch nichts offenbart sich so deutlich die Schwäche einer Regierung und das Bewußtsein einer schlechten Verwaltung, als durch dergleichen Vorkehrungen. Nichts ist fähiger, Aufruhr im Volke zu erregen, als wenn man die freie Zirkulation der Gedanken und Meinungen hemmen will. Daß man es damit nicht durchsetzt, versteht sich von selber; aber man greift auch da die Menschen auf der empfindlichsten Seite an und bringt sie zur Verzweiflung. Alles erträgt und duldet der Untertan gern, wenn ihm nur die Freiheit bleibt, seine Leiden, seine Freuden, seine Hoffnungen, seine Grillen und Träume andern mitzuteilen. Wo am mehrsten gekannengießert werden darf, da wird am wenigsten im Verborgnen gebratet; sobald man aber anfängt, sich an diesem letzten Schatten von politischer Freiheit zu vergreifen; entsteht Murren und Meuterei. Das Verbotene fängt an, in vermehrtem Reize zu erscheinen; man verbündet sich heimlich gegen die ungerechten Einschränkungen; selbst Personen, die vormals durch Verschiedenheit der Meinungen getrennt waren, reichen sich nun brüderlich zur gemeinschaftlichen Verbündung gegen Geistes-Unterdrücker und gegen Ausspäher die Hände. Euch sollte ja schon die Geschichte älterer und neuerer Zeiten belehren, daß man in Ländern, wo die größte Freiheit, seine Meinung öffentlich zu äußern, herrschte, am wenigsten von Empörungen hört. England in seinen bessern Zeiten, Dänemark und Schweden unter den jetzigen weisen Regierungen mögen euch zu Beispielen dienen! Und wollt ihr jetzt Deutschland durchreisen; so werdet ihr bemerken, daß da, wo jedermann frei reden und schreiben darf, was er will, die größte Ruhe und Ordnung herrschen; da hingegen, wo man strenge Zensur-Edikte publiziert, die Lese-Gesellschaften einschränken will und durch Kundschafter das, was über politische Gegenstände geredet wird, erhorchen und ausspähen läßt, zuerst Mutlosigkeit Platz nimmt und dann die Zeichen einer Gärung sich offenbaren, die vielleicht bald das Übel herbeiführen kann, dem ihr vorbauen wollt. Hierzu kömmt noch, daß man es in Deutschland doch nie dahin bringen kann, daß Verordnungen von der Art befolgt werden. Wann sind je so viele Flugschriften erschienen, als seit der Zeit, da dergleichen Maßregeln hie und da in Ausübung gebracht werden? Welche Bücher zirkulieren am häufigsten in den österreichischen Staaten? Gerade die, welche in dem Verzeichnisse der verbotenen Schriften prangen. Dieser Catalogus librorum prohibitorum tut dort die Dienste der lobpreisendsten Rezensionen."

„Wählet also bessere und edlere Mittel, ihr Fürsten! um Ruhe, Gehorsam, Ordnung, Zutrauen und Eintracht herzustellen und zu erhalten! Machet sobald als möglich unter leidlichen Bedingungen dem unglücklichen Kriege ein Ende. – Jeder Friede ist ehrenvoll, der geschlossen wird, um Bürgerblut zu schonen. Zaudert nicht lange, sonst möchte vielleicht unter den Verbündeten selbst das Feuer der Zwietracht auflodern, und das zweite Übel ärger als das erste werden. – Gott gebe, daß dieser Rat nicht zu spät kommen und daß es überhaupt noch Zeit sein möge, einen Teil der unseligen Folgen dieses Krieges von uns abzuleiten. Möchten Regenten und Völker aus dem Beispiele, das ihnen die Franzosen auf ihre Kosten gegeben haben, lernen, welche fürchterliche Szenen man zu erwarten hat, wenn man durch Mißhandlungen aller Art eine Nation zwingt, zu gewaltsamen Umkehrungen zu schreiten! Rufet den Rest eurer Heere in eure Länder zurück; lasset die armen Söldner ihre bunten Röcke ausziehn und zu ihrem Pfluge, zu ihren Weberstühlen, in ihre friedlichen Hütten zurückkehren! Entsaget allem unnützen Aufwand, allem Flitterstaate, allem Menschenhandel, allen törichten und kostbaren Spielereien; befördert durch Beispiel und zweckmäßige Anstalten Sittlichkeit, Geistes-Kultur und bessere Erziehung! Lasset jeden frei reden, glauben, denken und schreiben, was er will, insofern er niemand mutwillig kränkt und sonst ein ruhiger Bürger ist! Höret die Vorschläge und nehmet den Rat jedes verständigen Mannes zum Besten des Ganzen an! Gebet mit Aufrichtigkeit und Würde Rechenschaft von Anwendung der Schätze, die euren Händen anvertrauet werden; verschleudert nicht die Summen, die der fleißige Landmann im Schweiße seines Angesichts aufbringt! Unterstützet, ermuntert das verkannte, schüchterne Talent; erleichtert jede Art von Not und Leiden, soviel an euch ist! Lasset gleiche Ehre und gleiche Rechte jedem nützlichen Staatsbürger angedeihen; nur der lästige Müßiggänger werde verachtet und vernachlässigt! Sorget für klare, bestimmte, dem Genius der Zeit angemessene Gesetze, für unparteiische, schnelle, nicht kostspielige Justiz und Polizei, damit Eigentum und Freiheit und Leben und Gesundheit gesichert seien, froher Mut und Zuversicht und Wohlstand im Volke herrschen, und *Friede und Freude sich küssen* mögen, wie das alte Kirchengebet sagt."

Über das Verhältnis der gesetzgebenden und richterlichen Gewalt
[Zweiter Band. Sechstes Stück, Nr. I, S. 323–328]

Die meisten neuern Staatsrechtslehrer und mit ihnen Kant (Zum ewigen Frieden S. 12) setzen das Wesen einer freien Staatsverfassung in die Trennung der gesetzgebenden und exekutiven, besonders der richterlichen Gewalt. Sie haben ohne Zweifel recht, wenn sie die Freiheit nicht als einen der Demokratie ausschließlich zukommenden Vorzug betrachten, und wenn sie sogar behaupten, daß die Volksversammlungen deswegen der Freiheit so gefährlich sind, weil sie sich an keine Gesetze binden. Es läßt sich auch wohl begreifen, warum das ganze Volk, von dessen Willkür die Gesetze selbst abhängen, sich über diese Gesetze erhaben glaubt und sich von der Beobachtung derselben ohne Bedenken dispensiert.

Dagegen scheint es wesentlich notwendig zu sein, daß der, welcher das Gesetz zur Ausübung bringen kann, sich nicht selbst die Gesetze gebe, die er anwenden soll. Gegen diese auch von Kanten angenommene Meinung hat Fichte in der Einleitung zu seiner Grundlage des Naturrechts einige nicht unerhebliche Gründe aufgestellt. Er glaubt nämlich, daß der große Haufe, er mag in den Primärversammlungen oder in den Zusammenkünften der Repräsentanten versammlet sein, zur Gesetzgebung wenig tauge, und daß niemand dazu geschickter sei, als der, welcher die Gesetze zur Anwendung bringen soll. Wenigstens ist soviel gewiß, daß ihm dabei ein wichtiger Einfluß, wenigstens ein Veto verstattet werden müsse.

In der Tat liegt auch der Despotismus, welchen Kant von der Vereinigung der gesetzgebenden und ausübenden Gewalt besorgt, nicht in dieser Vereinigung selbst, sondern nur in den Mißbräuchen, welche aus dieser Vereinigung entstehen können. Es schadet mir nichts, daß ebender, welcher das Gesetz gegeben hat, es auch gegen mich zur Anwendung bringt, wenn er nur das vorhergegebene Gesetz, nach welchem ich meine Handlungen eingerichtet habe, oder einrichten sollte, wirklich befolgt. Ich kann vielmehr voraussetzen, daß der Gesetzgeber selbst das Ansehn seines eignen Gesetzes besser behaupten werde, als ein andrer.

Nur denn gerät meine Freiheit in Gefahr, wenn der Richter willkürlich verfährt, d. i. wenn er sich nicht an das Gesetz bindet. Wenn ich also nur sicher sein könnte, daß der Gesetzgeber das von ihm selbst gegebene Gesetz immer beobachten würde, so müßte die Vereinigung der gesetzgebenden und richterlichen Gewalt eher nützlich als schädlich sein. Die Gefahr besteht also nur darin, daß der, welcher willkürlich Gesetze geben kann, auch leicht verleitet wird zu glauben, daß es nicht weniger in seiner Willkür stehe, ob er auch das gegebne Gesetz zur Anwendung bringen wolle. Immerhin möchte er die Gesetze nach Belieben verändern, wenn er nur das neue Gesetz nicht auf die vorhergehenden Fälle anwendet: aber nicht ohne Grund besorgt man, daß der Gesetzgeber, welcher sein Gesetz nach Belieben verändern kann, das noch nicht gegebne Gesetz schon auf die vorhergehenden Fälle anwenden und zuletzt gar kein Gesetz als seine Willkür anerkennen werde.

Diesem Übel wird nicht besser vorgebeugt, als indem erstlich die zu schnelle Veränderung der Gesetze gehindert, und zweitens die Ausübung der gesetzgebenden und der richterlichen Gewalt, wenn sie sich auch zuletzt in dem Oberherrn vereinigen sollten, dennoch in den Fällen, wo sie sich äußern, sorgfältig geschieden werden.

Zum ersten Zwecke dienet die Anordnung einer Gesetzkommission, welche über jedes neue Gesetz vorher vernommen werden muß, wenn ihr auch keine entscheidende Stimme eingeräumt sein sollte.

Der zweite Zweck wird erreicht, wenn der, welchem die oberste Staatsgewalt zukommt, zwar die genaueste Aufsicht über die Richter führt, aber sich selbst des Richteramts enthält, wozu er ohnedies keine Muße hat.

Glücklicherweise vereinigen sich beide Umstände bei der preußischen Rechtspflege. Nicht nur der Landesherr, sondern auch der Staatsrat enthält sich der unmittelbaren Rechtsverwaltung. Beide führen nur die Aufsicht darüber und wirken bei vorkommenden Fällen nur durch die Bestätigung. Ja, wenn auch dieselben Personen zuweilen verschiedene Ämter verwalten, wovon sich das eine auf die Gesetzgebung, das andere auf Ausübung der richterlichen Gewalt bezieht, so geschieht doch dies in verschiedenen Kollegien und auf eine solche Art, daß gesetzgebende und richterliche Gewalt bei der Ausübung selbst geschieden sind.

Wirft man aber ferner die Frage auf, wie kann eine solche Trennung gesichert werden, so gehört deren Entscheidung nicht hieher, weil die bloße Trennung der verschiedenen Gattungen der Staatsgewalt noch kein Gegengewicht bewirkt, und es eine ganz andere Frage ist, wie eine gewisse Verfassung sichergestellt werden könne, und ob es dienlich sei, die Staatsgewalt durch Gegenwirkung der darin enthaltenen Rechte zu schwächen. Was kann es helfen, daß ein andrer Gesetzgeber, ein andrer Richter ist, wenn der Gesetzgeber das willkürliche Verfahren des Richters nicht einschränken kann, und der Richter keine Mittel in Händen hat, schlechte Gesetze zu hindern? Was *soll,* was *kann* die

Mißbräuche heben, wenn die öffentliche Scham dazu nicht hinreicht, wenn das Publikum nicht das Ephorat übernehmen will und darf? Es soll eine dritte Macht die Aufsicht führen! Wer soll aber die allmächtigen Ephoren in ihren Schranken halten? Müssen Schlözers freiwillige Stände verstummen, so weiß ich keine Hülfe, weder in der Demokratie, noch in der Monarchie. Doch davon ein andermal. Hier ist es genug, gezeigt zu haben, daß die bloße Vereinigung der gesetzgebenden und richterlichen Gewalt in einem Oberhaupte des Staats bei weitem so nachteilig nie ist, als man sich vorstellt; daß aber alles verloren ist, wenn die Justiz schlecht verwaltet oder in ihrem ruhigen und festen Gange gestört wird.

E. F. Klein

An den Herausgeber Deutschlands,
Schillers Musen-Almanach betreffend
[Zweiter Band. Sechstes Stück, Nr. III, S. 348–360]

(Fungar vice cotis.)

Gewöhnliche Zeitschriften denken, wenn sie ein Werk beurteilt haben, wie der König Ahasverus:

> „Jetzt hab' ich es beschlossen,
> Nun gehts mich nichts mehr an."

In der Voraussetzung, daß *Deutschland* auch in dieser Hinsicht, wie in jeder andern, keine gewöhnliche Zeitschrift sei, irre ich gewiß nicht. Ob ich aber imstande sei, nach der geistreichen Rezension im 3ten Stücke noch etwas Bedeutendes, des Gegenstandes und des Ortes Würdiges über den *Schillerschen Almanach* zu sagen, das müssen Sie entscheiden.
Nur deswegen wünsche ich vorzüglich mit Ihnen über diese *deutsche Angelegenheit* unbefangen zu reden, weil der männliche Geist der Freiheit und Gerechtigkeit, welcher Ihre Zeitschrift belebt, mir Hochachtung, Zuneigung und Vertrauen einflößt.

Zuvor muß ich Ihnen noch den *Gesichtspunkt* andeuten, aus dem ich urteilen werde. Er wird Ihnen zugleich sagen: warum ich glaube, daß vorzüglich über einen Almanach mehrere Stimmen reden können; warum ich Ihrem wackern Rezensenten nicht beistimmen kann, wenn er die Epigramme, die er so treffend charakterisiert, aus einem Almanache verbannt wünscht; und warum ich es für unschicklich hielt, einen *Neuffer* oder *Hölderlin* und einen Schiller nach demselben Maßstabe zu würdigen.

Ein Musen-Almanach ist eine poetische Ausstellung, wo zugleich der jüngere Künstler durch seine Versuche den aufmerksamen Kenner zu interessanten Vermutungen veranlaßt, und der erfahrne Meister sich nicht auf eine bestimmte Gesellschaft einschränkt, sondern seine Werke dem öffentlichen Urteile aller Liebhaber unterwirft. Ein fruchtbarer Vereinigungspunkt für alle Freunde der Poesie, wenn eine *strenge Auswahl,* wie in dieser Sammlung, den Kunstrichter, welcher eigentlich nie ohne Rücksicht auf Art, Stil und Ton des Werks, Charakter, Kraft und Bildung des Künstlers, urteilen soll, nur selten an die Pflicht der Schonung erinnert; wenn viele Meisterstücke auch die höchsten Erwartungen des echten Liebhabers befriedigen, der, ohne alle Nebenrücksicht, nach dem reinen Gesetze der Schönheit, weit strenger würdigt!

Sehr wenige Stücke dieser Sammlung sind so arm an anziehender Kraft, daß es einen Entschluß kostet, bei ihnen zu verweilen, wie die Gedichte von *Conz;* noch wenigere so beleidigend, daß man gern bei ihnen vorübereilt. Auch diese enthalten doch irgend etwas Aussöhnendes; kaum eins oder das andere gehört wirklich nicht in die *gute Gesellschaft,* wie das 62., 66. und 73ste Epigramm. Was sich der Schalk (Epigr. 61) insbesondre bei dem letzten gedacht haben mag, läßt sich schwerlich erraten.

Die Auswahl ist aber nicht bloß strenge, sondern auch (ein ungleich seltneres Verdienst!) *liberal:* nicht etwa bloß auf einen gewissen Ton gestimmt und auf eine Manier einseitig beschränkt, sondern dem Interessanten jeder Art gleich günstig. Ebendaher die reiche Mannigfaltigkeit, durch welche sich der Schillersche Almanach unterscheidet.

Wieviel Abwechselung gewähren nicht allein die charakteristischen Nationallieder dieser Sammlung! – Das vorzüglichste darunter, *Madera,* erreicht durch den einfachen Ausdruck stolzer Empfindsamkeit ganz den Ton der schönsten spanischen Romanzen. Das *Roß aus dem Berge* würde ihm den Preis entreißen, wenn die letzte Hälfte dem vortrefflichen Anfang entspräche. *Sidselil* von *Kosegarten* könnte rührend sein, wenn es von einigen widerlichen Zügen gereinigt und weicher gehalten wäre. Einige andre, empfindungsvolle Gedichte desselben Verfassers sind von Überspannung und Überfluß nach seiner Art ungewöhnlich frei. Das *Lied eines Gefangnen* ist die immer noch anziehendste, aber weniger ergreifende Nachbildung eines alten spanischen Volksliedes, von dessen Anfang sich im Bürgerschen Alm. 92 eine Übersetzung findet.

An Epigrammen jeder Art ist die Ernte so reich, daß sich eine vollständige Theorie dieser merkwürdigen kleinen Dichtart, welche selbst durch Herder noch nicht erschöpft ist, daraus entwickeln ließe. Eins der schönsten Beispiele ist *Kolumbus:* unter den Beiträgen des Herausgebers das vollendetste. Schillers Hang zum Idealen hat sich auch in dieser Form nicht verleugnet und eine sehr glückliche Mischung veranlaßt. Man könnte dies Gedicht, in der Kunstsprache des Verfassers selbst, ein *sentimentales* Epigramm nennen. Zu dieser, wo ich nicht irre, ganz neuen Gattung gehören auch einige andre, sehr gute aber weniger vollendete Schillersche Epigramme, wie *Odysseus* und *Zeus* und *Herkules.* Ebenso vollkommen, in einer durchaus verschiednen Art, ist das *innre Olympia,* ein *didaktisches* Epigramm, von allen Gedichten der Ungenannten vielleicht das vollkommenste. Fehlte es diesen Dichtern nicht fast immer an sinnlicher Stärke, oft an Lebenswärme, selbst bei glänzender Farbengebung wie in *Parthenope,* so könnten sie auf den ersten Rang Ansprüche machen: denn diese Zartheit des Gefühls, Biegsamkeit des Ausdrucks und Bildung des Geistes sind des größten Meisters wert.

*

Für ein Epigramm scheint *der Tanz* zu lang und gleichsam zu ernstlich, denn selbst das schönste Epigramm ist mehr ein der Aufbewahrung würdiges Bruchstück eines Gedichts, in einer verzeihlichen Spielart, als ein vollendetes Kunstwerk, in einer ursprünglich vollgültigen Art. Für eine

Elegie ist die Einheit im *Tanze* nicht poetisch genug, und der Ton vereinigt die Weitschweifigkeit des Ovid mit der Schwerfälligkeit des Properz. Überhaupt scheint die Elegie, welche ein sanftes Überströmen der Empfindungen fordert, Schillers raschem Feuer und gedrängter Kraft nicht angemessen. Seine kühne Männlichkeit wird durch den Überfluß, wozu selbst der Rhythmus lockt, wie verzerrt. Fast könnte es scheinen, daß er in der schönen Zeit seiner ersten Blüte die ihm angemessene Tonart und Rhythmen unbefangner zu wählen und glücklicher zu treffen wußte. Würde er sich damals wohl ein Gedicht wie *Pegasus* verziehn haben? Ohne ursprüngliche Fröhlichkeit, und eine wie von selbst überschäumende Fülle sprudelnden Witzes, können komische und burleske Gedichte nicht interessieren, und ohne Grazie und Urbanität müssen sie beleidigen. Die Meisterzüge im einzelnen, wie die erste Erscheinung des Apollo, söhnen mit der Grellheit des Ganzen nicht aus. – In *Langbeins* Legende fehlt es wenigstens nicht an muntrer Laune, welche man nur hie und da von einigen Gemeinheiten befreien möchte. –
Doch darf dies niemanden die Freude über Schillers Rückkehr zur Poesie verderben! Noch zur rechten Zeit ist er, mit gewiß unversehrter Kraft, aus den unterirdischen Grüften der Metaphysik wieder ans Tageslicht emporgestiegen. Der begeisterte Schwung, der hinreißende Fluß, welcher einige frühere Gedichte dieses großen Künstlers zu Lieblingen des Publikums machte, wird auch den *Idealen* viel warme Freunde verschaffen. An Bestimmtheit und Klarheit hat seine Einbildungskraft unendlich gewonnen. Ehedem war seine üppige Bildersprache „ein streitendes Gestaltenheer", wie eine im Werden plötzlich angehaltne Schöpfung. Jetzt hat er den Ausdruck in seiner Gewalt. Nur selten finden sich noch solche nicht reif gewordne Gleichnisse, wie in der dritten Strophe der *Macht des Gesanges;* und Erinnerungen an jene sorglose Kühnheit, mit welcher er, was sich nicht gutwillig vereinigen ließ, gewaltsam zusammenfügte. Um die „Knoten der Liebe" und die „Säule der Natur" aus den Idealen zu tilgen, gäbe ich gern die *Würde der Frauen.* Diese im einzelnen sehr ausgebildete und dichterische Beschreibung der Männlichkeit und Weiblichkeit ist im ganzen monoton durch den Kunstgriff, der ihr Ausdruck geben

soll. Entweder Voglers Musik ist nicht geschmacklos, oder der Gebrauch des Rhythmus zur Malerei solcher Gegenstände läßt sich nicht rechtfertigen. Strengegenommen kann diese Schrift nicht für ein Gedicht gelten: weder der Stoff noch die Einheit sind poetisch. Doch gewinnt sie, wenn man die Rhythmen in Gedanken verwechselt und das Ganze strophenweise rückwärts liest. Auch hier ist die Darstellung idealisiert; nur in verkehrter Richtung, nicht aufwärts, sondern abwärts, ziemlich tief unter die Wahrheit hinab. Männer, wie diese, müßten an Händen und Beinen gebunden werden; solchen Frauen ziemte Gängelband und Fallhut.

Wer kehrt nicht gern zu den *Idealen* zurück! – Das Ende könnte vielleicht manchem beim ersten Eindrucke mager dünken. Aber der Meister in der Kunst läßt sich durch den leicht zu befriedigenden Hang, recht voll zu schließen, nicht über die Grenze der Wahrheit locken. Wider die letzte Strophe, glaube ich, läßt sich nichts einwenden. Nur in der vorletzten scheint ein kleiner *Drucker,* der oft sehr viel wirken kann, zu fehlen. Der Dichter mag es bei der Freundschaft verantworten, daß er sie als einen bloßen Notbehelf so dürftig nachhinken läßt. Vielleicht ist es die „erstarrte Frucht" in der zweiten, und das „finstere Haus" in der vorletzten Strophe, was die Störung ursprünglich veranlaßt. Der Schmerz über den Verlust der Jugend, die Furcht vor dem Tode sind, so nackt und roh, wie sie hier gegeben werden, nicht dichterisch. Überdem stimmt jenes mit der wehmütigen, aber immer noch genußreichen Erinnerung, die im ganzen herrscht, überein. –

Eine ähnliche Störung macht die prosaisch geäußerte Furcht vor dem „kalten Besinnen" im *Frühlinge,* dem schönsten Stücke von *Sophie Mereau,* deren Gedichte sich sonst durch liebliche Fülle und leichten Schwung auszeichnen. – Mehr als diese kleinen Flecken schaden den *Idealen* wohl die vierte und fünfte Strophe. Was hier dargestellt wird, ist nicht die frische Begeisterung der rüstigen Jugend, sondern der Krampf der Verzweiflung, welche sich absichtlich berauscht, zur Liebe foltert und mit verschloßnen Augen in den Taumel eines erzwungnen Glaubens stürzt. Zwar kann diese unglückliche Stimmung auch mit der höchsten Jugendkraft gepaart sein, wo vernachlässigte Erziehung die reinere Humanität unterdrückte. Doch ist sie hier nicht poetisch behandelt und mit dem Ganzen in Harmonie gebracht. Schillers Unvollendung entspringt zum Teil aus der Unendlichkeit seines Ziels. Es ist ihm unmöglich, sich selbst zu beschränken und unverrückt einem endlichen Ziele zu nähern. Mit einer, ich möchte fast sagen, erhabnen Unmäßigkeit, drängt sich sein rastlos kämpfender Geist immer vorwärts. Er kann nie vollenden, aber er ist auch in seinen Abweichungen groß.

Meisterhaft und einzig sind vorzüglich in der dritten Strophe die *Ideale,* wie auch in der *Würde der Frauen,* ja in allen Schillerschen Gedichten, abgezogne Begriffe ohne Verworrenheit und Unschicklichkeit belebt. An dieser gefährlichen Klippe werden noch manche scheitern. Wer kann ernsthaft bleiben, wenn der Dichter *Lappe* in die begeisterte Frage ausbricht: S. 47. Wann dehnt sich meiner Seele Flügel? Wann schlüpf ich aus der Sinnlichkeit?

Glücklicher ist *Woltmann* in der *Kunst.* Übrigens ist er seiner alten Vorliebe für die Elfen treu geblieben. Nur finden sich hier zur Abwechslung auch Sylphen. Gibt es weder Geister noch Gespenster, so kann man doch sicher auf Duft und Dämmerung rechnen. Schade, daß die schöne und seltne Gabe der Weichheit in zarten Bildern und Empfindungen, in fließender Sprache und gefälligen Rhythmen, hier mit einer, wie es scheint, hartnäckig bleibenden Unreife gepaart ist. In *Meyers* wunderbar süßen Tändeleien hingegen ist das leiseste Gefühl mit der feinsten Ausbildung vereinigt. Seine vorzüglichsten Stücke sind *Biondina,* und *Die Boten:* im *Weltgeist* vermisse ich Wärme und eine dem Stoffe gewachsene Kraft. – Schillers *erste* der *Stanzen an den Leser* ist wunderschön.

*

Aber auf diesen Anfang voll Wärme und wahrer Würde erscheinen die folgenden Strophen, ihrer Anmut ohngeachtet, unschicklich, weil man etwas mehr als eine leere Verbeugung erwartet.

Unter *Goethes* Gedichten scheint mir der *Besuch* das vorzüglichste. Andre, selbst das so anziehende *Meeresstille,* würden vielleicht erst in dem vollständigen Zusammenhang, aus dem sie entrückt sein mögen, ihre volle Wirkung tun. Die *Kophtische* Weisheit erinnert an vieles, unter andern auch an die harmonische Ausbildung des Adlichen und Komödianten, worüber der liebenswürdige Wilhelm im dritten Bande der Meisterischen Lehrjahre so gutmütig schwatzt. Die *Epigramme,* in denen der größte Dichter unsrer Zeit unverkennbar ist, sind in der Tat eine Rolle reichlich mit Leben ausgeschmückt „voll der lieblichsten Würzen".

Am meisten Ähnlichkeit hat die Würze dieser Epigramme mit dem frischen Salze, welches im Martial, nur zu sparsam; ausgestreuet ist. In andern, wie im 87sten, atmet eine zarte Griechheit, und überall jener echt deutsche, unschuldige, gleichsam kindliche Mutwillen, von dem sich in einigen epischen Stücken der Griechen etwas Gleiches findet. Man rezensiert an diesem Büchlein nicht lange, aber im Lesen kommt man nicht davon. Es ist eine äußerst ergötzliche Unterhaltung, bei der man sich nur vor allzu gläubiger Nachsicht zu hüten hat.

Schiller und *Goethe* nebeneinanderzustellen, kann ebenso lehrreich wie unterhaltend werden, wenn man nicht bloß nach Antithesen hascht, sondern nur zur bestimmtern Würdigung eines großen Mannes, auch in die andre Schale der Waage, ein mächtiges Gewicht legt. Es wäre unbillig, jenen mit diesem, der fast nicht umhinkann, auch das geringste in seiner Art rein zu vollenden, der mit bewundernswürdiger Selbstbeherrschung, selbst auf die Gefahr, uninteressant und trivial zu sein, seinem einmal bestimmten Zwecke treu bleibt, als *Dichter* zu vergleichen. Schillers Poesie übertrifft nicht selten an philosophischem Gehalte sehr hochgeschätzte wissenschaftliche Werke, und in seinen historischen und philosophischen Versuchen bewundert man nicht allein den Schwung des Dichters, die Wendungen des geübten Redners, sondern auch den Scharfsinn des tiefen Denkers, die Kraft und Würde des Menschen. Die einmal zerrüttete Gesundheit der Einbildungskraft ist unheilbar, aber im ganzen Umfange seines Wesens kann Schiller nur steigen und ist sicher vor der Flachheit, in die auch der größte Künstler, der nur das ist, auf fremdem Gebiete, in Augenblicken sorgloser Abspannung, oder mutwilliger Vernachlässigung, in der Zwischenzeit von jugendlicher Blüte zu männlicher Reife, oder im Herbste seines geistigen Lebens versinken kann.

Nebst ihm hat Goethe die meisten Beiträge zu dieser Sammlung geliefert. Für die Fortsetzung derselben erregt beider glückliche Vereinigung die lebhaftesten Wünsche und die angenehmsten Hoffnungen. Überhaupt und auch in der Kunst darf nur durch eine günstige Veranlassung die vernachlässigte Mitteilungsfähigkeit der Deutschen geweckt werden, und die Höhe unsrer vereinzelten Bildung wird sich überraschend zeigen.

Friedrich Schlegel

Die Hochzeitsfeier,
ein kleines Gemälde aus dem häuslichen Leben
[Zweiter Band. Sechstes Stück, Nr. VI, S. 382–385]

Mit einer Zufriedenheit, mit welcher wohl selten eine Königin ihren Palast und seine Herrlichkeiten musterte, überschaute die gute Hanne nach einigen geschäftigen Stunden ihr dürftiges, reinliches, zu ihrer Hochzeitfeier beschicktes Stübchen. Froh der vollendeten Besorgungen und froh der Wärme, welche die widerscheinenden Kacheln so milde verbreiteten, daß die silberfarbnen Blumen an den Fenstern zu zerrinnen begannen, stand sie mit verschränkten Armen und sahe, was sie am Ofen erblicken konnte: die mit der schimmernden Decke des Winters überzogenen Dächer und Gärten, den starren Baum vor dem Hause, von dessen Zweigen krächzende Krähen, sowie sie sich regten, fein stäubenden Schnee schütteten, die langen Eiszapfen, welche von dem niedern Strohdache wie funkelnder Kristall bis über die Fenster herabstarrten, – und hörte die Frachtwagen, welche auf der nahen Straße pfeifend und knirschend hingeschleift wurden, mit dem süßen Gefühle sicherer Geborgenheit und ärmlicher Fülle.
Vor dem Fenster sammleten sich Goldammer und Finken und Spatze, welchen sie täglich ein wenig Brosamen hinwarf. An meinem Ehrentage sollt ihr euch auch freuen, ihr lieben Tierchen, dachte sie, streute ihnen reichlicher als je zerriebene Brocken und weidete ihre freundlichen Augen

166

an dem bunten Gewimmel und dem hastigen Genusse der Vögel.

In dem Augenblicke trat Gottfried herein, umfaßte die Braut mit zärtlichem Gruße und rief einmal über das andre: Wie kalt, wie kalt! der Morgenwind schneidet wie Messer.

Hanne. Ja wohl; aber hier ist es warm, und es ist alles geordnet. Ich warte nur auf die Schwester, die mir das Haar aufbinden und mit dem Kränzchen schmücken will. Gottfried, nun ist der Tag da!

Gottfried. Ja, mein Hannchen, wir wollen auch fröhlich sein, mehr als Könige und Fürsten.

Hanne. Das laß uns sein, o das laß uns. Ein solcher Tag kommt ja nicht wieder im Leben. Weißt du wohl? Du sprachest gestern davon, wie die Reichen ihre Hochzeitstage feiern könnten. Da ist mir eingefallen, wir wollen doch heute recht froh sein – –

Gottfried. Nun, meine Liebe?

Hanne. Sagtest du nicht, du hättest einen halben Gulden übrig? Sieh, ich kann auch vier Groschen entbehren, da könnten wir uns einmal eine Freude machen wie die Reichen. –

Gottfried. Und wie denn, meine Hanne?

Hanne. Sang und Klang und Tanz können wir nicht haben, und mir ist auch, als wär ich heute zum Lärmen und Springen zu vergnügt. – Aber die arme alte Müllern drüben an der Ecke! – Als du gestern weg warest, wurde noch viel davon gesprochen, welche Not sie leidet. Von ihrer Krankheit ist sie kaum wieder genesen, ach! und nun hat sie kein Hälmchen Stroh und kein Stöckchen Holz, – denk nur, bei der grimmigen Kälte! und nichts, sich zu laben. Wie wär es, wenn ich ihr das Geld brächte? das wär doch etwas zu Feuerung, bis das Wetter gelinder wird, und Essen haben wir auch genug, wir schichteten uns am Tische ein wenig mehr zusammen, so könnte die Alte mitgenießen und einen guten Tag mit uns haben. Wir wollen ja heute recht froh und recht reich sein. – Was meinst du?

Gottfried. Ja wohl, wir wollen recht froh und recht reich sein. O laß die Dürftige unsre Hochzeit mitfeiern.

Die wird Augen machen, das soll eine Freude sein! rief Hannchen, eine Träne der edlen Menschlichkeit zitterte

über ihre Wangen, und ungeduldig eilte sie fort, die Gabe
reiner Herzen zu bringen und zum Mitgenusse reiner Freuden zu laden. Eile hin, frommes Mädchen, eile deinem Entzücken zu und bereite dir eine herzbefriedigende Hochzeitsfeier. Es kann dir nicht fehlen an wahrem Guten, allen
Segen, den der Pfarrer über dich aussprechen wird, hast du
in deinem Innern, wandle auf deinem guten Wege weiter,
du wirst bei schwarzem Brote die köstlichsten Mahle nicht
vermissen und ohne Sang und Klang und Tanz fröhlich sein
dein Leben hindurch.
Heiter und mit erhöhten Gefühlen schaute ihr der Bräuti-
gam nach, lächelnd trat die Schwester herein, das Haar der
Braut zu ringeln und zu kränzen, und an das kleine Fenster
pickten in traulichem Spiele die gesättigten Vöglein.

G. W. C. Starke

Versuch
über den Begriff
des Republikanismus,
veranlaßt durch die Kantische Schrift
zum ewigen Frieden

Von Friedrich Schlegel

[Dritter Band. Siebentes Stück, Nr. II, S. 10–41]

Der Geist, den die *Kantische Schrift zum ewigen Frieden* atmet,
muß jedem Freunde der Gerechtigkeit wohltun, und noch
die späteste Nachwelt wird auch in diesem Denkmale die
erhabene Gesinnung des ehrwürdigen Weisen bewundern.
Der kühne und würdige Vortrag ist unbefangen und treuherzig und wird durch treffenden Witz und geistreiche
Laune angenehm gewürzt. Sie enthält eine reichliche Fülle
fruchtbarer Gedanken und neuer Ansichten für die Politik,
Moral und Geschichte der Menschheit. Mir war die Meinung des Verfassers über die Natur des *Republikanismus* und
dessen Verhältnis zu andern Arten und Zuständen des

Staats vorzüglich interessant. Die Prüfung derselben veranlaßte mich, diesen Gegenstand von neuem zu durchdenken.
So entstanden folgende Bemerkungen.

„*Die bürgerliche Verfassung*", sagt Kant S. 20, „*in jedem Staate
soll republikanisch sein.* – Die erstlich nach Prinzipien der
Freiheit der Glieder einer Gesellschaft (als Menschen); zweitens nach Grundsätzen der *Abhängigkeit* aller von einer einzigen gemeinsamen Gesetzgebung (als Untertanen); drittens, die nach dem Gesetz der *Gleichheit* derselben (als
Staatsbürger) gestiftete Verfassung ist die *republikanische.*"
Diese Erklärung scheint mir nicht befriedigend. Wenn die
rechtliche Abhängigkeit schon im Begriffe der Staatsverfassung überhaupt liegt (S. 21 Anm.), so kann sie kein Merkmal des spezifischen Charakters der republikanischen Verfassung sein. Da kein Prinzip der Einteilung der
Staatsverfassung überhaupt in ihre Arten angegeben ist, so
fragt sichs, ob durch die Merkmale der Freiheit und Gleichheit der vollständige Begriff der republikanischen Verfassung erschöpft sei? Beide sind nichts Positives, sondern Ne-
gationen. Da nun jede Negation eine Position, jede
Bedingung etwas Bedingtes voraussetzt, so muß ein Merkmal (und zwar das wichtigste, welches den Grund der beiden andern enthält) in der Definition fehlen. Die despotische Verfassung weiß von jenen negativen Merkmalen
(Freiheit und Gleichheit) nichts: sie wird also auch durch
ein positives Merkmal von der republikanischen Verfassung
verschieden sein. Daß der Republikanismus und Despotismus nicht Arten des Staats, sondern der Staatsverfassung
sein, wird ohne Beweis vorausgesetzt, und was Staatsverfassung sei, nicht erklärt. – Die angedeutete Deduktion des so
definierten Republikanismus ist ebensowenig befriedigend
als die Definition. Es scheint wenigstens, als würde S. 20
behauptet: die republikanische Verfassung sei darum praktisch notwendig, weil sie die einzige ist, welche aus der
Idee des ursprünglichen Vertrags hervorgeht. Aber worauf
gründet sich denn diese Idee, als auf das Prinzip der Freiheit und Gleichheit? Ist das nicht ein Zirkel? – Alle Nega-
tionen sind die Schranken einer Position, und die Deduktion ihrer Gültigkeit ist der Beweis, daß die höhere

Position, von welcher die durch sie limitierte Position abgeleitet ist, ohne diese Bedingung sich selbst aufheben würde. Die praktische Notwendigkeit der politischen Freiheit und Gleichheit muß also aus der höhern praktischen Position, von welcher das positive Merkmal des Republikanismus abgeleitet ist, deduziert werden.

Die Erklärung der rechtlichen Freiheit: sie sei die Befugnis, alles zu tun, was man will, wenn man nur keinem Unrecht tut; erklärt der Verfasser für leere Tautologie und erklärt sie dagegen als „die Befugnis, keinen äußern Gesetzen zu gehorchen, als zu denen das Individuum seine Beistimmung habe geben können". – Mir scheinen beide Erklärungen richtig, aber nur bedingt richtig zu sein. Die bürgerliche Freiheit ist eine *Idee*, welche nur durch eine ins Unendliche fortschreitende Annäherung wirklich gemacht werden kann. So wie es nun in jeder Progression ein erstes, letztes und mittlere Glieder gibt, so gibt es auch in der unendlichen Progression zu jener Idee ein Minimum, ein Medium und ein Maximum. Das *Minimum der bürgerlichen Freiheit* enthält die Kantische Erklärung. Das *Medium* der bürgerlichen Freiheit ist die Befugnis, keinen äußern Gesetzen zu gehorchen als solchen, welche die (repräsentierte) Mehrheit des Volks wirklich gewollt hat und die (gedachte) Allgemeinheit des Volks wollen könnte. Das (unerreichbare) *Maximum* der bürgerlichen Freiheit ist die getadelte Erklärung, welche nur dann eine Tautologie sein würde, wenn sie von der moralischen und nicht von der politischen Freiheit redete. Die höchste politische Freiheit würde der moralischen adäquat sein, welche von allen äußern Zwangsgesetzen ganz unabhängig, nur durch das Sittengesetz beschränkt wird. Ebenso ist, was Kant für äußere rechtliche Gleichheit überhaupt erklärt, nur das Minimum in der unendlichen Progression zur unerreichbaren Idee *der politischen Gleichheit*. Das *Medium* besteht darin, daß keine andre Verschiedenheit der Rechte und Verbindlichkeiten der Bürger stattfinde als eine solche, welche die Volksmehrheit wirklich gewollt hat und die Allheit des Volks wollen könnte. Das Maximum würde eine absolute Gleichheit der Rechte und Verbindlichkeiten der Staatsbürger sein und also aller Herrschaft und Abhängigkeit ein Ende machen. – Aber sind diese Wechselbegriffe nicht wesentliche Merkmale des Staats überhaupt? –

Die Voraussetzung, daß der Wille nicht aller einzelnen Staatsbürger mit dem allgemeinen Willen stets übereinstimmen werde, ist der einzige Grund der *politischen Herrschaft* und *Abhängigkeit*. So allgemein sie aber auch gelten mag, so ist ihr Gegenteil wenigstens denkbar. Sie ist überdem nur eine empirische Bedingung, welche den reinen Begriff des Staats zwar näher bestimmen, aber ebendarum selbst kein Merkmal des reinen Begriffs sein kann. Der empirische Begriff setzt einen reinen, der bestimmtere einen unbestimmteren voraus, aus dem er erst abgeleitet wurde. Also nicht ein *jeder* Staat (S. 30) enthält das Verhältnis eines Oberen zu einem Unteren, sondern nur der durch jenes faktische Datum empirisch bedingte. Es läßt sich allerdings ein *Völkerstaat* ohne dies Verhältnis denken, und ohne daß die verschiedenen Staaten in einen einzigen zusammenschmelzen müßten: eine nicht zu einer besondern Absicht bestimmte, sondern nach einem unbestimmten Ziel strebende (nicht hypothetisch, sondern thetisch zweckmäßige) Gesellschaft im Verhältnis der Freiheit der einzelnen und der Gleichheit aller, unter einer Mehrheit oder Masse von politisch selbständigen Völkern. Die Idee einer *Weltrepublik* hat praktische Gültigkeit und charakteristische Wichtigkeit.

Das *Personale* der Staatsgewalt (S. 25), die Zahl der Herrscher kann nur dann ein Prinzip der Einteilung sein, wenn nicht der allgemeine, sondern ein einzelner Wille der Grund der bürgerlichen Gesetze ist (im Despotismus). – Wie stimmt die Behauptung: „der Republikanismus sei das Staatsprinzip der Absonderung der ausführenden Gewalt von der gesetzgebenden" mit der zuerst gegebnen Definition und mit dem Satz, „daß der Republikanismus nur durch Repräsentation möglich sei" (S. 29) zusammen? – Wäre die gesamte Staatsgewalt nicht in den Händen von Volksrepräsentanten, aber zwischen einem erblichen Regenten und einem erblichen Adel so geteilt, daß der erste die ausübende, der letzte die gesetzgebende Macht besäße; so würde der Trennung ungeachtet die Verfassung nicht repräsentativ, also (nach des Verfassers eigner Erklärung) despotisch sein, da ohnehin die Erblichkeit der Staatsämter (S. 22, 23 Anm.) mit dem Republikanismus unvereinbar ist. – Der Gesetzgeber, Vollzieher (und Richter) sind zwar durchaus verschiedene *politische* Personen (S. 26), aber es ist physisch möglich, daß eine *physische* Person diese verschiedenen politischen Personen in sich vereinigen könne. Es ist auch *politisch möglich*, d. h. es ist nicht widersprechend, daß der allgemeine Volkswille beschlösse, auf eine bestimmte Zeit Einem alle Staatsgewalt zu übertragen (nicht abzutreten). Unstreitig ist die Trennung der Gewalten die Regel des republikanischen Staats; aber die Ausnahme von der Regel, die *Diktatur*, scheint mir wenigstens möglich. (Ihre treffliche Brauchbarkeit wird vorzüglich aus der alten Geschichte offenbar. Das menschliche Geschlecht verdankt dieser scharfsinnigen griechischen Erfindung viele der herrlichsten Produkte, welche das politische Genie je hervorgebracht hat.) Die Diktatur ist aber notwendig ein *transitorischer Zustand*: denn wenn alle Gewalt auf unbestimmte Zeit übertragen würde, so wäre das keine Repräsentation, sondern eine Zession der politischen Macht. Eine *Zession der Souveränetät* ist aber politisch unmöglich: denn der allgemeine Wille kann sich nicht durch einen Akt des allgemeinen Willens selbst vernichten. Der Begriff einer dictatura perpetua ist daher so widersprechend, wie der eines viereckigen Zirkels. – Die transitorische Diktatur aber ist eine *politisch mögliche Repräsentation* – also eine *republikanische*, vom Despotismus wesentlich verschiedne *Form*.

Überhaupt ist vom Verfasser kein *Prinzip* seiner Einteilung der Arten und Bestandteile des Staats auch nur angedeutet. – Folgender provisorische Versuch einer *Deduktion des Republikanismus* und einer *politischen Klassifikation* a priori scheint mir der Prüfung des Lesers nicht ganz unwürdig zu sein.

Durch die Verknüpfung der höchsten praktischen Thesis (welche das Objekt der praktischen Grundwissenschaft ist) mit dem theoretischen Datum des Umfangs und der Arten des menschlichen Vermögens erhält der reine praktische Imperativ so viel spezifisch verschiedene Modifikationen, als das gesamte menschliche Vermögen spezifisch verschiedne Vermögen in sich enthält; und jede dieser Modifikationen ist das Fundament und das Objekt einer besonderen praktischen Wissenschaft. Durch das theoretische Datum, daß dem Menschen, außer den Vermögen, die das rein isolierte Individuum als solches besitzt, auch noch im Verhältnis zu andern Individuen seiner Gattung das *Vermö-*

gen der Mitteilung (der Tätigkeiten aller übrigen Vermögen) zukomme; daß die menschlichen Individuen durchgängig im *Verhältnis* des gegenseitigen *natürlichen Einflusses* wirklich stehen, oder doch stehen können, – erhält der reine praktische Imperativ eine *neue spezifisch verschiedne Modifikation*, welche das Fundament und Objekt einer neuen Wissenschaft wird. Der Satz: das Ich soll sein; lautet in dieser besondern Bestimmung: *Gemeinschaft der Menschheit soll sein, oder das Ich soll mitgeteilt werden.* Diese abgeleitete praktische Thesis ist das Fundament und Objekt der *Politik*, worunter ich nicht die Kunst verstehe, den Mechanism der Natur zur Regierung der Menschen zu nutzen (S. 71), sondern (wie die griechischen Philosophen) eine *praktische Wissenschaft, im Kantischen Sinne* dieses Worts, deren Objekt die *Relation* der praktischen Individuen und Arten ist. Eine jede menschliche Gesellschaft, deren Zweck Gemeinschaft der Menschheit ist (die Zweck an sich, oder deren Zweck menschliche Gesellschaft ist) heißt *Staat.* Da aber das Ich nicht bloß im Verhältnis aller Individuen, sondern auch in jedem einzelnen Individuo sein soll, und nur unter der Bedingung absoluter Unabhängigkeit des Willens sein kann; so ist *politische Freiheit* eine notwendige Bedingung des *politischen Imperativs* und ein wesentliches Merkmal zum Begriff des Staats: denn sonst würde der reine praktische Imperativ, aus dem sowohl der ethische als der politische abgeleitet ist, sich selbst aufheben. Der ethische und der politische Imperativ gelten nicht bloß für dies und jenes Individuum, sondern für *jedes*; daher ist auch *politische Gleichheit* eine notwendige Bedingung des politischen Imperativs und ein wesentliches Merkmal zum Begriff des Staats. Der politische Imperativ gilt für *alle* Individuen; daher umfaßt der Staat eine ununterbrochne *Masse*, ein koexistentes und sukzessives *Kontinuum* von Menschen, die *Totalität* derer, die im Verhältnis des physischen Einflusses stehn, z. B. aller Bewohner eines Landes oder Abkömmlinge eines Stammes. Dies Merkmal ist das *äußere Kriterium*, wodurch der Staat sich von politischen Orden und Assoziationen, welche *besondre* Zwecke haben, also auch nur gewisse besonders modifizierte Individuen angehn, unterscheidet. Alle diese Gesellschaften umfassen keine Masse, kein totales Kontinuum, sondern verknüpfen nur einzelne zerstreute Mitglieder. – Die

Gleichheit und Freiheit erfordert, daß der *allgemeine Wille* der Grund aller besondern politischen Tätigkeiten sei (nicht bloß der Gesetze, sondern auch der anwendenden Urteile und der Vollziehung). Dies ist aber eben der Charakter des *Republikanismus*. Der ihm entgegengesetzte *Despotismus*, wo der Privatwille den Grund der politischen Tätigkeit enthält, würde also eigentlich gar kein wahrer Staat sein? So ist es auch in der Tat, im strengsten Sinne des Worts. Da aber alle politische Bildung von einem besondern Zwecke, von Gewalt (vergl. die treffliche Entwicklung S. 69) und von einem Privatwillen – von Despotismus – ihren Anfang nehmen und also *jede provisorische Regierung notwendig despotisch sein muß*; da der Despotismus den Schein des allgemeinen Willens usurpiert und wenigstens für einige ihm interessante Zivil- und Kriminalfälle die Gerechtigkeit toleriert; da er sich von allen andern Gesellschaften durch das dem Staat eigne Merkmal der Kontinuität der Mitglieder unterscheidet; da er neben seinem besondern Zwecke* das heilige Interesse der Gemeinschaft wenigstens nebenbei befördert und wider sein Wissen und Wollen den Keim eines echten Staats in sich trägt und den Republikanismus allmählich zur Reife bringt: so könnte man ihn als einen *Quasistaat*, nicht als eine echte Art, aber doch als eine *Abart des Staats* gelten lassen.

Aber wie ist der Republikanismus möglich, da der allgemeine Wille seine notwendige Bedingung ist, der absolut allgemeine (und also auch absolut beharrliche) Wille aber im Gebiete der Erfahrung nicht vorkommen kann und nur in der Welt der reinen Gedanken existiert. Das Einzelne und das Allgemeine ist überhaupt durch eine unendliche Kluft voneinander geschieden, über welche man nur durch einen Salto mortale hinübergelangen kann. Es bleibt hier nichts übrig, als durch eine *Fiktion* einen empirischen Wil-

---

* Jeder Staat, der einen besondern Zweck hat, ist *despotisch*, mag dieser Zweck auch anfänglich noch so unschuldig scheinen. Wie viele Despoten sind nicht vom Zweck der *physischen Erhaltung* ausgegangen? Er ist aber *allemal* bei glücklichem Erfolg in den der Unterdrückung ausgeartet. Den praktischen Philosophen können die schrecklichen Folgen jeder auch gutgemeinten Verwechslung des Bedingten und Unbedingten nicht befremden. Das Endliche darf die Rechte des Unendlichen nicht ungestraft usurpieren.

len als *Surrogat* des a priori gedachten absolut allgemeinen Willens gelten zu lassen; und da die reine Auflösung des politischen Problems unmöglich ist, sich mit der *Approximation* dieses praktischen x zu begnügen. Da nun der politische Imperativ kategorisch ist, und nur auf diese Weise (in einer endlosen Annäherung) wirklich gemacht werden kann: so ist diese höchste fictio juris nicht nur gerechtfertiget, sondern auch praktisch notwendig; jedoch nur in dem Fall gültig, wenn sie dem politischen Imperativ (der das Fundament ihrer Ansprüche ist) und dessen wesentlichen Bedingungen nicht widerspricht. – Da jeder empirische Wille (nach Heraklits Ausdrucke) in *stetem Flusse* ist, absolute Allgemeinheit in *keinem* angetroffen wird; so ist die despotische Arroganz, seinen (väterlichen oder göttlichen) Privatwillen zum allgemeinen Willen selbst, als demselben völlig adäquat, zu sanktionieren, nicht nur ein wahres Maximum der Ungerechtigkeit, sondern auch barer Unsinn. Aber auch die Fiktion, daß der individuelle Privatwille z. B. einer gewissen Familie für alle künftige Generationen als Surrogat des allgemeinen Willens gelten solle, ist widersprechend und ungültig: denn sie würde dem politischen Imperativ (dessen wesentliche Bedingung die Gleichheit ist), ihr eignes Fundament und also sich selbst aufheben. Die einzig gültige politische Fiktion ist die auf das Gesetz der Gleichheit gegründete: *Der Wille der Mehrheit* soll als Surrogat des allgemeinen Willens gelten. *Der Republikanismus ist also notwendig demokratisch*, und das unerwiesne Paradoxon (S. 26), daß der Demokratismus notwendig despotisch sei, kann nicht richtig sein. Zwar gibt es einen *rechtmäßigen Aristokratismus*, ein *echtes* und von dem abgeschmackten Erbadel, dessen absolute Unrechtmäßigkeit Kant (S. 22, 23, Anmerk.) so befriedigend dargetan hat, völlig verschiednes *Patriziat*: sie sind aber nur in einer demokratischen Republik möglich. Das Prinzip nämlich, die Geltung der Stimmen nicht nach der Zahl, sondern auch nach dem *Gewicht* (nach dem Grade der Approximation jedes Individuums zur absoluten Allgemeinheit des Willens) zu bestimmen, ist mit dem Gesetz der Gleichheit recht wohl vereinbar. Es darf aber nicht *vorausgesetzt*, sondern es muß authentisch bewiesen werden, daß ein Individuum gar keinen freien Willen oder sein Wille gar keine Allgemeinheit habe; wie der Mangel der Freiheit durch Kindheit und Raserei, der Mangel der Allgemeinheit durch ein *Verbrechen* oder einen direkten Widerspruch wider den allgemeinen Willen. (Armut und *vermutliche* Bestechbarkeit, Weiblichkeit und *vermutliche* Schwäche sind wohl keine rechtmäßige Gründe, um vom Stimmrecht ganz auszuschließen.) Wenn die politische Fiktion ein Individuum für eine *politische Null*, eine Person für eine *Sache* gelten ließe, so würde sie ebendadurch das Gegenteil der willkürlichen Voraussetzung hindern und also mit dem ethischen Imperativ streiten; welches unmöglich ist, weil sich beide auf den reinen praktischen Imperativ gründen. Der allgemeine Volkswille kann auch nie beschließen, daß die Individuen über den Grad der Allgemeinheit ihres eigenen Privatwillens selbst kompetente Richter sein und das Recht haben sollen, sich selbst eigenmächtig zu Patriziern zu konstituieren. Die Volksmehrheit muß das Patriziat gewollt, die Vorrechte desselben und die Personen bestimmt haben, welche als *politische Edle* (solche, deren Privatwille sich dem präsumtiven allgemeinen Willen vorzüglich nähert) gelten sollen. Sie könnte vielleicht den gewählten Edlen einigen Anteil an der Wahl der künftigen überlassen, doch mit dem Vorbehalt, in der letzten Instanz darüber zu entscheiden: denn die Souveränetät kann nicht zediert werden.

Daß aber die Volksmehrheit *in Person* politisch wirke, ist in vielen Fällen unmöglich und fast in allen äußerst nachteilig. Es kann auch sehr füglich durch Deputierte und Kommissarien geschehen. Daher ist die *politische Repräsentation* allerdings ein unentbehrliches Organ des Republikanismus. – Wenn man die Repräsentation von der politischen Fiktion trennt, so kann es auch ohne Repräsentation einen (wenngleich technisch äußerst unvollkommnen) Republikanismus geben; wenn man unter der Repräsentation auch die Fiktion begreift, so tut man unrecht, sie den alten Republiken abzusprechen. Ihre technische Unvollkommenheit ist notorisch. Desto verworrener sind die allgemeinherrschenden Begriffe von ihrem innern Prinzip unvermeidlicher Korruption; desto schiefer die Urteile über den politischen Wert dieser bewundernswürdigen, nicht bloß sogenannten, sondern echten, auf die gültige Fiktion der Allheit durch die Mehrheit des Willens gegründeten Republiken. An *Gemein-*

schaft der Sitten ist die politische Kultur der Modernen noch im Stande der Kindheit gegen die der Alten, und kein Staat hat noch ein größeres Quantum von Freiheit und Gleichheit erreicht als der *britische.* Die Unkenntnis der politischen Bildung der Griechen und Römer ist die Quelle unsäglicher Verwirrung in der Geschichte der Menschheit und auch der politischen Philosophie der Modernen sehr nachteilig, welche von den Alten in diesem Stücke noch viel zu lernen haben. – Auch ist der behauptete Mangel der Repräsentation nicht uneingeschränkt wahr. Die exekutive Macht konnte auch das attische Volk nicht in Person ausüben: zu Rom ward sogar wenigstens ein Teil der gesetzgebenden und richterlichen Macht durch Volksrepräsentanten (Prätoren, Tribunen, Zensoren, Konsuln) gehandhabt.

Die Kraft der Volksmehrheit, als Proximum der Allheit und Surrogat des allgemeinen Willens, ist die *politische Macht.* Die höchste Klassifikation der politischen Erscheinungen (aller Kraftäußerungen dieser Macht) wie aller Erscheinungen ist die nach dem Unterschiede des *Beharrlichen* und des *Veränderlichen.* Die *Konstitution* ist der Inbegriff der permanenten Verhältnisse der politischen Macht und ihrer wesentlichen Bestandteile. Die Regierung hingegen ist der Inbegriff aller transitorischen Kraftäußerungen der politischen Macht. Die *Bestandteile* der politischen Macht verhalten sich untereinander und zu ihrem Ganzen wie die verschiedenen Bestandteile des Erkenntnisvermögens untereinander und zu ihrem Ganzen. Die *konstitutive* Macht entspricht der Vernunft, die *legislative* dem Verstande, die *richterliche* der Urteilskraft und die *exekutive* der Sinnlichkeit, dem Vermögen der Anschauung. *Die konstitutive Macht ist notwendig diktatorisch:* denn es wäre widersprechend, das Vermögen der politischen Prinzipien, welche erst die Grundlage aller übrigen politischen Bestimmungen und Vermögen enthalten sollen, dennoch von diesen abhängig machen zu wollen; und ebendeswegen nur *transitorisch.* Ohne den *Akt der Akzeptation* würde nämlich die politische Macht nicht repräsentiert, sondern zediert werden, welches unmöglich ist. – Die Konstitution betrifft die *Form der Fiktion* und die *Form der Repräsentation.* Im Republikanismus gibt es zwar nur Ein Prinzip der politischen Fiktion, aber *zwei* verschiedene *Direktionen* des einen Prinzips, und in ihrer größten möglichen Divergenz nicht sowohl zwei reine Arten, als *zwei* entgegengesetzte *Extreme* der republikanischen Konstitution: die *aristokratische* und die *demokratische*. Es gibt unendlich viele verschiedene Formen der Repräsentation (wie Mischungen des Demokratismus und Aristokratismus), aber keine reine Arten und kein Prinzip der Einteilung a priori. Die Konstitution ist der Inbegriff alles politisch Permanenten; da man nun ein Phänomen nach seinen permanenten Attributen, nicht nach seinen transitorischen Modifikationen klassifiziert: so würde es widersinnig sein, den echten (republikanischen) Staat nach der Form der Regierung einzuteilen. – Im Despotismus kann es eigentlich keine politische, sondern nur eine *physische* Konstitution geben: nicht Verhältnisse der politischen Macht und ihrer wesentlichen Bestandteile, welche absolut beharrlich sein sollen, aber wohl solche, die relativ beharrlich sind. Wo es keine politische Konstitution gibt, kann man nur die Form der Regierung dynamisch klassifizieren: denn die physischen Modifikationen geben keine reine Klassen. Die einzige reine Klassifikation gewährt das *mathematische Prinzip der numerischen Quantität des despotischen Personale*.

Die einzige (physisch) permanente Qualität des Despotismus bestimmt die *dynamische* (nicht politische) *Form der despotischen Regierung*. Sie ist entweder *tyrannisch, oligarchisch oder ochlokratisch*, je nachdem ein *Individuum*, ein *Stand* (Orden, Korps, Kaste) oder eine *Masse* herrscht. Wenn *alle* herrschen (S. 25, 26), wer wird dann beherrscht? – Im übrigen scheint der von Kant gegebne Begriff der Demokratie der Ochlokratie angemessen zu sein. Die *Ochlokratie* ist der Despotismus der Mehrheit über die Minorität. Ihr *Kriterium* ist ein offenbarer Widerspruch der Mehrheit in der Funktion des politischen Fingenten mit dem allgemeinen Willen, dessen Surrogat sie sein soll. Sie ist – jedoch nebst der Tyrannei: denn die *Neronen* können dem *Sanskulottismus* den Preis recht wohl streitig machen – unter allen politischen Unformen das größte physische Übel (S. 29).* Die *Oligarchie*

* Wenn es hier der Ort wäre, so würde es nicht schwer sein zu erklären, warum bei den Alten die Ochlokratie immer in Tyrannei überging, und bis zur höchsten Evidenz zu beweisen, daß sie bei den Modernen in Demokratismus übergehn muß, der Menschheit also weniger gefährlich ist als die Oligarchie.

hingegen – der orientalische Kastendespotismus, das europäische Feudalsystem – ist der Humanität ungleich gefährlicher: denn ebendie Schwerfälligkeit des künstlichen Mechanismus, welche ihre physische Schädlichkeit lähmt, gibt ihr eine kolossale Solidität. Die Konzentration der durch gleiches Interesse Zusammengebundnen isoliert die Kaste vom übrigen menschlichen Geschlecht und erzeugt einen hartnäckigen esprit de corps. Die geistige Friktion der Menge bringt die höllische Kunst, die Veredlung der Menschheit unmöglich zu machen, zu einer frühen Reife.

Mit argwöhnischem Blicke wittert die Oligarchie jede aufstrebende Regung der Menschheit und zerknickt sie schon im Keime. Die *Tyrannei* hingegen ist ein sorgloses Ungeheuer, welches im einzelnen oft die höchste Freiheit, ja sogar vollkommene Gerechtigkeit übersieht. Die ganze lockre Maschine *hängt an einem einzigen Ressort*; und wenn dieser schwach ist, zerfällt sie bei dem ersten kräftigen Stoß. – Wenn die *Form* der *Regierung despotisch*, der *Geist* aber repräsentativ oder *republikanisch* ist (s. die treffliche Bemerkung S. 26), so entsteht die *Monarchie*. (In der Ochlokratie kann der Geist der Regierung nicht republikanisch sein, sonst würde es notwendig auch die Form des Staats sein. In der reinen Oligarchie muß der Geist des Standes despotisch sein, wenn die Form nicht in einen rechtmäßigen demokratischen Aristokratismus übergehn soll; der republikanische Geist einzelner Glieder hilft nichts, denn der *Stand*, als solcher, herrscht.) Der Zufall kann einem gerechten Monarchen despotische Gewalt überliefern. Er kann republikanisch regieren und doch die despotische Staatsform beibehalten, wenn nämlich die Stufe der politischen Kultur oder die politische Lage eines Staats eine provisorische (also despotische) Regierung durchaus notwendig macht und der allgemeine Wille selbst sie billigen könnte. Das *Kriterium der Monarchie* (wodurch sie sich vom Despotismus unterscheidet) ist die größtmöglichste Beförderung des Republikanismus. Der Grad der Approximation des Privatwillens des Monarchen zur absoluten Allgemeinheit des Willens bestimmt den Grad ihrer Vollkommenheit. Die monarchische Form ist einigen Stufen der politischen Kultur, da das republikanische Prinzip entweder noch in der Kindheit

(wie in der heroischen Vorzeit) oder wieder gänzlich er-
storben ist (wie zur Zeit der römischen Cäsare), so völlig
angemessen; sie gewährt in dem seltnen, aber doch vorhandnen Fall der *Friedriche* und *Mark-Aurele* so offenbare
und große Vorteile; daß es sich begreifen läßt, warum sie
der Liebling so vieler politischen Philosophen gewesen,
und noch ist. – Aber nach Kants trefflicher Erinnerung
(S. 28 Anm.) muß man den Geist der Regierung der
schlechten (und unrechtmäßigen S. 22, 23. Anm.) Staatsform nicht zurechnen.

Heilig ist, was nur unendlich verletzt werden kann, wie die
Freiheit und Gleichheit: der allgemeine Wille. Wie Kant
also den Begriff der Volksmajestät ungereimt finden kann,
begreife ich nicht. Die *Volksmehrheit*, als das einzige gültige
Surrogat des allgemeinen Willens, ist in dieser Funktion des
politischen Fingenten ebenfalls heilig, und jede andre politische Würde und Majestät ist nur ein Ausfluß der *Volkshei-
ligkeit*. Der hochheilige *Tribun*, zum Beispiel, war es nur im
Namen des Volks, nicht in seinem eignen; er stellt die heilige Idee der Freiheit nur mittelbar dar; er ist kein Surrogat,
sondern nur ein Repräsentant des heiligen allgemeinen
Willens. –

Der Staat soll sein, und soll republikanisch sein. Republikanische Staaten haben schon um deswillen einen absoluten
Wert, weil sie nach dem rechten und schlechthin gebotenen
Zwecke streben. In dieser Rücksicht ist ihr Wert gleich.
Sehr verschieden aber kann er nach den Graden der Annäherung zum unerreichbaren Zwecke sein. In dieser Rücksicht kann ihr Wert auf zwiefache Weise bestimmt werden.

Die *technische Vollkommenheit* des republikanischen Staats
teilt sich in die Vollkommenheit der Konstitution und der
Regierung. Die technische Vollkommenheit der Konstitution wird bestimmt durch den Grad der Approximation ihrer individuellen Form der Fiktion und der Repräsentation
zur absoluten (aber unmöglichen) Adäquatheit des Fingenten und Fingierten, des Repräsentanten und Repräsentier-
ten. (Damit stimmt die scharfsinnige Bemerkung S. 27 überein, wenn der Verfasser unter der Repräsentation auch die
Fiktion begreift. Möchte doch ein pragmatischer Politiker
durch eine Theorie der Mittel, die Fiktion und Repräsenta-

tion sowohl extensiv als intensiv zu vergrößern, eine wichtige Lücke der Wissenschaft ausfüllen! – Die Kantische Bemerkung über das Personale der Staatsgewalt [S. 27] dürfte wohl nur für die exekutive, und unter gewissen Umständen vielleicht auch für die konstitutive Macht gelten: für die legislative und richterliche Macht hingegen scheint die Erfahrung die Form der Kollegien und Jurys als die beste bewährt zu haben.) Die negative technische Vollkommenheit der Regierung wird bestimmt durch den Grad der Harmonie mit der Konstitution; die positive durch den Grad der positiven Kraft, mit der die Konstitution wirklich ausgeführt wird.

Der *politische Wert* eines republikanischen Staats wird bestimmt durch das extensive und intensive Quantum der wirklich erreichten Gemeinschaft, Freiheit und Gleichheit. Zwar ist die gute moralische Bildung des Volks nicht möglich, ehe der Staat nicht republikanisch organisiert ist und wenigstens einen gewissen Grad technischer Vollkommenheit erreicht hat (S. 61): aber auf der andern Seite ist *herrschende Moralität* die notwendige Bedingung der *absoluten Vollkommenheit* (des Maximums der Gemeinschaft, Freiheit und Gleichheit) des Staats, ja sogar jeder höhern Stufe politischer Trefflichkeit.

Bisher war nur vom *partiellen* Republikanismus eines einzelnen Staats und Volks die Rede. Aber nur durch einen *universellen* Republikanismus kann der politische Imperativ vollendet werden. Dieser Begriff ist also kein Hirngespinst träumender Schwärmer, sondern praktisch notwendig, wie der politische Imperativ selbst. Seine Bestandteile sind:

1) Polizierung aller Nationen;

2) Republikanismus aller Polizierten;

3) Fraternität aller Republikaner;

4) Die Autonomie jedes einzelnen Staats und die Isonomie aller.

Nur universeller und vollkommener Republikanismus würde ein gültiger, aber auch allein hinlänglicher *Definitivartikel zum ewigen Frieden* sein. – Solange die Konstitution und Regierung nicht durchaus vollkommen wäre, würde, selbst in republikanischen Staaten, deren friedliche Tendenz Kant so treffend gezeigt hat, sogar ein ungerechter und überflüssiger Krieg wenigstens *möglich* bleiben. Der erste Kantische Definitivartikel zum ewigen Frieden verlangt zwar Republikanismus *aller* Staaten: allein der *Föderalismus*, dessen Ausführbarkeit S. 35 so bündig bewiesen wird, kann schon seinem *Begriffe* nach *nicht alle* Staaten umfassen; sonst würde er gegen Kants Meinung (S. 36–39) ein universeller Völkerstaat sein. Die Absicht des Friedensbundes, die Freiheit der republikanischen Staaten zu sichern (S. 35), setzt eine Gefahr derselben, also Staaten von kriegrischer Tendenz, d. h. *despotische Staaten* voraus. Die kosmopolitische Hospitalität, deren Ursprung und Veranlassung durch den Handelsgeist Kant (S. 64) so geistreich entwickelt, scheint aber sogar *unpolizierte Nationen* vorauszusetzen. Solange es aber noch despotische Staaten und unpolizierte Nationen gäbe, würde auch noch *Kriegsstoff* übrigbleiben.

1) Der Republikanismus der kultivierten Nationen;
2) Der Föderalismus der republikanischen Staaten;
3) Die kosmopolitische Hospitalität der Föderierten;

würden also nur *gültige Definitivartikel zum ersten echten und permanenten*, wenngleich nur partiellen *Frieden*, statt der bisherigen fälschlich sogenannten Friedensschlüsse, eigentlich Waffenstillstände (S. 104), sein.

Man kann sie auch als *Präliminarartikel zum ewigen Frieden* ansehn, den sie beabsichtigen und an den vor dem ersten echten Frieden gar nicht zu denken ist. – Der universelle und vollkommene Republikanismus und der ewige Friede sind unzertrennliche Wechselbegriffe. Der letzte ist ebenso *politisch notwendig*, wie der erste. Aber wie steht es mit seiner *historischen* Notwendigkeit oder Möglichkeit? Welches ist die *Garantie des ewigen Friedens*?

„Das, was diese Gewähr leistet, ist nichts Geringeres als die große Künstlerin *Natur*"; sagt Kant S. 47. So geistreich die Ausführung dieses trefflichen Gedankens ist, so will ich doch freimütig gestehn, was ich daran vermisse. Es ist nicht genug, daß die *Mittel* der Möglichkeit, die *äußern Veranlassungen des Schicksals* zur wirklichen allmählichen Herbeiführung des ewigen Friedens gezeigt werden. Man erwartet eine Antwort auf die Frage: Ob die *innere Entwickelung der Menschheit* dahin führe? Die (gedachte) *Zweckmäßigkeit der Natur* (so schön, ja notwendig diese Ansicht in andrer Beziehung sein mag) ist hier völlig gleichgültig: nur die (wirklichen) *notwendigen Gesetze der Erfahrung* können für einen künftigen Erfolg Gewähr leisten. *Die Gesetze der politischen*

Geschichte und die *Prinzipien der politischen Bildung* sind die einzigen Data, aus denen sich erweisen läßt, „daß der ewige Friede keine leere Idee sei, sondern eine Aufgabe, die nach und nach aufgelöst, ihrem Ziel beständig näherkommt" (S. 104); nach denen sich die künftige Wirklichkeit desselben, und sogar die Art der Annäherung, zwar nicht *weissagen* (S. 65) – thetisch und nach allen Umständen der Zeit und des Orts –, aber doch vielleicht theoretisch (wenngleich nur hypothetisch) mit Sicherheit vorherbestimmen lassen würde. – Kant macht zwar hier sonst (wie sich erwarten läßt) keinen transzendenten Gebrauch von dem teleologischen Prinzip in der Geschichte der Menschheit (welches sogar kritische Philosophen sich erlaubt haben): jedoch in einem Stücke scheint mir der praktische Begriff der unbedingten Willensfreiheit mit Unrecht in das theoretische Gebiet der Geschichte der Menschheit herübergezogen zu sein. – Wenn die Moraltheologie die Frage aufwerfen kann und muß: Welches der intelligible Grund der Immoralität sei? – ob sie es kann und *muß*, lasse ich hier an seinen Ort gestellt sein – so weiß ich auch keine andre Antwort als die Erbsünde im Kantischen Sinne. Aber die Geschichte der Menschheit hat es nur mit den *empirischen Ursachen des Phänomens* der Immoralität zu tun; der intelligible Begriff der ursprünglichen Bösartigkeit ist im Gebiete der Erfahrung leer und ohne allen Sinn. – Das behauptete Faktum (S. 80 Anm.), daß es durchaus keinen Glauben an menschliche Tugend gebe, ist unerwiesen; und wie kann die offenbare Bösartigkeit im äußern Verhältnis der Staaten (S. 79 Anm.) – die Immoralität einer kleinen Menschenklasse, welche aus leichtbegreiflichen Ursachen im Durchschnitt aus dem Abschaum des menschlichen Geschlechts besteht, – ein Argument wider die menschliche Natur überhaupt sein? –

Es ist ein hier unfruchtbarer Gesichtspunkt, die vollkommene Verfassung nicht als ein Phänomen der politischen Erfahrung, sondern als ein Problem der politischen Kunst zu betrachten (S. 60); da wir nicht über ihre Möglichkeit, sondern über ihre künftige Wirklichkeit und über die Gesetze der Progression der politischen Bildung zu diesem Ziele belehrt sein wollen.

Nur aus den *historischen Prinzipien der politischen Bildung*, aus der *Theorie der politischen Geschichte*, läßt sich ein befriedigendes *Resultat über das Verhältnis der politischen Vernunft und der politischen Erfahrung* finden. Statt dessen hat Kant den nicht wesentlichen, sondern nur durch Ungeschicklichkeit zufällig entstandenen Grenzstreitigkeiten der Moral und der Politik nun einen eignen Anhang gewidmet. Er versteht nämlich unter *Politik* nicht die praktische Wissenschaft, deren Fundament und Objekt der politische Imperativ ist, auch nicht die eigentliche politische Kunst, d. h. die Fertigkeit, jenen Imperativ wirklich zu machen; sondern die despotische Geschicklichkeit, welche keine wahre Kunst, sondern eine *politische Pfuscherei* ist. Die beiden reinen Arten aller denkbaren politisch notwendigen oder möglichen Formen sind der Republikanismus und der Despotismus. Außerdem gibt es aber auch noch zwei, dem ersten Anscheine nach sehr analoge, dem Wesen nach aber durchaus verschiedene *formlose politische Zustände*, deren Begriff als ein *Grenzbegriff* bei der Zergliederung des Republikanismus nicht übergangen werden darf. Nur der eine ist politisch; der andre bloß historisch möglich.

Die *Insurrektion* ist nicht politisch unmöglich oder absolut unrechtmäßig (wie S. 94–97 behauptet wird): denn sie ist mit der Publizität nicht absolut unvereinbar. Von dem (vielleicht unrechtmäßigen) Herrscher (S. 96) gilt, was Kant S. 101 sagt: „Wer die entschiedene Obermacht hat, darf seiner Maximen nicht hehl haben." – Eine Konstitution, welche jedem Individuum, *wenn es ihm selbst rechtmäßig schiene*, zu insurgieren erlaubte, würde allerdings sich selbst aufheben. Eine Konstitution hingegen, welche einen Artikel enthielte, der *in gewissen vorkommenden Fällen* die Insurrektion *peremtorisch geböte*, würde sich zwar nicht selbst aufheben; aber dieser einzige Artikel würde *null* sein: denn die Konstitution kann nichts gebieten, wenn sie gar nicht mehr existiert; die Insurrektion aber kann nur dann rechtmäßig sein, wenn die Konstitution vernichtet worden ist. Es läßt sich aber sehr wohl denken, daß ein Artikel in der Konstitution die Fälle bestimmt, in welchen die konstituierte Macht für de facto *annulliert* geachtet werden und die Insurrektion also jedem Individuum *erlaubt* sein soll. Solche Fälle sind z. B., wenn der Diktator seine Macht über die bestimmte Zeit behält; wenn die konstituierte Macht die Konstitution, das Fundament ihrer rechtlichen Existenz und also sich selbst vernichtet usw. Da der allgemeine Wille eine solche Vernichtung des Republikanismus durch Usurpation nicht wollen kann und den Republikanismus notwendig will, so muß er auch die einzigen Mittel, die Usurpation zu vernichten (Insurrektion) und den Republikanismus von neuem zu organisieren (provisorische Regierung), zulassen können. Diejenige Insurrektion ist also *rechtmäßig*, deren Motiv die Vernichtung der Konstitution, deren Regierung bloß provisorisches Organ, und deren Zweck die Organisation des Republikanismus ist. – Das zweite gültige Motiv der rechtmäßigen Insurrektion ist *absoluter* Despotismus, d. h. ein solcher, welcher nicht provisorisch ist und also bedingterweise erlaubt sein kann, sondern ein solcher, welcher das republikanische Bildungsprinzip (durch dessen freie Entwickelung allein der politische Imperativ allmählich wirklich gemacht werden kann) und dessen Tendenz selbst zu vernichten und zu zerstören strebt und also absolut unerlaubt ist, d. h. vom allgemeinen Willen nie zugelassen werden kann. Der absolute Despotismus ist nicht einmal ein Quasistaat, sondern vielmehr ein *Antistaat*, und (wenn auch vielleicht physisch erträglicher) doch ein ungleich größeres politisches Übel, als selbst *Anarchie*. Diese ist bloß eine Negation des politisch Positiven; jener eine Position des politisch Negativen. Die Anarchie ist entweder ein *fließender Despotismus*, in dem sowohl das Personale der herrschenden Macht als die Grenzen der beherrschten Masse stets wechseln; oder eine unechte und *permanente Insurrektion*: denn die echte und politisch mögliche ist notwendig transitorisch.

185

Briefe
auf einer Reise durch Sachsen
nach Franken geschrieben

[Dritter Band. Achtes Stück, Nr. II, S. 122–131]

Erster Brief
[Auszug]

Gera, den 27sten Julius, 1796

Ungern verließ ich *Leipzig,* den angenehmen Sommeraufenthalt, dessen man auch ohne eigentlichen Umgang mit Menschen gar lieblich genießen kann. Die reizende englische Pflanzung rund um die Stadt, die nur ein Mann von Gefühl und Geschmack* aus dem alten stinkenden, sonst mit kahlen Maulbeerbäumen umpflanzten, Stadtgraben erschaffen konnte. Das liebliche Rosental, eine fast englische Natur; so manche schöne und nützliche Anlage, wie der Garten des Bankier *Lörs,* in welchem die schönsten einheimischen und fremden Pflanzen zum erfreulichen Genuß aller Gartenfreunde in seltener Vollständigkeit und Üppigkeit prangen; das, durch verbesserte Wiesen- und Baumkultur erfreuliche Gut des Kammerrat *Frege,* Amt *Nauendorf;* die artige angenehme Richtersche Anlage vor der Stadt, und so manche andere Gärten und Pflanzungen, gewähren einem genußfähigen Menschen dort die lieblichsten Sommergenüsse. Und wer, wie ich, dort dem Schatten froher Jugendgenüsse und dem frühe verworrenen, sich immer freundlicher lösenden Lebensknoten nachzuspüren hat, und ihm gerne nachspüren mag, dem wird gerade das so lieb und beruhigend, daß er, auch ohne besonderes Hinzutun der Einwohner, hinlängliche Veranlassungen und Veranstaltungen findet, sein Leben auf seine eigene Weise angenehm hinzutreiben. Dazu gehört nun freilich auch für

---

* Der geheime Kriegsrat *Müller,* jetziger Burgemeister der Stadt Leipzig, macht sich durch diese schöne Pflanzung, die mit jedem Jahre schöner gedeiht, wie durch so manche andere Verschönerung der Stadt, um seine Mitbürger und Nachkommen, und um so viele tausend Reisende von allen Nationen, auf die edelste Weise verdient.

A. d. H.

unsereinen, außer jenen angenehmen Promenaden und einem so guten Gasthofe, wie ich an dem *Hotel de Bavière* fand, ein Vereinigungspunkt für alles, was die Post und der Buchhandel gewährt; und den fand ich kaum zehn Häuser von meinem Hotel entfernt, auf eine sehr befriedigende Weise, an dem neuerrichteten *Beygangschen Museum,* das eine reiche Quelle der angenehmsten Unterhaltung für den Fremden wie für den Einheimischen ist. So hatte ich in Leipzig die vier großen Lebenselemente des beglückten Wanderers, Gasthof, Promenade, Post und Buchhandel in einer so angenehmen Harmonie und bequemen Lage beieinander, daß ich ein so glücklicher Hausvater und Landmann sein mußte, als ich es wirklich bin, um nicht auf den Gedanken zu kommen, daß solch Wanderleben wohl gar die angenehmste und für einen freien Menschen des ablaufenden achtzehnten Jahrhunderts angemessenste Existenz auf dieser, in jedem Sinne rundlaufenden, Erde sei. –

Sowenig ich auch gesonnen bin, Dir diesmal eine Beschreibung der Merkwürdigkeiten Leipzigs zu geben, – vieles lernte ich in dieser Jahreszeit auch nur in seiner unbelebten Gestalt kennen, als den sehr geschmackvollen, freundlichen Konzertsaal, das wohleingerichtete Theater – so muß ich Dir doch noch ein Wort von der Einrichtung des genannten Museums sagen: ich bin es ihm für den täglichen Genuß, den es mir gewährte, fast schuldig.

Der zweite Stock eines ansehnlichen Hauses ist auf eine zweckmäßige und zierliche Weise zu einer öffentlichen Leseanstalt eingerichtet. Man tritt zuerst in einen großen, mit den Bildnissen deutscher Gelehrten ausgezierten Saal, in welchem, so wie in einem Nebenzimmer, die sehr ansehnliche Lese- und Leihbibliothek aufgestellt ist, die schon gegen neunzigtausend Bände enthalten soll und immerfort vermehrt wird. Auf diesen Saal stößt eine Reihe mit Geschmack eingerichteter und verzierter Zimmer, wovon das erste zur mündlichen Unterhaltung bestimmt, das zweite zum ungestörten Lesen und Schreiben für jeden, der allenfalls Auszüge aus Büchern machen will, das dritte ganz besonders zur völlig ruhigen Zeitungs- und Journallektüre eingerichtet ist und das vierte eine ansehnliche Sammlung von Kunstwerken, neuen Schriften und Büchern zur Ansicht und auch zum Verkauf darbietet. Alle diese Zimmer sind teils mit hübschen Gemälden, teils mit Kupferstichen geziert, werden abends angenehm erleuchtet, im Winter geheizt und stehen den ganzen Tag, von morgens um 9 bis abends um 9 Uhr, den Abonnenten und den, von diesen eingeführten, Fremden zu ungestörter, literarischer Unterhaltung offen. Was mir vor vielen andern dergleichen Anstalten daran gefällt, ist: daß vom Spiel, vom Essen und Trinken und allem andern unliterarischen Weilen daselbst gar nicht die Rede ist. Für die tägliche Benutzung des Museums, der ganzen Zeitungs- und Journalsammlung, und der Leihbibliothek selbst, auch außer dem Hause und außer der Stadt, zahlt ein Abonnent für das ganze Jahr den mäßigen Preis von 12 Talern; doch scheint die Anzahl der Teilnehmer, deren Namen auf zierlichen Tafeln, in Rahmen gefaßt, an einer Wand gar klüglich prangen, noch nicht groß zu sein, im Verhältnis der Kosten und Mühe, die der Unternehmer auf dieses rühmliche Institut wendet.

Bei einer flüchtigen Überzählung zählte ich an politischen Zeitungen 2 englische, 9 französische, worunter auch der Moniteur,* 23 deutsche; an gelehrten Zeitungen: eine italienische und 20 deutsche; an *Monatschriften:* 10 englische, 3 französische und 63 deutsche; von denen die neuesten Stücke immer in bestimmten, mit ihren Titeln bezeichneten Fächern daliegen. Ein großes Buch beim Eingange zeigt gleich an, was denselben Tag neu angelangt ist, und ein anderes die Namen der Fremden, die sich haben einführen lassen. Da so leicht kein merkwürdiger oder auch nur auf Literatur aufmerksamer Fremder eine solche Anstalt unbesucht lassen wird, so erfährt man dadurch zugleich auf eine angenehme Art, mit wem man sich ebendort treffen kann.

Der Weg hieher geht durch schönes Land, in welchem die

---

* Im vorigen Jahre konnte der Unternehmer nur mit großer Mühe die Erlaubnis von Dresden erhalten, den Moniteur für sein Museum kommen zu lassen, und endlich ward sie ihm mit dem ausdrücklichen Beding gegeben, daß er den Moniteur keinem der Abonnenten außer dem Hause leihen sollte. Der Leipziger Zensor übertraf in diesem Jahre seine Landesregierung noch an Strenge, indem er eine bloße Nachricht, die Musik zur Marseiller Hymne betreffend, nicht unter die Buchhändler-Anzeigen zur Leipziger Zeitung passieren ließ.

A. d. H.

schönsten Äcker und Wiesen mit köstlichen kleinen Holzungen gar lieblich abwechseln. Die unbeschreibliche Fruchtbarkeit dieses Jahrs macht das Ganze überaus erfreulich.

Nach allen Seiten hin gewährt Sachsen dem teilnehmenden Reisenden einen sehr erfreulichen Anblick. Das Land ist fruchtbar und schön, mit allen Gaben der wohltätigen Natur reichlich ausgestattet; der Landbau wird fleißig und sorgfältig betrieben; der Wiesewachs nicht gegen den Akkerbau vernachlässigt, daher die Viehzucht auch im ganzen gut ist; die Holzungen werden gut unterhalten und häufig mit jungem Anwuchs verschönert. Der innere Verkehr wird wenigstens zum Teil, wenn auch noch nicht soviel, als zu wünschen wäre, durch gute Landstraßen befördert; Posten und Landfuhrwerk sind gut eingerichtet und werden billig und schnell genug bedient; in den kleinen Landstädten sind die Gewerbe in reger Betriebsamkeit; die Menschen sind größtenteils aufgeweckt, arbeitsam, gefällig und manierlich. Überall und an allem sieht man, daß Sachsen einen ansehnlichen Vorsprung vor seinen Nachbarn voraushat, länger und besser kultiviert ist, und wenn es gleich das noch nicht ist, was es ohne den Siebenjährigen Krieg, ohne die vorhergegangene, oft zwecklose, Verschwendung seiner Regenten, und die vielleicht zu große und einseitige Ökonomie seines jetzigen Kurfürsten, sein könnte, – der in seinem beharrlichen Eifer erst die Schulden des Landes ganz zu tilgen, eh' er zu mancher nötigen Beförderung der Indüstrie in das innere Gewerbe tätig mitwirkt, vielleicht zu weit geht: – so wird doch kein uneingenommener Preuße oder Böhme und Franke anstehen können, dem sächsischen Landmann und Bürger in demselben Grade den Vorzug in der Kultur zuzugestehen, in welchem das Land selbst vor den benachbarten Ländern von der Natur begünstigt worden ist. Diesen Vorzug möcht' ich aber nicht über den Bauern- und Kleinbürgerstand hinaus behaupten und schwerlich von den gebildeten und sogenannten höhern Ständen gelten lassen. Da hat der Preuße* offenbar den Vorzug.

** Der Verfasser versteht unter Preuße gewiß den der preußischen Regierung Unterworfenen.

A. d. H.

Eine liberale Denkart, die sich auf echte Aufklärung und vielseitige gründliche Ausbildung gründet, findet man selbst beim sächsischen Gelehrten nur selten; der Adel und der großbemittelte Bürgerstand scheint größtenteils noch weit davon entfernt zu sein. Und wenn ich gleich dem preußischen Edelmann, Gelehrten und Großbürger nicht einen so ehrenvollen Vorzug durchgängig zugestehen möchte, so ist doch gegenwärtig gewiß die Zahl der echt-aufgeklärten, gründlich unterrichteten, zu einer liberalen Denkart gebildeten Männer in preußischen Landen ungleich größer, als nicht nur in Sachsen, sondern selbst in jedem andern Teile von Deutschland.

Sachsen hat durch die frühere Beförderung und den unmittelbaren Anteil an der Reformation zuerst den wichtigen ersten Schritt zur innern Kultur getan, und es hat vor allen deutschen Ländern früh moralische Schriftsteller gehabt, die aufs Volk, bis auf die unterste Klasse hinab, gewirkt haben. Dieses hat dadurch den Grad von moralischer, humaner Bildung erhalten, der sich, nach den bisher herrschenden Begriffen, mit den mechanischen Gewerben nur allein zu vertragen scheint, und steht so eine merkliche Stufe höher als seine Nachbarn, denen selbst dieser Grad von Bildung noch fehlt. Aber die höhern Stände, denen eine weitere Ausbildung ihres Geistes durch die bisherige Lage der Dinge nicht nur leicht, sondern auch zur Pflicht geworden ist, diese scheinen großenteils selbst auf demselben, für sie sehr niedern, Grad der Bildung stehengeblieben zu sein und sich mit der etwanigen feinen Ausbildung ihrer körperlichen Kräfte begnügt zu haben. In dem Gefühl der Vorzüge ihres Landes und der Landeskultur, verbunden mit dem geistlichen Stolz auf den frühern Anteil an der Reformation und dem Dünkel auf den Besitz großer, für sie aber noch meistens toter, unbenutzter Schätze von edlen Kunstwerken aller Art, wird der Sachse von Stande leicht verleitet, sich für ausgebildet und aufgeklärt zu halten und darüber das selbsttätige Streben, welches dahin erst führt, zu verabsäumen. –
Doch ich gerate ins Räsonieren über ein Land, das ich eben, zu früh für mein Herz, hinter mir lasse, um dem, mit Krieg und Tumult erfüllten, Frankenlande entgegenzureisen. Besser, ich lasse meine Idee über das köstliche Sachsen und seine guten Bewohner ruhen, bis auf der Rückreise ein

zweiter, längerer Aufenthalt in dem, in so mancher Rücksicht großen und reichen Dresden und in seiner interessanten Umgebung, mich in den Stand setzt, mit bequemerer Lokalkenntnis und größerer, freierer Übersicht, ein bestimmteres Urteil zu fällen.

Hier fand ich alles gedrängt voll geängsteter, großenteils geistlicher Flüchtlinge aus Würzburg und Bamberg, die ihre neufränkischen Feinde schon im Besitz ihrer Wohnungen und Schätze sehen und sich kaum hier vor ihnen sicher glauben. Reisende, Zurückkommende, sächsische Truppen und preußische Werber, die mit einem großen Transport Rekruten hier eben durchgehen, erzählen viel von der eiligen Flucht der Österreicher, die auf ihrem Rückzuge schon im Bayreuthischen sind; wie sie auf den Landstraßen den Fuhrleuten die Pferde vom Wagen spannten, die Knechte mit Prügeln nach Hause jagten usw. So überzeugt ich auch bin, daß Furcht und Leidenschaft die Gefahr gewiß vergrößern; so halt' ich's denn doch, wenn auch nur zum ungehinderten Durchkommen, für klüger, meine Pferde zurückzuschicken und Postpferde zu nehmen. Die Wege, die an sich schon schlechter sind als die bisherigen, werden durch anhaltenden Regen ohnehin mit jedem Tage schlechter. [...]

Briefe auf einer Reise durch Franken im Julius und August 1796 geschrieben

Zweiter Brief
[Vierter Band. Zehntes Stück, Nr. III, S. 33–44]

Hof

Von Gera bis hieher habe ich die größte Mühe gehabt, mit Postpferden fortzukommen: alle Post- und Wirtshäuser lagen voll flüchtender Reisenden aus dem Würzburgischen, Fuldaischen, Bambergischen, von denen mehrere schon tagelang auf Postpferde gewartet hatten. In Schleiz, wo sogar ein englischer Kurier vom vorigen Tage schon auf Pferde wartete, bekam ich nur dadurch welche, daß ich den Kutscher eines Kaufmanns für mich gewann, und dieser seinen Herrn beredete, ihm zu erlauben, daß er mich mit seinen Kutschpferden die Station fahren dürfe. So fuhr ich zum Ärger aller derer, die, wie die meisten Reisenden zu tun pflegen, nur mit Pochen auf ihr Recht fortgeschafft zu werden und mit unnützem Schelten die Zeit verloren hatten, gar stattlich von dannen.

Unzählige Flüchtlinge, mit denen die Landstraße angefüllt war, machten mir den Weg, der schon an sich nicht der angenehmste ist, gar sehr unangenehm. Scharen von französischen Emigranten, besonders Abbés, die zeither in Bamberg, Würzburg, auch in Nürnberg einen sichern Ruhefleck gefunden hatten, nun aber vor der mit Macht andringenden französischen Armee fliehen, finden dort in Sachsen, wohin sie mit der besten Hoffnung wandern, auch schon wieder den Befehl, daß sie nur wenig Tage geduldet werden sollen. Trauriges Geschick! Und wie denn doch die meisten unter ihnen noch ganz heitere Gesichter hatten und selbst in ihren Gesprächen mit leichtem Sinn über ihre unglückliche Lage, die einen deutschen candidatus theologiae zur Verzweiflung bringen würde, hinfahren können! Beneidenswertes Volk! Sehr viele unter ihnen baten meinen Postillon zu halten und kamen dann an den Wagen, sich über den Weg Rats zu erholen. Selten bettelte mich einer gradezu an: aber der Schluß der Rede war doch fast immer eine leicht hingeworfene Bemerkung über ihre schlimme Lage. Fast alle waren auch so ordentlich angekleidet, und ein Abbé frisiert und gepudert, daß es einem ohne das nicht wohl eingefallen wäre, ihnen Geld zu bieten. Nur zwei von ihnen gingen in Gesellschaft eines Menschen von militärischem Ansehen, und dieser war der einzige, der mich nicht nur allein geradezu anbettelte, sondern auch noch sehr niederträchtigerweise hinzufügte, er sei ehedem Offizier bei der Garde des Königs gewesen. Er mußte dafür auch seinen Hut herhalten und ein sehr kleines Almosen selbst hinnehmen und ansehen, daß ich auf eine feinere Art mein Mögliches für seine armen, um religiöser Verblendung willen verbannten, Gefährten tat.

In einem Wirtshause fand ich einen ganz runden Tisch voll sehr wohlgenährter junger und alter Abbés aus den Niederlanden, zur Essenszeit, da alles um sie herum schmauste, bei einem schwarzen Brote und einem Kruge Bier ganz lustig beredt. Einer flickte dabei seine Strümpfe, ein andrer sein Kamisol, ein dritter strickte sich ein Paar Handkamaschen und nur einer, ein junger schöner blühender Mensch, las dabei ziemlich laut sein Brevier ab, starr dumm vor sich hinsehend. Das Traurigste für sie war in dem Augenblick gewiß, daß in derselben Gaststube vor ihren Augen und Nasen eine Menge Fleisch aller Art abgebraten wurde und gewaltig dampfte und stank. Ein treues Bild einer französischen Garküche, zu der sie leider nicht Geld genug mitbrachten, um sich das Gebratene ungestört vom Kohlendampfe, unter bitterm Tadel für den Garkoch, köstlich schmecken zu lassen.

Hier ist ein gewaltiger Handelsbetrieb. Seitdem selbst der Handel von Holland über Hamburg zu Lande mitten durch Deutschland geht, sind die sächsischen und fränkischen Straßen wie noch niemals befahren. Nun fängt die Straße hier an zu stocken: die Frachtfuhrleute fürchten die retirierende kaiserliche Armee, die sich mit Macht nach Böhmen zurückzieht und gestern schon nur wenige Meilen von hier zu passieren anfing. Einem Gastwirt von hier, der auch auf Nürnberg Fracht fährt, haben sie vor einigen Tagen auf der Nürnberger Straße die Pferde vom Wagen zu Fortbringung ihres Gepäcks abgespannt und den Knecht mit Prügeln nach Hause gejagt.

Mit Postpferden kann es indessen für einen Reisenden um so weniger Not haben, da es hier nur kaiserliche Reichsposten gibt; und so werd' ich meinen Weg morgen ungestört fortsetzen. Hier habe ich eine kleine Ruhe gehalten, um alles, was bei meiner Abreise unvollendet und unbeantwortet in die Schreibemappe geworfen wurde, ordentlich zu vollenden und gehörig zu beantworten. Man reist noch einmal so froh und leicht weiter, wenn man an nichts Rückständiges im Gewissen gemahnt wird. Dann erst genießt man das liebliche Alleinsein im bequemen Reisewagen in seiner ganzen Süßigkeit.

Ermüdet vom Schreiben fiel mir gestern nachmittag eben noch zur rechten Zeit ein, daß ich mittags an der table d'hôte aus Mitleiden meinen Namen zu einem Konzert, das denselben Abend auf dem Rathause gegeben werden sollte, mit aufgeschrieben hatte, und daß ich auf dem Umlaufzettel den Namen *Richter* bemerkt hatte. Bei meiner ziemlichen Unbekanntschaft mit den neuen Produkten der deutschen schönen Literatur hatte ich zwar nichts von den beliebten Romanen dieses Dichters gelesen: mehrere meiner Freunde hatten mir aber schon öfters von ihm als einem humoristischen Geist gesprochen, wie ihn die deutsche Literatur noch gar nicht habe: und so nahm ich ihn auf meiner Liste von merkwürdigen Menschen im Frankenlande bereits von Hause mit.

Ich ging also zur Konzertstunde nach dem Rathause und trat da mitten in ein echt Hogarthsches Konzert. In einem dunkeln unaufgeräumten Zimmer standen und saßen fünf schmutzige Musikanten, die sich wechselseitig den Rücken zukehrten und wüst durcheinanderstrichen: einer der drei Violinisten war ein kleiner Junge mit einem lahmen dick umwundenen Beine. Alle schienen ebensowenig Notiz von ihren Gesichtern als von einem jungen Virtuosen zu nehmen, den sie begleiteten und der ganz abgesondert von ihnen bescheiden an einem Pulte stand und mit recht angenehmem Ton das Bassethorn blies. Diesen lernte ich nachher als einen feinen jungen Mann kennen, der eigentlich auf Mineralogie die böhmischen und sächsischen Gebürge bereiste und sein musikalisches Talent nur als Hülfsmittel zum Fortkommen benutzte. Das Stück, in das ich trat, war bald zu Ende und ich ließ mir meinen Mann Richter zeigen. So wenig vorteilhaft auch der erste Eindruck war, den mir sein äußeres Wesen und sein, wie es mir im ersten Augenblicke schien, gesucht witziger Ausdruck machte, so ließ ich mich doch nicht abschrecken, sondern bat ihn um die Zusage, mit mir den Abend freundschaftlich zuzubringen. Er willigte gern ein, versprach später nachzukommen und ich eilte wieder zu meinem Schreibtische.

Gegen neun Uhr kam Richter, wie es schien, mit einer Reihe von humoristischen Einfällen ausgerüstet; indes paßte alles, was er sagte, immer sehr gut und witzig auf die augenblicklichen Veranlassungen, und ich ward bald gewahr, daß wirklich eine sonderbar rastlos wirkende Seele in ihm sei, die mit einer ganz eignen Fantasie alles, was sie berührt, auf eine sonderbare Weise zuspitzte. Sein sonderbares äußeres Wesen setzte mich anfänglich fast in Verlegenheit: er schlurrte in zu weiten Schuhen die Stube auf und ab, mit langem geradem fast hintenübergebogenem Rücken und in die Höh geworfenem Kopfe, dessen kahle Glatze er mit der rechten flachen Hand oft bedeckte, sein ganzes Gesicht sah wie der personifizierte (englische) Humor aus. Über die Sonderbarkeit unsers Zusammentreffens gerade an jenem Orte, unsers Beisammenseins in einem Zimmer, das im Winter auch wieder gewöhnlich zu Konzerten angewandt würde, jagten sich witzige Einfälle und echt sentimentalische Ausdrücke.

Das Essen kam, er aber wollte sich nicht zu Tische setzen; er hätte längst gegessen, er wäre keine Abweichung von seiner gewöhnlichen Diät fähig; in Hof kämen die guten Leute nur abends nach Tische zusammen, um ein lustiges Glas Wein miteinander zu trinken etc. Wir setzten uns also zum Glase Wein gegeneinander über. Mit dem festen Sitz und der geraden Richtung mit Aug in Auge schien mehr Ruhe in sein Wesen zu kommen. Ich brachte ihn auf Weimar, wo er sich in diesem Frühjahr einige Zeit aufgehalten hatte, und nun enthüllte sich immer mehr eine schöne gefühlvolle Seele und ein rein auffassender heller Geist in ihm. Die treffendsten Urteile über jene merkwürdigen Menschen, die ich seit vielen Jahren zu kennen glaube, und denen der unbefangene Mensch tief in die Seele geblickt hatte, setzten mich oft in Erstaunen. Bei ganz herrlichen Sachen, die er über Goethes göttliches Genie und über dessen moralischen Charakter sagte, fuhr mir durch die Seele, daß er ihn wie du und ich zusammengenommen beurteile und damit grade am richtigsten träfe. Es fiel ihm auf, daß ich eine lebhafte Rührung unterdrückte; er dringt in mich, ihm nichts zu verschweigen, und ich sag' ihm ganz unbefangen, ich wünschte in diesem Augenblick, daß mein liebes Weib mit uns wäre und ihren schönen Anteil an unserm Gespräche nähme – und nun stürzen dem Menschen die hellen Tränen aus den Augen; er springt auf, umfaßt mich, weiß sich nicht zu lassen, der schönste poetische Ausdruck einer überströmenden Empfindung ergießt sich aus ihm über die Seligkeit, einen Mann zu sehn, der in solchem Augenblick sich sein Weib zur Seite wünschen kann. – Ich müßte Bogen voll schreiben, um dir nur einige Begriffe von seinem Enthusiasmus zu geben. – Er läßt mich nicht los; ich muß ihm von dir erzählen, ich muß ihn etwas aus deinen Briefen lesen lassen; er will dir schreiben, gleich auf der Stelle, er muß nach G. – Wahrlich, ich kann mich in diesem Augenblick nicht genug wundern, daß ich die Szene so lange ohne Widerwillen habe ertragen können, und es ist mir der sicherste Beweis, daß sein Enthusiasmus ebenso wahr gewesen ist, als die Liebe, die das Wort aussprach. Der ganze Mann ist mir auch wieder ein schöner Beweis für die alte Bemerkung geworden, daß die verschiedensten Menschen sehr wohl miteinander existieren können, wenn bei beiden nur Wahrheit zum Grunde liegt.

Beim Scheiden gegen Mitternacht mußte ich ihm zusagen, daß ich heute bei ihm einige Stunden zubringen und dann einige liebe Familien des Ortes mit ihm besuchen wollte, in deren Mitte er sein einfach glückliches Leben verlebt. Und davon komme ich jetzt mit der angenehmsten Rührung und Befriedigung her. Ja, guter lieber *Jean Paul,* das hat dich zu dem Menschen gemacht, der du bist, daß du mit solchen lieben herzigen reinempfänglichen Menschen in traulicher Liebe lebst; daß du Raum hast in deiner weiten ungeweißten Bodenstube mit deiner braven alten Mutter und dem jungen wackern Bruder; daß dir der altväterische Stuhl und Tisch, an dem du vielleicht zuerst dich aufrichtetest und die ersten jugendlichen Züge hinmaltest, noch nicht zu altmodisch geworden; und daß so deine ganze Umgebung dich durch nichts aus dir selber herauszieht, du so in seliger Abgeschiedenheit mit dir selbst, wie mit deinem besten Freunde, lebst. Wie du in Hof lebst, um jährlich daraus zu verreisen, so reise auch nur stets, um gerne und immer lieber wieder in dein Element, den lieben trauten Kreis zurückzukehren und uns eine Welt aus deinem Innern darzustellen.

Der brave herzige *Jean Paul* – so nennt sich Richter in seinen Schriften – hat mir seinen *Hesperus* mit auf den Weg gegeben und ich freue mich herzlich auf den Genuß. Die Vorrede hat mir einen schönen Vorschmack gegeben. Ich muß dir wenigstens eine schöne Stelle daraus hersetzen: besser könnte ich diesen Brief auch auf keine Weise enden.

„Komm, liebe müde Seele, die du etwas zu vergessen hast, entweder einen trüben Tag oder ein überwölktes Jahr, oder einen Menschen, der dich kränkt, oder einer, der dich liebt, oder eine entlaubte Jugend, oder ein ganzes schweres Leben; und du, gedrückter Geist, für den die Gegenwart eine Wunde und die Vergangenheit eine Narbe ist, komm in meinen *Abendstern* und erquicke dich mit seinem kleinen Schimmer, aber schließe, wenn dir die poetische Täuschung flüchtige süße Schmerzen gibt, daraus: ,vielleicht ist das auch eine, was mir die längern tiefern macht'. – Und dich, höherer Mensch, der unser Leben, das nur in einem *Spiegel* geführt wird, kleiner findet als sich und den Tod und dessen Herz ein verhüllter großer Geist in dem Totenstaube anderer zerfallener Menschenherzen heller und reiner schleift, wie man den Demant im Staube des Demants poliert, darf ich dich auch in meinem Abend- und Nachtstern auf eine Anhöhe herniederrufen, sowie ich sie aufzuwerfen vermag? darf ich es, damit du, wenn du um sie, wie um den Vesuv, *morganische* Feen- und Nebelgruppierungen und Traumwelten und Schattenländer in der Tiefe ziehen siehest, vielleicht zu dir sagest: ,und so ist alles Traum und Schatten um mich her; aber Nebel setzen Länder voraus und Träume Geister und der Erdschatten eine Sonne und eine Welt.'"

„Aber zu dir habe ich nicht den Mut, zu dir, edler Geist, der des Jahrhunderts müde ist, und des Nachwinters der Menschheit, dem zuweilen, aber nicht immer, das Menschengeschlecht wie der Mond zurückzuwandeln scheint, weil er den Zug der Wolke, die darunter hinfliegt, für den Gang des himmlischen Körpers selber ansieht und der voll erhabner Seufzer, voll erhabner Wünsche und mit schweigendem Ergeben zwar neben sich eine würgende Hand und das Fallen seiner Brüder hört, aber doch das aufgerichtete auf dem ewig heitern Sonnenangesicht der Vorsehung ruhende Auge nicht niederschlägt, und den das Unglück wie der Blitz den Menschen zwar *entseelt*, aber nicht *entstellt;* edler Geist, ich habe freilich nicht den Mut, zu dir zu sagen: ,Würdige mich, auf mein Schattenspiel zu schauen, damit du über dem idealischen Abendstern, den ich vor dir vorüberführe, die Erde vergissest, auf der du stehest und die sich jetzt mit tausend Gräbern wie ein Vampir an das Menschengeschlecht anlegt und Opferblut saugt.' – Und doch habe ich an dich unter dem ganzen Buche gedacht und die

Hoffnung, mein kleines biographisches Nacht- und Abend-
stück vor nasse, aufgerichtete und feste Augen zu bringen,
war der tragende Malerstock der müden Hand gewesen."

Schreiben eines Reisenden
an seinen Freund in H**
über Nürnbergs gegenwärtige Lage
Im Jul. 1796

[Dritter Band. Achtes Stück, Nr. III, S. 135–153]

Ich hätte zu keiner günstigern Stunde für unsere Korre-
spondenz nach Nürnberg kommen können. Die preußische
Besitzergreifung der Vorstädte, des ganzen Bezirks innerhalb der Linien, und noch anderer Ämter und Distrikte,
brachte so viele Dinge zur Sprache, und das verschiedene
Interesse der Bürger machte sie gegen mich, um ihre Partei
zu rechtfertigen, so offen und mitteilend, daß ich in wenigen Wochen über die Verhältnisse Nürnbergs mehr unterrichtet wurde, als sonst vielleicht in soviel Jahren nicht geschehen wäre. Ich spare mir die Auseinandersetzung der,
sehr verwickelten, nürnbergischen Staatsverfassung, die an
Konkurrenz der verschiedenen Rechtsanmaßungen, und
daraus entstehenden Kollisionen der Gerichtsbarkeit der
Ämter und Gerichte, der venezianischen wenig nachgibt,
für einen andern Brief auf und lege Ihnen in diesem nur
den Zustand vor, in welchem sich Nürnberg nun durch die
Geltendmachung der, von dem Brandenburgischen Hause
schon längst prätendierten Rechte versetzt sieht.
Wer recht oder unrecht hat, dies wage ich nicht zu entscheiden. Wollen Sie sich in diese verwickelte Sache einlassen,
so haben Sie die Erklärungen Preußens und Nürnbergs hier
beigefügt und sollen auch die ausführliche Deduktion erhalten, wenn sie erscheint. Nur das habe ich immer so bei
mir gedacht, daß, da der Nürnberger Magistrat immer seine
Bürger zu unterdrücken suchte, und ihm alle Mittel gut genug waren, sich Recht gegen sie zu erschleichen, daß sie
auch gegen andere Reichsstände nie werden redlich verfah-

ren haben. Wer seine Kinder betrügt, der handelt gewiß nicht ehrlich gegen seine Nachbarn.

Daß der König die Vorstädte nie mehr an Nürnberg zurückgeben wird, läßt sich als eine ausgemachte Sache voraussetzen. Ebenso gewiß ist es, daß Preußen die brandenburgischen Besitzungen nie vertauschen wird, denn die sind ihm wegen der Vorteile, die sie, ihrer Lage nach, für seinen Handel nach Deutschland haben, viel zu gelegen, als daß es sie einem, für *seine Macht* unnötigen Arrondissement aufopfern würde. Überhaupt scheint sich Preußen mehr angelegen sein zu lassen, seine entferntern Besitzungen in Verbindung zu setzen, als sie gegen nahegelegene, die ihm keine so ausgebreitete Handlung gewähren können, zu vertauschen. Man merkt es an allem, daß Preußen strebt, seine militärische Verfassung, zu der es durch die Gefahr, die ihm eine Koalition von halb Europa drohete, gezwungen wurde, in eine gesetzmäßige, das Wohl seiner Untertanen in dem Maße immer mehr bezweckende Regierung umzuschaffen, als seine äußere Sicherheit und seine Macht gegen andere Staaten sich vermehrt und es der Sorgfalt überhebt, bloß für seine politische Existenz zu sorgen. Kurz, Preußen strebt darnach, seine Untertanen in selbständige Bürger umzuschaffen. Handlung und Gewerbe sind nun das Haupt-Augenmerk Preußens, und es wird nichts verabsäumen, um beide so sehr als möglich in Flor zu bringen.

Aus diesen Vordersätzen läßt sich nun leicht auf den Vorteil schließen, den es aus seinen fränkischen Besitzungen ziehen wird, und die mißliche Lage voraussehen, in die Nürnberg versetzt werden wird. Vor allen wird Preußen suchen, den Handel Nürnbergs in die Vorstädte zu ziehen; es wird diesen alle Freiheit einer Stapelstadt gewähren und durch alle, nur mit seiner Verfassung nicht völlig unvereinbarliche Privilegien den Handel und die Indüstrie derselben zu befördern suchen. In Verbindung mit Danzig ist es dadurch imstande, den nordischen Handel nach dem südlichen Deutschlande besonders seinen Besitzungen eigen zu machen. Der Handel nach Danzig und Frankfurt an der Oder wird für die Nürnberger Kaufleute fast unmöglich gemacht und dafür den Vorstädten aufs höchste erleichtert werden. Die Kaufleute in den Vorstädten werden durch Befreiung von Zöllen in ihren Speditionen so viele Erleichterung haben, und die Nürnberger so sehr beschwert werden, daß sie auf keiner Messe und keiner Spedition die Konkurrenz mit jenen werden halten können. Abschaffung der Handwerks-Mißbräuche, weniger Abgaben und wohlfeilere Lebensmittel werden die Handwerker in den Vorstädten in den Stand setzen, bei geringern Preisen ihrer Manufakturen mehr zu verdienen, als die in der Stadt; und diese werden daher gezwungen werden, sich entweder auch in den Vorstädten niederzulassen oder in ihrem Traume von freier Reichsbürgerschaft zu verhungern. Raum, um soviel Kaufleute und Handwerksleute in sich zu fassen, als sich nur niederlassen mögen, werden die Vorstädte gewiß bald genug erhalten, denn wahrscheinlich wird schon in diesem Jahre der Anfang mit der Vergrößerung derselben gemacht werden. Ob Preußen das Recht habe, Nürnberg so sehr in das Verderben zu stürzen, will ich nicht untersuchen; aber dies ist nicht zu leugnen, daß ein Staat nicht verbunden sein kann, aus Mitleiden gegen einen andern, der aus Eigensinn einen Schatten von eigener Hoheit, trotz aller eintretenden Umstände und selbstverschuldeter Ohnmacht, nicht aufgeben will, das Wohl seiner eigenen Bürger zu verabsäumen.

Wie befindet sich denn, wenn meine Voraussagungen, auf die ich wetten wollte, daß sie Beschlüsse des preußischen Kabinetts sind, eintreffen, der nürnbergische Bürger in Vergleich mit dem preußischen in den Vorstädten? Gewiß äußerst elend! Er wohnt in einem Staate, der allen Kredit verloren hat, und dies eben nicht durch einen Zufall, durch den bisweilen auch der wohlhabende Mann in Verlegenheit gesetzt werden kann, sondern weil man weiß, daß er eine Schuldenlast hat, die sich wenigstens auf vierzehn Millionen beläuft und die durch Verkaufung aller Besitzungen, Habseligkeiten und Gerechtsame des Staats nicht getilgt werden kann; weil man weiß, daß er sich gegen die Darleiher eine Schalkung erlaubt, die nicht auf die geringste Redlichkeit in seinen Finanz-Operationen schließen läßt. Um Ihnen den letztern Vorwurf verständlich zu machen, muß ich Ihnen sagen, daß jedes Amt in Nürnberg Obligationen auf seine *Spezialhypothek* gibt, während das Losungsamt sie auf die *Generalhypothek aller* Staatsbesitzungen und Einkünfte erteilt. Welcher Gläubiger ist nun gesichert? Entwe-

der der auf die Spezialhypothek oder der auf die Generalhypothek angewiesene ist betrogen. Bei diesen Staatsschulden findet sich nun noch ein jährliches Defizit von
hundertfünfunddreißigtausend Gulden (135.000 Fl.), das
nun nach den preußischen Besitznehmungen noch höher
steigen muß. Wodurch kann dies Defizit je gedeckt werden? Durch ein Moratorium in Bezahlung der Interessen?
Ehe ein Gläubiger dazu verbindlich gemacht werden kann,
muß er wenigstens höchst wahrscheinliche Sicherheit erhalten, daß sich sein Schuldner in einer endlichen Zeit so
erholen wird, daß er ihm im ärgsten Falle doch sein Kapital bezahlen kann: denn ein Moratorium bis zum Jüngsten
Tage kann doch kein Richter von einem Gläubiger für den
Schuldner je verlangen. Und wäre Nürnberg wohl mit einem andern Moratorium etwas gedient? Um über Verbesserung des Finanzwesens zu beratschlagen, und sie auch
mit Zustimmung des Rats auszuführen, hat man ein Kollegium unter dem Titel: Ökonomie-Verbesserungs- und
Rechnungs-Revisions-Kollegium niedergesetzt, das jährlich
neuntausend Gulden fixe Ausgaben verursacht, und – *blei-
bend* sein soll, welches aus Patriziern, Gelehrten, Kaufleuten und Handwerkern bestehet. Dieses Kollegium hat nun
in vier Jahren eine Verminderung der Ausgaben von zwei-
tausend Gulden (2 000 Fl.) entdeckt und um ein paar hunderttausend Gulden Stadtgüter verschleudert, ohne das
Defizit im geringsten zu vermindern und die Einnahme zu
erhöhen. Hat es aber wohl viel mehr tun können? Um dieses zu entscheiden, muß ich Ihnen noch einige andere
schlimme Seiten der nürnbergischen Verfassung aufdek-
ken.
Alle Arten von Abgaben sind in Nürnberg bereits schon erhoben, wenn man die Zölle auf die Handlungs-Artikel aus-
nimmt. Der Bürger zahlt hier eine Steuer unter dem Titel:
Losung, die dem Kapitalisten genau sieben Sechzehnteile
($^{7}/_{16}$) seiner Interessen und dem Kaufmann zwei u. drei
Fünftel ($2^{3}/_{5}$) Prozent von seinem Kapitale abnimmt; außerdem muß noch jeder Bürger fünf Gulden zwanzig Kreuzer
(5 Fl. 20 Kr.) Losung geben, wenn er auch gar kein Vermögen hat. Wer ein Haus sein eigen nennt, der muß zuerst
zwei Gulden siebenundzwanzig Kreuzer Grundgeld bezahlen, dann soll er noch sein Haus taxieren, wieviel es Zins

tragen kann, und von diesem Zins gibt er die Losung, als
wären es Interessen; so daß jemand, der ein Haus besitzt,
das hundert Gulden (100 Fl.) Zins beträgt, *sechsundvierzig
Gulden und einige Kreuzer* dafür Steuer geben muß. Bewohnt
also ein kleiner Kaufmann, dessen ganzer Fond zehntau-
send Gulden ist, ein Häuschen, das hundert Gulden Zins
einbringen könnte, so soll er über dreihundert Gulden
Steuer bezahlen. Eine Abgabe, die viele zugrunde richten
müßte, wenn in Nürnberg mit dem *Sollen* immer ein *Müssen*
verbunden wäre. Wenig Personen zahlen diese Abgabe, wie
sie die hohe Obrigkeit verlangt, aber dagegen setzen sich
freilich die andern der Gefahr aus, daß nach ihrem Tode,
wenn von Herrschafts wegen inventiert wird, welches man
bei *wohlhabenden* Personen teils durch den Vorwand der
obervormundschaftl. Vorsorge, wenn Kinder da sind, teils
durch veranstaltete Uneinigkeit der Erben fast immer zu
bewirken sucht, ein großer Teil ihrer Erbschaft als Strafe für
die Losungs-Schalkung weggenommen wird. Bei dieser
drückenden Abgabe ist nun noch auf allen Viktualien Akzise; das Simragetreide, ohngefähr soviel als bei uns sechs
und ein drittel Faß, zahlt, ehe es Brot wird, beinahe zwei
Gulden (2 Fl.) Abgabe. Der deutsche Wein zahlt das Maß
vier, der ausländische acht Kreuzer. Das Bier, der Eimer zu
64 Maß, zahlt fünfundvierzig Kreuzer, wenn es in der Stadt
gebrauet wird, und einen Gulden dreißig Kreuzer, wenn es
vom Lande kommt. Eier, Schmalz usw. gaben unter den Toren Zoll. Diesen nimmt nun Preußen ein. Von dem Flei-
sche wird die Akzise durch das Monopol mit dem Unschlitt
erhoben, zu welchem ein eigenes Amt niedergesetzt ist, das
aus drei Deputierten, die alle Ratsherren sind, aus einem
adelichen Amtmann, einem Amtschreiber und ein paar
Ausläufern besteht.
Bei dieser ungeheuren Steuer und diesen drückenden Akzi-
sen ist nun der Bürger noch mit einer solchen Menge ent-
behrlicher Deputationen und Beamten belästiget, von denen kein einziger von seiner Besoldung leben kann,
sondern die alle auf Sporteln angewiesen sind, daß sich
diese Abgaben durch den langsamen, nur *durch Bestechung* zu
beschleunigenden Justizgang; durch die Menge der Schreiber und Beamte, die man bei jedem Kaufe, Vertrage, Ein-
klage, kurz, bei allen bürgerlichen Geschäften, zu sportulie-

ren hat; durch die Präsente an die Deputationen; durch die aufgedrungenen Unkosten bei Hochzeiten, Leichen usw. (denn wer z. B. nur den Titel *vornehm* hat, der muß, wenn er sich noch so stille kopulieren läßt und niemand dabei sieht, als den Pfarrer und den Überbringer der Unkostenkonto, dennoch an Leute, die keinen Schritt aus dem Hause tun, einige neunzig Gulden bezahlen) beinahe verdoppeln. Eine gleiche Bewandtnis hat es mit den Leichenbegängnissen und mit dem privilegierten und unprivilegierten Gassenbetteln. Nur ein Beispiel von diesem Sportulieren. Sooft die Bierbrauer eine veränderte Taxe des Biers haben wollen, müssen sie der Deputation zwölf Dukaten zum Geschenke machen. Ähnliche Geschenke müssen alle offene Gewerbe machen. Ich habe Ihnen das nürnbergische Adreßbuch beigelegt, damit Sie sich selbst von der ungeheuren Menge Staatsraupen, die an dem Wohlstande der hiesigen Bürger nagen, überzeugen können. Diese Menge Beamten sind zugleich die Arme der Patrizier, die jeden guten Vorschlag, der nicht zu ihren hoffärtigen Hoheits-Gaukeleien und ihrem Privat-Eigennutze paßt, aus dem Felde zu schlagen suchen. An Vermehrung der Einkünfte durch die Verbesserung der Ökonomie ist in den nächsten Jahren noch nicht zu denken, denn alles ist durch die Unwissenheit und den Eigennutz so herabgebracht, daß man zuerst Geld haben muß, um es in guten Stand zu setzen. So ist z. B. der Wald so schlecht versehen worden, daß man, wenn er nicht ganz zugrunde gehen soll, den Wald durch das Geld der Stadt verbessern muß und nicht daran denken darf, durch den Wald Geld in die Stadt zu schaffen.

Nehmen Sie nun dies alles zusammen und sagen Sie, ob irgendein Kollegium der Welt, unter der Voraussetzung, daß es, unbedeutende Kleinigkeiten ausgenommen, immer beim alten bleiben soll, die Staats-Einkünfte vermehren oder das Defizit vermindern kann. Die Schwäche würden freilich kluge Personen nicht haben, unter diesen Umständen eine Verbesserung vornehmen zu wollen und die Schuld der Staatsverderber auf sich wälzen zu lassen.

Das bisher Gesagte wird Ihnen vielleicht schon Schauder verursachen, wenn Sie sich statt eines H. Bürgers einen

Nürnberger denken; aber es liegt noch nicht der ganze Abgrund vor Ihnen. Wenn auch Nürnberg ein Moratorium bis zum Jüngsten Tage bekäme, so würde doch die Schuldenlast sich immer vermehren, denn es ist in beständigem Streite mit seinen Nachbarn und betreibt seine Prozesse auf die Art, wie sie in seinen Mauern müssen betrieben werden, wenn man sie gewinnen will. Diese Prozesse würden dann sicher wieder bald ein großes Defizit hervorbringen. Aber gesetzt, Nürnberg verglich sich mit allen Reichsständen, so würde doch, da durch ein Moratorium die Losung sich auf achtzigtausend Gulden vermindern müßte, weil erst die Hälfte der Schulden an nürnbergische Bürger zahlbar sind und nun durch die preußische Besitzergreifung eine große Einnahme wegfällt, ein jährliches, sich immer vergrößerndes, Defizit entstehen. Also ein Moratorium bis an den Jüngsten Tag kann Nürnberg nicht mehr retten. Bleibt also Nürnberg in seiner verderblichen Hoheitssucht, so wird jeder Gläubiger entweder sein Geld an Nürnberg großmütig hinschenken müssen oder auf dem Wege rechtens nicht soviel erhalten, als die Klage gegen Nürnberg kostet. Wer freilich sich auf das Drohen versteht, der wird nun noch eine kleine Summe herausschrecken können, weil die gnädigen Herren es jetzt gerade am wenigsten gern sehen würden, wenn man sie für bankerott erklären wollte. Ihr guten Väter, die ihr glaubt, euren Kindern ein Kapital zu ihrem bessern Fortkommen in dem Schoße des Staats niederzulegen; ihr armen Witwen und Waisen, die ihr glaubtet, ohne zu betteln, von euren geringen Mitteln leben zu können; ihr unglücklichen angehenden Bürger, die ihr sicher genug gewesen seid, auf euer, dem Staate anvertrautes, Vermögen Handel oder Gewerbe anzufangen; alle, alle werdet ihr um eure Forderungen betrogen; ihr müßt im Elende schmachten, damit ein Patrizier noch den andern Bürgern schimpflich begegnen, und wenn es ihm etwa einfallen sollte, sich wieder an der unzüchtigen Betastung ihrer Töchter weiden kann.* Was hat nun der nürnbergische Bürger für alle das Elend, das er duldet, und für alle die Betrügereien, zu denen er mittelbar hilft? Das ist doch wohl die

* Es wird Ihnen schon die skandalöse Visitationsgeschichte aus der Hebe und andern Schriften bekannt sein.

natürliche Frage, die jeder Mann von gesundem Verstande tun wird und auf welche die bestimmte Antwort so ausfallen muß: Schlechte Polizei, niederträchtige Sittenrichtung, was man hier Schöppenamt heißt, und eine Obrigkeit, die gegen keinen würdigen Bürger Achtung beobachtet, aber vor jeder Drohung des Pöbels zittert. – Aber hier, mein Freund, da ich Ihnen soviel Niederschlagendes schreibe, muß ich Sie sogleich wieder durch etwas, das die Fortschritte der Aufklärung beweist, aufrichten. Der dumme Pöbel in Nürnberg ist, wie ein Vorfall, den ich nun gleich berichten werde, beweiset, nur achtzig Mann stark. Einige Bürger, und was gerade dem Patrizier hier hätte gewonnen Spiel geben müssen, wenn es unter den Armen und durch den jetzigen Krieg leidenden Handwerksleuten viel Pöbel gäbe, – meistens reiche Bürger sahen die Gefahr ein, die nun Nürnberg drohet, und gaben eine Schrift ein, worin sie dem Magistrate bewiesen, daß er bisher, sowohl in politischen als in Finanzsachen, so albern gehandelt, daß die Bürgerschaft kein Vertrauen mehr auf ihn haben kann, daß er also in einer so wichtigen Sache, wo es auf einen großen Verlust von Land und Leuten oder gar auf die Umänderung der jetzigen Staatsverfassung ankäme, nicht eigenmächtig verfahren, sondern sich einen Ausschuß von der Bürgerschaft wählen sollte. Diese Schrift nun hatte der Magistrat die Impertinenz, durchstrichen zurückzugeben und dann zu erklären, daß er, der den Staat ins größte Elend stürzte, schon selbst wüßte, wenn es Zeit wäre, dem Rate der Bürgerschaft ein geneigtes Gehör zu gönnen. Dies war schon ein Verfahren, das eines afrikanischen Despoten würdig war; aber dabei ließ es der nürnbergische Magistrat nicht bewenden, denn despotisch zu handeln, das ist ihm zu wenig, er muß auch *niederträchtig* handeln. Er zeigte die Unterzeichner dieser Schrift dem Kaiserlichen Gesandten, Grafen von *Schlick*, als Jakobiner an und empfahl sonderlich den Konzipisten dieser Schrift, Dr. Köhler, zur allerhöchsten Kaiserlichen Ungnade. Noch nicht genug, man suchte auch den dummen Pöbel aufzuhetzen, der aber, zum Glück der Menschheit, unter den vielen armen bedrückten Handwerksleuten, doch nur mit Inbegriff von Schreibern und Beamten, wie ich schon gesagt, nur achtzig Mann stark war. Lassen Sie uns nun aber von dieser greulichen Szene das

Auge wegwenden und die Lage Nürnbergs betrachten, wenn es seinen Hoheitsdünkel aufopfern und sich Preußen überlassen würde. Der mißlichste Punkt in dieser Sache ist, daß Preußen, welches gar nicht gesonnen ist, der noch bestehenden deutschen Verfassung hohnzusprechen, mit der Bürgerschaft, ohne Beitritt des Magistrats, der nach dem Aberglauben, den man nun Staatsrecht nennt, die gesetzliche Obergewalt von Nürnberg ist, nicht unterhandeln wird. Dieser Magistrat aber wird Preußen alles, was es nicht einmal fordert, und noch die Gerechtigkeit der Landeshoheit bis an den Laufer Schlagturm und an den weißen Turm abgeben (was dies heißt, sehen Sie aus dem beigelegten Plane von Nürnberg), wenn er nur noch einige Jahre das Recht haben kann, seine Untertanen – denn als Bürger behandelt er sie wahrlich nicht – elend zu machen. Aber gesetzt, dieser Magistrat würde durch die Entschlossenheit der Bürger dahin gebracht, einen aus ihnen, dessen Familie nun die Vorsehung als eine schändliche Tierart aussterben läßt, der sich an der Infamierung der Töchter Nürnbergs einst ergötzte und der, obschon der Letzte seines Geschlechts, und mit häufigem Mammon umgeben, doch noch den Geiz bis zur Entadelung der menschlichen Natur und seine Hoffart bis zur Stärke eines Obersten der Teufel treibt, als einen Auswurf der Menschheit zu verabscheuen und der klugen Ergebenheit in die Zeitläufe zu folgen; so würde Nürnberg ein, vor allen Städten Deutschlands glückliches, Los treffen. Preußen würde zwar Nürnbergs Bürger nie als Untertanen annehmen, aber es würde sich erbarmen, den elenden Nürnberger Staat als Reichspfandschaft in einen blühenden Zustand zu versetzen. Preußen sucht sich durch eine, in einem monarchischen Staate noch nie vorgekommene, Klugheit selbst in eine Republik umzuschaffen, weil jeder Untertan volle bürgerliche Freiheit genießt. Friedrich der Einzige suchte seine Untertanen durch den Spruch: *gebt, was ihr sollt, und redet, was ihr wollt,* zum Denken aufzurufen, und der jetzige König, der einem vortrefflichen Ministerium die völlige Freiheit gibt, alles Gute zu tun, was aufgeklärte Menschen vermögen, sucht seinen Staat bis zu der Höhe zu vervollkommnen, daß er sagen kann: *lernt, was ihr sollt, so wißt ihr, was ich will.* – Daß ich mich hier nicht hoffnungsvollen Träumen überlasse, davon wird Sie die treffliche Rede überzeugen, die Herr von *Hoym* in Warschau bei der Huldigung hielt. Wenn also Preußen Nürnberg als Reichspfandschaft übernimmt, so wird es die größten Vorteile genießen und in ebendem Maße glücklich werden, als es außerdem nach meiner Schilderung unglücklich wird.

Der Kredit von Nürnberg wird völlig hergestellt werden, das wird der Hauptzweck Preußens sein; um diesen sicher zu erreichen, wird es die Verfügungen treffen, die ich Ihnen nun nach meiner Aussicht, die mich in diesem ganzen Kriege und jetzigen Umständen noch nie betrogen hat, angeben will. Die Abgaben werden vermindert und nach den übrigen fränkischen Fürstentümern reguliert. Die Justiz wird nach dem preußischen Gesetzbuche verwaltet; Ordnung und Polizei wird eingeführt und besonders das privilegierte und unprivilegierte Gassenbetteln abgeschafft. Die Sporteln und Deputationsgebühren hören auf. Jeder Beamte bekömmt seinen bestimmten Sold, und die Deputationen werden durch die Polizei-Direktion alle entbehrlich. Der Handel von Nürnberg bleibt frei und bekommt noch einige Privilegien in den übrigen preußischen Ländern, die er vorher noch nie gehabt hat. Er wird besonders mit Danzig in Verbindung gesetzt und dadurch wahrscheinlich die ansehnlichste Handelsstadt Deutschlands. An Konskription wird gewiß preußischerseits ebensowenig als in Danzig gedacht, und es wird auch nicht mehr Militär nach Nürnberg kommen, als in den Kasernen Platz hat. Die Lebensmittel werden wohlfeiler, und niemand wird mehr zu zwecklosen Ehren-Abgaben gezwungen. Von der alten Einrichtung wird soviel beibehalten, als sich mit einer guten Staats-Einrichtung verträgt. Urteil und Recht wird nicht mehr verzögert, bis die Prozeßkosten dem Prozeßgegenstande gleich sind. Alles, was Preußen jetzt tut, die Vorstädte allein emporzubringen, das wird es tun, um die *Stadt* samt den Vorstädten in einen blühenden Zustand zu versetzen.

Dies ist ein kurzer Umriß von den Vorteilen, die Nürnberg unter preußischem Schutze erhält. – Aber freilich verlieren die Patrizier ihre aufgeblasene Hoheit und ihre geheime Einnahme; sie werden sich aus allen Kräften noch als ein besonderer Staat erhalten wollen, um das zu scheinen, wofür sie kein Vernünftiger erkennt, und die Einkünfte zu beziehen, die ihnen kein ehrlicher Mann als rechtmäßig zugestehen wird. Würden sie aber in sich gehen, und es gibt unter den jüngern einige Männer von Gefühl für Wahrheit und Recht, so würden sie sehen, daß sie durch diesen Schritt in der Achtung vernünftiger Menschen gewinnen müßten, und daß sie auf kein Recht Verzicht tun, das sie rechtmäßig erlangt und nicht durch die Unfähigkeit, dasselbe zum Wohl des Staats zu gebrauchen, verwirkt haben. Und wenn auch der Patriziat den bessern unter ihnen nicht folgen wollte, so werden gewiß Nürnbergs Bürger, ehe sie verhungern, oder ihre Geburtsstadt verlassen müssen, den verzweifelten Schritt wagen, ihre Obrigkeit, die sie nicht als Bürger, deren Wohl sie zu besorgen hat, sondern nur als Mittel, um in der Einbildung noch eine glänzende Rolle zu spielen, behandelt, auch nur als eine, sie an ihrem Wohl hindernde, tierische Gewalt behandeln und ihre körperlichen Kräfte zur Gründung ihres Wohls benutzen, weil die, deren Pflicht es ist, auf rechtmäßige Art dieses Wohl zu begründen, für Wahrheit und Recht taub sind. Es tut mir leid, daß ich gerade in dieser interessanten Zeit Nürnberg verlassen muß und nicht abwarten kann, ob der Nürnberger Bürger seine Gutmütigkeit bis zum letzten Bissen Brot beibehält, immer schwatzt und nie handelt und sich so mutwillig ins höchste Elend stürzen läßt.

Leben Sie wohl etc.

Neue deutsche Werke

[Auszug]

1) *Woldemar.* Neue verbesserte Ausgabe; Königsberg 1796, bei Friedrich Nikolovius. Erster Teil, VI S. und 286 S., Zweiter Teil 300 S.

[Dritter Band. Achtes Stück, Nr. IX, S. 185–213]

„Daß es ein Vermögen der Göttlichkeit (II. 251) im Menschen gebe, wiewohl er bis tief in das Innere seines Wesens abhängig und gebrechlich ist, und sein mußte; daß Gott kein leerer Wahn sei"; ist das große Thema dieses philosophischen Romans, der bis in seine zartesten Teile von dem leisesten sittlichen Gefühl, von dem innigsten Streben nach dem Unendlichen beseelt ist. Das Dasein eines uneigennützigen Triebes, einer reinen Liebe zu enthüllen, ist Hauptabsicht oder Nebenabsicht mehrerer Werke *Jacobis*, der kein Philosoph von Profession, sondern von *Charakter* ist. In diesem, teils abhandelnden, teils darstellenden Werke offenbart er nun wo nicht den besten, doch einen großen Teil von allem, was er je über den Charakter jener freien Kraft, ihre möglichen und natürlichen Verirrungen und über ihre einzig wahre Richtung wahrgenommen, empfunden, gedacht und geahnet hat, denen, die das Genie der Liebe und der Tugend haben – den *Geistersehern*. (Ergieß. Horen 95, VIII. Samml. S. 4.)

Wahr ist's, man kann niemand Freiheit eingießen, der den Keim dazu nicht in sich trägt. Aber der Keim bedarf eines äußern Anstoßes, der ihn mächtig reize, seine Hülle zu zersprengen; er bedarf Pflege und Nahrung. Wo könnte er diese besser finden, als in Werken, in welchen das göttliche Prinzip des Menschen in lebendiger Wirksamkeit, ja in seinen individuellesten Äußerungen dargestellt wird? In Werken, wo die Dichtung die Ideen nur wie eine leichte Hülle zu umschweben scheint und den unsichtbaren Gott allenthalben durchschimmern läßt? Ein solches Werk ist *Woldemar*!

Es ist ein großes Verdienst dieser und mehr oder weniger aller Jacobischen Schriften, daß sie dem Unglauben an Tugend und an allen Ideen so kräftig entgegenstreben. „Jede Erhabenheit des Charakters kommt von überschwenglicher Idee" (Allw. 268); und praktische Kraft und Gültigkeit der Ideen ist unnachlässige, vorläufige und subjektive Bedingung aller Philosophie. – Es ist nicht zu ändern, daß alle, die ganz an der Erde kleben, glauben, man wolle sie zum besten haben, wenn man ihnen von Ideen redet, wie der alte Hornich, wenn man sein Gefühl in Anspruch nahm (I. 4). Ein andrer Unglaube ist aus der Philosophie entsprungen und hat selbst diejenigen, welche zwar der höchsten Begeisterung fähig sind, aber jede Überspannung hassen, mißtrauisch und furchtsam gemacht. Die Majorität der Vernünftler war nämlich durchaus unfähig, sich nicht bloß mit dem Kopfe, sondern auch mit dem Herzen zu Ideen zu erheben. Sie leugneten, was über ihren Horizont war; und konsequente Denker, die auf einem zu niedrigen Standpunkt standen und doch nichts unerklärt lassen wollten, bahnten ihnen den Weg. So gelang es ihnen, die Gemeinheit einigermaßen zu systematisieren und zu sanktionieren, indem sie alle Mittelmäßigen zu einer unsichtbaren Kirche vereinigten. Die Häupter der Gemeinde gehen nun wie Feuerherren umher, und wo sie etwas wittern, was wie Enthusiasmus aussieht, schreien sie: Mystizismus! Schwärmerei! – Durch Gründe die Angriffe des entschiednen Skeptikers vollständig zu besiegen, maßt sich Jacobi gar nicht einmal an: aber ein Werk, wie Woldemar, wird jeden, der fähig ist, das

Höchste zu lieben und zu wollen, *durch die Tat* lebendig überzeugen, daß diese Liebe kein Gedicht und kein Traum sei. Wenn dadurch auch nur einer seiner edlen Mißtrauischen Zuversicht gewinnt, so ist das kein kleiner Gewinn für die Menschheit.

Jacobis lebendige Philosophie ist ein reifes Resultat seiner individuellen Erfahrung und eine entschiedene Gegnerin jener toten Philosophie, welche nur mit Buchstaben, den „Gespenstern des ehemals Wirklichen" (I. 245), ein Gewerbe treibt, eine Form, welche ihren Geist überlebt hat, der Schlamm und die Grundsuppe menschlicher Erkenntnis ist und „aus dem geilsten Mißbrauch des Vermögens willkürlicher Bezeichnung entsprang" (Allw. S. 16). – Die gänzliche Trennung und Vereinzelung der menschlichen Kräfte, welche doch nur in freier Vereinigung gesund bleiben können, ist die eigentliche Erbsünde der modernen Bildung. Der allgemein verbreitete und ungeheure Unfug kalter Vernünftler ohne Sinn, Herz und Urteil liegt am Tage, und selbst unsere größten Denker sind nicht ganz frei von Abgötterei mit der Vernunft. Gegen solche despotische Eingriffe nimmt Jacobi die Rechte des Herzens in Schutz und macht die große Wahrheit einleuchtend, daß „die Tugend sich nicht erklügeln lasse" (I. 126). In dieser *polemischen* Rücksicht können Jakobis Schriften sehr günstig wirken, da die Natur ohnehin dafür gesorgt hat, daß sein Vernunfthaß in unserem Zeitalter wenigstens keine allgemeine Epidemie werden kann.

Diese *neue Ausgabe* des Woldemar ist ein erfreulicher Beweis, wie empfänglich das deutsche Publikum für Ideen ist, und eine Bestätigung, wie sorgfältig der Verfasser seine Werke zu feilen, wie geschickt er sie auszubilden versteht; denn alle seine Änderungen sind auch Verbesserungen.

Gleich vorn sind die vielen Mottos, die sich sonst vor dem Eingange des Heiligtums drängten, wie Schweizer an der Pforte eines Schlosses paradieren, sämtlich verabschiedet. So auch das *statt Vorrede* zum 2. Teil und die Dedikation „an den alten Freund, an den Mächtigen, der ihm einst liebend, zürnend, drohend zurief: nicht länger zu *gaffen*; sondern in die eigenen Hände zu schauen, die Gott auch gefüllt hätte mit Kunst und allerlei Kraft". Die hinzugekommene, vorläufige Charakteristik Woldemars (S. 14–16) ist voll der wichtigsten Aufschlüsse nicht bloß über ihn, sondern über den Geist und die Entstehung des ganzen Werks. „Heftig ergriff sein Herz alles, wovon es berührt wurde, und sog es in sich mit langen Zügen. Sobald sich Gedanken in ihm bilden konnten, wurde jede Empfindung in ihm Gedanke, und jeder Gedanke wieder Empfindung. Was ihn anzog, dem folgte seine ganze Seele; *darin verlor er jedesmal sich selbst"* usw. „So kam er seinem Gegenstande immer näher; so entfernte, in gleichem Maße, sein Gegenstand sich immer

mehr von ihm." Durch eine zweckmäßige Versetzung (S. 45–76 d.
neuen Ausg. u. 36–63 d. alt.) durch die Erklärung und Geschichte
von Hornichs Haß gegen Woldemar, welcher sich beim Tokadille
zuerst entwickelt (S. 41) und auf Veranlassung eines kalekutischen
Hahns (S. 106) die höchste Blüte erreicht; und durch das Tischge-
spräch bei Dorenburg ist das Ganze ungleich deutlicher, runder
und vollständiger geworden: hätte der Künstler dazu nur nicht solcher Figuranten bedurft, wie der widerliche Alkam und der unbedeutende Sidney. Dieser Engländer ist durchaus nichts, als ein
Schüler des trefflichen Thomas Reid und Fergusons, durch dessen
Versuch über die Geschichte der bürgerlichen Gesellschaft Woldemar zuerst zur „Feuertaufe" gelangte (S. 80), „da ihn bisher nicht
nur die neuern Weisheitslehrer, sondern auch die großen Alten
nur mit Wasser getauft hatten". Sehr merkwürdig hingegen ist der
Charakter Hornichs, der, wiewohl ihr entschiedener Gegenfüßler,
doch nicht ohne Familienähnlichkeit mit der heiligen Gemeinde
ist. Auch dieser alte Wechsler ist auf seine Weise besessen: er
schwärmt für das Philistertum, und seine knechtische Vergötterung
des Buchstabens möchte sich auch gern aufschwingen. – Daß Henriettens Tränen bei Vorlesung von Woldemars Brief (S. 27 d. alt.
Ausg.), das mehrmalige Wechseln ihrer Farbe und die endlich bleibende Blässe weggelassen sind, ist gut, aber nicht hinreichend.
Denn wiewohl die großen beiden ihren erhabenen Abscheu, sich
  „wie es im Menschengeschlecht der Männer und Weiber Gebrauch ist",
zu vereinigen, beständig im Munde führen; so sind doch nicht wenig Züge stehengeblieben, welche diesen Beteurungen widersprechen und nur aus Geschlechtsliebe entspringen und auf Ehe abzie-
len können. – Vieler kleiner Änderungen nicht zu erwähnen (I.
S. 194, 208, 218, 254, 273, II. S. 13, 14, 74, 100, 136, 220. 221), wird
im 2. Bande, außer einigen für die Deutlichkeit vorteilhaften Zusätzen (S. 157, 160, 186), auch der Plutarch in den Familienkonvent,
wo über das Herz des gefallnen Woldemar eine medizinische Kon-
sultation gehalten wird, mit etwas mehr Vorbereitung eingeführt
(S. 187–190). Da Biederthal glücklicherweise eine Abschrift von
Woldemars Auszug besitzt, so braucht die arme Henriette, die nur
eben ohnmächtig war und während der ganzen Sitzung eine lange
Rede nach der andern aus dem Stegreife gehalten hat, das dicke
Buch nicht mehr so lange auf dem Schoße zu haben.
Es gehört eine vertraute Bekanntschaft mit dem Buche dazu, um
alle Widersprüche, um die Vermischung des Vortrefflichen mit
dem Gefährlichen und Widrigen darin ganz einzusehn, obgleich
von beidem auch auf den ersten Blick so manches auffällt. Notwendig ist es, das eine vom andern strenge zu scheiden: denn mit dem
bloßen Streben nach dem Unendlichen ist die Sache doch gar nicht

getan. Ein Werk kann bei dieser hohen Tendenz dennoch durch und durch unlauter und verkehrt sein, und wer, was er als Unphilosophie und Unschicklichkeit erkennt, zu beschönigen sucht, ist unwürdig, daß man auf sein Urteil achte, oder weiß nicht, was er will. So gern man auch schonen möchte, darf man sich hier doch durchaus keine Halbheit erlauben: denn es sind eben nur die Würdigsten, welche ein genialisches Werk wie Woldemar verführen und an den Rand des Abgrunds locken kann. Spott über den Unzusammenhang des Ganzen und das Ungeschick im einzelnen kann niemand beleidigen, der das Werk aus der Nähe betrachtet und fest ins Auge gefaßt hat.

Man gerät in nicht geringe Verlegenheit, wenn man sich über den eigentlichen Charakter, die höchste Absicht und das endliche Resultat des Ganzen strenge Rechenschaft geben will. Und doch kann man es nicht richtig würdigen, ohne hierüber im reinen zu sein. Betrachtet man es, nach einem Wink in der Vorrede über den Unterschied desselben vom Allwill, als ein *poetisches* Kunstwerk: so fehlt es an einem befriedigenden Schluß, und Woldemars reuige „Zerknirschung läßt immer noch einen ganz unerträglichen Nachgeschmack" zurück. Was kann empörender sein, als seine Selbstverachtung, sein Schwindel vor den Tiefen seines Herzens? Die Erzählung endigt mit einer unaufgelösten Dissonanz. Woldemars Innres und Äußres ist unheilbar zerrüttet. Nach einer *solchen* Reue kann er sich wohl zum Gehorsam eines guten Knechts, aber nie zur Würde eines freien Mannes erheben. Sein Verhältnis mit Henrietten ist eigentlich zerrissen. Sie ist nicht seine Freundin mehr: er hat eines andern Vertrauten über sie nötig, als sie selbst, und wirft sich an Biederthals Busen (II. 299). Die Freundschaft, mit der W.s Gemütsruhe steht und fällt, muß vollends brechen oder verhallen. Nicht zu erwähnen, wie peinlich, häßlich und also unpoetisch fast alle dargestellten Situationen, Charaktere und Leidenschaften sind: so wäre das Unnatürliche der Hauptbegebenheit, welches wir jeden Augenblick empfinden, in einem Gedicht eine unersetzliche Störung. Woldemars und Henriettens Mißverständnis konnte gar nicht stattfinden, wenn nur soviel Zutrauen, soviel Delikatesse in ihnen wäre, als zu dem Bestehen auch des gemeinsten bloß gesellschaftlichen Verhältnisses erforderlich ist. Sie reden zwar unaufhörlich von hohen Idealen der Freundschaft und erörtern das förmlich, worüber sich wahrhaft delikate Menschen stillschweigend verstanden haben würden, die eigentliche Natur ihres Verhältnisses: wo hingegen die schnellste Offenheit notwendig war, bei scheinbaren oder wahren Beleidigungen brüten sie einsam und schmollen mißtrauisch. Die gegenseitige Aufklärung kann sie nicht geheilt haben, sie muß ihre Empfindlichkeit nur noch wunder machen: seine leidenschaftliche Ängstlichkeit und ihre jungfräuliche Zurückhaltung sind eine unversiegliche Quelle neuer Mißverständnisse und werden endlich auch die arglose Allwina anstecken müssen. Auch Henriette und Allwina müssen früher oder später zugrunde gehen. Für W. konnte es nicht schwer sein, die Freundschaft für Henrietten mit der Neigung für Allwinen zu vereinigen. Ein Weib zu lieben, gleich als wäre sie ein Mann: von einem Freunde geliebt zu werden mit weiblicher Nachsicht und Anbetung; das war es eben, was sein verzärteltes Herz begehrte, und wobei es in seinem Falle keiner besondern Reinheit und Festigkeit der Gesinnung bedurfte. Diese fielen allein auf das Teil jener beiden. Er achtete nicht auf die Möglichkeit, daß die Natur seinem Eigensinne entgegenarbeiten und sich in irgendeiner spätern Stunde höhere Ansprüche, andere Wünsche in den Busen seiner beiden Geliebten regen könnten. Er gab es zu, daß Henriette einen Teil ihres Selbsts vernichtete, um sein Ideal ganz zu erfüllen. Denn was soll nun Henriette eigentlich sein? Was können wir anders annehmen, als daß sie eigentlich dazu organisiert war, unter der gefälligen Gestalt eines Weibes geschlechtslos zu sein; und wen mag sie dann noch interessieren? – Oder daß sie eines entbehrt, um das andere zu genießen. Es sei, daß dieser Zustand nicht Spannung war: aber wird er darum dauernd sein? Ein Augenblick kann sie die Entbehrung schmerzlich empfinden lassen. Ich rede hier nicht von einer schnellen Einwirkung der Leidenschaft oder der Sinne. Aber wenn Henriette wirklich Weib ist, so kann sie der Sehnsucht, ein eignes Kind an die Brust zu drücken, um so weniger entgehn, da sie täglich Zeuge von mütterlicher Glückseligkeit sein muß; sie kann am ersten von ihr überrascht werden, bei dem Anblick eines Kindes auf Allwinens Schoß: hier muß das Mitgefühl ahnen, daß es an eignes Gefühl nicht reicht. Wird ihr forthin nicht die bisherige Wonne ihres Lebens unfruchtbar dünken? – Wenn wir so manche Züge, die in Henrietten auf das Mädchen deuten, ihre Betroffenheit über W.s Lachen, ihr Verschweigen, ihre Schüchternheit, ihre sie so ganz überwältigende Angst zusammenrechnen, so erscheint sie in der Tat als ein Opfer W.s. – Und Allwina? Es ist vorauszusehn, daß sie sich ausbilden, ihr Geist sich stärken und Bestimmtheit gewinnen wird. Ihr kindliches Hinaufschauen zu Henrietten muß sich mit den Jahren in Gleichheit verlieren. Bisher hatte sie von der Hand ihrer Freunde alles genommen, wie sie es ihr gaben; sie hätte sich wohl durch ihre Unschuld selbst zur Unnatur verleiten lassen: aber eben ihr unbefangner Sinn wird bald ahnen, daß Woldemar ihr, wie es zuletzt wirklich geschieht, etwas verbergen muß, und ihr reiferes Gefühl, das notwendig mit erhöhtem Bewußtsein verknüpft ist, dagegen auflehnen. Wenn dann auch eigentliche Eifersucht fern von ihr bleibt, muß sich nicht Mißtrauen und Unruhe ihrer bemächtigen?

213

Natürlich müssen sich viele Widersprüche aus einem Verhältnisse ergeben, welches in seiner ersten Anlage durchaus ein Widerspruch ist, den alle Kunst des Verfassers nicht heben, ja nicht einmal verstecken konnte. Henriettens Freundschaft soll keine Liebe sein, und ist doch offenbar nichts anders. „Das schüchterne, bescheidne Mädchen, welches zu seinem eigensten Dasein bisher nicht hatte gelangen können, und es nun im fortgesetzten, vertraulichen Umgange mit einem erfahrnen, in sich schon bestimmten Freunde erwirbt, der ihren besten Ideen und Empfindungen – den einsamen, verschlossenen – Freiheit, Bestätigung, unüberwindliche Gewißheit verschaffte" (I. S. 67) – hat eine starke Anlage zur Ehe, ist aber zur Freundschaft, welche sich nicht auf gegenseitige Abhängigkeit gründen darf, und von jeder Beziehung auf Bedürfnisse so rein als möglich erhalten werden muß, nicht selbständig genug. Ihr ganzes Wesen wird durch ein *Bedürfnis* angezogen und an den Mann gefesselt, der ihr Haltung, Richtung und Einheit geben und wieder von ihr nehmen soll. Ihre Seele sucht ihn zu umfassen, wird sich auf ihn beschränken und kann nur in der innigsten Vereinigung mit ihm vollständige Befriedigung finden. Jenes Streben ist eigentliche, weibliche Liebe, und diese innigste Vereinigung durch alle himmlischen und irdischen Bande, wo zwei durch gegenseitige Bedürfnisse und Abhängigkeit ein Ganzes werden und bleiben (II. 38), nichts andres als *Ehe*. Ein Weib, welches einen Mann „über alles liebt"; – „aus ihm ihr bestes Dasein – alles Dasein nimmt"; – „ohne ihn nicht leben möchte – und – nicht leben könnte" (II. T. S. 186); ist in ihrem Herzen seine Gattin.
Um Woldemars Freundin sein zu können, ist Henriette zu sehr – Weib und Mädchen. Zwar könnte es wohl eine Freundschaft zwischen einem Manne und einer Frau geben, die durch ihre Leidenschaftlichkeit der eigentlichen Liebe ähnlich schiene und doch wesentlich von ihr verschieden wäre. Nur müßte der Mann, um einer solchen Freundschaft fähig zu sein, kein sinnlicher, eitler, durch und durch gebrechlicher Woldemar, sondern Herr seiner selbst sein. Die Frau müßte sich nicht nur über den Horizont der Weiber, die nur in ihrem Geliebten und in ihren Kindern leben, erheben können und fähig sein, Ideen tätig zu lieben, nicht bloß müßig darüber zu räsonieren; denn Freundschaft ist ja eben eine gemeinschaftliche Liebe, Wechselbegeistrung; sondern auch reif und sicher über die Bedürfnisse und Besorgnisse des Mädchens erhaben sein. – Henriette ist so sehr Jungfrau, daß die bloße Magie ihres Umgangs sogar die beiden muntern, jungen Weiber wieder in Jungfrauen verwandeln kann (T. I. S. 9); so wie ein rechter Prophet alles, was er berührt, in Offenbarungen und Seher umbildet (Ergieß. S.5, 6). Henriette verschweigt Woldemarn das Versprechen, das sie sich hat abnötigen lassen. Sehr jungfräulich mag das sein; aber es

ist ganz und gar nicht freundschaftlich: und man muß Woldemarn recht geben, daß er sich dadurch von ihr „getrennt fühlt".

Mit „Bruder Heinrich" hätte selbst der mißtrauische Woldemar zu *solchen* Mißverständnissen nicht kommen können. Sie sind selbst für den Zuschauer so quälend, daß er sich wohl jedes Mittel gefallen ließe, welches ihnen auf einmal ein Ende machen könnte, wäre es auch nur jenes populäre, welches schon die Homerische Kirke dem Odysseus vorschlägt:

„Auf dann, stecke das Schwert in die Scheide dir; laß dann
                                                      zugleich uns
Unser Lager besteigen, damit wir, beide vereinigt
Durch das Lager der Liebe, Vertraun zueinander gewinnen."

Ohne Gewalt würden sie freilich wohl alle beide nicht dahin zu bringen sein, da sie jeden, der ihnen nur von fern ansinnt, zu tun, was ihnen Blutschande und Sünde wider die Natur scheint, so schnöde anlassen und so innig bemitleiden. „Der Nebel" (T. II. S. 75) wäre dann wohl zerstreut, aber zugleich auch der ganze Roman eher geendigt, als er noch angefangen hätte. Auf W.s und H.s gegenseitiger Unheiratbarkeit (bei einer so außerordentlichen Sache darf man sich auch wohl ein außerordentliches Wort erlauben) beruht das Ganze: mit ihr steht und fällt die Einzigkeit ihres Einverständnisses und Mißverständnisses. Da der Dichter sie nicht motivieren konnte, war er genötigt, sie zu postulieren und durch schneidende Machtsprüche die Fragen, welche er nicht zu beantworten vermochte, abzuweisen. Ein leidiger Notbehelf! Denn er mag auch einen noch so hohen Trumpf darauf setzen, so wird ihm doch niemand aufs Wort glauben: „daß die Freuden der Gattin und Mutter sich im Mitgefühl höher schwingen, als im eignen" (T. I. S. 9, 10). – Schade ist's, daß H.s Liebenswürdigkeit unter ihrer Einzigkeit sehr leiden mußte! Es fällt dadurch ein Schein von gemeiner Prüderie auf sie. Vorausgesetzt, daß Henriette Woldemarn wirklich liebt: so ist die Art, mit der sie ihm entsagt und ihr Entschluß, „den Tanten zum Exempel zu leben" (T. I. S. 279), sehr liebenswürdig und auch sehr weiblich: denn daß ein Mädchen von zarter Seele bei der geringsten Veranlassung, eben aus Liebe dem Besitz ihres Geliebten entsagt, ist gar nicht unnatürlich.

Woldemar hat sehr recht, wenn er sagt: „Wir wurden Freunde, wie Personen von einerlei Geschlecht es nie werden können" (T. II. S. 49); wenn er aber hinzusetzt: „und Personen von *verschiedenem* es vielleicht nie waren"; so ist das nur eine leere Anmaßung, wozu ihn allein die Wut, einzig zu sein, verführen konnte. Die Tendenz, ihr Wesen, ihre Taten und ihre Verhältnisse für sich und untereinander außerordentlich, seltsam, sonderbar und unbegreiflich zu finden, ist eine charakteristische Familienähnlichkeit der Jacobischen

Menschen. Keiner ist aber von diesem Hange so ganz besessen, wie Woldemar. Er kann auch nicht einmal einen umgeworfnen Korb mit seiner Freundin aus dem Quark heben, ohne sich in Anbetung ihrer (und also auch seiner) Einzigkeit zu ergießen. – Wahrlich, es vergeht nicht leicht ein Tag, an dem nicht solche Freundschaften unter Personen von verschiedenem Geschlecht zu ganzen Hunderten angefangen, vollendet, oder auch durch fremde und eigne Schuld gestört werden: denn nichts ist gemeiner, als ebendiese Mischung von Kraft und Schwäche, von echter Liebe und echter Selbstsucht. Auch jene Freiheit mordende, grenzenlose Hingebung, welche Jacobi so oft, bald unmittelbar bald mittelbar, als die schönste weibliche Tugend anpreiset, wiewohl eben sie die Wurzel der Tugend selbst vernichtet, ist gar nichts Seltnes; die gewöhnliche Eigenschaft aller Frauen, die gutgeartet sind, ohne sich zur Selbständigkeit erheben zu können. Das ist es, was W. von seinem Freunde wie von seiner Gattin verlangt; und sein angeblich unerhörtes Ideal von Freundschaft wird nur zu oft in gemeinen Ehen realisiert; innigste Vereinigung auf Kosten der Selbständigkeit: man könnte es eine übertriebene Ehe nennen.

Nichts ist ungeschickter, „Vertrauen auf die Macht der Liebe" einzuflößen, als Woldemars Beispiel: denn in einem solchen Herzen muß die Liebe, ihr Gegenstand sei, welcher er wolle, ihre edle einfache Natur verwandeln und uin ein fressender Schaden werden. Die erste der beiden Sentenzen, mit denen das Werk schließt, kann also durchaus das nicht sein, wofür sie doch so deutlich gegeben wird, Resultat des Ganzen. Aber auch die zweite: „Wer sich auf sein Herz verläßt, ist ein Tor"; ist keine richtigere Folgerung, als die Nutzanwendung so mancher Äsopischen und unäsopischen Fabel: obgleich so vieles unmittelbar, das übrige wenigstens mittelbar sich auf sie zu beziehen und um ihrentwillen da zu sein scheint. Sollte sie auch nur rhetorisch bewiesen werden, so mußte W. Kraft haben und bloß aus Selbstgenügsamkeit fallen. Der Fall eines Menschen, dem man die Gebrechlichkeit so bald ansieht, befremdet und betrübt uns nicht sonderlich. „Woldemar kann", auch uns Lesern, „das nicht ersparen, daß wir ihn verachten müssen" und seine Strafe gerecht finden, ohne darum besser von der Knechtschaft zu denken.

Es wird zwar mitunter viel Übels von W. gesagt: aber ohne daß es dem Künstler damit ein rechter Ernst gewesen sein kann; denn er hat uns Achtung und Teilnahme für ihn geben wollen, und beides ist er nicht wert. Dorenburg nennt W.'n einen geistigen Wollüstling. So ist es auch mit ihm, aber in einem höhern Grade, als Jacobi es gewollt haben kann: denn jene feine Wollust macht ihn zum groben Egoisten. So *genießt* er Allwinen, die Lais seiner Seele, liebt sie nicht: es ist wirklich empörend, wie er sich noch freuen darf, daß er sie nur besitze, ohne von ihr besessen zu werden (T. II. S. 73). So *braucht* er Henrietten, „daß sie ihm seinen alten Traum von Freundschaft deute" (T. II. S. 38), zur „Bestätigung, daß seine Weisheit kein Gedicht sei" (T. II. S. 182); liebt sie nicht. So steht er da, hingegeben der Befriedigung, die beide ihm gewähren, und läßt sich anwehen von erquickenden, balsamischen Lüften im geistigen wie im physischen Sinn. Diese Beschaffenheit W.s verbreitet ihren widrigen Einfluß auf das Schönste im Buch. Das Zarteste selbst wird undelikat, weil es uns seine selbstische Befriedigung malt: so die schöne Schilderung von Allwinens Liebe und Hingebung: so die Art, wie beide Freundinnen sich bemühn, dem Weichling das Leben zu versüßen und ihm jeden Anstoß aus dem Wege zu räumen. Wir können nicht umhin zu glauben, daß es demjenigen an wahrer Kraft fehlt, der andre soviel für sich tun läßt, der eines solchen Zauberkreises bedarf, um darin zu existieren. – Seine Lieben, die soviel Not mit ihm haben, tragen indessen auch in etwas die Schuld. Warum bestehen sie so hartnäckig darauf, ihn zu vergöttern, da sie doch wissen, daß eitel Hochmut und Lüste in ihm sind? Es ist ein großes Übel, wenn ein Mensch zum Schoßkinde der ihn zunächst Umgebenden geworden ist; oft hat er es nur seinen Unarten zu danken, und es vermehrt diese dann. Eigentlich nimmt der Verfasser selbst Anteil an diesem Verzärteln: Woldemar ist auch sein Liebling, und der gemeinschaftliche Mittelpunkt, um den sich alles dreht, mehr als der Zusammenhang des Ganzen erfordern oder auch nur erlauben dürfte. Alle übrigen scheinen nur um seinetwillen da zu sein; wenn sie nicht für ihn handeln oder leiden, so ratschlagen sie über sein Seelenheil. Wie müßte die Kenntnis davon, die man dem, den sie betrifft, nie ganz entziehn kann, einen gesunden Menschen stören, ihm so lästig fallen? Woldemarn würde sie nur in seiner Eitelkeit bestätigen und noch tiefer in Spekulationen über sich selbst verwickeln, zu denen er schon so geneigt ist. Dieses Grübeln ist das beste Mittel, einen ohnehin kranken Geist ganz zu schwächen und zu verderben, wie beständiges Medizinieren den Körper entnervt. Kein Wunder, wenn der Patient zuletzt so gefährlich wird, daß die beratschlagende Familie sich stillschweigends permanent erklären muß, wie ein Senat, wenn das Vaterland in Gefahr ist. Das Pedantische dieser Szene würde recht anschaulich werden, wenn man eine Zeichnung dazu machen wollte: man nähme die Figuren und setzte sie um einen Tisch, wie im *Orbis pictus*, über den ein Auge im Dreieck schwebt. Vielleicht erläuterte dieses sogar manche Dunkelheiten.

Ein entscheidender Beweis für W.s Schwäche ist die Leere des Mannes, die in seinen Briefen, dem schwächsten Teile des Werks, vorzüglich sichtbar wird. Was sich vom Genuß der schönen Natur „einsalzen und in Rauch aufhängen läßt", ist so schwach und so schwindelnd!" Woldemar aber, der nur da rastlos tätig erscheint, wo man nicht den geringsten Widerstand findet, in den Räumen der Einbildungskraft, macht sich ein angelegentliches Geschäft daraus, seine Gefühle aufs sorgfältigste zu registrieren. Er geht in seinen häufigen Naturbeschreibungen gleichsam auf die Jagd nach himmlischen Empfindungen aus. Sein armes Herz kann nur im Irrtum genießen. Mühsam muß er erst das Tote um sich her beleben, um durch eine künstliche Täuschung seine Empfindungen hervorzulocken, die doch nur trübe und tropfenweise rinnen. Er ist genötigt, die Einzelheiten der schönen Natur so aufzuzählen, daß die Darstellung eines Tages, eines Auftritts oft mehr die Geschichte des Wetters als des Herzens ist: überall tritt ihm nur der unfruchtbare Begriff des Unendlichen entgegen, dessen eingebildeter Genuß so undarstellbar ist, als es selbst. Durch das lange Ausspinnen einer einförmigen Verzückung mußte auch ein genialischer Schriftsteller in gemeine Empfindelei versinken: denn nur diese kann „Pappeln das süße Schrecken der angenehmsten Empfindung durchfahren", und den „Unermeßlichen zu sich ins Gras lagern" lassen (T. II. S. 19, 20). Welche innre Fülle offenbart sich dagegen in Werthers Verkehr mit der Natur; er mag sie nun mit der warmen Liebe eines jungen Künstlers umfassen, oder das Drängen seiner Brust an ihrem Busen aushauchen, oder für seine Leidenschaften gefährliche Nahrung aus ihr saugen!

Ein so verfehlter Held, wie W., tut sehr wohl, sich lieber unter das Joch irgendeines Gehorsams zu beugen, als sich kraft seines sittlichen Genies zum allgemeinen Gesetzgeber für die Kunst des Guten zu konstituieren. Daraus ergibt sich denn die Nutzanwendung: „Wer sich auf ein eigensinniges, verzärteltes Herz verläßt, ist ein Tor."

Das *Poetische* ist im Woldemar offenbar nur Mittel: denn wenn ein Werk nicht selten die höchsten Erwartungen des Schönheitsgefühls und des Kunstsinnes befriedigt, öfter aber und grade in der Zusammensetzung des Ganzen die ersten Gesetze des Geschmacks beleidigt, so darf man voraussetzen, daß Schönheit und Kunst hier nicht vernachlässigt, sondern einem höhern Zwecke mit Bedacht aufgeopfert sei; auch nennt Jacobi die Absicht des Werks eine philosophische. Betrachten wir nun den Woldemar nach dieser Andeutung als ein philosophisches Kunstwerk: so ist die Häßlichkeit des Hauptcharakters, die folternde Peinlichkeit der Situationen und die Dissonanz am Schluß kein Tadel; selbst die Unwahrscheinlichkeit der Hauptbegebenheit ist verzeihlich, wenn dies nur auf die Evidenz des endlichen Resultats keinen Einfluß hat: denn der Naturkündiger braucht keinen Ekel zu schonen, und der Wißbegierige muß auch den Anblick sezierter Kadaver ertragen können: aber wir erwarten dann auch eine vollständige *philosophische Einheit*, welche nur aus der durchgängigen Beziehung auf ein befriedigendes philosophisches Resultat entspringen kann. Darnach suchet man im Woldemar vergebens; und da die Art durch die Einheit und den letzten Zweck bestimmt wird, so ist er strenggenommen kein philosophisches Kunstwerk: denn jene triviale Bemerkung kann doch unmöglich für ein philosophisches Resultat gelten. Wie könnte sie überhaupt das Ziel einer solchen Laufbahn sein? Wie einem solchen Aufwand von Tiefsinn, Scharfsinn, Geist, Beobachtung und Studium lohnen? Es wäre, als wollte man eine Feder durch einen Kran mühsam emporwinden. – Die große Ungleichheit des Werts der einzelnen philosophischen Stücke bestätigt die Vermutung, daß auch die Philosophie hier nur als *Mittel* gebraucht werde. Findet man in einem und demselben Werke neben Stellen, die des größten Denkers würdig wären, Mißverständnisse, Übereilungen, Verworrenheiten, die man einem gemeinen und gesunden Kopfe nicht verzeihn würde: so muß man voraussetzen, daß Wahrheit und Wissenschaft hier nicht letzter Zweck sei, sondern einer höhern Absicht mit Bedacht aufgeopfert werde.

Aber welche Art von Einheit ist denn nun in dem sonderbaren Werk, welches sich unter keine Kategorie bringen läßt, in dem man indessen doch einen gewissen Zusammenhang so unleugbar fühlt?

Offenbar nur eine *Einheit des Geistes und des Tons*; eine *individuelle* Einheit, welche um so begreiflicher wird, je mehr man mit dem Charakter und der Geschichte des Individuums, das sie hervorbrachte, bekannt ist. Daß die vom Verfasser selbst sehr bestimmt aufgestellte angeblich philosophische Absicht des: „Menschheit, wie sie ist, erklärlich oder unerklärlich, aufs gewissenhafteste vor Augen zu legen"; so objektiv klingt, darf uns nicht irremachen: denn wenn es auch nicht der erste Blick auf das Werk selbst lehrte, so würde es schon aus der Erläuterung und Entstehungsgeschichte jener Absicht in der Vorrede zum Allwill erhellen: daß hier unter „Menschheit" nur die Ansicht eines Individuums von derselben verstanden werde; und daß es also eigentlich heißen sollte: *Friedrich-Heinrich-Jacobiheit,* wie sie ist, erklärlich oder unerklärlich, aufs gewissenhafteste vor Augen zu legen."

Wer also den Geist des Woldemar verstehen will, soweit dies möglich ist, muß Jacobis sämtliche Schriften, und in ihnen den individuellen Charakter, und die individuelle Geschichte seines Geistes studieren. – Vielleicht findet man hier noch mehr, als man suchte; sichere Auskunft nämlich über eine *Einheit der Tendenz* im Woldemar, auf die man zwar, solange man ihn *isoliert* betrachtet, einigermaßen raten, aber auch nur raten kann. Es ist, als ob das Buch gegen das Ende dem Leser verstohlen zuwinkte und sich gleichsam zu ihm neigte, um ihm „das *Rechte* – ins Ohr zu sagen" (Allw.

S. 100); oder auch nur mit bedeutendem Blick und leisem Fingerzeig auf einen geheimen einzig sichern Pfad nach „jener Freistätte der Weisheit, wo der Mensch dasselbe will, und nicht will", deute, wohin „keine offene Heerstraße" führen kann (T. II. S. 175).

Zwar pflegen Jacobis Werke überhaupt, wenn sie den Uneingeweihten durch mancherlei Irrwege endlich bis an die Schwelle des Allerheiligsten geführt haben, sich gern in ein rätselhaftes Schweigen zu verlieren oder einige in ein imposantes Dunkel gehüllte Worte hinzuwerfen; doch hat er einigemal, vorzüglich in polemischen Schriften, wenigstens mit mehr Klarheit und Umständlichkeit die letzten Resultate seiner Philosophie enthüllt: denn gleich jenem alten Proteus scheint auch er nur gezwungen Rede zu stehn und zu weissagen. Soviel er aber auch noch verschweigen mag, so hat er sich doch über die erste Veranlassung seines Philosophierens so offenherzig und über die letzten Gründe seiner Philosophie so bestimmt geäußert, daß über das *herrschende Prinzip* derselben gar kein Zweifel übrigbleibt.

Die erste subjektive Bedingung alles echten Philosophierens ist – *Philosophie* im alten sokratischen Sinne des Worts: *Wissenschaftsliebe,* uneigennütziges, reines Interesse an Erkenntnis und Wahrheit: man könnte es *logischen Enthusiasmus* nennen; der wesentlichste Bestandteil des philosophischen Genies. Nicht *was* sie meinen, unterscheidet den Philosophen und den Sophisten: sondern *wie* sie's meinen. Jeder Denker, für den Wissenschaft und Wahrheit keinen unbedingten Wert haben, der ihre Gesetze seinen Wünschen nachsetzt, sie zu seinen Zwecken eigennützig mißbraucht, ist ein *Sophist*; mögen diese Wünsche und Zwecke so erhaben sein und so gut scheinen, als sie wollen.

Der elastische Punkt, von dem Jacobis Philosophie ausging, war nicht ein objektiver Imperativ, sondern ein individueller Optativ. – Schon in seiner Kindheit konnte er sich mit Vorstellungen von Ewigkeit und Vernichtung bis zur Ohnmacht und Verzweiflung ängstigen (Br. üb. die Lehre des Spin. 15 f., 328 folg.). Die Liebe zum Unsichtbaren, Göttlichen war der herrschende Affekt im Busen des feurigen und ebenso weichherzigen Jünglings; die Seele seines Lebens. Ohne diese Liebe schien es ihm unerträglich zu leben, auch nur Einen Tag (Allw. S. XIII, XIV. Ideal. S. 72). Das Unsichtbare war ihm nicht Triebfeder und Leitfaden wackrer Tätigkeit: sondern „der volle wirkliche Genuß des Unsichtbaren" (Allw. S. 294) war das Ziel seines ganzen Wesens. Von Natur geneigt, in sich zu versinken und in eignen Vorstellungen zu schwelgen, konnte er zuerst nur durch Mißtrauen in seine Liebe und Zweifel an der Realität ihres Gegenstandes bewogen werden, sich aus sich selbst herauszureißen und nach außen hin tätig zu sein, wo man jeden Schritt vorwärts erkämpfen muß. Er kann die

Schwierigkeiten, die er dabei fand, nicht schlimm genug beschreiben (Ideal. S. 68–93); und auch nachher war es fast immer ein Angriff (wie bei den Briefen über Spinoza, dem Idealismus etc.) oder eine Aufmunterung von außen (An G., Wold. vor. Ausg.), wodurch er zu äußrer Tätigkeit gleichsam gezwungen ward. „Ursprüngliche Gemütsart, Erziehung und Mißhandlung herzloser Menschen vereinigten sich, ihm ein quälendes Mißtrauen gegen sich selbst einzuflößen" (Spin. 16, Ideal. 70, 72). Dies mußte ihn in seinem Glauben irre-, und über seine Lieblingsgegenstände ungewiß machen. – „Jene Liebe *zu rechtfertigen*", sagt er von sich selbst (Allw. S. XIV); darauf ging alles sein Dichten und Trachten: und so war es auch *allein* der Wunsch, mehr Licht über ihren Gegenstand zu erhalten, was ihn zu Wissenschaft und Kunst mit einem Eifer trieb, der von keinem Hindernis ermattete. – Das klarste Geständnis, daß er die Philosophie nur *brauchte*; (wie W. Henrietten) zur Bestätigung: „daß *seine* Weisheit kein Gedicht sei", brauchte!

Wenn die wissenschaftliche Untersuchung nicht von der gerechten Voraussetzung, daß Wahrheit sein soll, ausgeht, mit dem festen Entschluß und der Kraft, sie zu nehmen, wie sie gefunden wird, sondern von einer trotzigen Forderung, daß dies und jenes wahr sein soll: so muß sie mit Unglauben und Verzweiflung oder mit Aberglauben und Schwärmerei endigen; je nachdem der Untersucher mehr Mut hat, der Erfahrung oder der Vernunft hohnzusprechen. Es ist kein Wunder, wenn das widersinnig endet, was widersinnig anfing. Wer von der Philosophie verlangt, daß sie ihm *eine Julia machen* soll, der wird früher oder später zu der sublimen Sentenz des Romeo beim Shakespeare:

„Hang up philosophy!
Unless philosophy can make a Juliet";

kommen müssen.

Ist der Denker, während er sie suchte, seiner Julia untreu geworden und hat die Philosophie selbst liebgewonnen: so überwältigen ihn die Widersprüche, in die er sich verwickeln mußte; er wird ein Skeptiker, ein bedaurenswürdiger Märtyrer der Wahrheit: liebt er aber seine Julia von ganzer Seele und macht sich nichts aus der Wahrheit: so darf er nur durch einen dreisten Machtspruch den Zweifeln Stillschweigen gebieten; er wird glücklich *und hängt die Philosophie*.

Jacobi mußte die philosophierende Vernunft hassen: da der konsequente Dogmatismus, nach seiner Überzeugung, dem Gegenstande seiner Liebe sogar die Möglichkeit absprach; der kritische Idealismus hingegen, so wie er ihn verstand oder mißverstand, demselben nur einen Schatten von Realität übrigließ, mit dem er sich nicht begnügen konnte; und doch zeigte ihm die philosophierende Vernunft keinen andern Ausweg. Auch unterscheidet er den Glauben, welchen er als Fundament alles Wissens aufstellt, sorgfältig von jedem Fürwahrhalten aus Vernunftgründen; setzt diese wunderbare Offenbarung dem natürlichen Wissen entgegen. Er trennt die Philosophie von der herabgesetzten Vernunft und behauptet, Philosophie überhaupt sei nichts anders, als was die seinige wirklich ist: der in Begriffe und Worte gebrachte Geist eines individuellen Lebens. Aber nur, wenn Streben nach Wahrheit und Wissenschaft die Seele dieses Lebens ist, kann der Geist desselben philosophisch genannt werden, ohne jedoch darum eine Philosophie zu sein: keineswegs hingegen, wenn er, um einen Lieblingswunsch zu befriedigen, die konstitutionellen Gesetze, denen sich jeder Denker durch die Tat (wie der Bürger durch den Eintritt in den Staat) unterwirft, und unterwerfen muß, ohne Scheu übertritt. – Der *polemische* Teil der Jacobischen Schriften hat großen philosophischen Wert: er hat die Lücken, die Folgen, den Unzusammenhang nicht bloß dieses oder jenes Systems, sondern auch der *herrschenden Denkart des Zeitalters* mit kritischem Geist und mit der hinreißenden Beredsamkeit des gerechten Unwillens aufgedeckt; das letzte vorzüglich im Kunstgarten und in einigen Stellen des Allwill. Auch hat er, obgleich er sich nie über den Standpunkt der gemeinen Reflexion erhob, doch unbekanntere Regionen derselben betreten und beschrieben; und der kritische Philosoph, welcher das Vergnügen genießt, das Wahre, was seine Apokalypsen etwa enthalten, *deduzieren* zu können, muß sich nur hüten, dies Verdienst nicht über die Gebühr zu schätzen. Seine positive Glaubenslehre aber kann durchaus nicht für philosophisch gelten. Wäre es ihm nicht bloß und allein darum zu tun gewesen, seine Liebe, gleichviel *wie*, zu befriedigen: so würde er gegen die Vernunft wenigstens das Mitleiden eines großmütigen Siegers bewiesen haben, nachdem er auf ihre Unkosten zum Ziele gelangt war. Er hätte sich unmöglich bei Widersinnigkeiten, wie eine Anschauung des Unendlichen, und eine Anschauung, welche das Zeichen ihrer Objektivität mit sich führt und also gleichsam gestempelt sein muß, beruhigen können: beides liegt in der Tatsache des Unbedingten als dem Fundament des Wissens. (Die zweite Widersinnigkeit trifft eigentlich jede Elementarphilosophie, welche von einer Tatsache ausgeht. – Was Jacobi dafür anführt: „daß jeder Erweis schon etwas Erwiesenes voraussetze" [Spin. S. 225]; gilt nur wider diejenigen Denker, welche von einem einzigen Erweis ausgehn. Wie wenn nun aber ein von außen unbedingter, gegenseitig aber bedingter und sich bedingender *Wechselerweis* der Grund der Philosophie wäre?) Er hätte es nicht über sich gewinnen können, offenbare Widersprüche, Fehlschlüsse und Zweideutigkeiten durch genialischen Tiefsinn in einzelnen Stellen, durch die vorteilhafteste Beleuchtung und sogar

durch Autoritäten vor seinen eignen und vor fremden Augen zu
verstecken und zu beschönigen. War es etwa Furcht, was ihn zu-
rückhielt, weiterzuforschen? sonst wäre es fast unbegreiflich, wie
die Bemerkung: „daß die sogenannte Offenbarung nur in Absicht
auf uns unmittelbar sei, weil wir das eigentliche Mittelbare davon
nicht erkennen" (Ideal. S. 53); ihm nicht Veranlassung wurde, sich
auf einen höhern Standpunkt der Reflexion zu erheben. – Solche
Mittel, ein so unversöhnlicher Haß gegen die philosophierende
Vernunft, verraten schon Mangel an Zuversicht. Auch scheint ihm
Grund alles Wissens etwas gar Ungewisses (Ideal. S. IV–VI); und
er vermochte seine Zweifel nur zu zerschneiden, durchaus nicht zu
lösen (Allw. S. 202–308, Ideal. S. 108, Spin. S. 237, S. 252 folg.). Die
Wahrheit läßt sich nun einmal nicht ertrotzen; und wer seine Vernunft betäubte, um nur glauben zu dürfen, was sein Herz begehrte,
endigt, wie billig, mit Mißtrauen gegen die geliebte Wahrheit selbst
(Allw. S. 300 folg.). Wer alle Hoffnung auf die unmittelbare Tatsache einer reinen Liebe in seinem Innern baut, muß in Unglauben,
Verzweiflung und Ekel ohne Maß versinken, sooft Leidenschaft
oder Trägheit dem göttlichen Teil seines Wesens etwas hartnäckiger widerstreben; sooft er auch nur die allgemeine menschliche Beschränktheit erwägt; ja sooft er übler Laune, sich und andre anzu-
schwärzen geneigt ist.
Die *allmählich* entstandne Gedankenmasse eines so beschaffnen mit
dem Herzen gleichsam zusammengewachsnen Kopfes konnte
durchaus nur *darstellend* mitgeteilt werden (Allw. XV); und diese
Darstellung geriet im ganzen genommen so vortrefflich, daß sie
leicht mehr wert sein dürfte, als das Dargestellte selbst. Zwar ist
der noch kein Dichter, welcher nur die Personen einer einzigen Familie ähnlich porträtieren kann: durch die auch unter den größten
Künstlern so seltne Gabe, wahre Weiblichkeit in ihren zartesten Eigenheiten täuschend nachzuahmen und die leisesten Regungen
des sittlichen Gefühls tiefer, inniger und äußerst reizbarer Seelen
rein und klar darzustellen, kann dieses so beschränkte, bloß nach-
bildende praktische Vermögen indessen doch wohl den Namen eines poetischen Talents verdienen. Jacobis echt prosaischer Ausdruck aber ist nicht bloß schön, sondern *genialisch*; lebendig,
geistreich, kühn und doch sicher wie der Lessingsche; durch einen
geschickten Gebrauch der eigentümlichen Worte und Wendungen
aus der Kunstsprache des Umgangs, durch sparsame Anspielungen
auf die eigentliche Dichterwelt ebenso urban wie dieser, aber see-
lenvoller und zarter. Dieses Genialische entspringt aus ebendem
innigen Verkehr der miteinander verwebten und ineinanderflie-
ßenden Empfindungen und Gedanken, welches eine sehr charakteristische Eigenschaft seines Wesens war und sogar das lenkende
Prinzip seines philosophischen Studiums wurde; indem er sich nur

an diejenigen Denker anschloß, welche jene Lebendigkeit alles Geistigen und Geistigkeit alles Lebendigen entweder selbst besaßen, wie Hemsterhuis, Plato, und auf andre Weise auch Lessing und Spinoza, oder durch ihre Meinungen begünstigten, wie Leibniz. Denn was ist *Genie* anders, als die gesetzlich freie innige Gemeinschaft mehrerer Talente? – Aber freilich war die Verfassung seines Innern nicht echt republikanisch: darum ist er auch nur genialisch, kein Genie. Das theologische Talent herrschte mit unumschränktem Despotismus über das philosophische und poetische, die ihm Sklavendienste tun mußten, und konstituierte sich aus eigner Vollmacht zum allgemeinen Gesetzgeber und Genie (Ergieß. S. 34). – Jacobis genialischer Ausdruck kann *fragmentarisch* scheinen; er läßt oft den Leser eben dann im Stiche, wann seine Wißbegierde bis zum Heißhunger gereizt ist; grade, wann die Erzählung oder Untersuchung „dem Lichte nachzieht, welches sich selbst, und auch die Finsternis erhellt", wird es nicht selten vor lauter Helligkeit so dunkel, daß man nicht die Hand vor den Augen sehen kann; da regnets dann Gedankenstriche, Ausrufungszeichen, Absätze und vielfache Verschiedenheit der Schrift: aber wenn einer der größten Meister in Prosa seine Zuflucht zu dem Mißbrauch nimmt, womit die Letzten des schreibenden Volks ihre Blöße zu bedecken pflegen: so vermute ich eher eine ohnehin wahrscheinliche absichtliche Verheimlichung des Allerheiligsten, oder Unvollendung der Gedanken, als Unvermögen und Ungeschick der Darstellung.

Ebendiese Lebendigkeit seines Geistes macht aber auch die *Immoralität* der darstellenden Werke Jacobis so äußerst gefährlich. Es ist nicht bloß müßige Spekulation, deren auch noch so immoralische Resultate dem wahrheitliebenden Philosophen nie zum Verbrechen gemacht werden können: denn Wahrheitsliebe ist die eigentliche Sittlichkeit des Denkers. Nein, in ihnen lebt, atmet und glüht ein verführerischer Geist vollendeter Seelenschwelgerei, einer grenzenlosen Unmäßigkeit, welche trotz ihres edlen Ursprungs alle Gesetze der Gerechtigkeit und der Schicklichkeit durchaus vernichtet. Die Gegenstände wechseln; nur die Abgötterei ist permanent. – Aller Luxus endigt mit Sklaverei: wäre es auch Luxus im Genuß der reinsten Liebe zum heiligsten Wesen. So auch hier; und welche Knechtschaft ist gräßlicher, als die mystische? Jede förmliche Knechtschaft hat doch Grenzen; jene ist eine bodenlose Tiefe; unendlich, wie das Ziel, nach dem sie strebt, und die Verkehrtheit, aus der sie entspringt. – *Andacht,* ehrfurchtsvolles Vertrauen auf den Allgerechten, liebevoller Dank zu dem Allgütigen ist der reinste Erguß und der schönste Lohn höherer Sittlichkeit. Aber auch bei diesem, und ganz vorzüglich bei diesem Genuß, ist sparsame Mäßigung und strenge Wachsamkeit notwendig, damit, was nur kurze Erfrischung nach getaner Arbeit sein sollte, nicht in Müßiggang ausarte und die natürliche Trägheit des Menschen die Willenskraft nicht heimlich umstricke und unterjoche. – Zwar kann die Tugend, wie der Glanz des Lichts durch Spiegel, durch die Rückwirkung ihres eignen Produkts bestätigt und verstärkt werden: aber es ist doch schon äußerst gefährlich, Religion als Mittel der Sittlichkeit und Krücke des gebrechlichen Herzens zu gebrauchen. Der Weichling vollends, welcher anbetende Liebe als das eigentliche Geschäft seines Lebens treibt und kein andres Gesetz anerkennt, muß mit seiner bequemen Tugend, welche weder gerecht, noch tätig zu sein braucht, endlich allen Begriff von Willen verlieren und selbst vernichtet in die Knechtschaft fremder oder eigner Laune sinken.

Das Quantum seiner *Glaubensfähigkeit* bestimmt nach Jacobis Lehre den Wert des Menschen; und Glaube ist *Sympathie* mit dem Unsichtbaren (Allw. S. 308). Da er, trotz der schönen Lobreden auf die angebliche Freiheit, den Willen leugnet; indem er ihn teils mit dem vernünftigen Instinkt für identisch (Spin. S. XXIX, XXXVIII, Allw. S. XVIII, Anm.), teils für einen „Ausdruck des göttlichen Willens", für einen „Funken aus dem ewigen, reinen Lichte", für eine „Kraft der Allmacht", für einen „Abdruck des göttlichen Herzens in dem Innersten unsres Herzens" (Spin. S. XIV, S. 253, Allw. S. 300) erklärt: so kann seine Sittlichkeit nur Liebe oder Gnade sein; auch scheint er von keiner Tugend zu wissen, welche *Gesetze* ehrte und sich in Taten *bewiese*.

Nur lasse man sich durch die scheinbare Anerkennung eines kategorischen Imperativs der Sittlichkeit (Allw. XIX, Anm.) nicht verleiten, von seiner Moral günstiger zu urteilen: denn aus einem vernünftigen Instinkte, von dem dort allein die Rede ist, läßt sich durchaus nur ein kategorischer Optativ herleiten. Jener Ausdruck hat hier also einen ganz andern Sinn, als in Kants Schriften. Überhaupt muß der philosophische Kritiker sich durch einen Anschein von Ähnlichkeit im Jacobi mit dem, was er etwa für philosophische Orthodoxie hält, ja nicht täuschen lassen. Erlaubt man sich einzelne Äußerungen aus ihrem Zusammenhange zu reißen, so ist es nicht schwer, jedes System, welches man will, in ihm zu finden. Umfaßt man aber alle seine Äußerungen, so dürfte wohl die vereinigende Gewalt aller spartanischen Harmosten und die verbindende Geschicklichkeit aller homerischen Diaskeuasten nicht hinreichend sein, diese Gedankenmasse mit sich selbst oder mit einem leidlich konsequenten System in *philosophische* Übereinstimmung zu bringen. – Nur eine Philosophie, welche auf einer notwendigen Bildungsstufe des philosophischen Geistes ein Höchstes ganz oder beinahe erreichte, darf man *systematisieren* und durch weggeschnittene Auswüchse und ausgefüllte Lücken in sich zusammenhängender und ihrem eignen Sinn getreuer machen. Eine Philosophie hingegen, welche nicht etwa bloß in ihrer Veranlassung, Ausbildung und Anwendung individuell und lokal, sondern deren Grund, Ziel, Gesetze und Ganzheit selbst nicht philosophisch, sondern persönlich sind, läßt sich nur *charakterisieren.*

Sehr wichtig für die Charakteristik der Jacobischen Philosophie ist es, den Faden zu verfolgen, welcher sich durch alle Empfindungen und Gedanken, welche sein Innres nacheinander regierten, hinschlingt; wie sie sich auseinander entwickelten und aneinander ketteten. Mit merkwürdiger Gleichförmigkeit kehrt derselbe Gang in allen darstellenden und abhandelnden Werken Jacobis wieder, wo er sich selbst folgte und die Anordnung des Ganzen nicht durch die polemische Beziehung bestimmt ward; und selbst dann sieht man noch Bruchstücke und Spuren jenes natürlichen nur gestörten Ganges. Man vergleiche zum Beispiel nur die Gedankenfolge in der Abhandlung über die Freiheit mit der im Woldemar, wo der Faden freilich am sichtbarsten ist.

Hier nur einige Grundzüge. Das Streben nach dem Genuß des Unendlichen mußte gewiß einen Hang zur beschaulichen Einsamkeit erzeugen, der durch die Seelenlosigkeit der Umgebenden leicht verstärkt werden konnte. Versunken in sich selbst mußte der nach Ewigkeit Lechzende bald zum Bewußtsein eines göttlichen Vermögens, eines uneigennützigen Triebes, einer reinen Liebe in seinem Innern gelangen; seine Empfindungen davon in Begriffe auflösen und diese Begriffe nach seiner ursprünglichen Unmäßigkeit, die immer alles in Einem Wirklichen suchte, ins Unendliche erweitern. Daher die Lehre von der gesetzgebenden Kraft des moralischen Genies, von den Lizenzen hoher Poesie, welche Heroen sich wider die Grammatik der Tugend erlauben dürften. Gefährlicher Indifferentism gegen alle Formen; Mystizism der Gesetzesfeindschaft. Daher die Liebe zum Altertum, an dem er nur die Natürlichkeit und den lebendigen Zusammenhang des Verstandes und des Herzens kennen und schätzen konnte: denn für das Klassische, Schickliche und Vollendete, für gesetzlich freie Gemeinschaft fehlte es diesem Modernen durchaus an Sinn. Daher ein Ideal von Freundschaft, welches bald Bedürfnis werden und ihn in die Welt zurücktreiben mußte. Sie konnte einem solchen Herzen nicht anders als schrecklich erscheinen, etwa wie Silly sie darstellt. Hoffnung unbedingter Vereinigung. Vergötterung der Weiblichkeit, wegen der reinen Sittlichkeit der weiblichen Triebe und des Hanges zu grenzenloser Hingebung; ebenso empörend (T. II. S. 170), wie vorher die Verachtung (T. II. S. 39) wegen vermeinter Unfähigkeit zur Begeisterung der Liebe. Täuschung jener Hoffnung. Nichtigkeit aller menschlichen Liebe. Verzweiflung. Unendliche Verachtung (T. II. S. 250). Rückkehr zur Einsamkeit und Liebe zu Gott. Der allgemeine Ton, der sich über das Ganze verbreitet und ihm eine *Einheit des Kolorits* gibt, ist *Überspannung*: eine Erweiterung jedes einzelnen Objekts der Liebe oder Begierde über alle Grenzen der Wahrheit, der Gerechtigkeit und der Schicklichkeit ins unermeßliche Leere hinaus. – Das Streben nach dem Unendlichen sei die herrschende Triebfeder in einer gesunden, tätigen Seele: eine Reihe großer Handlungen wird das Resultat sein. Gebt ihr noch ein ebenso mächtiges Streben nach Harmonie und das Vermögen dazu: so wird das Gute und das Schöne sich mit dem Großen und Erhabnen zu einem vollständigen Ganzen vermählen. Setzt aber jenes Streben nach dem Unendlichen ohne das Vermögen der Harmonie in eine Seele, deren Sinnlichkeit höchst rege und zart, aber gleichsam unendlich verletzbar ist: und sie wird ewig die glückliche Vereinigung des Entgegengesetzten, ohne welche die größte wie die kleinste Aufgabe der menschlichen Bestimmung nicht erfüllt werden kann, verfehlen; sie wird zwischen der verschlossensten Einsamkeit und der unbedingtesten Hingebung, zwischen Hochmut und Zerknirschung, zwischen Entzücken und Verzweiflung, zwischen Zügellosigkeit und Knechtschaft ewig schwanken.

Wenn man, was S. 250, T. II von dem überschwenglichen Gegenstande überschwenglicher Liebe gesagt wird, mit den beiden Sentenzen am Schluß vergleicht: so ist es, als würden sie durch ein plötzliches Licht von oben erhellt, oder vielmehr von einem heiligen Strahlenkranz wie umglänzt. Die Vergleichung mit allen andern Jacobischen Schriften setzt diese Vermutung außer allen Zweifel: denn es herrscht in ihnen nicht etwa bloß eine zufällige und bedeutungslose Vorliebe für die Terminologie der vornehmen Mystik einiger genialischen Christianer, sondern dieselbe ernstliche Tendenz auf eine unbedingte Hingebung in die Gnade Gottes.

Woldemar ist also eigentlich eine Einladungsschrift zur Bekanntschaft mit Gott (Ergieß. S. 34), und das *theologische Kunstwerk* endigt, wie alle moralischen Debauchen endigen, mit einem Salto mortale in den Abgrund der göttlichen Barmherzigkeit.

Die natürliche Freiheit – der Fasanen
bei Weißenfels*

(Nach einer gedruckten und überall angeschlagenen Verordnung)

[Dritter Band. Neuntes Stück, Nr. IX, S. 324–325]

„Nachdem bei der bisherigen Einrichtung der hiesigen Kurfürstl. Fasanerie eine Abänderung getroffen, und fürohin denen Fasanen ihre *natürliche Freiheit* gelassen und bloß ein *wilder* Fasanenstand erhalten, mithin die von denen Fasanen hie und da auf den Wiesen und sonst gelegten Eier nicht mehr eingeliefert, sondern *ungestört* liegenlassen und denen Fasanen zu eigner Brütung überlassen werden sollen."

„Als wird von Forstamts wegen hiemit öffentlich bekanntgemacht und sämtlichen Wiesen- und Grundstücksbesitzern in der Gegend des hiesigen Fasanenstandes, auch sonst jedermänniglich hiemit *auferlegt*, weder einige aufgefundene Fasaneneier fernerhin mehr einzuliefern, noch auch dergleichen an sich zu behalten, auch sich auf andre Weise bei nachdrücklicher Strafe an denen aufzufindenden Fasaneneiern nicht zu vergreifen."

„Vielmehr, wo sich ein dergleichen Fasanennest auffinden sollte, solches unangetastet, und *das Gras um selbiges drei Ellen breit im Umkreise stehenzulassen, damit die Fasanen in der Brut nicht gestört werden*, sich auch *aller** sonstigen*, dem wilden Fasanenstand nachteiligen Unternehmungen bei Vermeidung nachdrücklicher Ahndung zu enthalten. Wonach sich zu achten."

Urkundlich mit dem kurfürstl. Amtssiegel bedruckt. Weißenfels den 26. März 1796.

> Kurfürstl. sächsischer bestallter Kammerherr,
> Oberforst- und Wildmeister, wie auch
> Amtmann daselbst
> George Christoph von Reizenstein
> Karl Wilh. Beck

---

* Eine Gegend, in welcher der Kurfürst, wegen ihrer Entfernung von Dresden, nicht zu jagen pflegt.
** Der Verfasser der Anordnung besitzt unstreitig von der natürlichen Freiheit eines wilden Vogels einen so vollständigen Begriff, daß, wenn derselbe überall auf Menschen übertragen würde,

Neue deutsche Werke
[Auszug]

2) Von Erhaltung der Staatsverfassungen. Von Karl von Dalberg. Erfurt 1795, bei Georg Adam Keyser. 4 to.

[Dritter Band. Neuntes Stück; Nr. X, S. 337–343]

Diese Schrift macht ihrem Verfasser in mehr als Einer Rücksicht Ehre. Man kann darin weder den menschenfreundlichen Regenten, noch den aufgeklärten Geistlichen, noch den selbstdenkenden und zum Herzen redenden Schriftsteller verkennen.

Obgleich das Bedürfnis der Zeit die Veranlassung zu dieser Schrift gewesen ist, so enthält sie doch Wahrheiten, deren Nutzen nie aufhören wird. Immer wird man Ursache haben, eine rastlos fortschreitende Verbesserung der schon vorhandenen Staatseinrichtungen einer durch politische Sprünge bewirkten Staatsveränderung vorzuziehn, weil gewaltsame Erschütterungen nur bei einem gänzlich erkrankten Staate heilsam sein können.

Das einzige Mittel, Revolutionen zu verhüten, ist, gut zu regieren. Wer gut sitzt, verläßt seine Stelle selten: und wenn ihn auch ein unruhiger Geist zu beständigen Veränderungen antreiben sollte, so wird er doch lieber des mancherlei Guten, das ihm eine wenigstens erträglich scheinende Regierung anbietet, ruhig genießen, als sich den gewissen Übeln und den noch größern Gefahren einer Staatsrevolution unterwerfen.

An der Wahrheit dieser Behauptung, welche auch in dieser Schrift angenommen wird, läßt sich nicht zweifeln. Zweifelhafter ist die Frage, was zu einer guten Regierung gehöre.

Hierzu rechnet nun unser Verf. (§. 5)

1. Sicherheit des Eigentums.
2. Erregung der Wahrheitsliebe, und
3. Beförderung der Religion.

Der erste Punkt ist ohne Zweifel der wesentlichste. Zur Sicherstellung des Eigentums gehört eine gute Justizverfassung, welche wiederum durch gute Staatseinrichtungen gesichert werden muß.

selbst dieses wildzahme Vernunfttier sich dabei ganz vortrefflich befinden müßte. *Überall*, wo man sich, selbst im fremden Gebiete, niederlassen will, *drei Ellen breit im Umkreise sichern Raum* und Schutz gegen *alle sonstige*, dem wildzahmen Menschenstand nachteilige Unternehmungen etc., was könnten sich Millionen menschlicher Individuen Besseres wünschen!?

Wo die Staatsverfassung (welches vielleicht in Deutschland der Fall ist) denjenigen Grad der Vollkommenheit nicht hat, welchen man ihr wünschen möchte, muß man das Gute, welches wirklich in ihr liegt, sorgfältig aufsuchen und es auch dadurch zu einer größeren Vollkommenheit erheben. Ich verkenne nicht die Schwierigkeit der Frage, ob eine gewisse Verfassung wie z. B. die deutsche einer solchen sukzessiven Verbesserung fähig sei? Ja, man kann es sogar für gewiß annehmen, daß die Teile des deutschen Staatskörpers weder an sich so beschaffen noch so zusammengefügt sind, daß dieser Körper jemals zu einem vollkommenen Ganzen gebildet werden könnte. Da man aber auch bei keiner Sache einen hohen Grad von Vollkommenheit erwarten muß, sobald eine Zusammenwirkung mehrerer Köpfe dazu notwendig ist, so würde man schon viel gewonnen haben, wenn man nur die deutsche Justizverwaltung zu demjenigen Grade der Vollkommenheit gebracht hätte, dessen sie in der Tat fähig ist. Würde besonders der Reichsjustiz eine schnellere Wirksamkeit mitgeteilt, so würde sich auch der deutsche Bürger einer Freiheit rühmen können, wie sie in wenigen europäischen Staaten anzutreffen ist.

Daß das deutsche Reich zu diesem Zwecke kräftige Maßregeln ergreifen werde, läßt sich freilich bei dem entgegengesetzten Interesse der mächtigern deutschen Fürsten schwer erwarten. Bisher haben diese ihren Untertanen eine bessere Justizverfassung gegeben, als ihre minder mächtigen Nachbarn. Sollte nun die Reichsjustiz auf einen bessern Fuß gesetzt werden, so könnten vielleicht mit der Zeit die Untertanen der mächtigen deutschen Fürsten das Schicksal der minder mächtigen deutschen Staaten beneiden; und wenn auch diese Betrachtung die mächtigen deutschen Stände nicht antreiben sollte, die Verbesserung der Reichsjustiz zu verhindern, so werden sie doch immer an der Erreichung dieses Zweckes nur einen geringen Anteil nehmen.

So einleuchtend dies zu sein scheint, so bin ich doch überzeugt, daß auch die mächtigern deutschen Staaten ihren eignen Vorteil befördern würden, wenn sie zu einer Verbesserung der Reichsjustiz kräftig mitwirkten. Denn sollte in den benachbarten Staaten eine Revolution ausbrechen, so würde diese immer weiter greifen und auch den mächtigen deutschen Fürsten gefährlich werden, und ist es diesen ein Ernst, die Verwaltung der Gerechtigkeit in ihren Staaten zur höchsten Stufe der Vollkommenheit zu erheben, so wird ihnen der schnellere Gang der Geschäfte, welcher in den besondern deutschen Staaten eingeführt werden kann, immer einen Vorzug vor der Justizverwaltung ihrer Nachbarn geben, welche durch die Appellation an die Reichsgerichte in ihrer Wirksamkeit eingeschränkt sind.

In aller Rücksicht ist es daher zu wünschen, daß alle deutschen

Stände an der Verbesserung der Reichs- und Provinzialjustiz mit Eifer arbeiten möchten. Dies würde aber wenig Nutzen schaffen, wenn die Regierung den ordentlichen Gang der gehörig eingerichteten Justiz durch ein willkürliches Verkehr hemmen wollte. Die Schmeichler, welche die Fürsten zu Machtsprüchen verleiten, schwächen zugleich das Ansehn der Gesetze, auf welchem die Macht des Regenten beruht, und die Liebe der Fürsten in den Herzen der Völker, welche sonst, wenn sich der Fürst nicht unmittelbar wirksam zeigt, die Schuld des Bösen gern von dem Fürsten ab, auf die Schultern seiner Untergebnen wälzen.

Wenn unser Verfasser ferner die Erregung der Wahrheitsliebe zur Pflicht des Regenten macht, so kann man dabei zwar seine edle Absicht nicht verkennen, aber man muß billig zweifeln, ob der Regent, als solcher, auf eine andre als negative Art zu diesem Zwecke beitragen könne. Es wird aber auch derselbe sicher erreicht werden, wenn die Regierung die Erforschung der Wahrheit nur nicht hindert, weil der menschliche Geist da, wo er frei wirken darf, schon von selbst den höchsten Schwung nimmt, und weil das Interesse für Wahrheit da am reinsten ist, wo die Regierung keinen Vorteil an die Behauptung des einen oder andern Satzes bindet.

Noch bedenklicher ist die Empfehlung der Religion als einer Triebfeder des Staats: nicht, als ob die heilsame Wirkung einer aufgeklärten Religion zu bezweifeln wäre, sondern weil die Einwirkung des Staats auf die Religion das reine Interesse an der Wahrheit schwächt, und weil alsdann der Mißbrauch der Staatsgewalt in Religionssachen, er werde nun von seiten der Priesterschaft erschlichen oder gegen sie angewendet, sich nicht verhüten läßt.

———————————

3) *Über Volkskalender und Volksschriften überhaupt. Vom Königl. Preuß. Gesandten Herrn Chr. W. v. Dohm.* Eine Vorlesung, gehalten in der literarischen Gesellschaft zu Halberstadt etc. Aus der deutschen Monatschrift. Leipzig, in der Sommerschen Buchhandlung. 1796

Von einem unzweckmäßigen Aufsatze im diesjährigen berlinschen hist. geogr. Kalender: das *bestrafte Verbrechen* überschrieben, nimmt der wahrhaft edle Verf. die Veranlassung, von der Unzweckmäßigkeit der meisten und vorzüglich der bisherigen, selbst von einer Akademie der Wissenschaften genehmigten, berlinischen Kalender zu sprechen. In der gerechten Erwartung, „daß der in diesem Jahre eingetretene Kalenderpächter nicht nur mit seinem ausgezeichneten Kunsttalent für die Bildung des Geschmacks sorgen – wie es durch die auf den gemeinen Kalendern beigefügten Holzschnitte des Herrn Unger geschehen ist – und sich die Verbesserung der für das feinere Publikum bestimmten Kalender angelegen sein lassen, sondern auch der zweckmäßigern Einrichtung der Volksalmanache seine Aufmerksamkeit widmen werde", trägt der denkende Menschenfreund hier in gedankenvoller Kürze und mit seltner Bestimmtheit und Klarheit seine Ideen über die große Wichtigkeit echter Volkskalender und einige allgemeine Grundsätze vor, nach welchen Volksschriftsteller gewissenhaft arbeiten sollten.

Wir tragen gerne zu der weitern Verbreitung dieser letztern mit bei und setzen sie auszugsweise hieher: jeder lehrbegierige Leser wird ihre weitere Ausführung gerne in der wichtigen Schrift selbst aufsuchen.

1) Man merze nur erst mit der nötigen Vorsicht und Schonung alles Falsche, Halbwahre, Schiefe in Sachen und Ausdruck, alles den gesunden Verstand und das sittliche Gefühl Verwirrende, aus den Volksschriften aus, und man wird schon viel gewonnen haben.

2) Die Sprache in Volksschriften muß durchaus nicht gemein, sondern edel und würdig, dabei aber in hohem Grade verständlich sein.

3) Die Form des Unterrichts in Volksschriften ist von großer Wichtigkeit. Die Weisheit der früheren Völker war in Sprüchwörter gefaßt, welche Resultate langer Erfahrungen einschlossen. Die dem Volke sehr bekannten Sprüche Salomos und Sirachs, mit kurzen Anwendungen auf jetzige Sittenverhältnisse, können hiezu mit Nutzen gebraucht werden. – Man stelle auch gute tugendhafte Menschen, besonders aus den untern Klassen, zum Muster auf. – Mit schönem Eifer spricht der Verf. von dem vortrefflichen *David Klaus*, den uns Streithorst im Nekrolog 1793 dargestellt hat und gegenwärtig auch für weniger gebildete Leser zweckmäßig bearbeitet.

4) Der Inhalt der Volksschriften muß nach den verschiednen Bedürfnissen von Zeit und Land verschieden berechnet werden. Außer allem, was überhaupt den Menschen bildet und bessert, und für alle Zeiten und Länder gehörte, ist in unsrer Zeit mehr wie in andern die Vorbereitung des Geistes wahrer Humanität und das Arbeiten gegen die alten und neuen Vorurteile, welche die Menschen auf eine so traurige Art trennen und unter ihnen Entfernung und Feindseligkeit hervorbringen, überaus wichtig. Der Verf. breitet sich hier mit philosophischem Geiste und wahrer Humanität über solche Vorurteile aus, welche auf so gemeinschädliche Art von jeher am meisten unter den Menschen gewirkt haben und noch wirken, über wahre und falsche Vaterlandsliebe, über Kriege, religiöse Trennungen und politische Meinungen. Folgende Stelle mag hier zur Probe stehn. Wer wird nicht mit uns herzlich dabei bedauern,

daß einer der edelsten freisinnigsten Schriftsteller deutscher Nation bisher durch seine politische Lage gehindert wurde, zur Bildung und Veredlung seiner Landsleute so wirksam zu sein, als sein biederes deutsches Herz es gewiß selbst wünschen muß.

Eine sehr wichtige Regel scheint mir diese zu sein, daß durchaus alles Übertriebne vermieden, daß dem Guten und Wahren, so wie dem Bösen und Falschen, an welcher Seite man es auffindet, immer volle Gerechtigkeit widerfahre. Wer die Leidenschaften des Parteigeistes besänftigen will, muß selbst an keine Partei sich anschließen. Ein Schmeichler der bestehenden Verfassungen ist ihr schlechtester Verteidiger. Denn aus seinem Munde wird auch selbst die Wahrheit nicht geglaubt. Theorie der Staatsverfassungen und politische Polemik gehören nicht in Volksschriften. Aber, was hiereingehört, ist: auf faßliche und einfache Art den gemeinen Mann zu lehren, nicht, daß sein Zustand vollkommen von Beschwerden und Lasten frei sei, sondern daß er viel Gutes habe; daß bürgerliche Gesellschaft und Regierung notwendig sein, weil ohne sie das menschliche Geschlecht bald verwildern und untergehen würde; daß die Einrichtung dieser Gesellschaft mannigfacher Form fähig sei, deren jede ihr Gutes, aber auch jede ihre Mängel habe; daß die allmähliche Verbesserung der letztern von der steigenden Vernunft und Sittlichkeit der Menschen zu hoffen, ein Versuch plötzlicher und gewaltsamer Reform aber fast immer größere Übel hervorgebracht, als er zu heben suchte; daß die ganze Natur völlige Gleichheit unter keiner Klasse von Wesen kenne, und daß diese auch unter den Menschen eine Schimäre sei; daß Unterschied des Vermögens ewig notwendige Folge der ungleichen geistigen und körperlichen Kräfte und Tätigkeit der Menschen, Sicherheit des Eigentums aber dem Armen so wichtig wie dem Reichen; daß Achtung der Obrigkeit für die Untertanen selbst am wichtigsten sei; daß *Menschen- u. Bürgerrechte* nur da gedacht werden *können*, aber dann auch *müssen*, wo *Menschen- und Bürgerpflichten* anerkannt und geübt werden; daß endlich man diejenigen, die über diese Dinge anders denken, nicht hassen und feindselig ansehn, sondern der Erfahrung und reiferm Nachdenken die Berichtigung ihrer irrigen Meinungen überlassen müsse, deren Entstehung und Verbreitung bei dem größern Teile in der äußern Lage wichtige Entschuldigungsgründe finde usw.

Briefe eines Reisenden
aus dem Hannöverischen

[Vierter Band. Zehntes Stück, Nr. II, S. 19–32]

1.

Ratzeburg, den 5. Jul. 1796

In der lübeckschen Insurrektions-Sache habe ich die verschiedensten Erzählungen und Urteile gehört, welche beweisen, wie schwer es ist, bei öffentlichen Begebenheiten zur historischen Gewißheit und zu richtiger Entscheidung zu gelangen. Einige meinten, die Soldaten hätten sich verschworen, ihre Offiziere bewaffnet anzugreifen, hätten den Pulverturm einnehmen und in Brand stecken wollen, mithin die Todesstrafe verdient. Diese Meinung muß sehr allgemein sein, weil das Todesurteil über drei Schuldige dahin gesprochen ist, daß einer erschossen werden und zwei andere losen sollen. Dies Urteil soll am 6ten d. M. vollzogen werden. Ich zweifle nicht daran, daß es dem Buchstaben des Gesetzes gemäß ist; indessen hat mir ein glaubwürdiger Mann die Sache folgendermaßen vorgestellt.

Seit langer Zeit werden die Dienste der Garnison durch Beurlaubungen sehr erschwert.* Diese Last wird noch dadurch vermehrt, daß von den Diensttuenden eine gewisse

* Die lübeckschen Stadtsoldaten haben eine ganz eigene Verfassung. Sie erhalten jährlich 40 Taler und müssen sich selbst kleiden, haben also keine Kapitulation, sondern suchen ihren Dienst als ein bürgerliches Amt, das sie niederlegen können, wenn sie wollen. Einige, die gar keine Dienste tun, sondern ihre Wachen bezahlen, behalten einen Überschuß von etwa 10 Tl. Dieses läßt sich leicht nachrechnen. Von drei Tagen müssen sie einen auf der Wache sein, im Jahr also 121–122 Wachen tun. Jede Wache, die sie nicht selbst abhalten, kostet ihnen 10 Schilling; acht für den Mann, der an ihre Stelle tritt, und 2 Schil. für den Offizier. Dieses macht auf 121 Wochen 75 Mark 10 Schil.–76 Mark 4 Schil. oder etwas über 25 Tl. Rechnet man nun noch die Kosten der Anschaffung der Kleidung, die sie bei großen Revüen usw. gebrauchen, aber wegen des seltenen Gebrauchs lange sparen können, so bleiben wohl 10 Tl. übrig.
Bei Postierungen nach Travemünde und sonst wird mehr bezahlt. Ob nun hier Unordnungen vorgehen, dürfte wohl ein Gegenstand der Untersuchung sein.

Anzahl sich durch für Geld angenommene militärische Tagelöhner den Wachen entziehen kann. Diese eingeschobenen Leute werden nicht gehörig angenommen, und mithin wird, bei einer verkleinerten Garnison, der Dienst um soviel beschwerlicher. Auch sollen bei den Kommandos nach Travemünde von den Unteroffizieren Unordnungen begangen werden, Begünstigungen eintreten und von den Soldaten, die lieber in Lübeck bleiben, doppelt so viele Abkaufungsgelder genommen werden, als erforderlich sind, um jemand für sich zu dingen. Dieses haben die Soldaten in Erfahrung gebracht. Dazu sind die teuern Zeiten gekommen. Sie haben also Erleichterung verlangt und auch die wöchentliche Zulage eines Brots erhalten, jedoch erst, nachdem sie solche mit einigem Trotze oder zusammengerottet verlangt; wodurch denn gewissermaßen bei ihnen die Meinung, als ließe sich etwas ertrotzen, ohne gestraft zu werden, begründet worden ist.

Auch soll das Benehmen der Bürger gegen sie dazu beigetragen haben, die Größe des Frevels einer Widersetzlichkeit verkennen zu machen. Die Wachen sind verschiedentlich angegriffen und insultiert worden; man hat den Soldaten das Seitengewehr abgerissen und dem Kriegs-Kommissär selbst mit Hohn ins Haus gebracht. Diese Gewalttätigkeiten und Beleidigungen sind nur leicht bestraft worden. Die Soldaten haben dadurch gelernt zu glauben, es sei in der Ausübung gleichen Frevels nicht ein großes Unrecht.

Als man ihnen bei jetzt gefallenen Kornpreisen das zugelegte Brot wieder abnehmen wollen, haben sie ihre Beschwerden erneuert und um Beibehaltung der Zulage gebeten. Der Rat und die Bürgerschaft sind in ihrer Meinung geteilt gewesen. Jener, der gern etwas aristokratisiert, hat das Militär begünstigen, die Bürgerschaft aber solches nicht zugeben wollen. Mit dieser politischen Eifersucht ist die Zeit hingegangen. Bei Ausbleiben des Bescheides versammeln daher sich die Soldaten wieder und fordern so in gehäufter Zahl einen Beschluß. Man weiset sie mit harten Worten zurück.

Ungeduldig darüber, daß sie keinen Schutz finden, glauben sie ihren Trotz verdoppeln zu müssen. Sie setzen eine Schrift auf, worin sie sich verbinden, einer für alle stehen zu wollen. Diese Schrift ist alles, was verabredet ist, mithin das einzige Komplott. Mit derselben gehet ein Soldat bei seinen Kameraden herum, sagt, sie müßten unterschreiben und läßt da, wo der Mann nicht schreiben kann, ihn, und da, wo er nicht zuhause ist, seine Frau ein Kreuz ziehen. So ist die Verbindung gemacht, von der keiner eigentlich gewußt, was sie bedeutete.

Nachdem dieses geschehen, versammelten sich die Soldaten, um öffentlich auf der Parade ihren Oberstleutnant anzureden und seinen Beistand zu verlangen. Einer tritt hervor mit dem Hute auf dem Kopfe und hält die Anrede. Der Oberstleutnant weiset ihn ab. Der Redner beharret; der Offizier wird hitzig, zieht den Degen und ruft zu seinen Offizieren: Meine Herren, ziehen Sie vom Leder! Als die Soldaten dieses sehen, verlieren auch sie den Kopf; drei ziehen den Säbel, die andern sollen die Hand an den Degen gelegt haben. Die unter Parade stehende Wache kommt in Bewegung; der kommandierende Offizier aber droht, den ersten, der sich rührt, niederzustoßen; und da keiner Lust hat, der erste zu sein, bleiben sie alle ruhig, wie das oft der Fall ist, wo bloß Ruhe herrscht, weil es am Kommandowort fehlt.

Das ist das Verbrechen, das Menschenfreunde bei den lübeckschen Halb-Soldaten nicht des Todes wert finden. Der Redner ist indessen zum Tode verurteilt, und die beiden andern, die gezogen haben sollen, würfeln um Tod oder zwölfmaliges Gassenlaufen. Die Bürger verlangen absolut eine Exekution, weil sie die Mühe des Wachhaltens nicht umsonst gehabt haben wollen.

Noch sind ein paar Soldaten arretiert, die auf dem Markte laut gesprochen haben, und als die Bürgerwache sie umzingelt, sich mit gezogenem Degen verteidigen wollten. Das ist alles, was ich gehört habe und mit so kalten Fingern niederschreibe, daß ich keine leserliche Schrift hervorbringen kann.

2.

Lübeck, den 7. Jul. 1796

Am 6. Julius des Morgens fand ich in Lübeck unter einigen Bürgern, die ich reden ließ, ohne mitzureden, die Gemüter sehr exaltiert. Man sprach von gemachten Komplotten mit den Handwerksburschen, um die Stadt anzuzünden und die Bewohner zu plündern und zu morden; Pulver und Blei sollte schon angeschafft sein. Indessen waren zwei Menschen erschossen, das Leben eines dritten auf Würfel gesetzt und acht liefen Spießruten.

Traurend über das leider nur allzu gewöhnliche unmenschliche Phänomen der Menschheit, daß die Mehrheit in letzter Instanz abschließend und entscheidend über die wichtigste Anlegenheit urteilt, von der das Leben, die Wohlfahrt und die Ehre der Menschen abhängt, ohne aktenmäßig oder wenigstens historisch gewiß unterrichtet zu sein; und mit dem Wunsche, daß doch jeder mit seinem Urteile so lange anstehen möchte, bis er völlig genau unterrichtet worden; hörte ich bei vernünftigen Männern dasjenige bestätigen, was ich schon vorgestern in Ratzeburg und unterwegs hatte sagen hören. Nur die Beschwerden der Soldaten erzählt man etwas anders. Der Dienst ward ihnen dadurch erschwert, daß die Garnison verkleinert worden und selbst in der geringern Zahl der Besatzung die Wachen nicht mit der zu einer jeden bestimmten Zahl besetzt wurden, so daß die Tage des Wachstehens und an diesen die Stunden des Schilderns für den Wachziehenden sich schneller folgen müssen. Übrigens kömmt es dem Beobachter dieses Rechtsganges nicht auf die Natur der Beschwerden, sondern nur darauf an, daß gegründete Beschwerden da waren.

Dies, der daraus fließende justus dolus der Leute, der bei Handwerker-Tumulten bewiesene Glimpf, die ungestraft gebliebene Zusammenrottung der Soldaten bei Erzwingung des ihnen beigelegten Brotes, die bei ihnen durch eine sechswöchentliche Hinlegung ihrer Bittschrift auf eine unverantwortliche Weise von den Beikommenden veranlaßte Ungeduld, die Unkunde der lübeckischen Soldaten in der strengen militärischen Subordination, die mehr einer uniformierten Bürger-Wache als einem geworbenen Soldaten-Korps gleichen und im äußern Dienst nie mit militärischer Ordnung behandelt worden, der völlig ungegründete Vorwurf ihres *Komplotts* oder Zusammenrottens zu bösen Absichten, vielmehr ihre bloß auf erlaubte Zwecke abzielende *Union*, begründet freilich sehr das Urteil derer, die es befremdend finden, daß man die militärischen Kriegsgesetze mit einer Schärfe vollzogen, mit der man sie nur da, wo der strengste militärische Subordinations-Geist herrscht, zur Ausübung bringen kann, und daß bloß politische Rücksichten zwischen dem Senat und der Bürgerschaft das Urteil gesprochen.

Hiezu kommt, daß in den Kriegsartikeln stehen soll, daß, wer ein solches Verbrechen begehet als das jetzt bestrafte, Leib und Leben verwirkt haben soll, und daß unsere Kriminalisten überall, wo Leib *und* Leben steht, selbst in der peinlichen Halsgerichts-Ordnung dieses für Leib *oder* Leben nehmen.

Hiezu kommt ferner, daß die Kriegs-Artikel alle Jahre verlesen werden sollen und daß diese Verlesung seit 5 Jahren nicht geschehen ist.*

Wenn dieses alles so richtig ist, so ist es freilich hart, daß Leute ihr Leben verloren haben, von denen das Wort Christi gilt: Vergib ihnen, denn sie wissen nicht, was sie tun.

Als man mir es erzählte, entstand bei mir der natürliche Gedanke: Was ist nun die so eifrig gesuchte Freiheit der Menschen, wenn selbst in einem Freistaate der Richterstuhl nicht die Freiheit hat, nach innerer Überzeugung zu urteilen, sondern dem Erbitterungs-Despotism des Volks nachgeben muß; und wenn unter den ruhigen und aktenmäßig urteilenden Mitgliedern des Publikums keiner öffentlich auftreten und laut der Belehrer und Besänftiger der erbitterten Menge werden darf?

Daß der Rat für gelindere Maßregeln gestimmt, wird dadurch wahrscheinlich, weil er schon das vermehrte Brot hatte backen lassen und den Soldaten zugestehen wollen. Daß es aber im Publikum gemäßigte Urteile gegeben, und diese weit eher, als die tausendzüngige Menge hätten gehört werden müssen, ergibt sich aus meiner Erzählung.

* Wenn es wahr ist, daß nach dem Aufstande auf der Parade die Soldaten, die sich noch immer gekränkt und nicht unrecht zu handeln glaubten, zum Kommandanten gingen und seinen Schutz verlangten und unter andern anbrachten, der Oberstleutnant habe gesagt: „Schurken, ihr könnt euren Abschied bekommen"; wenn der Kommandant wirklich am folgenden Tage auf die Parade gekommen ist, die Haupt-Anführer hat vortreten lassen und sie in Gegenwart der Offiziere und der Mißvergnügten befragt: ob es wahr sei, daß der Oberstleutnant dieses gesagt, welches derselbe leugnet, so ist freilich dadurch das Korps der Offiziere kompromittiert und die Sache der Soldaten verschlimmert worden.

Auch ergibt es sich aus dem Eifer der Bürgerschaft, in welche ganz ein militärischer Geist von Errichtung von Freiwilligen und Besetzung der Wachen gefahren ist. Dieser Geist scheint mir höchst schädlich* nach dem simpeln Kantischen Begriff, daß eine Demokratie, welche Gesetzmachung und Ausführung verbindet, die marokalnischste aller Despotien ist. Es ist daher jetzt in Lübeck eine wahre Insurrektion, indem die Bürger die Audienz oder den Ratssaal sich haben einräumen lassen, dort Torellis bekannte Gemälde mit Tabaks- und Bierdünsten beräuchern und erklärt haben, ihn sowie das Zeughaus und den Pulverturm nicht eher wieder abzugeben, als bis geurteilt, das heißt: so gesprochen werde, als ihr tel est notre bon plaisir es befiehlt. Dieses ist eine deutliche Insurrektion und wird es noch mehr dadurch, daß der Senat, nach der Konstitution, in Rechtssachen einzig und allein das Verfahren hat. Die Bürger begehen also ebenden Frevel, dessen Bestrafung sie so wenig schonend verlangen.**

Der Rat, sagt man, sieht die Garnison als seine Stütze an;

* Ich habe nicht ohne Bedauern die Gruppen der sehr zivil aussehenden Bürger-Wachen, Posten und Patrouillen gesehen, die statt Waffen zu führen, dem Staate weit besser durch den Gebrauch ihres Handwerksgeräts nutzen und jetzt zum Herumschlendern, Trinken, Müßiggehen usw. gewöhnt werden und ihre Weiber und Freunde, welche sie mit Kaffee und Bier auf den Wachen besuchen, dazu verleiten.

** Man sagt dagegen, die Soldaten hätten sich gegen ihre Vorgesetzte empört, die Bürger aber nicht. Diesen dienten beide, der Magistrat und die Garnison; folglich könnten die Bürger gegen den Magistrat nicht in Empörung sein; sondern die Herren sprächen mit ihren Dienern. Das ist ein gefährlicher Trugschluß. Wahr ist es, jede Regierung dient dem Volke, nicht das Volk der Regierung; aber sie dient dem Volke grade durch die eingeführte Ordnung und die ihr übertragene gesetzliche Autorität, und diese kann selbst das Volk nicht hemmen, leiten oder regieren wollen, solange es nicht die ganze gesetzliche Autorität umstößt, das heißt: eine neue Regierungsform beliebt. Das Volk bindet sich oft allerdings selbst die Hände, indem es sich gesetzliche Autoritäten gibt, und muß in diese, solange sie gelten, durchaus keinen Eingriff tun, wenn allgemeine Sicherheit des Lebens und des Eigentums geschützt sein soll; oder es fällt in den demokratischen Despotism, vor dem Kant in seiner vortrefflichen Abhandlung als der scheußlichsten aller Tyranneien warnt.

das Volk will dieses nicht zugestehen, sondern behauptet, daß das Militär zu seiner Sicherheit diene. Die Sache, so angesehen, setzt einen höchst nachteiligen Zwiespalt zwischen dem Rate und dem Volke zum voraus; sonst muß es grade zu Einem Zwecke führen, ob der Senat das Militär als Werkzeug seiner exekutiven Macht, oder das Volk es als seine Schutzwehr betrachtet, da die exekutive Gewalt des Rats die erste und beste Schutzwehr des Volks in Aufrechthaltung des Rechts und der bürgerlichen Ordnung sein muß. Wenn also der Senat jetzt zwei Menschen aufgeopfert hat, um die Frage wegen eines Zwiespalts der Autoritäten zu vermeiden und dem Volke nicht Anlaß zu geben zu glauben, daß der Rat ein Interesse für sich haben könne; so gerät man freilich in Versuchung, den zu strengen Tod zweier unbedeutenden Staatsbürger als das geringere Opfer anzusehen*: aber man muß bedauern, daß alle Regierungsformen die wahren Begriffe der Freiheit verletzen: man wird unschlüssig zu entscheiden, ob in der Türkei, wo despotische Große herrschen, wo aber ein Großer den andern und alle die Furcht vor dem Pöbel im Zaum hält, oder ob unter einem Volke, wo den aufbrausendsten Volkswillen keine höhere Gewalt, mithin keine Furcht bezähmt, die Freiheit mehr bedroht werde. Man wird geneigt, mit Pope, so grob es auch klingt, auszurufen: For forms of government let fools contest; und lernt sich auf den Wunsch einschränken, daß, da die Notwendigkeit, regieret zu werden, schon den

---

* Ich erzähle bloß das Erzählte und wünsche, daß es berichtiget werde. Ich habe gar nichts gegen strenge Aufrechthaltung der Ordnung; ich glaube aber, daß zwei Gegenstände dabei äußerst wichtig sind:
1) Man muß kleine Frevel ernsthaft züchtigen; so darf man nicht große Frevel, die aus der Nachsicht gegen kleine unfehlbar entspringen, streng oder wohl gar hart und grausam bestrafen.
2) Man muß alle Frevel in rechtlicher Ordnung und mit Gelassenheit strafen und nicht durch Insurrektionen dem Volke drohen. Tut man letzteres, so wird der Zweck der Todesstrafe, die Warnung für andere, ganz verfehlt; das Volk, das durch Unordnung eine Todesstrafe bewirkt, kann durch dieselbe nicht zur Ordnung zurückgeschreckt werden; es wird vielmehr, wenn es ihm einfällt, ebenso den Kopf seines Mitbürgers als das Leben der Hingerichteten fodern. Kurz, waren die lübeckschen Soldaten nach ganz gewöhnlichem Rechtsgang, ohne Dazwischenkunft der Bürger, erschossen

Beweis der Unmöglichkeit, frei zu sein, enthält, wir uns weniger über Formen streiten und gegen oder für sie ereifern, dagegen aber sehr ernstlich darauf denken möchten, den Menschen, ohne Rücksicht auf das äußere Band, zur immer freien Vernunft zu führen, die unsere einzige, wahre, wesentliche, angeborne, göttliche Freiheit ist.

> Reine Wahrheit sei uns immer heilig,
> Ob auch grimmig Fanatismus schnaubt;
> Tyrannei in jedem Fall abscheulich,
> Duldung aber über alles heilig –
> Was auch unser Nachbar glaubt.
>
> Staatsverfassungen sind Hypothesen:
> Mit der Wahrheit ganz und gar vermählt
> War noch keine! Alle geben Blößen,
> Zeugen von dem eingeschränkten Wesen,
> Das die Sterblichen beseelt.
>
> Aber alle haben auch ihr Gutes;
> Keine, die durchaus den Irrweg geht!
> Und der Patriot lebt frohes Mutes
> Unter jeder; wirket soviel Gutes,
> Als in seinen Kräften steht.
>
> Niemals wird er kühne Neurung wagen,
> Die den graden Menschensinn empört.
> Doch kann er, Verbeßrung vorzuschlagen,
> Seinem guten Herzen nicht versagen,
> Das den Trieb zum Wachstum nährt.

Isaak Maus,
Bauer zu Badenhein

---

worden, so würde nichts dagegen zu sagen und wenigstens allgemeine Ehrerbietung für gesetzliche Ordnung gewonnen sein. Dies ist jetzt ganz verloren.
Noch eine Anekdote beweiset, wie weit die Erbitterung ging.
Als letztes Hülfsmittel gab man den Verurteilten an die Hand, sich an die gesamte Bürgerschaft mit Bitte um Fürsprache beim Rate zur Begnadigung zu wenden. Ihr deshalb eingereichtes Gesuch kam an die zwölf Ältesten, welche alle Bittschriften oder Vorstellungen an die Bürgerschaft annehmen und die Freiheit haben zu beurteilen, Finanzsachen ausgenommen, ob sie das Gesuch an die

Das ewige Leben,
keine alte theologische, sondern eine neue chemische Erfindung

[Vierter Band. Zehntes Stück, Nr. IV, S. 44–48]

So wie es einen Zyklus in den physischen Krankheiten der Menschen geben soll, so scheinen die Verirrungen des Geistes auch eine bestimmte Epoche zu halten, in der sie von gleicher Stärke sich wieder zeigen. In der Mitte dieses Jahrhunderts hatte der Präsident der Berliner Akademie, *Maupertuis*, zwei kühne Gedanken; der eine war, durch den märkischen Flugsand ein Loch bis in den Kern der Erde zu bohren; der andre bezweckte nichts Geringers, als durch Verstopfung der Poren und Verhinderung aller Ausdünstung den Körper in ewiger Jugend zu erhalten. Vielleicht (denn Zusammenhang unter *zwei* Ideen läßt sich in einem Präsidentenkopfe ja wohl erwarten), vielleicht standen beide Vorschläge in Verbindung. Der erste sollte das Berliner Publikum überführen, daß der ganze Planet, den wir bewohnen, nicht aus bloßem Sande besteht, der zweite sollte dem Präsidenten zum Mittel dienen, die Spötter, noch nach tausend Jahren, *selbst* beschämt zu sehen. „Der große Moment fand schon damals ein kleines Geschlecht" und niemand wollte den Versuch an seinen Poren wagen. Die Menschen sind, wie man behauptet, vor wie nach, bald natürlichen Todes, bald durch Ärzte gestorben, und in neuern Zeiten sind diesseits und jenseits des Rheins recht auffallende und lehrreiche Experimente über den Tod gemacht worden. Noch mehr! Sechstehalbtausend Jahre starb man in dem einfältigen Wahn, die Lebenskraft verschwinde, und Tod sei Schwächung aller Organe. Eine neue Sekte von Physiologen, die den Kranken nach einer sehr einfachen analytischen Formel $a + b = c$ behandelt, den *Neid* eines Hundes zu *wiegen* und das Prinzip der Reizbarkeit mit

Bürgerschaft gelangen lassen oder es hinlegen wollen. Hier, wo es auf das Leben zweier Menschen ankam, beschlossen die zwölf Ältesten, die Bittschrift liegenzulassen. Sie kam also nicht an die Bürgerschaft, deren Konsulent oder Prokurator schon eventualiter die Interzession um die Begnadigung fertiggemacht hatte, wodurch vermutlich eine Milderung des Urteils erfolgt sein würde.

einem metallischen Stoffe verbunden, fest und tropfbar flüssig dem Getaste sinnlich dargestellt hat, diese neue Sekte hat zwei Arten des Todes entdeckt. In der einen bleibt die Fiber schlaff und biegsam, in der andern wird sie steif und ausgedehnt. Die letztre soll gar ein *Tod* vor allzu vielem Leben sein. – Unter solchen Umständen schien das Maupertuissche Problem schwerer zu lösen. Aber nichts ist dem prometheischen Geschlechte zu schwer. Ein lombardischer Arzt, Herr Vassali, hat in diesem Jahre wirklich das ewige Leben auf diesem Planeten zustande gebracht. Das Mittel dazu ist einfach, und eine geöffnete Zuckerdose, welche sonst nur Kindern ein Blick ins Paradies war, wird jetzt auch von Erwachsenen als eine Quelle der Lebenskraft gepriesen werden. Mit zunehmendem Alter werden alle Gefäße verengt. Phosphorsaure Kalkerde setzt sich in diesen, ja selbst in den Muskelfasern ab, deren erdiger Gehalt vermehrt wird. Daraus entsteht allgemeine Steifheit der Fiber, verminderter Umlauf der Säfte und wenn diese lebendige Petrifikation so fortgeht, endlich der Tod. Alles, was dieses Anhäufen der Kalkerde verhindert, der lebendigen Versteinerung entgegenarbeitet, verlängert das Leben. Ein solches gegenwirkendes Mittel hat nun Herr Vassali in der Sauerkleesalzsäure (deren sich gelehrte Sudler schon längst gegen Dintenflecke und die Damen zur Reinigung des Tischzeugs bedienen) entdeckt. Diese Säure, welche mit der Zuckersäure eins ist, löst die phosphorsaure Kalkerde auf und ihr häufiger Genuß sichert so vor beiden Todesarten, der Schwäche und Überreizung. Seit der großen Entdeckung der Natur der Schweinefinnen, vom sel. Pastor Götze, seit dem wichtigen Experimente eines Mainzer Mineralogen, daß ungrischer Pechstein am Stahl Feuer gibt, seit diesen Epochen ist nun freilich nichts Größres entdeckt worden. Wir fürchten, daß diese Lebensverlängerung auch manche unglückliche Folge nach sich ziehen wird. Der Zweck aller Staatswirtschaft, Volksvermehrung, wird freilich dadurch erreicht. Viele Menschen verzehren vieles und an Objekten neuer Abgaben (über welche nach den Friedensschlüssen in Europa oft Experimente im Großen angestellt werden) wird es nicht fehlen. Aber die Polizei? Die Kunst, ein solches gemischtes Volk von neuen und alten Grundsätzen schulgerecht zu gubernieren? Da wird man die staatswirtschaftlichen Lehrerstellen auf den Akademien vermehren oder für das Kameralfach gar eine neue Fakultät errichten müssen. Auch die philosophischen Professoren werden manche Veränderung leiden müssen, wenn man der menschlichen Vernunft, die dann durch so viele Arme unterstützt wird, gehörigen Widerstand leisten will. Wir könnten noch andre Betrachtungen hinzufügen, zeigen, wie der Dunstkreis durch das Atmen so vieler Millionen unsterblicher Geschöpfe verunreinigt werden wird. Wir könnten zeigen, wie man, um dieses Übel abzuwenden, in gut organisierten Staaten entweder die *niederen* Volksklassen auf eine kleine Luftportion anweisen oder die Chemisten zu Verbesserung der Atmosphäre durch Lebensluft aufmuntern muß. Aber wir halten diese Betrachtungen für zu gewagt, da es noch unentschieden ist, ob das Publikum nicht, besonders bei den jetzigen hohen Zuckerpreisen, die auflösenden Mittel des Herrn Vassali wie die konstipierenden des Berliner Präsidenten verwerfen wird. – Vielleicht wäre manchem fühlenden Menschen in diesen Zeiten der Umwälzungen eine andre Erfindung willkommner, deren der große Franklin erwähnt, und an die ihn *Fliegen,* welche in Amerika ersoffen und in England wiederbelebt worden waren, erinnerten. Die Erfindung besteht darin, sich auf einhundert Jahre zu betäuben und dann weiter fortzuleben. In den hinterlassenen noch ungedruckten Papieren des unsterblichen Mannes sollen die Mittel angegeben sein. Wir wünschen für die Ruhe der Menschheit, daß ein Blick in die Welt, nach dem hundertjährigen Schlafe, nicht sogleich wieder Sehnsucht nach neuer Betäubung erregen mag!

A.

Der deutsche Orpheus
Ein Beitrag zur neuesten Kirchengeschichte
[Vierter Band. Zehntes Stück, Nr. V, S. 49–66]

ἄσβεστος δ'ἄρ' ἐνῶρτο γέλως μακάρεσσι θεοῖσιν,
ὡς ἴδον Ἥφαιστον διὰ δώματα ποιπνύοντα.

„Es dünkt mich nichts zugleich Lächerlicheres und, wenn
ich die Wahrheit sagen soll, Abgeschmackteres in der ganzen Natur, als ein Zwerg im Riesenmantel." So sagt Schlosser S. 61 seines *Schreibens an einen Jungen Mann, der die kritische Philosophie studieren wollte**; und hat damit, wahrscheinlich, „ohne sein Wissen" (S. 47), und aus Instinkt, wie das
naive Genie, sich selbst und diese seine immer zürnende,
oft warnende, und zuweilen weissagende Schrift auf das
geistreichste charakterisiert. Noch naiver, und also aus diesem Gesichtspunkt betrachtet, noch genialischer ist es, wie
der polemische Zwerg, sonst ein enragierter Christ, den
heidnischen Propheten Orpheus durch eine Vergleichung
mit sich sehr beißend parodiert. Er hatte den jungen Sohn
seines alten Freundes sorglich bis an die Schwelle des
Mannsalters hingeleitet und ihm vieles Gefährliche verborgen. Oft band er ihn (S. 3) wie Ulyss an den Mast oder verstopfte ihm die Ohren vor dem Gesang der kritischen Sirenen. „Nun fängst du aber an, sagt er, Mann zu sein. Nun
darf niemand mehr deine Ohren verstopfen, sondern" – –
ich, dein weiser Ratgeber – „muß dich nun wie Orpheus
seine Argonauten mit offenem Aug' und Ohr an den Sirenen und ihrem Gesang vorbeiführen. Der band keinen an
den Mast, verstopfte keinem die Ohren; sondern er nahm
selbst seine Leier in die Hand und sang höhere Lieder, als
die Verführerinnen im Meer sie singen konnten." – Diese
Vergleichung ist auch keineswegs nur ein flüchtiger Einfall,
sondern der eigentliche Grundgedanke der ganzen Schrift.
Man muß, um das Feine zu empfinden, nur voraussetzen,
daß der Briefsteller, als ein Virtuose in der Naivheit, dabei
ohne sein Wissen an die Virgilischen Verse vom Orpheus
gedacht habe:

* Lübeck und Leipzig, bei Friedrich Bohn und Kompagnie. 1797.
S. VI u. 168. 8.

„Einsam bewandelt er nordisches Eis – und wehklagt
Über Euridices Raub, und des Pluto trügende Gabe;"
und
„Doch sein Gesang entrief die lustigen Schemen der tiefsten
Kluft des Erebus, deren Gebilde, für die es nicht taget."

Die exoterische Absicht dieses in Form und Geist echt pro-
saischen* und antisirenischen Beschwörungsliedes ist also,
die Toten zu erwecken und die Lebendigen zu entzaubern;
die esoterische war wohl: *Kanten,* der vor kurzem in einem
bekannten Aufsatze den *vornehmen Ton* einiger der neuesten
Propheten mit köstlicher Laune gerügt hatte, durch die Tat
zu widerlegen und hier ein unübertreffliches Muster des
gemeinen Tons aufzustellen. Um zu beweisen, wie sehr
dem Orphiker diese mystische Absicht gelungen sei,
erinnre ich nur an die männliche Bescheidenheit, mit der er
(S. 114) den alten Meister der Kritiker eines jugendlichen
Wahns und eines jugendlichen Dünkels beschuldigt. Dieser
Meisterzug würde selbst in einer kräftigen Komödie noch
aufs glänzendste hervorstechen. Er kann seine Wirkung gar
nicht verfehlen, und muß bei allen Lesern, wie die Geschäftigkeit des hinkenden Vulkan bei den Homerischen Göttern, ein unauslöschliches Gelächter erregen. Doch kommt
es dem Ideal des gemeinen Tons vielleicht noch näher, daß
er aufrichtig wie Thersites dem ehrwürdigen Denker hämische Absichten (S. 63) vorwirft, weil er den Menschen ein
unerreichbares Ziel aufstecke und doch gestehe (S. 64), daß
die Fesseln der Sinnlichkeit hier unaufhörlich sein; daß er
dies für Hohn, für bittern Spott über die Menschheit erklärt
und den Weisen ein unfreundliches hämisches und neidi-
sches Wesen schilt. Wer erinnert sich hiebei nicht an das
Gleichnis des platonischen Sokrates zur Unterscheidung
des Sophisten und Philosophen? „Wenn ein Arzt und ein
Koch vor einer Versammlung von Kindern miteinander
streiten müßten, wer sich auf den Wert und Unwert der
Speisen besser verstehe, der Arzt oder der Koch: so würde
der Arzt wahrscheinlich verdammt werden, Hungers zu
sterben." –
Aber mit solchen oberflächlichen Gemeinheiten begnügt
sich der zürnende Prophet nicht. Um recht zu scheinen,

* It is not poetry, but prose run mad. –

muß man sein. Wer vollkommen gemein schreiben will, muß pöbelhaft denken. Man kann es unserm orphischen Thersites nicht absprechen, daß er bis ins innere Heiligtum seiner Kunst eingedrungen sei. Es herrscht die üble Sitte in Deutschland, daß jeder Schriftsteller, der etwa einmal der Mietling (welchen nicht der Dienst und der Lohn, sondern die Gesinnung macht) einer Regierung war, keine Zänkerei in den Druck geben lassen kann, ohne mit gehässigen Insinuationen um sich zu werfen, um seine zerlumpte Blöße mit der Hoffnung einer Kabinettsordre zu decken und dem Gegner durch ohnmächtiges und niedriges Drohen mit fremder Gewalt Furcht einzujagen. Auch Schlossern fehlt es nicht an dem besten Willen zu einem tüchtigen Denunzianten. Er nennt es mehr als unfein, daß Theologen – die sich von der kritischen Schule entweder hinreißen lassen oder sich ihren Grundsätzen so nähern, daß das Christentum selbst kritische Philosophie wird, weil sie sich vor ihr fürchten – doch ihr Amt als Lehrer einer Offenbarung auf sich behalten. – „Ehe kann ein Stummer singen und ein Blinder malen lernen, ehe ein solcher Philosoph (der die christliche Religion von der Geschichte unabhängig machen will) ein christliches Lehramt auf sich behalten darf" (S. 120–122). Ihm würde der Vorschlag nicht übel gefallen, „daß man die Leute auf alle Weise vom Studium solcher Dinge (wie die kritische Philosophie) abschrecken, und daß man überhaupt, wie man von einem Maskenball die unschicklichen Masken und von einem Jahrmarkt die verdächtigen Gaukler ausschließt, auch die unweisen Schriftsteller, die jeden unreifen Gedanken gleich auf die gelehrten Jahrmärkte bringen, durch ernste Zensuren ausschließen sollte" (S. 112, 113). Ein Glück, „daß es so schwer ist, die rechten Schlösser (um die Schulen zu verschließen) und die rechten Zensoren zu finden!" Denn diese Betrachtung bewegt ihn noch, die Denkfreiheit zu begnadigen. In diesem zerrütteten Zeitalter nämlich, wo der durch einige leichte Siege über plumpen Aberglauben und grobe Irrtümer übermütig gewordne Verstand alles richten und alles beherrschen will (S. 6–9), werden die echten Orphiker, die doch allein gute Zensoren sein würden, immer seltner, und noch seltner die, welche sich in ihre trivialen Mysterien einweihen lassen wollen. Ein derber Verweis, den der altkluge und naseweise Zwerg ganzen theologischen und juristischen Konzessen (S. 37) darüber macht, daß sie nicht entschlossen und schnell genug waren, einen Geistlichen seines Amts zu entsetzen, der „seine Bauern so nahe an die Grenze des Deismus führte, daß es nur noch einen Schritt brauchte, um sie ganz hinüberzuführen"; stimmt vortrefflich zu dem übrigen.

Was läßt sich hierauf antworten, als ein, womöglich, noch verächtlicheres: *Ruhig, Christ!* wie das, womit der edle Saladin in Lessings Nathan eine intolerante Angeberei unwillig zurückweist? – Und diese ist denn auch unter unzählig vielen bloß lächerlichen Seiten des an sich sehr unbedeutenden Libells (deren in der Tat so viele sind, daß man es ein komisches Unendlich-Eck nennen könnte) die einzige ernsthafte. Es ist ein Beitrag mehr zur Chronique scandaleuse des Christentums. Wie muß sich ein leidenschaftlicher Gegner desselben nicht über diese Schrift freuen? Wird nicht jeder echte Christ von feinem Ehrgefühl und aufgeklärtem Geist künftig bei dem bloßen Namen ihres Verfassers erröten? – Von der eignen Beschaffenheit dieses neuorphischen Christianismus nur ein paar Worte. – S. 109 gesteht er, daß er bloß den Juden seinen Begriff von der Gottheit zu danken habe. Wer die Offenbarung und die Vernunft in Übereinstimmung zu bringen und die christlichen Dogmen aus den ewigen Gesetzen der menschlichen Natur abzuleiten versucht, der treibt nach seiner Meinung (S. 119) bloßen Spott mit den Menschen. Dagegen wird das Christentum (S. 38) mit dem Despotismus verglichen, weil beide, wenn sie erst mit Mühe einige Schritte herunterzusteigen gezwungen wären, leicht ganz zu Boden getreten werden könnten. Der demütige Wahrscheinlichkeitskenner hält die Offenbarung vermutlich für eine von den Krücken, die eine bescheidne Philosophie uns anbietet (S. 40): denn immer waren grade die wildesten Verfolger gegen ihren eignen Glauben heimlich mißtrauisch. – In der Tat, wenn man den größern Teil der Schrift ohne Namen läse, so würde man argwöhnen, die Absicht des Verfassers sei gewesen, das Christentum so verächtlich und so lächerlich, als nur möglich, zu machen; wie er selbst sehr scharfsinnig vermutet, „Kant möge wohl selbst lachen, wenn er sehe, daß so viele Doktoren der Theologie, Prediger und Schullehrer aus

dem Vorhang, hinter welchem er sich nur versteckte, ihre ehrwürdigsten Priestergewande schneiden!" usw. (S. 97).
Folgende Proben der gröbsten Mißverständnisse, Widersprüche und Fehlschlüsse, der offensten Geständnisse und der merkwürdigsten Machtsprüche mögen als Belege dienen, daß dies Rabengekrächz gegen Zeus' göttlichen Vogel einer Beurteilung durchaus unwürdig sei. S. IV und V der Vorrede erklärt er, sich auf den innern Zusammenhang des kritischen Systems nicht einlassen zu wollen: verheißt aber in diesen Blättern (Kants Aufsatz, der leicht seine sämtlichen Werke aufwiegen möchte: nennt der Demütige [S. 111, 114] immer Blättchen) doch von dem Lehrgebäude im ganzen, seiner Festigkeit, seinem Zweck zu handeln. S. 32 u. 33 bekennt er, daß er den Zusammenhang und die Schlußfolgen dieses kritischen Systems zu prüfen, gern, sehr gern denen überlasse, welche sich ein Geschäfte daraus machen, dergleichen Dinge zu untersuchen! S. 7 u. 8 klagt er, daß durch die kleine Allmacht des immer anwachsenden Geldreichtums die Scheidemauer zwischen den Ständen, die *weiseste* Einrichtung, welche die *Torheit* der Menschen durch eine Art von *Wunder* hervorgebracht habe, beinahe ganz zerstört worden sei! – Da er die Grenzen des Sinnlichen und Übersinnlichen so ganz verkennt, daß er das Übersinnliche durch Schlüsse aus Wahrscheinlichkeiten zu erkennen sich einbildet (S. 76): so kann es nicht befremden, daß er das sittliche Glauben (S. 13) und auch das wissenschaftliche Erkennen (S. 35) des kritischen Philosophen für ein bloß willkürliches Denken hält. Die kecke Behauptung (S. 32, 33) aber, Kant habe selbst seine Philosophie für unzulänglich zum Weltgebrauch erklärt, kann man sich nicht wohl ohne absichtliche Verdrehung erklären. S. 11, 12 heißt es: „Auf den Menschensinn verläßt sich der Mensch, nicht weil er weiß, daß er das Siegel der Gewißheit auf sich habe, sondern weil er den Widerspruch nicht ertragen kann, daß in einer Welt, in welcher ihm überall Ordnung und Übereinstimmung vor Augen steht, er allein der Spott und das Spielwerk der Schöpfung sein sollte." – Ein origineller Einfall, die Notwendigkeit und Wirklichkeit aller Wahrheit und Gewißheit überhaupt auf eine besondre gründen zu wollen, welche fast mehr als jede andre bezweifelt ist! S. 27, 28 wird einer anderthalb Seiten langen Geschichte der Phi-

losophie, die zu dem Resultate eilt, daß die Spekulation für den Menschen nicht tauge, die Behauptung vorangeschickt, daß ein Geist, der so dächte und erkennte, wie wir uns das Denken und das Erkennen vorstellen, und der im Besitz der Wahrheit sein sollte, allwissend sein müßte. So sind die Schwärmer meistenteils heimlich halbe Zweifler, denen es nur an Aufrichtigkeit, Ernst und Mut fehlt, um es ganz zu sein. Daß er, der sehr wohltäte, noch jetzt das Versäumte in einer eigentlichen Schule nachzuholen, fleißig mit diesem Wort um sich werfen und seinem Gegner die Meisterwürde einer Schule verächtlich zugestehen werde, ließ sich wohl erwarten: da Bessere wie er die klassische Kraft und den klassischen Geist, womit Kant immer nur das ganz ist, was er jedesmal sein will und sein soll, nur für scholastische Form halten. Die Vorwürfe, daß die kritische Philosophie alt sei, daß sie mit dem Menschensinn streite usw., sind zu alltäglich, als daß wir dabei verweilen könnten. Bemerkenswerter sind schon die Entdeckungen, daß Kants Moral eigentlich eine mühselig erkünstelte Nachbildung oder Parodie einer viel ältern Idee des Shaftesbury sei (S. 46, 47); daß der Begriff *Gut* immer ein relativer Begriff bleibe (S. 43); daß das Wesen des Menschen nicht in gewissen ihm eigentümlichen Kräften und Fähigkeiten bestehe, sondern in einem gewissen Grade derselben (S. 73–75); daß diejenige Meinung die eigentliche demütige und bescheidne Weisheit sei, welche das Beruhen auf dem Zeugnis heiliger Lehrer wie einen Tempel hingestellt hat (S. III).

Nun nur noch eine Folgerung und einen Einwurf zur Probe, wie gut er diese kantische Parodie der Shaftesburyschen Tugendlehre verstanden habe. S. 47: „Wenn jemand bei allen seinen Handlungen solche Maximen zum Grund legen soll, welche durch seinen Willen zum allgemeinen Naturgesetz gemacht werden sollten; so müßte er doch, wie mich dünkt, vor allen Dingen den Geist des Naturgesetzes, also das ganze Natursystem, wenigstens so weit kennen, als es der Wirksamkeit nicht nur der Menschen, sondern aller Intelligenzen möglich wäre, diesem System nach oder ihm entgegen zu arbeiten." – Zur Erläuterung der großen Entdeckung, daß die gute Gesinnung und das allgemeine Gesetz nicht hinreichend sei, um sittlich zu handeln, führt er folgendes Beispiel an. Ein gutgesinnter Mensch könne in seiner Verzweiflung über die Verschiedenheit der Meinungen vom Natursystem, nach dessen Kenntnis er sich doch zu entscheiden habe, leicht seine Lage so bestimmen, so individualisieren, daß unter der Bestimmung jedes Laster die Farbe der Sittlichkeit erhielte. „Bei einer Leibesbeschaffenheit wie die meinige, darf man allgemein huren; bei dem Grad von Liebe darf man allgemein Töchter und Weiber entführen; bei einer solchen Reizung darf man allgemein morden", usw. (S. 49–52). Diese ganze Invektive gegen die Kantische Moral ist vollkommen ebenso abgeschmackt, als wenn jemand die reine Mathematik der Unbrauchbarkeit und ihre Lehre der Täuschung und hämischer Absichten beschuldigen wollte, weil sie nicht angewandt werden kann ohne Kenntnis der Gegenstände, auf die sie angewandt werden soll.

Das sind der Stellen wohl genug, und für die Geduld des Lesers vielleicht mehr als genug, um zu beweisen, daß dieser Angriff gegen Kant nicht bloß ebenso ungesittet, sondern auch ganz so ohnmächtig sei, wie der des Melanthios gegen den göttlichen Odysseus:

„Jener sprachs; dann kam er* und sprang mit der Ferse vor Bosheit
Ihm an die Hüft'; er** aber bewegte sich nicht aus dem Fußsteig.
Sondern stand unverrückt. Da sann im Herzen Odysseus:
Ob er sofort mit dem Stab' anrennt', und das Leben ihm raubte;
Oder zur Erd' ihm stieße das Haupt, von dem Boden ihn hebend."

Die Vergleichung mit dem bösen Ziegenhirten Homers liegt um so näher, da die Schlossersche Epistel sich vortrefflich zu einem Hirtenbrief – für den Schafstall der an die Mystik glaubenden Mitbrüder – qualifiziert. Wenn solcher literarischer Unfug überhandnähme: so möchte man wirklich auf die Aufstellung eines öffentlichen Anklägers beim Publikum antragen.

Am unleidlichsten ist die Selbstgefälligkeit, mit der er sich hier gegen Kant als Repräsentant des Altertums aufstellt. Seit er auf die Versicherung eines großen Schauspielers, daß es mit den dramatischen Regeln und besonders mit den drei Einheiten doch nicht so ganz ohne sei, den Prome-

* Melanthios.
** Odysseus.

theus des Äschylus (vielleicht die erhabenste aller noch vorhandenen Tragödien, aber gewiß nicht die regelmäßigste),
zugleich sträflich entmannte und ohne Mitleid unter Wasser setzte, redet er immer von den Alten, als ob er es selbst
sei. Auch in diesem Libell sind die griechischen Brocken
nicht gespart; häufig aber mit solchen Fehlern, daß man nur
zwischen absichtlicher Verfälschung oder zwischen grenzenloser Unwissenheit zu wählen hat. Hier erfahren wir
denn auch S. 27–28, daß Plato im Theätet den Satz des uralten *Parmenides** (S. p. 39 seq. 87. seq., ed. Bip.): der Mensch
ist das Maß aller Dinge, durch einen bloßen Mißverstand lächerlich zu machen suche! Auf diesen Satz habe den *uralten*
Parmenides die noch ältere und mit der Wahrnehmung der
Decke auf der Isis gleichzeitige Wissenschaft geführt – daß
der Übergang vom Universum des Seins zum Denken anders nicht möglich sei, als durch Erscheinungen! – Hier lernen wir, daß Plato, weil ihm, sobald er auf das Bleibende im
Menschen kam, Bilder und Worte fehlten, zu der intellektuellen Anschauung seine Zuflucht nahm! (S. 79, 80) – Sollte
es nach so vielen und so offnen Blößen noch notwendig
oder zweckmäßig scheinen, so ist jemand recht gern dazu
erbötig, Schlossern umständlich zu erweisen, daß es ihm gar
nicht gezieme, über die Alten auch mitreden zu wollen.
Welcher Patriot kann wohl gelassen bleiben, wenn er sieht,
wie eine Bande von Geistersehern recht planmäßig darauf
hinarbeitet, das sokratische Altertum grade bei den Bessern,
denen man es nicht genug empfehlen könnte, verdächtig
und verhaßt zu machen? – Auf seine eigne Wahrscheinlich-
keits-Weisheit kann man sich nicht eher umständlich, und
Schritt vor Schritt zergliedernd und widerlegend, einlassen,
bis er die zusammenhängende Folge, die, nach der sehr un-
wahrscheinlichen Behauptung S. 23, in seinen Gedanken
sein soll, vollständig dargelegt haben wird.
Ebenso grundlos ist die aus manchen Stellen und dem Geiste des Ganzen hervorleuchtende Anmaßung, daß er, wenn
er gleich kein Philosoph sei (S. 16), weil er es, „aufrichtig
zu gestehen" – so aufrichtig wie der Fuchs von der Traube
– nicht sein möge; doch gewiß ein guter Mystiker sei. – Er
würde es sein, wenn ihm seine Einbildungskraft nicht ver-

* Der Fehler ist unter den Druckfehlern nicht angezeigt.

sagte. *Mystiker* sind diejenigen, welche zu träge, sich der Allvollkommenheit unter den steten Hindernissen der Wirklichkeit dennoch handelnd und kämpfend unverrückt zu nähern, lieber gleich, durch gänzliche Verzichtleistung auf Wirklichkeit, eine volle Seligkeit im Traum, je nachdem man es nimmt, sehr wohlfeil oder auch sehr teuer erkaufen. Dazu gehört Stärke der Einbildungskraft. Diese fehlt Schlossern. Darum sind seine Schwärmereien nicht von der unterhaltenden, sondern von der wäßrichten und frostigen Gattung.

Und diesem Schlosser darf man einbilden, er sei dem Zeitalter, was er ihm hinter dem Rücken geworden sei, zum Kreuz? – Was er auch sein mag (es wird sich kaum merklich vom Nichts unterscheiden): so kann er wahrlich nur sich selbst zum Kreuz sein, und den wenigen, welche den Mut haben, sich um eines höhern Zwecks willen bei seinen unbeholfnen Sophistereien zu langweilen. – Er, der bis zum Weltgericht leben könnte, ohne einen einzigen Ausdruck zu erschwingen, wie der schlechteste unter den vielen im Kant, die genialisch sind; er darf Kants Schreibart verspotten (S. 25), sie barbarisch nennen (S. 6) und mit dem verworrenen Geschrei des Thersites (S. 5) vergleichen? – Auch von einem mittelmäßig guten Sophisten verlangt man, daß er angenehm rede, sich zu verstellen und seine Blößen zu verdecken wisse. Aber was kann markloser, schleppender und verunglückter sein, als die Schreibart in diesem Hirtenbrief, dessen Verfasser sich im Besitz der echten Grazie der Seele glaubt, welche in dem Spielraum zwischen der Dumpfheit und der alles beweisenden Strenge wohnt (S. 24). – Er hat die anfangs angenommene verächtliche Gleichgültigkeit gegen Kant nicht einmal durch einige Seiten fortführen können und legt seine ohnmächtige Wut gleich zur Schau. – Er wagt es, Kants Lehrgebäude spottend ein Drama zu nennen (S. 31) und mit der Wolkenstadt zu vergleichen (S. V), die Aristophanes durch seine Vögel erbauen lassen wollte. Weil das Kostüm seiner Schrift, in der freilich nichts dramatisch ist, die unwillkürliche vis comica, von der wir so viele Beispiele angeführt, aber doch noch mehrere verschwiegen haben, uns doch einmal viele klassische Erinnerungen rege gemacht und er selbst hier die politischen Luftbewohner des Aristophanes zuerst erwähnt hat: so schlage ich vor, seinen Brief dadurch zu dramatisieren, daß man ihn als eine Parodie der Schmeicheleien des Aristophanischen Pisthetärus gegen die Vögel betrachtet. Wenigstens kann man die neuen Argonauten, an welche die Rede gerichtet ist, als eine eigne Art von Vögeln und Luftschwimmern betrachten, welche auf dem dünnen Fluido der Schwärmerei nach dem goldnen Vlies der himmlischen Anschauung und irdischen Alleinherrschaft über die Meinungen in ewigem Kreise vergeblich umherschiffen. So wie der Aristophanische Pisthetärus den Vögeln sagt, daß sie vor alters über die Menschen geherrscht hätten; daß Hermes Flügel trage und auch viele andre Götter, Nike, Eros, Iris: so erzählt der eutinische Pisthetärus seinen Orphikern, auch Christus und Sokrates seien Orphiker gewesen (S. 123); bei den Alten habe der Menschensinn (das bekannte Losungswort) geherrscht (S. 12). Auch ist hier wohl eine ähnliche Absicht: die ganze Luft und alle ihre Bewohner zu einem großen Lehrgebäude (wie dort zu einem Staate) zu vereinigen; die Götter und Menschen hingegen zu trennen und allen Verkehr zwischen der olympischen Höhe der wissenschaftlichen Aufklärung und der irdischen Feste des tätigen Lebens, womöglich, ganz zu hemmen.

Neue deutsche Werke
[Auszug]

1) Musenalmanach für das Jahr 1797. Herausgegeben von Schiller. Tübingen in der Cottaischen Buchhandlung. S. 303. kl. 8.

[Vierter Band. Zehntes Stück, Nr. VII, S. 83–102]

Mit schmeichelnder Gewalt senkt sich *Alexis und Dora*, ein frisches und glühendes Gemälde,
„wie sich Jammer und Glück wechseln in liebender Brust",
tief in das Herz; der Eindruck würde unauslöschlich bleiben, wenn man es auch nur Einmal hörte, und dann nie wieder. Auch der Hörer (denn ein solches Gedicht kann man nicht lesen, ohne es zu hören) sagt sich, selbst wenn der Gesang schweigt, und ihn zu sich

zurückkehren läßt, entzückt, wie *Dora*, ein leises *Ewig*. Auch ihm bleibt diese Stunde, während so manche andre kunstvolle Gedichte ihm kalt verschwinden. Auch seine Erinnerung hält diesen Einen Augenblick fest umschlossen, in welchem die erste Anerkennung der Seele und das gegenseitige Geständnis, die Vereinigung und die Trennung zusammengedrängt sind. Diese kühne und glückliche Anlage hatte die große Schwierigkeit, daß sich Dora so geschwinde geben, und dem reisefertigen Jüngling, dadurch daß sie ihn aufhielt, mit einem stummen Bekenntnisse ihrer Liebe entgegenkommen mußte. Aber ihre Anrede, mit der ihr Herz verratenden Anspielung auf die reichen Matronen, ihr Zögern, ihre Hingebung, ihr köstliches „Ewig" gehören nicht nur zu dem Schönsten im ganzen Gedicht: sondern ebendas, was seine größte Schwierigkeit war, ist gebraucht worden, um es schöner zu runden und zu schließen. Durch einen äußern Umstand sollte das Gedicht nicht geendigt werden; und doch war die Leidenschaft zu heftig, um verhallen zu können; sie mußte also zuletzt noch bis auf den höchsten Gipfel steigen, um dann plötzlich abbrechen zu dürfen. Dazu dient nun Doras schnelle Hingebung als ein Zunder für das Mißtrauen des Liebenden. Schön ist es, daß Alexis in Gesang ausbricht, so wie ihm die letzte Spur von Doras Heimat verschwindet: aber ist dieser Augenblick nicht noch zu früh für einen besonnenen Entschluß, bei den Musen Linderung zu suchen? Freilich deuten nur die Schlußverse auf dieses Absichtliche, da sein Gesang sonst durchaus ein unwillkürlicher Erguß der Empfindung zu sein scheint. Wäre es durch die Worte:

„Alle Gedanken sind vorwärts gerichtet, wie Flaggen und Wimpel,
   Nur Ein Trauriger steht, rückwärts gewendet, am Mast,
Sieht die Berge schon blau, die scheidenden, sieht in das Meer sie
   Niedersinken, es sinkt jegliche Freude vor ihm";

ausdrücklich bestimmt, wie nahe Alexis jenem Augenblicke war: so würde die ruhige Fülle in manchen Stellen auf eine größere Entfernung deuten. Stellen der Art sind:

„Klage dich, Armer, nicht an! – so legt der Dichter ein Rätsel,
   Künstlich mit Worten verschränkt, oft der Versammlung ins
                                                        Ohr!
Jeden freut die seltne Verknüpfung der zierlichen Bilder,
   Aber noch fehlet das Wort, das die Bedeutung verwahrt:
Ist es endlich gefunden, dann heitert sich jedes Gemüt auf,
   Und erblickt im Gedicht doppelt erfreulichen Sinn."

und:

„Öfter sah ich dich gehn zum Tempel, geschmückt und gesittet,
   Und das Mütterchen ging feierlich neben dir her."

und:

> „da drückte der wackere Vater
> Segnend die würdige Hand mir auf das lockige Haupt:
> Sorglich reichte die Mutter ein nachbereitetes Bündel."

und:

> „Doch nicht Schmuck und Juwelen allein verschafft dein Geliebter;
> Was ein häusliches Weib freuet, das bringt er dir auch.
> Feine wollene Decken, mit Purpursäumen, ein Lager
> Zu bereiten, das uns traulich und weichlich empfängt,
> Stücke köstlicher Leinwand. Du sitzest und nähest und kleidest
> Mich und dich und auch wohl noch ein Drittes darein."

Aber ebendiese Mischung epischer Fülle mit lyrischer Glut ist die eigentümliche Schönheit des Gedichts, und das wesentliche Merkmal der *Idylle* im griechischen Sinne des Worts, in welchem diese Dichtart gar nicht auf ländliche Gegenstände allein beschränkt ist, und mit der Darstellung vollkommner Unschuld, worein sie bei den Römern auszuarten anfing, nichts gemein hat. Sehr bedeutend, und echt idyllisch ist auch die reichliche und äußerliche Güte und Schönheit, wodurch alles Lebendige und Leblose, was die Liebenden auch nur von fern berührt, und in den Zauberkreis des Dichters eintritt, von dem wackern Vater bis auf den kostbaren Schmuck, oft nur durch einen Zug veredelnd ausgezeichnet wird. Das herrliche Blau, „wodurch die trennende Woge den Himmel nur lügt", und selbst die südlichen Früchte versetzen uns in das üppigste Land unter dem heitersten Himmel. Das Gedicht atmet den ganzen Frühling: oder vielmehr es atmet zugleich das frische Leben des Frühlings, die mächtige Glut des Sommers, und die reife Milde des Herbstes.
Welcher Abstand von Alexis und Dora, wo die Erfindung ihr reichstes Füllhorn ausgeschüttet, die Empfindung ihren höchsten Schwung genommen hatte, bis zu dem *Heiligen und Heiligsten* von demselben Verfasser; wo der Dichter nichts tat, als den würdigsten Gedanken durch Maß und Bilder fester zusammendrängen und mit einer Einfassung umgeben!

> „Was ist heilig? Das ists, was viele Seelen zusammen
> Bindet, bänd' es auch nur leicht, wie die Binse den Kranz.
> Was ist das Heiligste? Das, was heut und ewig die Geister
> Tiefer und tiefer gefühlt, immer nur einiger macht."

Gedanken, wie dieser, welche mehr sind als bloße Erzeugnisse des reinen Verstandes, welche sich nur dem Edlen im Leben und durchs Leben bewähren, der sie handelnd findet, bedürfen (weil sie so gefunden, einzeln scheinen) und verdienen auch am meisten die Art von Mischung, welche ihnen die dichterische Einkleidung geben kann.

In einigen der *Distichen von Goethe* S. 28–31 wird diese gnomische Einfachheit durch irgendeinen mutwilligen Zug fröhlich belebt, und dadurch zugleich eine gesellige Stimmung über das Gedichtchen verbreitet, so daß es als Bruchstück einer muntern Unterhaltung erscheint. So hat in dem:

Der Erste.

„Wer ist denn wirklich ein Fürst? Ich hab' es immer gesehen;
  Der nur ist wirklich Fürst, der es vermochte zu sein."

das Berufen auf eigne Anschauung nicht nur viel Salz, weil die gesagte eine von denjenigen Wahrheiten ist, die sich von selbst verstehen, aber doch erst aus langer Erfahrung erlernt zu werden pflegen: sondern diese schalkhafte Altklugheit, dieses Hervorgucken eines feinen Weltmanns unter der Maske des treuherzigen Dichters hat auch eine eigene Urbanität, welche sich besser empfinden als beschreiben läßt. Durch eine ähnliche Wendung wird der *Chinese in Rom* zu einem ebenso reizenden kleinen dichterischen Gesellschaftsstück, wie manche Horazische Satire.

Noch weiter entfernt sich von jener gnomischen Einfachheit die *Eisbahn*. Es redet darin ein teilnehmender Zuschauer, der die lebendigen Gestalten eines mannigfaltigen Schauspiels bald mit den Eigenheiten der Menschen sinnreich, bald mit der Bestimmung des Menschen gefühlvoll, vergleicht. Die *Tabulae votivae* von G. und S. kündigen schon durch ihre Überschrift einen noch größern Anteil der Empfindung, eine noch nähere Beziehung auf das Leben, und zwar auf ein individuelles, eignes Leben, an. Aber freilich entsprechen nicht alle dieser Ankündigung. Manche sind nicht sowohl Gedanken der Art, die aus dem Leben entsprungen, ihren Eigentümer auch wieder, wie lebendige Freunde, durchs Leben begleiten, als versifizierte Antithesen und Gemeinplätze, die von den Vorposten oder aus dem Train irgendeiner philosophischen Rede desertiert zu sein scheinen. – Wir würden uns unter den guten folgende als die liebsten auswählen. *Das erste Distichon* gefällt durch seine schmucklose Herzlichkeit. An*:

„Teile mir mit, was du weißt, ich werd' es dankbar empfangen;
  Aber du gibst mir dich selbst: damit verschone mich, Freund!"

Nicht bloß treffender, sondern auch heitrer Spott. *Das blinde Werkzeug*. Wie das Distichon: *Was nutzt*, durch den einfachen Ausdruck gesunder Empfindung beseelt. *An die Muse*. Freimütig, und doch nicht übermütig.

Glaubwürdigkeit

„Wem zu glauben ist, redliche Freunde, das kann ich euch sagen.
  Glaubt dem Leben; es lehrt besser, als Redner und Buch."

Der komische Anstrich in dem Feierlichen der Anrede und Ankündigung hebt die herzliche Lehre sehr. *Das Schoßkind*. Ein sinnreiches Bild.

Metaphysiker und Physiker:
„Alles will jetzt den Menschen von innen, von außen ergründen:
  Wahrheit, wo rettest du dich hin vor der grausamen Jagd?"

Die Versuche
„Dich zu greifen ziehen sie aus mit Netzen und Stangen,
  Aber mit leisem Tritt schreitest du mitten hindurch."

Letzte Zuflucht
„Vornehm schaut ihr im Glück auf den blinden Empiriker nieder,
  Aber seid ihr in Not, ist er der delphische Gott."

Alles ein Wort zu seiner Zeit! Doch ist auch hier das *Wie* noch mehr wert, als das *Was*. Der Kunstfreund, der das Vollendete und Einzige auch an solchen kleinen Meisterstücken zu schätzen weiß, wird sie sich nicht oft genug wiederholen können, und nicht müde werden, sich an ihnen zu freuen. *Meine Antipathie*, und *Der Strengling und der Frömmling* sind voll komischen Unwillens gegen die (in Deutschland so zahlreichen) Ausrufer und Lohnbedienten der Tugend. *Theophagen. Der Philosoph und der Schwärmer. Das irdische Bündel.* Drei genialische Einfälle! Poetischer noch ist die Ausführung eines ebenso genialischen Einfalls in dem Distichon:

Der wahre Grund:
„Was sie im Himmel wohl suchen, das, Freunde, will ich euch sagen;
  Vor der Hand suchen sie nur Schutz vor der höllischen Glut."

Nun noch zwei, beide des Inhalts, das erste auch des kecken Ausdrucks wegen:

Das Mittel
 „Willst du in Deutschland wirken als Autor, so triff sie nur tüchtig,
  Denn zum Beschauen des Werks finden sich wenige nur."

Deutsche Kunst
„Gabe von obenher ist, was wir Schönes in Künsten besitzen.
  Wahrlich! von unten herauf bringt es der Grund nicht hervor.
Muß der Künstler nicht selbst den Schößling von außen sich holen?
 Nicht aus Rom und Athen borgen die Sonne, die Luft?"

Ungleich individueller scheinen die von G. und S. *vielen* gewidmeten Distichen. Die schönste unter so manchen schönen Blumen mag hier den ganzen Kranz repräsentieren.

H. W.
„Schön erhebt sich der Aglei und senkt das Köpfchen herunter.
  Ist es Gefühl? Oder ists Mutwill? Wir wissen es nicht."

Aus den *Einer* gewidmeten Distichen von G. und S. lassen sich füglich zwei verschiedne und ungleichartige Kränze flechten. Wir wählen uns den einen, ohne jedoch irgend jemand in seiner Freude an dem andern stören zu wollen.

Einer

„Manuskripte besitz' ich wie kein Gelehrter noch König,
    Denn mein Liebchen, sie schreibt, was ich ihr dichtete, mir.

Raum und Zeit, ich empfind' es, sind bloße Formen des Denkens,
    Da das Eckchen mit dir, Liebchen, unendlich mir scheint.

Sorge! sie steiget mit dir zu Pferde, sie steiget zu Schiffe;
    Viel zudringlicher noch packet sich Amor mir auf.

Schwer zu besiegen ist schon die Neigung, gesellet sich aber
    Gar die Gewohnheit zu ihr, unüberwindlich ist sie.

Welche Schrift ich zweimal, ja dreimal hintereinander
    Lese? Das herzliche Blatt, das die Geliebte mir schreibt.

Wer mich entzückt, vermag mich zu täuschen. O! Dichter und Sänger,
    Mimen, lerntet ihr doch meiner Geliebten was ab!

Alle Freude des Dichters, ein gutes Gedicht zu erschaffen,
    Fühle das liebliche Kind, das ihn begeisterte, mit.

Ein Epigramm sei zu kurz, mir was Herzlichs zu sagen?
    Wie? mein Geliebter, ist denn nicht noch viel kürzer der Kuß?

Kränken ein liebendes Herz, und schweigen müssen! Geschärfter
    Können die Qualen nicht sein, die Rhadamanth sich ersinnt.

Leben muß man und lieben! Es endet Leben und Liebe!
    Schnittest du, Parze, doch nur beide die Fäden zugleich!"

Bei Schönheiten der Art hindert der Genuß selbst an einer vollständig zergliedernden schulgerechten Beurteilung. Man kann nicht dazu kommen, und sich nicht dazu zwingen, den Eindruck ins Verhör zu nehmen und zu protokollieren. Ein dankbares Stillschweigen ist hier des Künstlers und auch des Kunstfreundes würdiger, als ein rednerisches Lob. Ohnehin erlaubt uns der fast beispiellose Reichtum dieser Sammlung durchaus keine durchgängige Zergliederung. Eine Rezension braucht ja nicht stetig zu sein, wie ein Heynischer Kommentar! – Dieser Reichtum nötigt uns nur, eines und das andre auszuheben, und manches sehr bedeutende oder merkwürdige Gedicht, ebendarum, weil es das ist, lieber ganz mit Stillschweigen zu übergehn, als ihm kein Genüge zu leisten. Dies gilt unter andern auch ganz besonders von den Beiträgen des Herausgebers. Die untadeliche Sittlichkeit in den von der Weiblichkeit handelnden Gedichten (S. 88–91), die sichtbare Kunst in *Pompeji und Herkulanum*, die versteckte Klugheit in den politischen Gnomen S. 32, 33, der glänzende Schmuck, die elegante Pracht des Ausdrucks in der *Klage der Ceres*, verdienen wirklich nicht bloß im allgemeinen bewundert, sondern aufs genaueste entwickelt zu werden; wozu wenigstens hier der Ort nicht ist.

Es war kaum möglich, einige im VII. und VIII. Bande der Herderschen Briefe zur Beförderung der Humanität vorgetragene Gedanken über *Reim, Verstand* und *Dichtkunst* sinnreicher und reizender zu dramatisieren, als in folgendem Gedichte, von V.

„Verschwunden war die *Dichtkunst* von der Erde,
Verödet lag ihr schönes Vaterland:
Da traten auf den Platz mit Rittertumsgebärde
Ein Araber, der *Reim*; ein Normann, der *Verstand.*
Sie kämpften lang mit wechselnder Beschwerde,
Und wurden dann im Streit vertraulich und galant.

Die *Dichtkunst* kam. Wem wird der Preis gebühren? –
Tut eure Kappen ab. Wie heißest du? – *Verstand?* –
Und du? – Der *Reim.* – Ihr Herrn, ihr müßt nicht Kriege führen;
Gebt euch, der *Reim* zuerst, einander treu die Hand.
Wollt ihr mir dienen; so muß *Ich* regieren;
Du reite hinten, *Reim*; du vor mir her, *Verstand!*

Sie zogen. Doch der kühne Normann-Reiter
Durchstrich so wild und kreuz und quer das Land.
Die *Dichtkunst* rief. Umsonst. – Dort folg' ich ihm nicht weiter,
Sprach sie, und neigte sich anmutig, und verschwand. –
So bin ich *Dichtkunst*, sprach der Reimbegleiter,
Und treff' ich ihn, ergreif' ich hurtig den *Verstand.*“

Der sich leider selten treffen läßt, und wenn er so verfolgt wird, sehr schnellfüßig flieht; könnte man mit Rücksicht auf die zahllosen Reimereien hinzusetzen, deren Charakter durch so witzig beschriebne Jagd nur allzuwahr bezeichnet wird. Noch mehr gerechten Unmut als jenes Gedicht gegen die Zunft der Reimer atmet, verrät die *verschiedne Weise der Moral von V.* durch seinen rascheren Gang, lebhaftere Farben und kühnere Wendungen gegen jene herzlosen Vernünftler, welche so gern im Namen der Tugend gebieten und schmälen, welche dem Buchstaben unverbrüchlich treu, die heiligen Grenzen der Schule nie durch einen freien Blick ins Leben verletzen. Besonders im Anfange ist das spanische Einherschreiten des stolzen Imperativus in Sprache, Maß und Klang ganz nach dem Leben dargestellt.

„Auf offnem Markte mit Gebieterton
Erschien in Herrscherpracht der Gott *Imperativus*. –
Ich bin das Ich, der echten Weisheit Sohn,
Ein *Vokativ* der Pflicht, des Rechts *Nominativ*.
Wer von der Würde wich, erzittre meinem Thron;
Ich bin der kleinsten Schuld *Fiskal-Akkusativus*,
Und hinter mir dort steht zu Büttelstraf' und Lohn
Ein dunkler Schlußstein noch, der Gott *Infinitivus*.
Doch wer bist du? –
        Ich bin der armen Menschheit Sohn,
Ein Flehender, der blöde *Optativus*,
Doch selbst mein Wunsch, mein Streben wird mir Lohn;
Denn hier ist mein Genoß, der helfende *Dativus*,
Ein guter Mann. –
        Ihm werd' ein Bettlerlohn,
Und rufet lauter aus mit Pauken und Drommeten:
Der Menschheit Würde wird befohlen, nicht erbeten. –
        Vorüber zog der Lärm" usw.

Die *Gefälligkeit*, ein reizendes Gedicht von O., besitzt selbst im hohen Grade die Eigenschaft, von der es benannt ist.

Der sorgfältigen Ausbildung der Versifikation und Sprache in *Schlegels Pygmalion* wird jeder leicht volle Gerechtigkeit widerfahren lassen, wer sich nur irgend auf technische Vollkommenheit eines Gedichts versteht. Aber nur in der reinsten Stimmung wird ein feiner Geschmack für diese sanfte Wärme, für dieses milde Gefühl empfänglich sein, welches die ganze Erzählung beseelt, und ihm eine echt dichterische Einheit gibt. Pygmalion ist voll von Beziehungen auf Sehnsucht des Künstlers nach reiner Schönheit, auf seine Begeistrung, seine Schöpferkraft, seine Liebe und sein Glück. Er gibt viel zu denken, aber er ist nicht auf einen einzigen Gedanken beschränkt, und auch ebendarum nicht so leicht zu charakterisieren. Bei einer bestimmten, deutlich ausgesprochenen Allegorie hingegen ragen gleichsam die Ecken des herrschenden Begriffs allenthalben unter der Hülle der Erzählung hervor, und sind ebenso viele Handhaben, an denen sich das Ganze bequem fassen und tragen läßt. Ohne den Geist der alten Sage, deren Schönheit Achtung verdiente, zu entstellen, hat der Dichter sich dieselbe durch die glücklichsten Änderungen zuzueignen gewußt; und (mir scheint das kein geringes Lob) er gewinnt durch die Vergleichung mit dem Ovid ungemein (s. die Klopstockische Übersetzung der Ovidischen Stelle S. 265–268 der grammat. Gespr.). Die glückliche Wendung, den Pygmalion alle Sehnsucht und Unruhe *vor* Schaffung des Bildes empfinden zu lassen, macht anschaulich, was ihn trieb und fähig machte, etwas so Außerordentliches hervorzubringen, warum, und wie der Bildner sein Werk, worin das angebetete Urbild dargestellt und wirklich erreicht war, lieben mußte, und verwandelt die Belebung aus einem zufälligen Wunder gleichsam nur in den natürlichen Lohn des Künstlers, den höchsten Gipfel seiner Freude an dem dargestellten Urbilde. Diese Freude ist ebenso verschieden von der Selbstbewundrung eines eitlen Narzissus, als von der gar nicht künstlerischen, sondern durchaus männlichen Liebe des Ovidischen Pygmalion, welcher durch den Schein von Leben in seinem Werke getäuscht, in demselben nicht die reine himmlische Schönheit, sondern ein wirkliches, irdisches Weib liebt.

„Und es ergriff ihn Neigung zu seinem Werke, zum wahren
Jüngferlichen Gesicht; sie schien zu leben, und wehrte
Dieses ihr die Blöde nur nicht, sich bewegen zu wollen;
So verbarg er die Kunst durch seine Kunst. Der Bewundrung
Voll, von der Liebe Feuer entflammt zum geähnlichten Leibe,
Fasset er oft sein Werk mit prüfender Hand, ob es Leib sei?
Oder ob Marmor? gesteht den Marmor nicht zu; und er küsset;
Glaubt, er werde geküßt, und redet an, und umarmet.“ usw.

So schildert der römische Dichter Pygmalions Liebe; und außer der sehr reizend beschriebnen Verwandlung selbst, hat er alles übrige beiseite liegenlassen, wozu diese Sage ihm Stoff und Veranlassung darbot, und nur allein diese höchste Stufe der an Wahnsinn grenzenden Täuschung recht mit Liebe ausgemalt; ein Gegenstand, welcher freilich für seinen spielenden Witz eine unwiderstehliche Lockung sein mußte. Dagegen der deutsche Dichter.

„Höher strebt sein einziges Begehren.
Hingeschmiegt an einen zarten Leib
Würde dennoch Sehnsucht ihn verzehren:
Was ihm fehlt, gewährt kein irdisch Weib.
Nicht um Blumen, gleich dem Schmetterlinge,
Auf zur Sonne mit des Adlers Schwinge
Schwebt sein Geist, und atmet reine Luft,
Unberauscht von süßem Duft.

Zur Geliebten hat er sich erlesen,
Die noch nie ein sterblich Auge sah;

Nur ein Schatte, doch ein mächtig Wesen,
Ist sie fern ihm, und doch ewig nah.
Tief in seines Innern heil'ger Stille
Pflegt die Dichtung sie mit reger Fülle,
Und umarmt das göttlich schöne Bild,
Halb von eignem Glanz verhüllt."

Diese Liebe höherer Art macht den Jüngling anfangs ernst, entfernt
ihn von der Freude, und er verirrt sich sogar in törichte Gebete an
die Unsterblichen. Aber bald erwacht in ihm die selbständige Kraft
des Künstlers.

"Nur die Kraft kann seinen Wunsch gewähren,
Die zuerst dem Wunsche Flügel gab.
Hoffst du Labung außer dir? Vergebens!
In dir fließt die Quelle schönes Lebens;
Schöpfe da, und fühle froh geschwellt
Deine Brust, dein Aug' erhellt.

Eine Stimme, tröstend im Versagen,
Flüstert' in die Seel' ihm diesen Rat.
Nein! nicht länger will er schmachtend zagen:
Träume reifen zu Entschluß und Tat.
Mutig, was er liebt, sich zu erschaffen,
Schärft er seines Geistes goldne Waffen;
Still verheißt dem Sinnenden die Kunst
Hülfe, statt der Götter Gunst."

Das bloße namenlose Sehnen zur unsichtbaren Schönheit kann den
Jüngling nicht plötzlich, wie durch eine Schöpfung aus nichts, in
einen Meister der Kunst verwandeln. – Überdem mußte der Dichter, um anschaulich darzustellen, wie die Liebe zur höchsten
Schönheit in einer echten Künstlerseele, unter den günstigsten
Umständen, von dem ersten unbestimmten Verlangen bis zur
höchsten Befriedigung sich äußre und wirke, das Unlernbare in der
Kunst, welches allein aus jener Liebe entspringt, von dem Lernba-
ren, welches auch ohne sie besteht, so bestimmt als möglich abson-
dern. Dazu war es notwendig, die alte Sage zu ergänzen. Dieses
Dichterrechts hat sich der Dichter aufs glücklichste bedient, indem
er sagt, Dädalus habe den Jüngling in der Kunst unterrichtet; Pygmalion habe, schon vor seiner Liebe, die Götter gebildet, zwar als
edle, aber doch der Unsterblichkeit beraubte Wesen, als fröhliche
Gesellen der Menschen. Daß er die Kunst zuerst vernachlässigte,
da "der Wahn des nie erblickten Schönen ihn mit Allvergessenheit
berauschte", ist der Natur so ganz gemäß, als daß sich, da die reife

Geburt der Begeistrung sich nun ans Licht drängt, seinem Gesichte
die Bilder rings in der Werkstatt in verklärtem Lichte zeigen, daß
sich ihm plötzlich „Gottheit enthüllt, wie er sie nimmer sah". Dies
Pantheon gehört zu dem Schönsten im ganzen Gedicht. In dieser
ganzen Stelle hatte der Dichter wohl am meisten Schwierigkeiten
zu überwinden: und eben hier erscheint der ganz eigentümliche
Sinn, in welchem er die Sage vom Pygmalion genommen hat, aufs
bestimmteste und klarste. Aber auch die Darstellung des vollendeten Urbildes, nachdem das Ziel des Künstlers nun endlich erreicht
worden, ist ihres Gegenstandes würdig:

> „Vor ihm blüht das liebliche Gebilde,
> Gleich der Rose, die der Frühlingsmilde,
> Welche webend, atmend um sie floß,
> Kaum den Pupurkelch erschloß.
>
> Hüllenlos, von Unschuld nur umgeben,
> Scheint sie sich der Schönheit unbewußt;
> Ihre leicht gebognen Arme schweben
> Vor dem Schoß und vor der zarten Brust,
> Reine Harmonie durchwallt die Glieder,
> Deren Umriß, von der Scheitel nieder
> Zu den Sohlen, hingeatmet fliegt,
> Wie sich Well' in Welle schmiegt.
>
> Schön begrenzt ihr Dasein stille Gnüge,
> Friedlich wohnet es in sich daheim;
> Und es ruht im Spiel der linden Züge
> Unentfaltet künft'ger Liebe Keim.
> Gleich als ob sie nimmer traur' und zürne,
> Lacht' ihr heller Blick, die ebne Stirne;
> Ihre halbgeschloßne Lippe schwoll
> Süßer Tön' und Küsse voll."

Der Dichter konnte und mußte bei seiner Behandlung die allemal
störende Unschicklichkeit, daß Pygmalion die Götter um ein Wunder bittet, vermeiden. Urania fodert hier die Belebung des Bildes
vom Vater der Götter, als einen Lohn für den reinsten und treusten
Dienst, den er allein unter allen Erdensöhnen ihr geweiht habe.
Die Musen und Grazien in der Mark von *Goethe* sind eine durchaus
vortreffliche Parodie. Soviel Zeilen, soviel witzige Einfälle, und alles mit der unnachahmlichen Leichtigkeit und Klarheit ausgeführt,
die nur aus der Vollendung entspringt und sich dem kindlichsten,
wie dem gebildetsten Gemüt sogleich unauslöschlich einprägt, und
doch nie zuviel wiederholt werden kann.

Auf der in den Distichen dieser Sammlung schon vorhin bemerkten Stufenleiter der Lebendigkeit stehen die *Xenien* obenan. Sie bedürfen keines Rezensenten. Verkündigen wird sie das Virgilische Ungeheuer;

> „des Schlimmen
> Und Erdichteten treue Verkündigerin, wie des Wahren."

Es kann heißen:

> „Gleich verbreitete sich in Germaniens Städten die *Sage*.
> Sie, das schnellste der Übel, lebt durch Regsamkeit; Kräfte
> Gibt ihr der Lauf; im Beginn behutsam und klein, doch auf einmal
> Hebt sie sich, geht auf dem Boden, verbirgt das Haupt in der
> Wolke."

Charakterisieren mögen sie sich selbst.

„Xenien (an den ästhetischen Torschreiber)
Distichen sind wir. Wir geben uns nicht für mehr noch für minder;
    Sperre du immer, wir ziehn über den Schlagbaum hinweg.

Der Glückstopf
Hier ist Messe; geschwind, packt aus und schmücket die Bude,
    Kommt Autoren und zieht, jeder versuche sein Glück.

Affiche
Stille kneteten wir Salpeter, Kohlen und Schwefel,
    Bohrten Röhren; gefall' nun auch das Feuerwerk euch.

Zur Abwechslung
Einige steigen als leuchtende Kugeln, und andere zünden,
    Manche auch werfen wir nur spielend das Aug' zu erfreun.

Das Privilegium
Dichter und Kinder, man gibt sich mit beiden nur ab, um zu spielen;
    Nun so erboßet euch nicht, wird euch die Jugend zu laut.

An den Leser
Lies uns nach Laune, nach Lust, in trüben, in fröhlichen Stunden,
    Wie uns der gute Geist, wie uns der böse gezeugt.

Gewissen Lesern
Viele Bücher genießt ihr, die ungesalzen; verzeihet,
    Daß dies Büchelchen uns überzusalzen beliebt.

Die Adressen
Alles ist nicht für alle, das wissen wir selber; doch nichts ist
    Ohne Bestimmung, es nimmt jeder sich selbst sein Paket.

Warnung
Unsrer liegen noch tausend im Hinterhalt, daß ihr nicht etwa,
   Rückt ihr zu hitzig heran, Schultern und Rücken entblößt.

Xenien
(Auf Martials Frage; Xenien nennet ihr euch? Ihr gebt euch für Küchenpräsente? Ißt man denn, mit Vergunst, spanischen Pfeffer bei
euch?)

Nicht doch! Aber es schwächten die vielen wäßrigen Speisen
   So den Magen, daß jetzt Pfeffer und Wermut nur hilft."

Die heilige Majorität wird diese Xenien oft belachen, und zuweilen
verstehn. Der gelehrte Geck weiß von allen alle wahren und alle
falschen Beziehungen, wußte sie schon, ehe sie noch vorhanden
waren. Seine bedeutenden Winke verraten, daß er noch mehr weiß:
es gebe eine geheime Gesellschaft des Mutwillens; man sehe hier
nur einige Fäden eines unermeßlichen Gewebes; die Verschwö-
rung der Lustigkeit sei reif: man werde ehestens das Unglaubliche
erfahren. Dem Metaphysiker sind die Xenien eine erwünschte Veranlassung, über die notwendigen Grenzen der Ungezogenheit bü-
cherlang *a priori* zu vernunften. Der Kunst- und Sprachkenner wird
den leichtfertigen Späßen die Silben einzeln nachwiegen, und gele-
gentlich die Orthographie einer oder der andern geschriebnen
Ohrfeige ernsthaft billigen, oder gründlich berichtigen. Für den
Freund der Alten wird diese antike Frechheit ein köstliches Lecker-
bissen sein; ich sehe ihn auf wahrer Üppigkeit in den klassischen
Grobheiten schwelgen. Wenn sie nur tun, wie die Alten auch taten,
so fragt er weiter nicht, ob es etwas sei, was nur dort an seiner
Stelle war, oder was allenthalben an seiner Stelle war; ob es etwas
sei, was nur dort Übermut freier und starker Naturen war, hier nur
als ein Mittelchen der spekulierenden Eitelkeit gebraucht werde.
Er würde auch einer Prügelei begierig zusehen, wenn sie nur echt
attisch wäre; und wäre treuherzig genug, sich an einem solchen
Gastmahle, wie das gegenwärtige, höchlich zu ergötzen, wenn auch
vier Fünfteile der salzigen Küchenpräsente an ihn adressiert wären.
Manche gutherzige Seele hingegen wird, weil sie in einigen bloß
aus Galle und Erde zubereiteten Xenien nur den nackten Haß zu
hören glaubt, alle unbedingt verwerfen; vor ihnen drei Kreuze machen, wie vor dem kleinen A zu einem langen Alphabet häßlicher
Zänkereien; mit Unwillen und Abscheu bemerken, daß hier nichts
geschont sei, auch das Schonungswürdigste nicht, daß hier ein
hohnlachendes Zeichen (S. 285, 4. Dist. usw.) sogar an das Grab eines edeln Unglücklichen gesteckt sei, der wenigstens verdient
habe, daß die Erde auf seiner unbesudelten Asche leicht ruhe. Dagegen könnte man einwenden, daß wenn auch nichts andres, doch
Eines geschont sei: die *Minerva von Archenholz.*

„Trocken bist du und ernst; doch immer die würdige Göttin,
  Und so leihest du auch gerne den Namen dem Heft."

Die Chorizonten werden den Kenner fragen, ob denn nicht wenigstens das an sie gerichtete Distichon, *Die Aufgabe:*

„Wem die Verse gehören? Ihr werdet es schwerlich erraten,
  Sondert, wenn ihr nun könnt, o Chorizonten, auch hier!"

ein vollkommnes Beispiel eines *naiven* Epigramms sei? Denn wenn die Trojaner auch überall sonst in Gefahr wären, den für sein Heil zu dreisten Patroklus der geborgten Rüstung wegen mit dem großen Peliden zu verwechseln: so erkennt doch jeder leicht die Stimme dessen, der hier frohlockt, daß er der andre scheinen kann. Zu dieser ungleichartigen Gesellschaft interpretierender, moralisierender und jubilierender Beurteiler tritt endlich wohl auch noch ein Prophet (es gibt ihrer ja genug in Deutschland), mit den kurzen Worten: „Heuer spanischen Pfeffer, übers Jahr *Asa foetida.*"

Erklärung des Herausgebers
an das Publikum,
über die Xenien im
Schillerschen Musenalmanach 1797*

[Vierter Band. Zehntes Stück, Nr. VIII, S. 103–106]

Die Dichter der Xenien haben sich an den Urteilen dieses Journals über ihren Anteil in den *Horen* und den vorjährigen Schillerschen Musenalmanach durch die boshaftesten Verleumdungen und Grobheiten zu rächen versucht. Schimpfworte zu erwidern, hält der Herausgeber weit unter sich; jene Verleumdungen zu widerlegen, wäre hier um so überflüssiger, da dieses Journal, und das ebenso hämisch behandelte *Frankreich*, vor aller Augen daliegen, so daß jeder Unbefangene leicht entscheiden kann, ob jene Urteile freimütig, aber gerecht, diese Beschuldigungen hingegen die plumpesten Verleumdungen sind oder nicht.

* Da dieses Journal noch nicht so häufig gelesen werden mag, als manches ältere und beliebtere, so wird der Herausgeber für jeden wiederholten Abdruck dieser Anzeige andern Herausgebern und Verlegern von Journalen und kritischen Blättern höchlich verbunden sein.

Kein Angriff wird je den Mut des Herausgebers, überall der Wahrheit treu zu huldigen, einen Augenblick erschüttern können, am wenigsten ein Pasquillantenunfug, der so offenbar aus empörter Eitelkeit herstammt. Ja, er würde kein Wort darüber verloren haben, wenn die Xenien ihn bloß als Schriftsteller beleidigt hätten, und wenn sie nicht, nach der löblichen Weise der Verleumder, noch mehr zu verstehen gäben, als namhaft sagten. Er ist es sich schuldig, dem Publikum laut und feierlich zu versichern, was er im Notfall durch den Abdruck der freundschaftlichsten und achtungsvollsten Briefe, die bis an die Erscheinung des ersten Stücks von *Deutschland* reichen, urkundlich erweisen kann; – daß nur jene Urteile allein diese Schmähungen veranlaßt haben. Überdem konnte er die Schändlichkeiten schon um dieswillen nicht ganz ungerügt lassen, da Herr *Schiller* sich in seinem drollichten Dünkel so weit vergißt, die Beleidigten, wenn sie antworten, in der vom Rezensenten des Almanachs angeführten *Warnung*, mit härterer Züchtigung zu bedrohen.

Nichts könnte für den Herausgeber schmerzlicher sein, als wenn das wahr wäre, was er sich nicht als nur möglich denken kann, ohne mit innerem Schauder zurückzutreten; wenn ein Mann, dessen einziges Genie er immer dankbar verehren wird, seine Größe so entweiht und sich bis zur Teilnahme an einer absichtlichen Verleumdung erniedrigt haben sollte. Doch würde auch dies die Sache nicht ändern. Kein Name ist so groß, daß er eine Ungerechtigkeit adeln könnte. Den Anteil hingegen, welchen Herr *Schiller* als Verfasser daran haben mag, kann der Herausgeber Deutschlands sehr leicht verschmerzen. Seine herzliche Verachtung gegen Schillers nichtswürdiges und niedriges Betragen ist ganz unvermischt: da desselben schriftstellerische Talente und Anstrengungen keinesweges auf derselben Stufe mit jenem echten Genie stehen, welches auch selbst dann, wenn es sich durch Unsittlichkeit befleckt, noch Ansprüche an Ehrfurcht behält. – Er hält sich an ihn, als den Herausgeber des Almanachs, und fordert ihn hiedurch laut auf, den Urheber der Verleumdungen anzugeben oder, falls er sich selbst dazu bekennt, seine Beschuldigungen öffentlich zu beweisen. Kann er dies nicht, so ist er für ehrlos zu achten. Ehrlos ist jeder Lügner: zwiefach aber der Feigherzige, der sich und die Beziehungen seiner Injurien nicht einmal ganz zu nennen wagt. Auch gibt es unter unsern Mitbürgern auch wackere Männer genug, denen die Gerechtigkeit mehr gilt als ein Spaß. Diese werden alle, so hofft er mit Zuversicht, den Mann, der sich ehrloser Lügen schuldig machte, ebensosehr verachten, als wäre er gerichtlich beschimpft.

Über die Homerische Poesie
Mit Rücksicht auf die Wolfischen Untersuchungen[1]
[Vierter Band. Elftes Stück, Nr. II, S. 124–156]

Die ältesten Bewohner Griechenlands werden uns als halbtierische Wilde dargestellt, welche ohne den Gebrauch des Feuers in Wäldern umherschweiften, oder sich in Höhlen verkrochen, und durch Kräuter, Wurzeln und Eicheln ihr dürftiges Dasein fristeten. Im heroischen Zeitalter hingegen zeigt uns die Homerische Urkunde schon mächtige Fürsten, große Ungleichheit des Vermögens und der Rechte; eine weit stärkere Bevölkerung endlich, als ein wanderndes Le-

[1] Es ist das gewöhnliche Schicksal großer wissenschaftlicher Erfindungen; anfangs mehr allgemein angestaunt oder auch, wie es der Zufall will, angefeindet als verstanden und gebraucht zu werden. Fast jeder Teil der gesamten Altertumskunde darf unmittelbar und mittelbar ein neues Licht, ja eine neue Gestalt von den *Wolfischen Entdeckungen* über die Homerische Poesie erwarten. Noch aber werden die *Prolegomena*, dieses Meisterwerk eines mehr als lessingschen Scharfsinns, häufig ebensosehr (vielleicht auch aus einigen ähnlichen Gründen) mißverstanden, wie nur immer Kants Kritik der reinen Vernunft, da sie zuerst die öffentliche Aufmerksamkeit an sich zog. Sie haben den Geist eigner, kritischer Untersuchungen bei weitem noch nicht so sehr erregt, als sie könnten und sollten. *Dieses Bruchstück aus einer Abhandlung über die Zeitalter, Schulen und Dichtarten der griechischen Poesie* mag vorläufig zeigen, wie ich die Wolfischen Entdeckungen für die Kunstgeschichte zu benutzen versuche; und kann den Kennern und Freunden des Altertums zugleich als Probe eines *Grundrisses der Geschichte der klassischen Poesie der Griechen und Römer* dienen, welche in künftigen Jahre erscheinen wird.

ben ohne Heimat zu erlauben scheint. Alles dies deutet an, und setzt voraus, daß der Ackerbau, der Vater der Verfeinerung und der Knechtschaft, schon lange eingeführt sein mußte. Auch setzt Hesiodus[2] das goldne Zeitalter drei Zeitalter vor dem heroischen; und das silberne bezeichnet Ovid durch den Ursprung des Ackerbaus. Denn was ist das goldne Zeitalter anders, als ein verschönertes Bild von der sorgenlosen Freiheit des Wilden, den die Erde noch ungezwungen nährt? – Sie ist es, nach welcher der müde Anbauer, der so oft nur den Pflug der Bildung mit Schweiß und Pein treibt, ohne sich an ihren Früchten zu laben, immer sehnsuchtsvoll zurückseufzt und ihr alle Glückseligkeit leiht, die er vergebens wünschte, und alle Sittlichkeit, die er verloren zu haben glaubt. Schon der Dichter der Iliade nennt die „Pferdemelker" die gerechtesten Erdebewohner[3]; und dem Sänger der Odyssee war die Lebensart wilder Hirten so fremd, daß er sie mit den andern Märchen von den Zyklopen in ein fernes Wunderland verweist (IX, 108–115).

Überall, wo der Mensch nur etwas über die Tierheit aufatmet, gibt es Priester und Barden. Das Dasein der griechischen Poesie vor dem Trojanischen Kriege ist ausgemacht[4]; und diesen nebst dem Zuge der Argonauten und der Sieben wider Thebä kann man schon als die eigentliche Blüte des Heldentums ansehn. – Epische Dichter konnte es freilich nicht eher geben, als es Heroen und heroische Taten gab. Doch sobald der Anpflanzer nur einigen Überfluß genoß, begleitete man wohl die festliche Freude[5] der Weinlese und fröhliche Tänze[6] mit Gesang. Klaggesänge der Bardenzunft, wie bei Hektors Begräbnisse[7], setzen schon fürstliche Macht

---

[2] ἔργα 109–171.
[3] Iliad. XIII,5.6. Wenn man sich dabei an die Meinungen griechischer Denker von den Skythen und an die Ansicht des Tacitus von den germanischen Wilden erinnert: so kann man sich einer gewissen Rührung nicht erwehren. Wahrer ist das erhabne Gemälde, welches Lukrez V,923–1008 von dem Zustande des Wilden entwirft.
[4] Plin. VII,56.
[5] Iliad. VIII,569.
[6] Iliad. 605.
[7] Iliad. XXIV,710.

und heroische Ungleichheit voraus. Aber sollte nicht schon
der umherschweifende Wilde seine geliebten Verstorbenen
in Gesängen beweint haben? Gewiß: wenigstens suchte er
die zürnenden Götter durch Lieder zu versöhnen[8] und das
Blut einer Wunde durch Beschwörungsgesänge zu stillen[9].

Es ist dem allgemeinen Gange der menschlichen Natur sehr
gemäß, daß Priester und Barden besonders zu dem entscheidenden Übergang der Griechen vom nomadischen Leben zum Ackerbau sehr tätig mitwirkten und durch lehrende Gesänge den rohen Anpflanzer zur Geselligkeit, und
wenn auch nicht zu echter Sittlichkeit, doch zu einiger Ordnung des Lebens und Beharrlichkeit der Neigungen bildeten. Diese ältesten Menschenbildner mußten um so mehr
durch höhern Geist über die Menge herrschen, weil die
Macht der Helden doch erst bei wachsender Bevölkerung
und Ungleichheit durch die fortgesetzte Gewalt und List
vieler Geschlechter so hoch steigen konnte, wie wir sie in
der Homerischen Welt finden, wo Kalchas,

„der Erkenner, was ist, und sein wird, und was zuvor war",

neben Agamemnon schon als ein sehr untergeordnetes Wesen erscheint und der wandernde Seher von der Gastfreiheit aller Leichtgläubigen lebt,[10] wie der Barde im Hause eines Fürsten. Aber auch in der Homerischen Darstellung
unterscheiden sich von diesen spätern epischen Sängern
sehr bestimmt und sehr auffallend jene frühern lehrenden
und weissagenden Barden, welche ein höherer Glanz von
grauem Altertum, priesterlicher Heiligkeit und fürstlichem
Ansehen zu umschweben scheint. Melampus, der Urgroß-
vater des Amphiaraus, „der untadeliche Seher", wird[11] als
ein reicher Güterbesitzer und mächtiger Fürst bezeichnet.

[8] Iliad. I,472. Wenn die ganze Stelle Iliad. I,430–492 ein aus Homerischen Gemeinplätzen, entlehnten Versen und wenigen durch
Einzigkeit oder Härte des Übergangs verdächtigen Verbindungs-
worten zusammengeflicktes *Machwerk der Diaskeuasten* ist: so kann
diese Stelle freilich das nicht bestätigen, was aber auch eigentlich
keiner Bestätigung bedarf.
[9] Odyss. XIX,457.
[10] Odyss. XVII,382.
[11] Odyss. XV,223–256.

Tiresias,

– „der blinde Prophet, dem ungeschwächt der Verstand ist,"

naht sich dem Odysseus mit einem goldnen Stabe und wird
ein Fürst genannt.[12] Nur von einem berühmten Barden dieser ältern Gattung konnte Homer singen:

– – – „Dorion, dort wo die Musen
Findend den Thrakier Thamyris einst des Gesanges beraubten,
Der aus Öchalia kam, von Eurytos. Denn sich vermessend
Prahlt' er laut zu siegen im Lied, und sängen auch selber
Gegen ihn die Musen, des Ägiserschütterers Töchter.
Doch die zürnenden straften mit Blindheit jenen und nahmen
Ihm den holden Gesang, und die Kunst der tönenden Harfe."

Die ältesten griechischen Barden waren also Priester, waren
nach Strabos Meinung[13] Musiker, d. h. Barden; wie man
auch dem Pythischen Orakel die Erfindung des Hexameters
zu verdanken glaubte[14]: und wenn es einen Orpheus gab; so
war er weder ein trunkner Schwärmer, noch ein schlauer
Geheimniskrämer, sondern einer dieser ehrwürdigen Ahn-
herren der menschlichen Bildung.
Nach allen vorhandnen Andeutungen und Wahrscheinlichkeiten war der lehrende Gesang dieser alten Seher nicht ein
freies Spiel der Einbildungskraft, sondern Befriedigung eines ernsten Bedürfnisses und ebendarum nicht eigentlich
schöne Kunst; so wenig wie jene unwillkürlichen Ausbrüche eines leidenschaftlichen Dranges in gemeßnen Worten,
Lauten und Sprüngen, in denen das poetische Vermögen
des Menschen sich zuerst äußert, lyrische Gedichte sind. –
Sollten, außer den heiligen Vorschriften, Weissagungen,
Beschwörungen und Gebeten in der allereinfachsten Weise,
auch die frühesten Urkeime der künftigen Göttersage in
dieser Vorzeit der Poesie ein Gegenstand derselben gewesen und nicht bloß in leidenschaftlichen Liedern, sondern
auch in kunstlosen Erzählungen fortgepflanzt sein: so darf
man doch die ruhigere Besonnenheit, die freiere Darstellung und schönere Dichtung hier noch nicht erwarten,
durch welche die rohe Erzählung erst zum Epos wird.
Der erzählende Barde ist der natürliche Begleiter der

[12] Odyss. X,495, XI,91, 150.
[13] Exc. libr. VII, p. 508. A.
[14] Plin. VII,56.

Heroen, und mit dem Heldentum entstand, wuchs und blühte in Griechenland auch das Epos. Stärke, Verstand und Schönheit[15], welche selbst unter den freien Wilden des goldnen Zeitalters eine natürliche Ungleichheit hervorbrachten, hatten auch bei der Besitznehmung des Eigentums und dem Anbau des Landes[16] einen entscheidenden Einfluß. Sobald der Hang zur Geselligkeit die Liebe zur Freiheit und Gleichheit überwunden hat, kann man die Menge als einen rohen politischen Stoff betrachten, der sich zu gestalten strebt. Noch unfähig, sich selbst zu bestimmen und zu bilden, wird er eine äußere Einheit suchen, an die er sich anschließen könne: alle Schwächern werden sich um den nächsten Mächtigen vereinigen. Zwar blieben die natürlichen Vorzüge, wodurch die Übermacht erworben war, auch unentbehrlich, um sie zu erhalten: doch mußte die Ungleichheit durch die natürlichen Wirkungen jenes Bildungstriebes und durch die Erblichkeit des Eigentums sehr schnell und sehr stark erwachsen und bei den Begünstigten Überfluß und Spiellust erzeugen. Durch den Stolz der Helden und die Eifersucht der Geschlechter allein muß die Vätersage schon beinahe zum Gedicht anschwellen. Wenn sich nun aber bei steigender Ungleichheit und Entwicklung der Geist allmählich über das bloße Bedürfnis erhebt und der Sinn für Dichtung und Schmuck erwacht: dann macht die freie Kraft, die wunderbare Größe, die reizende Mannigfaltigkeit des heroischen Lebens auf die noch frischen Gemüter einen unglaublich starken Eindruck. Wie mit durstigen Blicken hängt die horchende Menge an den Lippen des Göttlichen,

– – „der von Gott zu Gesange begeistert
Sie erfreut, wie auch immer das Herz zu singen ihn antreibt."

Jetzt sinkt der Priester vom Fürsten zum Fürstendiener herab und vermag nur den Willen der Herrscher durch seine Würde zu heiligen.[17] Jetzt trennt sich der Dichter vom

---

[15] Lukr. V,1110–1115.
[16] Lukr. V,1110–1115.
[17] So wurden sie auch wohl von mächtigen Helden gebraucht, wenn es die Ermordung eines Königsgeschlechts galt, welche man doch schon für sehr fürchterlich hielt. Odyss. XVI,400. sequ.; oder um den Fürsten verhaßt zu machen. Odyss. XVI,95, 96.

Seher, weil ihr ungleichartiges Geschäft nicht mehr in derselben Brust Raum hat. Es bildet sich ein neues, nicht so mächtiges und heiliges, aber doch geehrtes Geschlecht erzählender Barden, die in fröhlicher Armut umherwandern, sicher an jedem Herde, wo die Freude spielt, eine freundliche Heimat zu finden. Oder diese Lieblinge der Natur lebten auch sorgenfrei und geehrt im Schoße eines üppigen Fürstenhauses, wie Demodokus bei dem Könige der seligen Phäaken; Phemios, der

– – „genug der Geisteserquickungen wußte
Taten der Götter und Männer, soviel im Gesange berühmt sind",

in der Wohnung des Odysseus, und der göttliche Barde beim Menelaus. – Erzählender Gesang war die schönste Blüte in dem Kranz ihrer sinnlichen Freuden. Staunend über die Seligkeit der immer fröhlichen Phäaken ruft Odysseus:

– – – „wenn ein Freudenfest im ganzen Volk sich verbreitet,
Und in den Wohnungen rings die Schmausenden horchen dem Sänger
Solches deucht mir im Geist die herrlichste Wonne des Lebens!"

Merkwürdig ist es, daß in der Iliade nur der müßige Achilles sein Herz durch Gesang erfreut. Die Leier wird in dem Dichter immer als eine solche bezeichnet,

– – „die dem Mahle zur Freundin gaben die Götter";

und die griechischen Barden entflammten die kämpfenden Helden nicht durch Schlachtgesänge, wie die germanischen[18]: Friede und Freude war das Element ihrer spielenden Kunst.
Der Mittelzustand zwischen freier Wildheit und bürgerlicher Ordnung ist überhaupt der Entwicklung des Schönheitsgefühls sehr günstig.[19] Er vereinigt die frische Kraft der noch ungezähmten und ungeschwächten Natur und die Geselligkeit, Reizbarkeit, den Überfluß, die Spiellust der Bildung. Um so mehr bei den einzig begünstigten Griechen,

[18] Wenn das Kriegslied sich nicht durch echte Hoheit der einzelnen Empfindungen und durch eine gesetzmäßige Anordnung des Ganzen zu einem lyrischen Gedicht erhebt; so ist es nur unwillkürliche Äußerung eines leidenschaftlichen Dranges und nicht eigentlich schönes Kunstwerk.
[19] S. Kants Kritik der Urteilskraft S. 249.

deren Übergang vom wandernden Leben zu einer festen Verfassung mit einer wohltätigen Langsamkeit fortrückte: denn erst nach der Rückkehr der Herakliden und der ionischen Völkerwanderung setzte sich der gärende Stoff einigermaßen zur Ruhe. Nur denke man nicht, daß diese „allbesungne" Begünstigung bloß in einem üppigen Boden, warmer Luft und heiterm Himmel oder in einer vorzüglichen Stammesart unbekannten Ursprungs bestand. Wo sich, bei allen diesen Vorzügen selbst in noch höherm Maße als in Griechenland, ungeheure Erdflächen ausbreiten, wie in Asien: da muß die Entwicklung sehr bald durch künstliche Bande durchaus gehemmt werden. Eben weil der politische Bildungstrieb hier gleich anfangs keine heilsamen Schranken und Hindernisse findet, bleibt er auf der ersten Stufe stehen, welche wie bei allen lebendigen Kräften eine Art Kristallisation ist. Die kleinern Herrscher schließen sich immer wieder an die größern an, und mit unglaublicher Schnelligkeit muß alles in eine große Despotie zusammenfließen. Griechenland hingegen ist zum Glück für die Menschheit durch die Natur vielfach getrennt; und die Stellen, welche es beherrschen, nur zu kennen, erfordert eine ungleich größere Ausbildung der Kriegskunst, der Schiffahrt und des Handels, als im heroischen Zeitalter stattfinden konnte. Die Heroen konnten hier nicht zu einem einzigen Despoten, die Priester nicht zu einer orientalischen Kaste zusammenwachsen. Die Hemmung der politischen Kristallisation erhielt durch eine freiere Reibung die Schnellkraft des menschlichen Geistes und ward die erste Veranlassung einer höhern politischen Organisation. – Diese unschätzbare Freiheit erhielt dadurch noch einen größeren Wert, daß die Natur des Landes die Griechen gleich anfangs zu einer vielseitigen Ausbildung nötigte und veranlaßte. Die alten Römer waren ein freies, wackeres und fröhliches Volk: weil ihre Lage sie aber auf den Ackerbau und den Krieg einseitig beschränkte, so erhoben ihre Gesänge sich nicht über die bäurische Lustigkeit, bis ihre Begierde nach Besitz alle Schranken überstieg und sie auch die griechischen Künste eroberten. – In der Lebensart der griechischen Stämme finden wir hingegen die mannigfaltigste und glücklichste Mischung von Landbau und Schiffahrt, von Krieg und friedlichem Handelsverkehr.

Das griechische Heldentum war denn auch in seiner Blüte die schönste Vereinigung des Großen und Reizenden und die Morgenröte der klassischen Poesie. Freies Spiel der Empfindungen und der Vorstellungen sind das unterscheidende Merkmal der Schönheit, und durch Selbsttätigkeit wird die Darstellung zum eigentlichen Gedicht. Diese Selbsttätigkeit muß sich freilich immer noch nur an das Gegebne anschließen: aber der Dichter kann doch nun schon unter dem aufgefaßten Stoff wählen, das Gemälde für den sinnlich schönen Genuß nach Gesetzen des menschlichen Gemüts frei mischen, ordnen und schmücken. Mit diesen Merkmalen beginnt die erste Bildungsstufe der schönen Kunst und *das epische Zeitalter* der griechischen Poesie. Das epische Zeitalter; denn in diesem, welches wir in der politischen Geschichte das heroische nennen würden, erhielt die epische Dichtart, das eigentümliche Erzeugnis desselben, nicht nur die Gestalt, welche die Grundlage auch der spätesten Umbildungen blieb: sondern erreichte auch ihre höchste Blüte und Reife.

Zwar erklärten alle griechischen Forscher, welche nur einiger nüchternen Prüfung fähig waren, von Herodot bis Sextus, die angeblich vorhomerischen Gedichte für nachhomerisch und hielten die Iliade und Odyssee für die ältesten aller vorhandnen alten Gesänge; aber doch darf man so wenig zweifeln, es habe auch vor dem Homer Dichter gegeben,[20] daß die so natürliche Vermutung einer *vorhomerischen Periode der epischen Kunst* sich aus der Iliade und Odyssee selbst erweisen läßt. Die sehr häufigen Hindeutungen auf ältere Lieder[21] im Homer, der so oft schon bekannte Sagen zu einer schönen Episode kurz zusammenfaßt, zuweilen auch nur darauf anspielt,[22] nicht zu erwähnen: so ist ja in der homerischen Welt die Kunst der erzählenden Barden schon ein bestimmtes Gewerbe, welches seinen Mann so gut wie irgendein andres gemeinnütziges auf Kosten der öffentlichen Gastfreiheit nährte. So sagt Eumäus zum Antinous:

[20] Cic. Brut 18.
[21] Z. B. die allbesungne Argo, Od. XII,70. S. Vossens myth. Br. II,189.
[22] Z. B. Od. VII,323.

– – „wer geht doch hinaus, die Fremdlinge selber berufend,
Andere, als sie allein, die gemeinsame Künste verstehen:
Als den Seher, den heilenden Arzt und den Meister des Baues,
Oder den göttlichen Sänger, der uns durch Lieder erfreuet?
Diese beruft ein jeder, soweit die Erde bewohnt ist."[23]

Überdem läßt die zwar nicht üppige, aber doch reiche
Fülle, in der Darstellung der Phäaken zum Beispiel, oder in
der Wanderschaft des Odysseus, und manchen andern Stellen
Vorgänger vermuten, welche die Kunde der Vorzeit
nicht mehr roh überlieferten, sondern schon dichterisch
schmückten und Künstler zu heißen verdienten. Denn es
wäre wider die Natur der menschlichen und insbesondre
der griechischen Bildung, zu denken, daß nur diese Kunstart, als eine einzige und unbegreifliche Ausnahme von dem
allgemeinen Gesetz, durch einen plötzlichen Sprung, nicht
durch allmähliches Wachstum zur Vollendung gelangt
sei.
Diese wenigen, aus geringen, oft halbverloschnen Spuren
und furchtsamen Vermutungen zusammengesetzten Züge
sind, wenn man die Widerlegung alter Irrtümer beiseite
setzt,[24] beinahe alles, was wir haben, um den unermeßlichen
Zwischenraum von dem ersten Drange in der Brust des
Wilden, sich eine Empfindung zu wiederholen, sie festzuhalten und ähnlichen Wesen mitzuteilen, bis zur Höhe einer Ilias und Odyssee, auszufüllen! – Mit diesen ältesten
Denkmalen der klassischen Kunst wird es Tag in der Geschichte der griechischen Poesie und überhaupt der griechischen Bildung: denn so viele Dunkelheiten und Zweifel sie
dem Forscher auch noch übriglassen mögen, so sind sie
doch, im ganzen genommen, und besonders in Vergleich
mit den Priestermärchen, welche überall und selbst in der
ältesten griechischen Staatengeschichte den meisten noch
immer für unbezweifelte Wahrheiten gelten, die glaubwürdigsten Urkunden des griechischen Altertums. Ich nähere
mich ihnen nicht ohne einige Verlegenheit. Ein richtiger,
bestimmter und klarer Begriff von der Homerischen Poesie

[23] Od. XVII,383 seq.
[24] Die Sage vom Orpheus und das Vorgeben einer vorhomerischen
Musik unter den Griechen ist im ersten Abschnitt der ganzen Abhandlung geprüft worden.

ist für jeden, welcher die griechische Poesie zu kennen ernstlich strebt, beinahe das „Eine, was not ist". Nun scheint aber hier jeder Schritt der Untersuchung eine neue endlose Aussicht der wichtigsten und anziehendsten Nachforschungen zu eröffnen; und die Absicht dieser Abhandlung, den ganzen Inbegriff der griechischen Poesie zu ordnen, setzt doch für die einzelnen Teile bestimmte Grenzen. Ich kann daher hier die allgemeinen Umrisse nur vorläufig aufstellen.

Zuvor aber muß ich den Leser bitten, die gewöhnlichen Meinungen der Theoristen über die Epopöe, ihren Mechanismus und ihre Regeln für einen Augenblick ganz zu vergessen.

Die *epische Dichtart* ist unter allen die einfachste. Sie ordnet eine unbegrenzte Vielheit möglicher, äußrer, durch ursachliche Verknüpfung verbundener Gegenstände durch Gleichartigkeit des Stoffs und Abrundung der Umrisse zu einer bloß sinnlichen Einheit.[25] Diese epische Harmonie ist von der dramatischen Vollständigkeit so durchaus verschieden, als eine poetische Handlung von einer unbestimmten Masse poetischer Begebenheiten. Wenn der Zweck völlig ausgeführt, die Verwicklung vollkommen aufgelöst, die Absicht aus Gesinnung und der Zufall aus Schicksal hergeleitet worden; so ist die poetische Handlung ein durchaus vollständiges, in sich vollendetes Ganzes; und ebendarum ist auch der Umfang der Tragödie durchgängig bestimmt und vollkommen begrenzt. Das epische Gedicht stellt aber keineswegs eine einzige vollständige poetische Handlung, sondern eine unbestimmte Masse von Begebenheiten dar, unter denen zwar eine Hauptbegebenheit und ein Hauptheld hervortritt, an welche sich alle übrigen anschließen; wie sich in einem schöngeordneten Gemälde die Nebenfiguren um eine Hauptfigur gruppieren müssen: nur mit dem Unterschiede, daß in dem fließenden Gemälde, im epischen Gedicht, die Gruppen wechseln. Die Figur oder die Gruppe, welche jetzt der Mittelpunkt und die Hauptmasse

[25] Der Philosoph wird aus dieser Erklärung ihren Grund und die Einteilungen der Dichtarten, welche sie voraussetzt, leicht erraten können. Sollte es jedoch zweckmäßig scheinen, so werde ich meinen künftigen Untersuchungen über die Homerische Poesie eine vollständige Theorie der epischen Dichtart beifügen.

des Ganzen war, weicht bald darauf in den Hintergrund zurück, aus dem nun andre Figuren und Gruppen ans Licht treten.

Daher ist auch der Umfang des epischen Gedichts durchaus unbegrenzt: denn jede Begebenheit ist ein Glied einer endlosen Reihe, die Folge früherer und der Keim künftiger Begebenheiten. Jedes echt epische und harmonische Gedicht, dessen Einheit nicht etwa genealogisch, historisch oder dramatisch ist, fängt, wie Horaz nach den alten Kritikern von der Homerischen Poesie treffend bemerkt, in der Mitte an.[26] Die reine dichterische Erzählung, welche keinen bestimmten Zweck hat, sondern nur nach Fülle und sinnlicher Harmonie strebt, kennt ihrem Wesen nach weder Anfang noch Ende. Solange nur der Stoff gleichartig bleibt und die Umrisse sich runden lassen, können die kleinen Massen in immer größere zusammenwachsen. Gebt dem epischen Dichter Raum und Zeit: er wird nicht eher enden, als bis er seinen Stoff erschöpft und eine vollständige Ansicht der ganzen ihn umgebenden Welt vollendet hat, wie sie die Homerische Poesie gewährt. Schiefe Bewunderer der spätern Zeit haben diese schöne Weltansicht des epischen Dichters als systematische Enzyklopädie eines Polyhistors mißdeutet.

Homer selbst scheint diesen unbestimmten Umfang angedeutet zu haben. Er redet[27] von dem Erstaunen und Entzükken, welches der Sänger erregt:

– – – „der gelehrt von den Göttern
Singt geordnete Worte, der Sterblichen Herz zu erfreuen;"
und setzt hinzu:
„Immer noch mehr verlangen die Hörenden"
usw.

Kein Kenner der Homerischen Poesie wird behaupten, er habe das Unendliche dargestellt, oder das Streben nach dem Unendlichen sei in ihm zum Bewußtsein gekommen. Jeder Freund Homers weiß es aber, daß er gleichsam eine grenzenlose Aussicht eröffnet und die Erwartung ins Unendliche anregt. Er erregt nämlich keine bestimmte Erwartung nach der Entwicklung eines Keims, der Auflösung eines

[26.] A. poët. v. 148.
[27] Od. XVII,518 seq.

Knotens, der Vollendung einer Absicht oder auch nach einer bestimmten Art des Stoffs, sondern eine durchaus unbestimmte und also ins Unendliche gehende Erwartung bloßer Fülle überhaupt.

Im epischen Gedicht ist eigentlich keine Verwicklung und Auflösung, wie im dramatischen, und selbst im lyrischen. Jeder Punkt des epischen Stroms enthält zugleich Anspannung und Befriedigung. Darum ist auch, nach Platos[28] treffender Bemerkung, das epische Gedicht dem geschwätzigen Alter am angemessensten. Die Komödie erfordert einen Überfluß frischer Lebenskraft, welcher nur der Jugend eigen: das lyrische und tragische Gedicht einen Aufschwung, eine Anspannung, deren der Greis nicht mehr fähig ist. Die sanfte Anregung des epischen Gedichts hingegen ist nicht anstrengend und ermüdend, weil sie keine bestimmte Richtung hat. Es kann aber auch nur in einer durch vielfache Erfahrung bereicherten Einbildungskraft seine volle Wirkung tun, deren vorrätige Fülle es wohltätig belebt, verschönernd anfrischt und harmonisch rundet: denn der Knabe ohne Welterfahrung kann die schöne Weltansicht schwerlich ganz verstehen.

Was aber eine ins Unendliche gehende Erwartung erregt, ist eben das Wunderbare; welches allerdings, nur nicht mit den gewöhnlichen Mißverständnissen, ein wesentlicher Bestandteil der epischen Dichtart ist. Man muß nämlich in den reinen Begriff desselben keine zufälligen Merkmale von erdichteten Göttern u. dergl. aufnehmen und das Wunderbare sorgfältig von dem Abenteuerlichen unterscheiden. Diese Abart des Wunderbaren entspringt, wenn das Streben nach Fülle überhaupt seinen wahren Gegenstand verfehlt und sich auf eine bestimmte Art des Stoffs richtet. Dies kann nur auf Kosten der Einheit, Schicklichkeit und Natürlichkeit geschehn, welche das echte Wunderbare vom Abenteuerlichen unterscheiden. Das Abenteuerliche war bei allen Völkern einheimisch, deren Entwicklung nur einseitig und ursprünglich schief ist. Bei den Griechen konnte es nur dann stattfinden, als das Streben der Dichter nach Fülle durch vollendete Gestaltung des Stoffs den Gipfel der natürlichen Bildung erreicht hatte und nur durch Abweichung neu sein konnte.

[28] Tom. VIII,69 ed. Bip.

Die angedeutete Erklärung der epischen Dichtart ist nicht ein aus unvollständiger Erfahrung willkürlich abgezogner, sondern ein reiner Begriff, dessen ursprüngliche Herleitung aus den notwendigen Gesetzen des menschlichen Geistes sich aufs strengste rechtfertigen läßt. Ein ausführliches Kunsturteil über die Homerische Poesie dürfte es wohl bestätigen, daß sie wirklich ein vollendetes Urbild der epischen Dichtart sei; und eine vollständige Untersuchung über die Bildungslage der Griechen würde zeigen, wie es möglich, ja natürlich und notwendig war, daß die griechische Eigentümlichkeit auch hier durch Gunst der Natur das Urbild des rein Menschlichen sein und den reinen Gesetzen und Begriffen der Vernunft entsprechende Anschauungen liefern konnte.

Von diesem vollständigen Beispiel konnte Aristoteles die einzelnen Merkmale des Epos entlehnen; wiewohl er, der die Kunst nur nach den Werkzeugen der Darstellung[29], den Verhältnissen des Dargestellten[30] und des Darstellenden zur Wirklichkeit[31] einzuteilen weiß, sich in der Kindheit[32] der Wissenschaft zu dem richtigen Begriff einer reinen Dichtart nicht zu erheben vermochte. Ja, man kann ihm nicht absprechen, daß er das echt Epische der Homerischen Poesie wahrgenommen hat, wenn er gleich seine richtigen Beobachtungen mit seinen unrichtigen Begriffen nicht in Übereinstimmung zu bringen wußte. Er bemerkt es mit Lob, daß Homer allein von unschicklicher Einmischung lyrischer Zusätze frei sei.[33] Auch durch den allgemeinen Hang seines Zeitalters und seines Volks, die Homerische Poesie zur Tragödie umzudeuten, ließ er sich irreleiten.

[29] Poët. cap. 1.
[30] Ibid. cap. 2. Der Dichter stellt die Menschen dar, wie sie sein sollen, wie sie wirklich sind, oder noch schlechter.
[31] Jedes Gedicht ist erzählend (wo der Dichter stets in eigner Person redet; nach Plato am meisten die dithyrambische Dichtart), nachahmend oder gemischt; eine Einteilung, die sich schon bei Plato und noch bei den spätesten Grammatikern findet.
[32] Die Erhabenheit, Strenge und Reinheit der sittlichen Forderungen in der griechischen Kunstlehre entartete beinahe zugleich mit dem Geschmack selbst. In dieser Rücksicht war die Philosophie des Schönen im Aristoteles schon in entschiednem Verfall.
[33] Poët. cap. 24.

Aber er beobachtete doch treu und scharf; der redliche Forscher liebte die Wahrheit – seltnes Lob! – mehr als seine Meinung, und unvermögend, seine Begriffe durchaus zu berichtigen, verwickelte er sich lieber in Widersprüche, als sich offenbare Tatsachen wegzuleugnen.

Er erkennt es, daß das Wunderbare in der Tragödie unschicklich[34], im epischen Gedicht aber ganz an seiner Stelle sei[35]. Er erkennt die episodische Grenzenlosigkeit des epischen Gedichts[36], welche sich auch auf den kleinsten nur noch gegliederten Teil desselben erstreckt und die Verschiedenheit des epischen Bildes und Gleichnisses vom lyrischen und tragischen begründet. Seine treffenden und reichhaltigen Andeutungen über Sprache, Rhythmus und Harmonie des epischen Gedichts sollen im einzelnen angeführt werden.

Es gibt ursprünglich zwei Arten des epischen Gedichts, und die Homerische Poesie enthält für jede von beiden ein entsprechendes Beispiel. Die poetische Fülle nämlich, der Gegenstand des epischen Darstellungstriebes ist entweder mehr intensiv oder extensiv. Eine völlige Trennung beider Arten ist so unmöglich, als das Übergewicht der einen und die Unterordnung der andern notwendig: denn die Einbildungskraft kann sich nicht zugleich zusammendrängen und ausbreiten. Entweder das Große oder das Reizende; entweder kraftvolle Stärke oder reicher Wechsel müssen im Epos herrschen. Nun ist es ein allgemeines Gesetz nicht bloß der griechischen Kunstbildung, sondern der griechischen Bildung überhaupt, daß alles Gleichartige sich vereinigt und alles Ungleichartige sich trennt. Nach diesem Gesetz mußte sich auch die epische Poesie der Griechen in eine doppelte Richtung spalten und für die natürliche Einteilung dieser Kunstart ein bleibendes Beispiel werden. Jedes echt epische Gedicht muß sich der Art nach entweder der Iliade oder der Odyssee nähern.

Die eigentümliche Sprache des Homer, Hesiodus, ja aller spätern Epiker, ihre befremdende Mischung aller Mundarten, welche Aristoteles als ein wesentliches Merkmal der

---

[34] Ibid. cap. 14.
[35] cap. 24.
[36] Poët. cap. 24.

heroischen Poesie anführt,[37] entspricht der Unbestimmtheit der epischen Dichtart sehr gut. Die gebildeten griechischen Mundarten entsprachen der bestimmten Eigentümlichkeit der verschiednen Hauptstämme. Eine derselben zu wählen, war dem lyrischen Dichter notwendig; dem epischen hingegen, der nicht schöne Eigentümlichkeit, sondern unbestimmte Fülle darstellen soll, durchaus unerlaubt. Der große Reichtum der ältern griechischen Sprache an abweichenden Wortbildungen und verschiednen Redarten war der epischen Poesie sehr günstig. Die Entstehung der gebildeten und durch bleibende Gedichte und Reden fest bestimmten Mundarten ist, wenn der Gang der griechischen Sprache nicht eine einzige und unbegreifliche Ausnahme macht, nachhomerisch und ungefähr gleichzeitig mit der Entwicklung des Republikanismus und der lyrischen Kunst der Griechen; als der bis dahin vermischte Stoff aller schon entwickelten Fertigkeiten und angeregter Kräfte sich in verschiedne Richtungen trennte und die Eigentümlichkeit jedes Hauptstamms in allen ihren Äußerungen, in Verfassungen, Gesetzen, Sitten, Gebräuchen, Spielen, Festen und Künsten, in Sage und Sprache durchgängig bestimmt ward.[38]

Ebenso unbestimmt ist auch der eigentümliche Rhythmus der epischen Poesie: der Hexameter. Seine Bewegung ist weder steigend noch sinkend, weder überspringend noch überfließend, weder männlich noch weiblich, weder gebunden noch zügellos. Ebenso unbestimmt wie seine Richtung ist auch sein Verhältnis der Kraft und Schnelligkeit. Sein Gesetz fordert nur sinnliche Einteilung und Ordnung der Massen, Gleichheit der Teile und klare Andeutung der Ein-

---

[37] Poët. cap. 22, 24.
[38] Auf das neuplatonische Vorgeben, Orpheus habe dorisch gedichtet, hätte *Köppen* kein Gewicht legen sollen. Doch er redet ja S. 232 seiner Schrift *über Homers Leben und Gesänge* von der Mundart der Jonier in Ägialea, der alten Pelasger und der ältesten Athener vor der Rückkehr der Jonier mit der unbefangensten Zuversicht! – Der ionische, dorische, äolische und attische Dialekt konnten sich doch nicht eher bilden, als der Jonismus, Dorismus, Äolismus und Attikismus vorhanden war; deren vorhomerisches Dasein man doch nicht länger gegen die Homerische Urkunde auf die Autorität eines so offenbar spätern genealogischen Märchens annehmen sollte!

schnitte. Er hat die Freiheit, von der raschesten Leichtigkeit bis zur langsamsten Schwere zwischen den verschiedensten Mischungen von Kraft und Schnelligkeit zu wechseln. Er weiß sich, wie die epische Dichtart selbst, an alle Gegenstände anzuschmiegen, und er allein ist der unbestimmten Dauer derselben angemessen; wie nach dem Aristoteles[39] die Natur selbst gelehrt und die Erfahrung bewährt hat. Das heroische Metrum habe die größte Beharrlichkeit[40], die vollkommenste Gleichmäßigkeit und den stärksten Schwung[41]. Sehr richtig bemerkt er, daß es durchaus unschicklich sein würde, eine epische Darstellung in einem andern Metrum[42] zu dichten: denn jede Bewegung, deren Richtung bestimmt ist, muß den angespannten Trieb früher oder später ermüden; und es würde eine wahre Pein sein, in dem sonst so schönen alkäischen oder sapphischen Rhythmus ein Gedicht von der gewöhnlichen Länge eines epischen anhören zu müssen. Der elegische Rhythmus ist zwar nächst dem heroischen der unbestimmteste und ihm der ähnlichste; er ist auch nicht eigentlich ermüdend, weil er nicht anspannt, sondern auflöst: der (in der Alexandrinischen Schule nicht ungewöhnliche) epische Gebrauch desselben setzt aber beim Künstler wie beim Publikum Schlaffheit nicht als vorübergehenden Zustand, sondern als bleibende Eigenschaft voraus und kann daher nur im Verfall der Musik und Poesie stattfinden.

Die *Homerische Poesie* ist nicht der unvollendete Entwurf höherer Schönheit, der bloße Keim einer künftigen Vollen-

---

[39] Poët. cap. 24.

[40] Ibid. cap. 22.

[41] στασιμώτατον geht hier auf die Darstellung selbst, und ihre unbestimmte Dauer und von aller elegischen oder iombischen Unruhe und Unordnung freie Gleichmäßigkeit, und ist dem κινητικῷ des trochäischen Tetrameter usw. entgegengesetzt: Pol. VIII. ult. hingegen, von der dorischen Musik, auf das in derselben Dargestellte, welches nicht Leidenschaften, das Veränderliche, sondern Sitten, das Beharrliche wären.

[42] „Oder in mehrern verschiedenen"; setzt er noch sehr richtig hinzu. Die Monotonie könnte dann zwar vermieden werden: aber das Gedicht würde gar kein Epos mehr sein: denn es ist widersprechend, daß die Darstellung in einzelnen Teilen bestimmt, im Ganzen aber unbestimmt sein sollte.

dung: sondern die reife Frucht eines frühern Zeitalters, der höchste Gipfel einer minder vollkommnen Dichtart in der ersten Bildungsstufe der schönen Kunst. Homer bildete, nach Demokrit[43], kraft seiner gottbegeisterten Natur, mannigfache Gesänge kunstmäßig zu einer reizenden Ordnung. Homer ist, nach dem Ausdruck des Polemon, *ein epischer Sophokles*[44]. Er ist nicht bloß klassisch, sondern auch vollendet. *Klassisch* ist jedes Kunstwerk, welches ein vollständiges Beispiel für einen reinen ästhetischen Begriff enthält. Klassisch ist ein Gedicht schon, wenn es nur für irgendeine entschiedne Stufe der natürlichen Bildung in irgendeinem bestimmten Stil das vollkommenste seiner echten Art ist: vollendet erst dann, wenn es für die höchste mögliche Stufe der natürlichen Bildung und im vollkommensten Stil, dessen seine Dichtart fähig ist, eine vollständige Anschauung für den reinen Begriff und die Gesetze einer ursprünglichen Kunstart enthält. Das vollendete Gedicht erregt keine Erwartung, die es nicht befriedigt; Erfindung und Ausführung, schaffende Einbildungskraft und ordnende Urteilskraft, Stoff und Form sind in demselben im Gleichgewicht. Der Stoff hat sich völlig gestaltet, wie im Homer, oder der Entwurf hat sich völlig ausgefüllt, wie im Sophokles. Die unnachahmliche Leichtigkeit des Homer ist nicht bloß kunstlose Natürlichkeit, sondern die Frucht der höchsten Vollendung. Seine Darstellung scheint nicht gemacht, sondern ewig gewesen oder plötzlich geworden.

Harmonie ist das eigentümliche Merkmal der Vollendung. Homer, der nie unschicklich dichtet, weiß den Stoff so zu wählen und zu mischen, daß Anfang und Mitte, Mitte und Ende nicht miteinander streiten, sondern sich zu einem

---

[43] Dio Chrys. Orat. de Homero, init.
[44] Diog. Laert. in vit. Pol. Die Benennung eines *griechischen Virgilius* würde das nicht bezeichnen können, was dadurch bezeichnet werden soll, denn Virgil war zwar für die römischen Dichter ein Urbild der verhältnismäßig besten Mischung der römischen Natur und der griechischen Bildung; an sich war er aber weder vollendet noch klassisch. Überdem ist die Äneide kein echt episches Gedicht. Das Rhetorische und Tragische hat man im ganzen und im einzelnen oft bemerkt, und nach lyrischen Stellen braucht man auch nicht lange zu suchen.

schönen Ganzen harmonisch gruppieren.[45] Homer, sagt Aristoteles, dessen Iliade und Odyssee so vortrefflich als möglich zusammengesetzt wären und am meisten Einheit hätten,[46] scheine auch darin göttlich gegen die andern epischen Dichter, welche, wie die Verfasser der Herakleide, Theseide und ähnlicher Gedichte,[47] alle Begebenheiten eines Helden oder einer Zeit umfassen oder zu viel Stoff in einen zu engen Raum zusammendrängen und dadurch verworren werden, wie das zyprische Lied und die kleine Iliade;[48] daß er nicht den ganzen Trojanischen Krieg, nicht alle Begebenheiten des Odysseus erzähle, sondern aus dem gegebnen Stoff nur eine Partei heraushebe, absondre und durch Episoden erweitre. Zwischen allen Begebenheiten des Odysseus sei kein notwendiger oder natürlicher Zusammenhang; und der ganze Trojanische Krieg würde, wenn der Dichter der natürlichen Länge der epischen Dichtart[49] folgen wolle, für die Fassungskraft der Hörenden, welche allein den sonst unbegrenzten Umfang[50] der epischen Dichtart nicht genau, aber doch ungefähr[51] bestimmt, zu groß und unübersehlich oder durch gewaltsame Zusammendrängung verworren werden. Mit Unrecht verlangt er vom epischen Gedicht die Darstellung einer einzigen vollständigen Handlung[52] und glaubt oder wünscht[53] vielmehr, diese im Homer zu finden; ob er gleich einsieht, daß im epischen Gedicht die tragische Einheit unmöglich[54] und die epische Zusammensetzung in der Tragödie äußerst fehlerhaft sei[55]. Er ist dadurch auf

[45] Hor. Art. poët. 140–152.
[46] Arist. poët. cap. 26.
[47] Ibid. cap. 8.
[48] Ibid. cap. 23.
[49] Arist. Poët. cap. 26.
[50] Ibid. cap. 24. Er erkennt die sehr merkwürdige Eigenheit des epischen Gedichts, daß sein Umfang (über jeden gegebnen Umfang) *immer mehr* (ins Unbestimmte, ins Unendliche) *erweitert* werden könne.
[51] Ibid. cap. 24.
[52] Ibid. cap. 23.
[53] Ibid. cap. 26. Denn er sagt nur: daß die Iliade und Odyssee *am meisten* (mehr als alle andern epischen Gedichte) Darstellungen einer einzigen Handlung sein!
[54] Ibid. cap. 26.
[55] Arist. Poët. cap. 18.

Jahrtausende der unerschöpfliche Quell aller der grundstür-
zenden Mißverständnisse geworden, welche aus der Verwechslung der tragischen und epischen Dichtart entspringen. Aber sehr richtig unterscheidet er die echt epische
Harmonie der Homerischen Poesie von jenen seinsollenden
epischen Gedichten, deren historische, mythische, biogra-
phische oder chronologische Einheit so wenig poetisch gewesen sein wird, als die genealogische Einheit der Hesiodischen Theogonie. Sehr fein bemerkt er, daß die Iliade und
Odyssee viele Teile enthalten, welche *für sich bestehende
Ganze* sind;[56] denn das epische Gedicht ist, wenn ich mich
so ausdrücken darf, ein poetischer Polyp, wo jedes kleinere
oder größere Glied (das sich ohne Verstümmelung oder
Auflösung in schlechthin einfache, nicht mehr poetische
und epische Bestandteile von dem zusammengewachsnen
Ganzen abtrennen läßt) für sich eignes Leben, ja auch ebensoviel Harmonie als das Ganze hat.

In der Homerischen Poesie besonders ist die Harmonie des
kleinsten Ganzen so vollendet wie die des größten. Im
Bilde oder Gleichnisse, wie in der ganzen Rede; im Gespräch wie in der längern Begebenheit oder Handlung; in
der Rhapsodie, wie in der Rhapsodiengruppe, rundet sich
die freie Fülle der Einbildungskraft in klaren Umrissen und
einfachen Massen zu einer leichten Einheit. Vielmehr ist
sie im Ganzen der Iliade und Odyssee nicht ganz so vollkommen, als in den einzelnen für sich bestehenden Ganzen; weil außer den harten Verbindungsstellen auch ihre

---

[56] Ibid. cap. 26. Wir müssen also das Aristotelische Lob der Homerischen Harmonie nicht bloß auf den Schein einer tragischen Ganzheit in dem Ganzen der Iliade und Odyssee, sondern auf die echt
epische Einheit der einzelnen Teile, Rhapsodien und Rhapsodien-
gruppen beziehen. Noch viel weniger auf den bloß historischen
Zusammenhang, den wir oft epische Ökonomie zu nennen belieben und an dem es, nach Inhaltsanzeigen, selbst nach Namen usw.
wohl kaum einem der vom Aristoteles der Disharmonie wegen ge-
tadelten epischen Gedichte fehlen konnte. – Mit sich selbst läßt
sich Aristoteles nicht in Übereinstimmung bringen. Aber, *wenn man
beide nur recht versteht:* so lassen sich das Aristotelische Kunsturteil
über die Homerische Poesie und die Wolfischen Entdeckungen
über ihre Entstehung und die Mehrheit ihrer Verfasser sehr wohl
vereinigen.

Ungleichartigkeit nicht sanft genug ineinander verschmolzen ist.

(Die Fortsetzung folgt.)

Friedrich Schlegel

Wie Menschen in Talglichter verwandelt werden
[Vierter Band. Elftes Stück, Nr. VIII, S. 197–202]

Die Schicksale der Toten sind nach Verschiedenheit des Zeitalters und der Sitten von jeher ebenso verschieden, als die Schicksale der Lebendigen gewesen: ja, viele Menschen (man gedenke der Märtyrer des Orients) haben erst als Gerippe angefangen, eine wichtige Rolle zu spielen, über Land und Meer zu reisen, Wahnsinnige zu heilen und Fürsten in Kriege zu verwickeln. Die Anwohner des Nils wurden einbalsamiert und in Papier gekleidet. Jahrhunderte ruhten sie in ihren Kisten von Sykomorus, bis es den Ärzten einfiel, sie von den Kranken speisen zu lassen. So entgingen sie den Kranichen am Delta, um späterhin von Menschen gegessen oder gar von deutschen Altertumsforschern ausgeweidet und in langweiligen Abhandlungen beschrieben zu werden. Die Guanchos auf Teneriffa trockneten ihre Toten wie Meerbutten und Stockfisch auf und stellten sie paarweise in Höhlen. Auch sie müssen jetzt die Kabinetter Europens zieren, um als ein Spezimen einer untergegangenen Menschenrasse bewundert zu werden. Alle diese Regionen sorgten dafür, daß das Knochengerüste vom Muskelfleische bedeckt blieb. Aber es folgten Zeiten und Menschen, deren unästhetischer Sinn sich damit nicht begnügte. Wer in den ersten christlichen Jahrhunderten unglücklich genug war, zu dem Ruf der Gottseligkeit und Tugend zu gelangen, der war gewiß, nach seinem Tode als Gerippe, mit sauber gebleichten Knochen, in den Klöstern und Kirchen zu paradieren. Freilich wurde manchem die Ehre etwas später zugedacht. Man griff dann fehl und nahm den Nachbarn, weil er das Ansehen hatte, ein besseres osteologisches Präparat zu liefern. Wohl den Heiligen, wenn man sie nicht von neuem zergliederte! Aber nein! die eine Extremität blieb im Orient, wenn die andere nach dem Okzident schiffte; ja, man wußte die kostbare Ware bald betrügerisch zu vervielfältigen, und mancher Apostel kann in Spanien allein drei Beine und zwei Köpfe zusammenzählen, wenn er im Leben kaum ein Dritteil davon besaß. Ein berühmter deutscher Anatom entdeckte, daß die Gebeine der heiligen Jungfrauen in Köln übergroße Ähnlichkeit mit Pferdeknochen haben; wahrscheinlich ist also dort Weib und Roß zugleich kanonisiert worden. Ähnliche Bemerkungen kann man zu Colourno bei Parma anstellen, wo der Infant und Dominikaner Don Philipp den Heiligen das prachtvollste anatomische Theater errichtet, was je die Christenheit bewundert hat, und welches durch eigne Personen (die zu dieser Knochenkunde abgerichtet sind und ein echtes und unechtes Gebein fast durch den bloßen Geruch schon unterscheiden) täglich vermehrt wird. Hätte Bonaparte diesen Schatz gekannt, sollte er sich nicht einige Rippen des H. Maler Lukas neben den Correggios im Frieden ausbedungen haben? – Unser Zeitalter ist ein chemisches Zeitalter; da scheiden sich die Elemente und mischen sich von neuem im Physischen wie im Moralischen. Die Fürsten prägen die Menschen im Leben, die Scheidekünstler wissen den toten Körper gar in eine Schaumünze zu verwandeln. In unserm Körper sind zwei Metalle, Braunstein und Eisen, vorhanden. Ob dies Reste eines ehemaligen größern *Gehalts* sind, und ob es gegründet sei, daß die neueste Pädagogik auch diese nach und nach austreibt, lassen wir hier dahingestellt. Genug, man ist neuerlichst in Paris auf die sinnreichste Idee gefallen, einen guillotinierten Nationalgardisten einzuäschern, zu schmelzen, zu verschlacken, zu reduzieren, zu hemmen – kurz (die wenigsten Leser interessiert es, wie man Menschen auf Eisen probiert), man ist auf den Gedanken gefallen, einen Nationalgardisten in eine *eiserne Medaille* zu verwandeln. Der berühmte Chemist Herr *Sage*, welcher vormals eine neue Goldgrube in der Weinreben-Asche und im Sande der Tuilerien gefunden zu haben glaubte, legte dem National-Konvent eine solche Münze vor. Die Idee fand Beifall und man meinte, es sei ein erhabenes Mittel, das Andenken großer Männer durch sie selbst (auf ihre eigene Kosten) zu verewigen. So die Neufranken! Deutsche Scheidekünstler haben andere Lieblingsideen.

Dem berühmten *Becher*, den man jetzt schuldgibt, daß er mit Stahl das Phlogiston *erfunden* habe, leuchtete die Kieselerde im Menschenkörper ins Auge. Er schlug vor, den Leichnam zu verglasen und – ein Trinkglas daraus zu verfertigen. Hätte er das Kadaver doch lieber in ein Objektiv für ein astronomisches Sehrohr verwandelt, so wäre *durch* manchen Menschen doch noch im Tode etwas entdeckt worden. Das sind alles Objekte des Luxus, sagen die neuern Pädagogen, die immer pflügen und düngen und Mühlräder treiben wollen; eine Medaille kann der Geschichte eine Tatsache aufbewahren und durch ein Sehrohr wird höchstens ein Planet entdeckt, dessen Schein, wie der leidige Uranus beweiset, nicht Eine helle Straßenlaterne erspart. Nützlich soll der Mensch im Leben und im Tode sein. – Geduld! das nützliche Jahrhundert hat auch dafür gesorgt. Herr *Gibbes* hat entdeckt, daß tierisches Fleisch in Wasser eingeweicht, welches mit etwas Schwefelsäure geschwängert ist, in Fett und Talg verwandelt wird. Mit dem *Rindvieh* hat man in *England* diese Versuche angefangen und in *Frankreich* ist man damit schon wirklich bis zum *Menschen* gelangt. Man fängt an, Talglichter aus Kadavern zu machen, und wer nicht im Leben *geleuchtet*, tut es nun doch im Tode. *Fette Menschen* tragen so zur allgemeinen *Aufklärung* am meisten bei. Ein deutscher Physiker, Herr von Humboldt, soll entdeckt haben, daß unsre Morcheln ebenfalls in eine wachs- und talgähnliche Masse verwandelt werden können. Wer hätte gedacht, daß ein Mensch und ein Schwamm so nahe verwandt wären und daß man alle seine Vorfahren als Spielmarken, Trinkgläser, Lorgnetten und Talglichter, kurz als Hausgerät, um sich haben könne?

A.

Gallia und Germania

[Vierter Band. Elftes Stück, Nr. X, S. 212–214]

Früh entschliefen die beiden länderbeschirmenden Schwestern,
Göttin *Gallia* dort, Göttin *Germania* hier.
Stygisches Dunkel bedeckte hinfüro die lieblichen Auen;
Rauschend stürzten hervor gräßliche Diener der Nacht.

Und es vergaßen des eigenen Wertes die Söhne der Gottheit,
Tief zu Boden gedrückt von der Tyrannen Gebot;
Endlich entstieg die *Eine* dem dumpfen Moder des Grabes;
Aber es trübte den Sinn schwerer, betäubender Schlaf.
Rasend sprang sie empor, ermordet die eigenen Kinder,
Wütet in eigener Brust mit dem geschliffenen Dolch.
Stürzet darnieder die Schlösser und Burgen, zu blühenden Städten
Trägt sie mit eigener Hand lodernde Flammen hinan.
Bis von dem Scheine des blendenden Feuers das Auge sich öffnet,
Schauet den lodernden Brand, merket die Ströme von Blut.
Alles fühlet anitzo die Macht des Erwachens der Göttin;
Jegliche Schreckengestalt weicht mit dem Dunkel der Nacht.
Und es bringen die Flur und die Kunst ihr herrliche Gaben;
Frei tritt jeder einher, fühlend im Busen den Gott.
Aber die göttliche Schwester, sie decket noch lieblicher Schlummer
Dorten im heiligen Hain, welchen die Nymphe ihr schuf.
Um den bemoosten Hügel stehen die Musen im Chore
An der Weisheit Hand und in der Künste Geleit.
Und es streuen ihr Blumen aus jeglicher Zone die Kinder,
Horchen des Wechselgesangs vielfach gewendeter Zung'.
Störet die Schlafende nicht im lieblichen Traume des Morgens,
Welcher ihr ungestört malt ihrer Gezeugten Glück!
Bald erwachet die Hehre und führet zum menschlichen Glücke,
Das sie so schwer sich erstrebt, ihre Geliebten hinzu.
Siehe! schon scheuchet der Morgen die finstern Gestalten der
                                                    Hölle,
Und die Menschlichkeit schießt feurige Strahlen empor!

                                                    K.

Nachrichten aus Frankfurt am Main
(Vom zweiten Januar, 1797)
[Vierter Band. Zwölftes Stück, Nr. II, S. 255–292]

In gegenwärtigem Augenblicke weiß man nicht so eigentlich, wie man daran ist. Von östreichischer Seite behauptet
man noch immer, und sogar offiziellerweise, am Nieder-
rhein sei der Waffenstillstand keinesweges abgeschlossen;
dennoch glaubt es die ganze Armee; alle Feindseligkeiten
sind dort eingestellt, die gegenseitigen Truppen haben sich
sehr weit zurückgezogen; sie stehen förmlich in den Win-

terquartieren. Wenn dies nun kein Waffenstillstand ist, so sieht es doch genau so aus. Und wie läßt es sich auch denken, daß eine so wichtige und, da sie partiell ist, vielleicht beispiellose Übereinkunft bloß das Werk der Generale sein könnte, ohne daß diese von höhern Orten dazu bevollmächtigt wären? Auch am Oberrhein, versichert man, werde am Waffenstillstande gearbeitet. Dem sei aber, wie ihm wolle: wir sind vor der Hand beruhigter; wir haben wieder einen schwachen Hoffnungsschimmer von Frieden; wir sind wenigstens aus unsrer nächsten Besorgnis: denn zeither mußten wir noch immer befürchten, daß die Franken plötzlich wieder auf dem rechten Rheinufer vorrücken und die in jeder Rücksicht äußerst vorteilhafte Stellung bei Bergen, eine Stunde von hier, nehmen würden; teils, um dadurch die Berennung von Mainz, wirksamer als die vorigen Male, zu decken, und hauptsächlich, um ihrer Armee den ganzen Winter über die reichsten Schätze an Früchten und Fütterung, aus der Wetterau her, zu sichern. Aus Ursachen, die mir bis jetzt nicht völlig erklärbar sind, ist dies aber nicht geschehn. Es deutet entweder auf eine große Desorganisation der Sambre- und Maasarmee, der man die Ausführung eines neuen Offensivplanes vor der Hand nicht wieder anvertrauen konnte; oder, was mir wahrscheinlicher ist, die Franken wollen, da ihre Finanzen sehr erschöpft und ihre Armeen wirklich nicht sehr stark sind, da ihre Stellung aber hinter dem Rheine und auf dem Hundsrücken, bei mehrern Übergangspunkten, äußerst vorteilhaft ist, und da sich die, zuverlässig um mehr als die Hälfte zusammengeschmolzenen, östreichischen Armeen von nun an bloß verteidigungsweise halten können, ihre wichtigern Plane mit verstärkten Kräften in Italien, und gegen England, auszuführen suchen. In anderer Rücksicht ist es aber für die Sambre- und Maasarmee allerdings nicht gut, so lange untätig zu sein. Der lebhafte, aufbrausende Charakter des Franken verträgt sich durchaus nicht mit langer Muße; sobald seine rastlose Betriebsamkeit nicht aus ihm herauswirken kann, wirkt sie in ihn hinein; er wird dann leicht mißmutig und wild, und seine Kräfte, die immer beschäftigt sein, die immer Schwierigkeiten überwinden wollen, nehmen ebendarum leicht eine sehr nachteilige Richtung.

Bei dieser Untätigkeit am Niederrheine befinden wir uns indes so ziemlich gut. Ich sage *ziemlich*; aber vielleicht ist auch das schon zuviel gesagt. Denn die schreckliche Teurung dauert noch immer fort; die Östreicher requirieren, à la française, ohne Maß und Ziel; sie treiben alles mit Exekution ein; sie selbst bestimmen unsern Regierungen den Preis, und da nun alles schnell herbeigeschafft werden muß und auch hier wieder der erbarmungswürdige Mangel an allem Zusammenhange und Gemeingeiste unsrer vielen kleinen Staaten ein näheres Zusammentreten und irgendeine gemeinsame Veranstaltung unmöglich macht: so kaufen die Regierungen nun selbst das Requirierte um den drei- und vierfachen Preis und machen ebendadurch die Teurung, die keinesweges im Mangel, sondern einzig im Wucher ihren Grund hat, notwendig so dauernd wie den Krieg. Für die ungeheuren Lieferungen gibt Östreich obendrein nur Papier; und zwar erst in fünf Jahren zahlbar. Kein Mensch glaubt aber, daß, bei der starken Gegenrechnung, die ohne Zweifel der Kaiser machen wird, es wirklich jemals bezahlt werde. Nachdem wir seit so manchen Jahren durch Freund und Feind auf alle ersinnliche Weise gelitten, drückt uns also noch diese kostbare Hülfe der Östreicher, die uns von allen Drangsalen befreien sollte, mehr als alles andre; denn sehr viele Leute werden dadurch, mittelbar oder unmittelbar, vollends zugrunde gerichtet und jedes Land oder Ländchen, ohne Ausnahme, tief verschuldet. Die verarmten Privatpersonen werden sehn, ob und wie sie sich wieder erholen; unsre kleinen Staaten aber werden sich durchaus nicht retten können, als durch eine funfzig Jahre lang ununterbrochene höchste Anstrengung der öffentlichen Kräfte und durch eine höchst weise Verwaltung der öffentlichen Gelder.

Ein großer Teil der Bauern, und auch mancher Städter, ist allerdings durch den Krieg sehr reich geworden; er wird es mit jedem Tage mehr. Denn seit mehrern sehr gesegneten Jahren konnte jener seine Früchte und jedes Erzeugnis, bis auf ein einzelnes Ei herab, um einen unerhörten Preis verkaufen; und dieser, wenn er ein Gewerbe trieb, das auf den Krieg und auf die Bedürfnisse des Soldaten Bezug hatte, oder wenn er sonst von der traurigen Lage, worin seine meisten Mitbürger sich befinden, Gebrauch machen konnte, gewann in demselben Verhältnisse.* Viele Landleute insbesondre haben sich so sehr bereichert, daß nicht einmal die Requisitionen, die Kontributionen, die Plünderungen, die ewigen Vorspanne, der Verlust ihrer Geschirre, die Kriegslasten aller Art, selbst nicht die Seuche, die, seit dem verwichenen Sommer, wenigstens zwei Drittel unsers Viehbestandes hinweggerafft hat, ihnen sehr wehe taten. Aber der Staat wird dabei immer ärmer und verschuldeter; die Fürsten; die Staatsdiener, bei ihrem alten, außer alles Verhältnis getretenen Besoldungstarif; die Rentenierer, bei immer mehr sinkenden Zinsen; der größte Teil der Städter, der bloß von jenen lebt; so viele Fabrikarbeiter, die, vollends jetzt, halb verhungern; so viele Bauern, die nie etwas zu Markte bringen können; – diese so zahlreiche Klasse von Menschen verlor zeither in einem bejammernswürdigen Grade und sieht einer noch traurigern Zukunft entgegen. Denn ebendadurch, daß die andern durch den Krieg so beispiellos gewannen, und in ihren Händen sich nun alle die unermeßlichen Schätze befinden, die, mit allen Heeren der Koalition, auf einem, verhältnismäßig kleinen Punkte, zusammengeflossen sind, um hauptsächlich die Ufer des Rheines und des Maines vielleicht zu dem reichsten Flecke Europens zu machen; – ebendadurch wird wahrscheinlich dieser schnelle und ungeheure Erwerb bei vielen einem Platzregen ähnlich sein, der, gerade durch sein Übermaß, das Erdreich heftig zerschlägt, und, statt es belebend und befeuchtend zu durchdringen, nur schnell und verderbend darüber wegströmt. Luxus und Üppigkeit werden plötzlich überhandnehmen und auf die ohnehin geringe Sittlichkeit dieser Menschen höchst nachteilig wirken. Aber auch für die durch den Krieg verarmte Klasse muß es sehr üble Fol-

* Dadurch, daß seit einigen Jahren die meisten Kapitalschulden abgetragen worden, fielen die Zinsen sehr tief herab, und die Rentenierer würden sich jetzt in noch größerer Verlegenheit sehn, hätten nicht die preußischen, und insbesondere die östreichischen Anlehen (von den Anlehen kleinerer Staaten will ich nicht reden), die aber freilich unmittelbar darauf in die Hände der Bauern, der Wucherer und weniger andern, denen ebenfalls der Krieg Vorteil verschafft, zurückgeflossen sind, dem, in den Händen der Kapitalisten müßig gelegenen Gelde, wieder einigermaßen Luft gemacht.

gen haben; denn diese will und kann doch nicht überall zurückbleiben, und der alsdann notwendig erhöhete Preis aller Dinge wird mit ihrer nie oder doch nur wenig erhöheten Einnahme bei weitem nicht im gehörigen Verhältnisse stehn. Während daß sich so manche, und gerade die achtungswürdigsten Familien, nach und nach aufzehren; während daß sie der Teurung und des Elendes noch immer kein Ende sehn; während daß wirklich viele der Verzweiflung nahe sind; – sieht man schon jetzt viele Bauern, die, aus dem unsinnigsten Übermute, sich in den Wirtshäusern den kostbarsten Rheinwein geben lassen, Zitronensaft hineindrücken, den Wein nun wieder mit Zucker versüßen und dann ihren Konfekt in bäurischer Menge dareintunken.

Doch, ich will glauben, daß dies immer nur Ausnahmen sind; daß der Bauer, seiner gewohnten Lebensphilosophie gemäß, auch künftig gern bei seinem Geldsacke sitzen und wachen wird; auf alle Fälle ist er schuldenfrei. Allzu vieles Geld ist aber immer in den Händen allzu vieler sinnlichen Menschen, als daß nicht, unmittelbar nach dem Frieden, überall von ihnen Verschwendung und Üppigkeit ausgehn werde. Bei freier Schiffahrt, bei wohlfeilerer Fracht, müssen überdies die fremden Waren des Luxus beträchtlich im Preise fallen; und schon der Kontrast des Friedens mit dem Kriege, des lebhaftern Umlaufes aller Geschäfte mit ihrer jetzigen Stockung, des Überflusses in den Händen einzelner mit dem gegenwärtigen Elende; – alles das wird zu einem gewissen Freudentaumel hinreißen, der, wie jeder Taumel, üble Folgen hat für alle, und nicht bloß in Absicht unsrer Vermögensumstände, sondern mehr noch in Absicht unsrer Moralität. Bei unserm so höchst mangelhaften Volksunterrichte durch Prediger und Schulmeister; bei unsrer so verkehrten, hier und da recht unverantwortlichen, Behandlung der Untertanen von seiten ihrer Obern; bei der allgemeinen Vernachlässigung ihrer Bildung und Veredlung; bei dem daher so natürlichen Mangel an aller Selbstschätzung war unser Volk ohnehin sehr roh; jetzt vollends ist es durch Teurung, Elend, Gewinnsucht und Wucher so selbstsüchtig, niederträchtig und hartherzig geworden; durch den langen Anblick, und selbst durch die Erduldung so vieler Drangsale, Laster und Greuel des Krieges, und hauptsächlich auch durch die, vor einigen Jahren fast allgemeine, unmenschliche

Behandlung der fränkischen Gefangnen, und durch den gräßlichen Ton, der mit sichtbarem, wohl gar laut erklärtem, Wohlgefallen der Obrigkeiten, in den Zeitungen* und auf den Bierbänken, wie in den vornehmsten Assembleen, und von der Kanzel herab, herrschte; ward in ihm alles humanere Gefühl völlig abgestumpft und vernichtet. Nehmt, ihr Großen, euch nun in acht, daß die nämlichen, durch euch selbst noch tierischer gewordenen, Menschen sich nicht wenden und euch zerreißen! Luxus oder Elend mag sie nun künftig noch tiefer hinabdrücken und unbändiger machen, oder nicht; so sind die Aussichten immer höchst bedenklich: besonders in Absicht derjenigen zahlreichen Bürger und Bauern, die durch den Krieg noch ärmer geworden sind an Vermögen, als an Moralität. Auch auf diese fallen dereinst, bei unsrer so vernunft- und rechtwidrigen Staatswirtschaft, alle die schrecklichen Auflagen zur Tilgung der, während dieses Krieges soviel höher aufgeschwollenen Staatsschulden. Ich bin sehr begierig, zu sehn, was es gibt.

Alle unsre Fürsten, den Landgrafen von Hessen-Kassel und wenige andre ausgenommen, waren schon vor dem Kriege tief verschuldet; vor lauter unnötigen Bedürfnissen konnte

---

* Wenige Zeitungen zeichneten sich damals durch solche *Menschheitlästerungen* aus, wie die hiesige Reichspostzeitung und das Staatsristretto. Von 25 Millionen Bewohnern Frankreichs sprachen sie als von so vielen wütenden Hunden, die man um Gottes willen alle totschlagen müsse; wiewohl viele unsrer Landedelleute mit weit mehr Schonung und Liebe von ihrem Nächsten gesprochen haben würden. Der Krieg in den Niederlanden war den Zeitungsschreibern nichts mehr und nichts weniger als eine *Hasenjagd*, ein *Treibjagen*, durch die ein ganzes Volk von Gottes Erde weggetilgt werden sollte, und, ihren Berechnungen nach, auch wirklich weggetilgt ward. In den Bierhäusern mag das alles ganz vortrefflich gewesen sein, und solche Zeitungsschreiber, die einmal für diese hauptsächlich schreiben, mögen immer dem Geschmacke ihres Publikums nachgeben, besonders wenn ihnen sogar hohe Häupter ihren Beifall zunicken; ich habe gar nichts dagegen. Aber alles in der Welt hat doch seine Schranken; warum nicht auch die Wut unsrer Zeitungsschreiber? Sie stieg oft bis zum empörendsten Grade. Hier nur ein Beispiel. In Paris ward ehemals ein Schauspieler hingerichtet. Er fühlte tief, welch' ein ernster Schritt es sei, von der Bühne des Lebens abzutreten in das Grab, aus der Zeit in die Ewigkeit. Noch auf dem Schafotte bereute er demütig seine Verbrechen; er

man ja für die nötigen nicht sorgen! Sie selbst werden also zu der Tilgung der ungeheuren Staatsschulden, oder vielmehr nur der Interessen, nicht beitragen können; sie werden es nicht einmal wollen. Denn sie sind es nun einmal gewohnt, gewisse, und zwar gerade die kostspieligsten Dinge, als die unumgänglich notwendigsten zu treiben und mit sich treiben zu lassen. Zudem mußten sie, zu wiederholten Malen, durch eine sehr kostbare Flucht ihre geheiligten Personen in Sicherheit bringen; dadurch wurden natürlicherweise die fürstlichen Schulden, mit welchen schon vorher jeder kleine Graf, und die fast königlichen, mit welchen jeder Fürst ordentlich Staat trieb, um sehr vieles vermehrt; sie werden also ohnehin Mühe haben, um, wie sie meinen, durch äußern Glanz bei dem Volke das wiederzuerlangen, was dieses an innerer Ehrfurcht und Anhänglichkeit für sie verloren; sie werden darum den alten Prunk, das alte zahlreiche Hofpersonale usw. beibehalten wollen, besonders auch, weil sehr viele Leute dabei stark interessiert sind; sie werden doch sonst ihren Privatliebhabereien keinen Abbruch tun. Von dieser Seite ist also wenig Erleichterung für das Volk zu hoffen.

übergab seine Seele, unter lautem und brünstigem Gebete, in die Hände Gottes. Das alles erzählt der Zeitungsschreiber und setzt nun, nach seiner Meinung, sehr witzig hinzu: „Ein schönes Geschenk für die Gottheit!" – Diese abscheuliche Ferozität hat man, hier und in der ganzen Gegend, nicht allein auf den Bierbänken gebilligt und belacht; sogar an Höfen fand man das alles sehr gut und löblich; denn in den Augen dieser war es ein herrliches Antirevolutionsmittel mehr. Wenn aber etwas imstande war, das Volk gänzlich zu abbrutieren, so waren es Brutalitäten dieser Art; denn indem sie das Mitleid zernichteten, das das Volk, aus natürlichem Menschengefühl, dem verruchtesten Mörder bei dessen Hinrichtung noch schenket, zernichteten sie alle seine menschlichen und bürgerlichen Bande. Dem größten Philosophen traue ich nicht ganz, wenn er sein moralisches Gefühl nicht ebenso rein zu erhalten sucht, wie sein Denken, und nicht auf dessen leiseste Stimme merkt. Das Volk vollends, das nicht denkt, das nur nach dunkeln Ideen und Gefühlen, das nur nach einem gewissen Instinkte handelt, verliert ebendarum mit jenem moralischen Gefühle auch alle Moralität. Kannte man den Menschen so wenig, daß man nicht einmal aus Politik einen Weg vermied, der notwendig zum Verderben führt? –

Der Adel wird ebensowenig geneigt sein, von seinen, ihm so ehrwürdigen Vorrechten und seinem gewohnten Geflimmer etwas hinzugeben und zu den so dringenden Staatsbedürfnissen das Geringste beizutragen. Denn so gern er auch durch sein öfteres Flüchten mit den andern illustres fugitifs, mit den Fürsten, gemeinschaftliche Sache machte und dadurch seiner Eitelkeit eine ganze eigene Nahrung verschaffte, so ist er doch ebendadurch weit verschuldeter, als vorher. Er ist fast allgemein und völlig zugrunde gerichtet; desto stärker wird er sich jetzt auf die Heiligkeit und Unverletzbarkeit seiner papiernen Vorrechte stützen; er wird desto eher jeden Staatsbeitrag von sich ab- und auf den Bürger und Bauern wälzen wollen.

Und in katholischen Ländern wird vollends die Geistlichkeit behaupten, sie dürfe durchaus dem Himmel keines seiner (das heißt *ihrer*) Rechte vergeben; sie könne also durchaus an der Rettung des Landes keinen weltlichen Anteil nehmen; der ihrige beschränke sich daher billig nur auf ihren Segen, auf ihren geistlichen Zuspruch, auf ihre Ermahnungen des Volks, dem Willen der Obrigkeit und den Drangsalen der Welt als geduldige Schafe sich zu unterwerfen und, als solche, sich auch von ihnen, nach wie vor, scheren zu lassen. So fällt denn am Ende notwendig alle Last auf den Bürger und Landmann.

Aber der Bürger und Landmann ist nicht mehr, wie er war. Zwar braucht man von ihm so leicht keine Revolution um des Prinzips willen zu befürchten; Freiheit und Gleichheit sind ihm ganz gleichgültig; daß auch in ihm die Souveränität ruhen soll, das findet er zum allerwenigsten lächerlich; das Beispiel Frankreichs war bisher allerdings auch nicht sehr einladend. Aber sobald es das liebe Geld betrifft, versteht er keinen Spaß. Denn wenn er auch nicht denken kann, so kann er doch so ziemlich im Kopfe rechnen; und durch das Rechnen kommt er zum Denken, wie so mancher Finanzier. Gewiß, es müßte schon jetzt für jeden Fürsten und für jede obrigkeitliche Person sehr beunruhigend sein, wenn sie sich öfter und näher zu dem gemeinen Manne herabließen und ihn in seinen Gesinnungen und Äußerungen überall betrachteten und studierten. Manche Begriffe, selbst indem er, und mit großem Rechte, gegen die Franken höchst aufgebracht ist, haben, ohne daß er selbst es weiß, unterdessen nach und nach in seinem Gehirne Platz genommen und befestigen sich immer mehr darin. Und da man die Unvorsichtigkeit, oder vielmehr die sehr falsche Politik gehabt, ihnen alle Ereignisse der Revolution unablässig von der gehässigsten und abscheulichsten Seite vorzustellen, in der frommen Absicht, sie von ähnlichen Aufwallungen abzuschrecken; so sieht er, nach dem zeitherigen Gange der Dinge, nun selbst ein, daß ihm vieles in einem falschen Lichte gezeigt worden; er glaubt nicht mehr das Nachteilige, wenn es gleich nur allzuoft und allzusehr wahr ist; er glaubt, der Himmel habe sich gar zu sichtbar und nachdrücklich für die Sache der Franken erklärt; er findet, vor lauter vertrauter Bekanntschaft mit den Greueln der Revolution, die Greuel nicht mehr so verabscheuungswürdig. Die Enthauptung des unglücklichen Königes dienet zum Beispiel. Unmittelbar nachher geschah niemandem Einhalt; alles ward vielmehr, laut oder stillschweigend, aufgefodert, immer und ewig, und nie ohne die schrecklichsten Imprekationen, nicht allein gegen seine Richter, sondern gegen das ganze Volk, von diesem Morde zu sprechen; man litt es sogar, daß unser gemeiner Mann die Abbildung desselben in jedem Kalender, sauber in Holz geschnitten, fand. Ebenso die Hinrichtung der Königin. Aber man bewies auch hier wieder so wenig Menschenkenntnis, und ebendaher so wenige Berechnungskunst, wie während der ganzen Revolution. Es sollte ihn von ähnlichen Greueln abschrekken, und man brachte ihn dadurch erst auf die Gedanken; die *Möglichkeit*, einen König bloß als einen Menschen zu betrachten und ihn, nach Befinden, hinzurichten, ward ihm dadurch recht anschaulich gemacht; er *gewöhnte* sich an diese schreckliche Idee: und was braucht der gemeine Mann, was brauchen überhaupt die Menschen mehr, um jedes Unternehmens fähig zu sein, als daß es einmal gewagt worden; daß sie sich's oft gedacht haben? Doch, damit will ich keinesweges behaupten, daß unser Volk fähig, oder gar geneigt sei, ähnlich-schreckliche Schritte zu wagen; sie liegen zu weit außer seiner Denkweise und seinem Charakter. Aber Eins ist doch schon sehr sichtbar: er hat durch diese vertraute Bekanntschaft mit den Gewaltsamkeiten der Revolution selbst gegen solche Personen, die er vorher als Wesen höherer Art betrachtete, sehr an Respekt und Anhänglichkeit verloren; die Quelle aller bürgerlichen Übel sucht er in seiner Obrigkeit; das Gute, das von ihr ausfließt, sieht er als Pflicht an, auf die er ein vollkommenes Recht habe, und nicht mehr als eine Wohltat, die man ihm, nach Willkür, erzeigen oder versagen könne; der Krieg vollends drückt alle, selbst den, der durch ihn gewinnt; denn der Gewinn ist, in seinen Augen, sein natürliches Eigentum, der Druck eine sehr lästige, entbehrliche, nicht notwendig damit verbundene Sache, die ihm bloß durch die Fürsten zugezogen worden, indem sie teil an diesem Kriege genommen. In den Residenzen verhält es sich indes größtenteils anders. Man kennt den Fürsten mit allen seinen Großen dort schon persönlicher; man ist dort schon eitler; man zieht dort, unmittelbar und beinahe ausschließlich, Vorteil von ihrer Existenz und ihrem Aufwande; man spannet ihnen noch dort zuweilen, wenn sie von ihrer Flucht zurückkommen und es der Grundsuppe des Pöbels geschickt an Handen gegeben wird, die Pferde aus, und Menschen schirren sich, statt ihrer, ein, die ebendadurch, daß sie dies ehrenvolle, dies selbstachtende Geschäft übernehmen, hinreichend beweisen, sie seien dessen vollkommen würdig.

Sollten, wie es wohl unvermeidlich ist, künftig die Steuern wirklich sehr erhöht werden, so überlegen die Untertanen dann erst recht, wer den Krieg denn eigentlich gewollt hat; sie werden alles das, was sie durch ihn gelitten, hauptsächlich den Verlust ihrer Söhne, die in der Verteidigung unserer Freiheit gefallen sind, in Anschlag bringen, und die Obrigkeit eines jeden Landes hat so wenig Ansehn mehr! Kein Heer, wie jetzt noch das östreichische, beschäftiget alsdann mehr mit seinen Taten ihren Tadel oder ihre Bewundrung und gibt dadurch ihren Gedanken eine unschädlichere Richtung; kein Heer hält alsdann mehr die geringste Volksaufwallung im Zaume; der Eigennutz ist alsdann noch immer zwar der einzige, aber auch ein desto kräftigerer Hebel, wo nicht zur Empörung, doch zu partiellen Unruhen; und diese sind immer höchst schädlich und traurig, für die Obrigkeit, wie für die Untertanen. In Einem Falle nur ist den Fürsten der Friede minder gefährlich als der Krieg; wenn sie sich schon jetzt einen weit umfassenden und festen Plan entwerfen, wie sie ihre und des Staats Ausgaben und Einnahmen in ein richtiges Verhältnis setzen und wie

sie hauptsächlich das Volk nach solchen Grundsätzen beherrschen, die mit seinen gemeinsamen Rechten und Bedürfnissen, die mit der öffentlichen Vernunft möglichst
übereinstimmen und seine Veredlung und Glückseligkeit
gar viel wahrhafter und wirksamer befördern, als es leider!
bisher der Fall war. So, und nur so wird es ihnen möglich
sein, gewaltsamen Ereignissen vorzubeugen, die von jeder
größern oder kleinern Revolution fast unzertrennbar sind;
sie werden alsdann eine andere und unendlich bessere bewirken, die, ohne daß sie das Blut und Elend vieler Tausende kostete, für die Menschheit, und ebendarum für die
Fürsten selbst, höchst wohltätig ist. Und welcher unter ihnen wird eine *solche* Revolution geringschätzen und ver-
nachlässigen oder ihr gar machiavellistisch entgegenarbeiten wollen? Nur der, dem es an Einsicht fehlt; an Charakter,
an Menschenliebe; und an tiefem Gefühl seiner Würde, seiner Bestimmung und seiner unerläßlichen Pflicht.
In diesem Falle muß es aber schleunig Friede werden.
Kommt es noch zu einem einzigen Feldzuge, so stehe ich
für nichts; so bricht es, fürchte ich, bald los. Am Ende
kennt die Verzweiflung kein Gesetz, keine Schranken. Man
weiß es ja, wie der gemeine Mann ist; der letzte, der ihn
drückt, ist ihm immer der gehässigste und verwischt in ihm
den Eindruck gegen seine vorherigen Dränger. – Hätten
die Östreicher im Spätherbste Frieden gemacht, so wurden
und blieben sie vergöttert: denn man betrachtete sie fast allgemein als unsre Retter; man bedachte nicht, daß der Krieg
durch den Rückzug der Franken nur verlängert würde, und
unser Elend mit ihm. Aber dieser schöne Zeitpunkt für die
Östreicher ist vorbei und kommt so leicht nicht wieder.
Über unsre gegenwärtigen Drangsale vergessen wir allmählich die größern Bedrängnisse von seiten der Franken; wir
finden es befremdend und drückend, daß wir, die wir so
zum Kriege gekommen sind, wie jener zur Ohrfeige, uns
jetzt von unsern Freunden und Rettern tausendfältige Requisitionen und, was das traurigste ist, die Verheerung unserer Wälder gegen Papier, gegen nichts, gefallen lassen
müssen; es steigt uns doch allmählich zu Kopfe, daß gerade
diese lieben Freunde und Retter uns jetzo hindern, uns in
die so wohltätige Neutralitätslinie, unter dem Schutze des
Königs von Preußen, einschließen zu lassen; die Haare stei-

gen uns vollends zu Berge, wenn wir es uns denken, daß die Franken, binnen kurzer Zeit, wieder bei uns sein werden, insofern der Kaiser noch immer darauf beharrt, sein Interesse nicht vom Interesse Englands zu trennen, und wir sonach noch den einzigen unglücklichen Fleck darbieten müssen, auf dem sich die Heere, wir wissen selbst nicht recht mehr, warum? herumbalgen. Denn wir haben uns ja schon ganz geduldig in den Gedanken ergeben, daß das linke Rheinufer vielleicht an Frankreich kommen und Deutschland dadurch sehr geschmälert werde; wir begreifen auch, auf der andern Seite, ganz gut, daß in diesem Falle die Schiffahrt auf dem Rheine frei und dadurch unsre Indüstrie und unser Handel in hohem Grade belebt und ausgedehnt werde. Je länger unsre Freunde bei uns sind, desto mehr werden wir ihrer müde; und halten die Franken, bei ihrem allenfalsigen Vorrücken, nur halbweg Ordnung und Mannszucht, und fordern sie nur das, was sie notwendig haben müssen, so werden ihnen unsre Bauern keine Schwierigkeiten in den Weg legen; sie werden, ungeachtet sie auch ihnen gerne wieder recht bald auf den Rücken sähen, ihrer Ankunft sich vielmehr freuen; denn sie betrachten dies als das einzige Mittel, den Frieden zu befördern.

Doch mit ihrem Widerstande gegen die Franken hätte es überhaupt wohl keine große Bedeutung gehabt. Partiell kommt dabei nichts heraus, und zu einer allgemeinen Bewaffnung haben wir zuwenig Zusammenhang untereinander; zuwenig Gemeingeist; zuwenig Stoff in unsrer Verfassung, und wirklich auch zuwenig Mut; denn wir haben zuwenig Reizbarkeit, und unser gepriesener deutscher kalter Mut ist zwar ein schönes Ding, ich habe ihn aber noch wenig bemerkt. Vor dem Kriege hielt ich unsre Nation für die kriegerischeste; ich dachte mir soviel Helden als aufgepflanzte Bajonette; jetzt bin ich von diesem Glauben zurückgekommen. Der Deutsche hängt überall zu sehr am Gewohnten, am Förmlichen. Er ist deswegen ein vortrefflicher Soldat auf dem Paradeplatze, und auch im Kriege, wenn er einmal eingeschossen ist und gut geführt wird. Aber durch das viele Unwesentliche; durch die oft erniedrigende Subordination; durch die vielen militärischen Pedantereien; dadurch, daß wir auch hier weniger auf den Geist sehn als auf das Äußere; daß der Geist, wie der Körper, geknebelt und verschoben, und er zu jedem schönen Aufschwung gelähmt wird; vergessen wir überall das Wesentliche, vergessen wir über die Mittel den Zweck; und unsre Nation hat bei weitem nicht den kriegerischen Charakter, den sie haben könnte.

Hätten Jourdan und Moreau den deutschen Nationalcharakter besser gekannt, sie hätten in ihrem Rücken keine deutsche Vendée befürchtet; sie hätten mit wenigen Tirailleurs das Volk im Zaume gehalten; sie hätten sich nicht so weit zurückgezogen. Denn was war es doch am Ende, was man alles vom Aufstande der Bauern durch ganz Süddeutschland ausposaunte? Sie haben in dem Spessart, im Vogelberge, im Schwarzwalde etc. einzelne Franken totgeschlagen, einzelne Marketender beraubt, einzelne Kommissäre und Kuriere aufgefangen; aber nie, selbst da, wo man sie östreichischerseits dazu auffoderte, wollten sie in Masse und im freien Felde fechten. Und was ihr Hauptzweck war, worin er wenigstens unmittelbar ausartete, war kein andrer als – Plündern. Um zu plündern, mordeten sie die einzelnen Franken; um zu plündern, drangen sie mit den Östreichern unter andern in Bruchsal ein und nötigten diese, sie mit dem Bajonette schnell wieder hinauszutreiben; um zu plündern, verließen sie Haus und Hof und zogen aus einem Lande in das andre; um zu plündern, trieben sie an vielen Orten noch mehrere Wochen nachher, als die Franken schon wieder weit über die Lahn zurück waren, förmlichen Straßenraub! Solche erbauliche Aussichten hat der menschenfreundliche Philosoph bei einer allenfalsigen gewaltsamen Revolution! So aufgeklärt und edel denkt und handelt die große Masse unsers Volks! So sehr haben wir Ursache, uns, den Franken gegenüber, auf unsre größere Moralität viel zugute zu tun! Gott bewahre uns vor ähnlichen Krämpfen der Revolution! Wir zeigten uns sicherlich noch von einer schlechtern Seite; wir behaupteten nicht einmal mehr öffentliche Ehre und öffentliche Vernunft.

Dieser Mangel an Mut, Kraft und konsequenter Entschlossenheit äußerte sich gleich zu Anfange des Krieges. Die Deutschen hatten keinen Sinn für die Franken und ihre Sache; sie betrachteten und schilderten sie unablässig als die verabscheuungswürdigsten Mordbrenner, Schänder, Königsmörder, Räuber, Kannibalen; als die Auswürfe der

Hölle; als die Zerstörer aller Religion und aller gesellschaftlichen Ordnung und Glückseligkeit; sie schlossen sich mit
ihren Reden und mit ihrer Verfolgung billigerer Männer an
die Großen der Erde und an die Geistlichkeit fester an; alles das war ihrer Überzeugung gemäß; ich habe auch dawi-
der nichts. Aber das glaubte ich doch erwarten zu dürfen,
daß meine Landsleute auch konsequent handelten; daß, sobald die Franken wieder dem Rheine näher kommen würden, alle in einer Masse sich erhüben; alle zu den Waffen,
zu den Sensen, zu den Heugabeln liefen, um den Thron
und den Altar, und hauptsächlich, um ihr Eigentum, ihre
Weiber, ihre Kinder und ihre Hütten vor den schrecklichen
Mißhandlungen solcher abscheulichen Menschen, wie die
Franken damals geschildert wurden, zu sichern oder wenigstens mit den Ihrigen umzukommen. Aber von dem allen
war, bei jedesmaliger wirklicher Gefahr, keine Rede mehr;
alles floh oder bückte sich ängstlich und geduldig. Aber
freilich, kaum zogen sich die Franken nur um einige Meilen
wieder zurück, so erwachte unser ganzer Mut und unser
ganzer Grimm; wir erhuben uns nun erst wieder in Masse,
um – zu schimpfen. Auch im vorigen Sommer ließen sich
deswegen noch unsre Bauern das schändliche Verfahren
vieler Franken mit aller Resignation, die einen Grundzug
unsers Charakters auszumachen scheint, gefallen; ungeachtet dies Verfahren, sosehr es auch, in Absicht seiner Allgemeinheit, übertrieben geschildert worden, an vielen Orten
höchst arg und empörend war. Sogar bei Plünderung und
Notzucht äußerten unsre Bauern alle erwünschte Unterwerfung. Eins bezeichnet sie vorzüglich. Als die Franken,
durch weiteres Vordringen, die hiesige Gegend verlassen
hatten und der erste Schrecken vorüber war, trafen sich
nach und nach die Männer entehrter Frauen wieder in den
Wirtshäusern. Sie erkundigten sich dann gegenseitig nach
der Notzüchtigung ihrer Weiber; wie man sich nach einem
überstandenen Schnupfen erkundigt. – Wie ist es, Hans;
hat man auch eure Frau genotzüchtigt? – Freilich, Peter;
aber mein, was will man machen? –
Doch, die jungen Mädchen und Frauen klagten bei weitem
nicht so sehr über Mißhandlungen dieser Art, als die alten.
Es war wahrhaft komisch, damals die abgelebtesten, häß-
lichsten, lumpigsten, zahnlosesten und abschreckendsten

Bettelweiber zu hören. Sie jammerten über die entsetzlichen Zumutungen und Gewaltsamkeiten der fränkischen Soldaten, aber sie versicherten zugleich mit Stolz und Würde, daß, ungeachtet Dränger und Bedrängte durch wörtliche Vorstellungen sich einander nicht verständlich machen konnten, sie bloß durch Gewalt Gewalt abtrieben; daß sie, die schwachen Gefäße, dies getan, währenddem die östreichischen Heere so stark und glücklich nicht waren! Diese alten Weiber mußten natürlicherweise dadurch ein sehr süßes Bewußtsein haben; es äußerte sich in allen ihren Reden, und im Grunde wird ihnen jeder, der billig denkt, Glück wünschen, daß ihnen in ihrem hohen Alter noch das seltene Glück ward, der weiblichen Jugend nicht allein Züchtigkeit und Keuschheit zu predigen, sondern hierin mit ihrem eigenen Beispiele heldenmütig vorzugehn. Ich, für mein Teil, halte einmal diese Periode für ihre schönste seit vielen Jahren, und vielleicht wünschen sie selbst sie wieder zurück. –

Immer war das Betragen vieler Franken abscheulich, und vieles davon fällt auf die Chefs zurück, denn wenngleich nicht alle Soldaten Anteil daran hatten, so war es doch bei weitem zu allgemein, als daß man es für Ausnahmen von der Regel halten und es nicht größtenteils den Generalen und ihrer schlechten Aufsicht zuschreiben könnte. Doch war eine Division zügelloser als die andere; die Lefebvrische, als Avantgarde, war vielleicht die schlimmste; die Greniersche hingegen, weil sie im Zentrum stand und ihr folglich das Hauptquartier des Généráls en Chef immer nahe war, die beste. Ich habe mir Mühe gegeben, mich nach der Quelle dieser Zügellosigkeit in der Sambre- und Maasarmee genau zu erkundigen; von der Rhein- und Moselarmee lauteten die Nachrichten ebenfalls sehr kläglich und hatten ohne Zweifel den nämlichen Grund. Ich glaube sie in folgendem gefunden zu haben.

Einmal sind, wie Rousseau bemerkt, die Kriege der Republiken immer grausamer, als die der monarchischen Staaten. Das Prinzip der Republik beruht auf dem freien und unendlichen Spielraume aller Kräfte eines jeden Individuums, der aber ebendarum, weil er das Eigentum eines jeden unter ihnen ist, die Grenze des Rechts und der bürgerlichen Freiheit erhält. Gegenüber ihren Feinden aber sieht sich ihre moralische Kraft unbeschränkt und äußert sich also desto stärker, leidenschaftlicher und härter. Der monarchische Soldat hatte sich immer nur als Maschine betrachtet; er geht darum auch jetzt noch geduldiger und geordneter nach dem Willen des Künstlers.

Zweitens: Bei dem monarchischen Soldaten finden viele Abstufungen, bei Bestrafung seiner Verbrechen, statt; der fränkische kommt nur in Arrest oder wird erschossen. Aber wie viele Fehler, hauptsächlich der Disziplin in Feindesland, gibt es nicht, die bei weitem zuwenig bestraft sind durch den Arrest; bei weitem zu stark, zu revoltant für alle übrigen Soldaten, durch den Tod; besonders wenn das Übel einmal sehr eingerissen ist und der Soldat ohnehin es müde wird, jetzt, da Frankreich und seine republikanische Verfassung gesichert ist, noch fortzukriegen, bloß um zu erobern. Bei dem deutschen Soldaten hingegen steht dem Offiziere alles zur Disposition, besonders der Buckel; darauf kann es, nach Befinden und Willkür, Prügel regnen, oder Fuchtel und Ruten. Bei allem, was der deutsche Soldat Böses tun will, schwebt auch immer schon vor seinem Geiste einer dieser mächtigen Hebel seiner Moralität. Der fränkische Soldat aber kennt dergleichen nicht: denn wenn es auch zuweilen geschieht, daß sein Offizier ihn beim Plündern ertappt und mit der platten Säbelklinge ihm einige Hiebe versetzt, so sieht jener dies nicht sowohl für eine Bestrafung an, als für einen Ausbruch des Unwillens und des Eifers, dem er sich nicht widersetzt, bloß weil es doch sein Offizier ist; ihn schlägt auch noch, außer der Säbelklinge, sein Gewissen.

Drittens: Der fränkische Soldat ist sehr verwildert; er ist, gegen das, was er im Jahre 1792 war, kaum mehr erkennbar. Und ist dies ein Wunder? oder vielmehr, wäre es, billig davon zu urteilen, nicht ein größeres Wunder, wenn er nicht so verwildert wäre? Welch ein Krieg! Welche Feldzüge! Welche Erschütterungen des Reichs und fast jeder einzelnen Familie im Innern, die auf ihn die nächste Beziehung hatten! Läßt sich von einem jungen Menschen (denn sie sind, fast ohne Ausnahme, unter 30 Jahre alt) erwarten, daß er, der sich unaufhörlich über alles hinwegsetzen mußte, über Hunger und Durst, Entblößung, Frost, Schmerzen, Krankheiten, Gefahr des Leibes und Lebens, über den Tod seiner liebsten Verwandten und, in der Vendée insbesondre, über alles menschliche Gefühl; läßt sich, und darf man, ohne die größte Unbilligkeit, erwarten, daß er, mitten in seiner furie françoise, und bei der ganzen Reizbarkeit und Lebhaftigkeit seiner Imagination, seiner Sinnlichkeit und seiner Tätigkeit, in Feindesland ganz geordnet und schonend sei? Bei der großen Umwälzung und Sichtung aller seiner moralischen und religiösen, wie seiner politischen Begriffe; bei dieser allgemeinen Entsagung und Verspottung alles Positiven, das noch das einzige, schwache Band der übrigen Völker ist, mußten sich manche dieser Begriffe ziemlich chaotisch vermengen, unbestimmt werden, manche mußten sich gar gänzlich verwischen; läßt sich's da noch erwarten, daß er, der außerdem noch allem Trotz bieten, die höchsten und steilsten Berge, wie eine Gemse, erklettern muß und gegen die Kartätschen übereinandergetürmter Batterieen, durch tiefe und reißende Flüsse sorglos badet und schwimmt, nun mitten im wilden kühnen Laufe vor der moralischen Linie des Rechts und der Menschlichkeit plötzlich und respektvoll stehnbleiben werde? Er, der nichts hat; der auf alle Bedürfnisse der Ruhe, der Sicherheit und des Besserlebens so lange Verzicht getan: er sieht nicht so recht mehr ein, daß der Bauer, der zeither ganz ruhig hinter seinem Ofen gesessen, gerade das, was er ihm nimmt, notwendig behalten müsse; denn der Begriff des Mein und Dein steht in seinem Gehirne nicht mehr lebhaft und scharf abgesondert. O, welch ein zerstörendes Ungeheuer ist, in jeder Rücksicht, der Krieg!

Viertens: Während daß Schrecken und Hunger in Frankreich wüteten, litten seine Heere eben keinen Mangel; darum hatten sie auch immer verhältnismäßig wenig Kranke. Eine der Hauptursachen war wohl diese: die Soldaten bekamen täglich Wein. Überdies führten sie den Krieg größtenteils in Ländern, wo sie ihn in Menge fanden. Dadurch gewöhnten sie sich aber sehr ans Trinken, und wiewohl ich gerade nicht viele sah, die sehr betrunken waren, so beweiset das nur, daß sie viel vertragen können; immer bedürfen sie viel; immer ist es für ihr Vaterland traurig, bald eine große Menge junger Leute wieder zurückzuerhalten, die mehr oder weniger Neigung zum Trunke haben. Schon jetzt hat diese unglückliche Neigung eine sehr üble Folge. Sie müssen trinken; für Brot, Fleisch und Kleidung wird in der Regel sehr gut gesorgt, sie bekommen auch überdies noch täglich ihren Branntwein; aber das letztere ist bei weitem nicht hinreichend. Wein wollen sie trinken zu allen Tageszeiten; um Wein zu bekommen, verkaufen viele die Schuhe von den Füßen; um Wein zu bekommen, plündern sie. Je länger der unselige Krieg dauert, desto nachteiliger wirkt er auf alles.

Fünftens: Der fränkische Soldat litt hauptsächlich durch das Papiergeld, und wenn etwas das Gewissen Pitts erschüttern, wenn, noch nach seinem Tode, in einer andern Reihe der Dinge, ihn etwas peinigen muß, so ist es sicher das Bewußtsein, durch seine abscheulichen Maschinationen unter andern das bewirkt zu haben, daß, trotz alles Entgegenstrebens der fränkischen Machthaber, das Papiergeld immer tiefer sank und nun gänzlich zernichtet ist. Sie hatten die schrecklichsten Folgen auf die Verarmung, auf das Elend, und, was bei weitem das bejammernswürdigste ist, auf die Unmoralität eines großen Teiles der fränkischen Nation: denn sie erweckten und beförderten immer mehr den Wucher, das Agiotieren, die schnelle, unmäßige Bereicherung weniger und, notgedrungen, auch in den übrigen die Gier nach Geld; überall bahnten sie lockend den Weg zum Betrug, zur Unmenschlichkeit und zum entsetzlichsten Egoismus. Aber keine andere Nation sehe jetzt stolz auf die fränkische herab: unter gleichen Umständen wäre sie nicht besser, vielleicht noch schlechter. Der Menschenfreund bejammere vielmehr diese moralische Vergiftung vieler kommenden Geschlechter und beneide nicht den entsetzlichen Mann, von dem sie, wie das Aushungerungssystem, satanisch-konsequent ausgeflossen. Auch auf den fränkischen Soldaten wirkten sie sehr nachteilig, und ebendadurch auch auf unsre unglückseligen Gegenden: denn wohin reicht nicht Englands selbstsüchtiger und zerstörender Arm? Seit mehrern Jahren stand der fränkische Soldat auf fremdem Gebiete; er bekam immer nur Papier, und niemand wollte sein Papier. Er war zwar meistens gut genährt, aber der Mensch, besonders der reizbarere, größtenteils an ein besseres Leben gewöhnte Franke, bedarf mehr als Fleisch und Brot; er litt über alle Begriffe durch den täglich größern Unwert seines Soldes; es kam endlich so weit, daß er jenseit des Rheins beinahe auf die Kniee sank, wenn er eines Laubtalers nur ansichtig ward. Unterdessen er auch hierin eine beispiellose Geduld, Standhaftigkeit und Anhänglichkeit an die Sache seines Vaterlandes bewies und die Bewunderung und Achtung der Nachwelt verdiente, tröstete man ihn stets mit bessern Zeiten diesseit des Rheins. Geld hoffte er alsdann endlich zu bekommen, und auf dem Wege rechtens sah er sich getäuscht. – Von der ganzen Kontribution, die unsrer Stadt angesetzt wurde, auf deren Eroberung er sich seit so langer Zeit, als des Zieles aller seiner Leiden, seiner Arbeit und seiner Wünsche, gefreut hatte, floß auch nicht *ein* Heller in seine Tasche. Das machte ihn immer ärgerlicher, und er glaubte sich zu allem berechtigt, was er in der Folge tat.

Sechstens: Er achtet überhaupt den Deutschen nicht. „Les allemands" denkt er, und sagt es auch wohl, „sont des bêtes, des animaux." Während der ganzen Revolution verriet der Deutsche eine sehr heterogene Denkart und blieb auf einer Stufe stehn, auf die notwendig der Franke, unter seinen Umständen, herabsehn mußte. Hierzu kam das barbarische Betragen vieler deutschen Soldaten in Frankreich; der Anteil, den doch auch, wenigstens stillschweigend, die deutsche Nation an dem frommen Aushungerungssysteme genommen; und das ehemalige Benehmen der Einwohner gegen die Franken in Deutschland, besonders bei ihrem Rückzuge im Herbste 1795. Ihr größtes Schimpfwort im verwichenen Sommer war: „du Bau-er!" – Die Verschiedenheit der Sprache ist noch ein großes Hindernis, sich einander mitzuteilen; und dann hat auch der deutsche Bauer eine Langsamkeit der Begriffe und des Handels, eine Bockbeinheit, wie man es hier nennt, die den reizbaren, schnellen und gewandten Franken zur Ungeduld, und zum beleidigenden Gefühle seiner Superiorität, hinreißt. Wenn man z. B. ihre Kommissäre arbeiten sieht, so ist einem unmöglich, dieser Klasse der verworfensten Menschen, wegen der Besonnenheit und Fertigkeit, womit sie alle, selbst die verwickeltesten, Geschäfte betreiben, einen gewissen Grad von Achtung zu verweigern und sich selbst zu sagen, daß man *hierin* sehr unter ihnen stehe. Aber wie verachtungswürdig und wie tief stehen sie hinwiederum, durch ihre Verderbtheit, unter dem gewöhnlichsten Menschen! Denn

Siebentens, in ihnen liegt noch eine Hauptquelle aller der Übel, die die Armeen der Republik, und alle die Länder, wodurch jene kommen, getroffen. Es ist unglaublich, in welchem Grade und mit welcher Schamlosigkeit und Insolenz diese Unmenschen alles berauben; die Republik, die Armeen, die fremden Staaten und deren Einwohner. Entweder muß das Übel allzuweit verbreitet und allzutief eingewurzelt sein, oder, was noch gar viel trauriger wäre, es reichet zu weit hinauf; sonst wäre es nicht möglich, daß man ihnen ein so freies Spiel ließe. Da sie einen, unmittelbar von der Regierung abhängigen, besondern Körper ausmachen; da jeder von ihnen schon einen bedeutenden Rang hat (der Kommissär hat Hauptmannsrang, und der commissaire ordonnateur général den Rang eines général de division oder, was dasselbe ist, eines Generalleutnants); so können sie desto mehr treiben, was sie wollen, und der Général en Chef hängt, gewissermaßen, von ihnen ab. Ihre Insolenz geht daher so weit, daß sie, im Angesichte der, an so vielem Mangel leidenden Offiziere und Soldaten, den empörendsten Luxus treiben: und diese letztern, die allmählich vom vaterlandverteidigenden Bürger zum bloßen erobernden Soldaten herabsinken, stehen in einer ehrfurchtsvollen Entfernung gegenüber dem Kommissär. – Dieses beweiset so gut, wie irgend etwas anders, daß der fränkische Krieger an innerem Werte und Gefühle verloren hat, wenngleich sein militärisches Bewußtsein und point d'honneur immer zunimmt. Aber eine große Ursache, weswegen man den Kommissären nicht wohl zu Leibe gehen kann, liegt abermal in dem Papiergelde. Jeder unter ihnen hat nämlich, außer einem ganzen Pack Mandaten, die ihm zu nichts dienen, trotz seines Hauptmannsrangs, monatlich nur einen Louisdor. Heißt das nicht, ihm deutlich sagen, er solle stehlen?

Achtens: Mehr aber noch, als der Soldat, leidet der Offizier, und es werden Franken dazu erfodert, um es auszuhalten. Er bekommt schlechtes Tuch zum Kleide, sein Brot und sein Fleisch und, wenn er wirklicher Hauptmann ist, monatlich einen Louisdor in Gelde. Er leidet, da er noch so viele Bedürfnisse davon bestreiten müßte, wahren Mangel. Bei Plünderungen der Soldaten muß er schon ein Auge zutun: denn wie oft muß er sich von ihnen etwas Gestohlenes mitteilen lassen, um nur seinen Hunger zu stillen! Ist er auch der Sohn wohlhabender Eltern, so werden es diese nachgerade müde, ihm immer und ewig Geld nachzuschicken; und ward er auch, wie man häufig findet, bloß um seiner Bravour und seiner Routine willen vom Gemeinen zum Offizier befördert, so hat er in der Regel nicht die beste Erziehung erhalten, die Umstände müssen auf ihn noch nachteiliger wirken, und er macht schon leichter mit den verwilderten Soldaten, seinen ehemaligen Kameraden, gemeinschaftliche Sache.

Neuntens: Da die fränkischen Soldaten alle ersinnlichen Mühseligkeiten ertragen und ihre Moral ebendadurch in manchen Punkten noch laxer geworden, so ist es desto begreiflicher, daß sie das Plündern als eine geringe Vergütung ansehen, für alles, was sie tun und dulden. In einer gewissen Stadt, wie mir von den glaubwürdigsten Personen versichert worden, befanden sich mehrere fränkische Sauvegarden; es waren vortreffliche Leute, voll Verstand, Gewandtheit im Denken und Handeln, Gutmütigkeit und Ehrlichkeit; man war so außerordentlich wohl mit ihnen zufrieden, daß man nie die geringste Klage gegen sie hörte. Zur Zeit, als die Franken ihre schnellen Vorschritte machten, und die Östreicher in beispielloser Anzahl zu ihnen übergingen, kamen eines Tages sehr viele von jenen durch die erwähnte Stadt, und einer der Sauvegarden wurde gefragt, wie es doch komme, daß die Östreicher so sehr desertierten? „Comment voulez-vous qu'ils restent?" antwortete er; „ça est mal payé, ça n'ose pas piller": Plündern (*„Grip"*, wie die fränkischen Soldaten es allgemein ausdrücken) rechnete er sonach ungefähr für die Sporteln, für das nefas. Viele Juristen werden es ihm verzeihen. –

Zehntens: Überhaupt ist es erschrecklich, der ersten Wut solcher jungen, feurigen, aufbrausenden und verwilderten Leute ausgesetzt zu sein; aber ist diese einmal vorüber, waren sie nur eine Nacht im Hause, dann kann man wieder an ihre Menschlichkeit appellieren, dann haben sie wieder einen Takt, eine Bravheit, eine Großherzigkeit, eine Kultur, einen Geist, der sie zum ersten Volke der Erde macht. Aber da sie so sehr reizbar sind; da sie so erstaunend viel Imagination haben; da ebendarum ihre Bedürfnisse weit größer sind; da sie überall äußere Schranken weniger erkennen und achten: so ist ihr erster Schock sehr fürchterlich. Ihre Wiederkunft wäre daher immer ein neues, großes Unglück für unsre Gegenden, bei welchem niemand gleichgültig sein kann, als wer seinen Nebenmenschen nicht liebt.

Vielleicht halten sie, belehrt durch die schreckliche Erfahrung, künftig bessere Mannszucht; sie wird desto leichter einzuführen sein, da alle fränkischen Soldaten, bei ihrem Rückzuge, es sichtbar selbst fühlten, daß eine gerechte Strafe sie treffe. Aber treiben sie es wieder wie vorher, da sie, bei noch schlechtern Finanzen, noch schlechter bezahlt und versorgt werden; so ist es eine höchst traurige Alternative, entweder die herabwürdigendsten Mißhandlungen feigherzig zu dulden, um wenigstens das Leben zu retten, oder, da es, bei der Beschränktheit unsrer Kräfte, unsrer Grenze und vorzüglich unsers Gemeingeistes, durchaus zu keinem allgemeinen Aufstande und einer imposanten Gegenwehr kommen kann, sich männlicher, aber fruchtlos zu widersetzen, damit hier und da ein einzelner Ort das Opfer seiner allerdings gerechten aber ohnmächtigen Indignation werde und alles ein Raub des vergeltenden Schwertes und der strafenden Flamme.*

Gedankt sei es dem Benehmen unsers Magistrates, wir sind noch diesmal mit einer starken Aderlaß oder, wie man im gemeinen Leben sagt, so mit einem blauen Auge davongekommen. Aber sind wir nun damit aus aller Gefahr? O, mich ergreift zuweilen ein empörendes Gefühl, wenn ich mir es denke, daß meine so glückliche Vaterstadt, die kaum der Zernichtung entronnen ist, noch immer alles fürchten müsse, bloß weil unsre Fürsten, die in jedem östreichischen Korporal schon den Kaiser sehen, es nicht wagten, unter dem Schutze und der Garantie eines mächtigen Königs die Wohltaten der Neutralität, deren sich nun der größte Teil Deutschlands erfreut, auch unsern Gegenden zu verschaffen, damit in diesem Jahre der Krieg einzig in Italien geführt würde, oder im Monde, nur nicht mehr bei uns.

---

* Wie z. B. das Städtchen *Lißberg*, im darmstädtischen Anteile des Vogelberges.

Der Herausgeber an seine Leser

[Vierter Band. Zwölftes Stück, Nr. IX, S. 371–374]

In vollem Vertrauen auf den tätigen Beistand vieler erfahrner und verständiger Männer, die viel und sicher gelobten, und auf die in preußischen Landen seit einem halben Jahrhunderte so große und sichere Preßfreiheit, wurde das Journal *Deutschland*, mit der reinen Absicht, Wahrheit und Liebe zum Guten und Schönen befördern zu helfen, unternommen.

Mehrere jener Männer waren am Anfange weniger tätig und treu, als der Herausgeber es wünschte und erwartet hatte; die Zensur war strenger als gewöhnlich; das Journal mußte also von mancher Seite mangelhaft bleiben. Der Herausgeber sah sich, gleich manchem Mitbruder, der sein Journal mit ebender Sicherheit ankündigte, im ersten halben Jahre genötigt, weit mehr von seiner eigenen Arbeit aufzunehmen, als er je willens gewesen, und dem kritischen Teile, für den die meisten Beiträge einkamen, weit mehr Platz einzuräumen, als ihm lieb war.*

Indes hatte er das Vergnügen, durch Freunde und Fremde zu erfahren, daß sein eifriges Bemühen, gegen die Tendenz einiger sinn-, sitten- und kunstverderblichen Werke, ohne Ansehn der Person, freimütig anzugehen, nicht ohne Beifall der Bessern und nicht ohne Wirkung blieb. Die Rachsucht einiger Männer, die sich scharf getroffen fühlen mochten, bestärkte ihn vollends in dieser angenehmen Überzeugung.

* Die Auszüge und umständlichen Anzeigen, welche die ersten Stücke des Journals von solchen bereits bekannten Schriften lieferten, die dem Herausgeber einer allgemeinen Verbreitung wert schienen und worüber kleinliche Tadler erst laut geworden, seitdem das Journal ganz frei davon war, hat der Herausgeber sich, nach seiner innigsten Überzeugung, um so weniger als bloße Lückenbüßer anzurechnen, da der liberale Verleger sich damals bereitfinden ließ, jene Stücke dafür zwei bis drei Bogen stärker zu liefern, als er verheißen hatte, und da ihn ein ähnlicher Vorschlag, den Mirabeau in seinen Briefen an Chamfort, als heilsam fürs Lesepublikum, tut, auch über den Wert jener Absicht von neuem beruhigt.

Eben da ich dieses schreibe, erfahre ich, daß der *Parodieenmacher zu Halberstadt* auch noch, nach Jahr und Tag, in diesen Ton einge-

Da indes die Zensur für die historischen, statistischen und andern ähnlichen Artikel sich schwieriger bezeigte, als zu vermuten war, so sind Herausgeber und Verleger einig geworden, das Journal Deutschland nach seiner bisherigen Einrichtung aufzugeben.

Um aber die Verbindung mit solchen Männern, denen die schönen Künste, unter welchen die Dichtkunst billig obenan steht, eine wichtige Geist- und Herzensangelegenheit ist, zu benutzen und für diesen schönsten und angenehmsten Trieb des menschlichen Strebens auf dem mutig betretenen Wege tätig zu bleiben, haben sich die bisherigen Bearbeiter der, die schönen Künste betreffenden Artikel, mit einigen neu hinzugekommenen Mitarbeitern vereinigt, an die Stelle des aufgegebenen Journals, Deutschland, eine Schrift zu setzen, die sich unter dem Titel:

Lyzeum der schönen Künste

ganz mit diesen beschäftigen wird.

Diese Schrift wird zur Hälfte aus Abhandlungen über die Geschichte und das Wesen der schönen Künste, aus theoretischen und praktischen Aufsätzen über die verschiedenen Teile derselben, aus Charakterdarstellungen und Biographieen von echten Künstlern, und von Gelehrten, die für die schönen Künste wirksam waren, auch aus Gedichten von entschiedenem Werte, bestehen; zur andern Hälfte aber aus kritischen Anzeigen und Beleuchtungen der wichtigsten in- und ausländischen Werke aus dem Gebiete der schönen Künste. Männliche Freimütigkeit und Unparteilichkeit wird hiebei immer das erste Gesetz sein und bleistimmt hat; das mag ihm hingehen. Aber er soll auch Winke dabei geben, welche die Uneigennützigkeit des Herausgebers von Deutschland verdächtig machen, und damit gesellet er sich dann, auf seine Gefahr, zu den Verleumdern, die der Herausgeber in seiner Erklärung über die Xenien (im 10ten Stück) für ehrlos erklärt hat. Hätte der Parodieenmacher die mit dem Verleger verabredeten Bedingungen geradeheraus bekanntgemacht, so würde der Herausgeber die Genugtuung getroffen haben, daß alle von ihm aufgeforderten Mitarbeiter an dem Journal, *Deutschland*, von neuem überführt worden wären, daß er ihnen allen, ohne Ausnahme, das ganze Honorarium, welches der Verleger bezahlte, ohne allen Abzug für sonst hergebrachte Redakteurgebühren, angetragen und, auf ihr Verlangen, auch ganz ausgezahlet hat. Hiervon sind auch die Anzeiger der Journale nicht ausgenommen.

ben. Kunstnachrichten aus Briefen und öffentlichen in- und ausländischen Blättern, und Kunstanekdoten, werden den Beschluß eines jeden Stücks ausmachen.

Die zahlreichen Journale, welche, als die beliebteste und ausgebreitetste Lektüre, von der öffentlichen Kritik bisher viel zuwenig beobachtet wurden, wird diese Schrift, insofern sie sich mit den schönen Künsten beschäftigen, nicht aus der Acht lassen.

Der Herausgeber

———————————

Von dem hier angekündigten *Lyzeum der schönen Künste* wird in der nächsten Ostermesse der erste Teil, in meinem Verlage, erscheinen, deren zwei *einen Band* ausmachen werden. Druck und Papier wird dem von *Deutschland* gleich sein, und jeder Band wird das Bild eines Künstlers liefern, von dem man noch keinen befriedigenden Kupferstich hat.

Berlin, im März 1797   Johann Friedrich Unger

———————————

ANHANG

Gerda Heinrich

Die Zeitschrift „Deutschland" im Kontext von Reichardts Publizistik

I

Johann Friedrich Reichardt, als Komponist und als Musik-kritiker sowie -theoretiker in die Musikgeschichte einge-gangen, hat seitens der Literaturgeschichtsschreibung nur sporadische und punktuelle Würdigung gefunden.[1] Insbe-sondere der prägende Zusammenhang zwischen seinen mu-sikästhetischen Bestrebungen und seinem Wirken als politi-scher Publizist wurde wenig beachtet.

Dieser Zusammenhang ist indessen auch im vorliegenden Fall aufschlußreich und sogar als Parallelität greifbar: Gleichzeitig mit der Zeitschrift „Deutschland" gibt Rei-chardt 1796 einen „Musikalischen Almanach" heraus, den er als Autor allein bestreitet und der wie „Deutschland" im Verlag des mutigen und engagierten Johann Friedrich Un-ger erscheint, der auch schon Reichardts wegen ihrer politi-schen Brisanz pseudonym veröffentlichten „Vertrauten Briefe über Frankreich, geschrieben auf einer Reise im Jahre 1792" verlegerisch betreut hatte. Dieser Almanach enthält einen sogenannten „Musikheiligenkalender", eine biographisch annotierte Zusammenstellung historisch be-deutender und vorbildhafter Musiker und Komponisten, in den sich Reichardt unter dem 25. November, seinem Ge-burtsdatum, selbst eingereiht hat. Nicht ohne stolzes Selbst-gefühl empfiehlt er sich den Lesern als „S[inge]- u. I[nstru-mental] C[omponist], T[heoretiker], H[istorischer] u. Kr[itischer] Schr[iftsteller], V[iolinist] u. Cl[avirist] geb.

317

1752 zu Königsberg in Pr[eußen], lebt sich selbst auf seinem Landhause in Giebichenstein"[2]. Angesichts der Vielseitigkeit und der bereits zu dieser Zeit beträchtlichen Verdienste Reichardts auf dem Gebiet der Komposition, der Musikkritik und -ästhetik und der politischen Publizistik ist das dennoch eine' eher lakonisch zurückhaltende als eitle Selbstcharakteristik.

Das Anliegen, das seine vielfältigen, mitunter sehr differenten musikalischen und literarischen Ausdrucksformen zusammenschließt, artikuliert sich in der Überzeugung, daß Kunst streng in den Dienst gesellschaftlich verantwortlicher Wirksamkeit zu stellen sei. Es durchzieht als tragende Intention sein gesamtes Schaffen. Die sozialpädagogische Funktionssetzung von Musik bildet das utopische Komplement seiner in „Deutschland" propagierten Reformvorstellungen. Soll Musik diese postulierte Wirkung für ein großes Publikum haben, bedarf sie der Autonomie gegenüber höfisch feudaler Reglementierung und konventionellem Verschleiß als gehoben dekorativem Zeitvertreib. In diesem Sinne hatte Reichardt bereits 1782 gegen Mißstände des feudalen Mäzenatentums, so z. B. gegen die Lakaienexistenz der Musiker, ebenso polemisiert wie gegen die mit der Vergesellschaftung des Musiklebens einhergehende Kapitalisierung der Kunstverhältnisse, gegen die „Sklaverey für Notenhändler und Modeton"[3], gegen das Ausgeliefertsein des Künstlers an einen anonymen Markt und an ein inkompetentes, aber zahlungskräftiges Publikum. Die schon in Reichardts musikalischen Zeitschriften entwickelten Fragestellungen nach den gesellschaftlichen Wirkungsbedingungen von Musik mit ihren sozialkritischen Erkenntnissen und dem dabei angeschlagenen zuweilen scharf antifeudalen Ton verklammern als weiteres Moment musikalische und politische Publizistik. Musik will Reichardt zu einem von gesellschaftlichen Konvenienzen und Schablonen nicht korrumpierten, zu einem vom feudalen Machtapparat nicht kontrollierten Ausdrucksmittel umformen und damit zum Medium sowohl individuell intimer Selbstverständigung als auch zum programmatischen Projektionsraum sozialer Entwürfe gestalten. Sie gilt ihm in ihrer potentiell unverfälschten gesellig kommunikativen Funktion als Ort kultureller Identitätsfindung des Menschen, d. h. der bürgerlichen

Menschen, und als Stätte einer geistigen Auseinandersetzung, in deren Prozeß er sich von höfischer Musikkultur absetzt.

Musik, deren Ausübung und Pflege in dieser Zeit noch zu den traditionellen Privilegien des Adels zählte,[4] wollte Reichardt aus diesem elitären Status herausführen. Dieser gründlich gewandelten Aufgabenstellung für Musik mit ihren vielfältigen neuen Aspekten sind die musikästhetischen, -kritischen und -geschichtlichen Bemühungen, die er in seinen publizistischen Arbeiten entfaltet, zugeordnet. Mit seiner Musikästhetik reflektiert Reichardt nicht zuletzt das Entstehen einer musikalischen Öffentlichkeit.

Er ist überzeugt von der menschheitverbündenden, alle sozialen Schranken überwindenden, humanisierenden und harmonisierenden Wirkung von Musik, wie er sie in den musikalischen Soireen der reichen Königsberger Patrizier und Adelshäuser – im Hause des Juristen Lestoq, der Kaufleute Scherrer und Hoyer, des Kommerzienrats Saturgus und vor allem des kunstbegeisterten Grafen Keyserling – als jugendlicher Virtuose erlebt zu haben meint. In einem späten autobiographischen Fragment beschreibt er die durch die Musik gestiftete ephemere Gemeinsamkeit von Menschen unterschiedlichen sozialen Standortes nicht ohne Verklärung: „Die ganze Gesellschaft war nach einem so genossenen Musikstück in der höchsten Spannung und Rührung, und man teilte sich gegenseitig die lebhaftesten Empfindungen ungescheut und mit der größten Herzlichkeit mit. Der ganze Saal war wie elektrisiert, und wer unvorbereitet hineingetreten wäre, hätte glauben müssen, die Gesellschaft habe sich eben ein unverhofftes wichtiges Glück mitzuteilen und gegenseitig zu beglückwünschen."[5]

Vor allem von Kant empfing Reichardt das sittliche Pathos seiner Kunstauffassung, wenn er auch mit dessen philosophischem System wie die meisten seiner, speziell der Berliner, Zeitgenossen insgesamt wenig anzufangen wußte. Ihm hatte sich schon als jugendlichem Hörer Kants, von diesem zu philosophischer Bildung ermutigt und gefördert, die Emphase von dessen moralischem Rigorismus mitgeteilt. „Dem Herrn Prof. Kant einzig und allein verdank ichs", so bekennt Reichardt im „Musikalischen Kunstmagazin", „daß ich von meinen frühsten Jugendjahren an, nie den gewöhn-

lichen erniedrigenden Weg der meisten Künstler unsrer
Zeit betrat, und seinem akademischen Unterricht, den er
mir früh, ganz aus freiem Triebe antrug, und drey Jahre auf
die alleruneigennützigste Weise gab, dank ich das frühe
Glück, die Kunst von Anfang an aus ihrem wahren höhern
Gesichtspunkte betrachtet zu haben …" In einem Brief an
Kant, geschrieben am 28. August 1790, hat Reichardt diese
Gesinnung gegen seinen verehrten Lehrer nachdrücklich
bekräftigt.[6]

Die in einer Rezension (nach der Unterschrift J. F. von Reichardt verfaßt) programmatisch zitierte Schlüsselstelle aus
Kants „Kritik der Urteilskraft" benennt den Zusammenhang
zwischen der „Kultur der Gemütskräfte" und der durch sie
gestifteten Gesellichkeit, die die Menschen und Völker aus
der „thierischen Eingeschränktheit" herausführt, mit dem
Welthandel, dem ungehinderten Umschlag ihrer Güter und
Produkte, und einer freien Öffentlichkeit.[7] Der programmatische Text gibt Aufschluß über den bürgerlich liberalen
Charakter des hier mittels Kunst anvisierten Kommunika-
tionsmodells und enthüllt zugleich dessen utopische Prämisse einer möglichen Identifikation des Einzelnen mit einer Gemeinschaft von idealer Homogenität. Die Musik
erwies sich als eine Art universelles zwischenmenschliches
Signalsystem, das einen umfassenden, aber kodierten Aus-
tausch von Gedanken und Gefühlen erlaubte. Die Verbindlichkeit ihres emotionalen Gehalts bei gleichzeitiger seman-
tischer Verhüllung entzog sie weitgehend jedem zensieren-
den staatlichen oder institutionellen Zugriff und ließ sie als
Feld oppositioneller Verständigung innerhalb eingeschwo-
rener Gruppen besonders geeignet erscheinen. Sie ermöglichte die Übermittlung ästhetisch verschlüsselter, aber in
der identifikatorischen Übereinkunft der Teilnehmenden
leicht entzifferbarer Botschaften, die beitragen konnten, geschichtliche Bewegungen zu konstituieren. Es war angesichts wachsender Restriktionen des Feudalstaats gegen
eine sich politisch artikulierende literarische Öffentlichkeit
bedeutsam, traditionelle Kunstmedien für die Verkündung
emanzipatorischer Ansprüche neu zu erschließen.

Noch ganz im Banne aufklärerischer Ästhetik sieht Reichardt „die Cultur des Verstandes und die sittliche Bildung
der Gemüther, jene durch die Wissenschaften, diese durch

die schönen Künste" als „die beiden großen Mittel zur Beförderung der Glückseligkeit"[8]. Die diesem Programm zugrunde liegende illusionäre Voraussetzung besteht in der Annahme einer unmittelbaren Rückkopplung zwischen individuellem moralischem Fortschritt und gesellschaftlicher Entwicklung zum Besseren, mit der jedoch ein exemplarischer Anspruch auf eine neue Qualität sozialer Verhältnisse gesetzt und verfochten wird. Zur Bekräftigung dieses Zusammenhanges beruft sich Reichardt auf Mirabeaus für ihn wegweisenden „Discours sur l'éducation nationale", eine Schrift, die auch Schiller wegen den seinen verwandter Gedankengänge selbst dann noch schätzte, als ihm die revolutionären Ereignisse in Frankreich auf Grund ihres gewaltsamen Charakters bedenklich zu werden begannen.[9] Sah er doch in dieser Schrift Mirabeaus den Versuch, „gleichsam noch im Tumult des Gebährens der französischen Constitution" „ihr den Keim der ewigen Dauer durch eine zweckmäßige Einrichtung der Erziehung zu geben"[10]. Schiller würdigt Mirabeaus philosophische Idee, nach der erst der sittlich gebildete Mensch Garant für eine vernünftige politische Verfassung sein kann. Darin zeichnen sich Analogien zu Schillers 1794 entwickeltem geschichtsphilosophischem Konzept ästhetischer Erziehung ab, nach welchem „das Ideal des Staats" „das Ideal der Menschheit" voraussetzt und das „Ideal der Menschheit" wiederum sich „auf die Gesetze des Schönen" gründet.[11] Musisch ethische Bildung als Instrument zur Begründung eines humanen Staatswesens korrespondiert der von Reichardt in seiner programmatischen Woltmann-Rezension im ersten Stück von „Deutschland" so enthusiastisch gewürdigten Idee einer „schönen Republik" als Einheit von politischer Freiheit und sittlicher Veredlung durch Kunst, die erst die Dauer politischer Freiheit gewährleiste.

In den von Reichardt im „Musikalischen Wochenblatt" mitgeteilten Auszügen aus Mirabeaus „Discours" zeigt sich eine geradezu missionarische Überzeugung von der direkten operativen gesellschaftlichen Wirkung von Kunst, die über Volksfeste als Teil öffentlicher Erziehung vermittelt werden soll.[12] Reichardt gibt zugleich eine Erklärung Mirabeaus wieder, die dieser als Präsident der Nationalversammlung am 3. Februar 1791 an eine Deputation von Theaterkomponisten richtete. Darin wird der gedachte Zusammenhang zwischen dem politischen Zustand einer Nation und ihrer durch Kunst bewirkten moralischen Bildung erläutert. Die Musik wird als Symbol kosmischer Harmonie und Gesetzmäßigkeit mit einer gleichsam pantheistischen Begründung für diese gesellschaftliche, öffentlich pädagogische Mission favorisiert – eine Bestimmung zu universeller Humanisierung, die sie erst mit ihrer Demokratisierung, ihrer Zugänglichkeit für viele, erfüllen kann: „Alle schönen Künste gehören dem Staate an. Alle stehen in Verbindung mit den Sitten der Bürger, mit der allgemeinen Erziehung, die den Haufen wilder Völker in Nationen verwandelt. Die Musik ..., die sich auf die Ordnung in der Bewegung gründet, so fühlbar in allen Theilen des Universums, und vorzüglich in den belebten Wesen, in denen alles rhythmisch geschieht, und deren Hang zur Melodie sich überall äußert; diese Kunst ist nur eine Nachahmung der Harmonie in der Natur; und wenn sie die Leidenschaften mahlt, hat sie das menschliche Herz zum Muster, daß der Gesetzgeber unter demselben Gesichtspunkt zu studieren hat: denn da finden sich ohne Zweifel die Beweggründe zu allen gesellschaftlichen Verfassungen."[13]

Diese auch bei Reichardt zu beobachtende Idee einer Musica mundana, die von Leibniz und Herder übernommen ist und sich bis zu einer Ontologisierung der Musik steigert, ist nicht einfach als problematische Erneuerung pythagoreischer idealistischer Spekulationen abzutun.[14] Sie verweist auf ein Defizit an sozialen Identifikationsmöglichkeiten und birgt in der darin ausgesprochenen Sehnsucht ein sozialkritisches Potential. Der Gedanke, daß Musik die Harmonie des Universums nicht nur auszudrücken und zu spiegeln, sondern auch zu vermitteln und herzustellen vermag, beschwört mit seinen pantheistischen Akzenten eine ideale Einheit zwischen Mensch, Kunst und Natur, wobei letztere mehr als Topos für eine menschenwürdige Gesellschaft denn für die außermenschliche, objektiv gegebene Natur fungiert.

Diesem Konzept emphatischer Überhöhung der Wirkung von Musik wohnt eine unübersehbar utopische Tendenz inne, durch die ihrer geforderten gesellig Funktion geschichtsphilosophische Überlastung droht. Hinzu kommt ein problematischer kompensatorischer Zug, wenn Musik auf idealer Ebene sinnerfüllte Gemeinschaft dort begründen soll, wo – nach Reichardts Worten – „nichts da ist, wodurch alle zu gleichem Zweck gestimmt werden"[15]. Daraus folgt ein sezessionistischer Hang, die durch Musik initiierte oder beförderte wahrhaft humane Gemeinschaft in kleinen Zirkeln anzusiedeln, möglichst in der hinter der „wirthlichen Hausschwelle" geborgenen „selbstgeschafnen bessern Welt"[16] der bürgerlichen Familie. Allerdings sind – im Gegensatz zu späteren romantischen Auffassungen – für Reichardt Kunst und Künstlerkreise noch keine resignativen Ersatzwelten illusionärer Versöhnung unüberwindlicher sozialer Widersprüche, sondern in ihrer Struktur vorausweisende verheißungsvolle Enklaven künftiger besserer Daseinsformen, die ihren Spielraum innerhalb gegebener gesellschaftlicher Verhältnisse aktiv zu erweitern suchen.

Hatten Reichardts emanzipatorisch ästhetische Bestrebungen zunächst der Kirchen-, dann der Theatermusik, vor allem dem Kampf um eine deutsche Nationaloper (vergleichbar Lessings Bestrebungen um ein deutsches Nationaltheater) gegolten, so führt ihn die Suche nach einem musikalischen Medium, das breitesten Schichten zugänglich war, auf das Lied als das Natürliche, allen Entsprechende. In Reichardts von Rousseau und Herder inspirierter Liedästhetik, die Kunst- und Volkslied verschmilzt, manifestiert sich eindringlich die plebejisch-demokratische Tendenz seiner Kunstauffassung. Das Lied kommt am meisten den von Reichardt geforderten Kriterien für Musik im Dienste ihrer sittlich sozialen Berufung entgegen. Das „Lied voll Einfalt und Naturempfindung", das nicht „durch Kunstgepränge" die Wahrheit des Herzens verfehlt,[17] vermag mehr als alle anderen musikalischen Mittel die gesellig kommunikative Funktion von Musik zu verwirklichen. Namentlich jenes Lied, das „reine, edle Verse ächt und schmucklos" darstellt, eignet sich zur intimen Mitteilung der Empfindungen, in die alle einbezogen sind. „Nichts von musikalischen Dingen läßt sich sobald begreifen, verstehen und nachsingen, und nichts vermag so leicht von Mund zu Mund, von Herzen zu Herzen überzugehen, als ein gutes Lied."[18] Es bricht dem gestauten Gefühl eine Bahn, kanalisiert es in einer idealen Form von Gemeinsamkeit, die sich während des Gesanges herstellt und über die Dauer des Liedes hinaus in den Einzelnen menschheitsverbündend nachwirkt. Wesentliche Funktionen des Kirchenliedes werden hier säkularisiert und ins Anthropozentrische, aber zunächst Private übergeleitet.

Mit Zelter, Spazier, Kunzen und seinem langjährigen Freunde Johann Peter Abraham Schulz vereinigt Reichardt seine Bemühungen um „Liedermelodien in die jeder, der nur Ohren und Kehle hat gleich einstimmen soll" und die „für sich ohn' alle Begleitung bestehen können"[19], d. h. die auch nicht des materiellen Aufwandes teurer Instrumente bedürfen. Beharrlich werden in seinen musikalischen Zeitschriften Sammlungen solcher Lieder besprochen und empfohlen.[20] Mit seinem eigenen Liedschaffen hat Reichardt den von ihm erhobenen Forderungen an das Lied in hohem Maße entsprochen – nicht nur in seinen Lyrikvertonungen der bedeutendsten Zeitgenossen wie Goethe, Schiller, Herder, Voß, Hölty, Claudius oder Klopstock, von denen wir viele kennen, ohne um Reichardt als ihren Komponisten zu wissen. In seinen mehr als 150 Liedersammlungen hat er Lieder zu allen Lebensanlässen und -stimmungen und für alle Stände, auch für den „gedrücktesten Teil der Menschheit", bereitgestellt, die mitunter erbaulich betuliche Züge einer recht domestizierten Musikpraxis aufweisen und den gedachten Adressatenkreis, etwa den Landmann, idealisieren. Das setzt jedoch ihre bleibende Bedeutung insgesamt in keiner Weise herab. Reichardts gewaltige kompositorische Leistung wird ergänzt durch den langjährigen Kampf um die Einrichtung öffentlicher Singeschulen, die ein großes Publikum zur praktischen Nutzung dieses Liedgutes befähigen sollten.

Daß auch die Zeitschrift „Deutschland" von musikpädagogischen Bestrebungen in Gestalt des „Musikalischen Almanachs" flankiert wird, bezeugt das einheitliche Anliegen und die gemeinsame weltanschauliche Zielstellung von musikkritischer und politischer Publizistik. Dieser Zusammenhang bekundet sich überdies darin, daß jedes Stück des Journals „Deutschland" mit einem Lied meist programmatisch weltanschaulichen Gehalts schließt, das keineswegs nur ornamentale Beigabe darstellt, sondern in Reichardts entschieden als gesellschaftlich relevant angelegte künstlerische Bestrebungen einzureihen ist, die im Lied kulminieren. Im „Musikalischen Almanach" von 1796 hat Reichardt die Funktion des Liedes nochmals gültig festgehalten: „Das Lied soll der einfache und faßliche musikalische Ausdruck einer bestimmten Empfindung seyn, damit es auch die Theilnahme einer jeden zum natürlichen Gesange fähigen Stimme gestatte ..."[21]

Nicht nur die Frage nach den sozialen Determinanten der geforderten (oder kritisierten) Wirkung von Musik verknüpft Reichardts musikästhetische und politische Publizistik. Beide Arten von Zeitschriften lassen sich wegen der sie durchdringenden gemeinsamen weltanschaulichen Gesichtspunkte und Haltungen nicht streng getrennt betrachten. Sind doch auch die musikalischen Zeitschriften selbst dort, wo sie musikspezifische Probleme wie etwa Kontrapunktik und Harmonielehre behandeln, von ideologieträchtiger Metaphorik erfüllt. Bürgerlich emanzipatorisches Gedankengut artikuliert sich im Kampf gegen starre Regeln und künstlerische Formen, die als Symbol für die Fesseln höfischer oder politischer Konvenienz interpretiert werden. So wird die Behandlung des Akkordes „auf ein Naturrecht der Klänge" gegründet. Es wird von der „Unterjochung" der Töne „in eine bürgerliche Verfassung" gesprochen, bei der sie „von ihren angebohrnen Rechten mehr hingegeben [haben], als zur Erhaltung einer guten Ordnung nöthig war".[22] In aufrührerischen Gleichnissen wird für ihre Befreiung von „Zwangsgesetzen" und „gesetzgebender Uebermacht" plädiert. Die Polemik gegen die noch einflußreiche Kontrapunktik als ein die lebendigen Gefühle verstümmelndes Prokrustesbett starrer Notenkonstruktion erinnert mit den politischen Topoi ihrer Argumentation an die Entscheidung der Frühromantiker für das literarische Genre des Fragments als aufrüttelndes Darstellungsmittel neuen, mobilisierenden Gedankenguts und deren republikanische Begründung.[23] So zeigt sich bis ins Detail die Dominanz eines gesellschaftlichen Anliegens in Reichardts verschiedenartigen publizistischen Unternehmungen, eines Anliegens, dessen methodische Behandlung Wandlungen unterworfen war, das aber auch Züge weltanschaulicher Kontinuität bewahren sollte.

II

Zu Recht hat Günter Hartung darauf hingewiesen, daß Reichardt ein starkes politisches Engagement wie kein zeitgenössischer Musiker sonst bezeugt hat und daß der unvergleichliche publizistische Einsatz auf diesem Gebiet organisch aus seiner gesamten geistigen Haltung erwuchs.[24] Folgende Gründe bewogen Reichardt in der ersten Hälfte der neunziger Jahre, sich entschieden der politischen Publizistik zuzuwenden: Das alle Zeitgenossen aufrüttelnde Erlebnis der Französischen Revolution, das eine geschichtliche Epochenwende signalisierte; seine persönlichen Erfahrungen mit dem feudalabsolutistischen Despotismus, die ihn seine Hoffnungen auf den aufgeklärten Absolutismus vorerst verabschieden ließen; ferner die mit diesen Vorgängen zusammenhängende Erkenntnis, daß die Musik sich für politische Stellungnahme und Wirksamkeit als zu vermittelt erwies und zu abhängig von jenen gesellschaftlichen Verhältnissen und Einrichtungen war, die sie zu bekämpfen oder zu verändern trachtete. Die Phase seiner politischen Publizistik eröffnet Reichardt – unter dem Pseudonym J. Frei – mit den „Vertrauten Briefen über Frankreich, auf einer Reise im Jahre 1792 geschrieben".

Im November 1790 hatten Rivalitäten und durch Ränke der konservativen „italienischen" Musikerfraktion am preußischen Hof ausgelöste Konflikte für Reichardt zur Unterminierung seiner Stellung als königlicher Kapellmeister und zu einem gesundheitlichen Desaster geführt.[25] Er hatte beim König um seine Pensionierung nachgesucht. Dieser wollte jedoch nicht ganz auf die Dienste des bewährten Musikers verzichten. Er gewährte ihm Ende 1791 einen dreijährigen bezahlten Urlaub mit freier Aufenthaltswahl zur Rekonvaleszenz, den Reichardt nach der obligatorischen Ausrüstung der für Januar vorgesehenen Karnevalsfeiern Anfang 1792 antreten konnte. Zunächst unternahm er von Januar bis April 1792 gemeinsam mit seinem Stiefsohn Wilhelm Hensler, der wenig später als Kavallerieoffizier in die Dienste der französischen Revolutionsarmee trat und einer der wichtigsten Korrespondenten für Reichardts Berichte aus Frankreich werden sollte, eine Erkundungsreise. Sie führte ihn über Frankfurt (Main), Straßburg, Colmar, Basel, Lyon als die wichtigsten Stationen bis nach Paris, wo er Anfang März 1792 eintraf. Es war dies nicht sein erster Aufenthalt auf französischem Boden. 1785 – im Anschluß an eine Reise nach London – und 1787 hatte er in Paris geweilt, das ihn vor allem als Metropole progressiven Musik- und Theaterlebens fasziniert hatte. Jetzt ist er vorwiegend mit brisanter politischer Thematik befaßt.

Ursprünglich hatte England für Reichardt als erstrebenswertes gesellschaftliches Modell gegolten, und das nicht nur, weil sich dort mit dem bewunderten Georg Friedrich Händel eine bürgerliche Musikkultur etabliert hatte, der auch die höchsten Kreise der Aristokratie huldigten. Wie seinen Berliner Freund Karl Philipp Moritz, der von einer 1782 unternommenen Englandreise mit begeisterten, freilich auch idealisierten Eindrücken zurückgekehrt war,[26] fesselte ihn die schon Jahrhunderte bestehende emanzipatorische Tradition des englischen Parlamentarismus mit seinen die Macht des Königs beschränkenden Einrichtungen.[27] Und das zu Recht: half doch dieses Parlament als „ein unübertreffliches gefügiges Werkzeug in den Händen der aufstrebenden Bourgeoisie"[28] trotz eines im Vergleich zu Frankreich gemäßigten Revolutionsverlaufs einen ökonomisch weitaus dynamischeren Kapitalismus als auf dem europäischen Kontinent durchzusetzen.[29] „Daß im Mutterland der Parlamente nur einer von hundert Engländern das Wahlrecht besaß (und längst nicht immer ausübte)"[30], kam über den gegenüber Deutschland ungleich liberaleren politischen Strukturen nicht in den Blick. Vor allem aber die in England bei weitem größere Rede- und Pressefreiheit gewann angesichts der seit dem Ende der achtziger Jahre zunehmenden feudalstaatlichen Repressalien gegen die literarische Öffentlichkeit in den deutschen Staaten wachsende Bedeutung als alternatives Beispiel. Dieses Interesse für England teilte Reichardt mit den progressiven Intellektuellen und Kaufleuten des nordwestdeutschen Raumes, der traditionell durch Handel und politische Beziehungen an England gebunden war. Seit Anfang der siebziger Jahre schon unterhielt Reichardt zu diesen Kreisen ständigen freundschaftlichen, durch die Verbindung mit seiner zweiten Frau auch familiären Kontakt und verbrachte die Sommer meist in Hamburg. Die Bevorzugung Englands als Muster politischen Gemeinwesens klingt noch im Vorbericht der „Frankreich-Briefe" von 1792 an; außerdem empfiehlt Reichardt die englische Verfassung der girondistischen Konstitution als Leitbild.[31] Aufbau und Funktion des englischen Parlaments mit seiner Teilung in Ober- und Unterhaus scheint ihm beispielgebend für eine wünschbare Organisation der französischen Nationalversammlung.[32] Das aktuelle Interesse an Frankreich jedoch überdeckt wegen der Kühnheit und Unmittelbarkeit der Ereignisse die einstige Attraktivität Englands, die erst wieder Raum greift, als Reichardt in der Zeitschrift „Deutschland" und später die mit den Vorgängen in Frankreich verbundenen historischen Erfahrungen kritisch relativierend verarbeitet.

Reichardt hat in den „Frankreich-Briefen" den Bruch mit dem Feudalabsolutismus auch in seiner aufgeklärten Form vollzogen. Er steht nun auf dem Boden der konstitutionellen Monarchie girondistischen Zuschnitts. Der 1791 gestorbene Mirabeau, sein Gewährsmann in Fragen einer ästhetischen Nationalerziehung, fungiert auch für die erstrebenswerten politischen Ziele der Revolution als Reichardts Leit- und Identifikationsfigur. Sein unzeitiger Tod hat nach Reichardts Meinung das große Schiff der Französischen Revolution steuerlos zurückgelassen, da er mit einer „gemäßigten Monarchie" dieser Revolution das „einzige, für Frankreich angemessene" Ziel vorgegeben habe.[33]

Teilt er mit Mirabeau dessen Vorbehalte gegen eskalierenden Terror, so greift er zugleich dessen kompromißlose antifeudale Losung auf, die „allen Privilegirten und Privilegien" den unnachsichtigsten Kampf ankündigt und die allein Privilegien gegen die Könige für nützlich erachtet, solche gegen das Volk aber als abscheulich brandmarkt.[34] Enthusiasmiert berichtet Reichardt von den nun in Frankreich verwirklichten demokratischen Möglichkeiten gleicher Bildungs- und gesellschaftlicher Aufstiegschancen für alle – zu einer Zeit, da sich in Deutschland die progressiven Publizisten in zähen Debatten abmühen, die Vorrechte des Geburtsadels zu widerlegen und an ihre Stelle den Adel des Verdienstes zu setzen: ein Thema, das sowohl in der „Berlinischen Monatsschrift" als auch noch in „Deutschland" einen zentralen Platz einnimmt.

Den publizistischen Trick einer vorgeblich privaten und

vorurteilslosen Information der Briefadressatin (seiner Frau) nutzend, veröffentlicht Reichardt in propagandistischer Absicht als Anhang zu zahlreichen Briefen Auszüge aus der Erklärung der Menschen- und Bürgerrechte von 1791. Hier findet er orientierende Bestätigung für bürgerliche Rechte und Freiheiten, die leitmotivische Geltung in „Deutschland" und darüber hinaus erlangen. „Sicherheit, Freiheit, Gleichheit" erscheinen in bezeichnender Reihenfolge auch ihm als „die unschätzbaren Güter, welche das Gesetz in ihrer größten Vollkommenheit allen zusichert."[35] Wir sehen hier bleibende Positionen in Reichardts Weltbild sich formen. Freiheit wird in der Erklärung der Menschenrechte definiert als das Recht der Einzelnen auf freien Gebrauch ihres Vermögens, was geistige und materielle Ressourcen einbegreift; und das hier fixierte Recht auf „Widerstand gegen Unterdrückung" richtet sich vornehmlich gegen feudalstaatliche Eingriffe in die freie Entfaltung kapitalistischen Unternehmertums auf wirtschaftlichem Gebiet. Es schließt „Gehorsam gegen die Gesetze" ein und fordert die „Einigkeit der Bürger, um jeden Aufstand zurückzutreiben"[36], womit bereits dem neuen Klassenantagonismus zwischen drittem und viertem Stand Rechnung getragen ist.

Reichardt sieht die Revolution als Folgeerscheinung einer moralisch begründeten Gesetzmäßigkeit. Ihr gewaltsamer Charakter unterliegt demzufolge einer sittlichen Bewertung. Wie Georg Forster 1791/92, wie der preußische Justizreformer Svarez in seinen Kronprinzenvorträgen um diese Zeit,[37] urteilt er, daß die Herrschenden mit ihrer „ganzen alten, heillosen Wirtschaft" die Schuld am Geschehen tragen, daß ihre „grenzenlose Schlechtheit und Verschwendung alle die gewaltsamen Schritte hervorgebracht und die ganze Revolution unvermeidlich notwendig gemacht hat"[38]. Und Reichardt illustriert diese politische Anklage mit abscheulichen Beispielen brutaler Unterdrückung und persönlicher Entwürdigung durch feudalen Despotismus.[39] Er, dem alle Unordnung widerstrebt[40] und der wie Mirabeau einen durch wohlgegründete Gesetzgebung garantierten Fortschritt wünscht,[41] befürchtet bleibenden Schaden für die sittliche Kultur der Menschen. Er möchte das außer Kontrolle geratene revolutionäre Geschehen begrenzen, weil ihm in Frankreich die moralischen Voraussetzungen für eine Revolution zweifelhaft scheinen.[42] Wenn das aber so ist und wenn die Gewalt sich ausweitet, so ist auch das allein der unmenschlichen Bedrückung durch die einstmals Regierenden geschuldet. Reichardts Denkleistung liegt darin, daß seine moralischen Gesichtspunkte und Maßstäbe bei der Beurteilung dieser epochalen Vorgänge nicht zu deren moralisierender Verurteilung führen, ihm den Blick für historische Gesetzmäßigkeiten nicht verstellen. Sein ausgeprägtes Empfinden für soziale Gerechtigkeit, seine Solidarität mit den Entrechteten führt ihn zur Erkenntnis des ursächlichen Zusammenhanges zwischen dem Grad der Unterdrückung und der blutigen Reaktion darauf im Prozeß der Befreiung.

Der für Reichardts weltanschauliche Standortbestimmung folgenreichste gedankliche Ertrag der spektakulären „Frankreich-Briefe" von 1792 ist seine Einsicht in die Notwendigkeit der Jakobinerdiktatur. Daß er ihr unvermeidliches Heranreifen trotz seines Beharrens auf einer konstitutionellen Monarchie schon lange vorher erkennt, bezeugt gleichermaßen Reichardts dialektisches wie realpolitisch analytisches Urteilsvermögen. Einsicht in den gesetzmäßigen Verlauf des revolutionären Prozesses bezwingt traditionelle Bedenken und Vorurteile, mit denen auch Reichardt zu ringen hat.

Immer wieder wird ihn, ohne daß er es in diese Begriffe kleidet, das Problem des objektiven und subjektiven Faktors von Revolutionen, deren historische Prämissen, beschäftigen. Sosehr Reichardt für Frankreich den revolutionären Weg bürgerlicher Umwälzung bejaht, sosehr lehnt er ihn für Deutschland ab. Nicht ängstlich opportunistischer Kleinmut bestimmt diese Haltung, sondern die Überzeugung, daß die Revolution „ein großes Unglück für Deutschland wäre" – eine Überzeugung, die aus der nüchternen Beobachtung erwächst, daß hier alle objektiv realen und subjektiven Voraussetzungen einer Revolution fehlen.[43] Diesen Standpunkt teilen damals auch andere enthusiastische Anhänger der Französischen Revolution wie Georg Forster oder Johann Gottlieb Fichte.[44] Er leitet zu einem weiteren zentralen Thema der Zeitschrift „Deutschland" hin.

Anfang 1794 war Reichardts dreijähriger bezahlter Urlaub, den er vergeblich in eine endgültige Freistellung umzuwandeln gesucht hatte, zu Ende gegangen. Mühsam hatte er sich wieder in seine Kapellmeisterpflichten gefunden, als ihn Anfang November 1794 eine königliche Ordre – datiert vom 28. Oktober – erreichte, die ihm seinen unverzüglichen Abschied mitteilte.[45] Begründet wurde diese harte Maßregelung nicht etwa mit seinen publizistischen Aktivitäten (als Autor der „Frankreich-Briefe" war er seinem königlichen Brotgeber und dessen Behörden offenbar unentdeckt geblieben), sondern mit Reichardts Kontakten in Hamburg. Dort hatte er sich von April 1793 bis Anfang 1794 aufgehalten und freundschaftlichen Umgang mit den langvertrauten Kreisen des wohlhabenden und weltoffenen Handelsbürgertums gepflogen. Dessen Exponenten Caspar von Voght und Georg Heinrich Sieveking hatten im Februar 1793 durch ihre Beziehungen zu dem französischen Gesandten Louis-Grégoire Lehoc in Preußen und Hannover unliebsame Aufmerksamkeit erregt.[46] Ihnen wurden revolutionäre Umtriebe und öffentliche Bekundung ihrer Freude über die am 21. Januar erfolgte Hinrichtung König Ludwigs XVI. unterstellt. Der Stadt Hamburg wurde mit dem Einmarsch preußischer Truppen gedroht, falls Lehoc nicht deren Mauern innerhalb 48 Stunden verlasse. Lehoc begab sich sogleich auf ein amerikanisches Schiff, Voght ging zeitweilig nach England. Sieveking blieb und rechtfertigte sich in einer kleinen Schrift „An meine Mitbürger" gegen den Verdacht jakobinischer Grundsätze. Dennoch galt Hamburg mit seiner relativen politischen Unabhängigkeit, seiner durch Handelsinteressen bedingten ökonomischen Bindung an Frankreich und seiner Neutralitätspolitik der feudalen Administration Preußens zu Recht auch als ein Hauptumschlagplatz progressiver Ideen.[47]

Reichardt vermutete eine politische Denunziation durch den Kanzler von Hoffmann, für die er jedoch keine Beweise erbringen konnte. Als er beim König brieflich intervenierte, erfolgte Mitte November lediglich eine weitere Ordre, die den Inhalt der ersten wortkarg und ohne jede Angabe von Gründen bestätigte. Mehrere folgende eindringliche Schreiben Reichardts an den König blieben ohne Resonanz. Ebenso ergebnislos war eine streitbare Verteidigungsschrift Reichardts, die unter dem Titel „Über die Schändlichkeit der Angeberei ..." Anfang 1795 erschien und in der er subjektiv aufrichtig versicherte, daß seine politischen Ansichten seine Loyalität als Untertan nicht berührten, womit er freilich für Meinungsfreiheit plädierte. Reichardt – nun ohne Einkünfte, verantwortlich für den Unterhalt einer zahlreichen Familie, einen großzügigen Lebensstil gewohnt und zudem belastet mit erheblichen Schulden aus dem Ankauf des Gutes Giebichenstein, das er im Juli 1794 im Vertrauen auf eine regelmäßige Besoldung als Hofkapellmeister erworben hatte – sah sich gezwungen, seine Arbeit als Publizist auch um des Broterwerbs willen zu forcieren. Er wandte sich im Januar 1795 erneut nach Hamburg, wo er im Sieveking-Kreis abermals gastliche Aufnahme fand. Sieveking mit seinen vielfachen und ausgedehnten Verbindungen zu den aufgeklärten Intellektuellen Hamburgs und Holsteins, zu fortschrittlichen dänischen Adligen[48] und zu den diplomatischen Vertretern des revolutionären Frankreich war der Mittelpunkt einer generösen, nicht nur in kulinarischer Hinsicht opulenten Geselligkeit, die sowohl die progressive deutsche geistige Kultur repräsentierte als auch Sammelbecken politischer Informationen war. In diesen glanzvollen Zirkeln und in der von Sieveking begründeten Lesegesellschaft, die über alle Revolutionsjournale verfügte, fand Reichardt das Material, das ihn zu seinem nächsten Zeitschriftenunternehmen ermutigte und befähigte: Das erste Heft erschien im April 1795 unter dem Titel „Frankreich im Jahre 1795".

Reichardt bewegte sich damit innerhalb einer gewissen publizistischen Konjunktur. Der zwischen Frankreich und Preußen am 5. April 1795 in Basel geschlossene separate Friedensvertrag ermöglichte mit der Neutralität Preußens generell eine freiere Berichterstattung über Frankreich. Diese Möglichkeit nahmen viele der bedeutenden Periodika wahr, die – wie etwa das 1795 begründete „Berlinische Archiv der Zeit und ihres Geschmacks" – den französischen Begebenheiten einen Teil ihrer Spalten öffneten. Reichardts Zeitschrift „Frankreich" hebt sich von dem nun einsetzenden publizistischen Boom durch die Ausschließlichkeit und durch die Haltung ab, mit der sie sich diesem ihrem Gegenstand widmet. Ihr Ton ist revolutionsfreundlich, aber dennoch gemäßigt. Viele der in den „Frankreich-Briefen" von 1792 entwickelten politischen Anschauungen werden bekräftigt. In der programmatischen Vorrede „Der Herausgeber an die Leser" werden weltanschauliche Zeichen gesetzt. Die Revolution in Frankreich wird vehement verteidigt. Zugleich wird – gemäß der analytisch vergleichenden Sicht, die Reichardt die französischen Ereignisse stets auch aus deutschem Blickwinkel betrachten läßt – Zurückhaltung propagiert. Reichardt beschwört das Bild der „bescheiden die Natur lenkenden, sie freundlich unterstützenden Hand des Arztes" gegen „unkluge, schamlose Fuscherhände", die „jeder wohlthätigen Naturbewegung frech entgegenarbeiten".[49] Das Gleichnis der Natur mit ihren allmählichen und langfristigen Evolutionen war zu dieser Zeit auch von Schiller, Wilhelm von Humboldt, Friedrich Gentz und anderen für das Konzept reformerischer Umgestaltung der Gesellschaft reklamiert und als das Wünschbare den zerstörerischen, plötzlichen, gewaltsamen Sprüngen in der Entwicklung des Menschengeschlechts entgegengesetzt worden. Reichardt jedoch enthält sich geschichtsphilosophischer Verallgemeinerung, schränkt die Geltung dieses Modells auf Deutschland ein und hält, zwischen beiden Ländern differenzierend, in einem weltanschaulichen Resümee der Französischen Revolution wie schon in den „Frankreich-Briefen" an der historischen Angemessenheit ihres gewaltsamen Charakters fest. Wie 1792 begründet er das mit der „namenlosen Verblendung und Verstocktheit" der vormals herrschenden Schichten, die durch ihre „unzeitige Widersetzlichkeit" sich selbst solchen Untergang bereiteten.[50] Mahnend erhebt Reichardt nochmals seine Stimme, daß „das Verderben dieser Unglücklichen den erbprivilegirten Casten andrer Länder zu fruchtbringender Lehre gereichen" möge: „Noch scheint es nicht! Vielleicht soll es auch nicht! –"[51]

Nachdrücklich wird auch jetzt die inzwischen allgemein verfemte Jakobinerherrschaft legitimiert und die Schuld an der Schreckenszeit der feudalen Koalition gegen Frankreich angelastet – jener „künstlich veranstalteten, unbegreiflichen Vereinigung von halb Europa", die durch einen von außen aufgedrungenen Krieg die „feurige Nation" über die ursprünglichen „bescheiden gesteckten Ziele" „zu ihrem eignen nachherigen Erstaunen" hinausgetrieben habe.[52] Jenes erste wahre Ziel der Revolution aber – davon ist Reichardt auch im Jahre 1795 überzeugt – sei mit der Konstitution von 1791 erreicht gewesen.

Aus den in der Wertung des Berichteten sehr behutsamen Korrespondenzen konnte den Zeitgenossen dämmern, daß bei allen erreichten Fortschritten der demokratische Geist von 1793 verflogen war. Die Gesellschaft war auf den Boden der großbürgerlich liberalen Ziele der girondistischen Phase 1791/92 zurückgekehrt. Die Widersprüche zwischen einstigen revolutionären Verheißungen und der bourgeoisen Alltagswelt von Besitz und Profit, die die Revolution auf ihr historisches Maß reduziert hatten, sollten sich noch weit schärfer in späteren Heften der Zeitschrift „Frankreich" abzeichnen. Aber schon im ersten Heft künden sich die Gründe an, die nach einem Jahrgang Reichardts Interesse an dieser Zeitschrift und ihrem Gegenstand erlahmen lassen. Ihre weitere Redaktion überläßt er seinem Hamburger Mitarbeiter Pieter Poel, dem Freund und Geschäftspartner Voghts und Sievekings, der sie noch bis 1805 fortsetzt – freilich ohne die Verve und das politisch-weltanschauliche Niveau des Anfangs. Reichardt, inzwischen wieder in Giebichenstein und seit Juli 1796 als Salineninspektor mit dürftiger Entlohnung erneut in preußischen Diensten, hat längst auf ein anderes publizistisches Organ gesonnen und es ab Ende 1795 ins Werk gesetzt.

III

Angekündigt am 11. November 1795 im Intelligenzblatt der „Allgemeinen Literaturzeitung", erscheint im Laufe des Jahres 1796 bei Reichardts langjährigem Verleger und Mitstreiter Johann Friedrich Unger die Zeitschrift „Deutschland" in vier Bänden zu je drei Heften.

Zu Unrecht steht sie im Schatten der sonstigen politischen Publizistik Reichardts. Eine konservative Literaturgeschichtsschreibung hat sie mehr oder weniger ignoriert oder ihr borniert behäbige Züge unterstellt. Aber auch eine, lange Zeit an Westeuropa orientierte und die Französische Revolution als einzigen Maßstab geschichtlichen Fortschritts auch in Deutschland setzende marxistische Ge-

schichtsschreibung hat sie gegenüber Reichardts Veröffentlichungen über Frankreich als minderbedeutend abgetan.[53]
Erst die seit einigen Jahren von den marxistischen Histori-
kern im Rahmen übergreifender, vergleichender revolu-
tionsgeschichtlicher Analysen und stadtonal-regionaler Me-
thoden entwickelten neuen Forschungsansätze und -gegen-
stände haben den Blick wieder auf die unterschiedlichen
europäischen Wege bürgerlicher Umgestaltung und damit
auch auf die Spezifika bürgerlicher Emanzipation in
Deutschland und auf seine territorialen Besonderheiten ge-
lenkt. Das hat eine differenzierte Sicht auf die weltanschaulichen Positionen deutscher Ideologen der Zeit ermöglicht.
So kann auch Reichardts literarhistorische Leistung nicht allein aus seinem Verhältnis zur Französischen Revolution
erschlossen werden, sondern ist durch die Untersuchung
der Frage zu ergänzen, wie er sich bürgerliche Umwälzung
in bezug auf *deutsche* Verhältnisse – soweit man überhaupt
generalisierend davon sprechen kann – dachte. Dabei ergibt sich, daß die Neugründung – das Journal „Deutschland" – seiner übrigen Publizistik dieses Genres an politischer Bedeutung nicht nachsteht. Im Spektrum von
Reichardts Zeitschriften bildet sie eine eigene Nuance von
gewichtiger Aussagekraft. Die Zahl der weltanschaulich
programmatischen Beiträge ist ungleich größer, sie sind be-
deutsamer als im unmittelbaren Vorläufer „Frankreich". Die
Haltung weist ausgeprägter Entschiedenheit und Eindeutig-
keit auf. Und zweifelsohne gehörte nicht weniger Mut
dazu, sich explosiven politischen Tagesfragen in Deutschland zuzuwenden als analogen Themen im Ausland, auch
in Frankreich, dessen gänzlich anderer Entwicklungsweg
die Wirkung ihrer Darstellung ohnehin relativierte und be-
grenzte.
Reichardts Übergang vom Journal „Frankreich" zur Zeitschrift „Deutschland" hängt wesentlich mit seiner Desillusionierung durch die nachthermidoriale Entwicklung in
Frankreich zusammen: durch jenen kecken „Taumel des
neuen bürgerlichen Lebens", den „Sturm und Drang nach
kommerziellen Unternehmungen, Bereicherungssucht"[54] –
Phänomene, die seit dem Direktorium die republikanischen
Ideale aushöhlen und die von den Zeitgenossen in einer
pauschalen moralischen Formel als Diktat des „Egoismus"

registriert werden. Diese politische Desillusionierung kündigt sich im programmatischen Eröffnungsartikel „Zum neuen Jahr" und „Freiheit für alle" an und wird auch noch Reichardts Schriften nach 1800 prägen. Die Zeitschrift stellt einen erneuten, nicht nur publizistischen, sondern auch weltanschaulichen Anlauf dar, der nun der Erkundung eines den *deutschen* Bedingungen adäquaten Weges gesellschaftlicher Umgestaltung gilt – damit aber auch der produktiven Bewältigung zwiespältiger Erfahrungen mit dem französischen Modell. Der wegweisende Titel kündigt diesen Anspruch an. „Deutschland" bleibt dabei angesichts seiner mehr als 300 Souveräns und zahllosen Demarkationslinien zunächst ein vorwiegend literarisch-moralischer Begriff, der mit euphemistischer Beschwörungskraft das Bewußtsein für die Notwendigkeit gesellschaftlicher Veränderungen zu forcieren sucht. Die Anknüpfung allerdings an zaghafte, in ihrer zukunftweisenden Bedeutung aber vielfach unterschätzte Reformansätze im Preußen der achtziger Jahre des 18. Jahrhunderts hat realpolitisch einen rationellen Kern.

Der Titel verweist ferner energisch darauf, daß es sich nicht um ein lokales Journal handeln soll, sondern daß die Zeitschrift in politisch weltanschaulicher Hinsicht überregionale Geltung erstrebt. Ihr in der Vorrede entwickeltes Programm expliziert und bekräftigt dieses Anliegen. Die darin genannten Rubriken erweisen,[55] daß Reichardt eine integrative Zeitschrift vorschwebt, die eine Mischform von weltanschaulich politischer Publizistik, zeitgenössischer Chronik – in Anlehnung an die populäre raumgewinnende Annalistik jener Jahre, der „Frankreich" mit seinen hochaktuellen Berichten weitgehend entsprochen hatte – und Rezensionsorgan darstellen sollte.[56] Wenn man die geplanten kommentierenden Berichte zu anderen Zeitschriften erwägt, ging es ihm gleichsam um eine Art Zeitschrift der Zeitschriften.

Auch ihr hat Reichardt nicht nur als Herausgeber, sondern gleichermaßen als Verfasser der meisten grundsätzlichen Beiträge sein Siegel aufgedrückt. Ursprünglich hatte er auf eine Vielzahl von Korrespondenten in den größeren deutschen Orten und Gebieten gerechnet. Seine wichtigsten nachweisbaren Mitarbeiter schränkten sich dann auf eine Gruppe langjähriger und bewährter Weggefährten ein. Sie entstammten den freisinnigen Kreisen der preußischen und norddeutschen Aufklärung mit den Zentren Berlin, Halle und Hamburg.

An erster Stelle ist – als verlegerische Stütze des Unternehmens – der vielseitige, tatkräftige, politisch aufgeschlossene Johann Friedrich Unger zu nennen. Nicht nur als Buchdrucker hatte er durch eine Neuerung – die in Stahl geschnittenen Typen statt der bisher üblichen hölzernen, die sogenannten Ungerschen Lettern – die Aufmerksamkeit auf sich gezogen, sondern ebenso als Verfertiger von Holzschnitten, als risikofreudiger Verleger nicht nur etablierter, sondern auch umstrittener und verfolgter Autoren. Er selbst war zudem als ein Schriftsteller hervorgetreten, der mit mutigem Bekenntnis in das Tagesgeschehen einzugreifen trachtete. In seiner Broschüre „Einige Gedanken über das Censur-Edikt vom 19. December 1788" (Berlin 1789) hatte er der restriktiven Kulturpolitik Wöllners den Kampf angesagt, indem er gegen die dem Drucker und Verleger durch die Zensurverschärfung verursachten Kosten und Zeitverluste protestierte. Er bemängelte vor allem jenen Paragraphen des Edikts, der einzelne vom Zensor übersehene Stellen eines Druckwerks noch nachträglich der Strafe aussetzte und der Privatpersonen berechtigte, Verleger und Drucker wegen Beleidigungen gerichtlich zu belangen, was jeden beliebigen zu Denunziationen geradezu ermunterte. Ungers Aufbegehren gegen die feudalabsolutistischen Zensurmaßnahmen fand seine Fortsetzung in einem Scheinprozeß gegen den aufklärerischen Theologen und Zensor Zöllner und in der 1791 veröffentlichten Schrift „Prozeß des Buchdruckers Unger gegen den Oberconsistorialrath Zöllner in Censurangelegenheiten wegen eines verbotenen Buches".

Bezeichnend für den Charakter der Zeitschrift ist die Mitarbeit des preußischen Justizreformers Ernst Ferdinand Klein, Sohn eines Breslauer Kürschners, ab 1789 Kammergerichtsrat in Berlin und ab 1791 Mitglied der dortigen Akademie der Wissenschaften. Große Verdienste erwarb er sich bei der Mitarbeit an der 1780 durch eine Kabinettsordre Friedrichs II. in Gang gesetzten preußischen Justizreform, zu der er im Winter 1781 nach Berlin berufen wurde, um gemeinsam mit Carl Gottlieb Svarez und dem neu ernannten Großkanzler der Justiz Freiherrn von Carmer die Gesetzgebung in Preußen nicht nur zu vereinheitlichen, sondern auch zu verbessern. Die bürgerlich-liberalen Ziele der Justizreformer richteten sich vor allem darauf, mit der juristischen Gleichstellung und einer staatlich zentralisierten Gesetzgebung die feudale Rechtsunsicherheit und den direkten außerökonomischen Zwang der Großgrundbesitzer gegenüber den Bauern einzudämmen; die ständisch-hierarchische Differenzierung des Rechts zu beheben; die unmittelbaren Eingriffe des Königs in das Rechtsgeschehen durch Edikte, Machtsprüche oder Immediatskommissionen auszuschalten und die merkantilistischen Zwänge des feudalabsolutistischen Staates, der die bürgerlichen Unternehmer durch strenge Zoll-, Steuer- und Akzisepolitik gängelte, zurückzudrängen, um freie Verfügung auch über das bürgerlich kapitalistische Eigentum zu sichern. Diese Bestrebungen scheiterten nach langen und zähen Auseinandersetzungen, als 1792 ihr Reformwerk, das „Allgemeine Gesetzbuch", suspendiert und 1794 an seiner Stelle das verstümmelte „Allgemeine Landrecht für die Königlich Preußischen Staaten" in Kraft gesetzt wurde, dem die probürgerlichen Reformansätze amputiert waren. Klein hatte in umfänglichen Veröffentlichungen die Ideen einer erneuerten preußischen Gesetzgebung propagiert: so in dem „Auszug aus dem allgemeinen Gesetzbuche für die preußischen Staaten", 2 Bände, Halle 1792/93; vor allem aber in der 1790 in Berlin und Stettin im Verlag Nicolais erschienenen Schrift „Freyheit und Eigenthum, abgehandelt in acht Gesprächen über die Beschlüsse der Französischen Nationalversammlung", die er Ende April 1790 an Kant zur Begutachtung sandte.[57] Die bürgerlich liberalen Grundideen dieser Schrift waren, wie viele der Justizreform, durch den Kreis der Berliner Mittwochsgesellschaft angeregt worden, der Klein angehörte und der auch Reichardt nahegestanden hatte. In den Jahren 1790/91, als der Kampf um die Durchsetzung des „Allgemeinen Gesetzbuches" seinen Höhepunkt erreichte, hatte Klein auch in der „Berlinischen Monatsschrift" publiziert. In dem Gespräch „Ist es Schuldigkeit oder Gnade, wenn ein Fürst sein Land wohl regiert?"[58] hatte er den Regenten nahegelegt, im eigenen Interesse das Wohl ihrer Untertanen zu befördern. Die naturrechtliche Idee des Vertrages wird mit den rigoristischen Ideen der Kantschen Ethik verknüpft, um zu begründen, daß Gerechtigkeit und Wohlergehen für alle nicht vom willkürlichen Belieben des Fürsten abhängen, seiner „herablassenden Gnade", sondern ihm als strenge Pflicht aufgetragen seien, auch wenn er die Idee des Vertrages nicht akzeptiere und auf sein Gottesgnadentum poche. Mit einem weiteren Aufsatz in der „Berlinischen Monatsschrift" – den „Anmerkungen eines Bürgerlichen über die Abhandlung des Herrn Oberappelationsrathes von Ramdohr, die Ansprüche der Adligen an die ersten Staatsbedienungen betreffend"[59] – hatte er zugunsten des bürgerlichen Leistungsprinzips in die hier geführte Debatte um die Privilegien des Geburtsadels eingegriffen, ein Thema, das auch noch die Zeitschrift „Deutschland" beschäftigt. Klein stellt als Autor von „Deutschland" ein wichtiges Bindeglied zu den Foren der preußischen Aufklärung (Mittwochsgesellschaft, „Berlinische Monatsschrift") mit ihren praktischen Reformvorhaben dar.

In „Deutschland" ist Klein mit knappen, aber gewichtigen Beiträgen vertreten, über die noch zu sprechen sein wird. Es sind dies: „Merkwürdige Rechtssprüche der hallischen Juristenfakultät"[60], ein Auszug aus den fünfbändigen „Merkwürdigen Rechtssprüchen der Juristenfakultät zu Halle", die in Berlin 1796 bis 1802 im Verlag Friedrich Nicolais herauskamen. Klein verteidigt darin mit bissigen Gleichnissen auf Zensurrepressalien die Freiheit von Rede und Schrift. Ferner der Aufsatz „Über das Verhältniß der gesetzgebenden und richterlichen Gewalt"[61], in dem er, Montesquieu modifizierend, für eine Trennung der legislativen und exekutiven Gewalt eintritt und sich besonders gegen landesherrliche Einmischung in die Rechtsprechung wendet. Zu erwähnen ist noch eine für die in „Deutschland" verfochtene Haltung signifikante Rezension zu einem Buch Karl von Dalbergs „Von Erhaltung der Staatsverfassungen"[62].

Wie einst Klein, der 1791 als Universitätslehrer nach Halle gewechselt hatte, war auch Kaspar Friedrich von Schuckmann ein hoher Verwaltungsbeamter in preußischen Diensten. Schuckmann, einer der ältesten Berliner Freunde Reichardts, dem Kreis um die Justizreformer zugehörig und aufklärerischen Ideen zugewandt, war 1779 als Referendar zum Berliner Kammergericht gekommen. Ab 1786 hatte er in Schlesien wichtige administrative Ämter bekleidet und in dieser Eigenschaft auf ökonomische Mißstände in den dortigen Gebieten hingewiesen. Im März 1795 war er auf Betreiben von Hardenbergs und Alexander von Humboldts (damals Oberbergrat in Bayreuth) zum Präsidenten der Bayreuther Kammer ernannt worden. Im April 1796 kam die gleiche Funktion für Ansbach hinzu. Hier geriet er in die politischen Spannungen zwischen den divergierenden, oft konträren Ansprüchen kleiner deutscher Territorialfürsten und Preußens. Ihm wird das „Schreiben eines Reisenden an seinen Freund in H** über Nürnbergs gegenwärtige Lage"[63] zugeschrieben, das die sozialen Hierarchien und Widersprüche eines erzkonservativen patrizischen Stadtregimes aufdeckt. Der dort herrschenden Mißwirtschaft konfrontiert Schuckmann die Vorzüge der zentralistischen preußischen Verwaltungsorganisation, die er zur ökonomischen Sanierung Nürnbergs empfiehlt und die er bei der Reorganisation der Verwaltung in den fränkischen Gebieten einzuführen bemüht war. Schuckmanns gemäßigt reformerische Orientierung ließ ihn später – ab 1810 – als Verantwortlichen für Handel und Gewerbe, für Kultus und Unterricht im preußischen Innenministerium an der Errichtung der Universitäten von Berlin und Breslau teilhaben und Verordnungen zur Handels- und Gewerbefreiheit durchsetzen. Er entwarf 1811 im Auftrag Hardenbergs Edikte zur Bauernbefreiung. In seiner mehr als fünfzigjährigen Tätigkeit im preußischen Staatsdienst gelangte er 1818 als Polizeichef allerdings auch in den „Ministerialausschuß für demagogische Umtriebe" und bezeichnete so in seiner eignen widersprüchlichen Karriere Grenzen und Ende der preußischen Reformen.

Zu Reichardts Beiträgern aus preußischem Gebiet zählte ferner der berühmte Altphilologe Friedrich August Wolf, 1789 von dem liberalen Kultusminister Zedlitz an die Universität Halle berufen, seit 1792 befreundet mit Wilhelm von Humboldt, mit dem er in Mußestunden das Studium antiker Literatur betrieb und dessen Bildungsideal, das maßgeblich für die klassische Ausrichtung der preußischen Gymnasien im 19. Jahrhundert werden sollte, er nachhaltig beeinflußte. Wolf, der als Begründer der Altertumswissenschaft gilt, hatte 1795 durch seine „Prolegomena ad Homerum" für Aufsehen und für eine Debatte in Schillers „Horen" gesorgt, indem er die „Ilias" und „Odyssee" als historisch weit auseinanderliegende Werke mehrerer Verfasser interpretierte, die erst Jahrhunderte nach dem legendären Homer schriftlich fixiert worden seien. In „Deutschland" führt er eine zähe und langatmige briefliche Polemik[64] mit seinem einstigen Göttinger Lehrer Christian Gottlob Heyne, gleichfalls ein Altphilologe von Rang, der in bezug auf Homer ähnliche Überlegungen angestellt hatte. In zum Teil kleinlicher Weise beanspruchte jeder der beiden die Priorität der wissenschaftlichen Entdeckung. Die große Bedeutung beider Gelehrten – nicht nur für die Erforschung antiker Literatur und Kunst – liegt auf methodischem Gebiet. Indem sie die reale in Gestalt der politischen Geschichte, die Gesetzgebung und Verfassungen in ihre Darlegungen einbezogen und deren Zusammenhang mit Blüte oder Niedergang der Literatur aufdeckten, indem sie ihre Fachdisziplin zur Kulturgeschichte im besten Sinne erweiterten, entwickelten sie deterministische Ansätze für die Literaturgeschichtsschreibung insgesamt. Die wechselseitige Verknüpfung von literarisch kulturellen und politischen Prozessen prägte u. a. Friedrich Schlegels frühe glanzvolle Analysen antiker griechischer Literatur, von denen er bereits in „Deutschland" mit dem Aufsatz „Über die Homerische Poesie" ein überzeugendes Beispiel gab.

Aus dem Kreis der Hamburger Vertrauten steuerten namentlich Johann Georg Büsch und Christoph Daniel Ebeling Nachrichten bei. Sie waren gemeinsame Herausgeber der dreibändigen, 1784 bis 1797 in Hamburg erschienenen „Handlungsbibliothek". Der Publizist Büsch, ursprünglich Theologe, seit 1756 Mathematiklehrer am Hamburger Gymnasium, hatte 1767 eine Handlungsakademie gegründet, deren Ruf bald über die Grenzen der Stadt drang und deren Schüler beispielsweise der schon erwähnte Georg Heinrich Sieveking war. Ausgedehnte Reisen durch das fortgeschrittene West- und Nordeuropa, durch England, Holland, Schweden, das reformfreudige Dänemark, natürlich auch durch Deutschland weiteten Büschs Horizont und weckten sein spezielles Interesse für politische und ökonomische

Fragen. 1784 hatte er in Hamburg drei Bände „Schriften über Handlung und Staatswirtschaft" veröffentlicht. Als Sachwalter der wirtschaftlichen Belange des vermögenden hanseatischen Handelsbürgertums, das während der Kriegswirren den einträglichen Seehandel mit Frankreich an sich gezogen hatte wie zuvor während des amerikanischen Unabhängigkeitskrieges den ebenso profitablen Handel mit Übersee, votierte er – wie der jakobinische Publizist Georg Friedrich Rebmann – für die politischen Rechte der norddeutschen Hansestädte und ihren relativ autonomen Status gegenüber dem deutschen Reich, vor allem gegenüber Preußen. Die Dringlichkeit dieser Frage war angesichts der 1793 von Preußen geäußerten Interventionsdrohungen und seiner Hegemonieansprüche evident. Im Jahre 1796 – zur Zeit des Erscheinens von „Deutschland" – hatte Büsch gleich drei diesbezügliche Schriften publiziert, darunter die in „Deutschland" gekürzt wiedergegebene[65] „Auf Thatsachen gegründete Erörterung der Frage: Darf Hamburg und dürfen die Hansestädte den französischen Gesandten in den jetzigen Zeitumständen anerkennen?" (Altona 1796). Diese Frage, die Büsch bejahte, erwies sich in doppelter Hinsicht als hochaktuell. Nach den von Preußen und Hannover im Februar 1793 angezettelten Querelen um den französischen Gesandten Lehoc ging es nun um den französischen Diplomaten deutscher Herkunft Karl Friedrich Reinhard. Dieser war 1787 als Hauslehrer nach Frankreich gekommen, seit März 1792 im Dienst des auswärtigen Departements der girondistischen Regierung tätig, mit Reichardts langjährigem Freund Schlabrendorf, mit den deutschen, in Paris lebenden Revolutionsanhängern Konrad Engelbert Oelsner und Georg Kerner freundschaftlich verbunden und hatte sich zur Französischen Revolution über alle ihre Etappen und auch über die Wechselfälle seines eigenen Lebens hinweg bekannt. Reinhard war maßgeblich beteiligt an der Vorbereitung des Baseler Separatfriedens zwischen Frankreich und Preußen und an dem wenig später, am 17. Mai 1795, geschlossenen Vertrag über die norddeutsche Neutralitätslinie, die auch die Hansestädte Hamburg, Lübeck und Bremen einschloß. Am 29. Juni 1795 war er zum Gesandten der französischen Republik bei diesen drei Hansestädten ernannt worden. Der ängstliche Hamburger Senat aber – in Erinnerung an den von Preußen 1793 ausgeübten Druck – hatte Reinhards Anerkennung verweigert. Dieser mußte vorübergehend nach Bremen ausweichen. Es bedurfte diffiziler und subtiler Unterhandlungen Sievekings in Paris, um das ob dieser diplomatischen Brüskierung gekränkte Direktorium zu beschwichtigen und Reinhard 1797 auch daheim die offiziöse Anerkennung zu erwirken. Büsch hatte sich – wie Sieveking auf der diplomatischen – auf der publizistischen Ebene der Sache angenommen, indem er ganz bürgerlich pragmatisch die politische Unabhängigkeit Hamburgs als notwendig für den Hamburger Seehandel und die in europäischem Ausmaß bedeutende Hamburger Bank darstellte und gewinnträchtiges Geschäft vor militärischer Konfrontation rangieren ließ. Im Jahre 1798 wehrte Büsch abermals mit der Schrift „Die politische Wichtigkeit der Freiheit Hamburgs, Bremens und Lübecks für das handelnde Europa" feudales Vormachtstreben der größeren deutschen Territorialstaaten ab.

Der vielseitig begabte und tätige Christoph Daniel Ebeling, ab 1770 Lehrer an Büschs berühmter Handlungsakademie, ab 1784 Professor für Geschichte und griechische Sprache am Hamburger Gymnasium, Verfasser hochgeschätzter Rezensionen über Musik, Übersetzer des ersten Teils von „Burneys Tagebuch einer musikalischen Reise ...", Inhaber einer 4000 Bände umfassenden Landkartensammlung, war Herausgeber einer „Amerikanischen Bibliothek" (Stück 1–4, 1777/78) und einer „Neuen Sammlung von Reisebeschreibungen" (10 Teile, Hamburg 1780–1790). Er bereicherte das Journal „Deutschland" mit Auszügen[66] aus seiner „Erdbeschreibung und Geschichte von Amerika", deren erster Band 1793 als 13. Teil von Anton Friedrich Büschings „Neuer Erdbeschreibung" herauskam. Sie besticht und fesselt nicht nur durch die der neuen Methode der Statistik (als umfassender Länderkunde) geschuldeten genauen geographischen, die gründlichen politischen und ökonomischen Kenntnisse, durch vielfältige kulturgeschichtliche Angaben, sondern auch durch aufmerksame Beobachtung und plastische Wiedergabe der sozialen Verhältnisse in den nordamerikanischen Staaten. Der nordamerikanische Unabhängigkeitskrieg kommt als Prozeß gesellschaftlicher Revolutionierung in den Blick, der den Menschenrechten zur

Geltung verhalf und die Mängel deutscher Verhältnisse kritisch ins Bewußtsein der Zeitgenossen hebt, zugleich jedoch neue gesellschaftliche Widersprüche zwischen Armen und Reichen produziert.

Zum Kreis der Hamburger Autoren zählt mit hoher Wahrscheinlichkeit auch Christian Reinhard[67], der jüngere Bruder des schon erwähnten französischen Gesandten, der sich mit diesem gemeinsam in Hamburg aufhielt. Er verfaßte die „Briefe über die Kantische Philosophie"[68], in denen er die Moralphilosophie Kants zum Teil recht eigenwillig auslegte. Wie sein Bruder Karl Friedrich Reinhard (der während der Hamburger Zeit Kants philosophischen Traktat „Zum ewigen Frieden" übersetzte und an den girondistischen Politiker Sieyès sandte, der auch als vermutlicher Adressat der „Briefe" gilt) war er fasziniert von Kants Idee der sittlichen Autonomie des Menschen, die ihn als moralisches Wesen der Wirkung der Naturgesetze ebenso entrhebt wie der gesellschaftlichen Zwänge; die ihn als Selbstzweck politische Mündigkeit und eine Freiheit lehrt, die er nur zugunsten der gleichen Rechte anderer einzuschränken hat. Diese bürgerlich liberale Folgerung aus Kants Ethik[69] hatte auch bereits Ernst Ferdinand Klein gezogen und darum bekennen können, wie sehr sich Kants moralische Grundsätze mit seiner Freiheitsauffassung und seinem Naturrecht vertrügen.[70] Reinhards „Briefe", teilweise einförmig und umständlich, erlangen im Spektrum von „Deutschland" dadurch Gewicht, daß sie den hommes politiques in Frankreich Kants Philosophie vermitteln und ferner durch eine typische Eigenart der popularphilosophischen Rezeption Kants: Sein philosophisches System, das den Zeitgenossen große Mühen bereitete, wird auch hier übergangen. Seine Erkenntnistheorie wird sensualistisch ausgelegt[71] und nur ihre eine Seite – der empirische Weg der Erkenntnis – betont.

Die unterschiedlichen lokalen Gruppen der Mitarbeiter, hochrangige Beamte in der preußischen Administration, Universitätslehrer und philosophisch gebildete, schöngeistig ambitionierte Kaufleute, trafen sich im gemeinsamen Interesse an Reformen und Neuerungen. Schon in der Vergangenheit hatten sie in tatkräftigen Unternehmungen auch praktische Berührungspunkte gefunden. Waren doch Sieveking und Büsch als Vertreter der Hansestädte von Svarez und Klein bei der Ausarbeitung des „Allgemeinen Gesetzbuches für die preußischen Staaten" Anfang der neunziger Jahre als Konsulenten hinzugezogen worden. Dieser Mitarbeiterkreis verbürgte der neuen Zeitschrift ein weites Spektrum und bestimmte ihr politisches Profil.

Als Vertreter einer neuen Literatengeneration gesellten sich noch die jungen Romantiker – die Brüder August Wilhelm und Friedrich Schlegel und Wilhelm Heinrich Wakkenroder – zu den Autoren von „Deutschland".

Die überwiegende Mehrzahl der weltanschaulich konzeptionellen Beiträge – wie auch ein großer Teil der Äußerungen zu aktuellen Themen und der Rezensionen – stammt aus Reichardts eigener Feder, der dadurch das Journal entscheidend prägt.

Gleich der Eröffnungsbeitrag setzt mit definitiven weltanschaulichen Vorgaben von deutlicher Kontinuität zu Reichardts vorangegangenen Schriften wichtige Akzente. Er macht realistisch gemäßigte, vermittelnde und bürgerlich liberale Züge in Reichardts politischer Haltung deutlich. „Sicherheit" wird zum bestimmenden positiven Wert, der entschlossen dem „Despotismus" entgegengesetzt wird. Der Begriff des Despotismus behält auch hier eigentümliche Doppeldeutigkeit. Ist er doch nicht nur gegen die Willkür feudalabsolutistischer Herrscher und Machtinstitutionen gerichtet, sondern gegen jedweden unbegrenzten Herrschaftsanspruch, von wem und in wessen Interesse dieser auch immer erhoben werden mag. Darin spiegeln sich Skepsis und Beunruhigung angesichts der nachthermidorialen Entwicklung, in der die Früchte der Revolution von profitgierigen Gewinnlern und korrupten Emporkömmlingen bedroht sind. Daß die Jakobiner mit allem Blutvergießen das Entstehen neuer Formen von Privilegien und Knechtschaft nicht hatten verhindern können, stellte ihre Legitimität in Reichardts Augen nachträglich in Frage und ließ grundsätzliche Vorbehalte gegen die Zweckmäßigkeit gewaltsamer Mittel gesellschaftlicher Umgestaltung aufkommen, unabhängig von Ort und Umständen ihrer Anwendung. So richtet sich das Verdikt über den Despotismus gegen Machtansprüche von oben *und* unten. Indem es eventuelle Forderungen auf politisches Mitspracherecht und auf Teilhabe an Regierungsgewalt auch seitens der unteren sozialen Schichten zurückweist, bekundet es eine genuin bürgerliche Position. Als einziges zweckdienliches Mittel gegen diese Gefahr einer doppelten Unterwerfung erscheint die behutsame Umwandlung gegebener Strukturen.[72] Risikomüdigkeit, die Furcht vor der Freisetzung unberechenbarer zerstörerischer Kräfte überdeckt hier sogar das Wissen um die Notwendigkeit von Veränderungen.

Der formale Charakter des Despotismusbegriffs wird noch durch die, ebenfalls im spätaufklärerischen Denken verwurzelte, moralphilosophische Grundlegung politischen Handelns bei Reichardt verstärkt. Als Ausgangspunkt und Garantie humaner Beschaffenheit gesellschaftlicher Verhältnisse und Beziehungen der Menschen gilt ihm die Sittlichkeit des Einzelnen. Dessen stete moralische Vervollkommnung bildet das Instrumentarium, um auch in der gesamten Gesellschaft den Qualitätsumschlag zum Besseren zu bewirken. Mittel dieser Wandlung ist die Kunst – eine Konstante in Reichardts Weltanschauung; war doch schon im „Musikalischen Kunstmagazin" der Musik unter anderem bändigende Macht gegenüber Chaos und Gewalt zugedacht. In der Zeitschrift „Deutschland" dehnt Reichardt das auf alle großen Kunstwerke aus, die wirksamere Bildner der Menschen und Zügel ihrer Sitten seien „als alle Systeme der Moral".[73] Die Bindung der Politik an die Moral, wie sie auch sonst in Reichardts politischer Publizistik, so im Journal „Frankreich", gefordert wird, erfüllt eine doppelte Funktion. Das zeigt sich besonders in der erneuten Rezeption der Kantischen Ethik, von deren Prinzipien und Kategorien der gesamte Artikel durchdrungen ist. Einerseits bezeugt das Beharren auf moralischer Autonomie, d. h. auf sittlicher Selbstbestimmung der Menschen, die antifeudale Stoßrichtung dieser moralphilosophischen Fundierung gesellschaftlich relevanten Handelns. Hatte sich doch gerade die Sphäre der Politik, besonders was die Machtmechanismen der feudalabsolutistischen Staatsmaschinerie betraf, als Sphäre der Unterwerfung, des Fremdbestimmtseins und Unberechenbaren erwiesen. Das legte eine theoretische Begründung von Politik außerhalb des Politischen nahe,[74] das Ausweichen auf ein gesichertes gedankliches Fundament, das von den Repressionen der herrschenden politischen

Gewalten nicht berührt werden konnte. Andererseits galt jedoch das Merkmal des bedrohlich Unkalkulierbaren ebenso für die politischen Aktionen der Beherrschten, sofern sie gewaltsamen und massenhaften Charakter annahmen und in ihren Äußerungsformen den Zeitgenossen wie eine übermächtige Naturgewalt erschienen. Die anthropologische Verankerung sozialen Fortschritts in der Sittlichkeit der Individuen schließt so auch quietistische Konsequenzen ein, die sich in Reichardts publizistischem Spätwerk – den „Wiener Briefen" von 1808/09 – zur Empfehlung hausbacken genügsamer Untertanenseligkeit erweitern.[75]

In der moraltheoretischen Begründung gesellschaftlichen Handelns überwiegt jedoch die Polemik gegen die geistig-sittliche und damit politische Versklavung der Menschen durch die Mächte der Vergangenheit,[76] der typisch bürgerliche aufrüttelnde Appell an die Aktivität der Einzelnen. Das findet seine, in der historischen Perspektive gesehen, zukunftweisende Entsprechung in der praktischen Zielstellung dieses moralischen Aufrufs zu gesellschaftlich verantwortlichem Denken und Tun: eine Reformierung der feudalständischen Gesellschaft im bürgerlichen Interesse, wie sie nach 1806 konkrete geschichtliche Gestalt gewann. Mit diesen in „Deutschland" propagierten weltanschaulich politischen Grundsätzen, die an ein wesentliches Merkmal speziell der Berliner Spätaufklärung anknüpfen, befindet sich Reichardt genau auf diesem Wege – mag das auch gängigen literarhistorischen Vorstellungen widerstreiten, die stärker seine jakobinischen Züge hervorheben. Die deutschen „Jakobiner", nicht zufällig Repräsentanten vor allem des *literarischen* Lebens, anders als in Frankreich Akteure oder Aktionswillige ohne jede Massenbasis und ohne jegliche politische Macht, mußten sich, sofern und gerade weil sie praktische Wirksamkeit anstrebten, auf die in deutschen Territorien tatsächlich bestehenden Möglichkeiten einstellen. Die Orientierung am Gegebenen als dem veränderungsbedürftigen, aber auch veränderungsträchtigen Ausgangspunkt aller seiner Überlegungen äußert sich bei Reichardt als Vertrauen in die dynamische Kraft der Wirklichkeit, das manche Widersprüche zu seinem entschiedenen Republikanismus in diesen Jahren zeitigt. Sie trägt ihm von seiten des radikal utopischen Friedrich Schlegel den Vorwurf des Ökonomismus, Illiberalismus und Aufklärungsberlinism ein[77] und bildet den tieferen Grund des späteren Bruchs zwischen beiden.

Der Rekurs auf das historisch real Mögliche verbindet Reichardt aber auch mit den konzeptiven Ideologen systemverändernder Reformen wie Wilhelm von Humboldt, einer ihrer herausragendsten weltanschaulichen und praktisch tätigen Sachwalter; eint ihn mit August Ludwig Schlözer, dem Mittler zwischen spätaufklärerischem deutschem Naturrecht und bürgerlich liberalem Reformdenken, dessen Auffassungen in „Deutschland" in den vier „Gesprächen über Schlözers Staatsgelahrheit" als beispielhaft vorgestellt werden. Schlözer war in den Jahren 1771 bis 1775 in Göttingen der Universitätslehrer des jungen Reichsfreiherrn vom Stein gewesen, dessen Anschauungen er maßgeblich prägte und der nach 1806 eben jenes von liberalen Teilen des Adels und Bürgertums lange erstrebtes Reformwerk maßgeblich betreiben sollte. Reichardt befreundete sich 1806 in Memel auf seiner Flucht vor den anrückenden napoleonischen Truppen mit Stein – eine keineswegs zufällige persönliche Bindung, die auf gemeinsamen Interessen und Anliegen beruhte.

Wenn Reichardt in „Deutschland" Verbesserungen im Politischen an den Willen und die sittliche Verantwortung des Einzelnen bindet, so ergeben sich daraus Möglichkeiten einer geschichtsphilosophischen Verankerung seiner politischen Auffassungen und damit bedeutsame Parallelen zu klassischen Konzepten dieser Zeit. Die „Veredlung" des inneren, des sittlichen Menschen als entscheidende Vorbedingung gesellschaftlicher Veränderung zum Besseren durchzieht leitmotivisch das Journal. Erst auf diesem gemeinsamen zeitgeschichtlichen und weltanschaulichen Hintergrund entfalten sich die Differenzierungen und Gegensätze der literarischen Gruppierungen der Epoche.

Die tragenden Ideen in „Deutschland" widerlegen ein zählebiges Vorurteil der literaturgeschichtlichen Forschung, wonach zwischen politisch operativer Literatur und solcher mit ästhetisch-geschichtsphilosophischer Ausrichtung wie der klassischen eine unüberbrückbare Kluft bestanden habe und wonach Reichardts politische Haltung schlechthin als

Revolutionsenthusiasmus gilt. Gerade in seinem Falle sind die Grenzen zwischen politisch operativer und ästhetisch-geschichtsphilosophischer Tendenz fließend. Besonders die Rezeption von Schillers „Horen" in Reichardts „Deutschland" bestätigt das.

Wenn man das Programm beider Zeitschriften vergleicht, läßt sich zunächst kaum ein größerer Kontrast denken. In der Vorrede der Herausgeber von „Deutschland" rangieren „politische Gegenstände und bürgerliche Verhältnisse" an erster Stelle.[78] Literatur und Kunst sind mit Blick auf gesamtgesellschaftliche Zustände einbezogen: „Deutsche Länder und Städte, Deutsche Menschen aller Art, Deutsche Verfassung und Regierungen, Deutsche Kultur und Sitten, Deutsche Literatur und Künste –: dies sind die Gegenstände, mit welchen diese Zeitschrift sich ganz ausschließlich beschäftigen wird."[79] Schon die Charakteristik der Mitarbeiter hatte das breite, Poesie und Ästhetik weit überschreitende thematische Spektrum von „Deutschland" belegt. Während Reichardt sich entschieden zum politischen Tagesgeschehen als seinem publizistischen Sujet bekennt, ohne – gemäß früheren literarischen Intentionen – die sittlich bildende Rolle der Künste auszuschließen, ist im Programm der „Horen" ein konträr wirkendes Anliegen formuliert. Ihre Herausgeber wollten sich bekanntlich „alle Beziehungen auf den *jetzigen* Weltlauf und auf die *nächsten* Erwartungen der Menschheit" versagen und sich in Hinsicht auf die strittigen politischen Tagesangelegenheiten strenges Stillschweigen auferlegen.[80]

Dieser im Programm fixierte Gegensatz hinderte Reichardt nicht, die „Horen" mit zwar unterschiedlicher Reaktion, aber mit anhaltendem Interesse vor allen anderen führenden Periodika der Zeit zu favorisieren. Bezeichnend ist das Widersprüchliche dieser Rezeption. Heftige Angriffe richtet er gegen konservative politische Tendenzen in den „Horen". So werden gleich im ersten Heft von „Deutschland"[81] Goethes „Unterhaltungen deutscher Ausgewanderten" empört attackiert. An den Vorwurf, daß sich der Autor – in welchem Reichardt Schiller vermutet – nicht an den vorgegebenen Grundsatz der „Horen" gehalten habe, über die aktuellen Probleme Stillschweigen zu bewahren,[82] schließt sich eine politisch motivierte Polemik. Sie rügt des Verfassers Voreingenommenheit gegen die Französische Revolution und bezichtigt ihn, ein Parteigänger von Adelswelt und Adelsstolz zu sein, der nur Vertreter niederer Schichten und einen unbesonnenen jungen Adligen, das Idol koketter Stubenmädchen, die französische Sache verfechten lasse.[83] Die Kritik endet mit einem vernichtenden Urteil über des Autors dünkelhaftes Verhältnis zur Masse des deutschen Lesepublikums.[84] Dieser Angriff löste heftige Kontroversen aus. Er sollte über zeitweilige private Animosität hinaus eine literarische Fehde forcieren, die dann in den „Xenien" ihren Höhepunkt fand.[85] Dieser als „Xenienstreit" in die Literaturgeschichte eingegangene Zwist ist in „Deutschland" durch Reichardts „Erklärung des Herausgebers an das Publikum über die Xenien im Schillerschen Musenalmanach 1797" dokumentiert.[86]

Die „Horen" werden jedoch in Reichardts „Deutschland" keineswegs durchgängig negativ aufgenommen.[87] Bei allen Differenzen finden sich symptomatische und zeittypische Berührungspunkte im Weltanschaulich-Grundsätzlichen, die über den politischen Gegensätzen bislang vernachlässigt wurden; und nicht einmal die politischen Ansichten waren in allen Stücken diametral – hatte doch Goethe in seinem Drama „Die natürliche Tochter" durchaus die Meinung Reichardts und vieler anderer Zeitgenossen geteilt, daß moralische Verderbnis und Unvernunft der Mächtigen die Revolution in Frankreich heraufbeschworen hätten. Bei diesen Analogien ist ein Mechanismus wirksam, wie ihn Goethe in den „Tag- und Jahresheften" in bezug auf Jacobi und andere ihm einst Nahestehende beschreibt: „Dem besten Teil der Nation war ein Licht aufgegangen, das sie aus der öden, gehaltlosen, abhängigen Pedanterie als einem kümmerlichen Streben herauszuleiten versprach. Sehr viele waren zugleich von demselben Geist ergriffen, sie erkannten die gegenseitigen Verdienste, sie achteten einander, fühlten das Bedürfnis, sich zu verbinden, sie suchten, sie liebten sich, und dennoch konnte keine wahrhafte Einigung entstehen. Das allgemeine Interesse, sittlich moralisch, war doch ein vages, unbestimmtes, und es fehlte im ganzen wie im einzelnen an Richtung zu besondern Tätigkeiten. Daher zerfiel der große unsichtbare Kreis in kleinere, meist lokale, die manches Löbliche erschufen und hervorbrachten; aber eigentlich isolierten sich die Bedeutenden immer mehr und mehr."[88]

Die von Goethe an gleicher Stelle geschilderte Lebensstimmung, die ihn angesichts des „fürchterlichen Zusammenbrechens aller Verhältnisse"[89] befiel, liegt als Ablehnung gesetzloser Zustände, als Scheu vor gewaltsamen sozialen Erschütterungen und als Sehnsucht nach harmonischen Lebensumständen jenen literarischen Produktionen in Reichardts „Deutschland" zugrunde, die – wie „Brave Tirolermenschen" und „Die Hochzeitsfeier, ein kleines Gemälde aus dem häuslichen Leben" – die zerbrechliche Idylle friedvoll begrenzter Häuslichkeit beschwören.

Parallelen im Weltanschaulich-Grundsätzlichen bekunden sich im ersten Stück von „Deutschland" in Reichardts ausführlicher Wiedergabe des „Horen"-Programms und der zustimmenden Würdigung von dessen betont ästhetisch-geschichtsphilosophischer Orientierung.[90] Schillers Briefe „Über die ästhetische Erziehung des Menschen" finden wegen ihrer Übereinstimmung mit Auffassungen Reichardts beifällige Aufmerksamkeit, wenn er auch für ein endgültiges Urteil erst ihr vollständiges Erscheinen abwarten will.[91] Der durch die Rezeption von Kants Ethik verstärkte geschichtsphilosophische Einschlag auch in Reichardts Reformvorstellungen hatte seinen Blick für die Idee der ästhetischen Erziehung geschärft.

Das wird bekräftigt durch die geradezu enthusiastische Resonanz, die ein Aufsatz des mit Schiller befreundeten und als sein Jenenser Amtsnachfolger wirkenden Historikers Karl Ludwig Woltmann findet. Dieser hatte im 5. Stück des zweiten Bandes der „Horen" einen „Beitrag zu einer Geschichte des französischen Nationalcharakters" veröffentlicht, der durchaus als ein ergänzendes Seitenstück zu den Briefen „Über die ästhetische Erziehung" zu lesen ist. Der Aufsatz wird fast gänzlich referiert und in langen Passagen zitiert. Reichardt findet darin das ausgesprochen, was ihn bewegt und was das „Interesse des Tages" – nämlich die aktuellen und bedrängenden politischen Fragen – mit den großen Angelegenheiten der Menschheit – ihrer sittlich kulturellen Entwicklung als Gattung – aufs glücklichste vermittelt. Was Reichardt an Goethes „Unterhaltungen" scharf getadelt hatte, hebt er an diesem Aufsatz als eminenten

Vorzug hervor: nämlich daß er – mit Anspielung auf Formulierungen des „Horen"-Avertissements – „in so mancher Rücksicht *das Lieblingsthema des Tages* und *die nächsten Erwartungen der Menschheit* betrifft"[92]. Reichardt wähnte hier eine Antwort auf die anstehenden Epochenprobleme artikuliert, die seiner eigenen konzeptionellen Linie entsprach.

Was ihn vor allem an diesem Aufsatz bestach, war die politische und soziale Konkretisierung der Schillerschen Utopie eines durch ästhetische Erziehung gestifteten völlig gleichen Bundes zwischen Vernunft und Sinnlichkeit, deren Autonomie und Gleichberechtigung poetisch antizipatorische Metapher einer freien, von Repressionen jedweder Art unbelasteten politischen und gesellschaftlichen Daseinsweise der Menschen war. Diese Konkretisierung wies voll historischen Vertrauens in die Ereignisse in Frankreich Wege, die aus den revolutionären Wirren entstandenen Gefahren zu überwinden; sie gab zugleich der Spezifik deutscher Entwicklung eine geschichtliche Chance, indem sie in die triumphale Zukunftsvision eines freiheitlichen fränkisch-deutschen Universalstaates mündet, in deren Lobpreis Reichardt begeistert einstimmt. Mit dem Konsens, den Reichardt in bezug auf Woltmanns Ideen bekundet, schließt sich der Kreis zum sozialpädagogischen Grundgedanken seiner früheren musikkritischen Publizistik.

In diesem Zusammenhang erlangt eine weitere Idee der „Horen" Gewicht für das weltanschauliche Selbstverständnis der Herausgeber von „Deutschland". Woltmann hatte, als er die unterschiedliche Rolle der Franzosen und Deutschen in der Menschheitsgeschichte erwog, nach dem „weltbürgerlichen Wert"[93] beider Nationen gefragt, nach ihrer jeweiligen historischen Mission im Prozeß humanen Fortschritts der Gattung. Indem er die Spezifik der deutschen Entwicklung dabei als weltgeschichtlichen Vorzug faßte, hatte er ein ausgeprägtes Bewußtsein dessen bewiesen, was Marx später als die philosophische Zeitgenossenschaft der Deutschen in dieser Periode kennzeichnen sollte[94] – das Bewußtsein, mit der Dominanz ästhetisch geschichtsphilosophischer Reflexion nicht nur auf der Höhe der Epochenereignisse, sondern ihnen in mancher Hinsicht voraus zu sein. „Das deutsche Volk", hatte es bei Woltmann geheißen,

„steht in der Mitte Europens, zu wenig eigenthümlich ausgebildet, als daß es nicht jede Entdeckung in den Wissenschaften und Künsten, welches Nationalgepräge sie auch
tragen mag, sich zueignen, und indem es ihr die Nationalindividualität nimmt, mit einem weltbürgerlichen Stempel für
die Menschheit bezeichnen könnte. Deutschland ist gleichsam das Magazin des erhabnen Genius, welcher die Menschengeschichte leitet, in das er die aus allen Gegenden zusammengeholten Schätze niederlegt."[95] Dieser Gedanke
wird in der Zeitschrift „Deutschland" im „Zweiten Gespräch" über Schlözers Staatsgelahrheit aufgenommen und
erläutert ihren in geschichtsphilosophischer Beziehung programmatischen Titel.[96]
So wird ein Nationalbewußtsein artikuliert, das sich – gemäß jener in der Vorrede von „Deutschland" beschworenen
„Rücksicht auf Deutsche Bedürfnisse und Sitten" – aus der
Besinnung auf die den historischen Gegebenheiten entsprechende Spezifik eines deutschen Weges bürgerlicher Emanzipation speist und die ideologische Formierung bürgerlicher Schichten befördert – ein Nationalbewußtsein ohne
jede Borniertheit, das seine Verwurzelung in der weltbürgerlichen Haltung der europäischen Aufklärung bewahrt.
Der Stolz auf die besondere Prädestination zu „philosophischer Zeitgenossenschaft" – als solche zu ästhetischer Kultur und damit zu allmählichem, aber gewissem gesellschaftlichen Fortschritt ohne Anarchie und gewaltsame Zerstörung – ist keineswegs bloße Ideologisierung einer objektiv
mißlichen historischen Situation des deutschen Bürgertums. Die enge Verbindung zwischen Ästhetik und Ge-
schichtsphilosophie einerseits und praktischen Reformbe-
strebungen andererseits erhellt wesentliche Zusammenhänge der deutschen Kunstperiode und entlastet die
klassische Kunsttheorie auch von dem Schein historischer
Unverbindlichkeit.[97]
Reichardts Zeitschrift „Deutschland" entwickelt dort publizistische Eigenständigkeit, wo sich ihr offensiver und entschieden politischer Charakter an brisanten Fragestellungen
erweist.
Reichardts Vorstellungen über die Ziele politischer Reformen sind mit bürgerlich-liberalen und demokratisch-repu-
blikanischen Gehalten besetzt. Die bürgerlich-liberalen

Züge entstammen, soweit sie nicht gängiges Gedankengut der Zeit darstellen,[98] einem speziellen Strang seiner Kant-Rezeption, der sich in der ständigen Bezugnahme auf Kants philosophischen Entwurf „Zum ewigen Frieden" manifestiert, eine Art Programmschrift des Journals „Deutschland". Im Beharren auf „Sicherheit" und „gesetzlicher Freiheit"[99] treffen Reichardts Intentionen mit denen derjenigen hohen Beamten im preußischen Staatsdienst zusammen, die die soziale Trägerschicht der Reformideen bilden und die in „Deutschland" als Autoren durch Ernst Ferdinand Klein, Christian Wilhelm von Dohm und einige ungenannte Verfasser repräsentiert sind.

Ein bürgerlich liberaler Freiheitsbegriff – das Plädoyer für solche Freiheit des Einzelnen, die mit der Freiheit aller übrigen Mitglieder der Gesellschaft bestehen kann – bestimmt einige der wesentlichen Beiträge. Er birgt eine Kampfansage in doppelter Richtung. Im dritten der Gespräche „Über Schlözers Staatsgelahrheit", in dem Schlözers Unterscheidung von bürgerlicher Gesellschaft (die solchen liberalen Prinzipien folgt) und Staat (der hier für den feudalabsolutistischen Staat steht) verhandelt wird, zielt die Forderung nach einer gesetzlich gebundenen Freiheit polemisch auf die Eingriffe einer „vormundschaftlichen Regierung" in die Rechte der Bürger – entmündigende Eingriffe, die „aus der bloßen Natur der Staatsgewalt nicht zu rechtfertigen" seien.[100] Nur für die Sicherung der Bürger gegen Gewalt von außen und innen seien Staat bzw. Herrscher zuständig. Ansonsten könne „in der Regel ein Jeder für sein eigenes Wohl am besten sorgen, und man thut unrecht, wenn man ihm ein Gut aufdringt, welches er nicht haben will"[101]. Zwang will der Gesprächspartner B, der die bürgerlich-liberale Position vertritt, „nur zu Beschützung der allgemeinen Freiheit" angewendet wissen. Der Wohlstand soll – mit deutlicher Abwehr merkantilistischer Übergriffe, wie sie gerade den preußischen Staat charakterisierten – nicht von reglementierenden Maßnahmen der Obrigkeit abhängen, die die Initiativen der Einzelnen begrenzen, sondern „durch Anstalten, woran ein Jeder *nach Belieben*" [Hervorhebung – G. H.] „Antheil nehmen kann"[102]. Ernst Ferdinand Klein unterstützte diesen Standpunkt durch seine staatsrechtliche Argumentation, die in der Forderung nach Trennung der gesetzgebenden und vollziehenden Gewalt und nach Einrichtung juristischer Instanzen gipfelte, die die Rechte der Bürger auch gegen ihre Herrscher sichern sollten.[103] Zugleich hatte Klein im Anschluß an Kant, der im Traktat „Zum ewigen Frieden" auch der Demokratie und Volksherrschaft eine Tendenz zum Despotismus unterstellte, auf die Gefahren hingewiesen, die aus bürgerlich-liberaler Sicht die Macht großer Volksversammlungen barg.

Dem bürgerlich-liberalen Staatsmodell gemäß wird im Journal „Deutschland" Freiheit mit Sicherheit des Eigentums gekoppelt, indem Freiheit als ungestörte Verfügung über Eigentum interpretiert wird.[104] Denn das Recht auf Eigentum verwirklicht sich nicht als müßiges Schwelgen im passiven Genuß eines Besitzes, sondern unverkennbar bürgerlich als Resultat eines aktiven Weltverhältnisses, das sich in der vollen Entfaltung aller persönlichen Kräfte und Fähigkeiten bekundet. Dementsprechend hatte Reichardt z. B. in der Erzählung „Brave Tirolermenschen" die Erziehung des kleinen Wilhelm ganz auf produktive Tätigkeit abgestellt. Die in „Deutschland" verfochtenen Prinzipien folgen damit zum Teil einer weltanschaulich philosophischen Linie, die von Humboldt zu Hegel verläuft. Schon Humboldt hatte in den „Ideen" Energie und praktische Wirksamkeit zur höchsten menschlichen Tugend erklärt, die er an das Eigentum als tätig angeeignetes band.[105] Humboldt nahm damit eine klassische Formel bürgerlichen Selbstbewußtseins vorweg, die in Hegels „Phänomenologie des Geistes" das Herr–Knecht-Verhältnis zugunsten des Knechts entscheidet, der durch die Arbeit Herrschaft über die Umwelt und damit geschichtliche Überlegenheit gewinnt, während der Herr durch bloßen Genuß unselbständig und den Dingen ausgeliefert bleibt.[106]

Schon 1784 hatte Kant in seinem für die „Berlinische Monatsschrift" verfaßten Aufsatz „Beantwortung der Frage: Was ist Aufklärung?" als Pflicht des Monarchen jene Negativität, d. h. jene Nichteinmischung in die ökonomischen und anderen existentiellen Privatangelegenheiten der Untertanen – bei Gewährleistung ihrer generellen leiblichen Sicherheit –, bestimmt, die Humboldt dann 1791/92 in den „Ideen" zum Zweck des Staates überhaupt, d. h. jeder Regierungsform erklärte. Kant als aufklärerischer Autor hatte diese Problematik jedoch einem speziellen Anliegen zugeordnet: er hatte daraus das Recht der Bürger auf Freiheit des Denkens und dessen ungehinderte Äußerung gefolgert, ganz besonders hinsichtlich ihrer religiösen Auffassungen.[107] Allerdings hatte er dabei auch ihre Loyalität als Glieder eines gegebenen politischen Gemeinwesens gegenüber dessen Regierungsgewalt als selbstverständlich vorausgesetzt. Zu diesem Behuf hatte er zwischen dem *„öffentlichen Gebrauch"* der Vernunft, den er dem Gelehrten und Schriftsteller zur Pflicht macht,[108] und ihrem privaten Gebrauch, der den Inhaber eines Amtes oder Postens im Staatsdienst betrifft, was ihm als Sachwalter von Regierungsinteressen das „Räsonieren" verbiete, unterschieden. Das Grundmuster dieser bürgerlich-liberalen Argumentation kehrt in „Deutschland" in den thematisch einschlägigen Beiträgen wieder, die die Möglichkeit einer nicht durch Rücksichten auf Staatsräson verstümmelten öffentlichen Meinungsbekundung verfechten. Kants Trennung von notwendigem öffentlichem Gebrauch der Vernunft und der durch Obrigkeit einschränkbaren Mitsprachebefugnis staatlicher Amtsträger erscheint hier im wiederholt zitierten Schlözerschen Gedanken der „freiwilligen Stände".[109] Diese „freiwilligen Stände" – Schriftsteller und Gelehrte – sollten ohne Furcht vor Restriktionen zur öffentlichen Kritik der Regierenden ermächtigt sein und ein sachkundiges Gegengewicht gegen Tendenzen zum Despotismus bilden, um politische Fehler zu vermeiden oder zu korrigieren, die Ausbrüche von Gewalt und Anarchie seitens der Beherrschten veranlassen könnten.

In der Schrift „Zum ewigen Frieden" hatte Kant das Prinzip der Selbstbestimmung nicht nur für ein gedeihliches Zusammenleben der Staaten und Völker, sondern auch der Einzelnen geltend gemacht.[110] Damit wurde die ideell-moralische Kompetenz der Gebildeten hinsichtlich politischer Vorgänge und Handlungen, wie sie in der Vorstellung vom Einfluß der „freiwilligen Stände" verankert war, potentiell erweitert auf alle Menschen, die ihrer natürlichen Anlage nach zu selbständigem Urteil fähig sind. Der im Journal „Deutschland" publizierte Beitrag „Nach welchen Grundsätzen soll man politische Meinungen und Handlungen der

Privatpersonen beurtheilen?" wirkt wie eine Ergänzung, die dieses philosophische Beweismodell hinsichtlich definitiver politischer Rechte der Bürger konkretisiert. Von der Prämisse eines bürgerlich-liberalen Freiheitsbegriffs her wird dem Staat die Befugnis bestritten, einen Menschen „wegen seiner bloßen politischen spekulativen Meinungen und deren Äußerungen zu bestrafen, oder auf irgend eine Art Gewalt gegen ihn zu brauchen"[111]. Um das zu begründen, wird mitunter ziemlich spitzfindig und gewunden argumentiert. Nur eine offenbare Verletzung seiner Rechte würde Sanktionen des Staats rechtfertigen können – ein Tatbestand, der bei bloßer Behauptung oder theoretischer Erörterung eines Satzes, „die nicht auf dessen Ausführung gerichtet ist", nicht gegeben sei. Wie allgemein in der probürgerlichen Publizistik der Zeit gilt der Grundsatz, daß die Rechte des einzelnen Bürgers allein durch die positiven Gesetze des Staats begrenzt sind, die er kraft des zwischen Herrschenden und Beherrschten geschlossenen Vertrages unbedingt zu befolgen gehalten ist. Sogleich aber schließt sich der einschränkende Zusatz an, daß der Staat nur solche Gesetze erlassen dürfe, die mit den „natürlichen" Rechten der Untertanen nicht streiten: Andernfalls sei er als tyrannisch zu brandmarken. Schritt um Schritt werden im Zuge der Erörterung diese Rechte ausgedehnt. Naturrechtliche Argumente verbinden sich mit bürgerlich-liberaler Begründung – keine Handlung ist strafwürdig „als diejenige welche das Recht des andern, also auch des Staats wirklich verletzt"[112] –, um dann dem Ermessen des Einzelnen selbst „große Volksversammlungen, geheime Gesellschaften, auch bitteren Tadel der Gesetze und politischen Verfassung, der öffentlichen Unternehmungen des Staats" anheimzugeben: ja, sogar das Streben nach Veränderung der Staatsverfassung erkennt der anonyme Autor als legitimen Zweck an; „nur die rechtswidrigen Mittel zu demselben"[113], z. B. die Ermunterung zum Aufruhr, dürfen strafrechtlich geahndet werden. Dieser von der Furcht vor Anarchie diktierte Grundsatz wie auch jener, daß der Untertan nicht über die Rechtmäßigkeit einer Regierung zu befinden habe, widerspiegelt eine objektive Situation, innerhalb derer sich das deutsche Bürgertum als Klasse, d. h. als sozialökonomische Kraft, bei weiterer feudalstaatlicher Regelung der politischen Entscheidungen entwickelte. Dennoch bleiben oppositionelle Gesinnungen nicht bloßes Objekt spekulativen Geplänkels und praktisch wirkungslos, auch wenn etwa in der Rezension zu dem 1795 in Kopenhagen erschienenen Buch „Rückblicke auf den, wenn Gott will, für Deutschland nun bald geendigten Krieg ..." ihre freie öffentliche Bekundung zum Präventivmittel und allgemeinen Unmut kanalisierenden Ventil bei drohenden Volksaufständen bagatellisiert wird – mit dem Hinweis, daß der Untertan gern alle Unbill erdulde, wenn er nur fleißig „kannegießern" darf.[114] Dieser Text wird durch Ernst Ferdinand Kleins unmittelbar anschließende beißende Polemik gegen Stock, Maulkorb und Kette erheblich relativiert.[115] Schon das generelle Insistieren auf gesellschaftliche Veränderungen mittels Reformen lenkt die publizistischen Debatten über den bloß ideologischen Bereich hinaus. Aber auch die hier erwähnte detaillierte, wenn auch recht zwiespältige Fundierung konkreter bürgerlicher Rechte und Freiheiten darf, was ihre Grenzen betrifft, nicht als devote Anerkennung des Status quo und als Rückzugsgefecht vor allgewaltiger feudalstaatlicher Obrigkeit gewertet werden. Es handelt sich vielmehr um den Versuch, innerhalb bestehender und zu diesem Zeitpunkt nicht antastbarer Strukturen Freiräume für die Individuen, ein bürgerliches laissez faire durchzusetzen und eine optimale Nichteinmischung des Staats in die Privatsphäre der Bürger, zu der die Freiheit der öffentlichen Meinung gezählt wird, zu erkämpfen. Selbst die scheinbar unterwürfige Prämisse der Loyalitätspflicht trägt nicht nur realen Machtverhältnissen Rechnung, sondern reagiert auf höchst brisante Probleme und Vorfälle, die sogar Reichardt selbst betrafen. Dieser hatte anläßlich seiner fristlosen Entlassung in seinem Verteidigungspamphlet „Über die Schändlichkeit der Angeberei" immer wieder darauf beharrt, daß seine politischen Meinungsäußerungen nie seine Pflichten als Künstler und Diener des Königs tangiert hätten. Solche „Ressorttrennung" entsprang nicht etwa naiver Selbsttäuschung, sondern fußte bereits auf einer Argumentation wie der dargelegten, die die Loyalitätsforderung an die Bürger mit ihrem Recht auf Freiraum und mit dem Appell an die Regierenden verband, sich schon bei der Gesetzgebung aller Willkür zu

entschlagen, um diese Loyalität überhaupt ohne Zwangsmaßnahmen zu ermöglichen.

Kompromißlerische Töne in einer auf politische Operativität zielenden Zeitschrift wie „Deutschland" entspringen geschichtlichen Konstellationen, in denen die sozialen Widersprüche und die Konfrontation der Klassenkräfte nicht so
weit herangereift waren, daß die Austragung antagonisti-
scher Gegensätze durch frontalen Kampf gegen das Ancien
régime auf der Tagesordnung gestanden hätte. Das erklärt
auch, warum die perspektivischen Überlegungen letztlich
selbst hier ins Geschichtsphilosophische abgedrängt wurden: auf das Ringen um weiteren menschheitlichen Fortschritt durch breiteste Wirksamkeit von Aufklärung. Konnten diese auf politische Operativität angelegten Zeitschriften derzeit auch nicht Instrument politischen Eingreifens
werden, so konnten sie doch – über den langfristigen Plan
gesellschaftlicher Weiterentwicklung mittels umfassender
geistiger Kultur hinaus – greifbare politische Forderungen
und Ansprüche propagieren. So umfaßt das Journal
„Deutschland" das wesentliche Spektrum politisch explosi-
ver Fragen, die in Kants Schriften der achtziger und neunziger Jahre philosophische Gestalt erhalten hatten, die aber
vor allem in der progressiven Publizistik dieses Zeitraums
verhandelt worden waren oder noch debattiert wurden.
Denken wir nur an die schon erwähnte Fehde gegen die an-
gemaßten Privilegien des Erb- oder Geburtsadels, dem der
Adel des Verdienstes entgegengesetzt wurde, der das Verlangen nach politischer Mitbestimmung des Bürgertums in
der Form moralischen Urteils artikulierte[116] – ein Thema,
dessen sich Schlözer, die Beiträger der „Berlinischen Monatsschrift" und Kant[117] ebenso angenommen hatten wie
Reichardts publizistisches Vorbild August von Hennings in
seinen 1792 in Braunschweig erschienenen „Vorurteils-
freien Gedanken über Adelsgeist und Aristokratism".
Diese Streitschrift hatte Hennings seitens dünkelhaft ver-
bohrter Aristokraten eine Aufforderung zum Duell einge-
tragen, der er sich mit Gründen der Vernunft und Men-
schenwürde verweigerte. Aus seiner umfänglichen Darle-
gung dieses symptomatischen Vorfalls in „Meine Duellgeschichte" (Altona 1795) brachte Reichardt unter dem Titel
„Hennings Duellgeschichte" parteiliche zusammenfassende

Auszüge.[118] Die Abschaffung der Duelle,[119] dieses barbarischen Relikts eines bornierten Kastengeistes, hatten schon die preußischen Justizreformer Svarez und Klein in ihrem Gesetzeswerk zu ihrem Anliegen gemacht, leider erfolglos. Gleiches galt für die in „Deutschland" geführte Polemik gegen königliche Machtsprüche und Justizwillkür des obersten Landesherrn in jeglicher Form.[120]

Reichardts weltanschauliches und literarisches Konzept war durch eine antifeudale Haltung von seltener Radikalität gekennzeichnet.[121] Die in der bürgerlich-liberalen Staatsauffassung enthaltene Kritik am Absolutismus, auch am aufgeklärten, schließt bei Reichardt wie bei anderen entschiedenen Demokraten (etwa Fichte) das Reformprogramm mit scharfen Angriffen auf die vom feudalen Staat – als Symbol der Ballung aller bedrängenden Widersprüche[122] – ausgeübten Restriktionen zusammen. Das zeigt sich in den programmatischen Forderungen wie der nach unbeschränkter Denk-, Meinungs- und Pressefreiheit,[123] nach Aufhebung der Sonderung und Hierarchie der Stände, dem Eintreten für eine Regierungsgewalt, die die Mehrheit politisch repräsentiert.

Reichardts Rückgriff auf literarische Kleinformen, die an die Traditionen oppositioneller politischer Massenliteratur geknüpft sind – wie das Lied, das auch die nur gering mit dem geschriebenen Wort Vertrauten zu erreichen vermochte; die „Durchflüge"; die kurzen Anzeigen in der Art der Maueranschläge oder Affichen, die während der Französischen Revolution zur unmittelbaren politischen Information und Agitation genutzt worden waren; der Kalender –, belegen, daß er auch auf die weniger Gebildeten und Nichtprivilegierten als Zielgruppe seiner Zeitschrift hoffte, sie zumindest nicht von vornherein als Adressaten ausschloß. Besonders in den – oft satirisch gehaltenen – Fabeln und Dialogen führt das Streben nach Popularität zu einer starken Annäherung an die gesprochene Alltagsprosa und zu einer beißenden Diktion von sozialkritischer Schärfe und entlarvender Anklage, die Stimmungen und Probleme kleinbürgerlicher und bäuerlicher Schichten, von Bauern, Handwerkergesellen und Tagelöhnern, aufgriff. Die genannten literarischen Formen wurden vor allem in der Publizistik der norddeutschen Jakobiner verwandt, die

Reichardt gekannt haben dürfte, wie z. B. in Friedrich Wilhelm von Schütz' 1792/93 erschienenem „Hamburger und Niedersächsischen Merkur".[124] Neben der Orientierung auf diese literarischen Formen, die zum Teil in bürgerlich-gemäßigtem Sinne umfunktioniert werden, ist auch das für Reichardt charakteristische empirische Prinzip ein Indiz solcher breiten Wirkungsabsicht. Als erfahrener Publizist wußte er um den starken Eindruck sinnlich wahrnehmbarer und nachprüfbarer Fakten, signifikanter Details und Phänomene auf das Publikum, den er den Lesern in seinen Tatsachenberichten in nachhaltiger Weise vermittelte. Die engagierten Schilderungen des politischen Tagesgeschehens in den Korrespondenzen aus den verschiedensten Gegenden Deutschlands verraten Solidarität mit den Besitzlosen und Entrechteten. In der eindringlichen und mitfühlenden Darstellung der akuten Nöte der untersten sozialen Schichten, des ihnen zugefügten Unrechts erweist sich das plebejisch demokratische Element in Reichardts Denken und die Parteinahme und Fürsprache der Zeitschrift für diejenigen, die in keiner Weise ausgerüstet waren, ihre politischen Ansprüche zu formulieren oder gar sich praktisch gegen die Willkür der Herrschenden zur Wehr zu setzen, und die deshalb vor allem als stumme Opfer der Verhältnisse erscheinen, nicht aber als potentielle Akteure bei deren Veränderung in Betracht kommen konnten. Ein bezeichnendes Beispiel dafür ist der Bericht aus Lübeck über eine dort unter den Soldaten vorgefallene Insurrektion, der die aufständischen Soldaten von den gegen sie erhobenen Beschuldigungen zu entlasten sucht. Der anonyme Korrespondent beschreibt, wie sie um ihre elementarsten Rechte geprellt wurden und wie man ihnen durch Mißachtung ihrer Petitionen auch legale Möglichkeiten des Einspruchs verwehrt hat. Unter diesem Blickwinkel erscheinen die angesetzten Strafen als besonders unerbittlich und ungerechtfertigt, als pure Rache der Herrschenden.[125]

Nicht zuletzt ergibt sich der literaturgeschichtliche Rang der Zeitschrift „Deutschland" daraus, daß sie neben der „Berlinischen Monatsschrift" und Schillers „Horen" eines der ersten publizistischen Foren der deutschen Frühromantik ist. Als Stätte literarischen Debüts ihrer maßgebenden Repräsentanten Friedrich Schlegel, August Wilhelm Schlegel und Wilhelm Heinrich Wackenroder erhellt sie das weltanschauliche Umfeld, in dem sich die junge Romantik konstituiert. Die Zeitschrift dokumentiert die anfängliche Verklammerung von deutscher Spätaufklärung und Romantik und wird selbst zum Instrument ihrer besonders für Berlin typischen wechselseitigen produktiven Durchdringung. Hierbei bewähren sich nicht allein Reichardts kultivierte Geselligkeit und großzügige Gastfreundschaft in seinem Berliner Hause an der Friedrichstraße und auf seinem als Dichterherberge der Romantik apostrophierten Landsitz Giebichenstein bei Halle, durch die er persönliche Kontakte zur nachfolgenden Schriftstellergeneration knüpfte. In gleichem Maße verhalfen sein pädagogisches Geschick, verständnisvoll schonende Anteilnahme und behutsam tolerante Aufmunterung diesem literarischen Bündnis zum Leben. So förderte Reichardt beispielsweise als Lehrer Wackenroders nicht nur dessen musikalische Talente im Komponieren und Klavierspiel, sondern verschaffte auch dessen poetischen Fähigkeiten trotz in vielem unterschiedlicher Ansichten ebenso öffentliche Wirksamkeit, wie er Friedrich Schlegel Spielraum für seine kühnen literarischen und politischen Auslassungen gewährte. Die jungen Romantiker sind in „Deutschland" immerhin mit 15 Beiträgen vertreten: außer umfänglichen und zum Teil epochemachenden Aufsätzen und Kritiken Friedrich Schlegels finden sich Miszellen August Wilhelm Schlegels und Proben seiner Übersetzerkunst[126] sowie ein Auszug aus Wackenroders „Herzensergießungen eines kunstliebenden Klosterbruders", überschrieben „Ehrengedächtnis unsers ehrwürdigen Ahnherrn, Albrecht Dürers".[127] Das gesamte Werk – das erste in sich geschlossene Kunstprogramm der deutschen Romantik – erschien übrigens, nach damals üblicher Praxis versehen mit der Jahreszahl 1796, also vordatiert, 1797 anonym im Verlage Ungers, des Mitherausgebers von „Deutschland". Den einfühlsamen Titel hatte Reichardt ersonnen und so den nostalgischen Ton der Schrift anklingen lassen. Er war es auch, der den sensiblen, von väterlicher Autorität bedrängten und als Jurist in den preußischen Staatsdienst gezwungenen, seinen musischen Neigungen nur insgeheim folgenden Wackenroder zu diesem Schritt in die literarische Öffentlichkeit ermutigte. So ermöglichte

Reichardt unbekannten oder noch wenig renommierten Autoren Vorabdrücke wie diesen oder Auszüge aus Friedrich Schlegels umfassendem Aufsatz „Über das Studium der griechischen Poesie"[128], ferner Erstdrucke gewagter, weil kritischer und streitbarer Schriften wie dessen brillanten „Versuch über den Begriff des Republikanismus"[129], dessen exzeptionelle Polemik „Der deutsche Orpheus. Ein Beitrag zur neuesten Kirchengeschichte"[130], die Rezension zu Jacobis Roman „Woldemar"[131] und die kecke, aufsehenerregende Besprechung von Schillers „Musenalmanach für das Jahr 1796"[132], die ob ihrer beißenden Ironie gegenüber spießigen und muffig-konventionellen Arabesken des Frauenbildes in einigen Gedichten Schillers den Bruch mit diesem besiegelte.

Für eine kurze Frist sehen wir in „Deutschland" Spätaufklärer und Frühromantiker noch Seite an Seite im Kampf gegen gemeinsame ideologische Widersacher. Besonders Friedrich Schlegels Pamphlet „Der deutsche Orpheus ..." bezeugt diesen Zusammenhalt. Es stellt eine der glanzvollsten publizistischen Leistungen des frühen Schlegel dar und kann wegen seiner gedanklichen Schärfe und seines polemischen Feuers einen Platz in der literarischen Traditionslinie beanspruchen, die von den Kampfschriften der französischen Aufklärer über Lessing zu Börne und Heine weist. Friedrich Schlegel – hier selbst noch im Banne der Aufklärung – verteidigt den Aufklärer Kant als Verfechter der Rechte und Freiheiten der aufstrebenden „Selbstdenker" gegen den „enragierten Christen" Schlosser. Sein mutiger Vorstoß gilt nicht nur dem Umschwenken Schlossers von aufklärerischen Ideen zum Obskurantismus (ähnlich wie bei Claudius), sondern ebenso dessen – angesichts der den Schriftstellern durch politische Verfolgung und angespannte Zensurverhältnisse drohenden Gefahren – folgenschwerem Denunziantentum.

In der Rezension zur 1796 erschienenen zweiten, überarbeiteten Auflage zu Friedrich Heinrich Jacobis Roman „Woldemar" (1. Auflage 1779) nimmt Schlegel die im Roman gestalteten Geschlechterbeziehungen zum Anlaß, um seine eigenen emanzipatorischen, der Aufklärung verpflichteten Auffassungen über Liebe, Ehe und Freundschaft darzulegen, wie er sie beispielhaft schon in seinen Studien zur griechischen Antike von 1794/95, so in „Über die Grenzen des Schönen", „Über die weiblichen Charaktere in den griechischen Dichtern", „Über die Diotima", entwickelt hatte. Er wendet sich nicht nur gegen die christlich dualistische Trennung von Vernunft und Gefühl, von Geist und Leib: mit der Totalität der Liebesbeziehungen fordert er auch ihre Befreiung von jeglichen Ausbeutungsmechanismen und Machtstrukturen und formt sie so zum antizipatorischen Muster künftiger sozialer Verhältnisse aus. Entschieden plädiert er für eine Liebesmoral, die aller einengenden Heuchelei, bedrückenden Askese und gesellschaftlichen Konvention absagt und die andere Menschen als selbständige Wesen nicht nur gelten läßt, sondern im Reichtum ihrer unverwechselbaren Individualität und deren freier Entfaltung fördert. Der wahrhaft revolutionäre Gedanke der für ein herrschaftsfreies, partnerschaftliches Verhältnis notwendigen Emanzipation *beider* Geschlechter – im Sinne des in den frühen Antike-Studien fixierten Ideals „sanfter Männlichkeit" und „selbständiger Weiblichkeit" – erhebt sich weit über den bornierten Horizont damaliger Moralnormen und verweist bereits auf die so reife wie souverän-spielerische Gestaltung dieser Frage in den „Athenaeum"-Fragmenten von 1798 und im spektakulären „Lucinde"-Roman von 1799.

Jedoch nicht nur Übereinstimmung, sondern bereits Differenzen zur Aufklärung, die sich alsbald zur Kluft vertiefen werden, kündigen sich in den frühromantischen Texten von „Deutschland" an. Sie entspringen der unterschiedlichen Haltung der konzeptiven Denker zu den Problemen des bürgerlich-kapitalistischen Fortschritts, dessen divergierender Bewertung aus dem jeweils andersartigen, von historischer und persönlicher Erfahrung, von Lebensalter und sozialem Standort bedingten Vermögen, die mit diesem Fortschritt verbundenen zerreißenden Widersprüche auszuhalten und geistig zu bewältigen. Diese Differenzen sind im extremen Utopismus des jungen Friedrich Schlegel ebenso vorgegeben wie in der, diesem nur scheinbar gegensätzlichen, sehnsuchtsvoll rückwärtsgewandten Idylle Wakkenroders. Die frühromantischen Utopien sollten ihre, hier noch in der Schwebe befindliche, weltanschauliche Ambivalenz – die in ihnen angelegte Möglichkeit, von radikal demokratischen zu restaurativen Positionen überzugehen – erst Jahre später entfalten.

Der „Versuch über den Begriff des Republikanismus" ist eines der exzellentesten und eindrucksvollsten literarischen Zeugnisse für die politischen Jugendideale Friedrich Schlegels. Zugleich belegt er den beginnenden Bruch zwischen Spätaufklärung und Romantik. Schlegel setzt sich darin kritisch mit dem bürgerlich-liberalen Standpunkt in Kants Entwurf „Zum ewigen Frieden" auseinander, den er vehement in eine utopisch egalitäre Richtung überschreitet. Er erstrebt „eine absolute Gleichheit der Rechte und Verbindlichkeiten der Staatsbürger"[133], unabhängig von ihrem Stand und Vermögen. Gegen Kants Einschränkung menschlicher Fähigkeit zu sittlicher und damit auch zu politischer Selbstbestimmung durch die Annahme eines ursprünglichen Egoismus der Einzelnen, eines radikal Bösen macht Schlegel geltend, daß der Begriff des Republikanismus solche Begrenzung nicht dulde, daß er „notwendig demokratisch" sei. Kant hingegen, der für einen zur konstitutionellen Monarchie tendierenden Repräsentativstaat eintrat, hatte mit Blick auf die Jakobinerdiktatur behauptet, daß der Demokratismus notwendig despotisch sei. Schlegel weist das als „unerwiesenes Paradoxon"[134] ab und setzt den „Begriff der Volksmajestät" als Synonym für die notwendige Herrschaft des allgemeinen Willens der Masse der Bürger in allen politischen Entscheidungen und Aktionen ebenso dagegen wie das von ihm verteidigte Recht auf Insurrektion, d. h. auf bewaffneten Volksaufstand. Kant hatte mit dem Widerspruch von Individual- und Allgemeininteresse, den er durch den ursprünglichen Egoismus der Einzelnen gegeben sah, das Problem von bourgeois und citoyen reflektiert – eines der Grundprobleme der bürgerlichen Gesellschaft, denen sich Schlegel programmatisch verweigerte.

In Schlegels Aufsatz werden ideengeschichtliche Nahtstellen nicht nur zwischen der Frühromantik und dem revolutionären Naturrecht Rousseaus sichtbar, sondern auch Momente, die auf den utopischen Sozialismus vorausdeuten. Dieser kühne Entwurf einer humanen Gesellschaft ohne soziale Antagonismen ist indes mehr eine poetische Projektion als ein politisch analysierendes Manifest. Seine abstrakten Gleichheitspostulate und sein appellativ beschwörender

Charakter lassen eine Relativierung des in der kompetenten Sekundärliteratur geäußerten Urteils, er sei der „wertvollste Aufsatz über Politik" in der Zeitschrift „Deutschland"[135], ratsam erscheinen, wenn er auch an literarischem Rang Kants Traktat nicht nachsteht.

Die Dominanz eines entschiedenen ästhetischen Utopismus erweist sich als der genuin frühromantische Gehalt dieses menschheitsgeschichtlichen Entwurfs. Schlegels Politikauffassung im „Republikanismus"-Aufsatz verschmilzt die geschichtsphilosophische Intention seiner Studien zur antiken Kunst und Poesie mit dem ästhetisierten Leitbild einer unbegrenzten Volkssouveränität: *„An Gemeinschaft der Sitten* ist die politische Kultur der Modernen noch im Stande der Kindheit gegen die der Alten ... Die Unkenntniß der politischen Bildung der Griechen und Römer ist die Quelle unsäglicher Verwirrung in der Geschichte der Menschheit, und auch der politischen Philosophie der Modernen sehr nachtheilig, welche von den Alten in diesem Stücke noch viel zu lernen haben."[136] Mit dem wissentlich von allen sozialen Widersprüchen gereinigten, zum Ideal stilisierten Bild antiker Polisdemokratie hält er der Realität seiner Zeit den Spiegel der Schönheit vor, um sie nach den Gesetzen poetischer Utopie zu zwingen. Solch ästhetisierender Sicht unterliegt auch die Bewertung der Jakobinerdiktatur. Dadurch wird das Bemühen Schlegels, seinen gesellschaftlichen Entwurf an geschichtlicher Erfahrung festzumachen, nichtig. Der deterministische Ansatz kehrt sich ins Postulative um. Aus dem Versuch, die Gesellschaft mittels der Restitution eines der Antike exemplifizierten Ideals zu vervollkommnen, erwächst der apodiktische Geist seiner Freiheits- und Gleichheitsforderung, die Unbestimmtheit eines sozialen Modells, das schließlich ins Leere zielen muß, weil es die gegebenen historischen Bedingungen verklärt oder fehlinterpretiert.

Schlegels Definition des Despotismus als negatives Pendant zum Republikanismus trifft mit ihren kritischen Akzenten auch schon die bürgerlich kapitalistische Gesellschaft als damals geschichtlich progressive, wie die Formeln vom Despotismus des Geldes, des Nutzens oder der Ökonomie bezeugen. Nützlichkeit – in „Deutschland" zur Kritik am politischen Pragmatismus der Mächtigen und an der Unterordnung der Bürger unter feudale Staatsräson gebraucht[137] – wird wenig später zum negativ besetzten Programmwort frühromantischer Kapitalismuskritik. Hierbei sind die fließenden ideologiegeschichtlichen Übergänge von besonderem Interesse. Auch im Journal „Deutschland" sind analoge weltanschauliche Tendenzen einer bereits gegen die Bourgeoisiegesellschaft gewandten Kritik an einer allesverschlingenden Nützlichkeit festzustellen, an die die Frühromantiker anschließen konnten.[138]

Von Friedrich Schlegels ästhetisierendem Politikverständnis und seinem ungestümen Hinausgehen über die historisch vorhandenen Möglichkeiten ist es nur noch ein Schritt bis zu Wackenroders programmatischer Erkenntnis, daß keine Wirklichkeit „dem idealischen Gange" seiner Phantasie standzuhalten vermag.[139] Der daraus resultierende Verzicht auf praktische Wirksamkeit und der Rückzug auf die geistigen und sittlichen Werte der Kunst machen die vorherrschende Grundstimmung seiner Weltsicht aus. Das führt ihn in den „Herzensergießungen" zum Wunschbild einer Existenz in bescheidener Würde und ständischer Geborgenheit, die sich der Dynamik eines neuen gesellschaftlichen Produktionsprozesses verschließt, der auf ständig erweiterte Reproduktion und die permanente Revolutionierung alles Althergebrachten drängt, wie es für die Mobilität kapitalistischer Produktionsverhältnisse kennzeichnend ist. Das poetisch verklärte Bild hierarchischen deutschen Kleinstadtlebens im frühen 16. Jahrhundert mit dem unterstellten statischen Sozialgefüge, der zunfthandwerklichen Ehrbarkeit und dem behaglichen Ausharren auf einem von ehrwürdigen Traditionen vorgegebenen Platz zielt auf individuelles Aufgehobensein in der patriarchalischen „Gemütlichkeit" und „bornierten Totalität" (Marx) vorkapitalistischer Gesellschaftsformen – aber um den Preis der Absage an den prometheischen Anspruch bürgerlichen Emanzipationsdenkens auf Mündigkeit und Selbstverantwortung des Menschen. Die Sehnsucht nach überschaubaren und verläßlichen Lebensverhältnissen in einer bewegten und krisenhaft erschütterten Welt findet sich als emotionale Grundhaltung in vielen literarischen Produktionen dieser Jahre, so auch in Reichardts rousseauistisch pädagogischer Idylle „Brave Tirolermenschen".

Den Unwillen der Zensurbehörden jedoch erregte der unmittelbare publizistische Zugriff auf politisch brisante Tagesereignisse und -probleme. Der Zensur erlag die Zeitschrift „Deutschland" im März 1797, wie die Mitteilung Ungers im 12. Stück des vierten Bandes bestätigt. Aber auch der Mangel an Mitarbeitern und an Absatz, ihre unzureichende Rentabilität beschleunigten ihr Ende. Um 1796 gingen einige der bedeutenden Zeitschriften ein, die bis dahin Stätte der tragenden weltanschaulichen Debatten bürgerlichen Emanzipationsdenkens in Deutschland waren. So wandelt sich die „Berlinische Monatsschrift" mit den kurzlebigen „Berlinischen Blättern" (1797/98) in ein Organ von eng praktischer bzw. pragmatischer Orientierung, woran sich auch nach ihrem Wiederaufleben als „Neue Berlinische Monatsschrift" (1799–1811) nicht allzuviel ändert. In der ideologischen Auseinandersetzung gewannen die Journale mit ästhetisch-geschichtsphilosophischer Ausrichtung zunehmend an Bedeutung.

Die rührigen Herausgeber Unger und Reichardt setzen „Deutschland" unter dem unverfänglicheren Titel „Lyceum der schönen Künste" fort, um sowohl den Schwierigkeiten mit der Zensur zu entgehen als auch der nun dominierenden publizistischen Tendenz zu entsprechen, konzeptionelle weltanschauliche Fragen auf dem Gebiet geschichtsphilosophischer Kunstprogrammatik zu verhandeln. Der Titel des neuen Unternehmens erweist sich als ebenso signifikant wie der von „Deutschland", weil in ihm ein symptomatischer Verzicht auf die Behandlung politischer und umfassender gesellschaftlicher Probleme und die resignative Beschränkung auf im engeren Sinne ästhetische angezeigt sind: anders als etwa in den „Horen" fehlen die menschheitsgeschichtlichen Entwürfe, d. h. die Diskussion um Kunstphilosophie und Kunstwerke ist im „Lyceum" nicht Medium geschichtsphilosophischer Perspektiven.

Am 8. April 1797 hatte Reichardt an Kant, den er als Mitarbeiter im ästhetischen Fache für sein neues Journal zu gewinnen hoffte, geschrieben: „Ueberdem läßt mich eine notwendig gewordne Aenderung mit meinem Journal" [„Deutschland" – G. H.] „gerade auf diesen Gegenstand Ihren erwünschten Beitrag gerichtet wünschen. Die berlinische Censur, die für alles was Journal heißt seit einem Jahre in den Händen der Policei ist hat den Verleger in allem was Statistik und neuere Geschichte betrifft, so widersinnig eingeengt, daß ihm Muth und Geduld vergangen und er mich ersucht hat auf jene Artikel Verzicht zu thun und dem Werke eine andre Form zu geben, damit er aus den Händen der Censur komme. Ich verwandle mein *Deutschland* daher in ein Lycäum der schönen Künste, wovon von d. Ostermesse an, vierteljährig ein Stück von 12 Bogen herauskommen wird und welches sich ausschließlich mit allen schönen Künsten und allem was irgend Bezug darauf hat beschäftigen wird."[140]

Ehe Kant Gelegenheit gefunden hatte, Reichardts Bitte um Mitarbeit nachzukommen, hatte auch diese Zeitschrift ihr Erscheinen eingestellt. Sie brachte es nur auf den kümmerlichen Umfang von zwei Stücken und eine Lebensdauer von einem halben Jahr. Die Gründe für das Scheitern auch dieses Versuchs waren vielfältig. Eine der wesentlichen Ursachen dürfte wohl in dem baldigen Zerwürfnis zu suchen sein, daß zwischen Reichardt und Friedrich Schlegel durch ein des letzteren kecker Feder entsprungenes Fragment über Johann Heinrich Voß ausgelöst wurde.[141] Reichardt hatte die spöttische Schmähung seines alten Freundes und Verbündeten nicht hinnehmen wollen. Das dürfte aber wohl nur der äußere Anlaß eines lange vorbereiteten und in viel tieferen weltanschaulichen Divergenzen verankerten Bruchs gewesen sein. Reichardt war damit nicht nur eines fähigen und selbständig arbeitenden Redakteurs, sondern auch seines wichtigsten Autors beraubt, der mit glanzvollen Aufsätzen wie dem „Über Georg Forster" und seiner berühmten ersten Fragmentsammlung das Niveau des „Lyceums" bestimmt hatte. Friedrich Schlegel ging nun daran, ein eigenes publizistisches Vorhaben ins Werk zu setzen: das ab 1798 erscheinende „Athenaeum", das programmatische Forum der deutschen Frühromantik, die sich damit als eigenständige Richtung in der literarischen Szenerie am Ausgang des 18. Jahrhunderts etablierte.

Mit „Deutschland" und dem „Lyceum" ist Reichardts publizistische Wirksamkeit nicht beendet, wenn sich auch nach seiner 1798 erfolgten Wiedereinstellung als Hofkapellmeister unter dem jungen König Friedrich Wilhelm III. der Schwerpunkt seiner Arbeit zunächst auf die praktische

Durchsetzung seiner Musiktheaterkonzeption verlagert. Allerdings wendet sich seine künftige politische Publizistik nie wieder so ausdrücklich dem Thema „Deutschland" zu.

1 Eine Ausnahme bildet Günter Hartungs sowohl in der Akribie des Details als auch in der Verflechtung literatur- und musikgeschichtlicher Zusammenhänge bislang unübertroffene monographische Darstellung: Johann Friedrich Reichardt (1752–1814) als Schriftsteller und Publizist. Phil. Diss. Halle 1964. – Als wichtige neuere musikgeschichtliche Arbeiten zu Reichardt seien erwähnt: Hans-Günter Ottenberg: Die Entwicklung des theoretisch-ästhetischen Denkens innerhalb der Berliner Musikkultur von den Anfängen der Aufklärung bis zu Reichardt. Leipzig 1978. – Ferner: Walther Siegmund-Schultze: Vorwort zu: Johann Friedrich Reichardt: Briefe, die Musik betreffend. Berichte, Rezensionen, Essays. Auswahl von Grita Herre und Walther Siegmund-Schultze. Leipzig 1976 (RUB 620), S. 5–28.

2 Musikalischer Almanach. Hg. von J. F. Reichardt. Berlin 1796, unpaginiert.

3 Musikalisches Kunstmagazin. Erster Band. Berlin 1782. I. Stück, Nr. 1 (An junge Künstler), S. 6.

4 Vgl. Walter Salmen: Haus- und Kammermusik. Privates Musizieren im gesellschaftlichen Wandel zwischen 1600 und 1900. Leipzig 1982 (Musikgeschichte in Bildern, Bd. IV/3), S. 19f.

5 Johann Friedrich Reichardt: Eine Musikerjugend im 18. Jahrhundert. Hg. von Wilhelm Zentner. Regensburg (1940), S. 63f.; auch S. 45f. Zum kommunikativ sozialen Aspekt der Musik vgl. neuerdings: Christian Kaden: Musiksoziologie. Berlin 1984. – Max Becker: Partner – Medium – Transzendenz. Musikauffassungen im sozialen Kommunikationsfeld zwischen Empfindsamkeit und Romantik in Deutschland. Phil. Diss. Berlin 1984.

6 Musikalisches Kunstmagazin. Zweiter Band. Berlin 1791. VII. Stück, Nr. 8 (Fingerzeige für den denkenden und forschenden deutschen Tonkünstler), S. 87. – Vgl. ferner: Kants Gesammelte Schriften. Hg. von der Königlich Preußischen Akademie der Wissenschaften, Bd. XI (Kants Briefwechsel, Bd. II). Berlin 1900, S. 192f.

7 Musikalische Monatsschrift. Berlin 1792. Drittes Stück (September 1792), Nr. 4 (Rezensionen), S. 78. – Das „Musikalische Wochenblatt" (erschienen von Oktober 1791 bis März 1792)

und die „Musikalische Monatsschrift" (erschienen von Juli bis Dezember 1792) waren Nachfolger des „Musikalischen Kunstmagazins", das von 1782 bis 1791 in unregelmäßiger Folge herauskam. Beide wurden dann unter dem übergreifenden Titel „Studien für Tonkünstler und Musikfreunde. Eine historisch-kritische Zeitschrift ..." von F. Ae. Kunzen und J. F. Reichardt, Berlin 1793, zusammen herausgebracht. Hier wird nach der Paginierung der „Studien ..." zitiert.

8 So zitiert aus der Vorrede von Johann Georg Sulzers „Allgemeiner Theorie der Schönen Künste" von 1771/74 in: Musikalisches Kunstmagazin. Erster Band. Berlin 1782. I. Stück, Nr. 13 (Fingerzeige für den denkenden und forschenden deutschen Tonkünstler), S. 46 f.

9 Briefwechsel zwischen Schiller und Körner. Hg. von Ludwig Geiger. Zweiter Band. Stuttgart o. J., S. 252 f. (Brief an Körner vom 15. Oktober 1792).

10 Ebenda, S. 253.

11 Ebenda. Dritter Band, S. 148 (Brief Körners an Schiller vom 7. November 1794).

12 Musikalisches Wochenblatt. IV. Stück, Nr. 1 (Über öffentliche Volksfeste aus Mirabeaus Rede über Nationalerziehung). In: Studien ..., S. 25 f.

13 Musikalisches Wochenblatt. XVII. Stück, Nr. 7. In: Studien ..., S. 134.

14 Vgl. das ansonsten außerordentlich anregende Buch von Dénes Zoltai: Ethos und Affekt. Geschichte der philosophischen Musikästhetik von den Anfängen bis zu Hegel. Berlin 1970, S. 144 f.

15 Musikalisches Kunstmagazin. Erster Band. Berlin 1782. I. Stück, Nr. 1 (An junge Künstler), S. 3.

16 Ebenda, S. 7.

17 Musikalische Monatsschrift. Berlin 1792. Sechstes Stück (Dezember 1792), Nr. 5 (Rezensionen) (Beitrag Zelters), S. 162.

18 Ebenda.

19 Musikalisches Kunstmagazin. Erster Band. Berlin 1782. I. Stück, Nr. 1 (An junge Künstler), S. 3.

20 Vgl. ebenda, IV. Stück, Nr. 15 (Neue merkwürdige musikalische Werke), S. 205.

21 Musikalischer Almanach. Berlin 1796 (unpaginiert).

22 Musikalische Monatsschrift. Berlin 1792. Sechstes Stück (Dezember 1792), Nr. 1, S. 150.

23 Vgl. Friedrich Schlegel: Kritische Friedrich-Schlegel-Ausgabe. Hg. von Ernst Behler, Jean-Jacques Anstett, Hans Eichner. Bd. 2, München–Paderborn–Wien–Zürich 1967, S. 155 (Lyceum-Fragment 65) und S. 267 (Ideen Nr. 114).

24 Vgl. Günter Hartung: Johann Friedrich Reichardt (1752–1814) als Schriftsteller und Publizist. Phil. Diss. Halle 1964, S. 222.

25 Vgl. Günter Hartung: Reichardts Entlassung. In: Wiss. Zeitschr. der Martin-Luther-Univ. Halle–Wittenberg. Ges.-Sprachwiss. Reihe X (1961), 4, S. 971–973.

26 Vgl. Karl Philipp Moritz: Reisen eines Deutschen in England im Jahre 1782. In Briefen an den Herrn Oberkonsistorialrath Gedike. Berlin 1783. Siehe dazu Anneliese Klingenberg: Smith-Rezeption als ideologische Einleitung der Kunstperiode. In: Kunstperiode. Studien zur deutschen Literatur des ausgehenden 18. Jahrhunderts. Von einem Autorenkollektiv unter Leitung von Peter Weber. Berlin 1982, S. 87 f.

27 Vgl. dazu: Helgard Hoffmeister: Zur Entwicklung der parlamentarischen Monarchie in England. In: Zeitschrift für Geschichtswissenschaft, Heft 5/1984, S. 420–428. – Auf die bisher oft unterschätzte Ausstrahlungskraft der englischen Revolution von 1640 bis 1688/89 als Modell bürgerlicher Umwälzung für Deutschland haben vor allem die Arbeiten Gerhard Schilferts aufmerksam gemacht. Vgl. ders.: Zur Geschichte der Auswirkungen der englischen bürgerlichen Revolution auf Nordwestdeutschland. In: Beiträge zum neuen Geschichtsbild. Zum 60. Geburtstag von Alfred Meusel. Berlin 1956. – Ders.: Neue Beiträge zur Geschichte der Auswirkungen der englischen bürgerlichen Revolution auf Nordwestdeutschland. In: Beiträge zur Archivwissenschaft und Geschichtsforschung. Hg. von Reiner Groß und Manfred Kobuch. Weimar 1977. – Vgl. auch ders.: Die welthistorische Stellung der bürgerlichen Revolutionen des 16. bis 18. Jahrhunderts und ihre Auswirkungen auf die deutschen Territorien. In: Zeitschrift für Geschichtswissenschaft, Heft 12/1973, S. 1454–1456.

28 Rosa Luxemburg: Gesammelte Werke, Bd. 4. Berlin 1979, S. 460 f. Vgl. Ingo Materna über die Bedeutung der englischen Revolution für die deutschen Revolutionäre bis Anfang des 20. Jahrhunderts, besonders R. Luxemburgs Hochschätzung der revolutionären Rolle des Parlaments in der englischen Revolution von 1640 in ihrem Artikel „Nationalversammlung oder Räteregierung?" (I. Materna: Lehren der englischen Revolution für deutsche Revolutionäre. In: Wiss. Zeitschr. der Humboldt-Univ. zu Berlin, Heft 3/1984, S. 297–299).

29 Vgl. Manfred Kossok: 1640 und 1789. Gedanken zu zwei Zäsuren der Weltgeschichte. In: Wiss. Zeitschr. der Humboldt-Univ. zu Berlin, Heft 3/1984, S. 236.

30 Walter Markov: Grand Empire. Sitten und Unsitten der Napoleonzeit. Leipzig 1984, S. 16.

31 J. F. Reichardt: Vertraute Briefe über Frankreich. Auf einer Reise im Jahre 1792 geschrieben. 2 Teile. Berlin 1792/93 (künftig: Frankreich-Briefe 1792). Vorbericht, Teil 1, S. III f. Vgl. ferner: Teil 2, Berlin 1793, S. 289.

32 Ebenda, Teil 1, S. 222.

33 Ebenda, Teil 2, S. 442, S. 419.

34 Ebenda, Teil 1, S. 155 f.

35 Ebenda, S. 127.

36 Ebenda, S. 249.

37 Vgl. Adolf Stölzel: Carl Gottlieb Svarez. Berlin 1885, S. 298 f. – Ferner: Georg Forster: Werke in vier Bänden. Hg. von Gerhard Steiner. Dritter Band. Leipzig o. J., S. 325, S. 710, S. 721; Vierter Band, S. 664–667 (Brief an Christian Gottlob Heyne vom 12. Juli 1791).

38 J. F. Reichardt: Frankreich-Briefe 1792. Teil 1, S. 26, S. 54 f.

39 Ebenda, S. 33 f.; Teil 2, S. 300.

40 Ebenda, Teil 1, S. 75 f.

41 Ebenda, S. 160–162.

42 Ebenda, S. 231; Teil 2, S. 430 f.

43 Ebenda, Teil 1, S. 45 f.

44 Vgl. Georg Forster. Werke in vier Bänden. Hg. von Gerhard Steiner. Vierter Band. Leipzig o. J., S. 809 (Brief vom 21. Dezember 1792 an Christian Friedrich Voß); S. 694 und S. 741 f. Dritter Band, S. 738 f., S. 685 f.; vgl. Johann Gottlieb Fichte: Von den Pflichten der Gelehrten. Jenaer Vorlesungen 1794/95. Hg. von Reinhard Lauth, Hans Jacob, Peter K. Schneider. Berlin 1972, S. 111.

45 Vgl. zu diesen Vorgängen Günter Hartung: Reichardts Entlassung. In: Wiss. Zeitschr. der Martin-Luther-Univ. Halle–Wittenberg. Ges.-Sprachwiss. Reihe X (1961), 4, S. 971–980.

46 Ebenda, S. 977.

47 Ebenda, S. 976–978; vgl. auch: Günter Hartung: Johann Friedrich Reichardt (1752–1814) als Schriftsteller und Publizist. Phil. Diss. Halle 1964, S. 225.

48 Günter Hartung: Johann Friedrich Reichardt ... Phil. Diss. Halle 1964, S. 225.

49 J. F. Reichardt: Frankreich im Jahr 1795. Erstes Stück, Nr. I. (Der Herausgeber an die Leser), S. 3.

50 Ebenda, S. 5 f.

51 Ebenda, S. 5.

52 Ebenda, S. 6, S. 17.

53 Vgl. Rolf Weber in der Einleitung zu: J. F. Reichardt: Vertraute Briefe aus Paris 1792. Berlin 1980, S. 22. Siehe auch Günter Hartung: Johann Friedrich Reichardt (1752–1814) als Schriftsteller und Publizist. Phil. Diss. Halle 1964, S. 274 f.

54 Karl Marx/Friedrich Engels: Werke, Bd. 2. Berlin 1957, S. 130.

55 Deutschland. Hg. von Johann Friedrich Reichardt. Berlin 1796 (künftig: Deutschland). I. Bd., 1. St., S. 3 f.

56 Zu dieser, aus der weltanschaulich funktionalen Differenzierung der Zeitschriftenliteratur um 1795 abgeleiteten Typisierung vgl. Peter Weber: Die „Berlinische Monatsschrift" als Organ der Aufklärung. Nachwort zur Textauswahl aus der „Berlinischen Monatsschrift", Abschnitt V. Leipzig 1986 (RUB 1121), S. 438–440.

57 Kants gesammelte Schriften. Akademieausgabe Bd. XI (Briefwechsel Bd. II). Berlin 1900, S. 159 (Brief Nr. 399. Ernst Ferdinand Klein an Kant am 29. April 1790).

58 Berlinische Monatsschrift. Hg. von Johann Erich Biester und Friedrich Gedike. 8 (1790), Bd. 15, S. 304–328.

59 Berlinische Monatsschrift. Hg. von Johann Erich Biester. 9 (1791), S. 460–474. Vgl. dazu Peter Weber: Die „Berlinische Monatsschrift" als Organ der Aufklärung. Nachwort zur Textauswahl aus der „Berlinischen Monatsschrift". Leipzig 1986 (RUB 1121), Abschnitt III, S. 395–397.

60 Deutschland. II. Bd., 4. St., Nr. VIII, S. 156–160.

61 Deutschland. II. Bd., 6. St., Nr. I, S. 323–328; (s. vorl. Bd. S. 156–159).

62 Deutschland. III. Bd., 9. St., Nr. X, 2, S. 337–340; (s. vorl. Bd. S. 229 ff.). Günter Hartung vermutet Klein als Autor; vgl. ders.: Johann Friedrich Reichardt (1752–1814) als Schriftsteller und Publizist. Phil. Diss. Halle 1964, S. 292 und Anm. 335 zu Kap. IV.

63 Vgl. Hartung in seiner Diss., S. 291.

64 Sie wurde in dieser Auswahl wegen Platzmangels nicht berücksichtigt.

65 Deutschland. II. Bd., 5. St., Nr. II, S. 229–247. Sie konnte aus Platzgründen nicht in die Auswahl aufgenommen werden.

66 Deutschland. II. Bd., 5. St., Nr. VI, S. 294–318; 6. St., Nr. X, S. 431–452; aus Platzgründen ausgespart.

67 Vgl. Günter Hartung: Johann Friedrich Reichardt (1752–1814) als Schriftsteller und Publizist. Phil. Diss. Halle 1964, S. 293.

68 Deutschland. II. Bd., 6. St., Nr. II, S. 329–347. III. Bd., 8. St., Nr. I, S. 113–121; 9. St., Nr. I, S. 233–245. IV. Bd., 10. St., Nr. I, S. 1–18; 11. St., Nr. I, S. 107–123; 12. St., Nr. I, S. 235–254; in der vorliegenden Auswahl aus Platzgründen nicht berücksichtigt.

69 Vgl. Deutschland. II. Bd., 6. St., S. 344 f.

70 Kants gesammelte Schriften. Akademieausgabe Bd. XI (Briefwechsel Bd. II), S. 30 (Brief Nr. 334. Ernst Ferdinand Klein an Kant am 23. April 1789).

71 Siehe besonders den ersten Beitrag in: Deutschland. IV. Bd.,
   12. St., S. 235–254.
72 Deutschland. I. Bd., 1. St. Berlin 1796. Nr. I (Zum Neuen
   Jahr), S. 8 (vgl. vorl. Bd. S. 8).
73 Musikalisches Kunstmagazin. Erster Bd. Berlin 1782, S. 7;
   Deutschland. I. Bd., 1. St., Nr. VII (Neue deutsche Werke),
   S. 128 (vgl. vorl. Bd. S. 101).
74 Vgl. dazu Harro Segeberg: Von der Revolution zur „Befreiung". Politische Schriftsteller in Deutschland (1789–1815). In:
   Europäische Romantik I. Hg. von Karl Robert Mandelkow u. a.
   Wiesbaden 1982, S. 205–225 (Neues Handbuch der Literaturwissenschaft Bd. 14).
75 Vgl. Deutschland. I. Bd., 1. St., Nr. I (Zum Neuen Jahr), S. 10
   (vorl. Bd. S. 9f.); vgl. Wiener Briefe. Zweiter Bd., S. 23–26
   (30. Brief).
76 Deutschland. I. Bd., 1. St., Nr. I, S. 13f. (vorl. Bd. S. 11f.).
77 Vgl. Friedrich Schlegels Briefe an seinen Bruder August Wilhelm. Hg. von Oskar F. Walzel. Berlin 1890, S. 299 (Brief vom
   31. Oktober 1797).
78 Deutschland. I. Bd., 1. St., S. 2 (vorl. Bd. S. 5).
79 Ebenda, S. 1 (vorl. Bd. S. 5).
80 Die Horen. Eine Zeitschrift. Hg. von Friedrich Schiller. Bd. 1.
   Tübingen 1795, S. IV.
81 Vgl. Nr. IV (Notiz von Deutschen Journalen).
82 Deutschland. I. Bd., 1. St., Nr. IV, S. 59–63 (vorl. Bd. S. 57–60).
83 Ebenda, S. 62 (vorl. Bd. S. 59).
84 Ebenda, S. 63 (vorl. Bd. S. 60).
85 Vgl. dazu Günter Hartung: Johann Friedrich Reichardt
   (1752–1814) als Schriftsteller und Publizist. Phil. Diss. Halle
   1964, S. 282–290.
86 Vgl. IV. Bd., 10. St., Nr. VIII, S. 103–106 (vorl. Bd. S. 267–269).
87 Hierin unterscheidet sich meine Einschätzung grundsätzlich
   von einer neueren Günter Hartungs. Vgl. ders.: J. F. Reichardts Kritik an der Wiener und Weimarer Klassik. In: Wiss.
   Zeitschr. der Univ. Leipzig. Ges.-Sprachwiss. Reihe 32 (1983),
   6, S. 566f.
88 J. W. Goethe: Autobiographische Schriften. In: Berliner Ausgabe, Bd. 16. Berlin 1964, S. 31.
89 Ebenda, S. 21f.
90 Deutschland. I. Bd., 1. St., Nr. IV, S. 55f. Reichardt hatte über
   Hufelands Vermittlung um Mitarbeit an den „Horen" nachgesucht (vgl. Schillers Brief an Goethe vom 15. Mai 1795. BSG,
   Bd. 1, S. 69) und war im Bd. 2, Sechstes Stück, 1795 mit Lied-
   kompositionen zu drei Gedichten von Johann Heinrich Voß
   in Erscheinung getreten.

91 Sie waren zu diesem Zeitpunkt erst bis zum 16. Brief, also zur guten Hälfte erschienen: im ersten Stück der „Horen" unter Nr. II, S. 7–48, der 1. bis 9. Brief; im zweiten Stück unter Nr. III, S. 51–94, der 10. bis 16. Brief.

92 Deutschland. I. Bd., 1. St., S. 74 (vorl. Bd. S. 66).

93 Die Horen. Eine Zeitschrift. Hg. von F. Schiller. Erster Jahrgang 1795, Bd. 2, Fünftes Stück, S. 47.

94 K. Marx / F. Engels: Werke, Bd. 1. Berlin 1957, S. 383.

95 Die Horen. Erster Jahrgang 1795, Bd. 2, Fünftes Stück, S. 48.

96 Vgl. Deutschland. I. Bd., 1. St., S. 124 (vorl. Bd. S. 89).

97 Vgl. dazu Gerda Heinrich: Autonomie der Kunst und frühromantisches Literaturprogramm ... In: Kunstperiode. Studien zur deutschen Literatur des ausgehenden 18. Jahrhunderts. Von einem Autorenkollektiv unter Leitung von Peter Weber, Berlin 1982, S. 104–115.

98 Vgl. Wilhelm von Humboldts Schrift von 1791/92: Ideen zu einem Versuch, die Grenzen der Wirksamkeit des Staats zu bestimmen (künftig: Ideen). Berlin o. J., S. 30f. passim.

99 Vgl. Deutschland. I. Bd., 1. St., Nr. I (Zum Neuen Jahr), S. 7 (vorl. Bd. S. 8).

100 Deutschland. I. Bd., 1. St., Nr. III, S. 192 (vorl. Bd. S. 93).

101 Ebenda, S. 189 (vorl. Bd. S. 92).

102 Ebenda, S. 197f. (vorl. Bd. S. 96).

103 Deutschland. II. Bd., 6. St., Nr. I (Über das Verhältniß der gesetzgebenden und richterlichen Gewalt), S. 326 (vorl. Bd. S. 158).

104 Vgl. Deutschland. I. Bd., 1. St., S. 9; II. Bd., 4. St., S. 154 erscheint die Kopplung von Eigentum und Freiheit im Auszug aus den „Rückblicken auf den, wenn Gott will, für Deutschland nun bald geendigten Krieg ...", Kopenhagen 1795, anonym. Im III. Bd., 9. St., S. 337 gilt dem Autor Karl Theodor Anton von Dalberg Sicherheit des Eigentums als erster Beweis und Garant einer guten Regierung; ähnlich IV. Bd., 10. St., S. 29 (vorl. Bd. S. 240). – Auch bei Georg Forster findet sich in den Schriften 1790 bis 1792 diese Verbindung von Eigentum und Freiheit (vgl. Werke in vier Bänden. Hg. von Gerhard Steiner. Bd. 3. Leipzig o. J., S. 320f., S. 584, S. 715 passim).

105 Ideen, S. 34.

106 Georg Wilhelm Friedrich Hegel: Phänomenologie des Geistes. Hg. von Johannes Hoffmeister. Berlin 1964, S. 146f.

107 Vgl. Immanuel Kant: Kleine philosophische Schriften. Hg. von Dieter Bergner. Leipzig o. J., S. 210f.

108 Ebenda, S. 205f.

109 Vgl. Deutschland. I. Bd., 2. St., Nr. III (Viertes Gespräch über Schlözers Staatsgelahrheit), S. 199; II. Bd., 6. St., Nr. I (Über

das Verhältniß der gesetzgebenden und richterlichen Gewalt), S. 327 (vorl. Bd. S. 97 und S. 159).

110 Immanuel Kant: Von den Träumen der Vernunft. Kleine Schriften zur Kunst, Philosophie, Geschichte und Politik. Hg. von Steffen und Birgit Dietzsch. Leipzig 1981, S. 416f.

111 Vgl. Deutschland. II. Bd., 4. St., Nr. I, S. 11 (vorl. Bd. S. 137; Text im Original gesperrt).

112 Ebenda, S. 19 (vorl. Bd. S. 141).

113 Ebenda, S. 19f. (vorl. Bd. S. 141).

114 Deutschland. II. Bd., 4. St., Nr. VII (Neue Werke), S. 152f. (vorl. Bd. S. 154f.).

115 Deutschland. II. Bd., 4. St., Nr. VIII (Neue Werke, die nächstens erscheinen werden), S. 160.

116 Vgl. Deutschland. I. Bd., 1. St., Nr. VI (Erstes Gespräch über Schlözers Staatsgelahrheit), S. 110, S. 115; I. Bd., III. St., Nr. IV (Ein Gespräch aus Schlossers Gastmahl), S. 306; (vorl. Bd. S. 81, S. 84, S. 126).

117 Immanuel Kant: Von den Träumen der Vernunft ..., S. 425.

118 Deutschland. II. Bd., 4. St., Nr. V, S. 92–119, wo sehr kritisch mit den Vorurteilen und dem überlebten Ehrenkodex des Adels abgerechnet wird, dagegen der aufgeklärte Adel, der aus seinem Stand besondere Verpflichtungen gegen die Gesellschaft ableitet, als vorbildlich dargestellt wird (in dieser Auswahl aus Platzgründen ausgespart).

119 Vgl. ebenda, S. 92–107.

120 Deutschland. II. Bd., 6. St., Nr. I (Über das Verhältniß der gesetzgebenden und richterlichen Gewalt), S. 326–328 (vorl. Bd. S. 158f.).

121 Vgl. Deutschland. III. Bd., 9. St., Nr. IX (Die natürliche Freiheit – der Fasanen bei Weißenfels), S. 324f. (vorl. Bd. S. 228).

122 K. Marx/F. Engels: Werke, Bd. 3. Berlin 1958, S. 178.

123 Vgl. Reichardts mutiges und vorbehaltloses Eintreten für Voß als Anwalt aufklärerischer Ideale freier Publizität in der seit 1793 andauernden Fehde zwischen diesem und Hennings auf der einen Seite und Reichardts einstigem Freund und Mitstreiter Claudius auf der anderen Seite, der inzwischen auf konservative Positionen übergegangen war und die staatlichen Zwangsmaßnahmen ängstlich befürwortete. Die entschiedene Art, in der Reichardt Claudius' religiös motivierten Obskurantismus attackierte, gewinnt angesichts der wirksamen Wöllnerschen Edikte Bedeutung für das gesamte deutsche Pressewesen. Vgl. Deutschland. I. Bd., 1. St., Nr. V (Claudius und Voß. Wider und für die Preßfreiheit), S. 91–99 (vorl. Bd. S. 74–79).

124 Vgl. Harro Segeberg: Von der Revolution zur „Befreiung". Politische Schriftsteller in Deutschland (1789–1815). In: Europäische Romantik I. Hg. von Karl Robert Mandelkow. Wiesbaden 1982, S. 222f. (Neues Handbuch der Literaturwissenschaft Bd. 14). Vgl. auch Annelies Graßhoff: Politisch-operative Funktion der Literatur im Klassenkampf. In: Literatur im Epochenumbruch. Funktionen europäischer Literaturen im 18. und beginnenden 19. Jahrhundert. Hg. von Günther Klotz, Winfried Schröder und Peter Weber. Berlin 1977, S. 315–347.

125 Vgl. Deutschland. IV. Bd., 10 St., Nr. II (Briefe eines Reisenden aus dem Hannöverischen), S. 24–32 (vorl. Bd. S. 236–241).

126 Vgl. Deutschland. II. Bd., 5. St., Nr. III (Probe einer neuen Übersetzung von Shakespeares Werken), S. 248–259; III. Bd., 8. St., Nr. IX, 2) (Über die Verleumdung der Wissenschaften …), S. 213–217 stammt nach Meinung Rudolf Hayms und Günter Hartungs auch von A. W. Schlegel.

127 Vgl. Deutschland. III. Bd., 7. St., Nr. V, S. 59–73. Weil er in jüngster Zeit publiziert wurde, ist dieser Text in die vorliegende Auswahl nicht aufgenommen worden. Vgl. W. H. Wackenroder. Dichtung, Schriften, Briefe. Hg. mit Kommentar und Nachwort von Gerda Heinrich. Berlin–München 1984, S. 182–190.

128 Vgl. Deutschland. I. Bd., 2. St., Nr. VII (Göthe. Ein Fragment), S. 258–262.

129 Vgl. Deutschland. III. Bd., 7. St., Nr. II, S. 10–41 (vorl. Bd. S. 168–185).

130 Vgl. Deutschland. IV. Bd., 10. St., Nr. V, S. 49–66 (vorl. Bd. S. 245–254).

131 Vgl. Deutschland. III. Bd., 8. St., Nr. IX, 1), S. 185–213 (vorl. Bd. S. 208–227).

132 Vgl. Deutschland. II. Bd., 6. St., Nr. III, S. 348–360 (vorl. Bd. S. 159–166).

133 Deutschland. III. Bd., 7. St., S. 14 (vorl. Bd. S. 170).

134 Ebenda, S. 22 (vorl. Bd. S. 175).

135 Vgl. Günter Hartung: Johann Friedrich Reichardt (1752–1814) als Schriftsteller und Publizist. Phil. Diss. Halle 1964, S. 279.

136 Deutschland. III. Bd., 7. St., S. 25 (vorl. Bd. S. 176f.).

137 Vgl. Deutschland. II. Bd., 4. St., Nr. I (Nach welchen Grundsätzen soll man politische Meinungen und Handlungen der Privatpersonen beurtheilen?), S. 12–15 (vorl. Bd. S. 137–139).

138 Vgl. Deutschland. I. Bd., 3. St., Nr. IV (Ein Gespräch aus Schlossers Gastmahl), S. 308 (hier wird der Despotismus der

Geldaristokratie ebenso verdammt wie der von Adel und Geistlichkeit); S. 312; IV. Bd., 11. St., Nr. VIII (Wie Menschen in Talglichter verwandelt werden), S. 197–202 (vorl. Bd. S. 288–290).

139 Wackenroder an Tieck (nach dem 9. Januar 1793). In: Wilhelm Heinrich Wackenroder: Dichtung, Schriften, Briefe. Hg. von Gerda Heinrich. Berlin–München 1984, S. 424f. Zu Wackenroders literarhistorischer Bedeutung vgl. ebenda, S. 483–517.

140 Immanuel Kant: Briefwechsel, Bd. III (1795–1803). In: Kants gesammelte Schriften. Hg. von der Königlich Preußischen Akademie der Wissenschaften, Bd. XII. Berlin 1900, S. 151f. (Brief Nr. 707. Reichardt an Kant; Giebichenstein bei Halle, 8. April 1797).

141 Das Lyceums-Fragment Nr. 113: „Voß ist in der *Louise* ein Homeride: so ist auch Homer in seiner Übersetzung ein Vosside." Vgl. dazu Günter Hartung: Johann Friedrich Reichardt (1752–1814) als Schriftsteller und Publizist. Phil. Diss. Halle 1964, S. 302–305.

Zu dieser Ausgabe

Mit vorliegender Auswahl aus Johann Friedrich Reichardts 1796 er-
schienener Zeitschrift „Deutschland" wird eine in Forschung und
Edition bislang vernachlässigte, in der literarischen Kommunika-
tion ihrer Zeit jedoch wesentliche publizistische Leistung erschlossen. Dieses Journal, von Paul Hocks und Peter Schmidt in ihrem
Repertorium der „Literarischen und politischen Zeitschriften
1789–1805" (Stuttgart 1975) zu Recht als „eines der bedeutendsten
Dokumente in der literarischen und politischen Auseinandersetzung in diesen letzten Jahren des 18. Jh." apostrophiert (S. 89), fiel
– unter dem Druck der Zensur und durch das Verdikt Goethes
und Schillers über seinen Herausgeber – zählebigen Vorurteilen
und nahezu dem Vergessen anheim. War doch schon gut drei Jahr-
zehnte später, als August Wilhelm Schlegel die brillanten und
streitbaren Jugendaufsätze seines gerade verstorbenen Bruders erneut veröffentlichen wollte, um „dem früheren Friedrich gegen
den späteren ein Denkmal zu setzen" (an Johann Ludwig Tieck am
15. Januar 1830), kaum noch ein Exemplar der Zeitschrift aufzu-
treiben, zumal die Restbestände beim Konkurs der Ungerschen
Verlagsbuchhandlung nach Ungers Tod makuliert worden waren.
Dem völligen Verlust der nur noch in wenigen Originaldrucken
überlieferten Zeitschrift hat in neuerer Zeit der Kraus-Reprint
(Nendeln 1971) entgegenzuwirken vermocht. Es ist – in Ergänzung anderer, in unseren Verlagen bereits auszugsweise erschiene-
ner Schriften Reichardts wie der Frankreich-Briefe von 1792/93
und 1802/03 sowie der „Briefe, die Musik betreffend" – an der
Zeit, diese Zeitschrift einem breiteren Publikum vorzustellen.
Die als Nachwort beigefügte Studie „Die Zeitschrift ‚Deutschland'
im Kontext von Reichardts Publizistik" verdankt, trotz zum Teil divergierender Wertung, der grundlegenden Monographie Günter
Hartungs von 1964 vielfältige Anregung. Die Texte wurden nach
dem Original zum Druck vorbereitet. Sie wurden behutsam moder-
nisiert, d. h. die Orthographie wurde bei Erhaltung des Lautstan-
des heutigen Regeln angeglichen; die Interpunktion hingegen
wurde, da sie damals weit stärker Träger von Semantik war als in
der Gegenwart, weitgehend belassen. Textstellen, die im Original
gesperrt gedruckt sind, werden in unserer Ausgabe kursiv wieder-
gegeben. In den seltenen Fällen, da Texte gekürzt dargeboten werden, ist das im Text und Inhaltsverzeichnis als Auszug gekennzeichnet. Die geringe Erscheinungsdauer und ein dementspre-
chender Umfang der Zeitschrift (4 Bände im Jahr 1796) haben
eine repräsentative Auswahl erleichtert. Die Verfasser, sofern sie
im Original nicht angegeben sind und nachträglich ermittelt wer-

den konnten, erscheinen im Inhaltsverzeichnis in eckigen Klammern.

Für hilfreiche Informationen zur Kommentierung der Texte danke ich Dr. Sibylle Badstübner; Dr. sc. Anita Springer-Liepert, Prof. Dr. Rudolf Schottlaender (†); für sein Gutachten und die effektiven Hinweise zur Kürzung der ursprünglich umfassender angelegten Studie Prof. Dr. Peter Weber. Mein besonderer Dank gilt ferner dem Leiter der Zentralstelle für Genealogie in Leipzig, Herrn Dr. Rothe, für die mühevolle Erkundung schwer zugänglicher biographischer Angaben und den Mitarbeitern der Musikwissenschaftlichen Abteilung der Staatsbibliothek in Berlin für die großzügige Bereitstellung des Originals und die Anfertigung der Xerokopien. Dem Reclam-Verlag danke ich für die Realisierung dieser Ausgabe, im besonderen meiner Lektorin Frau Birgit Fritz für sachkundige und sorgfältige Betreuung.

Berlin, im Oktober 1987   *Gerda Heinrich*

Anmerkungen zu den Texten

Die Angaben zu den im Text vorkommenden Personen und ihren Werken sind überwiegend im kommentierten Personenregister enthalten. Figuren der erwähnten Werke, soweit sie aus dem Kontext als solche zu erkennen sind, werden nur in Ausnahmefällen ausgewiesen. Innerhalb der jeweiligen Beiträge werden die Erläuterungen in der Regel nur an der Stelle des ersten Erscheinens der betreffenden Begriffe, Wendungen, Anspielungen, mythologischen Gestalten oder Werktitel gegeben.

Vorrede

S. 6   *Skribler:* (lat.) der Schreiberling.
         das Heiligtum Apollos: Tempel der Dichtkunst.
         der Gott der Musen: Apollon als göttlicher Schirmherr der Künste galt auch als „Musagetes" (Musenführer). Die Musen waren nach der griechischen Sage die Göttinnen des Tanzes und Gesanges, später der Dichtkunst, der Künste überhaupt und der Wissenschaften.

S. 7   *die mechanischen Künste:* Handwerk und Gewerbe, technische und technologische Fertigkeiten im Gegensatz zu den sog. schönen Künsten (frz. belles lettres), der Kunst im heutigen, engeren Sinn.
         Fliegende Blätter: kurze, ein- bis zweiseitige, zum Teil illustrierte Gelegenheitsdruckschriften zur Verbreitung brisanter Nachrichten oder politischer Stellungnahmen zu Tagesereignissen und aktuellen Problemen; Vorläufer der Zeitung; seit 1488 belegt; meist Sprachrohr der Interessen der unteren sozialen Schichten; vorwiegend anonym oder pseudonym veröffentlicht. Besonders in Zeiten sozialer Spannungen (wie z. B. der Reformation) auftauchend, erlebten sie eine Renaissance während der Französischen Revolution.
         Taler Preuß. Courant: Der preußische Taler von 1764, eine große Silbermünze, bemaß 24 Groschen zu je 12 Pfennigen. Kurant (frz. courant = umlaufend) war das umlauffähige, vollwichtig ausgeprägte Geld, dessen Edelmetallgehalt dem aufgeprägten, staatlich verbürgten Nennwert entsprach – im Gegensatz zu papierenen Umlaufmitteln, zur Scheidemünze (einer Kleinmünze des täglichen Zahlungsverkehrs, deren Nominal- oder Nennwert höher als ihr Edelmetallgehalt war) oder zu Handelsmünzen, die für Zahlung im Ausland benutzt wurden.

S. 10   *in frühern Jahren seines ungestümen Treibens:* Karl Philipp Moritz war unter seinen Freunden allgemein als Sonderling bekannt. Er litt unter manisch-depressiven Stimmungsschwan-
kungen. Vgl. dazu: Henriette Herz. Ihr Leben und ihre
Erinnerungen. Hg. von J. Fürst. Berlin 1850, S. 129–134.
Vgl. Karl Friedrich Klischnig: Erinnerungen aus den zehn
letzten Lebensjahren meines Freundes Anton Reiser. Berlin
1794.

S. 12   *Was half es dem armen Genfer:* Jean-Jacques Rousseau hatte in
seinem 1770 abgeschlossenen, autobiographischen psycho-
logischen Spätwerk „Confessions" („Bekenntnisse", deutsch
in der Übersetzung von Adolph Freiherrn von Knigge,
4 Teile, Berlin 1786–1790) mit bis dahin unbekannter Offenheit und Schonungslosigkeit über sein Leben, sein Denken, Fühlen und Verhalten berichtet.
Kapitol: lat. Capitolium, der Burg- und Tempelkomplex des
antiken Rom auf dem kapitolinischen Hügel, religiöses und
politisches Zentrum.

S. 13   *Philippische Reden:* Eine Philippika gilt als leidenschaftliche
Straf- und Anklagerede, so benannt nach drei heftigen Reden des größten Redners des Altertums Demosthenes
(383–322 v. u. Z.) im Jahre 351, 344 und 341 v. u. Z. gegen
König Philipp von Mazedonien als den Bedroher der Freiheit Griechenlands.
Liktor; Faszen: Liktoren, im antiken Rom hohen Staatsbeam-
ten (ursprünglich den Königen) zur Dienstleistung und als
Ehrengeleit vom Staat beigegeben, gingen dem Magistrat in
langer Reihe voran und forderten die Entgegenkommenden
zum Platzmachen und zu Ehrbezeigungen auf. Sie vollzogen auch die vom Magistrat angeordneten Strafen. Ihr Amts-
zeichen waren die sog. Faszen (lat. fasces), Rutenbündel, zu
Friedenszeiten und innerhalb Roms ohne Beil, im Kriege
aber, wenn die Befehlshaber über Leben und Tod geboten,
mit Beilen versehen.
Terpsichore: Name der Muse der Tanz-, Dichtkunst und Lyrik; Titel einer von Johann Gottfried Herder besorgten
freien Übertragung der 1660 gedruckten Oden des Jesuiten
und neulateinischen Lyrikers, Epikers, Satirikers und Histo-
riographen Jakob Balde (1603/04–1668), dessen Vorbild die
Oden des Horaz waren. Herder betrachtete ihn als „neuen
Horaz" (an Gleim am 24. März 1794). Er hatte die Nach-
dichtung im Frühjahr 1794 für die „Zerstreuten Blätter" ge-

plant. Sie erschien selbständig im Mai 1795 als „Terpsichore" in zwei Bänden („Die Lyra"; „Alcäus und Sappho").
Ein dritter Band folgte im April 1796. Beigegeben waren
zwei Abhandlungen über lyrische Dichtkunst.

den armen Ludwig: Anspielung auf die angesichts der tiefgrei-
fenden Krise des Feudalsystems am Vorabend der Revolution hilflose Regierungspolitik Ludwigs XVI. Vgl. dazu Walter Markov/Albert Soboul: 1789. Die Große Revolution der
Franzosen. Berlin 1973, S. 39–53, S. 71–99.

S. 14   *Die ganze Girondepartie:* die „Partei der Gesetzlichkeit"; politische Interessenvertretung des Besitzbürgertums, der Unternehmer in Industrie, Handel und Finanzen in der ersten
Etappe der Französischen Revolution; benannt nach dem
Departement Gironde, woher die meisten ihrer Repräsentanten stammten. Sie vertrat eine gemäßigt republikanische
Haltung, trat für den Kapitalismus der freien Konkurrenz
ein und wandte sich gegen revolutionäre Kampfmittel auch
dann, als das Interesse der französischen Republik diese erheischte. Die Girondisten bestimmten die politische Entwicklung vor allem von etwa 1790 bis Ende 1792. Ende Mai/
Anfang Juni 1793 wurden sie gestürzt.

einigen ungeheuren Menschen: die Jakobiner unter Führung des
unbeugsamen Robespierre, des „Unbestechlichen", der „großen eisernen Maske" (Novalis).

die Einführung einer neuen blutigeren Tyrannei: gemeint ist die
Errichtung der revolutionär-demokratischen Jakobinerdiktatur, besonders seit der Schaffung einer Revolutionsregie-
rung von Oktober bis Dezember 1793 zum Schutz der von
innen und außen bedrohten französischen Republik. Nach
der Volkserhebung vom 5. September 1793 wurde der revolutionäre Terror eingeführt, der am 17. September mit dem
Gesetz über die Verdächtigen legitimiert wurde. Am 27. Juli
1794 wurden die Jakobiner gestürzt.

S. 15   *Moralgesetz, das in ihm lebt:* Anspielung auf Kants Ethik und
die berühmte Formulierung zu Beginn des „Beschlusses"
der „Kritik der praktischen Vernunft": „Zwei Dinge erfüllen
das Gemüt mit immer neuer und zunehmenden Bewunderung und Ehrfurcht, je öfter und anhaltender sich das Nachdenken damit beschäftigt: Der bestirnte Himmel über mir,
und das moralische Gesetz in mir. Beide darf ich nicht als in
Dunkelheiten verhüllt, oder im Überschwenglichen, außer
meinem Gesichtskreise, suchen und bloß vermuten; ich
sehe sie vor mir und verknüpfe sie unmittelbar mit dem Bewußtsein meiner Existenz."

(Die Fortsetzung künftig): Im Original folgt die Fortsetzung

dieses Artikels erst im Dritten Stück unter dem Titel „Freiheit für alle" (Erster Band. Drittes Stück, S. 281–297), wir schließen die Fortsetzung gleich an.

Freiheit für alle

S. 16 *unsers großen Weltweisen:* Immanuel Kant.

Kants Kritik der praktischen Vernunft: Sie erschien 1788 in Riga, 2. Aufl. 1792.

Kant zum ewigen Frieden: „Zum ewigen Frieden. Ein philosophischer Entwurf". Königsberg 1795.

Moniteur: (frz.; Ratgeber) auch in Deutschland vielgelesene Pariser Zeitung; von dem französischen Buchhändler und Verleger Charles Joseph Panckoucke (1736–1798) als „Gazette nationale, ou le Moniteur universel" (Nationalzeitung oder der allgemeine Ratgeber) am 24. November 1789 begründet, von Napoleon 1800 zum Amtsblatt der Regierung erklärt; in dieser Eigenschaft bis zum 31. Dezember 1868 erschienen und dann vom „Journal officiel" abgelöst. Der „Moniteur" war die führende Zeitung der Revolutionszeit. Er nahm später einen konservativen Charakter an.

S. 17 *Garves Versuche:* Christian Garve: „Versuche über verschiedene Gegenstände aus der Moral, der Literatur und dem gesellschaftlichen Leben." 5 Teile. Breslau 1791–1802. Teil 1 1791; Teil 2 1796; Teil 3 1797; Teil 4 postum 1800, hg. von Johann Kaspar Friedrich Mango; Teil 5 postum 1802, hg. von Karl Heinrich Gottlieb Schneider.

das oberste Prinzip der Pflicht in eine Formel aufgestellt: gemeint ist Kants kategorischer Imperativ, der 1788 in der „Kritik der praktischen Vernunft", § 7, folgende Formulierung erfährt: „Handle so, daß die Maxime deines Willens jederzeit zugleich als Prinzip einer allgemeinen Gesetzgebung gelten könne."

S. 22 *Ein Mann, der sich weiser dünkt als die Weisesten:* Anspielung auf die Auseinandersetzung zwischen Johann Georg Schlosser und Kant. Schlosser hatte fingierte Plato-Briefe unter dem Titel „Platos Briefe über die Syrakusanische Staatsrevolution nebst einer historischen Einleitung und Anmerkungen", Königsberg 1795, veröffentlicht. Kant hatte darauf mit einer polemischen Schrift „Von einem neuerdings erhobenen vornehmen Ton in der Philosophie" (erschienen in der „Berlinischen Monatsschrift", hg. von Johann Erich Biester, 14. Jg. 1796, Bd. 27, S. 389–425) reagiert. Gerichtet an die Adresse Schlossers und Friedrich Leopold Stolbergs,

wendet sich Kant gegen „die philosophischen Herrn Aristokraten" (so Goethe an Heinrich Meyer am 30. Oktober 1796.
Vgl. dazu auch Schillers Brief an Goethe vom 9. Februar
1798), d. h. gegen subjektivistische, schwärmerische, „genie-
mäßige" Auffassungen von Philosophie, die die Anstrengung des Begriffs scheuen und sich wissenschaftlich über-
prüfbarer Methode und System verweigern. Schlosser setzte
seine Kantkritik mit dem „Schreiben an einen jungen Mann,
der die kritische Philosophie studieren wollte" (Lübeck und
Leipzig 1797) fort. Vgl. die darauf gemünzte Satire Friedrich Schlegels „Der deutsche Orpheus. Ein Beitrag zur
neuesten Kirchengeschichte", S. 245–254 dieses Bandes.

Berlin. Briefe eines Reisenden an seinen Freund in M**

Zweiter Brief

S. 25 *Nicolais Beschreibung von Berlin:* Friedrich Nicolai: „Beschreibung der Königlichen Residenzstädte Berlin und Potsdam,
nebst allen daselbst befindlichen Merkwürdigkeiten, und
der umliegenden Gegend." Berlin 1769. Neue umgearbeitete Aufl. mit Grundriß und einer Karte der Gegend. 2 Bde.
Berlin 1779. 3. umgearbeitete Aufl. 3 Bde. Berlin 1786.

S. 26 *Wilhelmstraße:* ab 1964 Otto-Grotewohl-Straße.
unter der vorigen Regierung: unter Friedrich II.
für den ersten Anblick sehr schönen imponierenden Platze: das Lin-
den-Forum oder Forum Fridericianum (der heutige Bebel-
platz und ein Teil der „Linden"); unter Friedrich II. angelegt vor allem nach Plänen von Georg Wenzeslaus von
Knobelsdorff (1699–1753).
dieses Königs: Friedrich Wilhelm II. (1744–1797), preußischer König 1786 bis 1797.
Pantheon in Rom: Ein Pantheon war ursprünglich ein der
Verehrung „aller Götter" geweihter Tempel, später ein Gebäude zum Andenken an berühmte Persönlichkeiten. Das
dem Andenken des Marcus Vipsanius Agrippa, Freund,
Feldherr und Schwiegersohn des Augustus, geweihte, erbaut von Augustus 27 v. u. Z., ist das bekannteste. Der von
einer Kuppel gekrönte und mit einer rechteckigen vorge-
bauten Halle versehene Rundbau wurde 609 durch Papst
Bonifatius IV. zur christlichen Kirche Santa Maria la Ro-
tonda geweiht.
der alte König: Friedrich II.
die höchst geschmacklose neue Bibliothek: gemeint ist die Alte Bibliothek, die sog. „Kommode"; erbaut 1775 bis 1780.

einer der geschmacklosesten Kirchen in Rom: die Kirche S. Agnese in der Nähe des Pantheon, die jedoch mehr den Entwürfen Jean de Bodts (1670–1745) für den Dom in Berlin entspricht.

vielleicht vermittelst eines römischen Bilderbuchs: Die Fassaden der „Kommode" wurden nach Stichvorlagen entworfen.

S. 27 *c'est par devant ...:* (frz.) Von vorn ist es eine Kommode und von hinten eine „Bequemlichkeit".

nutrimentum Spiritus: (lat.) Geistesnahrung.

dem alten unlateinischen Könige: Friedrich Wilhelm I., der sog. Soldatenkönig; preußischer König 1713 bis 1740.

die katholische Kirche: die Hedwigskathedrale; 1747 bis 1773 nach dem Vorbild des Pantheons in Rom erbaut.

das Prinzheinrichsche Palais: 1748 bis 1753 erbaut für den Prinzen Heinrich. Ab 1810 bei der Gründung der Universität als deren Gebäude genutzt.

das prächtige Zeughaus: heute Museum für deutsche Geschichte; 1695 bis 1706 erbaut nach Entwürfen von Johann Arnold Nehring (1659–1695), Martin Grünberg (1655–1707), Andreas Schlüter (1664–1714) und Jean de Bodt (1670–1745).

S. 28 *Gießhaus:* befand sich auf dem Gelände hinter dem Zeughaus. 1708 nach einem Entwurf Schlüters fertiggestellt.

das Palais des Markgrafen von Schwedt: neben der „Kommode" gelegen. Umbau eines älteren Hauses, das Ende des 17. Jh. dem General Weiler gehörte, für den Markgrafen Friedrich Wilhelm von Schwedt, um 1750 von dem Architekten Carl Ludwig Hildebrandt (um 1720–1770) ausgeführt.

die Regie: die 1766 von Friedrich II. gegründete „Administration générale des accises et des péages" (Allgemeine Akzisen- und Gebührenbehörde), eine Fachbehörde zur Eintreibung vor allem der indirekten Steuern, die die vom Siebenjährigen Krieg erschöpfte Staatskasse wieder auffüllen sollten. Formal geleitet von Julius August Friedrich von der Horst, geriet sie faktisch in die Hände von fünf sog. Generalregisseuren, französischen Finanz- und Steuerfachleuten, die jährlich eine bestimmte Steuerquote zu erwirtschaften hatten. Vom eventuellen Ertragsüberschuß gingen 5 % in ihre Taschen. Diese von der Bevölkerung gehaßte Behörde erbrachte im Laufe ihres Bestehens trotz hoher Verwaltungskosten einen Reingewinn von 23 Millionen Talern. Sie wurde erst von Friedrichs Nachfolger abgeschafft.

S. 29 *die Linden:* angelegt in der zweiten Hälfte des 17. Jh. unter Kurfürst Friedrich Wilhelm (1610–1688), unter Friedrich II. zu einer Prachtstraße umgestaltet.

unter diesem Könige: Friedrich Wilhelm II.

Kasken: (lat.-span.-frz.) Helme.

S. 30 *aus der Porzellanfabrik:* Im August 1763, nach Beendigung des Siebenjährigen Krieges, wurde die Königlich Preußische Porzellanmanufaktur in Berlin gegründet, nachdem schon 1750 der Schweizer Kaufmann Wilhelm Caspar Wegeli an der neuen Friedrichstraße eine Porzellanfabrik eröffnet hatte, die 1757 wieder eingegangen war. Vgl. Georg Kolbe: Geschichte der Königlichen Porzellanmanufaktur zu Berlin. Berlin 1863, S. 135 ff.

S. 31 *die neue Ausgabe von Nicolais Beschreibung von Berlin:* gemeint ist die dritte umgearbeitete Aufl. von 1786.

Dritter Brief

S. 32 *négligé:* (frz.) Hauskleid, Morgenrock, nachlässiges Gewand.

S. 36 *seines jüngern Sohnes:* Georg Ludwig Spalding (1762–1811), Professor am Grauen Kloster in Berlin.

aus einigen Dissertationen, Aufsätzen und Gedichten in der Berlinischen Monatsschrift: Die „Berlinische Monatsschrift", hg. von Johann Erich Biester und Friedrich Gedike (ab Bd. 17 im Jahre 1791 von Biester allein), war das zentrale weltanschauliche publizistische Forum der deutschen Spätaufklärung. Sie erschien in 28 Bänden von 1783 bis 1796, pro Jahr 2 Bände zu je 6 Heften. Der junge Spalding veröffentlichte darin u. a.: „Parodie einer Ode des Horaz" (Bd. 1/1783); 1784 Nachdichtungen von Ovid; das Gedicht „An meinen Vater" (Bd. 13/1789); „Plato über den Grund der Sittlichkeit" (Bd. 18/1791); „Über die Quellen, aus welchen eine Theodicee zu fließen pflegt" (Bd. 18/1791); „Etwas zur Verteidigung der Grammatik" (Bd. 23/1794); „Das erste Jahrhundert der Universität Halle" (Bd. 24/1794); das Gedicht „Auf Eberts Tod" (Bd. 25/1795).

Spalding in seinen ... Vertrauten Briefen: Johann Joachim Spalding: „Vertraute Briefe, die Religion betreffend", Breslau 1788.

S. 37 *in eine wöchentliche Gesellschaft einzuführen:* gemeint ist wahrscheinlich die von dem Schriftsteller und späteren Mitherausgeber des „Berlinischen Archivs der Zeit und ihres Geschmacks" Ignaz Aurelius Feßler 1796 ins Leben gerufene sog. „Heitere Mittwochsgesellschaft" oder „Gesellschaft der Humanität", die als Zentrum aufgeschlossener Geselligkeit keine konfessionellen Schranken gelten ließ und auch den Frauen offenstand. Sie ist von der Anfang der achtziger Jahre gegründeten Mittwochsgesellschaft, die sich vorwie-

gend mit politischen und staatsrechtlichen Problemen be-
faßte, zu unterscheiden.

Hospitalität: (lat.) Gastfreundschaft, Gastlichkeit.

S. 38 *jene unglückliche deutschen Länder:* gemeint sind die katholischen Gebiete im Süden des Heiligen Römischen Reiches
Deutscher Nation.

Vierter Brief

S. 39 *esprit de corps:* (frz.) Kastengeist, Standesbewußtsein.

S. 40 *pränumerieren:* (lat.) nach einem vereinbarten Modus im voraus bezahlen; meist im Zusammenhang mit der Subskrip-
tion, der schriftlichen Vorausbestellung eines bestimmten
Druckerzeugnisses.

Allgemeine deutsche Bibliothek: eines der führenden Rezen-
sionsorgane der deutschen Aufklärung; von 1765 bis 1792 in
Berlin-Stettin im Verlag Friedrich Nicolais erschienen; hg.
von Friedrich Nicolai, ab 1792 von Carl Ernst Bohn. Die
ADB war bestrebt, durch die laufende Besprechung der gesamten deutschen Buchproduktion die Leser möglichst vollständig zu informieren. Von 1793 bis 1805 erschien sie unter dem Titel „Neue Deutsche Bibliothek". Verlagsort war
nach der offiziellen Angabe Kiel, tatsächlich aber Hamburg.

Merkur: „Der Deutsche Merkur", ab Bd. 1, Stück 2 (Februar
1773) „Der Teutsche Merkur"; hg. von Christoph Martin
Wieland; 1773 bis 1789 in Weimar mit 4 Vierteljahresbän-
den pro Jahr erschienen; fortgesetzt als „Der Neue Teutsche
Merkur" 1790 bis 1810 mit 3 Bänden zu je 4 Heften pro
Jahr.

Museum: „Deutsches Museum". Hg. von Heinrich Christian
Boie und Christian Konrad Wilhelm von Dohm; erschien
1776 bis 1788 monatlich bei Weygand in Leipzig.

insolvent: (lat.) zahlungsunfähig.

Concert spirituel: (frz.) geistliches Konzert oder an weltlichem
Ort stattfindendes Konzert mit sakraler Musik.

Mercure de France: bedeutende literarisch-politische Zeitschrift Frankreichs; erschien 1724 bis 1825 halbmonatlich;
ging hervor aus dem 1672 gegründeten „Mercure galant";
bis 1763 im Besitz des absolutistischen Staates; vom König
gefördertes Nachrichtenorgan für die gehobene Gesellschaft, mit dessen Herausgabe vom Hof begünstigte, hoch-
bezahlte Schriftsteller beauftragt waren.

S. 43 *Der gewaltige König von Preußen treibts immer ärger:* Friedrich II. im Siebenjährigen Krieg 1756 bis 1763.

gegen unsern braven Kaiser: der Gemahl Maria Theresias, Franz Stephan von Lothringen (1708–1765), von ihr nach dem Tode Kaiser Karls VII. 1745 als Franz I. zum deutschen Kaiser ernannt.

unsre mutige Kaiserin: Maria Theresia (1717–1780), Großherzogin von Österreich und Königin von Ungarn und Böhmen.

Bravour: (frz.) Tapferkeit, Heldenmut.

S. 44 *Retirade:* (frz.) Rückzug.

S. 45 *schwadronieren:* (lat.-ital.) hier: in einer kleinen berittenen Abteilung kämpfen.

S. 46 *von dem braven Fritz:* Friedrich II. von Preußen.

S. 54 *traktieren:* (lat.) bewirten.

Notiz von deutschen Journalen

S. 55 *die Horen:* „Die Horen. Eine Zeitschrift." Hg. von Friedrich Schiller; erschien 1795 bis 1797 mit 2 Bänden zu je 2 Stücken pro Jahr bei Cotta in Tübingen.

Posselts europäische Annalen: „Europäische Annalen"; erschienen 1795 bis 1820 mit 4 Bänden zu je 3 Stücken pro Jahr bei Cotta in Tübingen; bis zu seinem Freitod 1804 hg. von dem Historiker Ernst Ludwig Posselt. Sie lieferten Materialien und Kommentare zur neuesten europäischen Zeitgeschichte.

der neuen deutschen Monatschrift: „Neue Deutsche Monatsschrift", seit Januar 1795 von Friedrich Gentz in Berlin im Verlag Friedrich Viewegs herausgegeben.

Frankreich im Jahr 1795: „Frankreich im Jahr 1795. Aus den Briefen Deutscher Männer in Paris. Mit Belegen." Hg. von J. F. Reichardt und Pieter Poel. Erschien unter dem Titel „Frankreich" und mit jeweils veränderter Jahreszahl im Titel von 1795 bis 1805 in Altona mit 3 Bänden zu je 4 Stücken im Jahr, Jahrgang 1805 mit 2 Bänden zu je 10 Stücken.

S. 56 *Beiträge zur französischen Revolution:* „Beyträge zur Geschichte der Französischen Revolution". Hg. von Peter Paul Usteri. Sie erschienen (pro Band 3 Stücke) Bd. 1 bis 4 1795, Bd. 5 bis 7 1796 bei Peter Philipp Wolf in Leipzig. Sie brachten, unter Mitarbeit etlicher in Paris lebender ehemaliger Mainzer Klubisten, Materialien über die Französische Revolution nach dem Sturz der Jakobiner.

des Berlinischen Archivs: „Berlinisches Archiv der Zeit und ihres Geschmacks" erschien mit 2 Bänden zu je 6 Heften pro Jahr von 1795 bis 1800 im Verlag Friedrich Maurers in Berlin. Hg. zunächst von Friedrich Ludwig Wilhelm Meyer und Friedrich Eberhard Rambach, ab Juli 1797 von Rambach, ab 1799 von Rambach und Ignaz Aurelius Feßler.

dem Deutschen Merkur: s. Anm. zu S. 40.

der Berlinischen Monatschrift: s. Anm. zu S. 36.

Genius der Zeit: „Der Genius der Zeit. Ein Journal." Hg. von August von Hennings; erschien 1794 bis 1800 mit 3 Bänden zu je 4 Stücken pro Jahr im Verlag von J. F. Hammer in Altona.

dem deutschen Magazin: nicht nachweisbar.

der deutschen Monatschrift: „Deutsche Monatsschrift". Hg. von G. R. Fischer und Friedrich Gentz, erschien von 1790 bis 1795 bei Vieweg in Berlin, 1795 bis 1803 bei W. Nauck in Leipzig und Halberstadt, hatte aber sehr an Bedeutung verloren, seit Gentz und Vieweg im Januar 1795 die „Neue Deutsche Monatsschrift" begründet hatten.

Minerva: „Minerva. Ein Journal historischen und politischen Inhalts". Hg. von Johann Wilhelm von Archenholz; erschien 1792 bis 1809 in Hamburg. – Minerva war die altrömische Göttin des Verstandes und der Gelehrsamkeit, des Handwerks und der Künste.

Friedenspräliminarien: eine von Ludwig Ferdinand Huber hg. Zeitschrift; erschien mit 10 Bänden zu je 4 Heften 1793 bis 1796 im Verlag von Christian Friedrich Voss in Berlin: Bd. 1 1793; Bd. 2 bis 6 1794; Bd. 7 bis 9 1795; Bd. 10 1796.

Klio: „Klio. Eine Monatsschrift für die französische Zeitgeschichte". Hg. von Peter Paul Usteri; erschien 1795/96 im Verlag von Peter Philipp Wolf in Leipzig; Jahrgang 1795 umfaßt 3 Bände zu je 4 Heften, Jahrgang 1796 2 Bände, davon der erste mit 4 Heften, der zweite mit 2 Heften. Wie in den „Beyträgen zur Geschichte der Französischen Revolution" sind hier Materialien zur neuesten französischen Zeitgeschichte publiziert, jedoch zusätzlich mit entsprechenden Akten und Dokumenten. Sie enthält, mit deutlicher Parteinahme für die Französische Revolution, auch Nachträge zur früheren Revolutionsgeschichte.

S. 57 *Carolin:* pfälzische Goldmünze, in Bayern und Württemberg noch im 19. Jh. geprägt; galt nach der 1753 geschlossenen Konvention   6 Reichstaler   (1 Reichstaler = 24 Groschen) oder 9 Gulden (1 Gulden = 16 Groschen).

Subskribent: (lat.) Interessent, der sich durch schriftliche Ein-
tragung, oft auch durch Vorausbezahlung des Abonne-
ments, verpflichtete, eine Zeitschrift zu beziehen.

den Meister ... der Epistel: J. W. Goethe: „Erste Epistel". In:
Horen 1795. Bd. 1. Erstes Stück. „Zweite Epistel". Bd. 1.
Zweites Stück. Die Episteln, verfaßt in Form der Horazi-
schen Episteln, Briefgedichte in Versen oft belehrenden Inhalts, waren an Schiller gerichtet.

Hans ohne Sorge: vgl. Horen. Bd. 1. Erstes Stück. So bezeichnet sich selbst der fingierte Märchenerzähler, der von einer
Insel Utopien berichtet, wo man umsonst üppig bewirtet
und wo Arbeit geschmäht wird.

S. 58 *der dritte Aufsatz:* die „Unterhaltungen deutscher Ausgewanderten" von Goethe. Bd. 1. Erstes und Zweites Stück.

Halbchaisen: halbverdeckter Kutschwagen zur Personenbe-
förderung.

Brankards: von frz. brancard, Trage oder Sänfte; hier offenbar zur Beförderung von Gepäck.

S. 59 *daß das Glück sich wieder zu den deutschen Waffen gesellt hatte:*
Anspielung auf die Wechselfälle des Ersten Koalitionskrie-
ges der vereinigten europäischen Feudalmächte (Rußland,
Spanien, Sardinien, Neapel, Preußen, Österreich und Portugal unter finanzieller und politischer Regie Englands) 1793
bis 1797 gegen Frankreich. Am 10. April 1793 begann die
Belagerung von Mainz, nachdem die Koalitionstruppen die
von Frankreich besetzten rechtsrheinischen Gebiete wieder-
erobert hatten. Mainz fiel am 23. Juli an die preußischen
Truppen.

S. 60 *Über den zweiten Artikel, dessen würdiger Verfasser ...:* Schillers
„Briefe über die ästhetische Erziehung des Menschen", entstanden 1793/94, erschienen zuerst 1795 in den Horen.
Bd. 1. Erstes Stück (1.–9. Brief); Zweites Stück (10.–16.
Brief); Bd. 2. Sechstes Stück (17.–27. Brief). Reichardts hier
geäußerte Absicht einer späteren Würdigung dieser Schrift
blieb Plan.

der vierte Aufsatz: „Über Belebung und Erhöhung des reinen
Interesse für Wahrheit" von J. G. Fichte. Bd. 1. Erstes Stück.
Darin verteidigt er – Kants Ethik radikalisierend – die Freiheit und Autonomie menschlicher Erkenntnis und die sittliche Selbstbestimmung jedes Einzelnen sowie die Gleichheit
aller in der angeborenen Fähigkeit zum freien Gebrauch der
Vernunft als Merkmal menschlicher Würde.

S. 63 *Der zweite Aufsatz:* „Ideen zu einer künftigen Geschichte der
Kunst" von Johann Heinrich Meyer. Bd. 1. Zweites Stück.
Meyer behandelt die Entwicklung der bildenden Kunst in

der griechischen Antike, speziell der Monumental- oder Großplastik als die dem griechischen Geist gemäßeste Form noch ganz im Sinne des von Winckelmann aufgestellten klassizistischen Ideals edler Einfachheit und stiller Erhabenheit. Nach dem damals gängigen Schema von Keim, Blüte und Verfall unterscheidet Meyer drei Entwicklungsstufen griechischer Plastik: den alten, noch von der bloßen Naturnachahmung geprägten Stil; den hohen Stil mit den Charakteristika Hoheit und Würde, der das Ideal-Schöne repräsentiere und über die materiellen Formen der Natur hinaus ihren Geist ausdrücke; den durch Anmut gekennzeichneten gefälligen Stil, der schließlich zu Überladenheit herabsinkt und mit der Nachahmung nicht nur der Natur, sondern älterer Kunstwerke seine Originalität einbüße.

Ob die deutschen Mädchen damit zufrieden sein werden: In der „Zweiten Epistel" („Die Horen". Bd. 1. 1795. Zweites Stück) empfiehlt Goethe – die in der „Ersten Epistel" gestellte Frage nach der Wirkung von Lektüre scherzhaft aufnehmend –, wie man den Einfluß gefährlicher Bücher auf die jungen Mädchen mindern könne, indem man sie mit häuslichen Arbeiten in Küche, Keller, Garten und Nähstube beschäftige: „Wünscht sie dann endlich zu lesen, so wählt sie gewißlich ein Kochbuch ..." (a. a. O., S. 97).

S. 64   *Der fünfte Aufsatz:* Wilhelm von Humboldts „Über den Geschlechtsunterschied und dessen Einfluß auf die organische Natur" (Horen. Bd. 1. Zweites Stück.) Humboldt geht hierin – Gedanken der frühen Naturphilosophie Schellings vorwegnehmend – von einem die Natur durchwaltenden dialektischen Prinzip der Polarität aus, das die Natur in rastloser schöpferischer Tätigkeit erhalte. Im Rahmen dieses Prinzips fallen dem männlichen und weiblichen Teil unterschiedliche Funktionen zu, die nach Humboldt auf naturgegebenen Eigentümlichkeiten beruhen und die beide gemeinsam erst das Ganze der Menschheit und ihr Ideal verkörpern lassen. Im Aufsatz „Über die männliche und weibliche Form" (Horen. Bd. 1. Drittes, Bd. 2. Viertes Stück) wird dieser Gedanke ausgebaut. Humboldt charakterisiert Männlichkeit als geprägt von Kraft und Selbsttätigkeit, geistige Kreativität verkörpernd; Weiblichkeit sei mehr durch Passivität und Empfangen bestimmt. Das seit der Antike in der Philosophie der Klassengesellschaft auftauchende, von Aristoteles in klassische Gestalt gebrachte Stoff-Form-Schema, das dem Formprinzip die herrschende, dem Stoff die dienende Rolle zuordnet, überträgt er dergestalt auf das Geschlechterverhältnis, daß rollenspezifische

Eigenschaften festgeschrieben werden, die bis zum äußeren Habitus noch heute traditionelle Bilder von Mann und Frau prägen. Als dialektischer Denker weist Humboldt jedoch immer wieder darauf hin, daß die Natur kein rein leidendes Verhalten dulde, daß Selbständigkeit und Selbsttätigkeit beiden Seiten zukomme, und daß lediglich das Übergewicht eines Prinzips die Spezifik der Aufgaben im Prozeß menschheitlicher Entwicklung festlege. Humboldt entwirft das gesellschaftliche Rollenverständnis der gebildeten Gattin der gehobenen bürgerlichen Beamten- und Unternehmerschicht, die befähigt ist, ihre Kinder zu erziehen und eine kultivierte gesellige Häuslichkeit zu repräsentieren.

In dem ersten Aufsatze: „Das eigne Schicksal" von J. G. Herder (Horen. Bd. 1. Drittes Stück). Herder entwickelt darin die Idee einer durchgängigen Naturnotwendigkeit, deren Gesetzen der Mensch unterstellt ist, die er aber durch fortschreitende Kultur, durch den „wahren Geist der Aufklärung" erkennen und „zur Regel der Vernunft selbst" erheben, d. h. zum Instrument seiner eigenen Bestimmung und Zwecke machen kann. An die Idee objektiv realer gesetzmäßiger Ordnung knüpft Herder die Forderung nach menschlicher Aktivität und Selbstbestimmtheit im Erkennen und Handeln.

Auszug aus dem Dante: Unter der Überschrift „Dantes Hölle" publizierte August Wilhelm Schlegel in den „Horen", Bd. 1, 3. Stück, Proben seiner Übersetzungskunst, an die er philologische, poetologische und historische Erörterungen anschloß.

aus Dantes unsterblichem Gedicht: die „Divina Commedia" (Göttliche Komödie), gedruckt Venedig 1516; älteste deutsche vollständige Übersetzung von Lebrecht Bachenschwanz, in Prosa, 3 Bde., 2. Aufl. Leipzig 1767–1769.

wie Bürgers Akademie der schönen Redekünste bereits den Anfang lieferte: In der von Gottfried August Bürger hg. Zeitschrift „Akademie der schönen Redekünste", deren Mitarbeiter A. W. Schlegel als junger Student und Schüler Bürgers in Göttingen war, hatte er im Heft 1 (1791) die erste Probe der unvollendet gebliebenen Dante-Übersetzung veröffentlicht. Die Zeitschrift erschien in 3 Teilen ohne Ort 1790/91.

Der dritte Aufsatz: „Entzückung des Las Casas, oder Quellen der Seelenruhe", verfaßt von dem Berliner Popularphilosophen und aufklärerischen Schriftsteller Johann Jakob Engel (1741–1802). Die weltanschauliche Tendenz dieses hier lakonisch abgetanen Aufsatzes mußte den Aufklärer Reichardt sehr verstimmen. Sie äußert sich im Traum des sterbenden Las Casas als blinde und demütige Unterwerfung des Menschen unter Gottes Ratschluß, als gläubiges Hinnehmen allen Elends im unbedingten und ungeprüften Vertrauen darauf, daß die dem Menschen unbegreifliche göttliche Ordnung der Dinge aus allen Übeln am Ende das Gute hervorkeimen lasse.

S. 65 *Merkwürdige Belagerung der Stadt Antwerpen in den Jahren 1584 und 1585:* von Friedrich Schiller (Horen. Bd. 2, 4. und 5. Stück). Auszug aus dem Anhang zur „Geschichte des Abfalls der vereinigten Niederlande von der spanischen Regierung", erschienen 1788.

Die Schmückerinnen der neugebornen Venus: In der antiken griechischen Mythologie galten die Horen als Göttinnen der Ordnung in der Natur, die für den Wechsel der Jahreszeiten und für Wachstum, Blüte und Reife verantwortlich waren. Sie wurden als mit Blumen und Früchten geschmückte Mädchen dargestellt und gehörten zum Gefolge der Aphrodite. Venus, ursprünglich die altrömische Göttin der Gärten und Weinpflanzungen, wurde später mit der griechischen Göttin der Schönheit und Liebe, Aphrodite, gleichgesetzt.

Die Lebenskraft oder der Rhodische Genius: Erzählung von Alexander von Humboldt (Horen. Bd. 2, 5. Stück).

Der zweite Aufsatz: „Beitrag zu einer Geschichte des französischen Nationalcharakters (Horen. Bd. 2, 5. Stück).

der Verfasser: Karl Ludwig Woltmann.

seit den letzten Friedensschlüssen: der am 5. April 1795 zu Basel geschlossene separate Friedensvertrag zwischen Frankreich und Preußen.

der umgestimmte Zeitungston: Der mit dem Baseler Friedensvertrag erreichte Status der Neutralität zwischen Frankreich und Preußen ermöglichte in der deutschen Presse eine freiere, sachliche und mitunter sympathisierende Berichterstattung über das politische Geschehen in Frankreich, was sich in zahlreichen, eigens diesem Thema gewidmeten Journalneugründungen niederschlug.

S. 66 *das Lieblingsthema des Tages und die nächsten Erwartungen der Menschheit:* Zitat aus der programmatischen Ankündigung der „Horen" (vgl. Bd. 1, Vorrede, S. III f.).

die liebliche Dichtkunst der Troubadours: Troubadours (provençalisch: Erfinder) hießen die vorwiegend dem Ritterstand entstammenden südfranzösischen Minnesänger des 11. bis 14. Jh. im Gegensatz zu den berufsmäßigen Sängern niederen Standes, den Jongleurs. Ihre Dichtung ist nicht eigentlich Liebeslyrik, sondern eingebunden in die höfische Konvention eines Frauenkults um die adlige Gebieterin, der man in den Liedern Ergebenheit und Dienstbarkeit versichert.

Satire: (lat.) Spott- und Strafdichtung in allen literarischen Genres; begründet durch die um 139 v. u. Z. erschienenen Satiren des römischen Dichters Lucilius, der ihre Charakteristika (Belehrung, Kritik, unliterarische Umgangssprache, persönlichen Stil) ausbildete.

S. 67   *Cythere:* griech. Cythereia oder Kythereia: Beiname der Aphrodite nach der von ihr geweihten Insel Kythera.

S. 69   *Farce:* (frz. = Füllsel, von lat. farcire = stopfen) ursprünglich derbkomische Einlage im mittelalterlichen französischen Mirakelspiel (dem geistlichen Drama im 12. bis 18. Jh. mit Stoffen aus den Heiligenlegenden im Gegensatz zu den biblischen Themen der Mysterien), ähnlich den Zwischenspielen in den analogen deutschen Passions- und Fastnachtsspielen. Im 14. bis 16. Jh. selbständig als kurzes, possenhaftes Spiel in Versen mit typischen Figuren in typischen Situationen zur Verspottung menschlicher Schwächen; in älterer Zeit meist anonym überliefert.

Die Eselsfeste: ein mittelalterliches Volksfest, das mit der Aufführung von Mysterien (geistlichen Schauspielen über Episoden aus der Bibel) einherging. Bis ins Jahr 850 belegt, war es dem Esel gewidmet, auf dem Maria mit dem Jesuskind nach Ägypten floh und auf dem Christus in Jerusalem einzog. Das berühmteste Eselsfest fand jährlich am 14. Januar in Beauvais statt. Das schönste Mädchen der Stadt wurde mit einem Kind im Arm als Maria auf einem mit einem Chorhemd bedeckten Esel von als Priester verkleideten Männern in einem großen Umzug in die Kirche geleitet. Dort wurden respektlose lateinische Lobgesänge auf den Esel veranstaltet. Schon im 12. und 13. Jh. ergingen zahlreiche Verbote dieses Festes. Es verschwand jedoch erst im 15./16. Jh.

Die Passionsbrüderschaft: Die Confrérie de la Passion et de la Résurrection de Notre Seigneur, die Brüderschaft des Leidens und der Auferstehung unseres Herrn, war eine Vereinigung Pariser Bürger und Laienschauspieler zum Zweck der theatralischen Aufführung von Mystères. 1380 erstmals erwähnt, erhielt sie 1402 von Karl VI. ein Privilegium zur Aufführung der Mysterien für Paris und die Bannmeile. 1548 wurde ihr die Aufführung geistlicher Stücke untersagt und nur noch die Aufführung weltlicher Stücke erlaubt.

Die Sorglosen Brüder: eine der zahlreichen religiösen Laienvereinigungen, wie sie besonders seit dem 13. Jh. im Anschluß an die Orden der Bettelmönche entstanden.

Kriege mit England: Kriege zwischen 1339 und 1453, in deren

Verlauf die Normandie und Calais erobert wurden. Heinrich V., König von England seit 1413, landete im August 1415 eine englische Flotte mit Truppen im Gebiet der Seinemündung, indem er innere Zwistigkeiten zwischen rivalisierenden Gruppen des französischen Hochadels, den Armagnacs und dem Haus Burgund, nutzte. 1419 unterwarfen die Engländer mit Unterstützung des Herzogs Johann von Burgund die Normandie und kontrollierten auch Gebiete im Süden Frankreichs.

Diese Schwärmerei: Jeanne d'Arc (1412–1431), die 1429 durch ihr mutiges Beispiel wesentlich zur Befreiung der Stadt Orléans von englischer Belagerung beitrug, glaubte, von Gott zur Rettung des militärisch schwer bedrängten Vaterlandes berufen zu sein. 1430 wurde sie in englischer Gefangenschaft der Ketzerei und der Verbindung mit dem Teufel angeklagt und 1431 verbrannt. Später wurde sie zur Nationalheldin mit mystischen Zügen stilisiert.

Die Gemahlin Karls des Siebenten: Maria von Anjou.

die italienischen Kriege: Heinrich II. (1518–1559), seit 1547 König von Frankreich, führte seit 1552 einen Krieg gegen Italien, der für Frankreich verlustreich ausging.

das neapolitanische Übel: die Syphilis.

ein neues Zeitalter Augusts: Die Regierungszeit des für Künste und Wissenschaften aufgeschlossenen Augustus setzt man mit dem Goldenen Zeitalter in der römischen Literatur gleich.

S. 70 *Die Bluthochzeit:* oder Bartholomäusnacht. In der Nacht vom 23. zum 24. August 1572, sechs Tage nach der Hochzeit Henris von Navarra (1553–1610; ab 1589 als Henri IV. König von Frankreich) mit Margarete von Valois, der Tochter Katharinas von Medici, begann die blutige Verfolgung der Protestanten (Hugenotten), angezettelt von der katholischen Fraktion des Hofes (Katharina von Medici, Heinrich von Anjou u. a.), ausgeführt durch die fanatisierten katholischen Einwohner von Paris. Die Pogrome dehnten sich auch auf die Provinz aus. Ihnen fielen in nur vier Wochen 30000 Hugenotten zum Opfer.

zeigte Rousseau in der Ferne das einfachste System des Staatsrechts: Anspielung auf Rousseaus naturrechtliche Schriften, die durch die Idee ursprünglicher Gleichheit aller Menschen geprägt waren, vor allem auf seinen berühmten „Contrat social" (Gesellschaftsvertrag) von 1761.

die schreckliche Idee, dem Augenblicke der Revolution gleichsam Fortdauer zu geben: Anspielung auf die Jakobinerherrschaft und den revolutionären Terror.

S. 73 *die Neufranken:* Bezeichnung für die Franzosen seit der Revolutionszeit.

Claudius und Voß
Wider und für die Preßfreiheit

S. 74 *in Aufsätzen, die ihm die Liebe der besseren Menschen … erwarben:* Anspielung auf die früheren antifeudalen und demokratisch engagierten Grundsätze Claudius', die er namentlich in den siebziger Jahren in Aufsätzen der Zeitschrift „Der Wandsbeker Bote", deren Redaktion er ab 1771 übernahm, vertreten hatte.

Alexander soll ganz Griechenland und halb Asien erobert haben: Alexander der Große, König von Makedonien ab 336 v. u. Z., brachte mit siegreichen Feldzügen Griechenland, Klein- und Vorderasien unter seine Botmäßigkeit. 331 v. u. Z. drang er bis Ägypten vor. 330 v. u. Z. bezwang er das riesige Persien endgültig und wurde durch den Tod des Perserkönigs Dareios auch König der Perser. Ende 327 v. u. Z. brach er nach Indien auf und erreichte den Indus im Frühjahr 326 v. u. Z. Im gleichen Jahr erlag er auf dem Rückweg einer Seuche.

S. 75 *Alfanz:* oder Alefanz: Possenreißerei, Gaukelei, Betrug.

via legitima: (lat.) auf rechtmäßigem Wege, zu Recht.

Genius der Zeit: s. Anm. zu S. 56.

Claudius' Gegenankündigung: Im März 1794 veröffentlichte Claudius pseudonym einen Einzeldruck ohne Angabe von Ort und Erscheinungsjahr unter dem Titel „Auch ein Beitrag über die neue Politik, hg. v. Asmus". Darin griff Claudius (Asmus) die französische Idee der Gleichheit an und beharrte polemisch darauf, daß König und Obrigkeit von Gott und damit unantastbar seien und daß der Untertan Untertan sei und bleiben müsse. Claudius wollte dem progressiven „Genius der Zeit" August von Hennings' eine eigene Wochenschrift entgegensetzen. Durch die Ankündigung dieses Journals in der „Hamburgischen Neuen Zeitung", 190. Stück, vom 27. November 1793 unter der Überschrift „Gegen den Genius der Zeit", entspann sich ein polemischer Briefwechsel zwischen Claudius und Hennings, abgedruckt in August von Hennings' „Asmus; ein Beitrag zur Geschichte der Literatur des 18. Jahrhunderts", Altona 1798.

ein Schreiben des Vetters Andrees: „Freundliches Schreiben des Vetters Andres an seinen lieben Vetter Asmus in Wands-

bek", 1793 von J. F. Reichardt, der damit in die publizistische Fehde zwischen Claudius und Hennings zugunsten
des letzteren eingriff. Vetter Andres war bis zum 4. Teil
(1783) die feste Adressatenfigur in Claudius' „Wandsbeker
Boten", an die er seine belehrenden, erläuternden Auslassungen in Form von Briefen richtete. Reichardts publizisti-
scher Kunstgriff in der mir leider nicht zugänglichen Schrift
könnte darin bestehen, daß Andres, eine schon eingeführte,
aber immer stumme Figur, die ständig belehrt wird, nun ih-
rerseits ihren Meister, Claudius-Asmus, belehrt.

S. 76 *immer mehr denkende Männer mit der mächtigen Feder und dem
Gesetzbuche ...:* Anspielung auf die Bemühungen um grund-
legende Justizreformen durch die Bearbeitung eines neuen
Gesetzbuches seit etwa 1780, die vor allem von Johann
Heinrich von Carmer, Carl Gottlieb Svarez und Ernst Ferdinand Klein (vgl. Personenregister) getragen wurden und die
1794 mit dem Inkrafttreten des Allgemeinen Preußischen
Landrechts ein vorläufiges und kompromißlerisches Ende
fanden.

S. 77 *ein alter treuer Freund:* Johann Heinrich Voß, der mit Claudius
in der Zeit des „Wandsbeker Boten" befreundet war.
dem Schreiber dieses: Johann Friedrich Reichardt.

S. 78 *supplicando:* (lat.) als Bittsteller, bittstellend.

S. 79 *der Illuminat:* (lat.) der „Erleuchtete"; hier allgemein für Frei-
maurer. Im speziellen Mitglied des Illuminatenordens (begründet von Adam Weishaupt), der sich seit Mai 1776 von
Ingolstadt aus verbreitete. Es handelte sich um einen auch
politisch wirkenden Geheimbund von entschieden aufklärerischer Gesinnung, der 1784 verboten und anschließend
hart verfolgt wurde.

Über Schlözers Staatsgelahrheit ...

S. 81 *mit dem Naturrechte:* hier Anspielung auf die Staats- und
Rechtstheorien der englischen und französischen Aufklärung im 18. Jh., die von natürlichen, d. h. in der vernünftigen Natur des Menschen gegründeten unabdingbaren Rechten der Individuen ausgingen und von daher die
feudalabsolutistische Staatsordnung mit ihrer Willkür und
ihren Privilegien kritisierten.

S. 83 *Anthropologie:* (griech.) Lehre vom Menschen; die philosophische Anthropologie des 18. Jh., die den Menschen als Individuum und als natürliches und gesellschaftliches Wesen
sowohl aus seinen angeborenen Eigenschaften wie auch aus

den Bedingungen seiner sozialen Umwelt zu erklären trachtete.

S. 85 *die Landesstände:* Vertreter des Feudaladels und der Städte. Sie traten zu den im 15. Jh. immer regelmäßiger abgehaltenen Landtagen zusammen, um ihre Rechte, Freiheiten und Privilegien gegenüber den Landesherren zu erhalten und auszubauen. Im Zuge der Durchsetzung des Absolutismus wurden die Landstände seit dem 17. Jh. als politischer Machtfaktor ausgeschaltet. In Mecklenburg (hier durch den Adel) und in Württemberg (durch das Stadtbürgertum und den mit ihm verbündeten Klerus) konnten die Stände ihren politischen Einfluß noch im 18. Jh. verteidigen.

S. 88 *Non deficit Jus; sed deficit probatio:* (lat.) Es fehlt nicht an Recht, aber es fehlt an der Billigung, der allgemeinen Zustimmung.

S. 90 *essentialiter:* (lat.) wesensmäßig, wesenhaft, wesentlich.

S. 97 *unsre deutschen Reichsstände:* die reichsunmittelbaren, nur dem Kaiser unterstellten Mitglieder des Heiligen Römischen Reiches Deutscher Nation, vor allem aus dem hohen Klerus und Adel.

die stiftsbürtigen Herrn: Adlige, die mindestens 16 Vorfahren nachweisen konnten. Das Stift (die Stifter) war eine mit Vermächtnissen, Rechten und Einkünften ausgestattete, kirchlichen Zwecken dienende und geistlichen Vereinigungen angehörende Institution; die ältesten dieser Art sind die Klöster.

miteinander handgemein werden: Schlözer hatte schon 1786 in seinen „Staats-Anzeigen" gegen die These vom Gottesgnadentum der Obrigkeit, vor allem der Fürsten, opponiert. 1792 entspann sich darüber zwischen Schlözer und Friedrich Carl Moser eine publizistische Kontroverse. Aus Furcht vor Revolution und Terror griff Moser in seinem „Neuen patriotischen Archiv für Deutschland" den bislang sehr geschätzten Schlözer an. Unter der Überschrift „Wahre und falsche politische Aufklärung" verwarf er alle „Aufklärung, die sich nicht auf Religion gründet" und die „den Menschen seinem eigenen Willen, Dünkel und Leidenschaften überliefert, ihn mit Lucifers-Stolz begeistert, um sich selbst vor seinen alleinigen eigenen unabhängigen Herrn zu halten und ein selbstbeliebiges Natur-Recht zu machen ...". Im Artikel „Von dem göttlichen Recht der Könige, vom Ursprung der landesherrlichen und obrigkeitlichen Gewalt und von der Natur und Gränzen des Gehorsams" verdächtigte er Schlözer, den „Samen politischer Zweifelsucht und Unglaubens" auszustreuen. Zur Orientierung der wahren christlichen Untertanen verwies Moser auf die Bibel und beschwor die Zeitgenossen, an dem Satz, daß die Obrigkeit von Gott ist, festzuhalten, da sonst alle gesellschaftlichen Bande reißen, alle soziale Sicherheit und Ordnung einstürzen und sich die Greuel ausbreiten würden, von denen Frankreich ein so schreckliches Beispiel böte. Schlözer dagegen erneuerte im „Anhang. Prüfung der v. Moserschen Grundsätze des Allgem. Staats-Rechts" zu seinem „Allgemeinen Staats-Recht und Staats-Verfassungs-Lehre", Göttingen 1793, seine Ablehnung der These vom Gottesgnadentum der Obrigkeit. Zur Diskussion zwischen Schlözer und Moser und zu daran anknüpfenden publizistischen Reaktionen vgl. „Freyherr von Moser und Schlözer über die oberste Gewalt im Staate", Meißen 1794.

S. 98 *Religio, quantum potuit suadere malorum:* (lat.) Lukrez, De rerum natura (Von der Natur der Dinge), I. Buch, Vers 95: Tantum religio potuit suadere malorum (Religion hat soviel Schlimmes raten können). Er bezieht sich hier auf die Opferung der Iphigenie durch ihren Vater Agamemnon.

des styli Curiae: (lat.) des Kurial- oder Kanzleistils; hier die offiziöse politische Ausdrucksweise, die Fachsprache der Spezialisten für Staatsrecht oder der zuständigen Regierungs- bzw. hohen Verwaltungsstellen.

S. 99 *im Preußischen Gesetzbuche:* s. Anm. zu S. 76.

Neue deutsche Werke

S. 101 *Hildegard von Hohenthal:* Roman von Johann Jacob Wilhelm Heinse (eigentlich Heintze) (1746–1803). Der Schluß der Rezension zu diesem Roman erschien erst 1797 in der ebenfalls von Reichardt im Verlage Johann Friedrich Ungers hg. Zeitschrift „Lyceum der schönen Künste", Teil 1, S. 169–196, und Teil 2, S. 170–181.

Lessings Nathan: „Nathan der Weise", erster Druck o. O. 1779.

S. 102 *Ardingello:* „Ardinghello und die glückseligen Inseln", Lemgo 1787, Roman von Heinse.

Achill in Myros: Achilleus oder Achilles, der gefeierte Held der „Ilias", Urenkel des Zeus, fand beim Feldzug der Griechen gegen Troja durch die Hand des Gottes Apollon in Gestalt des Paris oder durch Paris selbst den Tod. Der Achilles-Stoff war im 18. Jh. ein bevorzugtes Opernsujet.

S. 103 *Halloren:* Hallor = alter historischer Name für Salzsieder, Arbeiter im Salzwerk in Halle (Saale); im letzten Viertel des 17. Jh. aufgekommen.

Miserere: (lat.) „Erbarme dich"; katholischer Kirchengesang, dem als Text der 57. Psalm in der Vulgata, der klassischen lateinischen Bibelübersetzung, zugrunde liegt, der mit den Worten „Misere mei, Domine" (erbarme dich meiner, Herr) beginnt.

Kastraten: Kastrat (lat.) = „Verschnittener"; seit dem frühen 16. bis Anfang des 19. Jh. Sänger, deren Kehlkopf durch Entmannung im Kindesalter nicht normal mitwuchs, so daß sie ihre Knabenstimmen (Sopran oder Alt) behielten; besonders in der Barockoper für weibliche Rollen eingesetzt. Im 18. Jh. wurden jährlich vor allem in Italien noch etwa 4000 Knaben so verstümmelt, obwohl das kanonische Recht (das Recht der römisch-katholischen Kirche) es verbot.

Ulysses, neben welchem Pallas steht: Ulysses oder Odysseus, im griechischen Mythos König von Ithaka, Teilnehmer am Trojanischen Krieg. In Homers „Odyssee" wird er als klug und listig dargestellt und gilt als Liebling der Athene, der griechischen Göttin der Weisheit und kriegerischen Tapferkeit, die der Sage nach aus Zeus' Haupt in voller Rüstung als Lanzenschwingerin (Pallas) hervorsprang.

Suada: (lat.) Redefluß, Beredsamkeit.

S. 104 *Fistel:* (ital.) Fistelstimme oder Falsett; besondere Art der Erzeugung hoher Töne.

Anweisung zur Singekunst: Werk von Tosi.

Musen: s. Anm. *der Gott der Musen* zu S. 6.

S. 107 *die gleichschwebende … Temperatur:* Regelung der in der musikalischen Praxis unvermeidlichen Abweichungen von der akustischen Reinheit der Intervalle. Nach diesem System sind heute im allgemeinen die europäischen Musikinstrumente gestimmt. Es besagt, daß gleiche Intervalle (Halbtöne, Ganztöne, kleine und große Terzen usw.) stets von gleicher Größe sind und jeweils durch ein bestimmtes Verhältnis zweier Zahlen ausgedrückt werden können.

S. 108 *Vesper:* Abendandacht im katholischen Gottesdienst.

Salve Regina: (lat.) Sei gegrüßt, Königin! Anfang eines Gebetshymnus an die Himmelskönigin, die Jungfrau Maria, der bereits im 11. Jh. als Pilgergesang der Kreuzfahrer diente.

S. 109 *Pater Kapuziner:* Angehöriger des 1525 gestifteten Kapuzinerordens, eines Zweiges des Franziskanerordens, mit besonders strengen und asketischen Regeln, der vor allem die ärmsten unter den Bettelmönchen vereinte.

S. 110 *des alten ungläubigen Königs:* Friedrich II.

Dukaten: Goldmünze mit hohem Feingehalt; galt in der zweiten Hälfte des 18. Jh. in der Regel 3 Reichstaler (1 Reichstaler = 24 sog. gute Groschen).

S. 111 *selbst die größten Philosophen:* Anspielung auf bestimmte Einseitigkeiten des französischen Materialismus, die sich aus einem streng linearen Kausalitätsbegriff, aus der unumkehrbaren Verknüpfung von Ursache und Wirkung ergaben. Reichardt besaß die wichtigen Schriften der von ihm sehr geschätzten französischen Philosophen des 18. Jh. in seiner Privatbibliothek, wie der Versteigerungskatalog des Nachlasses erweist.

S. 113 *Armida:* Gestalt aus Torquato Tassos (1544–1595) Versepos „Das befreite Jerusalem" (1575 vollendet), die die christlichen Kreuzfahrer durch verführerische Schönheit in ihren Bann schlägt. Sie wurde Gegenstand zahlreicher Opernbearbeitungen.

die Ninons: Ninon (Anne) de Lenclos (1616–1706), geboren in Paris als Tochter eines Edelmannes aus der Touraine; früh verwaist, erlangte sie bald durch Bildung, Witz, Scharfsinn und Schönheit Berühmtheit. Sie blieb unverheiratet, und ihr Haus wurde geselliges Zentrum, in dem die größten Gelehrten und Künstler ihrer Zeit (Fontenelle, Molière, Larochefoucauld u. a.) verkehrten. Ihr wurden zahlreiche Liebesverbindungen nachgesagt.

S. 114 *wie Goethe es in seinem Meister:* vgl. Goethes Roman „Wilhelm Meisters Lehrjahre", Berlin 1795/96, 4. Buch, 13. Kapitel, Schluß des 15. Kapitels (über Shakespeares „Hamlet"); 5. Buch, 4. und 7. Kapitel.

Der Dichtung Schleier aus der Hand der Wahrheit: Verszeile aus Goethes Gedicht „Zueignung" von 1784.

Goslar

S. 117 *in die Acht erklärt:* die durch Urteilsspruch über Personen oder Gemeinschaften verhängte sog. Friedlosigkeit. Der Geächtete könnte nach germanischem Recht von jedermann ungesühnt verfolgt und getötet werden. Sein Eigentum fiel an den König oder Kaiser, bei dem das Recht der Achterklärung lag.

am heiligen Dreikönigstage: 6. Januar.

des Herzogs von Braunschweig: Heinrich II. Herzog von Braunschweig-Wolfenbüttel (1489–1568), der letzte starke Verteidiger des Katholizismus in Norddeutschland.

S. 118 *Goldgülden:* Goldgulden oder Gulden; vor allem in Süddeutschland gängige Münze, wurde mehr und mehr vom Dukaten verdrängt. Ab Mitte des 17. Jh. wurde er durch den Gulden (eine Silbermünze; 1 Gulden = 16 sog. gute Groschen) ersetzt.

verfrönen: Herrendienst leisten. Frondienste wurden zunächst nur bei Errichtung großer Bauten (Burgen, Kirchen) verlangt; später alle Dienstleistungen leibeigener Bauern bei ihren adligen Grundherren.

S. 119 *Zitze:* seit dem 17. Jh. Name eines ursprünglich in Ostindien hergestellten, mehrfarbig bemalten Baumwollgewebes; seit Ende des 18. Jh. allgemeine Bezeichnung für in Europa maschinell gewebte und bedruckte Kattunsorten feinerer Qualität.

Tarock: (arab.-ital.) oder Tarock-Hombre; kompliziertes Kartenspiel französischen Ursprungs für drei Personen mit eigener, 78 Blätter umfassender Karte.

S. 120 *Politur:* (lat.) die bloß äußerliche Feinheit des Umgangs im Gegensatz zur natürlichen, unverbildeten inneren Würde und Moralität der Menschen.

Kotzen: Sing. Kotze; im süddeutschen Sprachraum übliche Bezeichnung für ein Kleidungsstück; grobgewebter, zottiger, stark angerauhter, pelzartiger Wollstoff für Decken, Kleider, Tücher, besonders aber für Wettermäntel; in Nürnberg derbes Oberkleid, kurzer Mantel.

Kontuschen: von ungar. köntös = langer Oberrock des Adels mit weiten geschlitzten Ärmeln und breitem Gürtel, getragen im 16. bis 18. Jh. auch vom polnischen Adel. Davon abgeleitet die Kontusche, ein in Frankreich unter Herzog Philipp von Orléans (1715–1723) aufgekommener, bis zu den Knien reichender, taillenloser mantelartiger Überwurf für Frauen, mit Ärmeln versehen und über der Brust gebunden.

S. 121 *der reichsstädtischen Freiheit:* Seit dem 13. Jh. unterstanden im ehemaligen deutschen Reich die Reichsstädte unmittelbar dem König oder Kaiser – im Gegensatz zu den Städten unter fürstlicher Landeshoheit. Sie verfügten über die meisten Hoheitsrechte (eigene Gerichtsbarkeit und bewaffnete Macht, Münz-, Zoll- und Geleitrecht, auch alleiniges Besatzungsrecht innerhalb ihrer Mauern). Durch die steigende Macht der Fürsten verloren sie vor allem seit dem 17. Jh. ihre Reichsunmittelbarkeit und ihre Selbständigkeit.

Herzog von Braunschweig: Karl II. Wilhelm Ferdinand (1735–1806), ab 1780 Herzog von Braunschweig.

die ... Reichstage Deutschlands: im mittelalterlichen Deutschland die Versammlungen der Reichsstände, d. h. der reichsunmittelbaren, nur dem Kaiser unterstellten Mitglieder des Heiligen Römischen Reiches Deutscher Nation, des hohen Klerus und Adels, später ihrer Bevollmächtigten; einberufen vom Kaiser an wechselnden Orten zur Beratung wichtiger, das gesamte Reich betreffender Angelegenheiten. Im 12. Jh. bildete sich das Recht der Reichsfürsten aus, über wichtige Reichsangelegenheiten (Erlaß von Reichsgesetzen, Verfügungen über Reichsbesitz, Beschlüsse über Heerzüge) mitzuentscheiden. Die Reichsstädte wurden 1489 vollberechtigte Mitglieder der Reichstage. Seit dem 15. Jh. traten die Kurfürsten auf Grund ihrer bevorzugten Stellung zu gesonderten Beratungen zusammen. Diesem Beispiel folgten bald die weltlichen und geistlichen Reichsfürsten und schließlich auch die Reichsstädte, so daß sich der Reichstag in drei Beratungsgremien (Kurien) teilte. Für Beschlüsse war mindestens die Übereinstimmung der beiden oberen Kurien mit dem Kaiser erforderlich. Durch diese auf dem Wormser Reichstag von 1495 getroffene Festlegung wurde der Reichstag schwerfällig und oft beschlußunfähig. Er tagte in Regensburg von 1663 bis zu seiner Auflösung 1806 permanent als „Immerwährender Reichstag".

Winspel: oder Wispel: altes Hohlmaß für Getreide in Nord- und Mitteldeutschland; umfaßte meist 24 Scheffel. Der Scheffel schwankte zwischen 23 und 223 Litern.

S. 122 *die Prozesse zu Wetzlar:* In Wetzlar befand sich seit 1693 das Reichskammergericht; 1495 von Kaiser Maximilian I. zunächst für Landfriedensbruchsachen eingesetzt, wurde es zur höchsten Instanz in Zivilangelegenheiten für die Reichsunmittelbaren. Ende des 18. Jh. war es schon eine überlebte Institution, die einige endlose und wirkungslose Prozesse führte, weil keine starke Zentralgewalt existierte.

Tl., Tlr.: Taler, 1566 bis 1750 als Reichs-Taler Währungsmünze des deutschen Reiches. 1 Reichstaler galt durchschnittlich 24 sog. gute Groschen.

Schoß zahlen: der Schoß = die Gebäudesteuer, eine Art Vermögenssteuer. Sie wurde nach dem Wert von Haus und Habe berechnet, nicht nach dem Ertrag des Besitzes. In Berlin wurde die Schoßpflicht schon 1671 abgeschafft, um die Bautätigkeit zu fördern.

Syndikus: (griech.) der von der Stadt (der Stiftung, einem Verein oder anderen Körperschaften) zur Besorgung ihrer Rechtsangelegenheiten ernannte Bevollmächtigte.

Worthalter: Interessenvertreter und Sprecher der Bürgerschaft.

Stadtvogt: hoher Beamter; Verwalter und Vertreter der Interessen des Kaisers; übte die Schutzgewalt über die Stadt aus, was zugleich aber deren Abhängigkeit von der Zentralgewalt bedeutete.

torquieren: (lat.) peinigen, quälen.

Tortur: (lat.) Marter, Folter; zuerst wurde sie in Preußen abgeschafft (1740 und 1754), in Baden 1767, in Mecklenburg 1769, in Sachsen und Dänemark 1770, in Österreich 1776, in Frankreich 1789, in Rußland 1801, in Bayern und Württemberg 1809, in Hannover 1822, in Gotha offiziell erst 1828.

Gilden: Sing. die Gilde; mittelalterliche Vereinigung von gleichberechtigten Mitgliedern zur gemeinsamen Wahrung ihrer Interessen. Es gab sie in verschiedenen Ständen – bei den Handwerkern als Zunft, bei den Kaufleuten als Kaufmannsgilde oder Hanse, bei freien Bauern.

S. 123 *der Kaiser:* Joseph II. (1741–1790), deutscher Kaiser 1780 bis 1790, oder sein Bruder Leopold II. (1747–1792), deutscher Kaiser 1790 bis 1792. Ihm folgte ab 1. März 1792 Kaiser Franz II. (1768–1835), seit 1806 nur Kaiser von Österreich, der wegen der ungenauen Zeitangabe („Vor einigen Jahren") ebenfalls in Betracht kommt.

Senat: (lat.) Rat der Alten; im antiken Rom höchstes politisches Organ der Republik zur Wahrung der Interessen der Herrschenden. Nach dem Vorbild Roms hießen seit dem Mittelalter die Magistratskollegien der bedeutenden Städte, vor allem der Reichsstädte Senate.

des vortrefflichen Arztes: Lebrecht Friedrich Benjamin Lentin (1736–1804), von 1787 bis 1796 Arzt in Lüneburg; umfassend naturwissenschaftlich gebildet; ab 1796 königlich großbritannischer und kurfürstlich braunschweig-lüneburgischer Leibarzt in Hannover; erwarb sich besondere Verdienste um die Ohrenheilkunde.

S. 124 *Torexamen:* Untersuchung einreisender Fremder, bevor sie die Stadt betreten durften.

S. 125 *Grazien:* (griech. Charites) die Huldgöttinnen, Töchter des Zeus und der Eurynome, Göttinnen der Anmut und Dienerinnen der Aphrodite (der altgriechischen Göttin der Liebe und Schönheit). Neben den Musen (s. Anm. zu S. 6) galten sie als Beschützer und Freunde der Künstler und verliehen deren Werken Wohlgefälligkeit.

S. 125 *Augustinermönch:* Angehöriger des Augustinerordens, eines katholischen Bettelmönchordens, der aus mehreren Einsiedlervereinigungen in Italien hervorging. 1244 gab ihm Papst Innozenz IV. die Regel des heiligen Augustin (Aurelius Augustinus, einer der Kirchenväter, lebte 353 bis 430 und forderte und führte ein Leben in Askese und strenger Abgeschiedenheit). Diese Regel gestattete dem Orden Landbesitz; 1567 wurde er von Papst Pius V. unter die Bettelorden versetzt. Seine Blüte erlebte der Orden im 16. und 17. Jh.

S. 126 *so etwas konnte selbst Epiktet kaum an einem Pferde ertragen:* Anspielung auf eine Stelle aus dem „encheiridion" oder „Handbüchlein der Moral" (dort unter Nr. 6). Der Text lautet: „Sei nicht auf irgendeinen fremden Vorzug stolz! Wenn der Hengst mit Stolz von sich sagen würde: ‚Ich bin schön', wäre das noch erträglich. Wenn aber du voller Stolz sagst: ‚Ich besitze einen schönen Hengst', dann wisse, daß es ein Pferd egutes ist, worauf du stolz bist! Was ist denn nun dein Gutes? Der Gebrauch, den du von deinen Vorstellungen machst! Dann also, wenn du deinen Vorstellungsgebrauch naturgemäß einrichtest, nur dann und nur darauf werde stolz, denn da erst wird dein Stolz einem dir eigenen Guten gelten." (Übersetzung: Rudolf Schottlaender †)

S. 127 *die Prätorianer:* die Leibwache der römischen Kaiser, von Augustus, dem ersten römischen Kaiser, begründet. Sie bestand anfangs aus neun Kohorten zu je 1000 Mann und stellte eine privilegierte Truppe dar, die auf Grund ihrer Anzahl und Konzentration große politische Macht besaß; so konnte sie Kaiser ab- oder einsetzen.

unter den Mediceern: Die Medicis waren ein mächtiges Handelsgeschlecht in Florenz vom 13. bis zum 18. Jh.; besonders bekannt Lorenzo Medici (1449–1492) als Förderer der Künste und Gönner Michelangelos.

S. 128 *zu der Zeit, als die römische Hierarchie auf ihrem Gipfel stand:* die politische Macht und unerschütterte Herrschaft des Papstes vor der Reformation.

nach der Unterdrückung der Landtäge: s. Anm. *die Landesstände* zu S. 85.

S. 130 *wie Luzian in seinem Traum:* Anspielung auf Lukians (s. Personenregister) Dialog „Icaromenippus oder Die Luftreise", in dem er spöttisch mit den verschiedenen Philosophenschulen abrechnet (s. Lukian: Werke in drei Bänden. Erster Band. Berlin–Weimar 1974, S. 113–135).

titriert: (frz.) mit Titeln, mit adligem Rang versehen.

memento mori: (lat.) Gedenke des Todes! hier: Preisgabe jedes praktischen Weltbezuges und Orientierung allein am Jenseits.

Nach welchen Grundsätzen soll man politische Meinungen und Handlungen der Privatpersonen beurteilen?

S. 131 *Die königliche Familie in Frankreich aus der Welt zu schaffen:* Ludwig XVI. wurde am 21. Januar 1793 hingerichtet, Marie Antoinette am 16. Oktober 1793.

S. 145 *in dem alten Spruche:* Jedermann sei untertan der Obrigkeit, die Gewalt über ihn hat. Denn es ist keine Obrigkeit ohne von Gott; wo aber Obrigkeit ist, die ist von Gott verordnet (vgl. NT, Brief des Paulus an die Römer 13,1); Grundsatz des klerikalen und feudalen Naturrechts, den auch die Reformation Luthers nicht in Frage gestellt hatte. – Hier gilt die Polemik speziell der These vom Gottesgnadentum der Fürsten, die – vom aufklärerischen Naturrecht längst widerlegt – immer noch die offiziöse staatstragende Ideologie in Deutschland prägte.

S. 146 *In England wird ein Gesetz ...:* Anspielung auf die dort herrschende konstitutionelle Monarchie, bei der die politische Macht des Königs durch die legislativen Befugnisse des Parlaments besonders seit der englischen Revolution von 1688 und der „Bill of Rights" (Statut der Rechte) von 1689 eingeschränkt und der Monarch bei der Gesetzgebung und Ordnung des Staatshaushalts an die Mitwirkung einer Volksvertretung gebunden war.

die Ankerströme: Der schwedische Leutnant Anckarström tötete im März 1792 als Handlanger einer Adelsverschwörung den zunächst kunstsinnigen und reformfreudigen, später verschwenderischen und in ruinöse kriegerische Auseinandersetzungen verwickelten schwedischen König Gustav III. bei einem Maskenball in der Stockholmer Oper.

die Klasse der Klemens: Anspielung auf die Päpste gleichen Namens im 14. Jh., die in Avignon residierten und durch Intrigen, Habsucht, Grausamkeit und Sittenlosigkeit sprichwörtlich wurden: Clemens V. (gest 1314), Clemens VI. (gest. 1352), Clemens VII. (gest. 1394).

S. 148 *In der Vendée:* Departement in Frankreich, wo, als am 10. März 1793 eine große Rekrutenaushebung zur Verteidigung der jungen Republik stattfinden sollte, Bauernaufstände ausbrachen, die vom reaktionären Klerus und Adel für ihre Zwecke genutzt wurden. Die Kämpfe flackerten immer wieder auf, bis die Vendée erst Anfang 1800 völlig unterworfen wurde.

Die alliierten Mächte: Von März bis September 1793 schloß England durch Verträge mit Rußland, Spanien, Sardinien, Neapel, Preußen, Österreich und Portugal die europäischen Fürsten zu einer Koalition gegen das revolutionäre Frankreich zusammen. Der Erste Koalitionskrieg dauerte von 1793 bis 1797.

jus talionis: (lat.) das Recht der gleichen Wiedervergeltung eines am Körper erlittenen Schadens; auch symbolische Strafen, durch die die Art des Vergehens anschaulich gemacht werden sollte: z. B. Abhauen der Schwurhand bei Meineidigen, Herausreißen der Zunge bei Gotteslästerung. Im antiken griechischen und römischen, auch im alten germanischen Recht vorkommend.

der Konvent: (lat.) In Frankreich trat am 21. September 1792 an die Stelle der gesetzgebenden Versammlung der Nationalkonvent als höchste repräsentative politische Körperschaft. Am 22. September 1792 schaffte er die Monarchie ab und rief die Republik aus.

S. 149 *Die Wachen, die ihn entschlüpfen lassen:* Marie Joseph de Motier, Marquis de Lafayette, begünstigte als Befehlshaber der Schloßwache die Flucht der königlichen Familie.

Munizipalität: (lat.) die städtische Beamtenschaft, besonders in Frankreich.

S. 150 *Wenn Drouet Postmeister in Athen gewesen wäre:* Jean-Baptiste Drouet erkannte am 21. Juni 1791 König Ludwig XVI., als dieser auf der Flucht den Ort passierte, und veranlaßte seine Verhaftung in Varennes.

Archonten: (griech.) eigentlich „Herrscher", „Anführer"; Bezeichnung der höchsten Beamten in mehreren Städten des alten Griechenland, vor allem im Stadtstaat Athen, die hier nach Abschaffung des Königtums 1068 v. u. Z. die oberste Leitung des Staates übernommen hatten.

dem Staate den Sokrates wieder in die Hände zu liefern: Der griechische Philosoph Sokrates wurde angeklagt, die offizielle Staatsreligion zu mißachten und die Jugend in diesem Sinne zu erziehen. Zum Tode verurteilt, vollstreckte er selbst das Urteil durch Austrinken eines Bechers mit Gift.

das eigentliche Kennzeichen der Pflicht: Anspielung auf Kants kategorischen Imperativ (s. Anm. *das oberste Prinzip ...* zu S. 17).

André wird in Amerika als ein Verbrecher hingerichtet: John André, ein Mann von glänzenden Geistesgaben, Hauptadjutant in der englischen Armee während des amerikanischen Unabhängigkeitskrieges (1776–1783), fiel durch Intrigen des Generals Arnold mit geheimen militärischen Dokumenten in die Hände der Amerikaner, wurde als Spion zum Tode verurteilt und am 2. Oktober 1780 hingerichtet.

S. 151 *famös:* (lat.-frz.) berühmt, denkwürdig.

Auf Georg Forsters Kenotaph

S. 153 *Kenotaph:* oder Zenotaph (griech.-lat.): Ehrengrabmal eines in der Fremde Verstorbenen oder Verschollenen. Forster war 1794, erst vierzigjährig, einsam im Pariser Exil gestorben.
Weltumsegler: Anspielung auf die Weltreise, die Forster gemeinsam mit seinem Vater Johann Reinhold Forster (1729–1798) 1772 bis 1775 als Begleiter des Naturforschers und Weltumseglers James Cook (1728–1779) unternahm.
standest am Rheine du still: Anspielung auf Forsters Aufenthalt in Mainz und die Begründung der Mainzer Republik (21. Oktober 1792–23. Juli 1793) unter seiner maßgeblichen Mitwirkung.

Neue Werke

S. 154 *Jakobiner:* s. Anm. *die Einführung* ... zu S. 14.
Illuminaten: s. Anm. zu S. 79.
Der freimütige und denkende Verf.: Adolph Franz Friedrich Freiherr von Knigge (1752–1796): „Rückblicke auf den, wenn Gott will, nun bald geendigten Krieg". Kopenhagen (Bremen) 1795.

S. 155 *Dänemark und Schweden unter den jetzigen weisen Regierungen:* Anspielung auf die ab 1784 unter der Regentschaft des dänischen Kronprinzen Friedrich, der an Stelle des erkrankten Königs Christian VII. (König von Dänemark 1766–1808) regierte, von Andreas Peter Graf Bernstorff (1735–1797) durchgeführten Reformen. Bernstorff setzte schon 1788 die völlige Beseitigung der Leibeigenschaft in Dänemark durch, sorgte für eine friedliche Außenpolitik und für einen großen Aufschwung von Handel und Seefahrt, Industrie, Finanzwesen und Verwaltung und wandte sich, beeinflußt von den Ideen der Französischen Revolution, entschieden gegen jede Beschränkung der Pressefreiheit. – Der schwedische König Gustav III. (1746–1792), König ab 1771, führte Reformen im Sinne des aufgeklärten Absolutismus durch. Er schaffte die Folter ab, ordnete die Finanzen, förderte

Landwirtschaft, Handel und Bergbau und den Bau von Schleusen und Kanälen. 1772 setzte er eine neue Verfassung durch, die die Adelsherrschaft brach. Er verbesserte die Lage der Bauern, das Gesundheitswesen, richtete Spitäler und Waisenhäuser ein. Seine Prunkliebe und Kriegszüge führten indes seit den achtziger Jahren des 18. Jh. zu bedenklichen Finanzmaßregeln und einer widersprüchlichen Politik, die ihm schließlich die ursprüngliche Anhänglichkeit der niederen Stände verscherzte und die konservative Adelsopposition ermutigte, deren Anschlägen er 1792 zum Opfer fiel.

Catalogus librorum prohibitorum: (lat.) Verzeichnis der verbotenen Bücher.

unter den Verbündeten: die in der Ersten Koalition gegen Frankreich zusammengeschlossenen europäischen Feudalmächte; s. Anm. *Die alliierten Mächte* zu S. 148.

S. 156 *Menschenhandel:* Anspielung auf die Praxis der deutschen Territorialfürsten noch im letzten Drittel des 18. Jh., ihre Landeskinder wie Sklaven als Söldner an fremde Staaten zu verkaufen, um ihren übermäßigen Luxus zu finanzieren.

wie das alte Kirchengebet sagt: vgl. AT, Psalm 85/11: „daß Güte und Treue einander begegnen, Gerechtigkeit und Friede sich küssen".

Über das Verhältnis der gesetzgebenden und richterlichen Gewalt

S. 156 *Zum ewigen Frieden:* s. Anm. zu S. 16.

die Trennung der gesetzgebenden und exekutiven ... Gewalt: Schon John Locke (1632–1704) fordert in „Two Treatises of Government" 1690 (deutsch: „Le gouvernement civil oder Die Kunst wohl zu regieren, durch ... John Locke beschrieben", Frankfurt a. M.–Leipzig 1718) die Trennung der gesetzgebenden Gewalt von der ausübenden. Die Theorie der Gewaltenteilung erfuhr ihre klassische Formulierung in Montesquieus (1689–1755) Hauptwerk „De l'esprit des lois", 2 Bde., Genf 1748 („Vom Geist der Gesetze", dt. 1753). Am Muster der englischen Verfassung entwickelte Montesquieu, Jurist und hoher Beamter aus der Noblesse de robe (dem Beamtenadel), die Theorie von der Teilung der drei Gewalten – der gesetzgebenden, ausführenden, richterlichen – und ihre Übertragung auf verschiedene Personen bzw. Körperschaften. Damit wirkte er bahnbrechend für eine Theorie der konstitutionellen Monarchie.

S. 157 *Grundlage des Naturrechts:* Johann Gottlieb Fichte: „Grundlage des Naturrechts nach den Prinzipien der Wissenschaftslehre", 2 Teile, Jena 1796/97.

Primärversammlungen: Zusammenkünfte aller Mitglieder eines Gemeinwesens zur Entscheidung über dessen wichtige
politische Angelegenheiten; im Gegensatz zu den aus Vertretern bestehenden Repräsentativversammlungen.

S. 158 *die Anordnung einer Gesetzkommission:* Am 29. Mai 1781 wurde
auf Betreiben der preußischen Justizreformer Johann Heinrich von Carmer, Carl Gottlieb Svarez und Ernst Ferdinand
Klein eine Gesetzkommission gegründet, deren Einrichtung
in der Kabinettsordre Friedrichs II. vom 14. April 1780, die
die Überarbeitung, Vereinheitlichung und Reformierung
der zahllosen feudalen Provinzialgesetze einleitete, schon
vorgesehen war. Allen ohne das Gutachten dieser Gesetzkommission erlassenen Gesetzen sollte die Gesetzeskraft
abgesprochen sein. Ihre Mitglieder konnten jedoch als Beamte im feudalabsolutistischen preußischen Staatsapparat
ihre bürgerlichen Positionen nicht durchsetzen. Schon solch
wichtige Verordnung wie das Religionsedikt von 1788 war
ohne ihre Billigung ergangen. Ende des Jh. ging die Gesetzkommission, aller Rechte beraubt, ein.

S. 159 *Ephorat:* (griech.) von Ephoren = Aufseher; hohes politisches Amt im antiken Sparta. Die Ephoren beriefen die
Volksversammlung ein, schlugen Gesetze vor, bestimmten
die Außenpolitik, sandten im Krieg das Heer aus, ernannten
die Feldherren und verwalteten den Staatsschatz.

An den Herausgeber Deutschlands,
Schillers Musen-Almanach betreffend

S. 159 *Schillers Musen-Almanach:* 1796 bis 1801 gab Schiller jährlich
einen Musenalmanach heraus: den ersten in Neustrelitz, die
folgenden bei Cotta in Tübingen.

Fungar vice cotis: (lat.) Ich will als Schleifstein dienen; im
Sinne: Ich werde (oder will) wie ein Wetz- oder Schleifstein
die (stumpf gewordenen) Geister meiner Leser schärfen. Zitat aus Horaz: „De arte poetica", Vers 304 (b).

der geistreichen Rezension im 3ten Stücke: Im Dritten Stück des
Ersten Bandes von „Deutschland" hatte Reichardt unter
Nr. X „Neue deutsche Werke" drei Musenalmanache rezen-
siert: „Musen-Almanach für das Jahr 1796", hg. von Johann
Heinrich Voß, „Musen-Almanach für das Jahr 1796", hg. von
Schiller, „Calender der Musen und Grazien für das Jahr

1796". Er hatte sich moralisierend und kritisch gegen die Aufnahme von Goethes „Venetianischen Epigrammen" in Schillers „Musen-Almanach" gewandt, obwohl er ihren poetischen und künstlerischen Wert hervorhob.

S. 160 *ihrem wackern Rezensenten:* Johann Friedrich Reichardt.

die Epigramme: „Epigramme", entstanden in Venedig 1790; nur teilweise in Schillers „Musen-Almanach" von 1796 abgedruckt. Sie erregten Empörung bei Jens Baggesen und Klopstock, Bedenken bei Wilhelm von Humboldt, der aber vermerkte, daß sie „entsetzlich gekauft" würden (an Schiller, 29. Dezember 1795). – Das Epigramm war ursprünglich eine Aufschrift auf Gebäuden, Kunstwerken, Weihgeschenken, Grab- und Denkmälern zur Erläuterung ihrer Bedeutung, sehr prägnant und kurz; ab Ende des 6. Jh. v. u. Z. begründet von Simonides von Keos (556–468 v. u. Z.) als selbständige poetische Form; Sinngedicht, eine kurze und geistreiche Form der Gedankenlyrik.

die Gedichte von Conz: Karl Philipp Conz: „Gedichte. Erste Sammlung". Tübingen 1792.

S. 161 *spanische Romanzen:* das romanische, in Spanien, Italien und Frankreich heimische Gegenstück zur im germanischen Sprachraum gepflegten Ballade; kurzes, episch volkstümliches, liedhaftes Gedicht oder kurze Verserzählung über Helden und ihre Taten, über wunderbare Begebenheiten und Liebesgeschichten; entstanden zuerst in Spanien im 14./15. Jh.

von dessen Anfang sich im Bürgerschen Alm. 92 eine Übersetzung findet: Der seit 1770 von Heinrich Christian Boie (1744–1806) bei dem Verleger Johann Christian Dieterich (1712–1800) in Göttingen hg. und jährlich erscheinende „Musenalmanach" wurde ab 1778 bis 1794 von Gottfried August Bürger fortgesetzt. August Wilhelm Schlegel hatte im „Musenalmanach" verschiedentlich Lyrik, Nachdichtungen und eigene Produktion, veröffentlicht.

welche selbst durch Herder noch nicht erschöpft ist: Herder schrieb über das Epigramm in „Anmerkungen über die Mythologie der Griechen, besonders über das griechische Epigramm", dem Anhang zu „Blumen aus der griechischen Mythologie", einer Anzahl von Herder aus dem Griechischen übersetzter Epigramme, erschienen 1785/86 in der Sammlung „Zerstreute Blätter".

Kolumbus: Gedicht von Schiller; am 21. September 1795 an Wilhelm von Humboldt gesandt; Erstdruck im „Musen-Almanach" von 1796.

ein sentimentales Epigramm: Anspielung auf Schillers, von

Friedrich Schlegel sehr geschätzte Schrift „Über naive und sentimentalische Dichtung" von 1795, nach der ein solches Epigramm den Anforderungen an moderne Poesie entspräche, insofern es auf Darstellung des Ideals, auf Reflexion und Ideen zielt.

Schillersche Epigramme wie Odysseus und Zeus und Herkules: „Odysseus"; am 29. August 1795 an Wilhelm von Humboldt gesandt; Erstdruck im „Musen-Almanach" von 1796. – „Zeus zu Herkules": Anfang August 1795 entstanden; Erstdruck im „Musen-Almanach" 1796.

Parthenope: dichterische Bezeichnung für Neapel nach einer Sirene gleichen Namens, deren Grabmal sich dort befinden sollte. Das Gedicht, gezeichnet P., stammt von Herder.

Der Tanz: mit der Bitte, es zu vertonen, am 3. August 1795 an Reichardt gesandt, der aber nur „Die Macht des Gesanges" vertonte (vgl. Schiller an Körner, 31. August 1795). Ursprünglich für die „Horen" bestimmt, erschien das Gedicht erstmals im „Musen-Almanach für das Jahr 1796".

S. 162 *Elegie:* In der antiken griechischen und römischen Literatur ein längeres Gedicht in Distichen (ein Distichon = 1 Zeilenpaar, das aus einem Hexameter und einem nachfolgenden Pentameter besteht); erst später auf den Ausdruck klagend-entsagender, wehmutsvoller Gefühle festgelegt.

ein Gedicht wie Pegasus: „Pegasus in der Dienstbarkeit", entstanden um den 20. Juli 1795; Erstdruck im „Musen-Almanach" für 1796; später unter dem Titel „Pegasus im Joche" im Ersten Teil der Schillerschen „Gedichte" gedruckt.

Grazie: s. Anm. zu S. 125.

Apollo: s. Anm. *der Gott der Musen* zu S. 6.

Schillers Rückkehr zur Poesie: Nach einer Schaffensperiode, die vom Ende der achtziger Jahre bis 1795 reichte und vorwiegend historischen und philosophisch-ästhetischen Arbeiten gewidmet war, kam es mit den Gedichten, der Herausgabe der Musen-Almanache und vor allem mit der beginnenden Arbeit am „Wallenstein" zu einem Neuansatz in Schillers poetischer Praxis.

aus den … Grüften der Metaphysik: Anspielung auf Schillers kritisch-produktive Auseinandersetzung mit der Philosophie Kants.

den Idealen: „Die Ideale"; August 1795 vollendet; im „Musen-Almanach" für 1796 erstmals abgedruckt.

Macht des Gesanges: „Die Macht des Gesanges"; entstanden im Juli 1795; am 3. August 1795 an Reichardt zur Vertonung geschickt, die Schiller am 31. August erhielt.

Würde der Frauen: Das Gedicht wurde Ende August 1795

vollendet und an Reichardt zur Komposition gesandt, die zusammen mit dem Gedicht im „Musen-Almanach" für 1796 erschien.

S. 164 *seiner alten Vorliebe für die Elfen:* Anspielung auf Karl Ludwig Woltmanns, im „Musen-Almanach" für 1796 enthaltenes Gedicht „Die Rache der Elfen".

Sylphen: Geister der Luft; Anspielung auf Woltmanns Gedicht „Sylphenlied".

In Meyers wunderbar süßen Tändeleien: vgl. Friedrich Ludwig Wilhelm Meyers Gedichtsammlung „Spiele des Witzes und der Phantasie", Berlin 1793.

Schillers erste der Stanzen an den Leser: Stanze (ital. stanza = Wohnung, Zimmer, „Reimgebäude"), eine Strophenform, die zuerst in Italien im 13. Jh. in religiöser und volkstümlicher Dichtung aufkam und in den romanischen Ländern beim Versepos verwandt wurde; in Deutschland erst seit dem 17. Jh. gebräuchlich.

Der Besuch: entstanden 1788 im Umkreis der „Römischen Elegien"; Erstdruck in Schillers „Musen-Almanach" für 1796.

Meeresstille: entstanden wahrscheinlich im Sommer 1795; Erstdruck in Schillers „Musen-Almanach" für 1796.

Kophtische Weisheit: gemeint ist Goethes Gedicht „Kophtisches Lied", 1787 entstanden für das Fragment gebliebene Singspiel „Die Mystifizierten", das Goethe 1791 zum Lustspiel „Der Großkophta" umarbeitete; in dieses Lustspiel nicht übernommen; zuerst gedruckt in Schillers „Musen-Almanach" für 1796.

S. 165 *worüber der liebenswürdige Wilhelm:* vgl. Goethes Roman „Wilhelm Meisters Lehrjahre" von 1795/96, Drittes Buch, 2. Kap., Viertes Buch, 2. Kap., Fünftes Buch, 3. Kap.

Die Hochzeitsfeier …

S. 167 *Gulden:* s. Anm. zu S. 118.

Versuch über den Begriff des Republikanismus

S. 168 *die Kantische Schrift zum ewigen Frieden:* s. Anm. zu S. 16.

S. 169 *Idee des ursprünglichen Vertrags:* eine der tragenden Ideen naturrechtlicher Gesellschaftstheorien des 17. und 18. Jh., nach der die Gesellschaft – als die mit der Herausbildung des Privateigentums verbundene soziale Differenzierung den Naturzustand ursprünglicher Freiheit und Gleichheit beendete – zum Schutze sowohl der individuellen Rechte als auch der der Gemeinschaft vor Übergriffen Stärkerer die politische Macht durch einen Vertrag an eine oberste Regierungsinstanz übertrug.

S. 172 *die Trennung der Gewalten:* s. Anm. zu S. 156.

vorzüglich aus der alten Geschichte: Anspielung auf die politische Organisation der antiken griechischen Stadtstaaten, vor allem Athens, in denen zeitweilig eine Tyrannis zur Bewahrung der Demokratie eingeführt wurde.

transitorisch: (lat.) vorübergehend, kurzfristig.

Zession: (lat.) Abtretung, Übertragung eines Anspruchs an eine andere Person oder Körperschaft.

dictatura perpetua: (lat.) ununterbrochene unumschränkte Herrschaft.

a priori: (lat.) eigentlich: vom Früheren her, von vornherein; spielt im Sinne des unabhängig von aller Erfahrung und bloß aus der Vernunft Gegebenen eine entscheidende Rolle in der Erkenntnistheorie Kants.

S. 173 *das Ich soll sein:* Grundthese der Ethik Kants, nach der das wollende Subjekt autonom, selbständig, nicht von äußeren und zufälligen Faktoren und sinnlichen Neigungen abhängig sein soll, sondern von den Geboten der Vernunft bestimmt.

wie die griechischen Philosophen: Anspielung auf die stoische Ethik, besonders die Lehren der mittleren Stoa (2./1. Jh. v. u. Z.), wie sie in den Schriften Ciceros überliefert wurden. Die stoische Ethik war ganz auf lebenspraktische Fragen ausgerichtet: auf die Glückseligkeit des Einzelnen, die sich aus der vernunftbestimmten Übereinstimmung seiner Handlungen mit den Gesetzen der Natur (der menschlichen und des Universums) ergeben sollte. Schlegel bezieht sich nicht auf die in der stoischen Ethik, in ihrem strengen Begriff objektiver Gesetzmäßigkeit des Weltlaufs enthaltenen fatalistischen Züge, sondern auf den Appell zu praktisch tätiger Vernunft, der ihrem Tugendbegriff als dem höchsten moralischen Wert innewohnt.

S. 175 *fictio juris:* (lat.) gesetzliche Festlegung, daß eine in Wahrheit nicht vorhandene Tatsache als vorhanden gelten soll.

in stetem Flusse ist: Nach der dialektischen Weltsicht des Heraklit von Ephesos befanden sich alle Dinge und Erscheinungen in steter Veränderung, was er in die berühmte Formel des „Alles fließt" faßte. „Wir steigen in denselben Fluß und doch nicht in denselben; wir sind es, und wir sind es nicht." (Vgl. Wilhelm Capelle: Die Vorsokratiker. Berlin 1961, S. 132 f.)

S. 176 *präsumtiv:* (lat.) mutmaßlich, wahrscheinlich, voraussichtlich.

zedieren: (lat.) einen Anspruch, eine Forderung übertragen, abtreten.

den alten Republiken: Anspielung auf die antiken Stadtstaaten, besonders Athen und Rom.

S. 177 *Prätor:* s. Anm. zu S. 127.

Tribun: hoher Beamter im antiken Rom; anfangs Vorsteher der tribus (der drei ursprünglichen patrizischen Stämme der Römer), dann allgemein Vorsteher von Teilen größerer Gemeinschaften.

Zensor: Name der zwei römischen Beamten, die das Volk für Besteuerung und Aushebung nach Rang und Vermögen schätzten. Dieses seit 443 v. u. Z. existierende Amt schloß später die Aufsicht über Bau und Instandhaltung der Tempel, öffentlichen Gebäude und Straßen, über die Sitten der Bürger und die Ahndung aller Verstöße gegen das Wohl des Staates ein.

Konsul: seit 449 v. u. Z. Titel der zwei höchsten Beamten der Stadtrepublik Rom, der für ein Jahr gewählten Inhaber der obersten zivilen und militärischen Gewalt bis zur Zeit der römischen Kaiser.

Proximum: (lat.) das Nächste.

S. 178 *oligarchisch:* (griech.) von Oligarchie = Herrschaft weniger Aristokraten, die nur ihre eigenen Interessen berücksichtigen.

ochlokratisch: (griech.) von Ochlokratie, einem von Vertretern der altgriechischen Aristokratie stammenden abfälligen Ausdruck für die Herrschaft des Volkes in der entwickelten griechischen Sklavenhaltergesellschaft.

die Neronen: nach Domitius Nero, dem Inbegriff eines despotischen, gewalttätigen und skrupellosen Herrschers.

Sanskulottismus: von Sansculotten (frz. = ohne Kniehosen); die revolutionären städtischen Volksmassen – äußerlich kenntlich dadurch, daß sie lange enge Hosen (pantalons) statt der modischen Kniehosen (culottes) trugen –, die die unbeschränkte Volkssouveränität und die Garantie eines Existenzminimums durch den Staat forderten. Sie bildeten 1793 die Massenbasis der jakobinischen Regierung.

S. 179 *esprit de corps:* (frz.) hier: Kastengeist, Elitedenken.

Friktion: (lat.) Reibung; übertragen: Zwist, Mißtrauen, Unstimmigkeit.

S. 180 *zur Zeit der römischen Cäsare:* Die Herrschaft der römischen Kaiser begann mit Kaiser Augustus; Blütezeit des römischen Kaisertums war das 1. und 2. Jh.

Fall der Friedriche und Mark-Aurele: Friedrich II. und der römische Kaiser Mark Aurel, ein bedeutender Vertreter der Philosophie der Stoa (s. Anm. *wie die griechischen Philosophen* zu S. 173), als Muster weiser Regenten.

S. 181 *Jurys:* (engl.-frz.) Sing. Jury; Gesamtheit der Geschworenen (Schwurgericht), d. h. der Nichtjuristen aus der Bevölkerung, die im Zusammenwirken mit Juristen Recht sprechen.

Polizierung: (lat.-frz.) (sittlich kulturelle) Verfeinerung, Veredlung.

Fraternität: (lat.) hier: Brüderlichkeit (in Anlehnung an fraternité, neben liberté = Freiheit und égalité = Gleichheit eines der drei Losungsworte der Französischen Revolution).

Autonomie: (griech.) Selbstbestimmung, Unabhängigkeit, hier in politischer Hinsicht.

Isonomie: (griech.) gleiche Verteilung, gleiches Verhältnis; Gleichheit der politischen Rechte und Freiheit für alle sog. freien Bürger, wie sie in den antiken griechischen Stadtstaaten zur Blütezeit des Republikanismus herrschte.

S. 182 *Föderalismus:* (lat.) Staatenbund, in dem die einzelnen Staaten weitgehend politisch unabhängig bleiben.

kosmopolitische Hospitalität: (lat.) weltbürgerliche Gastfreundschaft, Gastlichkeit.

Präliminarartikel: (lat.) vorläufige Übereinkünfte, besonders bei Friedensverträgen.

S. 183 *transzendent:* (lat.) eigentlich: hinübersteigend; seit Kant: alle Erfahrung überschreitend.

teleologisches Prinzip: von griech. = telos = Ziel, Endzweck; eine von dem deutschen Aufklärungsphilosophen Christian Wolff (1679–1754) als Teleologie eingeführte Bezeichnung für die Annahme einer durchgängigen, geistig-ideell und letztlich göttlich bedingten Zweckbestimmtheit in der Welt.

welches sogar kritische Philosophen sich erlaubt haben: Kant hatte in einigen Aufsätzen dieses teleologische Prinzip verfochten; so 1784 im 8. Satz der „Idee zu einer allgemeinen Geschichte in weltbürgerlicher Absicht", im „Mutmaßlichen Anfang der Menschengeschichte" von 1786 und im Traktat „Zum ewigen Frieden" von 1795.

intelligibel: (lat.) nur gedanklich, nicht mit den Sinnen wahrnehmbar.

die Erbsünde im Kantischen Sinne: Kant reflektierte damit den Gegensatz von Individual- und Allgemeininteresse, von bourgeois und citoyen, d. h. eines jener Grundprobleme der bürgerlichen Gesellschaft, auf die Schlegel sich nicht einlassen wollte. Kant geht von einem naturgegebenen Egoismus des Einzelnen aus, den er als produktiv bejaht. Vom Standpunkt der Moral aber, die das Allgemeininteresse vertritt und Individuum und Gesellschaft vermitteln soll, weil der Einzelne doch nur in Gemeinschaft existieren kann, erscheint dieser Egoismus als ein ursprünglich Böses. Kant bedient sich gängiger theologischer Termini, um seinen Zeitgenossen die Schwere des Problems ins Bewußtsein zu rücken.

S. 184 *peremtorisch:* (lat.) vernichtend, endgültig entscheidend, unumstößlich.

Briefe auf einer Reise durch Sachsen nach Franken ...

S. 186 *Richtersche Anlage vor der Stadt:* Den Garten der bekannten Leipziger Kaufmannsfamilie Richter ließ 1740 Johann Zacharias Richter (1680–1762) anlegen; 1765 ging er in den Besitz von Johann Thomas Richter (1726–1773) über, 1775 ging er an dessen Bruder Johann Friedrich Richter (1729–1784) und blieb bis in das 19. Jh. hinein im Besitz der Familie.

S. 187 *Beygangsches Museum:* die von dem Leipziger Buchhändler Johann Gottlob Beygang 1795 gegründete Lesegesellschaft und Leihbibliothek, die großzügigste Einrichtung dieser Art in Deutschland. Ihre genaue Beschreibung findet sich bei: F. G. Leonhardi: „Geschichte und Beschreibung der Kreis- und Handelsstadt Leipzig nebst der umliegenden Gegend". Leipzig: bei J. G. Beygang 1799, S. 613 f. Vgl. auch: Johann Gottlob Beygang: „Bibliothek des Museums". Teil 1–4, Leipzig 1797–1802.

S. 188 *Taler:* s. Anm. zu S. 7 und 122.

Moniteur: s. Anm. zu S. 16.

die Erlaubnis von Dresden erhalten: Seit der Wettinischen Hauptteilung 1485 gehörte Leipzig zu Kursachsen.

Marseiller Hymne: Im April 1792 verfaßte der junge französische Offizier Rouget de Lisle in Straßburg die Marseillaise, die zum Kampf gegen Preußen und Österreich als Exponenten der antirepublikanischen feudalen Koalition aufrief. Am

25. Juni 1792 wurde das Lied auf einer Veranstaltung der Jakobiner in Marseille gesungen und war seitdem das Kampflied der Französischen Revolution.

S. 189 *der Siebenjährige Krieg:* 1756 bis 1763 kämpfte Friedrich II. von Preußen im Bündnis mit Großbritannien–Hannover und einigen kleineren Fürstentümern gegen eine österreichisch-französisch-russisch-schwedische Koalition und die Mehrheit der deutschen Staaten um Gebiete in Schlesien. Der auf allen Seiten äußerst verlustreiche Krieg endete zugunsten Preußens.

seines jetzigen Kurfürsten: Friedrich August III. (1750–1827), seit 1768 Kurfürst von Sachsen, seit 1806 als Friedrich August I. König von Sachsen.

S. 191 *von der eiligen Flucht der Österreicher:* Im Juni/August 1796 stießen zwei französische Armeen über den Rhein bis nach Franken (Würzburg) und Bayern vor, mußten sich aber bereits im Oktober 1796 wieder vor den Österreichern zurückziehen.

S. 192 *Abbé:* (frz.) ursprünglich Abt (Vorsteher eines Klosters); seit Mitte des 16. Jh. Titel junger Geistlicher, die – da nicht genug Abteien verfügbar waren – oft als Hauslehrer und geistliche Berater in begüterten Familien oder als Schriftsteller lebten.

candidatus theologiae: (lat.) Kandidat der Theologie; Theologiestudent höherer Semester, meist im letzten Jahr vor Abschluß des Studiums.

des Königs: Ludwig XVI.

S. 193 *Kamisol:* kurzes, jackenartiges Bekleidungsstück, das über dem Hemd getragen wurde.

Brevier: Andachtsbuch der katholischen Geistlichkeit mit den lateinischen Texten für die vorgeschriebenen Gebetsstunden; erstmals 1074 von Papst Gregor VII. zusammengestellt, später mehrmals umgearbeitet.

Seitdem selbst der Handel von Holland ...: Ursache war die Blokkade der holländischen Seehäfen wegen des seit dem 1. Februar 1793 dauernden Krieges zwischen Frankreich und England/Holland um die Vorherrschaft zur See.

table d'hôte: (frz.) Wirtstafel, Gemeinschaftstisch im Restaurant.

S. 194 *von den beliebten Romanen dieses Dichters:* Bis 1796 waren folgende Romane Jean Pauls erschienen: „Die unsichtbare Loge", Berlin 1793; „Leben des vergnügten Schulmeisterlein Maria Wuz in Auenthal. Eine Art Idylle" (Bestandteil der „Unsichtbaren Loge"); „Hesperus oder fünfundvierzig Hundsposttage. Eine Lebensbetrachtung", Berlin 1795; die

Erzählung „Leben des Quintus Fixlein, aus funfzehn Zettel-kästen gezogen" ..., Bayreuth 1796; der erste Teil des Romans „Blumen-, Frucht- und Dornenstücke oder Ehestand, Tod und Hochzeit des Armenadvokaten F. St. Siebenkäs im Reichsmarktflecken Kuhschnappel", Berlin 1796.

ein echt Hogarthsches Konzert: mögliche Anspielung auf Hogarths karikierende Darstellung zeitgenössischen Virtuosentums in der Radierung „The Enraged Musician" (Der wütende Musiker) von 1741.

Bassethorn: (frz.) eine um 1770 aufgekommene Abwandlung der Altklarinette mit weichem, dunklem Klang.

S. 195 *jene merkwürdigen Menschen, die ich seit vielen Jahren zu kennen glaube:* Auf Reichardts erster Reise nach Weimar Ende August/Anfang September 1780 war es zu persönlichen Kontakten mit Herder und Goethe gekommen, danach auch zum Briefwechsel mit Goethe. Reichardt weilte in den achtziger Jahren in der Regel einmal jährlich in Weimar.

mein liebes Weib: Reichardts zweite Frau Johanna, verw. Hensler, geb. Alberti, seit 1783 mit R. verheiratet.

S. 197 *in meinem Abendstern:* Hesperos oder Hesperus in der Antike Bezeichnung für Abendstern, Abend oder Westen.

Demant: poetische und mundartliche Bezeichnung für Diamant.

morganisch: von frz.-ital. Fata morgana, in der bretonischen Sage eine zauberkundige Fee, die ihre Macht besonders in Luftspiegelungen zeigte, mit denen sie täuschende Erscheinungen hervorrief; auch Bezeichnung für diese Luftspiegelungen selbst.

Schreiben eines Reisenden ... über Nürnbergs gegenwärtige Lage

S. 198 *Die preußische Besitzergreifung der Vorstädte:* Strittige Hoheitsansprüche auf das Gebiet der Reichsstadt Nürnberg setzte Preußen am 4. Juli 1796 durch militärische Besetzung der Nürnberger Vorstädte Wörth und Gostenhof gewaltsam durch.

der venezianischen wenig nachgibt: Anspielung auf die aristokratische Verfassung Venedigs im Mittelalter und die vielen hohen Regierungsbehörden, die nicht nur die Macht des Dogen einschränkten, sondern sich auch um Kompetenzen stritten.

Reichsstände: s. Anm. zu S. 97.

S. 199 *der König:* Friedrich Wilhelm II. von Preußen (s. Anm. zu S. 26.)

Arrondissement: (frz.) hier: Bezirk, Gebiet.

seine fränkischen Besitzungen: Erlangen, Ansbach und Bayreuth fielen 1791 an Preußen; zwischen 1806 und 1810 kamen diese Gebiete zu Bayern.

Stapelstadt: Stadt mit Stapelrecht, ein in älteren Zeiten einigen Städten bewilligtes Recht, wonach alle Waren, die auf Straßen versandt wurden, an denen ein Stapelplatz lag, dort abgeladen und vor dem Weitertransport für eine gewisse Zeit zum Verkauf ausgestellt werden mußten. In Nürnberg galt das lange besonders für die von Italien nach Norden gehenden Waren.

In Verbindung mit Danzig: Danzig – wichtig als Zentrum des Getreideexports und als Mittler des Handels mit Osteuropa – war seit der ersten Teilung Polens 1772 schon von preußischem Gebiet umschlossen und gehörte seit der zweiten Teilung Polens 1793 zu Preußen.

S. 200 *Handwerks-Mißbräuche:* die Zunftregeln und -privilegien, die im 18. Jh. die freie Entwicklung von Handel und Gewerbe einengten.

freie Reichsbürgerschaft: s. Anm. *der reichsstädtischen Freiheit* zu S. 121. Nürnberg erhielt 1219 von Kaiser Friedrich II. die Reichsfreiheit.

Gerechtsame: die Privilegien Nürnbergs als freier Reichsstadt.

Schalkung: Verhöhnung, Beschimpfung, Täuschung.

Obligation: (lat.) vertraglich festgelegtes Rechtsverhältnis zwischen Schuldner und Gläubiger, das den Gläubiger zu einer Forderung berechtigt und den Schuldner zu einer Leistung verpflichtet. Bezeichnung auch für die betreffende Urkunde bzw. den Schuldschein.

Losungsamt: Losung bezeichnete früher in einigen deutschen Reichsstädten die Steuer, namentlich die Vermögenssteuer, die sich aus dem Besitz an Grund und Boden und Häusern ergab. Das Losungsamt war die Behörde, die die Losung erhob und vorwiegend für die städtischen Bauangelegenheiten verantwortlich war.

S. 201 *Gulden:* s. Anm. zu S. 118.

Interessen: (lat.) hier die Zinsen eines Kapitals.

Kreuzer: deutsche Kleinmünze, deren Nennwert höher war als ihr Edelmetallgehalt; benannt nach dem Kreuz in ihrem anfänglichen Gepräge; ab 15. Jh. verbreitet; galt meist 4 Pfennige oder 4 bis 8 Heller.

S. 202 *inventieren:* (lat.-frz.) Bestand von Vorgefundenem aufnehmen.

Akzise: (lat.) indirekte Steuer, Verbrauchssteuer.

das Maß: die Maß; Hohlmaß für Flüssigkeiten; betrug zwischen 1 und 2 Liter.

Unschlitt: alte Bezeichnung für Talg, Wachs oder tierisches Fett, das zu gewerblicher Verwendung, vor allem zur Kerzenherstellung diente.

Sporteln: (lat.) Gebühren für Amtshandlungen, vor allem Gerichtskosten; unerlaubte Nebeneinkünfte.

S. 203 *sportulieren:* (lat.) hier: unrechtmäßiges Erheben von Gebühren, Steuern oder Abgaben.

kopulieren: (lat.) veraltet für heiraten.

offene Gewerbe: nicht in Zünften organisierte und damit nicht durch besondere Vorrechte und Festlegungen geschützte oder eingeschränkte Gewerbe.

S. 204 *Hebe:* (griech.) eigentlich: Jugendkraft; die Mundschenkin der Götter in der griechischen Mythologie. Es gab mehrere Zeitschriften dieses Titels.

S. 205 *Schöppenamt:* Schöffenamt; Schöffe = Urteilsfinder, Beisitzer eines Gerichts; Mitglied des Magistrats in freien Reichsstädten.

Jakobiner: s. Anm. *die Einführung* ... zu S. 14; hier Synonym für aufrührerische Verschwörer.

Konzipist: (lat.) geistiger Urheber, Verfasser.

S. 206 *Infamierung:* (lat.) Schmälerung der bürgerlichen Ehre einer Person.

Mammon: (aramäisch) Schatz im NT, Evangelium des Lukas, der personifizierte Reichtum.

Reichspfandschaft: im mittelalterlichen Staatsrecht Bezeichnung für eine Sicherheitsleistung, besonders für das Pfandrecht an Liegenschaften; die ursprünglich vom Kaiser an Reichsstände, auswärtige Mächte oder Privatpersonen verpfändeten Ortschaften, Ländereien bzw. Reichsgüter.

Friedrich der Einzige: Friedrich II., König von Preußen.

der jetzige König: Friedrich Wilhelm II. von Preußen.

S. 207 *in Warschau bei der Huldigung:* Anspielung auf die am 24. Oktober 1795 zwischen Preußen, Österreich und Rußland abgesprochene, im Januar 1796 erfolgte dritte Teilung Polens, bei der Preußen u. a. Masovien mit Warschau, Österreich Kleinpolen mit Krakau und Rußland Litauen erhielt.

preußisches Gesetzbuch: s. Anm. zu S. 76.

Konskription: (lat.) Aushebung zum Wehrdienst; gesetzlich geregeltes System der Einberufung auf Grund der allgemeinen Wehrpflicht im Gegensatz zum Werbesystem, dem

Aufgebot von Freiwilligen oder der Aushebung nur aus bestimmten Bezirken oder sozialen Schichten.

Neue deutsche Werke

S. 209 *den Geistersehern:* Im Kampf gegen Schwärmerei, Aberglauben und mystische Spekulationen hatten sich berühmte Autoren dieses Themas angenommen; so Kant in: „Träume eines Geistersehers, erläutert durch Träume der Metaphysik", Königsberg 1766 (gerichtet gegen spiritistisch-religiöse Anschauungen des Schweden Emanuel Swedenborg in seinem Werk „Arcana coelistia" [Himmlische Geheimnisse], 8 Bde. 1749/56); „Versuch über die Krankheiten des Kopfes", in: „Königsbergsche Gelehrte und Politische Zeitungen", Februar 1764, und „Über Schwärmerei und die Mittel dagegen", publiziert in Borowskis Schrift „Cagliostro, einer der merkwürdigsten Abenteurer unsers Jahrhunderts", Königsberg 1790. Vgl. auch Schillers auf die betrügerischen Machinationen Cagliostros zielende Erzählung „Der Geisterseher" von 1786/89.

Ergieß. Horen: Friedrich Heinrich Jacobi: „Zufällige Ergießungen eines einsamen Denkers in Briefen an vertraute Freunde", in: „Die Horen. Eine Zeitschrift". Hg. von F. Schiller. 3. Bd. 1796, 8. Stück.

Allw. ...: „Eduard Allwills Briefsammlung, hg. von F. H. Jacobi, mit einer Zugabe von eigenen Briefen", Königsberg 1792.

Die Majorität der Vernünftler: ironische Anspielung auf popularphilosophische Strömungen der deutschen Spätaufklärung, die gegen Schwärmerei und Aberglauben den Standpunkt der Erfahrung und des Alltagsbewußtseins geltend machten.

unsichtbare Kirche: (von griech.-lat. Ecclesia pressa = unsichtbare, unterdrückte Kirche) Selbstbezeichnung der Aufklärer. So heißt es bei Diderot in den „Notizen zu einer Abhandlung über die Erziehung" (um 1775) unter der Überschrift „Die unsichtbare Kirche", daß es „eine gewisse Zahl von Menschen" gäbe, „die klug und gerecht sind", die im stillen wirken und „auf lange Sicht das Urteil der Nation bilden" (vgl. Denis Diderot: „Ästhetische Schriften". Berlin–Weimar 1967. Bd. 2, S. 572).

Mystizismus: (griech.-lat.) hier: schwärmerisch verstiegenes, religiös geprägtes Denken.

Skeptiker: (griech.) Anhänger des Skeptizismus, einer zwischen 300 und 200 v. u. Z. entstandenen Strömung der griechischen Philosophie, die bis ins 2. Jh. u. Z. nachwirkte. Sie erhob den grundsätzlichen Zweifel an der Möglichkeit der Erkenntnis und Wahrheitsfindung zum methodischen Hauptprinzip.

S. 210 *jener toten Philosophie:* die nach Meinung der Frühromantiker zum erstorbenen System gewordene akademische Schulphilosophie in der Nachfolge Christian Wolffs.

Die gänzliche Trennung und Vereinzelung der menschlichen Kräfte: Sie wird von Schiller 1793/94 im 6. Brief „Über die ästhetische Erziehung des Menschen" thematisiert, von F. Schlegel gleichfalls schon im Aufsatz „Über die Grenzen des Schönen" von 1794 (vgl. Kritische Friedrich-Schlegel-Ausgabe. Hg. von Ernst Behler, Jean-Jacques Anstett und Hans Eichner. Bd. 1. Paderborn–München–Wien–Zürich 1979, S. 36 f.).

selbst unsere größten Denker: Kant und Fichte.

neue Ausgabe des Woldemar: Der Anfang des „Woldemar" erschien unter dem Titel „Freundschaft und Liebe" im „Teutschen Merkur" 1777, eine Fortsetzung unter der Überschrift „Der Kunstgarten, ein philosophisches Gespräch", ebenda 1779. Die erste Ausgabe erschien anonym als „Woldemar, eine Seltenheit aus der Naturgeschichte", Flensburg–Leipzig 1779, weitere Bearbeitungen 1781 und 1792.

Schweizer: Schweizer Söldner, die vor allem in Holland, Frankreich, Spanien, Piemont, Neapel und im Kirchenstaat seit Ende des Mittelalters dienten; zunehmend als Leibgarde despotischer Fürsten eingesetzt.

S. 211 *Tokadille:* (lat.-span.) aus Spanien und Italien kommendes Brettspiel mit Würfeln für zwei Personen.

kalekutischer Hahn: (kalikutischer Hahn) Truthahn, aufgeblasener Hahn.

S. 215 *die Homerische Kirke dem Odysseus vorschlägt:* vgl. „Odyssee", 10. Gesang, Vers 333–335.

Machtsprüche: Entscheidung eines juristischen Streitfalles durch unmittelbares Eingreifen des Herrschers. Schon die Reichskammergerichtsordnung von 1495 suchte solchen Willkürakten entgegenzuwirken. Die Machtsprüche waren ein zentraler Angriffspunkt der preußischen Justizreformer, die u. a. Unabhängigkeit der Gerichte sichern wollten.

S. 216 *die Lais seiner Seele:* Lais steht hier als Synonym für Hetäre (griech. = Gefährtin), meist hochgebildete, künstlerisch begabte Sklavinnen oder Freigelassene, Dienerinnen einer kultivierten Gesellligkeit in der griechischen Antike. Es gab

drei altgriechische Hetären dieses Namens: die älteste aus
Korinth (5. Jh. v. u. Z.), eine jüngere (um 420 v. u. Z. geboren), eine dritte (vermutlich 4. Jh. v. u. Z.).

S. 217 *Orbis pictus:* (lat.) gemalte Welt. Berühmte Schrift von Jan
Amos Comenius, Nürnberg 1658.

über den ein Auge im Dreieck schwebt: Das „wachende, nie schlafende" Auge ist schon in vorchristlicher Zeit Symbol der
Gottheit. Seit der zweiten Hälfte des 17. Jh. ist ein Auge in
einem Dreieck, umgeben von einem Strahlen- oder Wolken-
kranz, Symbol für Gottvater bzw. den dreieinigen Gott.

S. 218 *Werthers Verkehr mit der Natur:* vgl. Goethes Briefroman „Die
Leiden des jungen Werthers", Leipzig 1774, insbesondere
Erstes Buch, Briefe vom 10. Mai, vom 18. August, 10. September; Zweites Buch, Briefe vom 4. September und 3. November.

S. 220 *vorzüglich in polemischen Schriften:* die aus Jacobis Beteiligung
am sog. Spinozastreit um 1785 entstandenen Schriften
„Über die Lehre des Spinoza. In Briefen an Moses Mendels-
sohn", Breslau 1785, und „David Hume. Über den Glauben,
oder Idealismus und Realismus. Ein Gespräch", Breslau
1787.

Proteus: (griech. der Wandelbare, Vielgestaltige) bei Homer
ein dem Meeresgott Poseidon untergebener weissagender
Greis, der stets überlistet und festgehalten werden muß,
wenn er weissagen soll, weil er durch Verwandlung in die
verschiedensten Gestalten zu entkommen sucht.

Sophist: (griech.) Vertreter der Sophistik, einer Richtung der
griechischen Philosophie etwa von der Mitte des 5. bis Ende
des 4. Jh. v. u. Z., die erstmals den Menschen als erkennen-
des, handelndes und gesellschaftliches Wesen ins Zentrum
der Betrachtung stellt und den antiken Typ der Aufklärung
repräsentiert. Die Sophisten begründen ein neues, huma-
nistisches Bildungs- und Erziehungsideal, problematisieren
aber auch die menschliche Erkenntnisfähigkeit und gelangen über Kritik und historisches Denken in bezug auf über-
lieferte Werte und Vorstellungen zu Subjektivismus und
Relativismus hinsichtlich der Erkenntnis und der moralischen Prinzipien. So konnte der Terminus „Sophist" nicht
nur für den weisheitsuchenden Lehrer stehen, sondern auch
zum Synonym für den spitzfindigen Wortverdreher werden.

objektiver Imperativ: F. Schlegel wandelt hier und an anderer
Stelle der Rezension Begriffe aus Kants Ethik spielerisch ab.
Objektiver Imperativ spielt auf Kants dialektischen Versuch
einer objektiven Grundlegung seiner Moraltheorie an, die

zugleich die sittliche Selbstbestimmung des Subjekts beläßt. (Vgl. den 2. Abschnitt seiner „Grundlegung zur Metaphysik der Sitten", 1785.)

S. 221 *Ideal.:* gemeint ist die Schrift „David Hume. Über den Glauben oder Idealismus und Realismus".

An G.: An Goethe.

eine Julia machen: Bezug auf Shakespeares 1594/95 entstandenes, 1597 gedrucktes Stück „Romeo und Julia" mit dem Sinn: ein Ideal oder eine Wunschvorstellung erfüllen.

Hang up philosophy ...: (engl.) „Hängt die Philosophie! / Kann sie nicht schaffen eine Julia, / (Aufheben eines Fürsten Urteilspruch, / Verpflanzen eine Stadt: so hilft sie nicht, / So taugt sie nicht ...") „Romeo und Julia", III. Akt, 3. Szene.

Dogmatismus: der mechanische Materialismus vor allem der französischen Aufklärungsphilosophie des 18. Jh.

der kritische Idealismus: Kants Philosophie der sog. kritischen Periode, die 1770 mit der Schrift „Über Form und Prinzipien der sensiblen und intelligiblen Welt" einsetzte und in der „Kritik der reinen Vernunft" (1781), der „Kritik der praktischen Vernunft" (1788) und der „Kritik der Urteilskraft" (1790) gipfelte, und die Philosophie Fichtes von 1794 bis etwa 1800, wie er sie vor allem in den verschiedenen Fassungen der „Wissenschaftslehre" (erstmals 1794) darlegte.

S. 222 *Apokalypsen:* (griech.) Enthüllungen, Offenbarungen; Prophezeiungen über ein bevorstehendes Ende des Weltlaufs in Anspielung auf jenen besonderen Zweig der späteren antiken jüdischen Literatur (etwa 170 v. u. Z.–2./3. Jh. u. Z.), in der Bibel vertreten durch das Buch Daniel und das Evangelium des Johannes, die solche Visionen einer durch zugespitzte Leiden und schließliche Erlösung kraft unmittelbaren göttlichen Eingreifens gekennzeichneten Endzeit beinhaltet.

S. 224 *echt republikanisch:* eine Lieblingsidee des jungen Friedrich Schlegel. Republikanische Verfassung, d. h. Gleichheit aller Beteiligten, fordert er sowohl für die Geselligkeit als auch für die ästhetische Struktur literarischer Werke (vgl. das „Lyceums"-Frament Nr. 65 und Nr. 103, das „Athenaeums"-Fragment Nr. 118, in: Kritische Friedrich-Schlegel-Ausgabe. Hg. von Ernst Behler, Jean-Jacques Anstett, Hans Eichner. Bd. 2. Paderborn–München–Wien–Zürich 1967, S. 155, 159, 183).

S. 225 *Gewalt aller spartanischen Harmosten:* griech. Harmost = Ordner; Name der Vorsteher der einzelnen Periökengemeinden (Periöken: abhängig gewordene Einheimische im Gegensatz zu den Eingewanderten; waren frei und hatten Eigentum, aber keine politischen Rechte) in Sparta; nach dem Peloponnesischen Krieg zwischen Sparta und Athen um die Vorherrschaft in Griechenland (431–404 v. u. Z.) auch Bezeichnung für die Statthalter in den von Sparta unterworfenen Städten, die die oligarchische Verfassung hüteten.

Diaskeuast: (griech.) Gelehrter, der ein überliefertes Schriftstück umarbeitet, ordnet, redigiert.

S. 227 *Debauche:* (frz.) Ausschweifung, Schwelgerei.

Die natürliche Freiheit – der Fasanen bei Weißenfels

S. 228 *der Kurfürst:* Friedrich August III. (1750–1827); seit 1768 Kurfürst von Sachsen, seit 1806 als Friedrich August I. König von Sachsen.

Neue deutsche Werke

S. 229 *das Bedürfnis der Zeit:* Anspielung auf die Ankündigung der „Horen" (vgl. Bd. 1, 1795, S. IV).

S. 230 *die Teile des deutschen Staatskörpers:* Das Heilige Römische Reich Deutscher Nation bestand zu dieser Zeit aus 8 Kurfürstentümern, 27 Territorien der geistlichen Mitglieder des Fürstenkollegiums, 37 weltlichen Fürstentümern, 95 Reichsgrafschaften, 22 Territorien der Reichsstifter, 50 Reichsstädten. Daneben gab es noch etliche kleine Gebiete, die für die Reichsverfassung ohne Belang waren.

Reichsjustiz: s. Anm. *die Prozesse zu Wetzlar* zu S. 122.

eine bessere Justizverfassung gegeben: s. Anm. zu S. 76.

die mächtigen deutschen Stände: s. Anm. zu S. 97.

Appellation: (lat.) Berufung zur Überprüfung und Abänderung einer getroffenen Entscheidung durch ein zuständiges höheres Gericht, z. B. das Reichskammergericht.

S. 231 *Machtsprüche:* s. Anm. zu S. 215.

das Interesse für Wahrheit: Anspielung auf J. G. Fichtes Aufsatz „Über Belebung und Erhöhung des reinen Interesses für Wahrheit", veröffentlicht 1795 in Schillers Zeitschrift „Die Horen". Bd. 1, 1. Stück.

deutsche Monatschrift: s. Anm. zu S. 55.

hist. geogr. Kalender: „Historisch und Geographischer Kalender … Nach dem verbesserten … Stylo … Auf Sr. K. Maj. in Preussen Chur-Märkische … Lande gerichtet. Und hg. unter

Approbation der … Societät (seit 1745 Akademie) der Wissenschaften", Berlin 1705–1821.

der wahrhaft edle Verf.: nicht zu ermitteln.

selbst von einer Akademie der Wissenschaften genehmigten: Das Recht der Kalenderherstellung war ursprünglich vermutlich ein Privileg der Akademie, das verpachtet worden ist.

Kalender: Im Anschluß an die sog. Kalenderpraktiken (Angaben, an welchen Tagen man zur Ader zu lassen, zu baden, zu schwitzen, Medizin zu nehmen habe u. dgl.) gab es seit dem Ende des 18. Jh. eine Blüte der Kalenderliteratur und der Volksalmanache mit dem Bestreben, allgemein nützliche, praktische Kenntnisse und Aufklärung auch unter den sog. niederen Volksschichten zu verbreiten.

S. 232 *Die … Sprüche Salomos und Sirachs:* vgl. AT, Lehrbücher, 3. Die Sprüche Salomos; Der Prediger Salomo; Apokryphische Bücher, 4. Das Buch Jesus Sirach.

Nekrolog: (griech.) Totenbuch; im Mittelalter die Kalender der geistlichen Stifter und Klöster mit den Sterbetagen der Personen, derer man im öffentlichen Gebet gedenken sollte (Heilige, Märtyrer, Päpste, Kaiser, Könige, Landesherren, Bischöfe, Äbte; vor allem aber die Stifter und Wohltäter der betreffenden Einrichtungen wegen ihrer Schenkungen). Später die Biographie verstorbener Persönlichkeiten; speziell der von Adolf Heinrich Friedrich Schlichtegroll (1765–1822) hg. „Nekrolog der Deutschen, nebst Supplementen", 28 Bde., Gotha 1790–1806.

S. 233 *bisher durch seine politische Lage gehindert wurde:* Nach erfolgreicher Laufbahn als Schriftsteller, Publizist und Zeitschriftenherausgeber erhielt Dohm ab 1779 eine Anstellung im preußischen Staatsdienst als Geheimer Archivar und Kriegsrat im Departement für auswärtige Angelegenheiten. 1785 wurde er preußischer Gesandter beim niederrheinisch-westfälischen Kreis und bevollmächtigter Minister am kurkölnischen Hof; 1792 bis 1797 war er zeitweilig für die Verpflegung der preußischen Truppen zuständig.

Briefe eines Reisenden aus dem Hannöverischen

S. 234 *Taler:* s. Anm. zu S. 7 und 122.

Kapitulation: (neulat.) Dienstzeitverlängerung der Soldaten niederer Dienstgrade, verbunden mit Kapitulationshandgeld oder jährlicher Löhnungszulage sowie anderen kleinen Vergünstigungen.

Schilling: Silbermünze mit schwankendem Wert (meist 12 Pfennige).

Revüen: (frz.) Musterung der militärischen Einsatzfähigkeit und -bereitschaft der Truppen, verbunden mit Übungen und Paraden; besonders bei Friedrich II. von Preußen üblich.

S. 235 *insultieren:* (lat.) gröblich beleidigen.

S. 237 *Schildern:* Wachestehen in einem meist aus Brettern gezimmerten Häuschen, dem Schilderhaus.

justus dolus: (lat.) wörtlich: der rechtmäßige, gerechte Schmerz; hier: gerechter, gerechtfertigter Unwille, Kränkung.

S. 238 *Kriegsartikel:* kurzgefaßte disziplinarische Vorschriften über die Pflichten der Soldaten und ein allgemeinverständlich formulierter Auszug aus dem Militärstrafgesetzbuch.

in der peinlichen Halsgerichts-Ordnung: Regelung des Verfahrens vor den Halsgerichten, jenen Gerichten, die über schwere, mit harten Strafen an Leib oder Leben vergoltene („peinliche") Vergehen zu befinden hatten. Am bekanntesten ist die von Kaiser Karl V. 1532 auf dem Reichstag in Regensburg erlassene sog. Carolina (Constitutio Criminalis Carolina) oder „Kaiser Karls und des heiligen römischen Reichs peinliche Gerichtsordnung", die – mit Änderungen – in Deutschland bis Mitte des 18. Jh., in Norddeutschland sogar bis weit ins 19. Jh. das herrschende Strafgesetzbuch blieb.

das Wort Christi: vgl. NT, Evangelium des Lukas 23/34.

in einem Freistaate: Lübeck war seit 1226 im Besitz der Reichsfreiheit, d. h. mit eigener Gerichtsbarkeit und Verfassung ausgestattet und nur Kaiser und Reich untertan. Zum Freistaat Lübeck gehörten auch die Vorstädte, Travemünde, die zugehörigen Landbezirke und einzelne Gebiete in den Fürstentümern Lauenburg und Mecklenburg-Strelitz.

S. 239 *nach dem simpeln Kantischen Begriff:* In seiner Schrift „Zum ewigen Frieden" von 1795 hatte Kant zwischen der republikanischen und der demokratischen Verfassung eines Staates sorglich unterschieden und gegen die letztere mit folgendem Argument plädiert: „Der *Republikanismus* ist das Staatsprinzip der Absonderung der ausführenden Gewalt (der Regierung) von der gesetzgebenden; der Despotism ist das der eigenmächtigen Vollziehung des Staats von Gesetzen, die er selbst gegeben hat, mithin der öffentliche Wille, sofern er von dem Regenten als sein Privatwille gehandhabt wird. – Unter den drei Staatsformen ist die der *Demokratie*, im eigentlichen Verstande des Worts, notwendig ein *Despotism,* weil sie eine exekutive Gewalt gründet, da alle über und allenfalls auch wider Einen (der also nicht mit einstimmt), mithin alle, die doch nicht alle sind, beschließen; welches ein Widerspruch des allgemeinen Willens mit sich selbst und mit der Freiheit ist." (Zweiter Abschnitt, Erster Definitivartikel zum ewigen Frieden, in: I. Kant: Von den Träumen der Vernunft. Hg. von Steffen und Birgit Dietzsch. Leipzig–Weimar 1981, S. 427.)

tel est notre bon plaisir: (frz.) so ist unser (königlicher) Wille. Einst die Schlußformel königlicher Erlässe.

Kant in seiner vortrefflichen Abhandlung: „Zum ewigen Frieden. Ein philosophischer Entwurf" von 1795.

S. 240 *Interzession:* (lat.) Eintreten für fremde Verpflichtungen auf dem Rechtsweg; Entlastung eines bisher Schuldigen oder eines anderen, der für ihn eintreten wollte, besonders bei Geldangelegenheiten.

For forms of government …: (engl.) Um die Regierungsformen laß Narren streiten; (die bestgeführte ist die beste). Berühmter Ausspruch aus Alexander Popes philosophischem Lehrgedicht „Essay on Man" (Versuch über den Menschen) von 1733/34, III, Vers 303–304; auch von Kant in der Schrift „Zum ewigen Frieden" zitiert (a. a. O., S. 428).

S. 241 *Isaak Maus:* Johann Friedrich Reichardt erwähnt Isaak Maus als pfälzischen Bauern und Verfasser eines „ziemlich mittelmäßigen Gedichts auf die" [französische – G. H.] „Constitution" schon in: „Vertraute Briefe über Frankreich, geschrieben auf einer Reise im Jahre 1792". Erster Teil. Berlin 1792, S. 84.

Das ewige Leben, …

S. 242 *Berliner Akademie:* 1700 als „Societät der Wissenschaften" von Friedrich I. nach dem Plan Gottfried Wilhelm Leibniz', der auch ihr erster Präsident war, begründet; erst 1711 eröffnet; ab 1745 Akademie der Wissenschaften; durch Maupertuis in der Regierungszeit Friedrichs II. nach dem Vorbild der französischen Akademie erneuert.

„Der große Moment …": sinngemäßes Zitat aus Schillers Schrift „Über die ästhetische Erziehung des Menschen", 5. Brief.

Eine neue Sekte von Physiologen: die Anhänger des schottischen Arztes John Brown (1735–1788) und der von ihm begründeten Erregungstheorie.

das Prinzip der Reizbarkeit: Nach Browns Lehre unterscheiden sich die lebenden Organismen von den leblosen Substanzen allein durch dieses Prinzip, demzufolge äußere oder innere Einwirkungen spezielle Lebensäußerungen hervorrufen. Physiologische Grundlage der Reizbarkeit ist das gesamte Nervensystem. Die Reizbarkeit ist die Ursache aller physiologischen Erscheinungen samt ihrer krankhaften Abweichungen. Alle Krankheiten entstehen nach Brown durch zu schwache oder zu starke Reizeinwirkung. Demzufolge lassen sich alle Krankheiten auf zwei Grundtypen zurückführen: asthenische (schwach, kraftlos) und sthenische (zu kräftig). Versuch dialektischen Denkens, Leben und Tod, Gesundheit und Krankheit auf ein durchgängiges wissenschaftliches Prinzip zurückzuführen.

S. 243 *Petrifikation:* (lat.) Versteinerung.

Seit der großen Entdeckung der Natur der Schweinefinnen: Johann August Goeze, der um 14 Jahre jüngere Bruder des orthodoxen Hamburger Theologen und Lessinggegners Johann Melchior G., Prediger in Quedlinburg, hatte sich seit den siebziger Jahren des 18. Jh. naturwissenschaftlichen Studien zugewandt. Hier wird auf seine Untersuchungen über parasitäre Würmer, speziell auf die Schrift von 1784 „Neueste Entdeckungen, daß die Finnen im Schweinefleisch keine Drüsenkrankheit, sondern wahre Blasenwürmer sind", angespielt.

ungrischer Pechstein: kieselsäurehaltiges Quarz-Porphyr-Gestein.

gubernieren: (neulat.) verwalten.

S. 244 *das Kameralfach:* (griech.-lat.) Kameralismus oder Kameralwissenschaft; Staatswirtschaftslehre im Feudalismus, welche die effektive Arbeitsweise der „Kammern" (Behörden, die den fürstlichen Grundbesitz und die staatlichen Finanzen verwalteten) bzw. des feudal-absolutistischen Staatsapparats insgesamt betraf.

konstipierend: (lat.) verstopfend.

Der deutsche Orpheus

S. 245 *ἄσβεστος δ'ἄρ' ἐνῶρτο ...:* Unwiderstehliches Lachen erhoben die seligen Götter, als sie Hephaistos durch den Palast umherkeuchen sahen. (Ilias, 1. Gesang, Vers 599/600).

enragiert: (frz.) leidenschaftlich für etwas eingenommen; wütend, rasend.

Orpheus: in der griechischen Mythologie Sohn des Apollo, Sänger und Begründer einer eigenen Dichterschule, der

durch seinen Gesang Bäume und Felsen bewegen und wilde
Tiere zähmen konnte. Als seine Gemahlin Eurydike durch
den Biß einer Schlange starb, rührte O. durch seinen Gesang Persephone, die Gemahlin des Herrschers der Unterwelt, Pluto, so sehr, daß sie ihm erlaubte, Eurydike unter
der Bedingung aus dem Hades zurückzuholen, daß er sich
nicht nach ihr umblicke. Orpheus, ungeduldig, hielt diese
Bedingung nicht und verlor Eurydike endgültig.

*wie Ulyss an den Mast oder verstopfte ihm die Ohren vor dem Ge-
sang der kritischen Sirenen:* Sirenen oder Seirenen bei Homer
zwei schöne Jungfrauen, die auf einer Insel an einer Meer-
enge lebten und durch ihren betörenden Gesang die vorbei-
segelnden Seefahrer anlockten, um sie zu töten. Odysseus
verstopfte die Ohren seiner Gefährten mit Wachs, ließ sich
selbst an den Mast seines Schiffes binden und entkam. Die
Sirenen, die nur so lange leben durften, bis ihnen ein
Mensch widerstand, stürzten sich ins Meer und wurden in
Felsklippen verwandelt. Vgl. „Odyssee", 12. Gesang, Vers
39–54, 165–200; *kritische Sirenen* spielt auf Kants Philosophie an.

Argonauten: nach vorhomerischer Sage Seefahrer, die mit
dem Ruderschiff „Argo" in das sagenumwobene Land Kolchis fuhren, um von dort das Goldene Vlies (Fell) des Wid-
ders zurückzuholen, auf dem Phrixos, Sohn des Königs von
Böotien, Athamas, mit seiner Schwester Helle floh, als er auf
Betreiben seiner Stiefmutter Ino dem Zeus geopfert werden
sollte. Zum Dank für die geglückte Rettung hatte Phrixos in
Kolchis den Widder dem Zeus geopfert.

die Virgilischen Verse: bei Vergil in seinem Jugendwerk, dem
Epyllion (Hirtengedicht) „Culex" (Mücke), Vers 268–295,
und in der „Georgica", einem Lehrgedicht über den Landbau, IV. Buch, Vers 454–503.

S. 246 *Pluto:* in der griechischen Mythologie spätere Bezeichnung
für den Gott der Unterwelt, das Totenreich (früher Hades);
Sohn des Kronos und der Rhea, Bruder von Zeus und Posei-
don. *Trügende Gabe* meint das Versprechen, Eurydike dem
Orpheus zurückzugeben, und die daran geknüpfte, für den
Liebenden unerfüllbare Bedingung.

Erebus: lateinische Bezeichnung für Erebos, in der griechischen Mythologie das „Dunkel", das Schattenreich, das die
Toten aufnimmt.

It is not poetry …: (engl.) Es ist nicht Poesie, doch tollgewor-
dene Prosa. Verszeile aus Alexander Popes „Epistle to Dr.
Arbuthnot" von 1735 (Vers 188). John Arbuthnot (1667
bis 1735) war Arzt, auch Leibarzt der Königin Anna,

ein bekannter Literat, der Freund Swifts und mit Pope bekannt.

der vor kurzem in einem bekannten Aufsatze: Immanuel Kant: „Von einem neuerdings erhobenen vornehmen Ton in der Philosophie". In: „Berlinische Monatsschrift". Hg. von Johann Erich Biester, 14 (1796), Bd. 27, S. 389–425. Kants Aufsatz bezieht sich polemisch auf Johann Georg Schlossers Schrift „Platos Briefe über die Syrakusanische Staatsrevolution nebst einer historischen Einleitung und Anmerkung", Königsberg 1795.

Orphiker: Schule philosophierender griechischer Dichter des 8. und 7. Jh. v. u. Z., benannt nach ihrem legendären Gründer Orpheus. Aristoteles kennzeichnete sie als „Theologen". Sie erklärten Erde und Kosmos mythologisch, die Naturkräfte und -erscheinungen als durch personifizierte Gottheiten bewirkt, und traten oft als Verkünder religiöser Offenbarungen auf. Schlosser wird mit diesem Vergleich als religiöser Schwärmer gekennzeichnet.

mystisch: s. Anm. zu S. 209.; hier abwertend.

den alten Meister der Kritiker: Immanuel Kant.

die Geschäftigkeit des hinkenden Vulkan: Anspielung auf das der „Ilias" entnommene Motto des Aufsatzes.

Thersites: der „Frechling"; im griechischen Mythos der häßlichste unter den Griechen, die Troja belagerten; als boshaft, schwatzhaft und verleumderisch geschildert; versucht, die griechischen Heerführer gegeneinander aufzuhetzen (vgl. „Ilias", 2. Gesang).

weil er den Menschen ein unerreichbares Ziel aufstecke ...: Anspielung auf den dualistischen Zug in Kants Ethik, nach der Sinnlichkeit und Vernunft einander widerstreiten. Zwar haben die Begriffe der Moral ihren Ursprung in der „praktischen Vernunft" des Menschen, wo sie unabhängig von jedem konkreten Interesse vorgegeben sind, so daß der Mensch über Selbstbestimmung des Willens verfügt; aber durch seine Unvollkommenheit kann er das Sittengesetz nur dann verwirklichen, wenn er seine Neigungen einem abstrakten Pflichtbegriff unterordnet.

Sophist: s. Anm. zu S. 220.

S. 247 *Insinuation:* (lat.) Einschmeichelung, Einflüsterung, Zuträgerei, Unterstellung.

Kabinettsordre: (frz.) unmittelbarer Befehl oder allerhöchste Anweisung des Fürsten.

Mysterien: (griech. = „Geheimnisse") in der griechischen und römischen Antike Geheimkulte; nur Eingeweihten zugängliche religiöse Feste und Übungen. Die Orphischen

Mysterien gehörten zu den berühmtesten. „Orphisch" und „mystisch" wurden später gleichbedeutend und Orpheus als Stifter aller antiken Mysterien angesehen, die mit der Ausbreitung des Christentums im 2./3. Jh. verschwanden.

S. 248 *Konzessen:* (lat. concessus) das Beisammensitzen, Versammlung, Sitzung (besonders bei Gericht).

Deismus: (lat.) religionsphilosophische Strömung der Aufklärung, die in Polemik gegen die herrschende Theologie einen persönlichen Gott ablehnt und statt dessen ein abstraktes göttliches Prinzip als ersten Anstoß der Weltentwicklung annimmt, den Weltbaumeister, nach dessen einmal gegebenen Gesetzen und ohne seine weitere Einwirkung die Schöpfung ihren Lauf nimmt, deren Ordnung als die vollkommene und bestmögliche betrachtet wird.

der edle Saladin in Lessings Nathan: vgl. Lessings Schauspiel „Nathan der Weise" von 1779, 4. Aufzug, 4. Auftritt.

Libell: (lat. libellus = „kleines Buch") im alten Rom gerichtliche Klageschrift; auch Schmähschrift.

Chronique scandaleuse: (frz.) Skandal-, Schandgeschichten, Klatsch.

S. 249 *Rabengekrächz:* Der Rabe war in der griechischen Antike verachtet wegen seiner Stimme.

gegen Zeus' göttlichen Vögel: in der griechischen Mythologie der Adler, der Zeus seinen Pfeil brachte, als dieser sich zum Kampf gegen die Titanen rüstete. Als König der Vögel galt er gleich Zeus als ein Spender von Licht, Fruchtbarkeit und Glück. Er war Zeus' Bote und Verkünder seines Willens.

des kritischen Systems: Kants Philosophie der sog. kritischen Periode: vgl. Anm. *der kritische Idealismus* zu S. 221.

S. 250 *einer viel ältern Idee des Shaftesbury:* Anspielung auf die von S. schon in seinem Jugendwerk „Inquiry concerning Virtue" von 1699 (Untersuchungen über die Tugend, Berlin 1747) entwickelte Moralphilosophie, nach der alle empfindenden Wesen des Gutseins fähig sind, die Tugend aber als höherer Grad des Gutseins nur dem Menschen als vernünftig handelndem Wesen zukomme. Wie Kant geht S. von der sittlichen Selbstbestimmung des Menschen aus, der – unabhängig von der Religion – über einen angeborenen und in ihm selbst begründeten moralischen Sinn verfügt.

daß der Begriff Gut immer ein relativer Begriff bleibe: Shaftesbury nahm zwischen den äußersten Extremen guter und böser Menschen verschiedene Grade der Tugend an, die sich nach dem Verhältnis der drei Arten von Affekten des Menschen richten: der natürlichen Affekte, die zum allgemeinen Wohl beitragen; der individuellen Affekte, die das eigene Wohl befördern, und der unnatürlichen Affekte, die beides hindern. Diesen Gedanken der Grade der Tugend hat S. vor allem in „The Moralists" von 1709 („Der Sittenlehrer, oder philosophische Gespräche, die Natur und Tugend betreffend", Berlin 1745) entwickelt.

S. 251 *Melanthios:* Ziegenhirt des Odysseus, der es mit den Freiern hält und dafür einen furchtbaren Tod stirbt. Vgl. Homer: „Odyssee", 17. Gesang, Vers 247 bis 22. Gesang, Vers 477.
Epistel: s. Anm. zu S. 57.

drei Einheiten: Die Lehre von den drei Einheiten (Einheit der Handlung, des Ortes und der Zeit) knüpft an eine Stelle im 5. Kapitel von Aristoteles' „Poetik" an, wo dieser der Tragödie eine Dauer der dargestellten Handlung „möglichst innerhalb eines Sonnenumlaufs" (d. h. 24 Stunden) empfiehlt, aber nicht vorschreibt. In der altgriechischen Tragödie war die Einheit von Ort und Zeit eine notwendige Folge der Anwesenheit des Chors auf der Bühne. Die französische klassizistische Ästhetik übernahm die drei Einheiten ohne den Chor, d. h. ohne solche dramaturgische Notwendigkeit, was schon Lessing in der „Hamburgischen Dramaturgie" kritisierte. Eine polemische Analyse dieser Lehre und der daraus sich ergebenden poetischen Praxis lieferte später August Wilhelm Schlegel in der 9. und 10. seiner Wiener „Vorlesungen über dramatische Kunst und Literatur" von 1808, wo er sie zugleich historisch aus ihren gesellschaftlichen Entstehungsbedingungen und Funktionen erklärte.

Prometheus des Äschylus: „Der gefesselte Prometheus", eine der wenigen überlieferten Tragödien des griechischen Dichters Aischylos und der mittlere Teil einer Dramentrilogie, deren erster Teil wahrscheinlich „Der feuerbringende Prometheus" und deren letzter Teil „Der gelöste Prometheus" war.

S. 252 *zugleich sträflich entmannte ...:* Anspielung auf Schlossers zahlreiche Schriften über antike Literatur und seine Übersetzungen des Aischylos. Vgl.: „Prometheus in Fesseln. Aus dem Griech. des Aeschylus übers. v. J. G. Schlosser", Basel 1784.

Plato im Theätet: im Dialog „Theätet" im Gespräch zwischen Sokrates und Theätet 151 E f. Vgl. Wilhelm Capelle: Die Vorsokratiker. 2. Aufl. Berlin 1961, S. 327–329.

Satz des uralten Parmenides: Hier irrt F. Schlegel. Der Satz, daß der Mensch das Maß aller Dinge sei, stammt von dem berühmtesten der sog. Sophisten oder Weisheitslehrer, Protagoras aus Abdera (um 481–411 v. u. Z.). Er drückt die Emanzipation der menschlichen Vernunft gegenüber mythischem und religiösem Denken aus, wie sie die mit der Sophistik einsetzende griechische Aufklärung im 5. Jh. v. u. Z. kennzeichnet. Schlegels Aussage, daß Platon diesen Satz lächerlich zu machen suche, bezieht sich auf die im „Theätet" geführte Diskussion, in der Sokrates den erkenntnistheoretischen Subjektivismus und Relativismus des Protagoras angreift. Protagoras' These, daß sämtliche Vorstellungen und Meinungen der Menschen Wahrheit für sich beanspruchen können, weil Wahrheit relativ sei, führt Sokrates am Beispiel der Unterschiedlichkeit individueller Sinnesempfindung bei Wärme und Kälte ad absurdum. Des Protagoras Relativismus überspitzt Sokrates mit der Frage, warum dieser nicht das Schwein oder den Pavian oder irgendein anderes Tier mit Sinneswahrnehmung zum Maß aller Dinge erhebe.

Decke auf der Isis: Isis war im alten Ägypten die Himmels-, später die Mondgöttin, damit die Göttin der Gezeiten und der Fruchtbarkeit, der Geburt. Sie galt als Erfinderin des Weizens und der Gerste, damit als Spenderin der Nahrung. Gemeinsam mit dem Nilgott Osiris, ihrem Bruder und Gatten, war sie die Göttin der Unterwelt, aber auch die weise Lenkerin der Geschicke der Menschen, Herrscherin über Krankheit und Heilung, Göttin der Gesetzgebung und Ordnung. Ein verhülltes Bild der Isis in Sais trug die Aufschrift: „Ich bin das All, das gewesen, das ist und das sein wird; kein Sterblicher hat meinen Schleier gelüftet."

zu der intellektuellen Anschauung seine Zuflucht nahm: Plato entwickelte seine Erkenntnistheorie von der Mathematik, speziell von der Geometrie her und suchte damit der Frage nach dem Wesen begrifflich fixierten Wissens beizukommen. In Kritik an der sophistischen These, daß Wissen gleich Wahrnehmung sei und dem daraus entspringenden Erkenntnisrelativismus des Protagoras und in polemischem Anschluß an Heraklits Idee von der ständigen Veränderung der realen Objekte sucht Plato nach einer Wahrnehmungsart, die im Gegensatz zur bloß sinnlichen Wahrnehmung das Bleibende der Dinge erfaßt. Er findet sie in der intellektuellen Anschauung als einer Art von Wahrnehmung, die auf unmittelbarer Tätigkeit der Seele beruhe (so im „Theätet") und welche die Schau der, der unsterblichen menschlichen Seele eingeborenen Ideen und damit logisches Denken ermögliche. Die Ideen, das Bleibende der Dinge, waren für ihn sublimierte Anschaulichkeit, Kreis an sich oder Dreieck an sich bzw. deren Idee, wie sie sich beim Anschauen über den konkreten Gegenstand hinaus einstellt. Sie existieren

außerhalb der empirischen Wirklichkeit, in der allenfalls
ihre Schattenbilder wahrzunehmen seien. Nur der wirklich
Wahrheitssuchende sei zu diesem Aufsteigen von der sinnlichen Erscheinung der Dinge zu deren Idee fähig, bei dem
er zum „unantastbaren Sein, das wirklich ist", zum „wahren
Wissen" gelange, dessen der Mensch allein in dieser Wie-
dererinnerung des ursprünglich Erschauten teilhaftig
werde.

eine Bande von Geistersehern: s. Anm. zu S. 209.

wie der Fuchs von der Traube: Anspielung auf eine Fabel des
Äsop „Der Fuchs und die Trauben", in: „Antike Fabeln".
Berlin–Weimar 1978, S. 19; bei Lessing unter dem Titel
„Die Traube" (vgl. Gesammelte Werke. Hg. von Paul Rilla.
Erster Band. Berlin 1954, S. 282).

S. 253 *bis zum Weltgericht:* vgl. NT, Die Offenbarung des Johannes.
Geschrei des Thersites: vgl. „Ilias", 2. Gesang, Vers 211–277.
Grazie: s. Anm. zu S. 125.
*Wolkenstadt..., die Aristophanes durch seine Vögel erbauen lassen
wollte:* vgl. Aristophanes' Komödie „Die Vögel". Das in der
Luft erbaute Wolkenkuckucksheim sollte ein Muster sozialer Verhältnisse sein. Von Anfang an aber erweist es sich als
Ort der Torheit und Mißstände, wo sich die gleichen Herr-
schaftsstrukturen herstellen wie in den menschlichen An-
siedlungen auf der Erde.
vis comica: (lat.) hier: komische Wirkung.

S. 254 *des Aristophanischen Pisthetärus:* Hauptfigur in Aristophanes'
Komödie „Die Vögel"; einer der beiden einfältigen auswan-
dernden Athener, die einen Ort ohne Verleumdung, Verfolgung, Gesinnungsschnüffelei und Bürokratie suchen. Pist-
hetairos bedeutet in der ironischen Namensgebung des
Aristophanes soviel wie Treufreund oder treuer Gefährte.
Fluido: (lat.) Fluidum = das Flüssige.
daß Hermes Flügel trage: Hermes, der kluge und findige griechische Gott der Weiden und Herden, der Fahrten und Reisen, des Verkehrs, der Geschäfte, ursprünglich als „der Stür-
mende, Eilende", als Gott des Windes und daher als
geflügelt gedacht; in dieser Gestalt auch Bote der Götter.
Nike: in der griechischen Mythologie Göttin des Sieges und
glücklichen Vollbringens; in späterer Zeit stets geflügelt
dargestellt, mit Kranz und Palmenzweig aus der Höhe sich
herablassend.
Eros: in der griechischen Mythologie Gott der Liebe und als
Bote zwischen dem Sitz der Götter, dem Olymp, und der
Erde ebenfalls geflügelt.
Iris: in der griechischen Mythologie Verkörperung des Re-

genbogens und als solche den Verkehr mit der Erde vermittelnde, schnellfüßige und geflügelte Himmelsbotin; auf bildlichen Darstellungen meist der Nike sehr ähnlich. – Nike, Eros und Iris werden in Aristophanes' Komödie „Die Vögel" als gefiederte Gottheiten genannt – ein ermutigendes Beispiel für die Vögel, die sich die Herrschaft der Götter anmaßen.

der eutinische Pisthetärus: Schlosser hielt sich seit 1794 wiederholt längere Zeit in Eutin (Schleswig-Holstein) im Kreise der Stolbergs auf.

Neue deutsche Werke

S. 254 *Alexis und Dora:* Goethe verfaßte das Gedicht im Mai 1796; zuerst gedruckt in Schillers „Musenalmanach für das Jahr 1797"; 1799 entstand eine metrisch stark bearbeitete Fassung unter beratender Mitarbeit August Wilhelm Schlegels.

S. 255 *Musen:* s. Anm. zu S. 6.

S. 256 *Idylle:* griech. eidyllion = kleines Bild oder kurzes, zum Gesang bestimmtes Lied; vor allem die Gedichte der sog. bukolischen Poesie, der Hirtendichtung, die das ländlich-einfache Leben der Hirten als harmonisch, natürlich und friedvoll schilderte. Das Idyllion, in der Antike besonders von Theokrit (um 310–um 250 v. u. Z.) ausgebildet und von Vergil weiterentwickelt, wurde zum Vorbild der neueren europäischen Schäferpoesie seit Boccaccio.

bis zu dem Heiligen und Heiligsten: „Das Heilige und Heiligste", Epigramm (s. Anm. zu S. 160) Goethes; ohne Titel und metrisch überarbeitet 1800 in den Zyklus „Vier Jahreszeiten" aufgenommen.

S. 257 *Distichen von Goethe:* unter beratender Mitwirkung August Wilhelm Schlegels überarbeitet und 1800 ohne Titel in die Gruppe „Herbst" des Epigramm-Zyklus „Vier Jahreszeiten" übernommen. Distichon (griech.) = Doppelvers, meist bestehend aus einem Hexameter und einem Pentameter; oft als spöttisches Kurzgedicht verwandt.

gnomische Einfachheit: Einfachheit in der Art einer Gnome (griech. = Erkenntnis, Meinung), einem Spruch meist lehrhaften Charakters in Versen oder rhythmischer Prosa, in dem Lebensweisheiten und -erfahrungen kurz und treffend ausgedrückt wurden.

Der Chinese in Rom: Epigramm Goethes, im August 1796 entstanden; zuerst in Schillers „Musenalmanach für das Jahr

1797" gedruckt. Der Titel zielt auf Jean Paul, der sich in einem Brief vom 3. August 1796 an Karl Ludwig von Knebel kritisch über Goethes „Römische Elegien" geäußert hatte.

Satire: s. Anm. zu S. 66.

Die Eisbahn: Epigramm Goethes aus dem „Xenien"-Material; 1800 als „Winter" in seinen Zyklus „Vier Jahreszeiten" übernommen.

Tabulae votivae: (lat.) im antiken Rom Tafeln mit Dankinschriften für den Beistand der Götter, angebracht in deren Tempeln. – Titel einer Gruppe von 103 im Vergleich mit den „Xenien" harmlosen, nicht polemischen Distichen von Goethe und Schiller, mit besonders großem Anteil Schillers.

Train: (lat.-frz.) Zug, Gefolge, Troß.

S. 258 *Metaphysiker:* (griech.) Vertreter der Metaphysik, der „ersten Philosophie", die nach den allem Seienden zugrunde liegenden Prinzipien sucht – im Gegensatz zum Physiker, dem Naturwissenschaftler, der sich mit den real existierenden Dingen und Erscheinungen befaßt. „Metaphysik" war ursprünglich nur die Bezeichnung für diejenigen Schriften des Aristoteles, die Andronikos von Rhodos nach den naturwissenschaftlichen angeordnet hatte und die sich mit solchen Fragen beschäftigten.

der delphische Gott: Apollon, so benannt nach seiner berühmtesten Orakelstätte in Delphi, wo er durch den Mund seiner meist weiblichen Verkünder den Willen des Zeus offenbarte und damit nach mythischer Vorstellung Gesetz und Ordnung in der Welt verbreiten half.

Theophagen: (griech.) Gottesfresser.

H. W.: bezieht sich auf eine Dame der Weimarer Gesellschaft, die für ihre Empfindsamkeit bekannt war.

S. 259 *Einer:* obwohl im „Musenalmanach" von beiden Dichtern unterzeichnet, von Goethe in den Teil „Sommer" seines Epigramm-Zyklus „Vier Jahreszeiten" übernommen.

Mimen: griech. Mimoi (Singular Mimos), eigentlich: realistische Darstellungen des Alltagslebens in Prosawechselrede in der antiken griechischen Literatur; allgemeinere Bedeutung des Worts: Schauspiel oder, wie hier, Schauspieler.

Rhadamanth: oder Rhadamanthys, in der griechischen Mythologie Sohn des Zeus und der Europa, Bruder des Minos und von ihm von Kreta vertrieben; als weiser Gesetzgeber Herrscher auf den Inseln des Ägäischen Meeres; in späterer Überlieferung neben Minos und Äakos einer der drei Totenrichter in der Unterwelt, der über die Strafen für die Ankommenden befand.

Parze: Parzen waren in der antiken römischen Mythologie die Schicksalsgöttinnen, die jedem Menschen Verlauf und Dauer seines Lebens zumaßen. Sie wurden als das menschliche Geschick spinnend gedacht und als die, die den Lebensfaden durchtrennten.

Heynischer Kommentar: Anspielung auf die Schriften der Göttinger Societät der Wissenschaften (deren Mitglied der berühmte Altphilologe Christian Gottlob Heyne seit 1763 war), die regelmäßig als „Commentationes societas regia scientiarium Gottingensis", als „Noví commentarii soc. r. sc. G." und als „Commentationes recentiores soc. r. sc. G." erschienen und zahlreiche Abhandlungen und Rezensionen Heynes zur antiken Literatur enthielten.

S. 260 *Pompeji und Herkulanum:* im August 1796 entstandenes Gedicht Schillers über die 79 u. Z. durch einen Ausbruch des Vesuv verschütteten Städte Pompeji und Herkulanum, die durch in der ersten Hälfte des 18. Jh. begonnene Ausgrabungen bekannt geworden waren.

Klage der Ceres: Schillers Gedicht entstand im Juni 1796. Ceres war die altrömische Göttin der Fruchtbarkeit, vor allem des Ackerbaus, der griechischen Demeter nachgebildet.

Briefe zur Beförderung der Humanität: von Johann Gottfried Herder, erschienen Riga 1793 bis 1797.

in folgendem Gedichte, von V.: „Reim, Verstand und Dichtkunst" von Herder.

die verschiedne Weise der Moral von V.: Dieses ebenfalls von Herder verfaßte Gedicht richtet sich gegen den kategorischen Imperativ (s. Anm. *das oberste Prinzip* ... zu S. 17) in Kants Ethik und eine Begründung menschlicher Tugend auf rigoroser Pflichtauffassung und Unterdrückung der Neigungen, wobei Herder Kants Bemühen um eine objektiv fundierte, allgemeinverbindliche und subjektiver Willkür entzogene Moralphilosophie verkennt.

S. 261 *Imperativus, Vokativ, Nominativus, Fiskal-Akkusativus, Infinitivus, Optativus, Dativus:* (lat.) Die grammatischen Begriffe bedeuten: Befehl, Aufruf, Benennung, Schulden eintreibender (staatlicher) Ankläger, Unendlichkeit, Wunsch, Gebender.

Drommeten: oder Trommeten, veraltete poetische Form für Trompeten; unter Einfluß der Bibel in der Dichtersprache bewußt verwendet, u. a. von Herder.

Die Gefälligkeit, ein reizendes Gedicht von O.: ebenfalls von Herder.

Pygmalion: ein Gedicht August Wilhelm Schlegels.

Allegorie: (griech.) bildlicher Ausdruck, bildhaft belebte Darstellung eines Begriffs oder Gedankenganges.

Geist der alten Sage: Nach antiker griechischer Überlieferung verliebte sich Pygmalion, König von Kypros, in eine von ihm geschaffene elfenbeinerne Frauenstatue, die auf sein Bitten von Aphrodite, der Göttin der Liebe und Schönheit, belebt wurde und die er zur Frau nahm.

S. 262 *grammat. Gespr.:* Klopstocks „Grammatische Gespräche", Altona 1794.

eines eitlen Narzissus: in der griechischen Sage ein schöner Jüngling, der die Liebe der Nymphe Echo abwies, sich zur Strafe in sein eigenes, im Wasser erschautes Spiegelbild verliebte und sich schließlich in die nach ihm benannte Blume verwandelte.

die Blöde: veraltet für Schamhaftigkeit.

der römische Dichter: Ovid, der den Pygmalion-Stoff in seinen „Metamorphosen" (Verwandlungen) verarbeitet.

S. 263 *Dädalus:* griech. Daidalos, „der Künstler"; der berühmteste griechische Künstler mythischer Zeit; Architekt, Bildhauer und Erfinder, u. a. bekannt durch die Konstruktion der Flügel aus Leinwand und Wachs für sich und seinen Sohn Ikaros.

S. 264 *Pantheon:* s. Anm. zu S. 26.

Urania: griech. = die „Himmlische"; Beiname der Aphrodite als Göttin der geistigen Liebe.

Vater der Götter: Zeus.

Die Musen und Grazien in der Mark: Das Gedicht, entstanden im Mai 1796, erschien zuerst in Schillers „Musenalmanach für das Jahr 1797", aus diesem Anlaß von Carl Friedrich Zelter vertont. Goethe parodiert darin verschiedene, in Berlin erschienene Musenalmanache, vor allem die Gedichte des Predigers Friedrich Wilhelm August Schmidt aus Werneuchen, die dieser in der „Berlinischen Monatsschrift" und in dem von ihm hg. „Kalender der Musen und Grazien für 1796" publizierte und die die behäbige Idylle seines ländlichen Familienlebens in oft platter Weise preisen.

S. 265 *Xenien:* (griech.) Singular Xenion; in der Antike Geschenke für Gastfreunde; schon bei dem römischen Dichter Martial Titel für das 13. Buch seiner Epigramme, die meist von solchen Gastgeschenken handeln. Auf Goethes Vorschlag Titel einer Sammlung polemischer Distichen Goethes und Schillers, veröffentlicht im Oktober 1796 in Schillers „Musenalmanach für das Jahr 1797"; ursprünglich gedacht zur Abwehr von Angriffen auf Schillers Zeitschrift „Die Horen", gerieten sie zu einer bissigen Abrechnung mit einem großen Teil der schriftstellernden Zeitgenossen.

das Virgilische Ungeheuer: Ossa, in der griechischen Mythologie die Personifikation des schweifenden Gerüchts, in der römischen Antike die Fama. Bei Vergil die jüngste Tochter der Erde, die sie im Zorn über die Niederlage der Giganten und zur Lästerung der herrschenden Götter gebar. Sie ist ungeheuer schnell und wächst zu unermeßlicher Größe. Das lateinische Sprichwort: Fama crescit eundo. (Das Gerücht wächst, indem es sich verbreitet.) bezieht sich darauf und ist die Abwandlung einer Stelle aus Vergils „Aeneis" 4,175.

Affiche: (frz.) Anschlag, öffentliche Ankündigung, Plakat.

S. 266 *Auf Martials Frage:* Anspielung auf den von Martial im 13. Buch seiner Epigramme gebrauchten Titel „Xenia".

eine geheime Gesellschaft des Mutwillens: Anspielung auf die Turmgesellschaft in Goethes Roman „Wilhelm Meisters Lehrjahre" von 1795/96, die verborgene pädagogische Planerin und Lenkerin von Wilhelm Meisters intellektueller, sittlicher und beruflicher Entwicklung.

a priori: s. Anm. zu S. 172.

an einem solchen Gastmahle: Anspielung auf die ursprüngliche Bedeutung des griechischen Wortes „Xenion".

an das Grab eines edeln Unglücklichen: der 1794 im Pariser Exil verstorbene Georg Forster, dem Friedrich Schlegel in seinem berühmten Essay „Georg Forster. Fragment einer Charakteristik der deutschen Klassiker" (zuerst veröffentlicht in der von J. F. Reichardt hg. Zeitschrift „Lyceum der schönen Künste", Erster Band, erster Teil, Berlin 1797) ein bleibendes literarisches Denkmal setzte.

Minerva: s. Anm. zu S. 56.

S. 267 *Chorizonten:* (griech.) „Sonderer"; in der griechischen Antike jene Kritiker, die für die „Ilias" und „Odyssee" verschiedene Verfasser annahmen und nur die „Ilias" als Werk Homers gelten ließen.

Denn wenn die Trojaner: Anspielung auf den zwischen Griechen und Kleinasiaten, nach dem Zeugnis antiker Gelehrter von 1194 bis 1184 v. u. Z. geführten und in der „Ilias" geschilderten Krieg.

Patroklus: Patroklos, enger Freund des Griechen Achilleus, mit ihm zusammen aufgewachsen und erzogen; begleitete ihn auf dem Kriegszug nach Troja, wo er mit des Achilles Waffen und Rüstung gegen die Trojaner kämpfte und vor Troja fiel (vgl. „Ilias", 16. Gesang).

dem großen Peliden: (griech.) Pelide = des Peleus Sohn; Beiname des Achilleus.

der hier frohlockt, daß er der andre scheinen kann: Anspielung auf Patroklos' und Achilleus' Waffen- und Kleidertausch und die damit verglichene Tatsache, daß zunächst nicht klar war, welche der Xenien Schiller und welche Goethe zum Autor hatten.

Asa foetida: (persisch-lat.) übelriechendes Gummiharz aus der Wurzel eines asiatischen Doldengewächses, auch Stinkassant oder Teufelsdreck.

Erklärung des Herausgebers an das Publikum, über die Xenien ...

S. 267 *Xenien:* s. Anm. zu S. 265.
  Horen: s. Anm. zu S. 55.
  Schillerscher Musenalmanach: s. Anm. zu S. 159.
  Frankreich: s. Anm. zu S. 55.

S. 268 *Pasquillantenunfug:* Pasquillant = Verfasser einer Schmäh-schrift nach Pasquino, dem Namen einer verstümmelten Statue im antiken Rom, an der man satirische Inschriften an-zubringen pflegte.
  der freundschaftlichsten und achtungsvollsten Briefe: Noch bis Ende 1795 hatten Goethe und Schiller den von ihnen wegen seiner kompositorischen Fähigkeiten sehr geschätzten Rei-chardt brieflich um Vertonung ihrer Gedichte gebeten.
  vom Rezensenten des Almanachs: Friedrich Schlegel.
  ein Mann, dessen einziges Genie ...: Goethe, dessen Anteil an den „Xenien" Reichardt hier noch herunterspielen wollte.

S. 269 *Injurien:* (lat.) Ehrverletzung, Beleidigung durch Wort oder Tat.

Über die Homerische Poesie

S. 269 *die Wolfischen Untersuchungen:* die epochemachenden „Prole-gomena ad Homerum" Friedrich August Wolfs von 1795, die Vorrede zu einer neuen Ausgabe der „Ilias", in der Wolf die alleinige Autorschaft Homers anzweifelt, da man zu des-sen Zeit keine geschriebene Literatur kannte. Die Poesie sei durch Rhapsoden (wandernde Sänger) mündlich im Volk verbreitet und erst von späteren Bearbeitern aufgezeichnet worden.
  Kritik der reinen Vernunft: Kants Hauptwerk erschien Riga 1781 und hatte bis 1799 fünf Auflagen.
  Dieses Bruchstück aus einer Abhandlung; Probe eines Grundrisses der Geschichte ..., welche im künftigen Jahre erscheinen wird: „Die

Griechen und Römer. Historische und kritische Versuche über das klassische Alterthum", von Friedrich Schlegel. Erster Band. Neustrelitz: beim Hofbuchhändler Michaelis 1797. Daraus vor allem der 1., als „Studium"-Aufsatz berühmt gewordene Teil, „Vom Studium der griechischen Poesie".

die Homerische Urkunde: die Homer zugeschriebene „Ilias"; die „Odyssee" wird von der Forschung etwa zwei Generationen später angesetzt.

S. 270 *ἔργα (Erga):* griech. = Werke; Hesiods Dichtung „Werke und Tage", oft nur als „Werke" zitiert.

heroisches, goldnes, silbernes Zeitalter: In seiner poetischen Weltentstehungs- und -entwicklungslehre „Werke und Tage" zeigt Hesiod im Mythos von den fünf Weltaltern – dem goldenen, silbernen, ehernen, heroischen, eisernen Zeitalter –, der seinen negativen Fortschrittsbegriff belegt, den historischen Verfall des Menschengeschlechts. Im goldenen und silbernen Zeitalter wird der genießende Mensch dargestellt, dem die Natur alles von selbst gibt, was ihn aber verkommen läßt und seinen Abstieg auslöst. Das zwischen ehernem und eisernem eingeschobene heroische Zeitalter ist das der Halbgötter, der Heroen.

Barden: Stand von Priestern und Sängern in der griechischen Antike, die unter Begleitung durch ein Musikinstrument Götter- und Heldenlieder vortrugen.

vor dem Trojanischen Kriege: s. Anm. zu S. 267.

Argonauten: s. Anm. zu S. 245.

Sieben wider Thebä: Thebae im Altertum die größte Stadt der griechischen Landschaft Böotien. Der Sage nach überließ König Ödipus seinen Söhnen Eteokles und Polyneikes die Regierung mit der Maßgabe, daß jeder abwechselnd ein Jahr lang regieren sollte. Eteokles brach den Vertrag, woraufhin Polyneikes bei Adrastos, dem König von Argos, um helfende Vermittlung nachsuchte. Als Eteokles auf Unterhandlungen nicht einging, vereinigten sich sieben Fürsten zum Krieg gegen Theben. Polyneikes und Eteokles töteten einander im Zweikampf; auch alle anderen, außer Adrastos, starben. Der Untergang der Fürsten von Theben ist das Sujet der erhalten gebliebenen Tragödie des Äschylos „Die Sieben gegen Theben".

Hektor: ältester Sohn des Königs Priamus von Troja und der Hekabe; Gatte der Andromache; Sinnbild der Tapferkeit; getötet im Kampf mit dem Griechen Achilleus (vgl. Homers „Ilias", 24. Gesang).

S. 271 *Diaskeuasten:* s. Anm. zu S. 225.

Kalchas: in der griechischen Sage aus Mykene stammender berühmter Seher und Weissager, der die Griechen nach Troja begleitete und die zehnjährige Dauer des Krieges prophezeite (vgl. „Ilias", 1. und 2. Gesang).

Agamemnon: in der „Ilias" oberster Feldherr der Griechen im Krieg gegen Troja; Gatte der Klytämnestra und König von Mykene; nach seiner Rückkehr von Klytämnestras Geliebten Ägist umgebracht.

Melampus: (griech.) „Schwarzfuß"; in der griechischen Überlieferung Seher und Arzt aus Pylos, der die Stimmen der Tiere verstand, die ihm die Zukunft vorhersagten; Stammvater eines ganzen Geschlechts von Sehern.

Amphiaraus: oder Amphiaraos, in der griechischen Sage berühmter Seher aus Argos, Teilnehmer am Zug der Argonauten und der Sieben gegen Theben, wo er starb.

S. 272 *Tiresias:* oder Teiresias, in der griechischen Sage berühmter blinder Seher aus Theben; weissagte den Untergang des Ödipus.

Odysseus: s. Anm. *Ulysses* zu S. 103.

Dorion: im Altertum Stadt im Norden der griechischen Landschaft Messenien (vgl. „Ilias", 2. Gesang, Vers 594).

Musen: s. Anm. zu S. 6.

Thamyris: in der griechischen Sage Sänger aus Thrakien, der die Musen im Gesang besiegen wollte und für diese Anmaßung von ihnen des Augenlichts und der Gabe des Gesanges beraubt wurde.

Eurytos: Sohn des Melaneus, Königs von Öchalia in Thessalien; in der griechischen Sage einer der berühmtesten Bogenschützen.

des Ägiserschütterers Töchter: Anspielung auf den Schild des Zeus, die Sturm und Entsetzen erregende Aigis (vgl. „Ilias", 2. Gesang). Die Musen galten nach Hesiod und Homer als Töchter des Zeus und der Mnemosyne, der Göttin des Gedächtnisses.

Exc. libr.: (lat.) Excerptae librorum = Auszüge, Bruchstücke aus Schriften oder Büchern.

dem Pythischen Orakel: nach Pythia, der Priesterin des Apollon, die in Delphi dessen Weissagungen verkündete.

des Hexameters: Grundvers des antiken griechischen (Homer) und römischen Epos (Vergil), bestehend aus sechs Daktylen. Daktylos: dreiteiliger Versfuß aus einer langen (betonten) und zwei kurzen (unbetonten) Silben.

Orpheus: s. Anm. zu S. 245.

Epos: (griech.) Wort, Erzählung; früheste metrisch durchgestaltete Großform der Dichtung in gebundener Rede, mündlich feierlich vorgetragen durch Rhapsoden (wandernde Sänger).

S. 274 *Demodokos:* in der „Odyssee", 8. Gesang, der blinde Sänger der Phäaken.

bei dem Könige der seligen Phäaken: Alkinoos, der weise König des mythischen Seefahrervolkes der Phäaken, eines von den Göttern begünstigten, mit allen Gütern des Lebens versehenen, heiteren und genußfrohen Volkes. Alkinoos nahm den gestrandeten Odysseus gastfreundlich auf (vgl. „Odyssee", 7.–9. Gesang).

Phemios: Sänger in der „Odyssee" (vgl. I,154, 337; XVIII,263; XXII,331), der von Odysseus geschont wird, nachdem dieser die Freier umgebracht hat.

Menelaus: König von Sparta; Bruder des Agamemnon; einer der griechischen Heerführer beim Kriegszug gegen Troja (vgl. „Ilias", 2. Gesang. Vers 581–590).

Achilles: s. Anm. zu S. 102.

Kants Kritik der Urteilskraft: erschienen Berlin 1790.

S. 275 *Rückkehr der Herakliden:* die sog. Dorische Wanderung im 12. Jh. v. u. Z. von Nachkommen des griechischen Helden Herakles, als deren Stammvater der Heraklessohn Hyllos gilt und die mit den Kriegszügen des griechischen Stammes der Dorier in Verbindung gebracht werden, in deren Verlauf diese den Peloponnes eroberten.

der ionischen Völkerwanderung: Die Ionier, einer der vier griechischen Hauptstämme, ursprünglich aus Kleinasien kommend, wanderten – aus dem Peloponnes infolge der Dorischen Wanderung vertrieben – im 11. Jh. v. u. Z. teilweise nach Kleinasien zurück und gründeten dort später berühmt gewordene Städte.

S. 276 *die allbesungne Argo:* das Ruderschiff der Argonauten.

Vossens myth. Br. II: Johann Heinrich Voß' gegen den Göttinger Altphilologen Christian Gottlob Heyne gerichteten „Mythologische Briefe". 2 Teile, Königsberg (bei Friedrich Nicolovius) 1794.

Eumäus: Eumaios, der „göttliche Sauhirt" des Odysseus; Sohn des Königs Ktesios von Syros, der, von phönizischen Seeleuten geraubt, durch Kauf in Laertes', des Odysseus Vater, Hände kam. Er nahm Odysseus, als dieser in Bettlerverkleidung nach dem heimatlichen Ithaka zurückkehrte, gut auf, ohne ihn als seinen König zu erkennen, und leistete ihm auch später bei dem Kampf gegen die Freier gute Dienste (vgl. „Odyssee", 14. und 15. Gesang).

Antinous: oder Antinoos, der zudringlichste unter den Freiern von Odysseus' Gemahlin Penelope, den Odysseus als ersten mit dem Bogen tötet (vgl. „Odyssee", 22. Gesang).

S. 278 *Epopöe:* (griech.) erzählende Dichtung in Versen oder Prosa, besonders über Götter und Helden.

S. 279 *A. poët.:* (lat.) „De arte poetica" (Von der Dichtkunst), Hauptwerk des Horaz; 2. Buch seiner „Briefe" aus dem Jahre 13 v. u. Z., maßgeblich für die europäische Kunsttheorie bis ins 18. Jh.

S. 280 *nach Platos treffender Bemerkung:* in seinem Spätwerk „Die Gesetze", 658 c–e.

S. 281 *konnte Aristoteles die einzelnen Merkmale des Epos entlehnen:* im 5. Kapitel seiner „Poetik".

Ibid.: ibidem (lat.) ebenda.

nach Plato am meisten die dithyrambische Dichtart: im „Staat", 394 b–d. Der Dithyrambos (auch Beiname des griechischen Weingottes Dionysos) war zunächst ein kultisches Chor- und Reigenlied ekstatisch hymnischen Charakters über die Taten und Leiden dieses Gottes, durch große Chöre mit Musik und Tänzen aufgeführt; später in Athen Ausgangspunkt des antiken Dramas.

bei den … Grammatikern: Erforscher der antiken Literatur und ihrer philologischen Aspekte seit der alexandrinischen Periode der griechischen Literatur (ab 3. Jh. v. u. Z.) und seit der römischen Periode (1. Jh. v. u. Z.–500 u. Z.).

S. 282 *ein allgemeines Gesetz … der griechischen … Bildung …, daß alles Gleichartige sich vereinigt:* Grundsatz der materialistischen Naturphilosophie des Empedokles (um 495–um 435 v. u. Z.), nach dem Gleiches immer zu Gleichem strebt und Ungleichartiges sich abstößt. Er beruht auf seiner „Porentheorie", derzufolge alle sichtbaren Körper von unsichtbar feinen, in Form und Größe verschiedenen Durchgängen („Poren") durchzogen sind. Korrelat dieser „Poren" sind unsichtbare „Ausflüsse", die ständig von sämtlichen sichtbaren Stoffen ausströmen und sich auf umgebende Stoffe zubewegen, in deren Poren sie nur dann eindringen können, wenn die Gestalt und Größe dieser Ausflüsse der der Poren der anderen Stoffe durchaus entsprechen. Auf solcher Symmetrie oder Nichtsymmetrie der Poren und Ausflüsse beruht das Verhältnis aller Stoffe zueinander, das nach Empedokles eine Art „Wahlverwandtschaft" oder „Wahlfeindschaft" ist. Auf diese Affinität oder Nichtaffinität gründen sich nicht nur alle chemischen und physikalischen Vorgänge, sondern auch die psychisch-geistigen; nur Gleiches kann Gleiches wahrnehmen und erkennen.

S. 283 *Die gebildeten griechischen Mundarten:* vor allem das Dorische und Ionische.

der verschiednen Hauptstämme: als solche galten die Äolier, Achäer, Dorer, Ionier, Böotier.

Entwicklung des Republikanismus: in Athen um 510 v. u. Z. durch Kleisthenes begründet.

das neuplatonische Vorgeben: Anspielung auf Schriften der Neuplatoniker Aelius Theon von Alexandreia (Lebenszeit nur ungenau bekannt; nach der Zeitenwende), Hierokles von Alexandreia (5. Jh.), Syrianos (Diadochos der Akademie in Athen seit 431/32), Proklos von Athen (Schulhaupt der Akademie in Athen bis 485), die sich mit der Figur des Orpheus befaßten.

Orpheus habe dorisch gedichtet: Orpheus, eingeordnet in die Geschichte der griechischen Lyrik, obwohl eine mythische Figur, hätte äolisch sprechen müssen.

S. 284 *Metrum:* (griech.-lat.) Versmaß, Gesetz des Versaufbaus als Gliederung der poetischen Sprache durch Akzent oder Quantität, Inbegriff der rhythmischen Eigenart einer Dichtung oder Versform.

στασιμώτατον: (griech.) Beharrlichkeit, Gleichmäßigkeit.

elegisch: s. Anm. zu S. 162.

iombisch: jambisch (griech.) antiker Versfuß, aus einer kurzen mit folgender langer bzw. aus unbetonter mit folgender betonter Silbe bestehend.

κινητικῷ: (griech.) Unruhe.

trochäisch: (griech.) antiker Versfuß, bestehend aus einer langen bzw. betonten mit nachfolgender kurzer (unbetonter) Silbe.

Tetrameter: (griech.) in der antiken griechischen Literatur jeder aus vier Metra bestehende Vers, vor allem verwandt für den Dialog in Komödie und Tragödie.

Pol.: Aristoteles' Werk „Politik".

alkäischer Rhythmus: nach dem griechischen Dichter Alkaios (um 600 v. u. Z.) benanntes Odenmaß.

sapphischer Rhythmus: nach der griechischen Dichterin Sappho (um 600 v. u. Z.) benanntes Odenmaß.

in der Alexandrinischen Schule: wissenschaftliche Schule, die ihren Sitz im antiken Alexandria von etwa 300 v. u. Z. bis 500 u. Z. hatte. Ihre Basis war das Museion, worin die Gelehrten auf öffentliche Kosten lebten und forschten und die berühmten Bibliotheken von Alexandria ihre Heimstatt hatten. In der Alexandrinischen Schule zentrierten sich die gesamte antike Bildung und alle wissenschaftlichen Bestrebungen dieser Zeit.

S. 285 *Dio Chrys. Orat. de Homero, init.:* (lat.) Von dem griechischen
Philosophen und Rhetor Dio aus Prusa stammen die „Ora-
tiones de Homero" (Reden über Homer). Von seinen Reden, die ihm den griechischen Beinamen Chrysostomos,
d. h. Goldmund, eintrugen, sind noch etwa achtzig überliefert, die von dem Philologen und Freund Lessings Johann
Jacob Reiske (1716–1774) gesammelt, wissenschaftlich bearbeitet und nach seinem Tod von seiner ebenso gebildeten
Frau Ernestine Christine (1735–1798) in Leipzig 1784 und
erneut 1798 herausgegeben wurden.

Diog. Laert. in vit. Pol.: (lat.) Diogenes Laertios in „vita Polemo-
nis" (Das Leben Polemons). Der griechische Philosoph und
Schriftsteller Diogenes Laertios verfaßte eine zehnbändige
Geschichte über Leben und Meinungen der griechischen
Philosophen, eine der Hauptquellen antiker Philosophie.

S. 286 *die Verfasser der Herakleide, Theseide:* Die Herakleide, die Sage
über die Schicksale und Taten des griechischen Helden und
Halbgottes Herakles, ist eine alte Überlieferung nicht nur
griechischen, sondern auch asiatischen und ägyptischen Ursprungs. Die Theseide ist die Überlieferung von Leben und
Taten des Theseus, Freund und Mitstreiter des Herakles.

das zyprische Lied und die kleine Iliade: Homer zugeschriebene,
aber nicht erhaltene Epen, die zum Kreis der troischen
Epen gehörten, einem epischen Kyklos, aus dem nur die
„Ilias" und „Odyssee" überliefert sind. Die „Kypria" (später
in 11 Bücher eingeteilt) enthielt die Vorgeschichte und die
ersten Jahre des Trojanischen Krieges; an sie schließt die
„Ilias" an. Die „Kleine Ilias" und die „Iliupersis" (Ilios-Zer-
störung) enthielten die Ereignisse des Krieges bis zur Einnahme Trojas durch die listige Einführung des hölzernen
Pferdes mit den darin verborgenen griechischen Kriegern.

S. 287 *der Hesiodischen Theogonie:* Theogonie (griech.) = Lehre von
der Herkunft der Götter, wie sie in mehreren alten Dichtun-
gen der Griechen überliefert ist. Erhalten ist nur die Theogonie des Hesiod, in der er die in verschiedenen Gegenden
Griechenlands vorhandenen Vorstellungen von der Welt-
entstehung, der Abstammung und dem Kampf der alten und
neuen Götter in einem poetisch-philosophischen Lehrgedicht schildert.

Rhapsodien: (griech.) die von den wandernden Sängern
(Rhapsoden) vorgetragene erzählende Dichtung, namentlich Bruchstücke derselben (rhapsodisch = bruchstückartig,
fragmentarisch).

S. 288 *(Die Fortsetzung folgt):* Sie unterblieb, da „Deutschland" mit
dem 12. Stück endete.

S. 288 *Sykomorus:* (griech.) Maulbeerfeigenbaum, auch Platane, Bergahorn oder ägyptischer Feigenbaum; in Ägypten und im gesamten Orient heimisch; sein sehr dauerhaftes Holz diente zur Anfertigung der Mumiensärge.

Spezimen: (lat.) Kennzeichen, Probestück, Beispiel, faktischer Beweis.

osteologisches Präparat: (griech.) Präparat von Knochen.

S. 289 *Ein berühmter deutscher Anatom:* wahrscheinlich der vergleichende Anatom, Physiologe und Zoologe Johann Friedrich Blumenbach (1752–1840). In Frage kommen aber auch Samuel Thomas Sömmering (1755–1830) und der Anatom und Physiologe Heinrich August Wrisberg (1739–1808).

Hätte Bonaparte diesen Schatz gekannt: Anspielung auf den Raub zahlreicher Kunstschätze durch Napoleon Bonaparte während seines Eroberungsfeldzuges in Italien vom April 1796 bis zum Spätherbst 1797.

des H. Maler Lukas: gemeint ist der Evangelist Lukas, der als Maler eines Bildes der Madonna mit dem Kinde gilt. Die mittelalterlichen Malergilden nannten sich deshalb nach ihm Lukasgilden.

Braunstein: auch Weichmanganerz oder Glasmacherseife; ein dunkelgraues bis schwarzes Mineral u. a. aus Mangansuperoxyd; diente zur Herstellung von Sauerstoff, Chlor, Brom, Jod und übermangansaurem Kali, in der Glasindustrie zum Entfärben und Violettfärben des Glases.

Tuilerien: (frz. = „Ziegeleien") Schloß der französischen Könige in Paris bis zum 17. Jh., erneut 1789 bis 1792; Tagungsort der Nationalversammlung und des Konvents in der Revolutionszeit, dann ständige Residenz Napoleons I. Der 1564 begonnene Bau dauerte mehrere Jahrhunderte.

S. 290 *Becher ..., daß er mit Stahl das Phlogiston erfunden habe:* Der deutsche Chemiker Georg Ernst Stahl schrieb seinem Vorgänger Johann Joachim Becher den Hauptanteil an seiner um die Wende vom 17. zum 18. Jh. entwickelten Phlogistontheorie zu, nach der er in allen brennbaren Körpern etwas Gemeinsames annahm, das ihre Brennbarkeit ermöglichte. Den stofflichen Träger dieser Eigenschaft nannte er das Phlogiston (griech.), das Entzündbare, versuchte aber nicht, diesen hypothetischen Stoff, der angeblich beim Verbrennungsprozeß aus den Körpern entwich, experimentell nachzuweisen.

Lorgnetten: (frz.) 1740 in Frankreich aufgekommene Stielbrille, die vor eins oder beide Augen gehalten wurde; meist mit Federscharnier in der Mitte zum Zusammenklappen.

S. 290 *Stygisches Dunkel:* der Styx, in der griechischen Mythologie der Unterwelt, dem Totenreich zugehörig; daher soviel wie: fürchterlich, schauerlich.

S. 291 *die göttliche Schwester:* Germania, die römische Bezeichnung für Deutschland.

Nymphe: in der griechischen Mythologie niedere weibliche Gottheit; Verkörperung der Naturkräfte. Die Nymphen galten als wohltätige Geister der Berge, Bäume, Wiesen, Grotten und als auf verschiedene Weise den Menschen hilfreich.

Musen: s. Anm. zu S. 6.

Nachrichten aus Frankfurt am Main

S. 292 *die Berennung von Mainz, wirksamer als die vorigen Male:* 1794 bis Ende 1797 unterlag Mainz einer französischen Blockade; während dieser Zeit war es zuerst von preußischen, ab 1795 von österreichischen und Reichstruppen besetzt. Ab 1798 und in den darauffolgenden Jahren war es wieder französisch besetzt.

S. 293 *à la française:* (frz.) auf französische Weise.

der Kaiser: Franz II. Joseph Karl (1768–1835), ab 14. Juli 1792 als Kaiser von Österreich Franz I.

S. 294 *Vorspanne:* die einem Fuhrwerk vorgespannten Zugtiere.

Geschirr: das gesamte zu einem Fuhrwerk gehörende Riemen- und Lederzeug zum Anspannen der Zugtiere einschließlich Sattel; oft auch Pferd und Wagen.

Rentenierer: (lat.-frz.) Bezieher von Renten aus Vermögenszinsen.

mit allen Heeren der Koalition: s. Anm. zu S. 59.

S. 296 *Reichspostzeitung:* die „Frankfurter Kayserliche Reichs-Ober-Post-Amts-Zeitung"; erschien jeden Donnerstag und Freitag in Frankfurt (Main) vom 1. Januar 1754 bis 10. September 1806, nach 1801 wöchentlich (samstags). Vorher war sie vom 1. Januar 1748 bis 31. Dezember 1753 als „Oberpostamtszeitung" erschienen, noch früher als „Ordentliche Wöchentliche Kayserliche Reichs-Post-Zeitung". Von 1806 bis 1810 kam sie als „Frankfurter Ober-Post-Amts-Zeitung" heraus; von 1814 bis zum 31. März 1852 wurde sie als „Frankfurter Postzeitung" fortgesetzt.

Staatsristretto: Ristretto (lat.-ital.) kurzer Auszug, kurzgefaßte

Inhaltsangabe; Staatsristretto ist eine kurze Darstellung der Staatsbegebenheiten.

Der Krieg in den Niederlanden: Am 1. Februar 1793 hatte der französische Konvent England und den Niederlanden den Krieg erklärt. Anfang Oktober 1795 wurden Belgien, Luxemburg und das Bistum Lüttich von Frankreich annektiert.

Ferozität: (lat.) Wildheit, Roheit, Grausamkeit.

abbrutieren: (frz.) verrohen, abstumpfen.

Assembléen: (frz.) Zusammenkünfte, Versammlungen.

den Landgrafen von Hessen-Kassel: Wilhelm IX. (1743–1821), seit 1785 Landgraf, von 1802 bis 1806 und 1814 bis 1821 als Wilhelm I. Kurfürst von Hessen-Kassel; besonders reaktionär; versuchte im September 1794 gemeinsam mit Markgraf Karl Friedrich von Baden auf der sog. Wilhelmsbader Konferenz vergeblich, eine „Union deutscher Fürsten" zur Bekämpfung revolutionärer Bestrebungen in Deutschland zu begründen.

S. 298 *illustres fugitifs:* (frz.) berühmte oder erlauchte Flüchtlinge.

S. 299 *Die Enthauptung des unglücklichen Königes:* Ludwigs XVI., König von Frankreich, am 21. Januar 1793 in Paris.

Imprekationen: (lat.-frz.) Verwünschungen, Flüche.

die Hinrichtung der Königin: Marie Antoinette wurde am 16. Oktober 1793 im Rahmen der großen Prozeßwelle hingerichtet, die im Herbst anrollte und der auch ein großer Teil der Girondisten zum Opfer fiel.

S. 301 *machiavellistisch:* Anspielung auf Machiavelli und sein berühmtestes, 1514 verfaßtes Werk „Il Principe" (Der Fürst). M. schildert darin einen Fürsten, der ohne Rücksicht auf moralische Bedenken mit politischem Geschick und großer Staatsklugheit in dem von ihm unterjochten Land seine Alleinherrschaft zu behaupten weiß.

die so wohltätige Neutralitätslinie: die für Preußen seit dem Baseler Separatfrieden (5. April 1795) und für ganz Norddeutschland durch Verhandlungen im Mai 1795 erzielte Neutralität gegenüber Frankreich.

des Königs von Preußen: Friedrich Wilhelm II. (s. Anm. zu S. 26).

S. 302 *sein Interesse nicht vom Interesse Englands zu trennen:* s. Anm. *Die alliierten Mächte* zu S. 148.

daß das linke Rheinufer vielleicht an Frankreich kommen ... werde: Reale Grundlage dieser Befürchtung war, daß Preußen bei Abschluß des Baseler Friedens am 5. April 1795 in einem Geheimvertrag der Abtretung seiner linksrheinischen, schon seit Herbst 1794 von Frankreich besetzten Gebiete gegen Entschädigung im Rechtsrheinischen zugestimmt hatte. Im Mai 1796 setzte die französische Regierung in Aachen und Koblenz zwei Generaldirektoren als zivile Oberbehörden für die okkupierten linksrheinischen Gebiete ein, die aber den kommandierenden französischen Generalen unterstellt blieben. Die Gebiete wurden nach Kriegsrecht behandelt und mit hohen Kontributionen belegt. Die alten Behörden arbeiteten unter französischer Aufsicht weiter. In den sog. Berliner Verträgen vom 5. August 1796 stimmte Preußen der Annexion der linksrheinischen Gebiete gegen rechtsrheinische Entschädigung endgültig zu. Im Frieden von Campo Formio am 17. Oktober 1797 trat auch Österreich seine linksrheinischen Gebiete (von Basel bis Andernach) in einem Geheimvertrag an Frankreich ab.

S. 303 *Vendée:* s. Anm. zu S. 148.

Tirailleurs: (frz. le tirailleur = Schütze) in aufgelöster Ordnung und kleinen, beweglichen Abteilungen kämpfende Soldaten – im Gegensatz zum streng geschlossenen Aufmarsch der preußischen Truppen.

gleich zu Anfange des Krieges: Mit der Kriegserklärung an Österreich am 20. April 1792 begannen die kriegerischen Auseinandersetzungen des revolutionären Frankreich mit den europäischen Feudalmächten. Am 22. März 1793 erklärte der deutsche Reichstag den Reichskrieg gegen Frankreich.

S. 305 *Général en Chef:* (frz.) Hauptbefehlshaber.

wie Rousseau bemerkt: im „Gesellschaftsvertrag", Drittes Buch, am Ende des 4. Kapitels, überschrieben „Die Demokratie". Rousseau begründet es damit, daß keine Staatsform einerseits so nach Veränderung strebe und andererseits soviel – seiner Meinung nach übermenschliche und in der Wirklichkeit bisher nicht anzutreffende – Tugend erheische.

S. 306 *revoltant:* (lat.) hier: zurückschreckend, abschreckend.

S. 307 *furie françoise:* (frz.) französische Raserei, Aufgeregtheit, Zorn.

S. 308 *das Papiergeld:* oder die Assignaten (Anweisungen). Jenes französische Papiergeld, das am 19. April 1790 von der Nationalversammlung zur Tilgung der Staatsschulden dekretiert wurde, bestand anfangs in Anweisungen auf den Wert der eingezogenen geistlichen Pfründen, dann auf den Wert der königlichen und Emigrantengüter. Bald wurde so viel Papiergeld, auch gefälschtes, ausgegeben, daß sein Wert drastisch sank und trotz der Einführung eines allgemeinen Maximums für Preise und Löhne durch die Jakobiner am 29. September 1793 kaum noch Waren damit erworben werden konnten. 1796 war es auf 1% gesunken; im Februar 1796 wurde es außer Kurs gesetzt und zu $^1/_{30}$, später zu $^1/_{100}$ seines Nominalwerts gegen ein neues Papiergeld, die Mandaten, ausgetauscht, die auch bald an Wert verloren hatten. Am 21. Mai 1797 wurden alle Assignaten für ungültig erklärt.

seine abscheulichen Maschinationen: William Pitt der Jüngere, ab 1782 Schatzkanzler, ab 1783 Premierminister, trieb zu den Koalitionskriegen gegen Frankreich, um es ökonomisch zu schwächen und künftig als Konkurrenten auszuschalten. England war nicht nur federführend bei Bildung der Koalition, sondern landete auch im Juni 1793 in der Vendée Truppen zur Unterstützung des konterrevolutionären Aufstandes, die erst am 19. Dezember 1793 wieder aus Toulon vertrieben wurden, und unterstützte die preußischen Truppen (auf Grund der Haager Konvention zwischen England und Preußen vom 19. April 1794) mit 22 Millionen Talern Subsidien im Kampf gegen Frankreich.

das Agiotieren: (frz.) Börsenwucher treiben, spekulieren.

S. 309 *Laubtaler:* deutsche Bezeichnung einer 1726 bis 1795 gängigen französischen Münze, so benannt wegen der belaubten Lorbeerzweige in ihrem Gepräge. Sie war im Ausland mehr und zu höherem Wert in Umlauf als in Frankreich.

Les allemands sont des bêtes, des animaux: (frz.) Die Deutschen sind Dummköpfe, Tiere.

S. 310 *Insolenz:* (lat.) Anmaßung, Unverschämtheit.

commissaire ordonnateur général: (frz.) der anweisende (anordnende, befehlende) Hauptbevollmächtigte.

général de division: (frz.) Divisionsgeneral.

point d'honneur: (frz.) Ehrenpunkt, Ehrgefühl.

Louisdor: erstmals 1640 geprägte französische Goldmünze; bis 1803 in Umlauf.

S. 311 *Bravour:* (frz.) Tapferkeit, Heldenmut.

Sauvegarden: (frz.) Schutzwachen.

Comment voulez-vous …: (frz.) Weshalb wollen Sie, daß sie bleiben? Das wird schlecht bezahlt, sie [die Österreicher – G. H.] wagen es nicht zu plündern.

Grip: von frz. gripper: greifen, stehlen.

Sporteln: s. Anm. zu S. 202.

nefas: (lat.) Unrecht; hier für: per fas et nefas, d. h. auf jede erlaubte oder unerlaubte (rechtliche oder unrechtliche) Weise.

S. 312 *Schock:* (frz.) hier: Anprall, Aufprall, Zusammenstoß.

eines mächtigen Königs: Friedrich Wilhelm II.

der Krieg einzig in Italien geführt würde: Der Feldzug Napoleons gegen Italien hatte am 10. April 1796 begonnen.

Der Herausgeber an seine Leser

S. 313 *der liberale Verleger:* Johann Friedrich Unger.

Parodieenmacher zu Halberstadt: Gottlob Nathanael Fischer (1748–1800), Pädagoge und Schriftsteller, Domschulrektor zu Halberstadt, Aufklärer, Freund Gleims, hatte „Parodien auf die Xenien. Ein Körbchen voll Stachel-Rosen den Herren Goethe und Schiller verehrt, mit erläuternden Anmerkungen zum Verstande der Xenien" (Halberstadt) 1797 veröffentlicht, worin er sich dem Vorwurf des Plagiats anschloß, den schon Goethe und Schiller in ihren „Xenien" mehrfach gegen Reichardt erhoben hatten.

einiger sinn-, sitten- und kunstverderblichen Werke: Anspielung auf Johann Jakob Wilhelm Heinses Roman „Hildegard von Hohenthal"; vgl. Reichardts kritische und geistreiche Rezension, S. 100–114 der vorliegenden Ausgabe.

Die Rachsucht einiger Männer: Anspielung auf Goethes und Schillers „Xenien" (s. Anm. zu S. 265).

S. 314 *statistisch:* im 18. Jh. bezogen auf Länderkunde im umfassenden Sinne.

Lyzeum der schönen Künste: Es erschien lediglich der erste Band mit 2 Heften 1797 bei J. F. Unger in Berlin.

S. 315 *Kunstanekdoten:* Reichardt wollte damit eine Tradition fortsetzen, der die vom ihm zur Ergänzung des von Ernst Ludwig Gerber hg. „Historisch-biographischen Lexikons der Tonkünstler, welches Nachrichten von dem Leben und den Werken musikalischer Schriftsteller etc. enthält ...", 2 Teile, Leipzig 1790/91 (neue Bearbeitung 4 Bde., Leipzig 1812/14), in seinem „Musikalischen Kunstmagazin" gelieferten Anekdoten über berühmte Musiker ebenso zuzuordnen sind wie Friedrich Wilhelm Marpurgs „Legende einiger Musikheiligen", Breslau 1786.

Personenregister

In das Register wurden alle im Text und im Nachwort vorkommenden Personen aufgenommen, auch jene, zu denen sich keine weiteren Angaben ermitteln ließen. Zu allgemein bekannten Personen
werden keine Erläuterungen gegeben. Bei abweichender Namens-
schreibung erscheint die im Text verwendete in eckigen Klammern; ihr folgt die heute gültige Schreibweise. Von den Werken erscheinen bevorzugt die im Text erwähnten.

Händel, Georg Friedrich (1685–1759): sein Oratorium *Messias* erstmals 1742 in Dublin aufgeführt; deutsche Erstaufführung 1772 in Hamburg   101, 105, 108, 327

Hardenberg, Karl August Fürst von (1750–1822): seit 1791 preußischer Staatsminister, seit 1810 Staatskanzler   340

Hartung, Günter (geb. 1932): Literaturwissenschaftler an der Universität Halle   326

Haydn, Franz Joseph (1732–1809): seine Oper *Armida,* entstanden 1783, wurde im Februar 1784 uraufgeführt   110, 113

Hegel, Georg Wilhelm Friedrich (1770–1831)   355

Hegewisch, Dietrich Hermann (1746–1812): deutscher Historiker und Schriftsteller   76

[Heidenreich] Heydenreich, Karl Heinrich (1764–1801): deutscher Schriftsteller und Philosoph   18

Heine, Heinrich (1797–1856)   363

Heinrich von Anjou (1551–1589): ab 1573 König von Polen; als Nachfolger seines Bruders Karl IX. 1575 bis 1589 als Heinrich III. König von Frankreich   70

Heinrich von Navarra (1553–1610): als Heinrich IV. 1589 bis 1610 König von Frankreich   71

Heinrich I., seit 12. Jh. Beiname der Finkler bzw. der Vogler (um 876–936): deutscher König seit 919   115

Heinrich IV. (1050–1106): deutscher König und Kaiser   121

Hemsterhuis, Franz (1721–1790): niederländischer Philosoph und Archäologe   224

Hennings, August von (1746–1826): deutscher Schriftsteller und Publizist   75, 359

Hensler, Wilhelm: Stiefsohn J. F. Reichardts; um 1792 Jurastudent; später Offizier in der französischen Armee   326

Heraklit von Ephesos (um 540–480 v. u. Z.)   175

Herder, Johann Gottfried (1744–1803)   13, 57, 161, 260, 322–324

Herodot (um 484–um 425 v. u. Z.): griechischer Geschichtsschreiber   276

Hesiod (um 700 v. u. Z.): ältester griechischer Dichter neben Homer, von dem Werke überliefert sind; *Werke und Tage; Theogonie*   270, 282, 287

Heß, Jonas Ludwig von (1756–1823): Publizist in Hamburg; ab 1785 Herausgeber des *Journals aller Journale;* als Ertrag von Reisen durch Deutschland, die Niederlande und Frankreich entstanden *Durchflüge durch Deutschland, die Niederlande und Frankreich,* 3 Bde., Hamburg 1793–1796, 4. Bd. 1797; *Fortgesetzte Durchflüge,* 3 Bde., Hamburg 1798–1800   116

Heyne, Christian Gottlob (1729–1812): berühmter Altphilologe an der Universität Göttingen; Herausgeber zahlreicher Autoren der griechischen und römischen Antike   259, 341

Kant, Immanuel (1724–1804) 16 f., 20 f., 156 f., 168–170, 178, 180–184, 225, 239, 246, 248–251, 253, 269, 274, 319 f., 338, 344, 346, 351, 354–356, 359, 363, 365 f., 368 f.

Karl VII., der Siegreiche (1403–1461): König von Frankreich ab 1429 69

Karl IX. (1550–1574): König von Frankreich seit 1560 unter Vormundschaft seiner Mutter, der Katharina von Medici, der er weitgehend die Regierung überließ, auch nachdem er 1563 für mündig erklärt wurde; begünstigte die Hugenotten 70

[Katharine] Katharina von Medici (1519–1589): Königin von Frankreich 1560 bis 1563 70

Kerner, Johann Georg (1770–1812): deutscher Mediziner, Publizist und Parteigänger der Französischen Revolution 342

Keyser, Georg Adam (1742–1814): Verleger in Erfurt 229

Keyserling[k], Christian Heinrich Graf von (1727–1787): Reichshofrat in Königsberg; Liebhaber und Förderer der Künste 319

Kiesewetter, Johann Gottfried Karl Christian (1766–1819): Professor für Mathematik und Philosophie in Berlin; Schüler und Anhänger Kants 18

[Klaus] *Claus,* David: Zeitgenosse Gleims in Halberstadt; publizierte Kollektaneen (Lesefrüchte; gesammelte Auszüge aus literarischen Werken und Bemerkungen dazu) 232

Klein, Ernst Ferdinand (1743–1810): Jurist und Publizist; preußischer Justizreformer 159, 337–339, 344 f., 354 f., 358, 360

Klopstock, Friedrich Gottlieb (1724–1803) 262, 324

Knobelsdorff, Georg Wenzeslaus von (1699–1753): deutscher Architekt und Maler 26

Dr. *Köhler,* Nürnberger Bürger Ende des 18. Jh. 205

Kolumbus, Christoph (1446/47–1506) 161

Konrad II. (um 990–1039): deutscher König und römischer Kaiser 1024 bis 1039 115

Köppen, Johann Heinrich Justus (1755–1791): Altphilologe und Pädagoge in Hannover; Schüler Christian Gottlob Heynes; verfaßte zur Ilias *Erklärende Anmerkungen zum Homer,* 5 Hefte, Hannover 1787 ff., und als Einleitung dazu *Über Homers Leben und Gesänge,* Hannover 1787 283

Kosegarten, Ludwig Gotthard (1758–1818): deutscher Lyriker und Universitätslehrer 161

Kunzen, Friedrich Aemilius (1761/63–1817): deutscher Pianist, Komponist und Zeitschriftenherausgeber 324

Langbein, August Friedrich Ernst (1757–1835): deutscher Schriftsteller und Jurist 162

Lappe, Karl (1773–1843): deutscher Lyriker 164

Las Casas, Fray Bartholomé de (1474–1566): spanischer Geistlicher

phie Kants; verfaßte *Erläuterungen über des Herrn Professor Kant Kritik der reinen Vernunft*, Königsberg 1785, und *Prüfung der Kantischen Kritik der reinen Vernunft*, 2 Bde., Königsberg 1789/92   18

Schütz, Christian Gottfried (1747–1832): Philologe; Mitbegründer der Jenaischen *Allgemeinen Literatur-Zeitung* und ihr Redakteur von deren erstem Erscheinen 1785 bis 1824   57

Schütz, Friedrich Wilhelm von (1758–1819): jakobinischer Publizist in Norddeutschland; Herausgeber des *Hamburger und Niedersächsischen Merkur* 1792/93   361

Sextus Empiricus (um 200): griechischer Arzt und Philosoph   276

Shaftesbury, Anthony Ashley Cooper Earl of (1671–1713)   250

Shakespeare, William (1564–1616)   221

Siegfried Graf von Blankenburg (13. Jh.)   115

Siemers: Vertreter der Bürgerschaft in Goslar Ende des 18. Jh.   123

Sieveking, Georg Heinrich (1751–1799): Hamburger Kaufmann; Förderer von Kunst und Wissenschaft   331f., 334, 341, 343f.

Sieyès, Emmanuel-Joseph (1748–1836): französischer Publizist und Politiker   344

Sirach, Jesus (2. Jh. v. u. Z.): jüdischer Schriftsteller aus Jerusalem   232

Skävola → *Mucius,* Gaius Cordus

Snell, Christian Wilhelm (1755–1834): deutscher Pädagoge, Theologe, Philosoph; Anhänger Kants   18

Sokrates (469–399 v. u. Z.)   75, 150, 254

Sommer, Wilhelm Gottlob (1733–1794): Buchhändler und Buchdrucker in Leipzig   231

Sophokles (496–406 v. u. Z.)   285

Sorel oder *Soreau,* Agnes (um 1409–1450): Geliebte Karls VII., König von Frankreich   69

Spalding, Georg Ludwig (1762–1811): Philologe und Pädagoge in Berlin; ab 1787 bis zu seinem Tode Lehrer für Griechisch und Hebräisch am Grauen Kloster   36

Spalding, Johann Joachim (1714–1804): protestantischer Theologe und aufklärerischer Moralphilosoph; Probst in Berlin bis zum Wöllnerschen Religionsedikt 1788   34–36, 47

Spazier, Johann Gottlieb Carl (1761–1805): deutscher Schriftsteller, Publizist und Liederkomponist   324

Spinoza, Benedictus (1632–1677)   221, 224

Stahl, Georg Ernst (1660–1734): deutscher Mediziner und Chemiker   290

Starke, Gotthelf Wilhelm Christoph (1762–1830): deutscher Theologe und Schriftsteller; Oberhofprediger in Ballenstedt (Anhalt-Bernburg)   168

Inhalt

BERLINISCHE MONATSSCHRIFT
(1783–1796)

Herausgegeben von Friedrich Gedike und Johann Erich Biester

Auswahl. Herausgegeben und mit einem Nachwort von P. Weber
Band 1121 (Sonderreihe). Broschur 3,50 M

Die „Berlinische Monatsschrift" war nicht nur das wichtigste theoretische Organ der deutschen Spätaufklärung – so erschienen hier fast alle kleineren Arbeiten Kants, unter anderem auch seine berühmte Abhandlung „Über die Frage: Was ist Aufklärung?" –, sondern auch ein weitgefächertes, populäres Magazin, in dem die unermüdlichen rationalistischen Dispute über die Vernunft der Staatsverwaltung, der Religion, des Schulwesens oder der Ehe genauso Platz fanden wie Berichte über den unausrottbaren Wunderglauben, jesuitische Geheimpolitik, neue gemeinnützige Einrichtungen oder Kriminalfälle mit sozialem Hintergrund. Eng verbunden mit der Gruppe der preußischen Reformer um Zedlitz und die „Mittwochsgesellschaft", half die „Berlinische Monatsschrift" mit, im Zeichen von Vernunft und Humanität bürgerliches Bewußtsein nicht bloß zu formulieren, sondern auch gesellschaftlich durchzusetzen. Sie proklamierte Aufklärung nicht nur, sie praktizierte sie auch.

PHILOSOPHIE · GESCHICHTE
KULTURGESCHICHTE

JOHN MILTON
Zur Verteidigung der Freiheit

Sozialphilosophische Traktate

Herausgegeben von H. Klenner. Aus dem Englischen von
K. U. Szudra. Mit 4 Abbildungen
Band 1212 · Broschur 2,50 M

In dem Dichter John Milton (1608–1674) hatte die englische Revolution, besonders Cromwell, einen wortgewaltigen Propagandisten, der in poetischen, oft biblischen Bildern und mit faszinierender Überzeugungskraft die
Monarchie, die Zensur, die Papstkirche attackierte, der für
die Hinrichtung des Königs, für Zensurfreiheit und für die
konsequente Trennung von Kirche und Staat eintrat. Unsere Ausgabe stellt Revolutionspamphlete Miltons vor, in
einer neuen deutschen Übersetzung – der ersten dieses
Jahrhunderts – die die Wirkung des Originals zu vermitteln
vermag.

Neue Rheinische Zeitung

Artikel · Korrespondenzen · Berichte über die französische
Revolution 1848/49

Herausgegeben und mit einem Vorwort von W. Schmidt
Band 1136 (Sonderreihe) · Broschur 2,50 M

Juni 1848 – das Pariser Proletariat verteidigt die Errungen-
schaften des Februar auf den Barrikaden gegen eine erdrük-
kende Übermacht von Armee und Mobilgarde. Artikel, Korrespondenzen und Berichte über die dramatische Zuspit-
zung der Ereignisse in Frankreich sind nachzulesen in den
täglichen Ausgaben der „Neuen Rheinischen Zeitung“. Das
berühmteste Blatt der deutschen achtundvierziger Revolution, erschienen zwischen dem 1. Juni 1848 und dem 19. Mai
1849 in 301 Ausgaben, mit einer für seine Zeit ungewöhnli-
chen Auflage von nahezu 6000 Exemplaren, mit einem
weitverzweigten Korrespondentennetz, wurde binnen kurzem eines der angesehensten Presseorgane in ganz
Deutschland.

PHILOSOPHIE · GESCHICHTE
KULTURGESCHICHTE

ROBERT OWEN

Das Soziale System.
Über ein neues Gesellschaftssystem.
Über das Eigentum

Aus dem Englischen von M. Henselmann.
Herausgegeben und mit einem Nachwort von L. Jauch und
M.-L. Römer.
Band 1249. Broschur 2,– M

Robert Owen (1771–1858) entwarf in seiner 1826 in einer
Wochenzeitung veröffentlichten, bisher kaum bekannten
Schrift „Das Soziale System" den Plan einer Gesellschaft
ohne Privateigentum, in der die Menschen frei und ohne irgendeine Nötigung zusammenleben; eine bemerkenswerte
Alternative zu den Schrecken der industriellen Revolution
in England. Owen probierte seinen Plan aus: er gründete
selbst Kommunen. Der Text wird ergänzt durch eine Rede
Owens vor dem Repräsentantenhaus in Washington (1825)
und einen Vortrag über das Eigentum (1835), in denen
Owen für seine Idee wirbt und dabei eigene praktische Erfahrungen anführt.

**PHILOSOPHIE · GESCHICHTE
KULTURGESCHICHTE**

GERRARD WINSTANLEY
Gleichheit im Reiche der Freiheit

Sozialphilosophische Pamphlete und Traktate

Aus dem Englischen von K. U. Szudra
Herausgegeben und mit einem Anhang versehen von
H. Klenner
Band 997 (Sonderreihe) · Broschur 2,50 M

Gerrard Winstanley, geboren 1609 und verschollen in den
Wirren der englischen Konterrevolution, hat um 1650 mit
seinen sprachgewaltigen Pamphleten die Grundlagen jeder
Ausbeutergesellschaft attackiert. Utopischer Kommunist,
der er war, sprach er im Namen aller Armen, Englands und
der Welt. Seine Waffen: die Bibel, Redlichkeit und die Vernunft. Zu den Ideen eines J. Milton, Th. Hobbes und
J. Locke eine erstaunliche Alternative.